Freya von Moltke | Christian Tröbst
Widerstand und Glaube
Ein Briefwechsel

Freya von Moltke |
Christian Tröbst

Widerstand und Glaube
Ein Briefwechsel
1957–1959

Herausgegeben
von Krzysztof Ruchniewicz
und Marek Zybura

Mit einem Grußwort von
Helmuth Caspar von Moltke

Wallstein Verlag

Bibliografische Information der Deutschen Nationalbibliothek

Die Deutsche Nationalbibliothek verzeichnet diese Publikation in der Deutschen Nationalbibliografie; detaillierte bibliografische Daten sind im Internet über http://dnb.d-nb.de abrufbar.

www.wallstein-verlag.de
Umschlag unter Verwendung zweier Fotografien
(siehe S. 118 und 121 im Band)
Vom Verlag gesetzt aus der Stempel Garamond und der Raleway
Druck und Verarbeitung: Hubert & Co, Göttingen
ISBN 978-3-8353-5593-4

Inhalt

Grußwort

Es freut mich, dass Krzysztof Ruchniewicz und Marek Zybura diese Korrespondenz meiner Mutter Freya mit Pfarrer Christian Tröbst nun mit einem Vorwort veröffentlichen, welches die Zeit beschreibt, in der dieser Briefwechsel entstand. Es wirft ein scharfes Licht auf die 1950er Jahre in der Bundesrepublik in Bezug auf die ausgebliebene Auseinandersetzung der westdeutschen Bevölkerung mit der Nazi-Diktatur der Jahre 1933 bis 1945.

Nach einer Jugend in Schlesien war ich von 1945 bis 1956 im Ausland und lebte in Ländern, in denen die Tatsache, dass mein Vater Widerstand gegen die Nazis geleistet hatte, von den Menschen positiv betrachtet wurde. Nun kam ich in eine Gesellschaft, die das häufig (noch) nicht empfand, soweit sie nicht zu unserem direkten Kreis gehörten. Wie viele andere Kinder, deren Väter im Widerstand umgekommen waren, erzeugte dies einen unbewussten Entschluss, entweder Ausländer als Partner zu suchen oder innerhalb der Jugend aus dem Widerstand zu heiraten. Ich heiratete eine Australierin und lebte in den späten 1960er Jahren mit ihr und zwei kleinen Söhnen in Heidelberg, als die 68er-Generation eine Aufklärung über das Verhalten ihrer Eltern in den Jahren, als das »Dritte Reich« in allen Ländern Europas wütete, lautstark verlangte. Ich verstand diese Forderung als den Beginn der Auseinandersetzung mit der Vergangenheit. Rückblickend wissen wir, dass solche Schritte wie der Brief der polnischen Bischöfe an ihre deutschen Amtsbrüder mit der Aussage »Wir vergeben und bitten um Vergebung« aus dem Jahre 1965 oder der Kniefall Willy Brandts im Jahre 1970 in Warschau auch wegweisend waren.

Meine Mutter schreibt in dieser Korrespondenz, dass ihr Auftritt im Oktober 1958 ihr erster öffentlicher Auftritt in Deutschland gewesen war. Ihr letzter großer Auftritt kam im Juli 2004, als sie am Vorabend des 20. Juli vor vielen Hundert Zuhörern in Berlin sprach. Das nun vereinte Deutschland hatte sich vollständig zu der Verantwortung für die Untaten, die das »Dritte Reich« im Namen Deutschlands getan hatte, bekannt.

Christian Tröbst zählte zu den jüngsten Deutschen, die an dem Krieg, noch nicht volljährig, teilnehmen mussten. Es erforderte in den ersten 20 Jahren nach dem Krieg Beharrlichkeit, Informationen über den Kreisauer Kreis zu finden. Ger van Roons beachtliches Buch über die Gruppe erschien 1967. Inzwischen liegen viele Bücher über meinen Vater und seine Freunde vor. Pfarrer Tröbst war von dem Bericht meines Vaters über seinen Prozess und seine Einstellung zu dem bevorstehenden Tod – ein dünner Band, der gerade erschienen war – sehr beeindruckt. Er kannte aber nicht die vielen Briefe, die meine Mutter damals meinem Vater ins Gefängnis Tegel schreiben konnte, und die Antworten meines Vaters, die ein Dialog im Anblick des nahenden Todes sind. Meine Mutter wollte, dass diese Korrespondenz erst nach ihrem Tod erscheinen sollte, weil in den letzten Briefen nicht nur mein Vater, sondern auch sie selber ihre Seele offenbarte.

Ich wünsche dem Buch viel Erfolg.

Helmuth Caspar von Moltke
Vermont (USA) im März 2023

Krzysztof Ruchniewicz und Marek Zybura

»Hier stehe ich, ich kann nicht anders.«[1]

Ein Briefwechsel

Die Geschichte der deutschen Opposition gegen das »Dritte Reich« ist seit vielen Jahren Gegenstand der Forschung. Neben Quellenpublikationen liegen auch Synthesen und Detailstudien vor.[2] Die Autoren haben versucht, die Besonderheiten der oppositionellen Aktivitäten unter den Bedingungen des »Staates im Ausnahmezustand«[3] aufzuzeigen. Die Haltung der westdeutschen Gesellschaft der Nachkriegszeit gegenüber den wenigen Personen, die sich dem Hitlerstaat widersetzt hatten, und ihren Familien wurde dagegen weniger beachtet. Erst in den letzten Jahren sind vermehrt Bücher zu dieser Thematik erschienen.[4]

1 Diese Worte, die Martin Luther zugeschrieben werden, soll er nach seiner Ankunft in Worms am 16. April 1521 gesprochen haben. Dort verteidigte Luther seine theologischen Thesen, die er bereits seit mehreren Jahren gepredigt hatte. Mit diesen Worten machte er deutlich, dass seine Position nicht geändert werden konnte, da sie seiner tiefsten Überzeugung entsprang. Dieses Ereignis wird auch als Beginn der Reformation des westlichen Christentums angesehen.

2 Vgl. Auswahlbibliographie zum Widerstand gegen den Nationalsozialismus, in: Zeitgeschichte-online, Juli 2004, URL: https://zeitgeschichte-online.de/themen/auswahlbibliographie-zum-widerstand-gegen-dennationalsozialismus (letzter Zugriff: 17.3.2023); Literaturhinweise und Internetadressen, 2016, https://bit.ly/3n5q15d (letzter Zugriff: 21.3.2023).

3 Nach: Franciszek Ryszka: Państwo stanu wyjątkowego Rzecz o systemie państwa i prawa Trzeciej Rzeszy, Wrocław 1974.

4 Vgl. Jürgen Schmädeke, Peter Steinbach (Hrsg.): Der Widerstand gegen den Nationalsozialismus. Die deutsche Gesellschaft und der Widerstand gegen Hitler, München 1994; Peter Steinbach: Widerstand im Widerstreit. Der Widerstand gegen den Nationalsozialismus in der Erinnerung der Deutschen. Ausgewählte Studien, Paderborn 2001; Joachim Scholtyseck, Stephan Schröder (Hrsg.): Die Überlebenden des deutschen Widerstandes und ihre Bedeutung für Nachkriegsdeutschland (= Schriftenreihe der Forschungsgemeinschaft 20. Juli 1944 e.V. Bd. 6), Münster 2005; Peter Reichel,

Der Briefwechsel zwischen Freya von Moltke und Christian Tröbst aus den Jahren 1957 bis 1959 kann zweifellos einen besonderen Platz in der Rezeptionsgeschichte des Widerstands einnehmen. Schon die Tatsache, dass diese Briefe vollständig erhalten geblieben sind, ist hervorzuheben. Sie befanden sich im Nachlass von Christian Tröbst im Besitz seiner Familie. Wie kam es zu diesem Kontakt? Wer war der Briefpartner von Freya von Moltke? Welches Bild vom Nachkriegsschicksal der Ehefrau des ermordeten Nazigegners ergab sich aus diesem Briefwechsel? An dieser Stelle sei darauf hingewiesen, dass die späten Fünfzigerjahre eine besondere Zeit für Freya von Moltke (1911-2010)[5] und Christian Tröbst (1925-1995) waren. Nach mehreren Jahren in Südafrika kehrte Freya von Moltke mit ihren Söhnen Helmuth Caspar (geb. 1937) und Konrad (1941-2005) nach Europa zurück und ließ sich für einige Jahre in West-Berlin nieder. Tröbst hingegen war zu dieser Zeit Dorfpfarrer in Rohrbach bei Sinsheim und Steinsfurt (Baden-Württemberg).

Harald Schmid, Peter Steinbach (Hrsg.): Der Nationalsozialismus. Die zweite Geschichte. Überwindung, Deutung, Erinnerung, Bonn 2009; Rüdiger von Voss: Der Staatsstreich vom 20. Juli 1944. Politische Rezeption und Traditionsbildung in der Bundesrepublik Deutschland, Berlin 2011; Sebastian Fikus: Trudny spadek dysydentów III Rzeszy w Republice Federalnej Niemiec, Warszawa 2013; Barbara Lier: Das Hilfswerk 20. Juli 1944. Die Geschichte der Hinterbliebenen der Hitler-Attentäter von 1944 bis 1974, Augsburg 2020.

5 Siehe Freya von Moltke: Die Kreisauerin. 2. Aufl., Göttingen 1992; Dorothee von Meding: Mit dem Mut des Herzens. Die Frauen des 20. Juli, Berlin 1992; Freya von Moltke: Erinnerungen an Kreisau. 1930-1945, München 2016; Ger van Brücken schlagen. Briefe zum 90. Geburtstag von Freya von Moltke, hrsg. von der Stiftung Kreisau für Europäische Verständigung in Zusammenarbeit mit der Kreisau-Initiative Berlin e.V., München 2003; Günter Brakelmann: Helmuth James von Moltke. 1907-1945. Eine Biographie, München 2007; Olaf Jessen: Die Moltkes. Biographie einer Familie, München 2010; Silke Tempel: Freya von Moltke. Ein Leben. Ein Jahrhundert, Berlin 2011; Frauke Geyken: Freya von Moltke. Ein Jahrhundertleben 1911-2010, München 2011.

Die zweite Hälfte der 1950er Jahre war in der Bundesrepublik Deutschland durch ein »Wirtschaftswunder« und das Bemühen um eine rasche Überwindung der durch die Kriegskatastrophe verursachten Zerstörung und Armut gekennzeichnet.[6] Aus der Sicht eines deutschen Bürgers spiegelte sich dieses Wunder in der Verfügbarkeit von Konsumgütern, wie zum Beispiel Autos, wider. Auch die Produktion von Elektrohaushaltsgeräten nahm rasch zu. Ab Mitte der 1950er Jahre erlebte die westdeutsche Gesellschaft eine stetige Verbesserung der Lebensbedingungen. Der Slogan der CDU auf ihrem Wahlplakat von 1957, »Wohlstand für alle«, brachte dies treffend zum Ausdruck. Immer mehr Menschen konnten sich moderne Einrichtungsgegenstände und ein Auto leisten. Anfang der 1960er Jahre fuhr bereits jeder dritte Deutsche in den Urlaub. Nicht wenige konnten sogar eine Fernreise ins Ausland unternehmen. Italien wurde ein beliebtes Reiseziel, gefördert durch Filme und Werbung. Bundeskanzler Adenauer machte beispielweise regelmäßig Urlaub am Comer See.

Dank staatlicher Kredite konnten sich viele Deutsche auch den Bau eines eigenen Hauses leisten (»Häuschen im Grünen«). Der Wahlslogan wurde durch die Erfahrung der Mehrheit der Bürger bestätigt, was sich nicht zuletzt in den Wahlergebnissen der Regierungskoalition widerspiegelte. Der Wohlstand kam allen zugute, auch den Rentnern (Rentenreform 1957). Die wirtschaftliche Entwicklung schlug sich auch in einem wachsenden Anteil Westdeutschlands an der Weltwirtschaft nieder. Investoren waren zunehmend bereit, ihr Kapital in Deutschland anzulegen, während Importeure Industrieprodukte einführten. »Made in West Germany« wurde zur bekanntesten Marke der Welt. Innerhalb eines Jahrzehnts ließ Westdeutschland

6 Vgl. Adenauer-Ära. Überblicksdarstellungen, https://bit.ly/3Jt08nx (letzter Zugriff: 17.3.2023).

die Trümmer und die Zwänge des Besatzungsstaates hinter sich und wurde zu einem erfolgreichen Staatswesen und einem wirtschaftlich wie politisch begehrten Partner.

Der steigende Wohlstand in Westdeutschland in der Nachkriegszeit führte dazu, dass die Aufarbeitung der jüngsten NS-Vergangenheit von Staat und Gesellschaft und jedes einzelnen Bürgers, die Teilhabe an einem verbrecherischen System, weder im Vorder- noch im Hintergrund der gesellschaftspolitischen Bedürfnisse stand. Die 1950er Jahre können in dieser Hinsicht als die verlorenen Jahre bezeichnet werden. Die Politik der gesamtdeutschen Absolution und inneren Integration, die von Bundeskanzler Adenauer bewusst betrieben wurde, hatte das Ziel, die Grundlagen der Demokratie neu und dauerhaft aufzubauen (»Bonn ist nicht Weimar«, wie es in einem wichtigen Buch jener Zeit hieß[7]) und Deutschland in das Bündnis der westeuropäischen Staaten einzubinden, um die Bevölkerung für sich zu gewinnen, die Gefahr des Revanchismus zu bannen und allmählich eine Art Umerziehung zu bewirken. Dass diese Politik nur teilweise erfolgreich war, ist heute allgemein bekannt.[8] In vielen (west-)deutschen Ämtern ging es den Eliten des »Dritten Reiches« gut. Oft bekleideten sie dieselben Posten wie bereits vor 1945. Die neuen Namensschilder von Ämtern und Institutionen wurden von den alten Kadern angebracht.[9] Loyalitätsbekundungen und Bekenntnisse zum demokratischen System waren zu hören, aber ob sie die alten Überzeugungen und Gewohnheiten wirklich schon verdrängt hatten, war fraglich.

7 Siehe Fritz René Allemann: Bonn ist nicht Weimar. Köln 1956.

8 Für eine Übersicht über die grundlegende Literatur vgl. Umgang mit der NS-Vergangenheit, https://bit.ly/3FwsKuS (letzter Zugriff: 17.3.2023).

9 Vgl. Aufarbeitung der NS-Vergangenheit in den Ministerien und Bundesbehörden (2018), https://bit.ly/3JmLeiF (letzter Zugriff: 17.3.2023).

Die besondere Form des westdeutschen Innenlebens beeinflusste das Schicksal einer kleinen Gruppe von Menschen, die sich aus Gegnern des Hitlerstaates und ihren Familien zusammensetzte. Nicht nur wurden sie keine Helden der neuen westdeutschen Gesellschaft, sondern sie hatten auch Schwierigkeiten, grundlegende Unterstützung von ihr zu erhalten. Es war für sie nicht leicht, angemessen versorgt zu werden und ihren Familien einen angemessenen Lebensunterhalt zu bieten. Für die gesellschaftliche Mehrheit waren sie eine unangenehme Erinnerung an die Zeiten der Diktatur und ein Vorwurf gegen die eigene Aktivität oder Passivität. Das rief Ressentiments hervor. Für Teile der Gesellschaft waren sie geradezu schuldig an einer demütigenden Niederlage und wurden als »Vaterlandsverräter« beschimpft. Die Probleme des Alltags, gesellschaftliche Ressentiments und das Trauma, geliebte Menschen in demütigenden »Prozessen« vor Nazi-Tribunalen verloren zu haben, hätten dazu führen können, dass sich diese Menschen lieber ins Private zurückziehen und sich auf den Wiederaufbau ihres persönlichen Lebens konzentrieren würden. Doch das geschah nicht. Für viele Vertreter der Opposition gegen das NS-Regime wurde die neue Aufgabe zu einer mühsamen Arbeit, an die Jahre der deutschen Schande zu erinnern und die Menschen davon zu überzeugen, dass die jüngste Geschichte kein mit Erleichterung abgeschlossenes Kapitel der Vergangenheit war, sondern eine Herausforderung für ihr gesellschaftliches Verständnis. Eine Form dieser Tätigkeit war das Publizieren.

Die wachsende Wirtschaft Deutschlands und der Optimismus in der Nachkriegszeit ermöglichten es einem evangelischen Pfarrer aus einem badischen Dorf, Christian Tröbst, sich für eine Gruppierung der ehemaligen Oppositionellen gegen Hitler, den »Kreisauer Kreis«, zu interessieren.[10]

10 Vgl. »Das (un)sichtbare Erbe. Gedanken über den Kreisauer Kreis«, Redaktion: Tomasz Skonieczyny, Wrocław 2017.

Am Anfang stand die Lektüre einiger Bücher, die Tröbst Weihnachten 1956 von seiner Frau geschenkt bekommen hatte. Darunter befand sich eine Sammlung von Porträts von Oppositionellen aus den Jahren 1933 bis 1945, verfasst von Annedore Leber, der Witwe von Julius Leber, einem Mitglied des »Kreisauer Kreises«. Auf dem Umschlag des Buches war ein Foto von einem der Protagonisten, Helmuth James Graf von Moltke, abgebildet. Die Lektüre des Buches beeindruckte ihn sehr. Er beschloss, mit Moltkes Witwe, der promovierten Juristin und ebenfalls Mitglied des »Kreisauer Kreises«, Freya von Moltke, Kontakt aufzunehmen. Einige Monate zuvor war diese nach West-Berlin gezogen. Sie hatte mehr als ein Jahrzehnt der Wanderschaft durch verschiedene Kontinente, Länder und Städte hinter sich. Nachdem sie das Familiengut in Kreisau (Krzyżowa) verlassen hatte, das 1945 zusammen mit ganz Niederschlesien Teil Polens geworden war, lebte sie mit ihrer Familie in Westdeutschland und dann in der Schweiz. Im Jahr 1947 reiste sie nach Südafrika und ließ sich in Kapstadt nieder (in den folgenden Monaten kamen die Geschwister von Helmuth James und deren Familien nach). Sie fand eine Anstellung als Sozialarbeiterin und Therapeutin für Behinderte. 1949 hielt sie sich kurz in Westdeutschland auf. Später im selben Jahr reiste sie für Vorträge in die USA. 1953 war sie wieder in Europa und lebte eine Zeit lang bei Familie und Freunden in Italien, Großbritannien und Westdeutschland. Im Juni 1956 ließ sie sich mit ihren Söhnen in Berlin-Wannsee nieder, im Haus von Karl Heinz Henssel, dem Verleger der 1951 erschienenen Briefe ihres Mannes aus dem Gefängnis.[11]

Sie hatte die Möglichkeit gehabt, bei ihrer Mutter in Bad Godesberg bei Bonn zu wohnen, entschied sich jedoch für Berlin, da es dort Freunde und Bekannte ihres ermordeten

11 Helmuth J. Graf von Moltke 1907-1945: Letzte Briefe aus dem Gefängnis Tegel, Berlin (West) 1951.

Mannes gab. In einem Interview aus dem Jahr 1992 sprach sie über ihre Arbeit in Südafrika und die Gründe für ihre Rückkehr nach Deutschland:

»Von 1948 bis 1956 haben wir in Südafrika gelebt: die Familie meiner Schwiegermutter stammte von dort. Und in Südafrika, müssen Sie wissen, waren die Moltkes völlig uninteressante Leute. Das war auch sehr gesund so. Ich war dort Fürsorgerin und habe für Behinderte, für »black«, »coloured« und »white people« – so genau unterschieden damals die Rassengesetze – sorgen müssen. In meiner Arbeit war ich unabhängig von Rassenunterschieden. Aber mit der Politik der Apartheid wolle ich auf die Dauer nichts zu tun haben.«[12]

Freyas Söhne Helmuth Caspar und Konrad nahmen nach ihrer Ankunft in Deutschland ihr Studium wieder auf. Kurz darauf ging Caspar nach England, um in Oxford Jura zu studieren. Konrad besuchte die Malwida-von-Meysenbug-Schule in Berlin und machte dort 1959 sein Abitur. Freya selbst beschloss, den »Nachlass« des »Kreisauer Kreises« aufzuarbeiten. Sie sortierte die Briefe, die sie mit Helmuth ausgetauscht hatte, sowie andere gerettete Papiere. Zusammen mit Annedore Leber schrieb sie das Buch »Für und wider. Entscheidungen in Deutschland 1918-1945«. Das Werk wurde jedoch erst veröffentlicht, nachdem Moltke Deutschland 1961 wieder in Richtung USA verlassen hatte.

»Dieses Buch haben wir für die uns nachfolgende Generation geschrieben«, heißt es in der Einleitung der beiden Verfasserinnen. »Ihr möchten wir Ereignisse der Geschichtsperiode schildern, für die unsere eigene Generation die Verantwortung trägt. Ein knapper Rückblick auf die Vorgänge während der Weimarer Republik soll das Verständnis für die Zusammenhänge erleichtern. Für

12 Freya von Moltke, zit. nach: Dorothee von Meding: Mit dem Mut des Herzens. Die Frauen des 20. Juli, Berlin 1992, S. 140.

wesentlich hielten wir, die ungeheuerlichen Tatsachen der Hitler-Diktatur deutlich darzustellen. Vor allem aber lag uns daran, von den Menschen zu sprechen, die sich gegen die Gewalt auflehnten, denn wir erlebten, daß der Einsatz des Einzelnen immer, auch angesichts einer Übermacht, lohnt und wirkt.«[13]

Das Buch enthält einen umfangreichen Anhang mit Dokumenten, die zum Teil erstmals zugänglich gemacht wurden.

An dieser Stelle sei daran erinnert, dass es Julius Lebers Witwe Annedore[14] war, die als eine der ersten das Wissen über die deutsche Anti-Hitler-Opposition popularisierte. Nach 1945 schlug sie eine politische Laufbahn ein. Sie war Mitglied der SPD und saß für diese Partei in der Gesamt-Berliner Stadtverordnetenversammlung. Des Weiteren schrieb sie für verschiedene Zeitungen. 1947 gründete sie den »Mosaik Verlag«, in dem sie 1954 und 1957 wichtige Bücher über die Anti-Hitler-Opposition veröffentlichte: »Das Gewissen steht auf« und »Das Gewissen entscheidet«.[15] Die Veröffentlichungen fanden große Beachtung und Resonanz in den Medien. »Das Gewissen steht auf« war dann auch ebenjener Band, dessen Lektüre Christian Tröbst bewog, mit Freya von Moltke in Kontakt zu treten.

13 Annedore Leber, Freya Gräfin von Moltke: Für und wider. Entscheidungen in Deutschland 1918-1945, Frankfurt a.M. 1961, S. 7.

14 Vgl. Dorothea Beck: Julius Leber. Sozialdemokrat zwischen Reform und Widerstand, Berlin (West) 1983; Antje Dertinger: Frauen der ersten Stunde. Aus den Gründerjahren der Bundesrepublik, Bonn 1989.

15 Das Gewissen steht auf. 64 Lebensbilder aus dem deutschen Widerstand 1933-1945 gesammelt und hrsg. in Zusammenarbeit mit Willy Brandt und Karl Dietrich Bracher, Berlin (West), Frankfurt a.M. 1954; Das Gewissen entscheidet. Bereiche des deutschen Widerstandes von 1933-1945 in Lebensbildern. Hrsg. in Zusammenarbeit mit Willy Brandt und Karl Dietrich Bracher. Fotografische Mitarbeit: Ruth Wilhelmi, Berlin (West), Frankfurt a.M. 1957.

Freya von Moltkes Ankunft in Deutschland fiel zusammen mit dem Besuch des Historikers und Philosophen Eugen Rosenstock-Huessy, der ein früher akademischer Lehrer ihres Mannes gewesen war und auf Einladung der Bundesregierung in Bonn weilte. Freya hatte bereits in losem Kontakt mit ihm gestanden und entschloss sich, ihn in Berlin zu treffen. Mit der Zeit vertiefte sich diese Bekanntschaft, und es entwickelte sich nach einigen Jahren eine enge Beziehung. Nach dem Tod von Rosenstock-Huessys Frau Margrit (»Gritli«) Huessy (1893-1959) beschloss Freya 1960, in die USA zu ziehen, um bei ihm zu leben. Rosenstock-Huessy wurde 1888 in Berlin geboren.[16] Er hatte Rechtswissenschaften in Zürich, Berlin und Heidelberg studiert. In der Stadt am Neckar wurde er zum Doktor der Rechtswissenschaften promoviert und habilitierte sich zwei Jahre später in Leipzig. Er war zu dieser Zeit der jüngste Privatdozent in Deutschland. Während des Ersten Weltkriegs diente er in der Armee und kämpfte unter anderem bei Verdun. Wie bei so vielen anderen Männern seiner Generation beeinflussten seine Kriegserfahrungen seinen weiteren Weg und seine Entscheidungen. Zunächst verfolgte er keine akademische Laufbahn, sondern leitete die »Daimler Werkszeitung« als Herausgeber.[17] Dies war ein Ausdruck seiner sozialen Interessen, insbesondere der Förderung des sozialen Dialogs. Die Zeitung enthielt Artikel über Wirtschaft, aber auch über Kunst, Kultur, Literatur und Geschichte. 1923 wurde er Professor für Zivilrecht an der Universität Breslau, wo er bis zur »Machtergreifung« der Nationalsozialisten im Jahr 1933 lehrte. Bereits im selben Jahr emigrierte er in die USA. Helmuth James von

16 Zur Biographie von E. Rosenstock-Huessy s. ferner: A Biographical Sketch of Eugen Rosenstock-Huessy, https://bit.ly/3YRbd7D (letzter Zugriff: 17.3.2023).

17 Vgl.: Die Daimler Werkzeitung von 1919 bis 1920: ein avantgardistisches Projekt in schwieriger Zeit, https://bit.ly/40eCjX7 (letzter Zugriff: 17.3.2023).

Moltke war einer seiner Schüler, und gemeinsam gründeten sie Ende der 1920er Jahre die sogenannten »Löwenberger Arbeitsgemeinschaften«.[18] Ihr Ziel, das Rosenstock-Huessy bereits bei der »Daimler Werkszeitung« verfolgt hatte, war es, die damals in der deutschen Gesellschaft bestehenden Klassenunterschiede durch Dialog und gemeinsame Arbeit zu überwinden. Nach seiner Ankunft in den USA lehrte Rosenstock-Huessy an verschiedenen Universitäten. Er starb im Jahr 1973.

Christian Tröbst war 14 Jahre jünger als Freya von Moltke. Er wurde 1925 in Haunshofen in Oberbayern geboren. Seine Eltern waren Woldemar Tröbst (1893-1968) und Dr. Elsbeth Tröbst (geb. Heinrich) (1900-1970), ein Offizier und eine Psychologin. Trotz materieller Schwierigkeiten in den 1920er und 1930er Jahren hatte er eine glückliche Kindheit mit seinen Geschwistern. Die Inschrift auf dem Deckenbalken in Christians Familie, »Sub specie aeternitatis!« (Betrachte es im Lichte der Ewigkeit), sollte zu seinem Lebenswegweiser werden. Er besuchte das Ev. Gymnasium zum Grauen Kloster in Berlin. Aus seiner Schulzeit erinnerte er sich an das Verschwinden seiner jüdischen Mitschüler. Im Alter von 17 Jahren wurde er zur Wehrmacht einberufen. Im Rang eines Unteroffiziers wurde er im Kurland-Kessel schwer verwundet und geriet in britische Gefangenschaft in Dänemark, wo er bis Ende 1945 blieb. Später reflektierte er selbstkritisch über diese Zeit seines Lebens:

»Ich habe getötet und ich habe noch wenige Tage vor Kriegsende Volkssturmmänner, die meine Väter hätten sein können, in den Tod geführt. Ein junger Pfarrer, der buch-

18 Vgl. Eugen Rosenstock, Carl Dietrich von Trotha (Hrsg.): Das Arbeitslager. Berichte aus Schlesien von Arbeitern, Bauern, Studenten, Jena 1931; Walter Greiff: Das Boberhaus in Löwenberg/Schlesien 1933-1937. Selbstbehauptung einer nonkonformen Gruppe, Sigmaringen 1985; Peter Dudek: Erziehung durch Arbeit. Arbeitslagerbewegung und freiwilliger Arbeitsdienst 1920-1935, Opladen 1988.

stäblich statt meiner gefallen ist, hat mich menschlich tief beeindruckt.«[19]

Nach seiner Rückkehr aus der Gefangenschaft begann er sein Theologiestudium in Heidelberg. Seinen Unterhalt verdiente er sich durch Arbeit in einem Bergwerk.

»Aus meinen Studienjahren vermag ich leider keine Namen zu nennen, die sich mir besonders eingeprägt hätten. Wir sassen feldgrau und pfeiferauchend in den Seminaren und wunderten uns über die Probleme unserer Lehrer. Luther und Augustin studierte ich auf eigene Faust. Trost fand ich immer wieder im ›Memoria‹ Pascals und im ›Credo quia absurdum‹ des Duns Scotus.«[20]

Nach bestandenem Examen wurde er 1951 ordiniert. Sein erster Dienst als Vikar begann in Pforzheim, Baden-Württemberg. Während seines Studiums hatte er Christiane Exler kennengelernt, eine Buchbinderin, die er 1952 heiratete. Aus dieser Ehe gingen vier Kinder hervor: Tabea (geb. 1953), Stefan (geb. 1955), Ulrike (geb. 1956) und Sabine (1959-1987).

1953 trat Tröbst seine Stelle als Pfarrer in den Gemeinden Rohrbach bei Sinsheim und Steinsfurt an und bekleidete diese Position bis 1961. In dieser Zeit baute er gute Beziehungen zu den Gemeinderäten und zu anderen Pfarrern auf und organisierte Treffen des evangelischen Männerwerkes. Wichtige Ereignisse im Leben der Gemeinde waren die Kirchenwochen für die Landjugend und der Bezirksmännersonntag, bei denen Pfarrer Tröbst darauf achtete, dass intellektuell und moralisch wichtige Themen besprochen wurden.

Bücher über die wenigen Oppositionellen, die den Mut hatten, sich dem Nationalsozialismus entgegenzustellen, inspirierten Pfarrer Tröbst, besonders nachdem er Freya

19 Lebenslauf von Pfarrer Christian Tröbst, Maschinenschrift, im Besitz von Krzysztof Ruchniewicz.
20 Ebenda.

von Moltke kennenlernte und sie im Oktober 1958 zu einem Seminar im Rahmen des Männerwerks einlud. Es war mutig, einem konservativen Publikum eine solche Referentin und ein derart kontroverses Thema anzubieten. Aus dem Brief von Christian Tröbst an Freya von Moltke vom 7. Oktober 1958 erfahren wir etwas über die Region und ihre Bewohner im »Dritten Reich«. Die Auseinandersetzung mit der Geschichte des NS-Staates und der deutschen Anti- Hitler-Opposition sowie die Beschäftigung mit der eigenen Vergangenheit waren Tröbst wichtig. Er wollte, dass all das auch für seine Gemeindemitglieder relevant werde. Einige Passagen in seiner Lebensbeschreibung lassen sich als Erfahrung vieler Deutscher lesen:

»Mit der sogenannten Ära Adenauer setzte jene Restauration ein, die uns Pfarrer der Kriegsgeneration unerwartet und unvorbereitet traf. Das ganze unbegreifliche Ausmaß der Schuld, die unser Volk auf sich geladen hat, wurde einfach verdrängt, sodass ich viel zu spät erkannte, dass auch ich, genau wie mein Vater unter Hitler und mein Großvater im Kaiserreich, als Bürger versagt habe. Offenbar gibt es keine Gnade des Nullpunktes.«[21]

Die Aufmerksamkeit, die die Generation der Dreißigjährigen damals den Problemen von Schuld und Verantwortung schenkte, war nicht selbstverständlich. Im Falle von Tröbst resultierte sie aus seiner Lektüre und aus Diskussionen, die ihm einen kritischen Blick auf seine eigenen Erfahrungen ermöglichten. Diese Haltung war damals noch nicht weit verbreitet und Vorläufer der nächsten Periode in der Geschichte der Bundesrepublik Deutschland der 1960er Jahre, die eine kritische Auseinandersetzung mit der Generation der »Mütter und Väter« mit sich brachte. Zweifellos begann dieser Prozess bereits in den 1950er Jahren, nicht zuletzt durch ehemalige Mitglieder der Anti-Hitler-Op-

21 Ebenda.

position als (Mit-)Schöpfer. Nun entstand eine schwierige Auseinandersetzung mit der jüngeren Geschichte, die sich als generationsübergreifender Prozess herausstellte. Denn Fragen über das Phänomen des deutschen Nationalsozialismus werden bis heute gestellt und Antworten über das Wesen des Bösen eines in Deutschland und von Deutschen geschaffenen Systems auch von den gegenwärtigen Zeitgenossen gesucht.

Nach ihrer Übersiedlung in die USA Anfang der 1960er Jahre arbeitete Freya von Moltke weiter an der Bewahrung des Erbes ihres Mannes und des »Kreisauer Kreises«. Sie dachte aber auch über die Zukunft und über Möglichkeiten nach, die Wunden des Krieges und den durch ihn hervorgebrachten Hass zu heilen. Bereits in den 1960er Jahren träumte sie davon, dass Krzyżowa, das ehemalige Gut der Familie von Moltke und wichtiger Treffpunkt der deutschen Anti-Hitler-Opposition, in Zukunft ein »Haus der polnisch-deutschen Verständigung« werden würde.[22] Ein Vierteljahrhundert später ging dieser Traum in Erfüllung, obwohl es in den 1970er und 1980er Jahren schwierig war, solche Hoffnungen zu hegen. Der Kommunismus schien stark zu sein, und die westdeutsch-polnischen Beziehungen waren, auch wenn sie sich verbesserten, weit davon entfernt, kooperativ zu sein. Heute ist die Stiftung Kreisau für europäische Verständigung in Kreisau[23] als Begegnungsstätte für den polnisch-deutschen und europäischen Austausch tätig.

22 Freya von Moltke in einem Brief an den niederländischen Historiker Ger van Roon vom 21.3.1967, zit. nach: Brücken schlagen. Briefe zum 90. Geburtstag von Freya von Moltke, wie Anm. 5, S. 13.

23 Webseite der Stiftung Kreisau, https://www.krzyzowa.pl/de/ (letzter Zugriff: 17.3.2023). Vgl. ferner: Krzysztof Ruchniewicz: Kreisau neu gelesen. Mit einem Nachwort von Annemarie Franke, Dresden 2018; Annemarie Franke: Das neue Kreisau. Die Entstehungsgeschichte der Stiftung Kreisau für Europäische Verständigung 1989-1998. Augsburg 2017; Waldemar Czachur, Gregor Feindt: Kreisau/Krzyżowa. 1945-1989-2019, Bonn 2019.

Freya von Moltke war aktiv an ihrer Gründung beteiligt und förderte ihre Aktivitäten. In Berlin gibt es eine nach ihr benannte Stiftung, die im Jahr 2004 gegründet wurde.[24] Freya von Moltke verstarb im Jahr 2010.

Christian Tröbst arbeitete von 1961 bis 1974 als Industriepfarrer an der Evangelischen Akademie in Bad Boll. Während dieser Zeit veröffentlichte er mehrere Bücher und zahlreiche Artikel in der deutschen Presse. Nach dieser mehr als zehnjährigen Pause kehrte er in die seelsorgerische Arbeit zurück und übernahm ab 1974 die Gemeinde Reichenbach/Fils in Baden-Württemberg. Ab 1981 bis zu seiner Pensionierung 1987 war er Pfarrer der Herrnhuter Brüdergemeine in Bad Boll. Tröbst starb im Jahr 1995.

* * *

Der Briefwechsel zwischen Freya von Moltke und Christian Tröbst erstreckt sich über die Jahre 1957 bis 1959 und besteht aus zwei Teilen.[25] Der erste Teil behandelt die Genese des Kreisauer Kreises und dessen Pläne für die Zukunft Deutschlands nach dem Zusammenbruch des nationalsozialistischen Regimes. Ein wichtiges Thema der Briefe sind die moralischen Dilemmata der Mitglieder des Kreises. Freya von Moltke erläutert und verdeutlicht das Handeln der Oppositionellen und betont sehr stark die Bedeutung aller Mitglieder des Kreises, nicht nur ihres Mannes H.J. von Moltke (Brief vom 20. Mai 1957). Christian Tröbst stellt nicht nur Fragen und teilt Zweifel, sondern polemisiert auch oft mit von Moltke. Der zweite Teil der Briefe beschäftigt sich mit den Vorbereitungen für die Ankunft und das Eintreffen von Moltkes im Oktober 1958 in der

24 Vgl. Freya-von-Moltke-Stiftung für das Neue Kreisau, https://bit.ly/3Z1eRvA (letzter Zugriff: 17.3.2023).

25 In den folgenden Jahren lockerte sich der Kontakt zwischen Freya von Moltke und Christian Tröbst allmählich. Die sporadisch ausgetauschten Briefe sind nicht erhalten geblieben.

Gemeinde von Tröbst. Die Darstellung der Einwohner und Nachbarn ist ein interessantes und wichtiges Zeitdokument, das die Arbeitsbedingungen eines Gemeindepfarrers und die damalige Denkweise und Wahrnehmung des Durchschnittsdeutschen in der Provinz zeigt.

Die vorliegende Briefedition basiert auf den maschinenschriftlichen Abschriften der Briefe von Christian Tröbst und den Originalen der Briefe und Postkarten von Freya von Moltke, die im Archiv der Familie Stefan Troebst aufbewahrt werden. Die Korrespondenz ist vollständig erhalten und umfasst 21 Einheiten: zehn Durchschläge der Briefe des Pfarrers und neun Briefe und zwei Postkarten der Gräfin von Moltke. Sie haben ihre Briefe mit der Schreibmaschine geschrieben, nur Freya von Moltke hat zwei Briefe (vom 24.6.1957 und 4.8.1957) und den Text der beiden Postkarten (vom 19.5.1958 und 2.10.1958) handschriftlich verfasst. Die beiden größeren chronologischen Lücken in der Abfolge der Briefe, von August 1957 bis März 1958 und von November 1958 bis Juli 1959, sind nicht darauf zurückzuführen, dass einzelne Briefe (oder Durchschläge) nicht erhalten geblieben sind, sondern darauf, dass die Autoren in diesem Zeitraum ihren Schriftverkehr eingestellt hatten.

Der Inhalt der Korrespondenz wird in extenso wiedergegeben, wobei zur besseren Orientierung die Datumsangaben in der Briefmetrik am Anfang eines jeden Briefes vereinheitlicht wurden. In den Texten der Briefe selbst bleibt die ursprüngliche Schreibweise der Daten unverändert. Der Wechsel in der Schreibweise des Nachnamens Tröbst/Troebst ist darauf zurückzuführen, dass Christian Tröbst, gefolgt von seinen Kindern, in den 1970er Jahren den ö-Umlaut im Nachnamen zugunsten der jetzigen Schreibweise aufgegeben hat (bequemer z.B. in den USA, wo sein Sohn Stefan zu dieser Zeit studierte).

Die Herausgeber des Bandes haben die Briefe in Fußnoten kommentiert – mit kurzen Erläuterungen zu Wörtern,

Sätzen, Ereignissen, Fakten und Namen – und ihre wenigen Eingriffe in die Brieftexte in eckigen Klammern kenntlich gemacht. Bei einigen Briefen sind auch die Anhänge in den Band aufgenommen. Besonders hervorzuheben ist der Beitrag von Moltkes zur Geschichte des »Kreisauer Kreises«, einer der ersten erhaltenen Texte dieser Art. Die Korrespondenz erscheint in einer deutschen und einer polnischen Ausgabe.[26]

* * *

Wir danken an dieser Stelle Prof. Stefan Troebst für die Überlassung der Briefe, Fotos und Informationen zur Familiengeschichte. Helmuth Caspar von Moltke, Sohn von Freya und Helmuth James von Moltke, danken wir für das Verfassen des Grußwortes und die Zustimmung zum Abdruck der Briefe seiner Mutter. Dr. Anna Quirin, Geschäftsführerin der F. von Moltke-Stiftung, Berlin, danken wir für die sehr gute Zusammenarbeit und die Überlassung von Fotos. Dr. Annemarie Franke, Prof. Winfried Heinemann und Dr. Christoph Studt gilt unser Dank für die kritische Lektüre unseres Vorwortes und alle konstruktiven Ergänzungsvorschläge. Dem Wallstein Verlag danken wir für die Aufnahme dieser Ausgabe in das Verlagsprogramm.

26 Christian Tröbst, Freya von Moltke, Wiara i opozycja. Listy z lat 1957-1959, przekład i opracowanie Krzysztof Ruchniewicz i Marek Zybura, przedmowa do wydania polskiego Helmuth Caspar von Moltke, Wrocław: Wydawnictwo Centrum Studiów Niemieckich i Europejskich im. Willy'ego Brandta Uniwersytetu Wrocławskiego, 2023.

Briefwechsel zwischen
Freya von Moltke und Christian Tröbst
aus den Jahren 1957 bis 1959

[1. Christian Tröbst ⇒ Freya von Moltke, 13. Februar 1957]

13.2.1957

Hochverehrte Frau Gräfin!
Eine weihnachtliche Büchergabe von meiner Frau[1] hat ungeahnte Wirkung gehabt. Von einem Buch kam ich zum anderen, und nun steht schon ein ganzer Teil der Literatur über den Widerstand im 3. Reich bei mir. Alles, was ich da zum ersten Mal erfahre, bewegt und erfüllt mich so, daß ich darüber fast meinen eigentlichen Dienst versäume.

Jetzt, nachdem mir das ganze Geschehen in großen Zügen vor Augen steht, erscheint es mir unfaßlich, wie man so lange daran vorbeisehen konnte – als Pfarrer! Und erst recht erscheint es mir unfaßlich, daß – jedenfalls soweit ich sehe – unser ganzes Volk immer noch, oder schon wieder, daran vorbei sieht. Was ist da eigentlich los – mit unserer Regierung, mit unseren Parteien, aber vor allem mit unserer Kirche?

Es liegt wohl in der Natur der Sache, daß – vermutlich sogar der größere Teil der damaligen Widerstandskämpfer – heute in irgend einer Schublade der Geschichte abgelegt worden sind. Nämlich jene, deren Widerstand so sehr von dem Gegner bestimmt war, dem sie widerstanden, daß sie, als der Gegner erledigt war, zugleich mit ihm erledigt waren. Viele waren in ihrer rein negativen Haltung eigentlich nur die Kehrseite der Medaille und damit im gleichen Augenblick außer Kurs gesetzt, als die Medaille nichts mehr galt. Das ist tragisch für jene wackeren Leute, aber ganz natürlich, weil das »contra« allein noch nie Geschichte gemacht hat.

1 Christiane Tröbst (geb. Exler), 1928-2019. Geboren in Kolmannskuppe bei Lüderitz (heute Kolmanskop in Namibia) im britischen Protektorat Southwest Africa. 1939 erfolgte die Rückkehr der Familie nach Deutschland.

Je länger ich aber in diesen Büchern krame, um so stärker wird in mir das Gefühl, daß es um den »Kreisauer Kreis« eigentlich ganz anders bestellt war, ja daß man diese Gruppe gar nicht in einem Atemzug bzw. in einem Buch mit den ›unentwegten‹ Widerstandskämpfern nennen sollte. Nicht nur deshalb, weil sie ja in ihrem Denken und Planen den Zusammenbruch des 3. Reiches bereits, hinter' sich hatten, während die anderen ihn als Ziel ›vor‹ sich sahen, sondern weil die Kreisauer wirklich mit der Realität Gottes rechneten und dadurch eine ungeheuere Überlegenheit hatten. Die Äußerung v. Hassels in seinem Tagebuch S. 340 ist ja so typisch: »Ich habe bei ihm (v. Moltke) immer etwas Bedenken wegen seiner unreal-politischen Mentalität.[2] Genau so mußte das dem alten Konservativen, der Glauben mit Idealismus verwechselt, vorkommen. Aber dazwischen liegen Welten.

Nach allem, was ich bis jetzt gelesen habe – von Annedore Leber bis Margret Boveri[3] – wird der Kreisauer Kreis, dessen Herz doch jedenfalls Graf Moltke war, immer als Widerstandsgruppe innerhalb verschiedener anderer Gruppen dargestellt. Und das scheint mir einfach darum nicht richtig, weil der Widerstand den Kreisauern nie Selbstzweck, sondern eine den augenblicklichen Verhältnissen entsprechende, notwendige und sicher auch notvolle Verhaltensweise war. Sie wollten doch viel mehr, als nur widerstehen. Ihr eigentliches Wollen war Aufbauen und

2 Ulrich von Hassell: Vom anderen Deutschland. Aus den nachgelassenen Tagebüchern 1938-1944, Zürich 1946. Von Hassell (1881-1944), deutscher Diplomat und Kommunalpolitiker; wegen seiner Verbindungen zu den Widerstandskämpfern des 20. Juli 1944 verhaftet, zum Tod verurteilt und in Berlin-Plötzensee hingerichtet.

3 Annedore Leber (Hrsg.): Das Gewissen steht auf. 64 Lebensbilder aus dem deutschen Widerstand 1933-1945, gesammelt und hrsg. in Zusammenarbeit mit Willy Brandt und Karl Dietrich Bracher, Berlin (West), Frankfurt a.M. 1954; Margret Boveri: Der Diplomat vor Gericht, Berlin 1948; Der Verrat im 20. Jahrhundert, Reinbek b. Hamburg 1956.

Aufrichten. Wie denn auch der 20. Juli keine eigentliche Kreisauer Angelegenheit war.[4] Daß dann fast alle aus jenem Kreis zusammen mit den ›Nur-Widerstandskämpfern‹ hingerichtet wurden, besagt ja gar nicht, daß sie auch alle jene doch nur sehr negativen Ziele verfochten hätten.

Ich merke, daß ich mich undeutlich ausdrücke. Was ich sagen will ist einfach dieses: Man müßte etwas tun, daß der Kreisauer Kreis nicht immer nur in der Gesellschaft der Widerstandskämpfer erwähnt wird, sondern daß ihre eigenständige, weit über das Widerstehen hinausgehende Bedeutung klar wird. Nicht weil es nicht ehrenvoll wäre, dort zu stehen, sondern weil die Kreisauer geistig und geistlich einfach höher stehen. Der Rahmen ›Widerstandsbewegung‹ ist zu eng, um die Fülle dessen, was da lebendig war, zu fassen.

Es ist die Frage, ob ich das so ungefähr richtig sehe. Es ist mir wirklich eine Frage. Und da die Männer, die sie mir beantworten könnten, nicht mehr am Leben sind und ich den Bundestagspräsidenten[5] schlecht danach fragen kann, darum wende ich mich, verehrte Frau Gräfin, an Sie. Es ist die Frage eines Dreißigjährigen, der Menschen sucht, an denen man sich orientieren kann.

4 Am 20. Juli 1944 erfolgte im Führerhauptquartier Wolfsschanze (Ostpreußen) ein Attentat auf Adolf Hitler, mit dem der militärische Widerstand im »Dritten Reich« einen Machtwechsel an der Spitze des Staates herbeiführen wollte. Der von Claus Schenk Graf von Stauffenberg mithilfe einer Sprengladung ausgeführte Anschlag schlug fehl. Über zweihundert Verschwörer aus dem Adel, der Wehrmacht und der Verwaltung, die vielfach Kontakte zum Kreisauer Kreis hatten, wurden hingerichtet.

5 Bundestagspräsident war damals (1954-1969) Eugen Gerstenmaier (1906-1986), Theologe und Politiker (CSU). Als Mitglied des Kreisauer Kreises und Mitwisser der Pläne zum Attentat auf Adolf Hitler wurde er nach dem misslungenen Anschlag Stauffenbergs am 20. Juli 1944 verhaftet und (dank der Fürsprache des stellvertretenden Reichspressechefs Helmut Sündermann bei Roland Freisler) nur zu sieben Jahren Zuchthaus verurteilt.

Wenn ich richtig sehe – und ich habe das Gefühl – darf man dann wirklich sagen, was im Vorwort zu den Letzten Briefen steht: »Die Pläne und Taten Moltkes und seiner Freunde gehören der Vergangenheit an. Was dort geschah, ist in der Flut neuer Ereignisse untergegangen«.[6]

Als Feststellung ist das natürlich richtig und sofern die Kreisauer unter anderem auch Kämpfer gegen ein ganz bestimmtes Regime waren, gehören sie zusammen mit diesem Regime der Vergangenheit an. Aber mir ist das einfach zu bequem. Es ist doch mit Händen zu greifen, daß da Dinge gedacht und gelebt wurden, an die die »Flut neuer Ereignisse« einfach nicht ran kann. Dinge, die nun wirklich ein »köstlicher Schatz in irdenen Gefäßen« waren. Wo ist dieser Schatz, oder anders, wo ist diese »Legende«, die nach Meinung des Grafen Moltke geschrieben werden müßte? Das frage ich, verehrte Gräfin, nicht Sie, das frage ich unsere Kirche. Wie laut muß man denn Gott noch reden, bis wir ihn endlich hören. Die Letzten Briefe sind doch wirklich keine Literatur, sondern eben »Dokumentation Gottes«.[7]

Und nun bewegt es mich einfach: Ist denn jetzt jemand dabei, der nicht nur die Gabe, sondern auch die »Gnade« hat, Kreisau und vor allem das Leben des Grafen Moltke darzustellen, so wie man es allein darstellen kann? Eben nicht von einem politischen oder historischen oder menschlichen Blickpunkt aus, solcher Darstellungen wird es viele geben, sondern wirklich, sub specie aeternitatis', wie er selbst es angedeutet hat mit den wunderbaren Worten: »Alles bekommt nachträglich einen Sinn, der verborgen war.«[8] Solches müßte geschrieben werden – nicht um des Grafen

6 Helmuth J. Graf von Moltke (1907-1945): Letzte Briefe aus dem Gefängnis Tegel. Berlin 1951, S. 24. Im Folgenden als Letzte Briefe zitiert.

7 Ebd., S. 52, 58.

8 Ebd., S. 56; sub specie aeternitatis – lat.: im Lichte der Ewigkeit.

willen, sondern um des willen, was in Matthäus 5:14-16 geschrieben steht.[9] Soli Deo gloria ...[10]

Ich möchte Ihnen, verehrte Frau Gräfin, mit meinem Brief keine Mühe machen. Vielleicht ist auch alles, was ich geschrieben habe, ›unreal‹, wie v. Hassel sagen würde. Es ist nicht gut, wenn man sich seiner selbst nicht sicher ist, aber vielfach ausgeglichen, wenn man sich nur der Gnade Gottes sicher ist. Vielleicht ist auch meine Anrede nicht richtig, aber das bekümmert mich nicht. Ich denke, manche der Freunde Ihres Mannes wußten auch nicht gleich, wie man eine Gräfin im Brief anredet. Ich bin einfach dankbar in meinem stillen Landpfarrerdasein für die wunderbare Begegnung mit dem Grafen v. Moltke in seinen Letzten Briefen, und das wollte ich Ihnen, verehrte Frau Gräfin, sagen.

Mit guten Wünschen und mit vorzüglicher
Hochachtung bin ich
Ihr
[Chr. Tröbst]

9 »Ihr seid das Licht der Welt. Es kann die Stadt, die auf einem Berge liegt, nicht verborgen sein. Man zündet auch nicht ein Licht an und setzt es unter einen Scheffel, sondern auf einen Leuchter; so leuchtet es allen, die im Hause sind. So lasst euer Licht leuchten vor den Leuten, damit sie eure guten Werke sehen und euren Vater im Himmel preisen.«

10 Lat.: Gott allein [sei] die Ehre.

[2. Freya von Moltke ⇒ Christian Tröbst, 26. März 1957]

Berlin-Wannsee,
Am Kleinen Wannsee 29 B
den 26. März 1957

Lieber Herr Pastor,
sehen Sie, ich mache es mir nun leicht mit der Anrede. Ich kann nämlich leider Ihren Namen nicht mit Sicherheit lesen. Noch lieber hätte ich nämlich ‚Lieber Herr Tröb … (und nun bin ich nicht mehr sicher, ist es) sch oder st? (Oder gar Fröbel?) Das ist eine viel unangenehmere Frage für mich[11] als für Sie die, wie man mich anredet, da ich das letztere selbst nicht weiß. Mit Ihrem schönen Brief hätten Sie mich jedenfalls mit, liebe Frau von Helmuth von Moltke' anreden können. Ich danke Ihnen sehr für Ihren Brief. Er war stärkend. Seitdem ich von Südafrika zurück bin – das ist jetzt etwa ein Jahr her –, wo ich 9 Jahre lang mit meinen beiden Söhnen gelebt habe,[12] habe ich nämlich viel Ähnliches gedacht wie Sie in ihrem Brief an mich schreiben. Mir ist es auch unfaßlich, wie es kommt, daß so viele Menschen in Deutschland von all dem, was geschehen ist, nichts wissen. D.h. unfaßlich ist es mir eigentlich nicht, aber es ist für mich eine traurige Tatsache. Die Älteren denken ungern an das Hitler-Deutschland. Sie meinen, sie müßten nur nach vorn denken, sie hätten soviel zu tun, zuviel laste auf ihnen, den wenigen Übriggebliebenen, und außerdem haben sie ein schlechtes Gewissen und wollen gerne vergessen. Also den-

11 Weil Freya von Moltke die Unterschrift Tröbsts nicht lesen konnte, schnitt sie mit einer Schere dessen Namen aus seinem Brief aus und klebte ihn auf den Umschlag ihres Briefes an ihn, wobei sie in der Adresse dem Namen ein »H.« voranstellte, weil sie »Chr.« falsch gelesen hatte.

12 Aus Südafrika (der Heimat ihrer Schwiegermutter) kehrte Freya von Moltke 1956 zurück, wo sie seit 1947 lebte; Helmuth Caspar (*1937) und Konrad (1941-2005) von Moltke.

ken sie auch ungern an den Widerstand: das gehört zusammen. Aber so wissen auch die Jungen nichts davon, und das ist noch sehr viel schlimmer. Schuldig sind sie ja sicher nicht an unserer Schuld, aber sie müssen doch mit ihrem Gewicht und allem, was dazu gehört, beladen werden, damit nicht wieder ein vollkommener und höchst gefährlicher Bruch zwischen den Generationen entsteht. Sie müssen ja doch auf uns aufbauen, also müssen sie auch wissen, aber nicht nur mit dem Kopf – das genügt nicht – sondern sie müssen es erfahren haben. Das tun sie aber nicht. Wie kann man das erreichen? Sie tun es z.B., wenn sie sich Das Tagebuch der Anne Frank ansehen.[13] Das habe ich gemerkt. Aber weil die Alten nicht heranwollen, bekommen die Jungen Wesentliches nicht mit. Aber sie müßten es mitbekommen!

Sie sprechen von den Kreisauern. Ja, eine wesentliche Darstellung der Kreisauer ist unbedingt notwendig. Das beschäftigt mich seit meiner Rückkehr.

Es fehlt die Lebensgeschichte mit Planen und Wirken, der Kreis, seine höchst praktischen und untheoretischen, wirkungskräftigen Naturen, ihr ›Widerstand‹ und ihre Zukunftsschau. Da ist vieles zu berichten, und sicherlich sind da auch noch viele zukunftsträchtige Gedanken. Darauf bezieht sich der von Ihnen zitierte Satz aus der Einleitung zu den Briefen.

Und es gibt die Todesgeschichte. Daß sie Christen waren und die Kraft zu Leben und Wirken aus dem Glauben nahmen und sich dessen bewußt waren, macht sie im Leben für viele vielleicht zu nichtrealpolitischen Menschen, aber ihre dauernde und über Nur-Deutsches hinausgehende Bedeutung gewannen sie erst durch ihren Tod, in den sie den Glauben hineinnahmen.

13 Das Tagebuch der Anne Frank. 14. Juni 1942-1. August 1944, Heidelberg 1950.

Zu diesen beiden Seiten schrieb mir meines Mannes und mein Freund Rosenstock-Huessy (er ist Ihnen vielleicht durch seine Bücher bekannt, sonst müssen Sie ihn schleunigst kennenlernen)[14] folgendes: »Dein Unternehmen wird immer darunter leiden, daß Leben und Leiden Deiner Helden nicht wirklich aufeinander bezogen sind.

Der Gattungsmensch ›Yorck‹ und ›Moltke‹ ging ans Kreuz, der von Dir erschaute Einzelne hätte als Einaltrige Person des Friedens natürlich eine andere Folge von Blüte und Frucht verkörpern dürfen. Plutarch und die Evangelien hat zwar das 19. Jahrhundert in seiner weltlichen Verblendung b e i d e als Biographien lesen wollen. Aber sie haben damit nur sich selber verblendet. Die Lebensgeschichte und die Todesgeschichte sind zwei entgegengesetzte Vorgänge. Das Evangelium von den Kreisauern und die schöne Jugend vollsaftiger Naturen wie Reichwein oder Mierendorff[15], das sind entgegengesetzte Texte, so wie Jugendbewegung und Langemarkkämpfer[16] 2 Träume sind, die erst einander voll

14 Eugen Moritz Friedrich Rosenstock[-Huessy, seit 1925] (1888-1973) – deutsch-amerikanischer Rechtshistoriker und Soziologe, »Erzvater des Kreisauer Kreises« (Walter Hammer).

15 Adolf Reichwein (1898-1944) – deutscher Pädagoge und Kulturpolitiker (SPD); als Mitglied des Kreisauer Kreises und aktiver Widerstandskämpfer verhaftet und in Berlin-Plötzensee hingerichtet. Carl Mierendorff (1897-1943) – deutscher Politiker (SPD), Sozialwissenschaftler und Schriftsteller; Mitglied des Kreisauer Kreises, mit Reichwein befreundet, kam in Leipzig bei einem alliierten Luftangriff ums Leben.

16 Jugendbewegung: unter der bürgerlichen Jugend der ersten Jahrzehnte des 20. Jahrhunderts verbreitete Begeisterung für das Naturerleben, verstanden als bewusste Abkehr von der industrialisierten städtischen Lebensweise. – Die Langemarckkämpfer waren Teilnehmer eines Gefechts am 10. November 1914 in der Nähe des belgischen Ortes Langemarck nördlich von Ypern im Rahmen der für die Deutschen verlustreichen Flandernoffensive. Schon einen Monat darauf begann in Deutschland die Legende über die Helden von Langemarck aufzukeimen, die, sogenannte junge Reserveregimenter, in den tödlichen Kampf unter dem Gesange des Deutschlandliedes gezogen wären. Ein politischer Mythos entstand: »das erste bedeutende Beispiel verschiedener erfolgreicher Versuche in

ausdeuten, aber mitnichten dasselbe sind, sondern das entgegengesetzte.«

Sub specie aeternitatis sind meines Mannes beiden Briefe geschrieben. Kann man es deutlicher, kann man es besser, kann man mehr schreiben? Es ist doch alles da, meine ich.

Wenn ich also auf den Satz der Einleitung, den Sie zitieren, zurückkomme, so spricht er von der Geschichte des Lebens. Lesen Sie aber bitte weiter bis zum Ende. Es folgt der Hinweis auf die Geschichte des Todes. Auf die kommt es doch vor allem an und die Kreisauer sind verschieden von anderen Widerstandskämpfern vor allem, wenn man sie vom Ende her sieht, auf das ihr Leben zielte. Man muß sie von ihrem Tode her sehen. Es ist schwer, das alles wirklich in einer Darstellung deutlich zu machen. Glauben Sie das nicht auch? Mir ist das ein höchst wichtiges Anliegen und ich wäre sehr dankbar Ihre weiteren Gedanken zu dieser Frage zu hören oder zu lesen. Nur das Allerbeste wäre für eine solche Darstellung gut genug. Aber ich bin, obwohl ich sie heute noch nicht entstehen sehe, ganz getrost, daß dieses Erbe uns erhalten bleiben wird. Gott hat so deutlich gesprochen, er wird auch weiter wirken.

Wenn Sie mir wieder schreiben, bitte helfen Sie mir, Ihren Namen richtig zu schreiben, und Sie nennen mich genau wie Sie wollen. Es gibt kein ›man‹ mehr!

Wie dankbar und froh bin ich, daß Sie allem, was mein Leben ausmacht, nun begegnet sind. Ich grüße Sie und Ihre Frau, die es verursacht hat, mit vielen herzlichen Grüßen und Wünschen.

Ihre
Freya von Moltke

diesem Krieg, militärische Niederlagen in moralische Siege umzudeuten« (Bernd Hüppauf: Schlachtenmythen und die Konstruktion des »Neuen Menschen«). Die Goebbels'sche Propaganda setzte ihn im Zweiten Weltkrieg zur Hebung der Heeresmoral und Disziplinierung der Gesellschaft massiv ein.

[3. Christian Tröbst ⟹ Freya von Moltke, 6. April 1957]

6. April 1957

Verehrte, liebe Frau Gräfin!
Also das war eine ganz große Freude, die da mit Ihrem Brief in unser Haus kam. Der wievielte mag es sein, den Sie ihrem Mann zuliebe geschrieben haben? Es hätte mich wirklich nicht verdrossen, wenn Sie mein Schreiben dankbar zur Kenntnis genommen und dann irgendwo abgelegt hätten. Aber nun haben Sie ein Gespräch begonnen, das ich nur allzu gerne fortsetzen möchte, weil mich der Name Moltke bewegt, wie mich außer der Bibel und meiner Ehe sonst nichts bewegt. Ich kann es nicht erklären, ich weiß nur, daß die Lebensspur dieses Menschen nicht verweht werden darf.

Nicht weil hier ein groß angelegter, aufrechter Mann entschlossen für eine Sache in den Tod gegangen ist – das ist allenfalls imponierend als menschliche Leistung – aber wer es nicht hören will, dem ist es auch nicht verpflichtend, sondern weil hier unter vielen einer gewürdigt ist stellvertretend als Sühneopfer sein Leben dahinzugeben, und das geht alle an!!!

Auch wenn es hart klingt, wenn ich es einfach so sage, aber für mich ist das ganze ein hochtheologisches Ereignis. So als dulde Gott solch wahnsinniges Elend wie es über die Welt gekommen ist nur darum, daß aus diesem Ofen des Elends dann solch ein Leben, solch ein Mensch herauskristallisiert wird. Dann wäre der Graf M. die von Gott gewollte Frucht, das Ziel, das aus diesem Umbruch der Menschheit hervorgehen sollte und hervorgegangen ist, und damit – erschreckend zu sagen – die heimliche Rechtfertigung des Chaos. Neben ihm natürlich auch noch andere. Das ist die Spur, die nicht verweht werden darf.

Bei der Darstellung des Lebens von Graf Moltke dürfte also gerade kein Heldenepos geschrieben werden, keine

Idealgestalt gewiegt werden, der man nacheifern könnte oder sollte, sondern es müßte die Darstellung eine Auslegung dessen sein, was bei Jesaja 50:4 steht:

> Er weckt mich alle Morgen, er weckt mir das Ohr, daß ich höre wie ein Jünger. Der Herr hat mir das Ohr geöffnet und ich bin nicht ungehorsam und gehe nicht zurück. Ich hielt meinen Rücken dar, denen, die mich schlugen und meine Wangen, denen die mich rauften, mein Angesicht verbarg ich nicht vor Schmach und Speichel. Aber der Herr hilft mir, darum werde ich nicht zu Schanden, darum habe ich mein Angesicht dargeboten wie einen Kieselstein, denn ich weiß, daß ich nicht zu Schanden werde.

Gerade an dieses Bild von dem Kieselstein mußte ich denken bei der Fotografie, die in dem Artikel in »Christ und Welt« zu sehen war.[17] Das, liebe Frau Gräfin, ist es, was mich so erregt und fast fiebern läßt, die »Theologie«, die aus den letzten Briefen spricht, und die – scheint mir – hat noch keiner verstanden, am allerwenigsten können die »Jünger des Ignatius«[18] dieses evangelischste Evangelium verstehen. Ich wüßte nur einen, der das hätte darstellen können, aber der lebt nun nicht mehr, oder besser, der wird sich nun mit ihrem Mann in einer anderen Welt darüber unterhalten, und das ist Jochen Klepper. So wie er den Vater geschrieben hat,[19] so müßte Der Graf geschrieben werden.

17 Eugen Gerstenmaier, Graf Moltke und die Kreisauer. In: »Christ und Welt«, 21.3.1957. Das später vielfach reproduzierte Foto zeigt Helmuth James von Moltke auf der Anklagebank vor dem Volksgerichtshof.

18 D.h. die Jesuiten (nach dem Ordensbegründer Ignatius von Loyola), im allgemeineren Sinne hier: die Katholiken.

19 Jochen Klepper (1903-1942) – deutscher Theologe und Schriftsteller. In seinem Roman »Der Vater« (1937) entwarf er ein Bild des preußischen Königs Friedrich Wilhelm I., der seine Herrschaft als Dienst am Staate auffasst und streng nach göttlichen Geboten

Ein Buch, wonach Offiziere und Pfarrer, Adel und Arbeiter gleichermaßen greifen und das man lesen kann, während die Glocken läuten. Nüchtern und ehrlich vor allem auch in der Darstellung der sicherlich vorhandenen Fehler und Schwächen dieses Mannes, in der Darstellung seiner ganzen Unzulänglichkeit – nur keine Idealisierungen – und gerade angesichts der Schwachheit und Alltäglichkeit um so unbegreiflicher der unbegreifliche und unaussprechliche Anspruch Gottes an gerade diesen Menschen. Einem Anspruch, dem er sicherlich nicht mit heller Begeisterung und Freudigkeit, sondern oft nur mit Zittern und Zagen nachgekommen ist – aber: »Ich bin nicht ungehorsam und gehe nicht zurück!«

Was mir also vor Augen steht, ist nicht eine Darstellung des Kreisauer Kreises, d.h. die muß natürlich geschrieben werden als Voraussetzung dessen was ich meine, was mir vor Augen steht, ist die Darstellung des »schwachen komplizierten Menschen«, der das Wunder der »Gnade Gottes« erlebt,[20] also kein »Heiliger« im Sinne der katholischen Kirche, sondern ein begnadeter Sünder im Sinne Luthers. Und dabei wären die politischen Zeitumstände, die Kreisauer Freunde, der Beruf, das Gut usw., der ganze historische Vorgang nur der Rahmen, in dem das Wunder Ereignis wird.

gestaltet. Klepper (der deshalb sein Buch nicht als historischen, sondern als einen »christlichen« Roman begriff) schuf damit ein in historisches Kostüm getarntes Gegenbild zum Führerkult der Nationalsozialisten. Die Reichsschrifttumskammer, die den »Vater« gerade als Verherrlichung des Führerprinzips missverstanden hatte, erteilte eine Sondergenehmigung für den Druck des Werks. Das Buch wurde zum Bestseller, der bis zum Kriegsende (Pflichtlektüre der Wehrmachtoffiziere) in 100.000 Exemplaren abgesetzt werden konnte. Weil die Frau des Schriftstellers und seine Stieftochter nach den Nürnberger Rassegesetzen Jüdinnen waren und somit von der Deportation bedroht waren, beging die Familie gemeinsam Selbstmord.

20 Vgl. Letzte Briefe, S. 51.

Mir ist darum die von Rosenstock-Huessy aufgestellte Zweiteilung in Lebensgeschichte und Todesgeschichte einfach zu konstruiert und mechanisch. Was im Vorwort zu den Briefen steht, habe ich nachher nochmals gelesen und schon richtig verstanden, so muß und so kann man es ja auch nur sagen. Aber warum nach R. das nun zwei entgegengesetzte Texte sein sollen, das ist mir nicht klar. Das kann doch nicht heißen, daß jene Männer ganz zuversichtlich ein Lebensziel vor Augen hatten, das sie mutig anstrebten und dann, als sie plötzlich in Haft kamen, noch schnell umschalteten und also christlich starben. Und wie kann man sagen, daß ihr Leben und Leiden nicht wirklich aufeinander bezogen waren? Ich kenne R.H. von einigen seiner Bücher und habe auch hier Umgang mit zwei jungen Menschen, die unlängst sein Buch Des Christen Zukunft übersetzt und herausgegeben haben,[21] sie arbeiten hier bei Lanz in Mannheim[22] und kommen zum Wochenende öfters heraus. Ich lese alles mit Spannung, aber auch mit Mühe, denn er geht durch die Epochen wie unsereiner durch die Tageszeiten und durch die Kontinente wie unsereiner von Dorf zu Dorf. Die Streuungsbreite seiner Aussagen ist immer so weit und unplaziert, daß man nie ganz sicher ist, was er denn nun eigentlich treffend sagen will.

Das ist doch das Erregende an den Letzten Briefen, daß die Brücke von der Lebensgeschichte zur Todesgeschichte, oder umgekehrt, da noch geschlagen wird. Auf Seite 54/55 beginnt ja jene wunderbare Rückschau auf das vergangene Leben, wo alles, auch das scheinbar Zufällige, auf einmal seinen wunderbaren Sinn erhält. Sie kennen ja sicher das Lied von Elisabeth Eleonore v. Sachsen-Meiningen[23]: Gott

21 Des Christen Zukunft, oder Wir überholen die Moderne. München 1956. Das Buch wurde von Christoph von dem Bussche und Konrad Thomas ins Deutsche übersetzt.

22 Gemeint ist die Landmaschinenfabrik Heinrich Lanz AG.

23 Tröbst denkt an die Kirchenliederdichterin Elisabeth Eleonore von Braunschweig-Wolfenbüttel (1658-1729).

mein Trost und mein Vertrauen …, da heißt es im letzten Vers:

> Kann ich von des Himmels Höhen einst mein Leben übersehen /
> oh, dann sprech ich tief gerührt: Selig hast du mich geführt.

Über dichterischen Geschmack läßt sich streiten, aber die biblische Wahrheit, die in diesen Versen zum Ausdruck kommt, ist unbestreitbar. Und das, was nach ihr erst in des »Himmels Höhen« geschehen soll, das geschieht bei Graf v. Moltke wunderbarer Weise noch wenige Stunden vor seinem Scheiden in der Zelle von Tegel.[24] Er sieht auf einmal, daß seine Lebensgeschichte und seine Todesgeschichte von ein und derselben Hand geschrieben worden ist, daß es keine entgegengesetzten Texte sind, sondern eine »selige Führung« zu der er nur Ja sagen kann. So sehr ist beides aufeinander bezogen, daß es, sollte er doch noch weiter leben dürfen, eines ganz neuen Auftrages bedürfte. Er wußte doch während seiner oft illegalen Lebensgeschichte, daß der Tod immer ums Haus war und jeden Augenblick hätte eintreten können in Gestalt irgend eines Schwarzuniformierten – und eben darum wußte er auch, daß das »Leben und die Auferstehung« in seiner Zelle waren, als der Tod nach ihm griff.

Ich bin der Überzeugung, daß die ganze Konzeption der Lebensbeschreibung des Grafen von Moltke vollständig in den Briefen enthalten ist, daß da die Gliederung, der Aufbau, die Fundamente und die Ausgangsposition sowie das

24 Die Justizvollzugsanstalt Tegel im Berliner Bezirk Reinickendorf wurde 1898 in Betrieb genommen und ist heute die größte geschlossene Strafvollzugsanstalt Deutschlands für männliche erwachsene Strafgefangene. In der Nazizeit wurden dort u.a. Carl von Ossietzky, Bernhard Lichtenberg und Dietrich Bonhoeffer festgehalten.

anzustrebende Ziel in letzter offenbarungsgewirkter Klarheit niedergelegt worden ist. Ja ich möchte sagen, manches, was da angedeutet ist, ist so schön und so groß, daß der Graf selbst nicht gewußt hat, was er da schreibt und wie er dazu kommt, da war er wirklich nur noch ganz Ohr, das die Worte, die da zu ihm kamen, aufgefangen und niedergeschrieben hat.

> »Der Herr hat mir das Ohr geöffnet, daß ich höre wie ein Jünger.«

Ich habe leider immer noch nicht die beiden Bücher von Pechel und Rothfels über den Widerstand auftreiben können,[25] ich weiß also vom persönlichen Leben des Grafen überhaupt nichts. Vielleicht sprechen gerade darum die Briefe so laut zu mir. Mein Patenonkel Prof. Herzfeld, Historiker in Berlin[26], sagte mir kürzlich in München, daß Rothfels weiterhin an der Erforschung des Kreisauer Kreises arbeitet. Was Gerstenmaier anbelangt, so muß man ihn achten, aber ich glaube, es ist schwer, ihn zu lieben. Was Boveri bei Rowohlt schreibt, ist ja glänzend und ungemein klar gesehen, aber es bleibt alles im Psychologischen stecken. Das gleiche gilt von P. Lothar, dessen Hörspiel ich unlängst in die Hände bekam.[27] Fabelhaft knapp und

25 Deutscher Widerstand. Hrsg. von Rudolf Pechel, Zürich 1947; Hans Rothfels: Die deutsche Opposition gegen Hitler. Eine Würigung. Krefeld 1949.

26 Hans Herzfeld (1892-1982) – einer der wenigen deutschen Historiker, die, durch die Nazizeit nicht belastet, gleich 1945 ihre im »Dritten Reich« unterbrochene akademische Laufbahn fortsetzen konnten. Herzfeld war seit gemeinsamer Kriegsgefangenschaft auf der Insel Oleron am Ende des Ersten Weltkriegs mit Christian Tröbsts Vater Woldemar Tröbst befreundet. Vgl. Hans Herzfeld: Aus den Lebenserinnerungen, hrsg. v. Willy Real, Berlin, New York 1992.

27 Peter Lotar, eigentlich Lothar Chitz (1910-1986) – Schweizer Autor, Theaterregisseur und Schauspieler jüdischer Herkunft aus Prag. Das Hörspiel konnte nicht identifiziert werden.

geschliffen in den Dialogen, wirklich ein großer Wurf. Aber für die Darstellung des Diabolischen hat er entschieden mehr Talent als für die Darstellung des Gegenteils. Dort, wo es wirklich akut wird, wo die eigentlichen theologischen Aussagen fallen, da wird er dünn oder er rettet sich in den Brief.

Aber nun muß ich wirklich schließen. Morgen ist doch Konfirmation, und da gibt es noch viel vorzubereiten. Was mich, liebe Frau Gräfin, so beglückt hat, das war das Bewußtsein, daß Sie mich verstanden haben und ebenso – daß Sie eine Sprache sprechen, die ich sofort verstehe. Das ist ja nicht selbstverständlich. Schließlich: Was gibt es doch für Pfarrer, und – was für Gräfinnen! Als Dank für den Zeitungsausschnitt (den ich natürlich schon hatte, wie werde ich mir sowas entgehen lassen) eine kleine Gegengabe.[28] Wenn ich, als ich es schrieb, die Letzten Briefe schon gekannt hätte, dann wären die sicher darin vorgekommen, von wegen 1. Kor. 13.

Nun muß ich doch noch mit einem neuen Blatt Ihre Geduld bemühen. Sonst muß ich meinen Namen so klein darunter schreiben, daß Sie ihn wieder nicht lesen können. Aber über dieses Thema könnte ich noch manche Seite schreiben. Es reut mich nur, daß ich im Januar 14 Tage lang als Gast in einem Potsdamer Pfarrhaus[29] war und nicht wußte, daß ich Sie drei Bahnstationen weiter hätte aufsuchen können. Ich hätte es getan! Aber dafür möchte ich doch sagen, wenn Sie, liebe Frau Gräfin, in diesem Sommer in die Heidelberger Gegend kommen, dann fahren Sie bitte nicht an unserem schönen Rosenpfarrhaus vorbei. Und wenn Sie gar länger Zeit haben, dann wartet ein kleines

28 Tröbsts Text konnte nicht identifiziert werden.

29 Der mit der Familie Tröbst befreundete Potsdamer Pfarrer war der spätere dortige Superintendent Friedrich-Wilhelm Viebeg (um 2000 gestorben), zwischenzeitlich Pastor in Luckenwalde.

Gästezimmer auf Sie. Es hat nur einen Nachteil, nämlich die Nachtigallen, die pfeifen manchmal fast zu laut.

Zum Schluß möchte ich doch das eine sagen, das mich so beglückt. Die unentwegte Beschäftigung mit unserem Thema, die zu meinem eigenen Verwundern sich dauernd steigert, zieht mich von meiner eigentlichen Arbeit als Pfarrer nicht ab, sondern führt mich nur um so stärker und freudiger dahin. Plötzlich gefällt es Gott fernab unserer ganzen patentierten Kirchlichkeit einen Mann, einen »Laien« auftreten zu lassen, der uns Pfarrer in aller Vollmacht zur Raison ruft. So werde ich morgen freudig die Kinder konfirmieren.

Mit guten Gedanken und Wünschen bin ich
Ihr
[Chr. Tröbst]

[4. Christian Troebst ⟹ Freya von Moltke, 30. April 1957]

30.4.1957

Verehrte, liebe Frau Gräfin!
Die für den Pfarrer ebenso schönen wie mühevollen Fest- und Feiertage mit den vielen Gottesdiensten sind vorbei und schon ist das »Thema« wieder da und treibt mich um. Als ich meinen letzten Brief einwarf, da habe ich mir ausgerechnet, wann frühestens die Antwort aus Berlin da sein könnte. Statt dessen haben Sie mir Gelegenheit gegeben, mich wieder einmal ganz gründlich in der christlichen Tugend der Geduld zu üben. Aber langsam wird aus der Geduld eine Betrübnis, denn ich zerbreche mir den Kopf, womit ich Sie in meinem letzten Brief verstimmt habe. Sie selbst hatten ja geschrieben, Sie wären dankbar, meine weiteren Gedanken über diese Frage zu hören oder zu lesen.

Waren diese Gedanken so ketzerisch? Ich habe den Brief eben nach drei Wochen wieder einmal gelesen und finde ihn, von einigen extremen Formulierungen (mein altes Übel) abgesehen, immer noch ganz in Ordnung. D.h. mit Rosenstock-Huessy muß man natürlich vorsichtiger umgehen als ich es getan habe. Aber der kurze Sinn meiner langen Rede war doch, daß ich dem Satz von R.H. nicht zustimme, in dem es heißt:

> »Dein Unternehmen wird immer darunter leiden, daß Leben und Leiden Deiner Helden nicht wirklich aufeinander bezogen sind.«

Ich glaube nicht, daß dieses Unternehmen leiden wird, ich glaube, daß es leben wird! Nämlich dann, wenn man ernst macht mit Ihrem eigenen Wort: man muß sie von ihrem Tode her sehen.

Aber ich will Sie heute, liebe Frau Gräfin, mit meinen Gedanken nicht behelligen, ich wollte Ihnen nur eine Lesefrucht mitteilen, die mir so ein bißchen aus dem Herzen geschrieben ist. Meine kleine Konfirmandenschar aus dem Filialdorf, von denen ich das letzte mal schrieb, hat mir aufmerksamerweise nach der Konfirmation ein Handbuch des Kirchenkampfes von Wilhelm Niemöller geschenkt[30], das jetzt ganz neu herausgekommen ist. Da fand ich in der Einleitung im Blick auf die Darstellung der Bekennenden Kirche Gedanken geäußert, die mir so deutlich bei der Darstellung des Lebens und Sterbens des Grafen v. Moltke vor Augen stehen. Wenn Sie meinen letzten Brief und die hier zitierten Worte über die Bekennende Kirche zusammen halten, dann werden Sie das merken.

> So ist es denn ungemein schwierig, die Geschichte der Bekennenden Kirche aufzuzeichnen. Man wird nur dieses und jenes erzählen können, und man wird sich darauf gefaßt machen müssen, daß mancher Leser etwas ›moralisch‹ versteht, wo man nur darstellen wollte, was das Wort Gottes vermag und was dabei herauskommt, wenn man nicht allein dem Worte Gottes vertraut. Vieles würde man getrost dem Vergessen überlassen können, wenn nicht in unzulässiger Weise seit Jahren dauernd versucht worden wäre, die Geschichte zu Gunsten von Menschen zu korrigieren und aus dem Gang einer schwachen, stotternden, gefährdeten Gemeinde hinterher den Triumphzug von Siegern und Überwindern lesen zu lassen.
>
> Der Dank gegenüber dem rettenden Gott und die Dankbarkeit gegenüber seiner vergebenden und heilen-

30 Wilhelm Niemöller, Die Evangelische Kirche im Dritten Reich. Handbuch des Kirchenkampfes, Bielefeld 1956. Mit »Filialdorf« ist Steinsfurt gemeint – drei Kilometer von Tröbsts Pfarrgemeinde Rohrbach bei Sinsheim gelegen.

den Gnade darf nicht vergessen werden. Es sollte auch nicht ganz vergessen werden, daß einige Schwestern und Brüder einen stellvertretenden Dienst getan haben. Ihre Gefangenschaft, ihr Leiden, ihr Sterben ist ja wohl ein stellvertretender Dienst gewesen. Und es sollte uns etwas beruhigen, daß sich die Kirche im allgemeinen nicht durch besondere Dankbarkeit ihren Märtyrern und Confessoren gegenüber ausgezeichnet hat. Dabei ist zweifellos die ›Wolke von Zeugen‹ ein kostbarerer Besitz als eine Armee von Kirchenchristen mit den zugehörigen Kirchenfürsten und Kirchenräten.[31]

Also das gefällt mir zu gut. Im zweiten Abschnitt der Gedanke der Stellvertretung und im ersten Abschnitt die Warnung vor aller Korrektion zu Gunsten der Menschen. Ich glaube, innerhalb dieses Spannungsfeldes müßte die Darstellung der Lebensgeschichte des Grafen gestaltet werden. Und ich glaube nun fast, daß das auch von Rosenstock-Huessy gemeint ist, bloß habe ich, der ich in seiner weiträumigen Begrifflichkeit nicht zu Hause bin, das nicht gleich verstanden. Aber heute genug davon.

Übrigens habe ich mich über Ihr Schweigen in einer guten Weise hinweg getröstet mit Eckart v. Nasos Moltke-Buch.[32] Nun weiß ich doch wenigstens, wie Kreisau entstanden ist und ahne so ein wenig von der Atmosphäre, die dort lebendig war. Aber ansonsten tappe ich, was die Personalia anbelangt, nach wie vor im Dunklen. Und da auch Sie, liebe Frau Gräfin, schweigen, so sind zur Zeit wirklich alle Spuren verweht und ich weiß also nicht, wohin ich mich mit meinem Verlangen wenden soll. Ich weiß

31 Ebd., S. 16f.

32 Eckart von Nasos Buch Moltke, Mensch und Feldherr, Berlin 1937, war ein biografischer Roman über den preußischen Feldmarschall Helmuth Karl Bernhard Graf von Moltke (1800-1891), den Urgroßonkel Helmuth James von Moltke, der in des Feldmarschalls 1867 erworbenem Landgut Kreisau 1907 geboren wurde.

nur immer das eine, Ihr hingeopferter Mann könnte uns allen eine große Hilfe sein. Ob ich es doch einmal wage, beim Bundestagspräsidenten anzuklopfen? Aber ich habe ein bißchen Angst – vielleicht ist er herzlos?

Und immer denke ich, so ein paar Sommerwochen in unserer friedevollen Einsamkeit im Kraichgauer Hügelland zwischen Neckar und Main würde keine verlorene Zeit für Sie sein. Und meine Frau nebst Söhnlein und Töchterlein[33] würden auch ihre Freude haben. Aber die beiden letzteren sind zusammen noch nicht fünf Jahre alt. Zudem stammt meine Frau aus Südwest-Afrika, während ihre Verwandtschaft in Südafrika ist. Aber nun wirklich genug. Ich fasse mich weiterhin in Geduld und bleibe mit den besten Wünschen

Ihr ergebener
[Chr. Tröbst]

33 Stefan (geb. 1955) und Ulrike (geb. 1956) Tröbst.

[5. Freya von Moltke ⟹ Christian Tröbst, 20. Mai 1957]

Wannsee
Am Kleinen Wannsee 29 B
den 20. Mai [1957]

Lieber Herr Tröbst,
es tut mir wirklich sehr leid, daß Sie so auf meine Antwort gewartet haben. Ich hatte mir das nicht vorgestellt. Ich glaubte, es solle mit Muße zwischen uns hin und her gehen, weil doch eben das alles sehr langsam wächst. Ich hatte auch ein wenig Hoffnung, ich könnte Sie besuchen kommen, denn vor Ostern war ich in Heidelberg, aber es war so kurz und so bemessen, daß ich den dortigen Besuch zerstört hätte, wenn ich mehr hinzugenommen hätte. So bleibt der Besuch bei Ihnen in der Zukunft. Sicher werde ich eines Tages kommen, aber Geduld müssen Sie auch da haben – aber bitte keine Betrübnis. Dazu besteht kein Grund! Nein wirklich gar nicht. Was hätte mich denn an Ihrem letzten Brief verstimmen können? Sie haben vollkommen recht: da war nichts. Er hat mich sogar sehr gefreut. Ich war aber mehrere Wochen unterwegs und bleibe auch diesen Sommer viel unterwegs. Daher auch die Hoffnung, Sie doch noch zu besuchen.

Ehe ich anfange aber dies: Gerstenmaier ist durchaus nicht herzlos. Im Gegenteil, ich muß und möchte es positiv ausdrücken: Er hat ein großes und heißes Herz. Sie sagen, man müsse ihn achten, aber man könne ihn nicht lieben. Mir wird es sehr leicht, ihn zu lieben, aber ich kenne ihn besser als Sie, von seiner besten Seite kenne ich ihn, und der ist er sehr treu. Aber wenn Sie ihm schreiben, wird doch nicht viel dabei herauskommen, denn er ist ganz auf die Zukunft und auf die Tat gerichtet. ›Faß an und denke nicht an die Vergangenheit‹ ist seine Art, und die verlangt er im Grunde auch von mir. In seinem Handeln aber wurzelt er ganz fest in ›Kreisau‹. Das weiß ich mit Bestimmtheit. Und wenn er gesund bleibt, hat er noch einen weiten Weg vor sich. Er hat Schwächen, aber er ist ein bedeutender Mann, und das von Herz und Geist.

Dann Rosenstock. Ich verstehe, was Sie über ihn sagen. Für uns scheint er mir aber gerade deshalb so wichtig, weil er die Epochen sieht und für uns lebt er eine Ganze. Er ist bald 70. Er hat am Ende und im 1. Weltkrieg schon das alles geschaut, was uns jetzt beschäftigt und verbindet durch sein Leben und durch sein Denken mühelos, was uns ohne ihn unkontinuierliche Stücke scheinen würde. Das was er Mehraltrigkeit nennt, gibt mir die Hoffnung für die Zukunft, und das macht mich erst so sicher, daß mit den Kreisauern noch etwas geschehen muß. Ich habe ihm wohl auch mehr Unrecht als Sie getan, als ich ihn ihnen so zitierte. Ich ging ja davon aus, daß von allen Kreisauern, nicht nur von meinem Mann, berichtet werden müßte. Und ich sehe auch heute noch durchaus nicht, was man da machen soll. Wenn Sie nur meinen Mann berichten wollen, dann haben Sie recht mit dem, was Sie sagen. Aber da war ja eine Gruppe von sehr verschiedenartigen Menschen und Naturen, die durch ihr Gewissen vereinigt zusammen gewirkt haben. Wer waren sie, wie kamen sie zusammen, was haben sie getan, was haben sie geplant, wie haben sie geplant. Das sollte doch alles festgehalten werden. Und dabei war es eigentlich gar nicht so viel. Es gibt sozusagen gar nicht viel Material. Soll man sie wirklich alle zusammen nehmen? – denn wirklich ihre Gemeinsamkeit, ihr Bund war etwas Ungewöhnliches. Das ist die Lebensgeschichte. Kann man diese Lebensgeschichten mit der Todesgeschichte zusammenbringen? Ist das nicht ein zu schweres Unterfangen?

Also Sie meinen, nur über meinen Mann sollte geschrieben werden. Ja, da sage ich eben: es steht doch alles, alles, alles in den Briefen. Was denn noch mehr über ihn? Ich will Ihnen sagen, daß ich viele Briefe von ihm besitze. Wir waren schon vor dem Krieg und dann im Krieg viel getrennt, und er hat jeden Tag geschrieben. Trocken oft und wie ein Tagebuch, auch verklausuliert – es steht oft sozusagen gar nichts drin, aber über die Jahre hin steht doch sehr viel drin. Diese Briefe existieren in seiner unglaublich winzigen Schrift. Die kann nur seine Sekretärin und die kann ich mühelos lesen. Diese Briefe also müssen zunächst einmal in großen Auszügen abgeschrieben werden. Damit habe ich begonnen, aber ich bin in diesem Jahr viel weniger weit damit gekommen als ich möchte. Das bekümmert mich, obwohl ich eigentlich Eile nicht habe. Ehe also diese Briefe ›vorliegen‹, kann ich überhaupt nichts machen oder entscheiden.

Es ist wahr, daß Rothfels weiter über die Kreisauer schreiben möchte.[34] Die Historiker haben uns auch um noch vorhandenes Material gebeten. Da ist nicht viel. Das meiste muß noch durch Befragen von Menschen, die mit den Männern, also in diesem Fall mit meinem Mann, zusammen gelebt und gearbeitet haben, gesammelt werden. Sie möchten das tun. Aber ich habe Angst vor ihnen. Das ist eben keine Angelegenheit für Historiker. Aber Theologie, lieber Herr Pfarrer, ist es auch nicht. Es ist gelebter Glauben. Das ist wichtiger als eure Theologie. Davon leben die Menschen, nicht aber von eurer Theologie. Also was mache ich mit all dem? Ich weiß es eben noch nicht. Ihr Brief, was Sie sagen, wie Sie es sagen, Ihr Feuer, das alles bestätigt mich und freut mich, aber es ist nur ein Anfang. Es klärt mir noch nicht alle diese Fragen und zeigt mir noch nicht den Weg, den man beschreiten muß. Aber das braucht Zeit und

34 Hans Rothfels arbeitete damals an seinem Buch »Die deutsche Opposition gegen Hitler. Eine Würdigung«, das 1958 in Frankfurt a.M. und Hamburg erschien. Zur weiteren Rothfels-Literatur »über die Kreisauer« vgl. Ger van Roon, Neuordnung im Widerstand. Der Kreisauer Kreis innerhalb der deutschen Widerstandsbewegung, München 1967, S. 623.

Reifen – daher habe ich auch nicht gedacht, meine Antwort könne Ihnen eilig sein.

So bleibt der erste Schritt für mich: die Briefe. Dann muß ich weiter sehen. Ich will ja überhaupt gar nichts tun – das verstehen Sie ja wohl recht, ich möchte nur sorgen helfen, daß es recht geschieht. Dazu braucht man Geduld – Zeit – Freunde und das Nicht-aus-dem- Auge-(nein Herzen)-Lassen der Frage. Dabei müssen Sie mir helfen. Das wird aber eine Geduldsprobe!

Das Naso-Buch mochten wir nie sehr. Es ist zu sentimental. Oder tue ich ihm da unrecht? Es ist so lange her, daß ich es las und inzwischen bin ich sanfter in solchen Fragen geworden. Es schien uns zu volkstümlich damals, als es geschrieben wurde. Aber Der Feldmarschall ist auch keine leicht zugängliche Gestalt, und das ist mein Mann auch nicht. Mir läuft es schaudernd den Rücken herunter, wenn ich mir vorstelle, er könne nicht recht geschildert werden. Dann lieber gar nicht. Das werden Sie ja wohl verstehen. Den Naso sollte ich aber doch jetzt einmal wieder lesen!

Ich hör heute auf. Mir scheint dies ein wirrer Brief. Aber ich lasse ihn so abgehen, schon damit Sie sehen, wie ungeklärt noch alles ist und damit sie endlich hören, daß Ihre Briefe erwünscht und recht waren. Dank auch für die schöne Einlage.[35]

Viele herzliche Grüße
Ihre
Freya Moltke

35 Vgl. die Anm. 27 zum Brief Nr. 3.

4. Juni 1957

Verehrte, liebe Frau von Moltke!
Ein gewitterschwüler, dumpfer Sommertag – ich mußte beim Heuladen aushelfen, denn Eile tat not bevor der Wolkenbruch kam. Und ich dachte daran, so haben auch einmal die Knechte und Mädchen auf den Wiesen an der Peile geschwitzt, weil hinter dem Zobten ein Wetter stand. Ich will diesen Brief noch hinter mich bringen, weil ich gerade dabei bin, meinen Schreibtisch leer zu machen, denn für die nächsten drei Wochen bin ich in Hamburg. Der Deutsche Gewerkschaftsbund hat da eine Bundesschule, wo intelligente Arbeiter in allen möglichen Gewerkschaftsproblemen geschult werden. Und nun haben sie also als Gast! einen Pfarrer eingeladen. Man wird da allerhand Neues lernen, aber sicher auch allerhand zu hören bekommen, jedenfalls bin ich gespannt und freue mich darauf. Ob das nicht letztlich auch eine Frucht von Kreisau ist, daß Kirche und Gewerkschaft sich heute so vorurteilslos begegnen können?

Aber nun zu Ihrem lieben, tröstlichen Brief vom 20. 5. Ich habe daraus erfahren, was ich selber bei dieser ganzen Sache wirklich tun kann, nämlich »die Geschichte, die da geschehen ist« nicht aus dem Auge und nicht aus dem Herzen lassen. Und wirklich entdecke ich jeden Tag wieder ein wenig Neues. Morgen will mir ein Freund ein Buch von J. Furtwängler bringen, und als Lektüre für die Hamburger Tage habe ich mir Der unbezahlbare Mensch von Rosenstock-Huessy[36] kommen lassen. Und wenn ich meine, etwas Erwähnenswertes gesehen zu haben, dann

36 Franz Josef Furtwängler: Männer, die ich sah und kannte, Hamburg 1951; Eugen Rosenstock-Huessy: Der unbezahlbare Mensch, Berlin (West) 1955.

darf ich es Ihnen einfach mitteilen. Als Mosaikstein an der rechten Stelle eingefügt, tut es dann vielleicht einen Dienst.

Zuerst ein Wort zum Thema und hernach, wenn es mir gelingt, ein Wort zur Methode, wobei Sie nicht vergessen werden, daß ich als ein Fernestehender, der mit den Ereignissen, als sie geschahen, nicht das geringste zu tun hatte, der lediglich 10, nein 12 Jahre später durch einige wenige Sätze aus den Letzten Briefen aufgeschreckt und dann sehr aufmerksam und hellsichtig geworden ist.

Also zum Thema: Kreisauer Kreis oder Graf Moltke. Da stelle ich ganz einfach die Behauptung auf, Graf Moltke wäre auch ohne den Kreisauer Kreis der gewesen, der er war, aber der Kreisauer Kreis wäre ohne ihn überhaupt nicht gewesen. Kann man das anfechten? Der Graf, sein Bild, sein Wesen, sein Leben und Sterben, so meinen Sie, das steht doch alles, alles, alles in den Briefen. »Was denn noch mehr über ihn?« Das ist ganz bestimmt wahr. Auch die Darstellung, die mit der gleichen Verantwortung und mit der gleichen Unbestechlichkeit geschrieben wird, mit der der Graf sein Leben gelebt hat, kann seine letzten Briefe nicht überbieten oder bereichern, weshalb diese Briefe der kommentarlose Schluß und die Krönung dieser Lebensbeschreibung sein müssen. Danach darf nichts mehr kommen.

Also insofern glaube ich auch, es gibt kein ›mehr‹, was über diese Briefe hinausführen möchte, wäre Schwärmerei. Aber eben, weil sie als Glaubenszeugnis so unüberbietbar sind, weil sie so randvoll sind mit Trost, Kraft und Gnade, eben darum erwacht in dem, der diese Briefe liest (so jedenfalls war der Vorgang bei mir) die Frage, wie ist das denn nur möglich, daß ein Mensch am letzten Tage seines Lebens so reden kann und reden darf? War das wirklich auch ›nur‹ ein ganz gewöhnlicher Mensch wie ich und jeder andere, ein Mensch aus Fleisch und Blut, ein Mensch mit Sorgen und Ängsten, mit Siegen und Niederlagen, mit

Licht und Schattenseiten? Welche Wege sind da vorausgegangen, was hat alles geschehen müssen, bis er so bereitet, und so zu seiner Erfüllung und Vollendung gekommen ist. Welche frohen und bangen Stunden, welche göttlichen und menschlichen Hilfen, welche geschenkten Veranlagungen und welche erworbenen Fähigkeiten mußten dazu beitragen? Der Geist, der aus den letzten Briefen spricht, ist so klar und groß wie unser alltägliches Leben klein und unklar ist, und darum muß einfach um unserer Schwachheit willen die Brücke von da nach hier, aus jener lichtvollen Todeszelle in unseren staubigen Alltag geschlagen werden. Für Sie, liebe Frau von Helmuth von Moltke, ist diese Brücke in einmaliger Weise da, insofern sie für uns der diesseitige Pfeiler sind, und wir ahnen die Last und wissen, daß man auch das nicht aus dem Herzen lassen darf.

Wenn ich im Auf und Ab, im Hell und Dunkel seiner Lebensbeschreibung erfahre, daß dieser Mann auch ›nur‹ ein Mensch war, wie ich und jeder andere, besonders nur in dem, daß er wagte, es komme was da wolle, daß er wagte, gehorsam zu sein, dann schwindet die biographische Neugier und das historische Interesse und statt dessen tritt mir da ein Anspruch entgegen, ein Leben, das mich ganz und gar in Frage stellt, eine Frage, der ich entrinnen möchte, aber ohne Schuld nicht mehr entrinnen kann. Dann steht er selbst in all seiner Menschlichkeit und Gebrechlichkeit vor mir und fragt mich: Wie steht es denn mit deinem Gehorsam? Dann fliegt der Pfeil des Menschen mir direkt ins Herz und wird daselbst zu einer großen Not und einer großen Verheißung. Die letzten Briefe sind ›Das Letzte‹ – aber, liebe Frau von Moltke, wir, wir die Unwissenden, wir müssen erst das Vorletzte wissen, um das Letzte zu verstehen.

Darum meinte und meine ich, die Reihenfolge sei, zuerst der Mensch, dieser Mensch, und dann um ihn herum jener Kreis, die Gefährten und Brüder, jeder in seiner kleineren oder größeren Entfernung zu ihm. »Ich muß darin die Hauptperson bleiben, nicht weil ich es bin, nicht weil ich es sein will, sondern weil der Geschichte sonst das Zentrum fehlt.«[37] Und ich glaube, daß man von diesem Zentrum aus auch am ehesten den Zugang zu diesen Gefährten und Brüdern bekommt und daß man ihnen von da aus viel gerechter werden kann als in einer noch so geistvollen Darstellung der geistigen, soziologischen, politischen usw. Errungenschaften dieses einmaligen Teams.

Aber wie weit oder wie begrenzt man das Thema auch fassen mag, die methodische Frage ist viel schwerer. Sie sagen – (trockener hätte Ihr Mann es auch nicht sagen können) – »Das ist eben keine Angelegenheit für Historiker.« Daß das Balsam für meine Ohren ist, wissen Sie. »Aber Theologie, lieber Herr Pfarrer, ist das auch nicht – Ausrufungszeichen.« Das war kein Balsam, das war scharf geschossen, aber es ging, liebe Frau Gräfin, haarscharf vorbei, weil Sie nämlich immer ›Dogmatik‹ verstehen, wo ich Theologie sage. Dogmatik im landläufigen Sinne ist eine Mischung von pastoraler Wichtigtuerei und orthodoxer Haarspalterei, damit kann man sich eine Zeit lang interessant machen, aber Sie haben ganz recht, davon kann man nicht leben. Theologie ist was anderes. Theologie ist die nachträgliche, demütige Erklärung der großen Taten Gottes an, mit und in besonders auserwählten Menschen (Gefäßen!). Zum Beispiel, daß ein Mann in einer so vergifteten und pervertierten Atmosphäre wie des Dritten Reiches getrost und stark und ohne nach rechts oder links zu blicken seines Glaubens leben und sterben darf, um solchermaßen gesegnet, für viele ein Segen zu sein, das ist eine Handlung Gottes, das ist – Theologie.

So jedenfalls verstehe ich es – aber ob das nun das Gleiche ist wie Ihr Wort, gelebter Glaube? Vielleicht – vielleicht

37 Letzte Briefe, S. 59-60.

aber auch nicht. Für die Methodik der Darstellung ist das überhaupt die zentrale Frage. Wer ist in diesem gelebten Glauben das Subjekt – der Glaubende – oder der Geglaubte? Der Mensch – oder Gott Vater, Sohn und Geist? Jetzt muß ich wirklich ein bißchen (echte, nicht landläufige) Dogmatik treiben, weil an dieser Stelle die Würfel fallen. Gelebter Glaube, so ohne allen Vor- und Nachsatz, das könnte auch eine großartige, humane, männliche, vorbildliche, aber letztlich eben immanente menschliche Möglichkeit sein, die man ohne Mühe auch noch mit allerlei christlichem Weihrauch verbrämen könnte, und sicherlich gäbe es auch genug phantasiebegabte Leute, die das großartig darstellen würden. Ihr Keulenschlag gegen die arme Theologie gab mir einen Augenblick lang den Gedanken ein, ob Sie vielleicht den »gelebten Glauben« so verstehen – oder genauer, mißverstehen. Aber in Ihrem ersten Brief schreiben Sie ja: »Gott hat das so deutlich gesprochen, er wird auch weiter wirken.« Und in Ihrem anderen Brief schreiben Sie so schön, daß Sie eigentlich gar keine Eile haben – nun doch eben, weil dafür gesorgt ist, daß alles zu seiner Zeit geschieht. Und vor allem zeigen uns ja die Letzten Briefe in jeder Zeile, wer denn der eigentliche Handelnde in dieser Geschichte ist, wie oft steht da das Wörtlein ER, auf der letzten Seite heißt es, der Herr habe »eine unendliche Mühe«[38] aufgewandt. Also Gott ist der eigentliche Handelnde, er ist die Triebkraft, der Anfang und das Ende. Ich möchte meinen, das ist das methodische Fundament – der Felsengrund, auf den das Haus gestellt werden muß, und wenn es darauf steht, dann werden alle Platzregen der Kritiker und alle Winde der Historiker und alle Tränengewässer der Nichterwähnten oder nicht genug Herausgestellten nichts schaden können – »denn es war

38 Ebd., S. 60.

auf einen Felsen gegründet«[39]. Weil aber Gottes Handeln unsichtbar ist, wie er selbst, so ist es auch nicht darstellbar und soll und darf es nicht sein, was uns zu sehen gegeben ist, sind lediglich zurückgelassene Spuren, die davon zeugen, hier war ER am Werk gewesen, was uns zu sehen und gegeben ist, sind immer nur die irdischen Gefäße, aber nicht der köstliche Inhalt. So wird man sich ganz nüchtern und ganz realistisch an die historischen Fakten halten und sie erzählen, wie sie gewesen sind und darauf vertrauen, daß sie so in aller Schlichtheit am beredtesten sind.

Und ein letztes, was sich besser in einer Gebärde sagen ließe, weil das geschriebene Wort oft so unbehutsam ist. Es ist Ihr 13. Kapitel, in dem geschrieben steht, daß unser Wissen »Stückwerk« sei.[40] Ja, liebe Frau Gräfin, – nein, jetzt sage ich, liebe Frau von Helmuth von Moltke, auch die treueste Darstellung bleibt schmerzliches Stückwerk, wer immer der Schreiber sei. Was kann, da Menschen es sind, die es unternehmen, anderes dabei herauskommen, als die kümmerliche Kopie eines göttlichen Originals? Leiden wird darunter nur ein Mensch – Sie, aber – »sie verträgt alles, sie duldet alles.[41] Dieses Kapitel wird Sie wieder tragen müssen, wenn Sie den in die Hände der Menschen geben, den Sie zuvor in Gottes Hand gaben. Das Köstlichste haben Sie uns schon gegeben – seine – Ihre letzten Briefe. Haben Sie Dank!

[Chr. Tröbst]

39 Matt. 7:25.
40 1. Kor. 13:9
41 1. Kor. 13:7.

Wannsee
Am Kleinen Wannsee 29 B
d. 24. Juni 1957

Lieber Herr Tröbst,
ich schreibe heute mit der Hand + kurz. Ich muß Ihnen sagen, welche Freude Sie mir mit Ihrem letzten Brief gemacht haben, noch mehr: wie dankbar ich Ihnen bin. Der ist wirklich eine Hilfe. Ich war wieder über 2 Wochen weg + Ihr Brief muß unmittelbar nach meiner Abreise schon angekommen sein + hat dann gewartet. Heute habe ich ihn erst gelesen. Ich werde später mehr dazu sagen – doch es wird noch eine Weile dauern. Ich will erst darüber nachdenken + ich hoffe auf einige ruhige Wochen im Juli mit Helmuths Briefen. Dank auch für den Klepper. Ich werde ihn sofort lesen + zurück geben.[42]

Am 11. Juli soll ich mit Poelchau zusammen zu 1000 Oberschul-Kindern in Plötzensee sprechen.[43] Das ist mir ein großer Auftrag. Ich nehme ihn ernst. Da ist die so wichtige Gelegenheit der unmittelbaren Übermittlung. Sie werden ja besser als ich um die seltsame Mischung von sorgfältiger Arbeit + Eingebung zum rechten Zeitpunkt

42 Unter dem Schatten deiner Flügel. Aus den Tagebüchern der Jahre 1932-1942. Diese Tagebuchaufzeichnungen Kleppers, zum ersten Mal 1956 von seiner Schwester Hildegard Klepper in Stuttgart herausgegeben, avancierten zu einem der populärsten Bücher der jungen Bundesrepublik.

43 Harald Poelchau (1903-1972) – protestantischer Gefängnispfarrer und Mitglied des Kreisauer Kreises; da seine Verbindungen zum Kreis nicht aufgeflogen waren, konnte er als Verbindungsmann zwischen den verhafteten Oppositionellen und deren Familien fungieren. 1949 erschienen in Berlin (West) seine Erinnerungen: Die letzten Stunden. Erinnerungen eines Gefängnispfarrers. Aufgezeichnet von Graf Alexander Stenbock-Fermor. – Plötzensee: Gefängnis im Berliner Bezirk Charlottenburg, Hinrichtungsstätte der Kreisauer.

wissen, die dann vielleicht, vielleicht – ach, wäre es so – zur Erfüllung des Auftrags führen mag. Das alles gehört zu unserem Kapitel. Ja, helfen Sie weiter daran – denn es ist ein weiter Weg.

Dankbar – auch für die mir so liebe Anrede; sie ging mir direkt ins Herz –

Ihre
Freya Moltke

[8. Christian Tröbst ⟹ Freya von Moltke, 28. Juli 1957]

Chr. Tröbst. Pfr.
Rohrbach b.S.

Rohrbach, den 28.7. 1957

Liebe Frau von Moltke!
In aller Eile nur eine technische Anfrage. Ich bekomme wahrscheinlich von der Bundeszentrale für Heimatdienst den Dokumentarfilm über den Prozeß gegen die Leute vom 20. Juli. Sie kennen den Streifen wohl. Es ist ja vom ganzen Geschehen nur ein kleiner und ziemlich willkürlicher Ausschnitt, aber doch besser als gar nichts. Als Leiter des Männerwerks will ich ihn im kommenden Winter in der Gemeinde vorführen. Nun steht in den Letzten Briefen etwas von Tonbandaufnahmen, die bei der Verhandlung gegen Graf Moltke gemacht worden sind. Gibt es diese Aufnahmen wirklich, und wenn ja, wo kann man ihrer habhaft werden? Ich habe ein eigenes Gerät und könnte mir also eine Kopie machen.

Am 20.7. haben wir sehr an Sie gedacht. Wie mag es in Plötzensee vor den vielen Schülern gegangen sein? Mein Schreiben ist dienstlich, aber meine Grüße sind herzlich.

Ihr
[Chr. Tröbst]

[9. Freya von Moltke ⟹ Christian Tröbst, 4. August 1957]

Münster i. Westf.
Hotel Schnellmann
d. 4. 8. 57

Lieber Herr Tröbst,
Ihr Brief wurde mir nachgeschickt + daher hat sich meine Antwort verzögert. Das tut mir leid. Ich bin unterwegs, habe einen reichen Sommer hinter mir + bin erst Ende August wieder in Berlin. Ich hoffe, Ihnen noch vorher ausführlicher zu schreiben.

Ich weiß von dem Streifen, kenne ihn aber nicht. Die Tonbandaufnahmen, von denen mein Mann spricht, sind nie aufgefunden worden. Es gibt sie wohl nicht mehr.[44]

Sie fragen nach Plötzensee + dem Sprechen vor den vielen Kindern. Es ging nicht schlecht – mehr möchte ich nicht sagen. Vielleicht wäre es doch gut in die Schulen zu gehen + zu den Oberprimanern zu sprechen. Sie wollen doch alle gerne ›orientiert‹ werden.

44 Die Aufzeichnungen des Prozesses sind erhalten geblieben. Ihre Geschichte wurde von Johannes Tuchel in einem Aufsatz ausführlich dargestellt: Vor dem »Volksgerichtshof«. Schauprozesse vor laufender Kamera. In: Gerhard Paul (Hrsg.): Das Jahrhundert der Bilder 1900-1945. Göttingen 2009, S. 648-657. Dort weitere Literatur zum Thema. Eine Transkription des Prozesses wurde veröffentlicht in: Bengt von zur Mühlen: Die Angeklagten des 20. Juli vor dem Volksgerichtshof. Berlin-Kleinmachnow 2001. Zu v.d. Bussche und Thomas vgl. die Anm. 21 zum Brief Nr. 3. Paulus van Husen (1891-1971) – deutscher Jurist und Mitglied des Kreisauer Kreises. Nach seiner Verhaftung wurde er, da ihm nichts nachgewiesen werden konnte (obwohl er in die Attentatspläne des 20. Juli 1944 eingebunden gewesen war), nur zu drei Jahren Zuchthaus verurteilt. 1952-1959 war er Präsident des Verfassungsgerichtshofs für das Bundesland Nordrhein-Westfalen, wo ihm Freya von Moltke in seiner Geburtsstadt Münster begegnete.

Ich denke oft an Sie + habe auch noch manches zu sagen.

Herzliche Grüße für Sie + Ihre Frau
Ihre
Freya von Moltke
[PS]
Ich traf v.d. Bussche,
Thomas + Husen [?], die
Sie kannten – das freute mich.

Wannsee, Am Kleinen Wannsee 29 B
den 6. März 1958

Lieber Herr Tröbst,
ich habe oft an Sie gedacht und werde das auch weiter tun. Noch immer bin ich Ihnen nicht begegnet, aber eines Tages wird das sicher geschehen.

Viel weiter bin ich noch nicht gekommen. Die Briefe sind noch nicht alle zu lesen, aber der Berg der Abschriften wächst langsam, und hier ist ein Referat, das ich vor Weihnachten schon brauchte und das seither bei mir gelegen hat – unabgeschrieben – und deshalb erst jetzt zu Ihnen kommt. Nur damit Sie etwas erfahren, nicht weil das nun schon Wichtiges bedeutet, schicke ich Ihnen dies, dazu die Kreisauer Entwürfe.[45] Ich glaube immer mehr, daß alles, was Sie wollen, in meines Mannes eigenen Briefen steht, aber das ist eben noch nicht so weit, und erst wenn es soweit ist, kann man weitersehen. Wenn ich sie alle habe, sollen Sie sie alle lesen, aber darüber vergeht noch ein Sommer.

Nun, nur dies wenige mit vielen herzlichen Grüßen an Sie und Ihre Frau und Ihre Kinder, damit Sie wissen, Sie begleiten mich mit ihren Gedanken, und damit der Faden, der so langsam gesponnene, nicht ganz abreiße.

Jetzt konfirmieren Sie schon wieder! So schnell läuft die Zeit, und ich habe etwas gelernt, indem ich ein paarmal

45 Mit dem »Referat« meint Freya von Moltke ihr 22-seitiges Typoskript zur Geschichte und zur Arbeit des Kreisauer Kreises vom 2.12.1957, hier als Anhang zum Brief abgedruckt. Dem Typoskript legte sie eine Mappe mit Grundsatzerklärungen bei – überschrieben als »Die Entwürfe des Kreisauer Kreises« –, die während der dritten Tagung des Kreises vom 12. bis zum 14. Juni 1943 in Kreisau diskutiert und daraufhin schriftlich festgehalten wurden. Datiert sind die meisten von ihnen auf den 9. August 1943.

zu jungen Menschen über das alles, was mich so erfüllt, gesprochen habe.

Viel Gutes wünscht Ihnen Ihre
Freya Moltke

Der Ursprung dessen, was später die Gestapo den Kreisauer Kreis genannt hat, ist wohl in zwei Briefen zu finden, die mein Mann am 16. Juni 1940 an Peter Yorck und Horst v. Einsiedel, seinen Freund aus der Zeit der Löwenberger Arbeitslager, geschrieben hat.[46] Die Deutschen hatten am 15. Juni Paris genommen. Ein Höhepunkt deutschen Erfolges war erreicht. Während es um Weihnachten 1939 noch Umsturzpläne gegeben hatte, die damals an Brauchitsch scheiterten,[47] war angesichts der glänzenden deutschen Sie-

46 Peter Graf Yorck von Wartenburg (1904-1944) – deutscher Jurist, Mitbegründer des Kreisauer Kreises und Mitverschwörer des Attentats des 20.7.1944; nach der Verhaftung hingerichtet auf ausdrücklichen persönlichen Wunsch Hitlers. Horst von Einsiedel (1905-1947) – deutscher Jurist, Ökonom und Mitglied des Kreisauer Kreises; von der Verhaftungswelle nach dem 20. Juli verschont (die Gestapo konnte ihm nichts nachweisen), starb er nach dem Krieg im sowjetischen Speziallager Sachsenhausen. Einsiedel und Moltke waren Mitbegründer der unter der Oberleitung des Breslauer Professors Eugen Rosenstock-Huessy in Kreisau entstandenen Löwenberger Arbeitsgemeinschaft, der wissenschaftlich-erzieherische Ziele vorschwebten und die zur Lösung der wirtschaftlich-sozialen Probleme v.a. im Waldenburger Steinkohlerevier beitragen wollte. Zur Vorbereitung auf ihre Arbeit organisierte die Gemeinschaft die sogenannten Arbeitslager, deren erstes 1928 im schlesischen Löwenberg stattgefunden hatte. Im Hinblick auf die personelle Zusammensetzung und das weltanschauliche Profil kann die Löwenberger Arbeitsgemeinschaft (deren Tätigkeit in den 30er Jahren durch die erzwungene Emigration von Rosenstock-Huessy lahmgelegt wurde) als Keimzelle des Kreisauer Kreises betrachtet werden.

47 Walther von Brauchitsch (1881-1948) – deutscher Generalfeldmarschall und 1938-1941 Oberbefehlshaber des Heeres. Nach den Rückschlägen der Wehrmacht in der Schlacht um Moskau wurde er von Hitler im Dezember 1941 aus dem Dienst entlassen. Im Herbst 1939 kam es zu einer Verschwörung gegen Hitler, als dieser sich nach dem schnellen Sieg über Polen mit Plänen trug, Frankreich schon im November anzugreifen. Die Heeresleitung hielt diese Pläne für unrealistisch. Brauchitsch und sein Stabschef Franz Halder wollten Hitler gleich nach dem Angriffsbefehl ver-

ge gar nicht mehr an einen Angriff des Systems von innen zu denken. Man mußte mit weiteren Erfolgen rechnen. Dies alles hatte meinen Mann in eine schwere wochenlange Depression geworfen, die sehr deutlich in seinen Briefen an mich aus dieser Zeit zum Ausdruck kommt. Mit den beiden Briefen überwindet er diese Depression. Der Brief an Yorck beginnt wie folgt:

> nun, da wir damit rechnen müssen einen Triumph des Bösen zu erleben, und während wir gerüstet waren, alles Leid und Unglück auf uns zu nehmen, statt dessen im Begriff sind, einen viel schlimmeren Sumpf von äußerem Glück, Wohlbehagen und Wohlstand durchwaten zu müssen, ist es wichtiger als je, sich über die Grundlagen einer positiven Staatslehre klar zu werden.[48]

Mein Mann knüpfte damit an eine Unterhaltung zwischen Yorck, Fritz v.d. Schulenburg[49] und ihm selbst an, die 14 Tage zuvor stattgefunden hatte. Er schreibt weiter:

> Sie erinnern sich vielleicht der Wette: Schulenburg war bereit zu wetten, daß innerhalb von 10 Jahren ein Staat bestehen würde, den wir voll würden billigen können.

haften lassen. Nach der Verschiebung des Angriffstermins und den Drohungen Hitlers gegen den Generalstab brach Brauchitsch, um seine Stellung besorgt, die Kontakte zum Widerstand ab.

48 Brief vom 17.6.1940. Im Folgenden werden Briefe und Fragmente aus den Kreisauer Entwürfen nach dem Wortlaut in Freya von Moltkes Aufsatz wiedergegeben. Sie variieren manchmal sprachlich von der Textgestalt bei Ger van Roon, der mit maschinenschriftlichen Kopien gearbeitet hat: Neuordnung im Widerstand, wie Anm. 34. Zum Vergleich wird auf die jeweilige Stelle in seiner Dokumentation hingewiesen. Hier vgl. S. 479.

49 Fritz-Dietlof Graf von der Schulenburg (1902-1944) – deutscher Jurist und Wehrmachtoffizier, unterhielt Kontakte zum Kreisauer Kreis und war neben Claus von Stauffenberg der Hauptorganisator des Attentas des 20. Juli. Nach seiner Verhaftung zum Tode verurteilt und in Berlin-Plötzensee hingerichtet.

Ich war bereit, die Negative dieser Behauptung aufrecht zu erhalten. Wir kamen zur Frage der Definition eines solchen Staates und ich schlug als Kriterium die Gerechtigkeit vor, so daß Schulenburg also gewonnen haben sollte, wenn wir innerhalb von 10 Jahren in den Grenzen, die durch die menschliche Unzulänglichkeit gesetzt sind, einen gerechten Staat hätten. Damit blieb übrig die Definition der Gerechtigkeit, und wir einigten uns darauf, daß Gerechtigkeit darin bestünde, daß im Rahmen des Staatsganzen ein jeder sich voll entfalten und entwickeln könnte.[50]

An Einsiedel schreibt er am gleichen Tage:

Wir sind uns über manche Dinge nicht klar geworden, weil wir glaubten, die Verhältnisse würden uns zur Hilfe kommen und uns ermöglichen, in der Praxis auszuprobieren, was wir theoretisch nicht recht faßten und vielleicht auch nicht fassen konnten.

Damit spielt mein Mann wohl auf die nicht verwirklichten früheren Umsturzpläne an. Er schreibt weiter:

Heute ist die Lage anders. Die Verhältnisse werden uns nicht zur Hilfe kommen und wir werden sie erst meistern, nachdem wir uns über sie klar geworden und sie innerlich bezwungen haben. Wir sind von dem Umschwung noch so weit entfernt wie Voltaire von der französischen Revolution, als er sich zur Übung machte, seine Briefe mit den Worten zu schließen: écrasez l'infame! Wie lang muß ihm danach der Weg erschienen sein und wie kurz erscheint er uns heute (der Voltairesche Weg) zwischen

50 Siehe Ger van Roon, Neuordnung im Widerstand (wie Anm. 34), S. 480.

> geistiger Überwindung und tatsächlichem Umschwung. Damit muß man sich trösten und neu denken.[51]

Es folgen dann konkrete Fragen an Einsiedel, den Nationalökonomen und Planwirtschaftler, die die Organisation bzw. Planung der Wirtschaft angehen. Was konnten Männer tun, die das Regime verachteten und haßten, die es für rechtswidrig und böse hielten, die seine Schandtaten kannten, die aber angesichts seiner Erfolge keinen Hoffnungsschimmer einer Änderung sahen und auch keinen Ansatzpunkt zu eigenem Eingreifen? An einer anderen Stelle hat es mein Mann noch einmal deutlich ausgesprochen:

> Ich bin folgender Meinung«, schreibt er, »es ist unsere Aufgabe, uns zu einer so klaren Erkenntnis durchzuringen, daß wir uns und anderen ermöglichen, aus dieser Klarheit heraus die jetzige Erscheinungsform zu überwinden.[52]

Diese Klärung beginnt im Gespräch zwischen Yorck, Einsiedel und Moltke, aber sie wird alsbald auch eine Sammlung Gleichgesinnter. Zunächst bleiben es nur einzelne und zufällig erscheinende Zusammenkünfte von Männern, denn vor allem gemeinsam ist die Abscheu vor dem N.S.Regime. Aber langsam werden sie zu einer Gruppe, die sich in dem bewußten Klärungsvorgang sammelt, in dem Versuch, dem verabscheuten Unrechtsstaat die Vorstellung eines neuen Rechtsstaates entgegenzusetzen. Yorck sagt in einem Brief an Moltke,[53] daß diese Vorstellung von vier Elementen ausgehen müsse: christliche Religion, humanistische Bil-

51 Brief vom 16.6.1940; vgl. ebd., S. 478. Franz.: écrasez l'infame! – Zermalmt das Infame!, war der Kampfruf der französischen Freidenker.

52 Moltke an Yorck, Brief vom 12.7.1940; vgl. ebd., S. 484.

53 Es handelt sich um einen Brief Moltkes an Yorck vom 16.11.1940, in dem er auf ein dem Brief vorangegengenes Gespräch mit Yorck

dung, sozialistische Gesinnung und historische Bindung. Wörtlich schreibt Yorck:

> In diesem Rahmen allein können wir uns überhaupt etwas vorstellen und daher sind diese Elemente Vorbedingungen unserer Erkenntnis und unseres Willens.[54]

Nicht die Verfassung eines Programmes ist das Primäre, sondern die Frage: Welche Kräfte können den N.S.Unrechtsstaat überwinden, aus welchen Kräften kann sich eine Zukunft Deutschlands entwickeln? Das Suchen nach der Antwort auf diese wichtige Frage geschah in Rede und Gegenrede, geschah gemeinsam im Gespräch, war nicht das Produkt einsamer Gehirne. Zwar war für jeden von diesen Männern die Triebkraft das eigene Gewissen und das Gefühl für die eigene Verantwortung einem verbrecherischen Regime gegenüber, das seine Handlungen im Namen aller Deutschen auszuführen vorgab. Aber die Antwort auf die Frage, die sich jedem Einzelnen stellte, suchten sie gemeinsam. Gleichermaßen auf ihre eigenen tiefsten Wurzeln zurückgeworfen, fanden sie sich darin zusammen, daß der unsittliche totalitäre Anspruch des Staates nur durch die Anerkennung der göttlichen Ordnung, die wie sie sagten »des Menschen inneres und äußeres Dasein trägt«,[55] überwunden werden könne. Sie glaubten an die Zukunft christlichen Lebensgutes für den Wiederaufbau Deutschlands und Europas. Aber sie wußten, daß es kein Zurück zu den alten Ideologien geben könnte. Weder das herkömmliche Selbstbewußtsein des deutschen Bürgertums noch die reine Ideologie des Marxismus konnte der Träger eines neuen deutschen Staates sein. Aber sie waren davon überzeugt,

zurückkommt. Vgl. Ger van Roon, Neuordnung im Widerstand, S. 496-497.

54 Vgl. ebd., S. 497.

55 Grundsätze für die Neuordnung; vgl. ebd., S. 561.

daß aus den Kräften der sozialistisch gesonnenen Arbeiterschaft und der radikalen Christen der N.S. überwunden werden könne. Daher sagten sie in ihren Niederschriften, über die ich später kurz berichten möchte, – ich zitiere – »die freiheitlich gesonnene deutsche Arbeiterschaft und mit ihr die christlichen Kirchen«[56] seien Treuhänder für diejenigen Volkskräfte, aus denen heraus der Aufbau in Angriff genommen werden könne. Sehr verschieden waren die Ansichten der Mitglieder des Kreises und die Verschmelzung der verschiedenen Anschauungen war kein einfacher Prozeß. Aber es war eine echte Verschmelzung. Es war weder eine taktische Einigung noch eine Einigung auf ein bestimmtes theoretisches Programm. In vielen oft mühsamen Besprechungen über einzelne Fachgebiete, die die jeweiligen Gesprächspartner beherrschten, vollzog sich der Klärungs- und Sammlungsprozeß. Ich besitze noch die Briefe, die mein Mann mir in jenen Jahren geschrieben hat, denn ich lebte in Kreisau und er war in Berlin eingezogen.[57] Sachlich steht diese Arbeit betreffend natürlich nicht viel drin, aber jedes Zusammentreffen ist verzeichnet und von den Mühen und Anstrengungen einig zu werden, ist viel die Rede. In ganz kleinen Gruppen wurde unermüdlich bis spät in die Nacht hinein beraten. Hinter den Gesprächspartnern standen weitere Gruppen, mit denen der Stand der Meinungen immer wieder angeglichen werden mußte. So war es z.B. bei den Sozialisten und bei den Vertretern beider Kirchen. Die Haupttätigkeit lag in Berlin. In Kreisau haben nur drei größere Zusammenkünfte stattgefunden, damit einmal in einem größeren Kreis in Ruhe einige Tage lang gemeinsam das Erreichte schriftlich niedergelegt werden konnte. Das geschah Pfingsten 42, Herbst 42 und Pfings-

56 Erste Weisung an die Landesverweser; vgl. ebd., S. 568.

57 Seit 1939 arbeitete Moltke bis zu seiner Verhaftung 1944 in der völkerrechtlichen Abteilung (RV 143) des Amtes Ausland/Abwehr, dem Nachrichtendienst der deutschen Wehrmacht.

ten 43, und diese Zusammenkünfte haben der Arbeit ihren Namen gegeben. Ihr Berliner Zentrum war die Yorcksche Wohnung in Lichterfelde, Hortensienstraße 50.

Die einzelnen Menschen, die zu den Kreisauern gehörten, lassen sich in Klassenzugehörigkeit oder in Parteigruppierung nicht fassen. Diejenigen, die man konservativ nennen möchte, sahen die konkreten politischen Aufgaben so radikal, daß die Bezeichnung »konservativ«, wie wir sie in Deutschland kennen, ganz fehl geht. Die Sozialisten hingegen – so starke Persönlichkeiten wie Mierendorff, Haubach und Reichwein[58] gehörten dazu – waren von marxistischer Orthodoxie weit entfernt. Auch die Kirchenleute beider großen Konfessionen standen ihren Kirchen kritisch und frei gegenüber und die Zusammenarbeit der beiden Konfessionen war fruchtbar und eng. Die verschiedensten Berufe waren vertreten: Lehrer, Anwalt, Priester, Arbeiterführer, Beamter, Landwirt, Diplomat. Sie kamen aus Ost-Süd-West und Norddeutschland.

Die Zusammenkünfte in Kreisau ereigneten sich schon zu einer Zeit, als die schweren Rückschläge im Osten und in Afrika das mögliche Ende des Regimes näher rückten. Es ist wohl selbstverständlich, daß alle diese Männer die Frage intensiv beschäftigte, wie das Regime zu Fall gebracht werden könnte. Aber sie waren verschiedener Ansicht. Macht zu einem organisierten Umsturz hatte nur das Heer. Es hat immer Offiziere gegeben, die das Attentat auf Hitler und seine nächsten Mitarbeiter planten und ja auch versucht haben. Es bestanden Kontakte zu diesen Offizieren. Mein Mann gehörte mit Yorck, Steltzer[59] und Mierendorff

58 Zu Mierendorff und Reichwein vgl. den Brief Nr. 2, Anm. 10. Theodor Haubach (1896-1945) – deutscher Journalist, Politiker (SPD), Mitglied des Kreisauer Kreises; nach dem Attentat des 20. Juli verhaftet, zum Tode verurteilt und in Berlin-Plötzensee hingerichtet.

59 Theodor Steltzer (1885-1967) – Teilnehmer der Löwenberger Arbeitsgemeinschaft, im Zweiten Weltkrieg Wehrmachtoffizier;

zu denjenigen, die in diesem späten Stadium gegen einen Umsturz waren. Einige Jahre zuvor hätte er anders gedacht, aber er war inzwischen anderer Meinung geworden. Er hatte vor allem ein tiefes Mißtrauen gegenüber der Generalität und dieses Mißtrauen hatte sich im Laufe der Kriegsjahre erheblich verstärkt. Er fürchtete, sie würden den Umsturz schlecht oder gar nicht zustande bringen und könnten großen Schaden anrichten. Auch hatten die durchaus gelungenen Versuche, die westlichen Alliierten über den Widerstand in Deutschland zu informieren, niemals ein Echo gefunden.[60] Da seit Ende [19]43 fest stand, daß die Alliierten an der Forderung der vollkommenen Kapitulation festhalten würden, fürchtete mein Mann, ein Attentat und ein Staatsstreich könnten eine neue Dolchstoßlegende[61] zur Folge haben. Denn auch eine neue deutsche Regierung hatte dem deutschen Volke nichts als die totale Niederlage zu bieten. So sollte, so meinte mein Mann, diese totale, grausame Niederlage, wo sie hingehörte, nämlich auf das Konto des N.S. Regimes. Es könnte dann kein Zweifel bestehen, wohin der NS Deutschland gebracht habe und nur durch diese Einsicht könne das Grundübel des N.S. in Deutschland und Europa überwunden werden. Nicht alle waren dieser Ansicht. So setzten sich z.B. Gerstenmaier und

nach dem Attentat des 20. Juli wegen der Verbindungen zum Kreisauer Kreis verhaftet und zum Tode verurteilt, entkam er dank Fürsprache einflussreicher finnischer und schwedischer Freunde der Hinrichtung.

60 Dazu van Roon, Neuordnung im Widerstand, S. 295 ff.

61 Um einen Sündenbock für die deutsche militärische Niederlage im Ersten Weltkrieg der Öffentlichkeit präsentieren zu können, präparierte die Oberste Heeresleitung eine Verschwörungstheorie, derzufolge die Sozialdemokraten, Liberalen, Juden und andere »vaterlandslose« oppositionelle Zivilisten dem ›im Felde unbesiegten‹ deutschen Heer aus der Heimat »einen Dolchstoß von hinten« versetzten und es so in die Knie zwangen. Die Dolchstoßlegende trug wesentlich zum Aufstieg des Nationalsozialismus in Deutschland bei.

Trott[62] für das Attentat ein und den Umsturz von innen. So konnte doch, hofften sie, großes Elend verhütet und viele Menschenleben gerettet werden. Auch, so fanden sie, mußte der Versuch gemacht werden, vor der Welt und der Geschichte unter Einsatz des Lebens die Ehre Deutschlands zu retten. Das sind polare Anschauungen.

Durch meines Mannes Verhaftung im Januar 1944 und die gleichzeitig entstehende nahe Verbindung zu Stauffenberg[63] gewann bei den Kreisauern die aktivistische Anschauung die Oberhand. Die meisten der noch in Freiheit befindlichen Mitglieder der Kreisauer standen hinter Stauffenberg oder waren sogar aktiv an dem Versuch des Umsturzes am 20. Juli 1944 beteiligt. Ich darf aber dazu wohl sagen: Zu Einigkeit im Handeln hätte sich diese Gruppe immer durchgerungen. Hinter einem einmal gefaßten Entschluß hätten auch mein Mann und die mit ihm gleichdenkenden gestanden. Sie hätten sich nicht ausgeschlossen. Diese Frage ist für den deutschen Widerstand so wichtig, daß es unmöglich ist, sie zu übergehen. Es muß aber deutlich bleiben, daß der Kreisauer Kreis sich niemals mit dem Umschwung selbst befaßt hat oder auch befassen wollte. Seine Arbeit zielte auf die Zukunft Europas. Aber auch diese mußte konkret werden, als das Ende des Regimes absehbar wurde. Für die Kreisauer stellte sich die Frage: Wie kann man am Tage X, an dem Tage, an dem das Regime von innen oder von außen gestoßen zusammenbricht, einem Neubeginn

62 Adam von Trott zu Solz (1909-1944) – deutscher Jurist, Diplomat, Mitglied des Kreisauer Kreises und Mitorganisator des Attentats des 20. Juli; nach der Verhaftung zum Tode verurteilt und in Berlin-Plötzensee hingerichtet.

63 Moltke wurde im Januar 1944 verhaftet, nachdem er seinen Freund Otto Kiep, Mitglied des Solf-Kreises, vor einem in diesen Kreis eingeschleusten Gestapo-Spitzel gewarnt hatte. – Claus Schenk Graf von Stauffenberg (1907-1944) – deutscher Wehrmachtoffizier, Hauptorganisator des Attentats des 20. Juli; nach dem Scheitern des Attentats noch am selben Tag auf Befehl von Generaloberst Friedrich Fromm »standrechtlich« erschossen.

der Weg geebnet werden. Sie rechneten mit dem Tag X mit völligem Chaos in Deutschland und damit, daß wahrscheinlich große Teile Deutschlands von verschiedenen Siegermächten besetzt sein würden. Deshalb ging man daran, in allen Teilen Deutschlands an entscheidenden Stellen Männer zu finden, die in und nach dem Zusammenbruch den Grundsätzen der Kreisauer Gruppe entsprechend zu handeln bereit waren. Diese Männer sollten in der Zeit des Chaos und der Herrschaft der Sieger, wenn es keine deutsche Regierung gäbe, die sogenannten Landesverweser sein. So hoffte man im vorausschaubaren völligen Zerfall Deutschlands eine gewisse Einheit des Handelns erhalten und auch den verschiedenen Siegern gegenüber das Bestehen eines anderen Deutschlands beweisen zu können. In den letzten 6 Monaten vor meines Mannes Verhaftung wurden Landesverweser gesucht und instruiert.

Ich möchte Ihnen jetzt einen kurzen Überblick über die Kreisauer Niederschriften geben. Die Texte sind in einem {nicht sehr bedeutenden} Buch von Th. Steltzer, einem der Überlebenden abgedruckt.[64] {Leider sind auch} Die Auskünfte über den Kreisauer Kreis dort sind {flüchtig} nicht erschöpfend (Von deutscher Politik, Verlag Josef Knecht, Frankfurt 1949). Die letzte Fassung der Kreisauer Texte ist nicht erhalten geblieben. Zuvor sei deutlich gesagt: Von den Verfassern sind sie immer als provisorisch angesehen worden. Sie sollten für die Zukunft Richtung geben und es ermöglichen, das auch Andere sich dieser Richtung anzuschließen vermöchten.

64 Theodor Steltzer: Von deutscher Politik. Dokumente, Aufsätze und Vorträge. Hrsg. von Friedrich Minssen. Frankfurt a.M. 1949. Es folgten in den späteren Jahren Dokumentationen von Ger van Roon (wie Anm. 34) und Roman Bleistein (Hrsg.): Dossier: Kreisauer Kreis. Dokumente aus dem Widerstand gegen den Nationalsozialismus. Aus dem Nachlaß von Lothar König S.J., Frankfurt a.M. 1987.

Deshalb beginnt auch Die Weisung an die Landesverweser, das erste Dokument (Entwurf vom 9.8.1943) mit den bezeichnenden Worten:

> Das innerliche und äußere Elend des deutschen Volkes kann nur gemildert werden und eine kraftvolle Neugestaltung seines Geschicks nur in Angriff genommen werden auf Grund eines klaren einheitlichen Bildes von der deutschen Zukunft

und nach weiteren einleitenden Sätzen, ich wiederhole das noch einmal ausführlich:

> Die freiheitlich gesonnene deutsche Arbeiterschaft und mit ihr die christlichen Kirchen vertreten und führen diejenigen Volkskräfte, aus denen heraus der Aufbau in Angriff genommen werden kann. Sie allein garantieren in diesem Augenblick auf Grund ihrer fortwirkenden geistigen Überlieferung, daß die Substanz des deutschen Volkes als Kulturnation gewahrt bleibt.[65]

Es folgen nun genauere Weisungen. Ich gebe sie in Stichworten: Weisungen über die Personalbesetzung, Weisungen für den Ausnahmezustand für die Durchführung von Verhaftungen besonders dort die Anweisung, den ordentlichen Rechtsweg einzuleiten; Weisungen über die Aufhebung aller diskriminierenden Maßnahmen; die Erhaltung der Kampfkraft der Wehrmacht (dies galt für den Fall, daß der Umsturz von innen zustande kommen würde). Es folgen nun Anweisungen den Wiederaufbau der Wirtschaft betreffend und die Aufforderung, sofort mit dem Wiederaufbau der Selbstverwaltungsorgane zu beginnen. Wie schon angedeutet, geht die Weisung an die Landes-

65 Vgl. van Roon, Neuordnung im Widerstand, S. 567f.

verweser davon aus, daß es eine zentrale Regierung nicht mehr gibt und auf längere Zeit noch nicht geben wird. Die Anweisung an die Landesverweser soll ein Zwischenstadium regeln, dessen Dauer vorerst nicht abzusehen ist und das auf eine spätere deutsche Regierung hinzuführen geeignet ist. In den Grundsätzen für die Neuordnung, dem zweiten Dokument, das den Weisungen an die Landesverweser beigegeben ist (Entwurf v. 9.8.43), wird von dieser später zu bildenden Regierung und von ihren Grundsätzen gesprochen. Mit ihnen werden die Landesverweser auf die Richtung verpflichtet, auf die hin sie ihr Amt ausüben sollen. Ich zitiere die beiden einleitenden Sätze ganz:

> Die Regierung des Deutschen Reiches sieht im Christentum die Grundlage für die sittliche und religiöse Erneuerung unseres Volkes, für die Überwindung von Haß und Lüge, für den Neuaufbau der europäischen Völkergemeinschaft. Der Ausgangspunkt liegt in der verpflichtenden Besinnung des Menschen auf die göttliche Ordnung, die sein inneres und äußeres Dasein trägt.[66]

Das sind für die Kreisauer bezeichnende Sätze.

Es folgen einzelne Punkte, die sich aus den Grundsätzen ergeben.

1. Die Wiederherstellung des zertretenen Rechts.

2. Die Wiederherstellung der Glaubensfreiheit.

3. Die Anerkennung der unverletzlichen Würde der menschlichen Person. Aus ihr folgt unmittelbar das Recht auf Arbeit und aufEigentum ohne diskriminierende Einschränkungen, (sei es Rassen-, Volks- und Glaubenszugehörigkeit), das unter öffentlichem Schutz
stehen soll.

4. Der Schutz der Familie.

66 Vgl. ebd., S. 561.

5. Die Förderung der Verantwortungsfreudigkeit, die auch in der Arbeit gefordert wird, erscheint den Kreisauern als eine sehr wichtige Aufgabe. Den Deutschen fehlt das Verantwortungsgefühl in öffentlichen Angelegenheiten. Die Förderung des Willens zur Verantwortung ist daher ein wichtiges Ziel. Es führt nicht nur zu der in Punkt 6 genannten mitbestimmenden Beteiligung in der neu zu belebenden Selbstverwaltung, sondern auch zur Mitverantwortung aller im Betrieb.

7. Die Treue zum nationalen Ursprung soll zwar geschützt werden, aber (ich zitiere):

> Die freie und friedliche Entfaltung nationaler Kultur ist mit der Aufrechterhaltung absoluter einzelstaatlicher Souveränität nicht mehr zu vereinbaren.[67]

Dies zielt auf die kommenden überstaatlichen Zusammenschlüsse. Ein konkreter Hinweis auf eine neue überstaatliche Ordnung in Europa kommt in den eigentlichen Kreisauer Niederschriften nicht vor. Das geschlagene, moralisch und physisch zusammengebrochene Deutschland war gewiß nicht berechtigt, dazu sofort seine Stimme zu erheben. Aber dieses wichtige Thema war ausführlich besprochen und bedacht worden und hatte zu sehr radikalen Vorstellungen geführt. Ich besitze noch zwei Entwürfe meines Mannes, in denen er sich mit einem zukünftigen europäischen Bundesstaat beschäftigt. Er hat in diesen Entwürfen einzelne Fragen, das Verhältnis der Zuständigkeiten des Bundes und der Einzelstaaten betreffend für Spezialuntersuchungen, die gemacht werden müßten, aufgegliedert. Es wird von den strategischen und militärischen Erfordernissen Europas, von Wirtschaftsverwaltung und Wirtschaftsplanung für den gesamten Raum

67 Vgl. ebd., S. 562.

gesprochen. Auch hier wird die Frage gestellt: Wie kann Europa zu einer einheitlichen Grundauffassung gelangen. Und auch hier ist die Antwort: Die Besinnung auf die drei Urquellen unseres heutigen europäischen Weltbildes ist die Voraussetzung für die Schaffung und Erhaltung einer europäischen Gemeinschaft mit einheitlicher Souveränität. Diese Urquellen sind auch hier christliche Religion, humanistische Bildung und sozialistische Gesinnung.

Es folgt nun eine Skizze des Reichsaufbaus. Ich will auf ihre Einzelheiten nicht eingehen. Ich möchte nur hervorheben, daß der Versuch gemacht wurde, eine Demokratie ohne Bildung von Parteien aufzubauen. Dafür sprachen nicht allein die schlechten Erfahrungen der Weimarer Republik, sondern auch die Entwicklungen in den westlichen Demokratien. Aus der Tatsache, daß die Verfassung von Weimar versagt hatte, mußten Konsequenzen gezogen werden. Sie war ja nicht imstande gewesen, den modernen Massenstaat vor der Verwandlung zum totalitären Unrechtsstaat zu bewahren.

Der Aufbau zielt darauf, den Einzelnen in ihm überschaubaren Einheiten mitwirken zu lassen, ist also von unten nach oben aufsteigend vorgestellt. Die Vertretungen der Gemeinden und Kreise und kreisfreien Städte werden in geheimer und unmittelbarer Wahl gewählt, aber schon die Landtage sollen nicht direkt, sondern von den Vertretungen der Kreise und Städte gewählt werden. Aber mindestens die Hälfte der so Gewählten darf nicht selber der wählenden Körperschaft angehören. Ebenso soll der Reichstag aus der Wahl der Landtagsabgeordneten hervorgehen und auch im Reichstag darf mindestens die Hälfte der Abgeordneten nicht den wählenden Körperschaften angehören. Einzelnes über die Bildung der Landes- und Reichsregierungen, über Landes- und Reichsrat und über die Stellung des Reichsverwesers und der Landesverweser finden Sie, wenn Sie sich die Niederschriften selbst ansehen wollen. Die Betonung liegt überall auf der Stärkung und Ausbildung der Selbstverwaltungskörperschaften und der aktiven Mitwirkung der Einzelnen in ihnen überschaubaren Einheiten. Nichts davon ist nach 1945 Wirklichkeit geworden. Keiner der Kreisauer war im Parlamentarischen Rat.[68] Nach dem Zusammenbruch waren es in der Bundesrepublik zwar die Gemeinden, die als erste Träger hoheitlicher Gewalt alle Kräfte für ein neues geordnetes Gemeinschaftsleben mobilisierten. Aber in dem Maße, wie die bürgerliche Ordnung sich festigte und der wirtschaftliche Wohlstand zunahm, schwand das der Gemeinschaft verpflichtete Bewußtsein. Der unternommene Versuch, neue dauerhafte Formen bürgerlicher Mitbestimmung zu entwickeln, scheiterte. Die Parteien und die Verwaltung teilten sich in die Macht. Den Vorrang beanspruchen die Parteien. Sie sind die politischen Handlungsbevollmächtigten der Wähler und für die freien Einzelnen bleibt kaum noch Platz. Die Entwicklung ist also genau in der entgegengesetzten Richtung gelaufen. Aber gerade das macht Ihnen das Ziel der Kreisauer deutlich. Sie wollten die Selbstverwaltung stärken und Parteien vermeiden, um einem überwältigenden Verwaltungs- und Parteistaat entgegen zu wirken.

Über Kirche, Kultur und Bildungswesen wird in einer ausführlichen Niederschrift noch einmal gesondert gesprochen. Hervorgehoben wird, daß die Reichsregierung die entschlossene Mitarbeit der beiden großen christlichen Kirchen an der öffentlichen Lebensgestaltung begrüßt. Alle Behinderungen weichen einem besonders ausgesprochenen Schutz durch die Regierung. Ausführlich werden Schule und Hochschule erörtert. Die hohe Bedeutung der Schule

68 Der Parlamentarische Rat war ein von elf deutschen Länderparlamenten der drei Westzonen gewähltes Gremium, das von September 1948 bis Mai/Juni 1949 in Bonn tagte und nach der Zerschlagung der NS-Diktatur einen demokratischen politischen Neuanfang für Deutschland einleiten sollte.

für die Entwicklung der Deutschen, die Pflege des Lehrerstandes kommt heute in der Bundesrepublik zu kurz. Die staatliche Schule soll eine christliche Schule sein mit Religion als Pflichtfach, das möglichst durch Geistliche gelehrt werden soll – aber sie ist keine Konfessionsschule. In dem sogenannten »tätigen Lernen« drücken sich Reichweins praktische Erfahrungen und Ansichten aus. Erziehung zur Mitverantwortung wird auch in der Schule schon angestrebt. Auf den Volksschulen bauen die höheren Schulen und Fachschulen auf.

Die Hochschulen sollen in Reichsuniversitäten und Hochschulen gegliedert werden. Die Hochschulen sollen Fachschulen sein, die Reichsuniversitäten hingegen Stätten universell ausgerichteter wissenschaftlicher Arbeit. Voraussetzung für die Zulassung zur Reichsuniversität soll ein abgeschlossenes Studium an einer Hochschule sein. An den Reichsuniversitäten soll zwischen Lehrer und Schüler eine Forschungs-, Lehr- und Lebensgemeinschaft angestrebt werden.

Der Grundsatz der Wirtschaft ist: Geordneter Leistungswettbewerb, der sich im Rahmen staatlicher Wirtschaftsführung vollzieht und hinsichtlich seiner Methoden unter ständiger staatlicher Aufsicht steht. Monopole, Kartelle und Konzerne, soweit sie den Leistungswettbewerb ausschließen, müssen vom Staat beschränkt werden.

Weiter ist wichtig: Schlüsselunternehmen des Bergbaus, der eisen- und metallschaffenden Industrie, Grundchemie und Energiewirtschaft werden Eigentum der öffentlichen Hand. Aber die sozialistischen Mitglieder des Kreises erkannten an, daß in der Wirtschaft die Initiative des Einzelunternehmens und des Einzelbetriebes voll erhalten bleiben müsse. Daher sollte jeder Betrieb in sich zu einer Wirtschaftsgemeinschaft gemacht werden. In einer solchen »Betriebsgewerkschaft« genannten Gemeinschaft sollte die Beteiligung der Belegschaft an der Betriebsführung und an den Betriebsergebnissen, insbesondere an dem Wertzuwachs des Betriebes zwischen dem Eigentümer des Betriebes und der Vertretung der Belegschaft vereinbart werden. Diese Vereinbarung müsse dann der Genehmigung der wirtschaftlichen Selbstverwaltungskörperschaften des Landes unterliegen. Der überschaubaren Einheit auf der untersten Ebene des Staates sollte die Betriebsgewerkschaft im Betriebe entsprechen.

Die zu bildende große »Deutsche Gewerkschaft«, der alle Werktätigen angehören, braucht nicht mehr Instrument des Klassenkampfes zu sein. Sie ist vielmehr eine der Säulen, auf der die Macht der neuen Regierung ruht. Die Kreisauer hielten den Klassenkampf in Deutschland für überwunden. Die »Deutsche Gewerkschaft« selbst setzt das Wirtschaftsprogramm durch und kann sich unter Umständen in einem späteren Stadium ganz auflösen, dann nämlich, wenn auch im Wirtschaftsbau die Ausbildung starker wirtschaftlicher Selbstverwaltungskörperschaften durchgesetzt ist. In den so entstehenden Industrie-, Handels-, Handwerks- und Landwirtschaftskammern der Länder sollen Betriebsführer und Belegschaftsvertreter paritätisch vertreten sein.

Es bleibt eine Niederschrift über die Bestrafung von sogenannten Rechtsschändern zu erwähnen, die auch der Anweisung an die Landesverweser beigegeben war. Sie befaßt sich mit der Behandlung verbrecherischer Nationalsozialisten. Die Rechtsschändung ist ein neuer Strafrechtstatbestand. Er soll im ordentlichen Strafrechtszuge geahndet werden. Der Grundsatz des Strafrechts: nulla poena sine lege[69] wird erörtert und an ihm wird festgehalten.

Neben dem Verlangen der Völkergemeinschaft nach Bestrafung der Rechtsschänder, so sagt die Niederschrift, steht das Verlangen der Deutschen selbst, deren ureigene Sache

69 Lat. – keine Strafe ohne Gesetz; Gesetzlichkeitsprinzip im Strafrecht.

die Bestrafung dieser Leute ist. Nicht nur die Siegermächte sollen Richter sein, ein gemeinsames Völkergericht soll richten. Nur ein Gericht aller am Kriege, gleich auf welcher Seite, beteiligten Völker oder auch aller Völker überhaupt kann die sittliche und rechtliche Autorität haben, das Recht wiederherzustellen. Die Cour im Haag wird als mögliches Gericht vorgeschlagen. In von 6 Richtern besetzten Kammern soll Recht gesprochen werden. Drei Sitze der Kammer sollen den Siegermächten, zwei neutralen Staaten und einer dem besiegten Staat zustehen.

Das ist in sehr kurzen Zügen der Inhalt der Kreisauer Dokumente. Ihre Bedeutung für den heutigen Tag und für die Zukunft lasse ich offen. Ihr Ziel war die Klärung und programmatische Durchgestaltung der verfassungsrechtlichen, politischen und organisatorischen Grundfragen eines neuen deutschen Staates. Nichts davon ist verwirklicht worden. Das wäre vielleicht geschehen und manches hätte sich anders entwickelt, wenn aus den Gedanken das kraftvolle Wirken tätiger Männer hätte werden können, wenn sie lebten und hätten handeln können. Sie waren keine Theoretiker, obwohl, da nur ihre Niederschriften übrig geblieben sind, es so aussehen mag. Betrachten Sie nur ihre Lebensgeschichten und ihre Berufe: Yorck Beamter und Landwirt, Reichwein Lehrer, Trott und Haeften Diplomaten, Mierendorff Arbeiterführer, Politiker und später Kaufmann, Delp und Rösch Jesuitenpater[70], die mit ihrer Arbeit fest im Leben standen, Steltzer Verwaltungsbeamter

70 Alfred Friedrich Delp SJ (1907-1945) – deutscher Jesuit, Sozialtheologe, Mitglied des Kreisauer Kreises; obwohl an den Vorbereitungen zum Attentat des 20. Juli nicht beteiligt, wurde er daraufhin verhaftet, zum Tode verurteilt und in Berlin-Plötzensee hingerichtet. Das Angebot der Gestapo, freigelassen zu werden gegen Ordensaustritt, lehnte er ab. Augustin Rösch SJ (1893-1961) – deutscher Jesuit, seit 1935 Provinzial der Oberdeutschen Provinz der Jesuiten; als Mitglied des Kreisauer Kreises seit 1941 führte er zwei Jesuiten, Alfred Delp und Lothar König, in diese Gruppe ein. Nach dem Attentat des 20. Juli tauchte er unter und wurde

und Offizier, Poelchau Gefängnispfarrer, Husen Verwaltungsjurist, Einsiedel und Trotha[71] Beamte für Wirtschaftsfragen, mein Mann Rechtsanwalt
und Landwirt.

Das sind sie nicht alle, aber viele von ihnen. Von allen aber war sicher der Theologe Gerstenmaier der systematischste Denker. Dessen kräftige Natur sehen Sie ja selbst heute vor sich. Ihre handelnden, tätigen Naturen müßte ich und wüßte ich Ihnen zu schildern, die ich das große Glück hatte, die Stärke ihrer Gemeinschaft mitzuerleben. Ihr Denken entsprang alleine der Leidenschaft ihres Gewissens, die sie zwang an die Wurzeln des Übels zu kommen. Von Natur waren sie handelnde Menschen, bereit und gewohnt, Verantwortung zu übernehmen und zu tragen, und jeder einzelne von ihnen stand im Leben fest auf der Erde. Aber gegenüber dem Unrechtsstaat, der langsam alles korrumpierte, fanden sie sich aufgefordert, zu sammeln, zu klären, im Denken aufzubauen und zu überwinden, um dann handeln zu können. Schon 1942 schrieb mein Mann einem Freund in England von der Türkei aus:

> Für uns ist Europa nach dem Kriege weniger eine Frage von Grenzen und Soldaten, von komplizierten Organisationen oder großen Plänen. Europa nach dem Kriege ist die Frage: Wie kann das Bild des Menschen in den Herzen unserer Mitbürger aufgerichtet werden? Das ist eine Frage der Religion, der Erziehung, der Bindungen an Arbeit und Familie, des richtigen Verhältnisses zwischen Verantwortung und Rechten. Ich muß sagen, daß unter dem unglaublichen Druck, unter dem wir arbeiteten, wir

erst 1945 verhaftet, ohne dass es zu einer Gerichtsverhandlung mehr kam.

71 Carl Dietrich von Trotha (1907-1952) – deutscher Jurist, Ökonom und Hochschullehrer; da seine Verbindungen zum Kreisauer Kreis und zu den Attentätern des 20. Juli unentdeckt blieben, wurde er von der Verhaftungswelle nach dem Anschlag nicht erfasst.

> Fortschritte gemacht haben, die eines Tages sichtbar sein werden.[72]

Aber die Bedeutung dieser Männer liegt nicht in ihren Dokumenten. Sie beginnt bei der Art ihres Denkens und sie empfängt ihr ganzes Gewicht durch ihren Tod. Die Kraft des Denkens aus der Leidenschaft des Gewissens und in der Gemeinschaft eines der Zukunft zugewandten Glaubens ist groß. Das wußten auch die Nazis. Wer so denkt, ist gefährlich. Mein Mann wurde zum Tode verurteilt nur, weil er so gedacht hatte. Er schreibt selbst:

> Und vor den Gedanken dieser drei einsamen Männer« (als Repräsentanten hier Delp, Gerstenmaier und er selbst), »den bloßen Gedanken, hat der Nationalsozialismus eine solche Angst, daß er alles, was damit infiziert ist, ausrotten will. Wenn das kein Kompliment ist.[73]

Nicht Pläne, nicht Vorbereitungen wurden hier verfolgt, sondern der Geist als solcher.

Dies wird in meines Mannes Prozeß am deutlichsten ausgesprochen und gewinnt in seinem Schicksal seinen klarsten Ausdruck, weil er – schon verhaftet – mit dem Geschehen des 20. Juli 1944 selbst gar nichts zu tun hatte. Aber dieser Geist verband alle Mitglieder des Kreisauer Kreises und hat sie alle beseelt und erfüllt und aus ihm sind sie alle gestorben.

Viele der heute Lebenden, auch echte Gegner des NS, schieben diese Männer in ihren Herzen beiseite, indem sie sagen, die Kreisauer seien Romantiker und Theoretiker gewesen. So leicht dürfen es sich die Deutschen aber heute nicht machen. Das ist sogar gefährlich.

72 Es handelt sich um einen Brief an Lionel Curtis, vgl. Letzte Briefe, S. 20f.

73 Ebd., S. 40.

Dem durch den NS in die Vereinzelung und in die Defensive getriebenen Menschen zwang sein Gewissen neu zu denken. Das Gewissen zwang Männer dazu, denen das an sich fern lag. Die Kraft dieses Denkens liegt nicht in dem Produkt dieses Denkens, sondern in der Gemeinschaft des Denkens und in der sie treibenden Leidenschaft. Herr Freisler war manchem heute Lebenden und Wirkenden voraus, als er erkannte und sagte: »Denn der Motor des 20. Juli war ja keineswegs Herr Goerdeler, der wahre Motor steckt in diesen jungen Männern.«[74] Damit will ich kein abschätziges Wort über Goerdeler sagen. Auch will ich damit nicht den deutschen Widerstand spalten. Ich tue es auch nicht. Ich halte es aber für wichtig, die Akzente richtig zu setzen, und ich halte es auch für sehr wichtig für die Zukunft, daß sie von Ihnen recht verstanden werden.

Wenn Sie glauben, daß der christliche Geist der treibende, durch die europäische Gesellschaft in die ganze Menschheit getragene Geist der eigentlichen Geschichte ist, dann werden Denken und Sterben dieser Männer bedeutungsvoll. Um die 2000jährige Arbeit der menschlichen Geschichte nicht zerfallen zu lassen, müssen die Menschen sich in unserem großen sozialen und geistigen Umwandlungsprozeß auf die christliche Glaubenssubstanz der brüderlichen Lebenshingabe und Existenz in der Verantwortung vor Gott besinnen und sie in ihrer alltäglichen Arbeit wie in den großen politischen Entscheidungen beherzigen. Das glaubten die Kreisauer.

74 Ebd., S. 32. Roland Freisler (1893-1945) – deutscher Jurist, von August 1942 bis zu seinem Tod Präsident des Volksgerichtshofes, verantwortlich für etwa 2600 Todesurteile; er kam bei einem Luftangriff auf Berlin im Februar 1945 ums Leben. – Carl Friedrich Goerdeler (1884-1945) – deutscher Jurist, Politiker (DNVP); Hauptfigur des sogenannten Goerdeler-Kreises im Rahmen des zivilen Widerstandes gegen das NS-Regime; noch vor dem Attentat des 20. Juli von der Verhaftung bedroht, konnte er untertauchen, wurde aber denunziert, verhaftet, zum Tode verurteilt und in Berlin-Plötzensee hingerichtet.

Dem totalen Anspruch Gottes an ihr Gewissen, der sie zum Denken geführt hatte, und den dem NS entgegenzusetzen sie sich entschlossen hatten, antworteten sie in ihrem Tod. Das taten sie alle.[75] Manche vielleicht zögernd, manche willig, manche als seien sie gerufen, mein Mann für sie alle am deutlichsten Zeugnis ablegend. Sie waren jung, stark, leistungsfähig, sie wollten leben – und sie fehlen, aber an ihrem Einsatz und ihrem Wert ermißt sich der Wert ihres Todes. Ihre Meinungen, die Details ihres Programmes konnten sie preisgeben und hätten sie preisgegeben, nicht aber den Geist, der sie beseelte. Für ihn sind sie gestorben und nicht für die Ehre Deutschlands. Darin unterscheiden sie sich von vielen Männern und Frauen im deutschen Widerstand, die ihren Tod genau so schwer und bewußt auf sich genommen haben wie meine Freunde.

Aber nun kommt es auf Sie, auf uns alle an. Nicht darauf, daß Sie die Programme durchzusetzen versuchen. Es kommt darauf an, daß wir den Tod dieser Männer mitten in unser Leben stellen und damit ihren Geist in unserem Leben fruchtbar machen können.

75 Nicht alle verhafteten Kreisauer bezahlten ihr Engagement mit dem Tod, verwiesen sei auf Einsiedel, Gerstenmaier, Rösch, Steltzer oder von Trotha.

[11. Christian Tröbst ⟹ Freya von Moltke, 15. April 1958]

EV. PFARRAMT
ROHRBACH
BEI SINSHEIM
Telefon Sinsheim 367

Rohrbach b.S., den 15.4. 1958

Verehrte, liebe Frau von Moltke!
Haben Sie vielen herzlichen Dank für Ihr Schreiben und das Referat! Alles hat mich hoch erfreut, am allermeisten aber freute ich mich, daß ich überhaupt wieder einmal etwas von Ihnen hören durfte. Es hat mich richtig gerührt, daß Sie daran dachten, daß wir hier gerade wieder einmal Konfirmation feiern. Dafür waren wir auch am 23. Januar in Gedanken sehr bei Ihnen und den Söhnen.[76]

Heute möchte ich Ihnen nur mitteilen, daß ich vom 29. April bis 1. Mai in Berlin bin. Es tagen da die Brandenburger und die badischen Bezirksjugendpfarrer zusammen. Da ich als Beobachter unseres Männerwerkes dabei bin, habe ich also relative Bewegungsfreiheit. Es wäre zu schön, wenn Sie, liebe Frau von Moltke, in diesen Tagen daheim und nicht auf Reisen wären und wenn Sie mir erlaubten, Sie in Wannsee zu besuchen. Sollten Sie vorher nicht zum Schreiben kommen, dann werde ich nach meinem Eintreffen in Berlin bei Ihnen anrufen und wir können dann einen Termin ausmachen.

Was mich z.Z. beschäftigt ist die Frage, auf welcher Seite, besonders im Blick auf die Wiedervereinigungspolitik und die Atomdebatte[77], Ihr Mann heute stehen würde.

76 Helmuth Caspar und Konrad von Moltke.
77 Nach der Gründung des Bundesministeriums für Atomfragen 1955 setzte sich in der westdeutschen Öffentlichkeit die Idee der zivilen Nutzung der Atomkraft für die Bundesrepublik langsam durch, und die Atomhysterie der frühen 50er Jahre schien einer neuen Atomeuphorie Platz zu machen. Dieser Tendenz setzte

Ach, ich glaube es zu wissen. Vermutlich wieder auf Seiten der Minderheit. Jedenfalls freue ich mich sehr auf ein gutes Gespräch. In dieser Hoffnung und mit vielen guten Wünschen bin ich

Ihr ergebener
[Chr. Tröbst]

Bundeskanzler Konrad Adenauer ein Ende, als er auf einer Pressekonferenz am 4.4.1957 erklärte: »taktische Atomwaffen sind im Grunde nichts anderes als eine Weiterentwicklung der Artillerie«, weshalb die Bundeswehr mit diesen »beinahe normalen Waffen« ausgerüstet werden müsse. Darauf reagierte eine Gruppe von 18 angesehenen deutschen Atomforschern (darunter die Nobelpreisträger Max Born, Otto Hahn und Werner Heisenberg) und wandte sich am 12.4.1957 in der gemeinsamen Göttinger Erklärung gegen die vom Kanzler (und seinem Verteidigungsminister Franz Josef Strauß) forcierte Aufrüstung der Bundeswehr mit Atomwaffen. Ihre Erklärung (auch als Göttinger Manifest bekannt) wurde zum Fanal einer landesweiten Protestbewegung. Ihren Höhepunkt fand sie im Frühling des Jahres 1958, als Tröbst seinen Brief an Freya von Moltke schrieb. Auf den wohl bekanntesten Protestappell vom 10. März, unterschrieben u.a. von Eugen Kogon, Alfred Weber und Heinrich Böll, folgte dann am 17. April die größte Demonstration dieses Frühlings in Hamburg, die 150.000 Menschen versammelte.

[12. Freya von Moltke ⟹ Christian Tröbst, 19. Mai 1958]

Herrn Pastor Tröbst
Rohrbach
Bei Sinsheim
Bez. Heidelberg

Daß ich leider nicht da war, als Sie in Berlin waren, haben Sie ja gewußt. Es tat mir sehr leid, als ich Ihren Brief fand. Wenige Tage später war ich wieder zu Hause. Aber eines Tages werden wir uns doch treffen. Darauf freut sich
Ihre
Freya v. Moltke
die Sie, Ihre Frau, Ihr Haus herzlich grüßt
19.5.58

[13. Christian Tröbst ⇒ Freya von Moltke, 10. September 1958]

Rohrbach, den 10.9.1958

Verehrte, liebe Frau von Moltke!
Ihr letzter, lieber Kartengruß war vom Mai dieses Jahres, seitdem haben Sie zwar von mir nichts mehr gehört, aber ich war doch sehr mit Ihnen verbunden, vor allem dadurch, daß ich die Möglichkeit hatte, Prof. Rosenstock-Huessy in Heidelberg kennenzulernen. Die Begegnung mit ihm wäre eines eigenen Berichtes wert. Am meisten begeistert hat mich die unmittelbare Art, mit der einen angeht, auf die Hörner nimmt, einen ein paarmal durch die Luft wirbelt, um dann den also behandelten mit geradezu ergreifender Brüderlichkeit wieder auf die Füße zu stellen. Also es war atemberaubend!

Und dann freute ich mich, als ich von einigen jungen Leuten hörte, daß Sie in Jugoslawien waren. Ich weiß nicht, warum ausgerechnet dieser Flecken Erde das Land meiner Sehnsucht ist. Liegts an Tito oder an dem Film: Die letzte Brücke,[78] oder am Wein oder an der Markscheide zwischen Orient und Occident. Ist ja auch egal, ich hoffe nur, daß es für Sie sehr schön war.

Ich komme heute mit einer Frage zu Ihnen, die Sie hoffentlich nicht als vermessen abtuen. Ich stelle sie einfach und verspreche Ihnen, nicht betrübt zu sein, wenn Sie sie ablehnen. Wie Sie wissen, bin ich in unserem Kirchenbezirk besonders mit der Männerarbeit beschäftigt. Dazu gehört

78 Josip Broz Tito (1892-1980) – jugoslawischer Politiker und 1945-1980 das Oberhaupt des jugoslawischen Staates. »Die letzte Brücke« war ein international vielbeachteter und preisgekrönter, österreichisch-jugoslawischer Kriegs- und Partisanenfilm von Helmut Käutner aus dem Jahre 1953. In den Hauptrollen spielten Maria Schell (der Film begründete ihre Karriere in Frankreich und den USA) und Bernhard Wicki.

auch, daß einmal im Jahr, und zwar am 19. Oktober, in der Kreisstadt eine größere Männerversammlung einberufen wird. Mir ist eine solche christliche Heerschau an sich immer ein Greuel, aber eigentlich nur deshalb, weil mir die Oberbonzen, die da als Redner auftreten, nicht zusagen. Da es die erste Männerversammlung dieser Art ist, die ich durchzuführen habe, möchte ich gleich von Anfang an eine andere Linie hineinbringen. Und nun ahnen Sie schon, welcher Gedanke mir da gekommen ist. Bitte, liebe Frau von Moltke – kommen Sie zu uns und wagen Sie es, in aller Schwachheit und Schlichtheit diesen Männern etwas zu sagen vom Leben und Sterben Ihres Mannes und seiner Freunde.

Ich weiß, es ist ungewöhnlich, ich weiß aber auch, daß Sie gerade für das Ungewöhnliche einen Sinn haben. Ich weiß, daß Sie sich nun gründlich Gedanken über diese Bitte machen werden. Möchte doch das Ergebnis ein Ja sein. Sollten Sie freilich, was ich ja nicht weiß, mit Bitten dieser Art überlaufen werden, dann freilich hätte ich Verständnis dafür, wenn Sie mir abschreiben, denn nichts wäre schlimmer als wenn die Dinge zerredet würden. Für all die technischen Dinge, von den Unkosten bis zum Quartier, zu sorgen, wäre mir eine Freude. Ach möchte Sie mein Brief bald erreichen und möchten Sie mir bald antworten, dann würde ich dem 19. Oktober wie einem schönen Feiertag entgegenleben. Sollten Sie aber ausgerechnet für diesen Zeitpunkt zeitlich gebunden sein, dann soll es mir nicht darauf ankommen, die ganze Geschichte zu verlegen, aber es müßte doch möglichst zwischen Mitte Oktober bis Mitte November stattfinden.

Mit der herzlichen Bitte, mir nicht böse zu sein, weil ich Ihnen nun eine Last aufgebürdet habe, bin ich in aufrichtiger Verehrung
Ihr
[Chr. Tröbst]

[14. Freya von Moltke ⟹ Christian Tröbst, 19. September 1958]

Berlin-Wannsee
Am Kleinen Wannsee 29 B
19.9.58

Lieber Herr Tröbst,
vielen Dank für Ihren Brief. Ich darf Ihnen wohl nicht nein sagen, obwohl ich vielleicht möchte. Seit ich zurückgekehrt bin,[79] habe ich manchmal, aber doch im ganzen selten gesprochen. Meistens in Schulen. Ich weiß nie, wie es ausfällt. Wenn ich es aufgeschrieben habe, war es vielleicht in vielem besser formuliert und durchdacht, aber dafür nicht so direkt. Für Ihre Männer muß ich auf jeden Fall das Direkte wählen, und dabei muß man immer springen und weiß nicht, wie man ankommt. Manchmal gut, manchmal schlecht. Wenn Sie diese Gefahr mit mir tragen wollen, dann will ich kommen. Ich muß am 26.10. sowieso im Rheinland sein und könnte auf dem Wege noch einiges erledigen und dann zu meiner Mutter[80] nach Godesberg gehen. Das paßt also nicht schlecht. Daß ich träge bin und gern still säße nach einem so bewegten Sommer ist in keiner Hinsicht ein Argument.
Viele herzliche Grüße für Sie und Ihre Frau
Ihre
Freya Moltke

79 Freya von Moltke meint ihre Rückkehr aus Südafrika, vgl. Anm. 12.
80 Ada Fanny Marie Deichmann, geb. von Schnitzler (1886-1975) – Tochter des Industriellen Paul von Schnitzler.

[15. Christian Tröbst ⟹ Freya von Moltke, 30. September 1958]

Chr. Tröbst. Pfr
Rohrbach b.S.

Rohrbach, den 30.9. 1958

Liebe Frau von Moltke!
Vielen, vielen Dank! Ich wollte ihnen gleich postwendend wieder schreiben, aber da mußte ich schnell für ein paar Tage nach München, und so komme ich erst heute dazu. Ich finde das so wacker von Ihnen, wie Sie das alles machen, zumal ich mir aus einem unerklärlichen Grund immer einbilde, sie seien von Gestalt ganz klein und zierlich und Ihre Söhne müßten Sie mindestens um einen Kopf überragen.

Also zur Sache. In unserem Kreisstädtchen ist der größte Raum, den wir haben, die Stadtkirche. Da ich mit einer nicht kleinen Zahl von Männern rechne, bleibt uns keine andere Wahl als diese Kirche. Das heißt mit anderen Worten, Sie müssen – liebe sehr verehrte Frau Freya – auf die Kanzel! Bitte kriegen Sie keinen Schreck. Sie werden staunen, wie schön das ist, zumal die Kirche so gebaut ist, daß man alle schön um sich herum hat, und die Akustik ist gut. Und schließlich ist ja die Hauptsache, daß alle diese Dinge endlich einmal auch von den Kanzeln verkündet werden. Wer sollte da den Anfang machen, wenn nicht Sie? Ich habe sogar für Sie – da Sie doch ›Laie‹ sind, die Erlaubnis zum Sprechen von der Kanzel beim Oberkirchenrat erwirken müssen. Ich habe sie natürlich sofort bekommen. Sie glauben gar nicht, wie meine Freunde und ich uns freuen auf diesen Nachmittag. Wir werden uns schön in Ihr Blickfeld setzen, und wenn Sie mal den Faden verlieren, dann werden wir Sie ganz munter anlachen und dann geht es gleich wieder weiter.

Für mich persönlich ist diese Begegnung darum so wichtig, weil ich in diesem Winter im Raum unserer Badischen Kirche selber eine ganze Menge Männerversammlungen durchzuführen habe, und dabei will ich in diesem Jahre über das Thema Widerstand und Ergebung sprechen. Wenn ich noch eine Bitte habe, dann kommen Sie doch so, daß Sie auch ein wenig Zeit haben, hier im Kraichgau noch ein oder zwei – hoffentlich goldene – Herbsttage zu erleben. Wir könnten dann in Ruhe noch über alles sprechen, und ich habe doch so viele Fragen.

Mit großer Freunde und mit vielen herzlichen Grüßen bin ich
Ihr Chr. Tröbst

Anlage:
Evang. Männerwerk
Kirchenbezirk Sinsheim
Chr. Tröbst, Pfarrer
K. Gehrke Obmann[81]

Rohrbach, den 1. Oktober 1958

An die Obleute und Mitarbeiter des Evang. Männerwerkes im Kirchenbezirk Sinsheim

Liebe Brüder!
Am Sonntag den 19. Oktober nachmittags um halb Drei Uhr begehen wir in der Stadtkirche zu Sinsheim den diesjährigen Männersonntag.

Es spricht zu uns Gräfin Freya von Moltke, die Witwe des 1945 hingerichteten Widerstandskämpfers Helmuth James Graf von Moltke. Außerdem sprechen kurz Herr Dekan Glöckler, Bezirksobmann Gehrke und Pfarrer Tröbst.

Wir bitten Sie, dafür Sorge zu tragen, daß viele Männer aus Ihren Gemeinden an diesem Sonntag nach Sinsheim kommen. Versuchen Sie, sofern nicht günstige Zugverbindungen da sind, alle Autobesitzer in den Dienst der Sache zu stellen. Gesangbücher sind mitzubringen. Außerdem bitten wir Sie dringend bis zum 19. Oktober mit dem örtlichen Pfarrer Verbindung aufzunehmen und mit ihm zu vereinbaren, ob und wie viele Männerversammlungen in diesem bevorstehenden Winterhalbjahr in Ihrer Gemeinde durchgeführt werden sollen. Am einfachsten ist es für uns, wenn Sie uns feste Termine nennen können.

Auf unserem Programm für das Winterhalbjahr stehen neben hoffentlich recht zahlreichen Männerversammlungen in den Gemeinden außerdem noch im Januar eine Reise

81 Karl Gehrke war Agraringenieur, wohnhaft in Steinsfurt.

nach Berlin, zu der wir sie hiermit herzlich einladen. Dauer 8 Tage – Kosten etwa 70 DM. So Gott will und wir leben, wollen wir dann zu Beginn des Frühjahrs wieder in Bad Wimpfen im Mathildenbad die Schlußtagung halten.

In der Verbundenheit des Glaubens
Grüßen wir Sie herzlich!
Karl Gehrke
Christian Tröbst

[16. Freya von Moltke ⟹ Christian Tröbst, 2. Oktober 1958]

Herrn Pastor Christian TRÖBST
ROHRBACH
bei Sinsheim

Berlin – Wannsee
Am Kl. Wannsee 29 B
2.10.1958

Lieber Herr Pastor,
wenn ich meine Gedanken dem 19.10. zuwende, dann frage ich mich: Männer aller Altersstufen? Wie viele etwa? Viele Landwirte = Bauern? Haben Sie davon eine Vorstellung? Und noch etwas äußerliches: ich sitze sehr viel lieber als ich stehe. Ich hoffe, Sie haben meine Antwort bekommen.
Ich grüße Sie von Herzen
Ihre
Freya Moltke

[17. Christian Tröbst ⟹ Freya von Moltke, 7. Oktober 1958]

Rohrbach, den 7.10.1958

Liebe Frau von Moltke!
Ich hätte selber daran denken können, daß es nötig ist, den Hörerkreis, vor den Sie treten werden, ein bißchen zu beschreiben. Es ist ja wichtig für die Kommunikation, zu wissen, wen man vor sich hat. Ich fange mal beim Geographischen an, weil das ganz aufschlußreich ist. Der Kraichgau ist das weitgewellte Hügelland zwischen dem Schwarzwald im Süden und dem Odenwald im Norden. Es ist reines Bauernland, dessen Unglück es ist, immer Realteilungsgebiet gewesen zu sein. Es gibt also keine Erbhöfe bei uns, sondern eine Fülle zum Teil sehr armseliger kleiner , aber ungeheuer intensiv bewirtschafteter Höfe. Die Arbeit hört nie auf, weil außer den obligaten Erzeugnissen, also Getreide und Hackfrucht, um des Verdiensts willen auch noch Tabak, Gurken, Erbsen, Zichorie, Raps usw. angebaut wird. Früher waren die Leute alle Leibeigene, das sieht man heute noch an ihrer Gesinnung und an den vielen Burgen, die in der Landschaft stehen. Heute sind sie zum größten Teil Pächter, und zwar die Pächter ihrer eigenen Geschwister, die vielleicht schon seit Generationen in die Stadt gezogen sind, aber nach dem Realteilungsprinzip immer noch Eigentümer einiger kleiner Parzellen sind. Wir sind also ausgesprochenes Notstandsgebiet – im ganzen Kraichgau gibt es keine bedeutende Stadt oder Industriezweig. Mehr als die Hälfte unserer männlichen Bewohner fahren jeden Morgen um 5 Uhr herum etwa zwei Stunden entweder nach Mannheim im Norden oder nach Neckarsulm oder Heilbronn im Süden. Die Bevölkerung besteht also aus Kleinbauern und Pendlern.

So verwinkelt und skurril wie die Dörfer sind, so buntscheckig und versponnen sind auch die Leute. Sie sind, das steckt noch von früher her im Blut, ungeheuer autoritätshörig, weshalb Adolf Hitler seinerzeit hier viele Anhänger hatte, ohne daß die Kirchen deshalb leerer geworden wären. Hitler war für sie so etwas wie ein Erlöser. Sein ganzer Blut-und-Bodenkult ließ die Leute hier aufatmen. Von den Geschwistern in der Stadt wurden sie immer nur verächtlich der »Stallbesen« genannt, und dann kam so ein Hitler und impfte ihnen Selbstbewußtsein ein. Das tat ihnen gut. Zum anderen gab es hier in diesen armseligen Dörfern überall eine Synagoge und Judenhäuser. Diese Vieh- und Futtermittelhändler müssen es teilweise mit der Zinsknechtschaft[82] arg getrieben haben, so daß der Antisemitismus hier einen Nährboden hatte. Wertheimer, Sinsheimer, Eichtersheimer usw. sind ja heute noch bekannte Namen. In den 80er [des 19. Jhs.] Jahren muß es hier so toll gewesen sein, daß die Pfarrämter sogenannte »Heiligen- und Almosenfonds« gründeten nur zu dem Zweck, die Christen, die in Zinsknechtschaft beim Juden geraten waren, wieder auszulösen. Sie sehen, das waren mittelalterliche Zustände.

Der Krieg hat hier viel Blut gefordert und nicht wenige Höfe haben heute keinen Erben mehr. Zur Zeit befindet sich alles im Umbruch. Die Flurbereinigung, mit der eine Änderung des Erbgesetzes verbunden ist, die zweite industrielle Welle, die vielen Aussiedlungen, das Nebeneinander

82 Das Wort »Zinsknechtschaft« ist vor allem durch die Verwendung in der völkischen und nationalsozialistischen antisemitischen Propaganda ein Begriff. So ist die »Brechung der Zinsknechtschaft« eine der Forderungen und Ziele des 25-Punkte-Programms der Deutschen Arbeiterpartei (DAP) von 1925, ausgearbeitet vom DAP-Vorsitzenden Anton Drexler und dem im September 1919 zur DAP gestoßenen Adolf Hitler. Siehe hierzu bspw. Volker Ullrich: Adolf Hitler. Die Jahre des Aufstiegs 1889-1939. Biographie, Band 1, Frankfurt a.M. 2013, bes. S. 103-109. Zur Interaktion von jüdischer und nichtjüdischer Bevölkerung in ländlichen Gebieten siehe beispielhaft Stefanie Fischer: Ökonomisches Vertrauen und antisemitische Gewalt. Jüdische Viehhändler in Mittelfranken 1919-1939, Göttingen 2014.

von armen Bauern und reichen Arbeitern usw. schafft viel Kopfzerbrechen. Kirchlich war diese Gegend immer, man sitzt gestaffelt und nach strenger Ordnung im Gottesdienst, die Opfergaben sind trotz Armut groß, und nicht wenige sammeln sich außerdem auch in pietistischen Konventikeln. Viele Flüchtlinge strömten in das relativ dünn besiedelte Gebiet ein. Überwiegend Katholiken, und Evangelische aus Bessarabien, Pommern und Schlesien. Man muß ganz schlicht und einfach mit den Leuten reden, denn der Most, den man hier unentwegt trinkt, wirkt auf die Intelligenz nicht vorteilhaft. Politisch sind sie hier nach wie vor deutsch national, parteipolitisch – wenn überhaupt, dann CDU oder FDP.

Aber nun genug der Beschreibung. Ich denke, Sie haben ein Bild, wenn auch kein sehr berauschendes. Wenn ich mir von Ihrem Vortrag etwas erwarte, dann wären das zwei Dinge. Erstens sollte er dazu helfen, ein klein wenig zur Bewältigung der immer noch völlig unbewältigten Vergangenheit beizutragen. Und zum andern sollte deutlich werden, daß der Glaube die männlichste aller Taten ist, weil die Bindung an Gott von uns auch einmal einsame Entschlüsse fordert, Entschlüsse, die in Schmach und Schande und in den Tod führen können. Der Tod in Golgatha und der Tod in Plötzensee sind ja gerade in ihrem Ausgestoßensein so aufeinander bezogen. Vielleicht beginnen oder enden Sie mit dem Wort Hebräer 13:12-14.[83]

Es wäre auch schön und für die begrenzte Vorstellungskraft der Leute hier hilfreich, wenn Sie zunächst einfach ein Bild zeichnen von der Familie Moltke, vom Leben auf dem Gut Kreisau, die ökonomischen Schwierigkeiten, als

83 »Darum hat auch Jesus, damit er das Volk heilige durch sein eigenes Blut, gelitten draußen vor dem Tor. So lasst uns nun zu ihm hinausgehen vor das Lager und seine Schmach tragen. Denn wir haben hier keine bleibende Stadt, sondern die zukünftige suchen wir.«

ihr Mann die Sache übernahm, dann haben Sie gleich den Einstieg. Ich glaube, man sollte gar nicht so viel berichten von den internen Gesprächen und den einzelnen konkreten Zielen der Kreisauer, sondern ganz schlicht in Bildern erzählen, wie alles geworden ist und wie es dann seiner Krönung entgegen ging. Sie dürfen bei den Leuten an Wissen gar nichts voraussetzen. Und dann, wenn es möglich ist, lesen Sie bitte auch einige Stellen aus den Briefen vor.

Zu Ihrer Erleichterung teile ich Ihnen noch mit, daß wir nun doch im großen Gemeindesaal und also nicht in der Kirche sein werden. Ich sehe ihn mir noch einmal an und lasse dann eventuell noch ein Mikrophon einbauen, damit Sie nicht unnatürlich laut reden müssen. In den Saal gehen 350 Männer. Ich weiß sicher, daß mehr kommen werden, die bringen wir dann nebenan im Kindergarten unter und übertragen die ganze Geschichte nach dort hin. Was machen wir aber, liebe Frau von Moltke, wenn die Geschichte Kreise zieht? Mein Freund ist in Heidelberg an der Universität Studentenpfarrer[84], als er hörte, was bei uns geschieht, da fragte er gleich, wann Sie in Heidelberg vor der Studentengemeinde sprechen. Und aus Karlsruhe liegt auch schon eine Anfrage vor. Aber ich habe mich natürlich ganz dumm gestellt.

Nun teilen Sie mir bitte bloß noch mit, wann Sie kommen und ob mit dem Zug oder mit dem Auto. Wenn Sie mit dem Auto kommen, dann fahren Sie bitte nicht nach Rohrbach bei Heidelberg, sondern nach Rohrbach unmittelbar neben Sinsheim.

In großer Freude auf unsere Begegnung
Bin ich
Ihr Chr. Tröbst

84 Mutmaßlich Pfarrer Klaus Deßecker (1925-2014).

[18. Freya von Moltke ⟹ Christian Tröbst, 12. Oktober 1958]

Wannsee, Sonntag
Am Kl. Wannsee 29 B
12.10.1958

Lieber Herr Pastor,
vielen Dank für beide Briefe. Beim ersten erschreckte mich die Kanzel allerdings ein wenig, aber ich war dann bereit, sie zu akzeptieren. Beim zweiten machte mir die Schwere der Aufgabe Mühe, aber auf das, was sie schrieben, war ich doch im Grunde da schon gerüstet.

Ich habe mir nun alles notiert, was ich meine sagen zu müssen, habe es alles einmal zusammenhängend durchdacht und habe mir die Briefstellen meines Mannes, die ich von mir aus schon mitbringen wollte, herausgesucht und eingefügt. Ich sehe nun vor mir, was ich möchte. Aber wie es mir gelingen wird, weiß ich nicht und werde es auch nicht wissen.

So: meines Mannes Leben und Sterben einfach zu erzählen. Das habe ich nie unternommen. Es ist das erste mal. Das war sonst immer allgemeiner oder ›intellektueller‹ und nicht so auf den Glauben beschränkt. Aber ich will es versuchen. Ich habe Sie gut verstanden, ich weiß, was Sie haben möchten. Sie müssen sich aber deutlich machen, daß ich vieles, das SIE sagen könnten, als Frau und als seine Frau nicht sagen kann. Ich kann also z.B. nicht mit den Hebräerbrief-Versen aufhören oder anfangen. Überlegen Sie es bitte einmal selbst. Wenn Sie wollen, können Sie selbst in Ihren späteren Versammlungen in diesem Winter darauf zurückkommen.

Ich habe auch frühere Briefe benutzt, mit denen ich mich im letzten Jahr beschäftigt habe. Ihnen werde ich trotzdem nicht viel Neues mitbringen, aber das ist ja auch nicht der Sinn der Sache. Ich bin nicht klein und nicht zart – aber meine Söhne überragen mich doch um mindestens Haupteslänge. Der Jüngere ist jetzt 2 Meter und 1/2 cm lang. Mein Mann war 2 Meter.

Mit dem Auto komme ich. Ich fahre am 18. Früh von Berlin und über Heidelberg, wo ich Barbara Haeften[85], eine Schwester in dieser Sache, wohnen habe, die ich sehr liebe. Soll ich am 18. noch zu Ihnen kommen? Aber viel Zeit habe ich dieses Mal leider nicht. Wir wollen soviel Zeit haben, daß wir in Frieden miteinander sprechen können, daß ich Ihre Frau gut kennenlerne, Ihr Haus und Ihre Kinder – und Sie. Aber ich möchte fragen: Soll ich vorher bei Ihnen sein oder besser hinterher lang. Halten Sie am Sonntag Kirche? Wann? Wo? Da wäre ich gern auf jeden fall. Also Montag müßte ich auf jeden Fall wieder weg, bzw.: Dienstag früh. Aber es wird ja nicht das letzte Mal sein, daß wir uns sehen.

Das wäre wohl alles für heute. Ich freue mich auf Sie und die Ihren. Die Aufgabe nehme ich ernst. Sie werden mir dann auch helfen können, indem Sie mir hinterher sagen, was anders hätte sein sollen.

Nein, ich komme nur zu Ihnen. Ich will jetzt nicht viel sprechen. So etwas kann man auch wirklich nicht mehrfach hintereinander, und jetzt komme ich nur für Ihre Männer und für nichts anderes. Also stellen Sie sich ruhig weiter tot!
Viele herzliche Grüße! Auf baldiges Sehen!
Ihre
Freya Moltke

85 Barbara Haeften (1908-2006) war die Frau von Hans-Bernd August Gustav von Haeften (1905-1944), einem deutschen Diplomaten, Mitglied des Kreisauer Kreises und Widerstandskämpfer, der nach dem Attentat des 20. Juli 1944 verhaftet, zum Tode verurteilt und in Berlin-Plötzensee hingerichtet wurde.

[19. Christian Tröbst ⟹ Freya von Moltke, 28. Oktober 1958]

Rohrbach, den 28.10.1958

Verehrte, liebe Frau von Moltke!
Bevor der graue Alltag, der auch dem geistlichen Amt nicht erspart bleibt, wieder das Regiment übernimmt, will ich Ihnen doch kurz schreiben. Wir leben ja immer noch unter dem Eindruck der schönen Tage, die wir miteinander erlebt haben. Das Schönste war jedenfalls, daß wir uns vom ersten Augenblick an so gut verstanden, obgleich wir offenbar beiderseitig nicht der Vorstellung entsprachen, die sich jeder vom anderen gemacht hatte. Ich fand es so großartig, daß das erste Wort, das Sie sagten, die Feststellung war, daß ich ganz anders aussähe als Sie es sich vorgestellt hatten. Da ich nämlich genau das gleiche und genau so spontan sagen wollte, war ja die Identität der Gedanken aufs Schönste gegeben.

Ich finde, es geschieht gar nicht so oft, daß man so ganz ungetrübt und so dankbar auf eine Begegnung oder eine Aktion zurückschauen darf. Meistens befriedigen solche Begegnungen oder Unternehmungen immer nur ›bis zu einem gewissen Grade‹, und gerade der kleine ungeklärte Rest ist es, der einem hernach zu schaffen macht. Aber hier war kein Rest, kein falscher Ton, kein Anflug eines Schattens, wie wunderbar ist das – und wie dankbar müssen wir sein.

Der Nachmittag in Sinsheim hat einen tiefen Eindruck hinterlassen. Mein Mitarbeiter Gehrke und ich sind schon oft daraufhin angesprochen worden. Wie ich aus Gesprächen mit Männern aus der näheren Umgebung weiß, hat sie dieser Nachmittag tatsächlich zu einem Umdenken geführt. Und wissen Sie, was neben dem eigentlichen Bericht den Leuten den tiefsten Eindruck gemacht hat? – das war Ihre Bescheidenheit. Das war fast überall das erste, was ich zu hören bekam. Ich finde das aufschlußreich – hier wird deutlich, wie gedrückt und zurückgesetzt diese Leute tatsächlich fühlen und wie sie bei aller Brutalität ihres Wesens im Grunde ein sehr feines Gespür für die echte Menschlichkeit haben.

Der Zeitungsbericht findet hoffentlich Ihre Zustimmung.[86] Ich mußte um der Kürze und um der Mentalität der Leser willen vereinfachen und vergröbern, und vor allem wollte ich hier die Briefe zur Sprache kommen lassen. Ich glaube, daß man sagen kann, daß alle diese Dinge beim einfachen Volk viel eher auf eine echte Resonanz stoßen und tiefer begriffen werden als von der heutigen saturierten Intelligenz. Jedenfalls finde ich, daß wie beide für unser Wagnis überreichlich belohnt worden sind.

Wenn es heute möglich ist, daß diese Dinge so gesagt und beim einfachen Volk so aufgenommen werden, dann ist mir nicht mehr bange, dann wird das Weizenkorn noch viel Frucht bringen.

Aber draußen auf den Pfarrwiesen toben schon wieder die Konfirmanden und warten darauf, daß ich runter komme. Sie sollten nur, wenn Sie wieder nach Berlin zurückkommen, diesen Gruß und Dank vorfinden. Zur Erinnerung an den schönen Spaziergang am Montagmorgen möge die hübsche Karte vom Steinsberg[87] dienen.
Auch Frau und Kinder lassen herzlich grüßen!
Ihr Chr. Tröbst

86 Hier stehe ich, ich kann nicht anders … Gräfin v. Moltke über Leben und Sterben ihres Mannes beim Bezirkstreffen des Evang. Männerwerkes. In: Rhein-Neckar-Zeitung, [ca. 23.10.1958], Nr. 244, S. 3. – Tröbst schickte der Gräfin sowohl den Zeitungsausschnitt als auch seine maschinenschriftliche Fassung des Berichts, die von der Druckfassung gelegentlich abweicht. Der Abdruck erfolgt nach dem Manuskript.

87 Der Name einer mittelalterlichen Burg im Ort Weiler, heute ein Stadtteil von Sinsheim.

Anlage:

HIER STEHE ICH, ICH KANN NICHT ANDERS, GOTT HELFE MIR!

Bezirkstreffen des Evang. Männerwerks in Sinsheim

Es war ein ergreifender Augenblick, als am Sonntagnachmittag im Sinsheimer Gemeindehaus an die fünfhundert evangelische Männer den alten Choral Nun lob mein Seel den Herren! anstimmten. Jeder spürte es, wie in diesem Augenblick die aus allen Richtungen herbeigeeilten Männer zu einer großen und starken Gemeinschaft des Glaubens verbunden wurden. Als Bezirksmännerpfarrer Tröbst zur Begrüßung die Namen der einzelnen Ortschaften aufrief, da stellte die versammelte Gemeinde mit Erstaunen fest, daß aus allen 30 Dörfern des Kirchenbezirkes teilweise sehr starke Männerabordnungen in Begleitung ihrer Ortsobleute und ihrer Ortsgeistlichen erschienen waren. Es fehlte kein Dorf zwischen Taiernbach und Schluchtern, zwischen Eschelbronn und Elsenz. Es war vor allem die Kriegsgeneration der heute 30- bis 50jährigen, die sich hier zur Gemeinschaft des Glaubens zusammenfand.

Unter herzlichem und dankbarem Beifall der großen Männergemeinde konnte Pfarrer Tröbst Gräfin Freya von Moltke begrüßen. Sie war extra um dieser Männerversammlung willen in ihrem Wagen von Berlin nach Sinsheim gekommen, und es war überdies das erste Mal, daß sie öffentlich über das Leben und Sterben ihres Mannes sprach. Wie Frau v. Moltke nachher sagte, habe sie diese Stunden in Sinsheim und dieses aufmerksame und dankbare Zuhören der Männer als ein großes Geschenk empfunden. Sie sagte, sie sei mit großen Bedenken der Einladung nach Sinsheim nachgekommen, aber die Art und Weise, wie ihr Bericht aufgenommen wurde, habe sie sehr froh und zuversichtlich gemacht, weil sie wieder einmal mehr erfahren habe, daß das Opfer ihres Mannes nicht umsonst gewesen sei.

Gräfin Moltke berichtete in ganz schlichten, erzählenden Worten, wie ihr Mann schon mit 22 Jahren das durch die schweren Inflationsjahre tief verschuldete Gut in Kreisau in Schlesien habe übernehmen müssen und wie er dieses 400ha große Gut mühsam neben seinem juristischen Studium wieder auf die Höhe bringen mußte. Sie berichtete weiter, wie der junge Graf – dessen Mutter Engländerin war – von Anfang an in innerem Widerstand zu dem aufkommenden »Dritten Reich« stand, weil er, im Gegensatz zu der großen Menge des Volkes, durch seine Stellung und durch seinen Bekanntenkreis von Anfang an einen tieferen Einblick in die Dinge bekam, die hinter den Kulissen der neuen Regierung vor sich gingen. Graf Moltke, der sein deutsches Vaterland über alles liebte, hat schwer gelitten an dem Unrecht, das durch die NS-Regierung an Menschen im eigenen Volke und an anderen Nationen verübt wurde. Von Anfang an war er überzeugt, daß Nationalsozialismus gleichbedeutend war mit Krieg. Und als dieser Krieg tatsächlich begann, da schrieb er auf den Tag genau vor 17 Jahren am 21. Oktober 1941 an seine Frau einen Bericht über Vergeltungsmaßnahmen der deutschen Truppen in Serbien und Griechenland. Zum Schluß dieses Briefes heißt es:

> So werden täglich sicher mehr als 1000 Menschen ermordet und wieder tausende deutscher Männer an Mord gewöhnt. Darf ich denn das alles erfahren und trotzdem in meiner geheizten Wohnung am Tisch sitzen und Tee trinken? Mache ich mich dadurch nicht mitschuldig? Was mache ich, wenn man mich fragt: Und was hast du während dieser Zeit getan?

So stand Graf Moltke unerschrocken an seinem Platz, bekannte seine Meinung öffentlich, half, wo er helfen konnte und schützte, wen er schützen konnte.

Bald lernte er in Berlin Leute kennen, die unter dem gleichen, schweren Gewissensdruck standen wie er. Sie kamen aus verschiedenen Lagern. Da waren Söhne aus alten preußischen Adelsgeschlechtern, da waren Gewerkschaftsführer und Jungsozialisten, da waren evangelische Pfarrer und Jesuitenpatres. Diese alle rief Graf Moltke zusammen und lud sie zu sich auf sein Gut Kreisau ein, um mit ihnen zu beraten, was zu geschehen habe, wenn das schreckliche Ende, das sie voraussahen, eingetreten sei.

> Für uns« – so schrieb er in jener Zeit an einen Freund – »ist Europa nach dem Krieg weniger eine Frage von Grenzen und Soldaten und Organisationen. Europa nach dem Krieg ist die Frage: Wie kann das Bild des Menschen in den Herzen unserer Mitbürger wieder aufgerichtet werden. Das ist eine Frage der Religion ...[88]

Die Kreisauer – auch die Sozialisten unter ihnen – waren Christen. Sie sahen im Christentum die Grundlage für die sittliche und religiöse Erneuerung unseres Volkes. Es ist darum ganz folgerichtig, daß Graf Moltke persönlich immer der Meinung war, daß das Gute, das er anstrebte, selbst dem Bösen gegenüber nur mit guten Mitteln verteidigt und durchgesetzt werden dürfe. Er lehnte darum innerlich den Weg der Leute des 20. Juli ab. Er wurde allerdings nicht vor die Entscheidung gestellt, weil er zu jener Zeit bereits in Haft war.

Der Bericht von Frau von Moltke ging seinem erschütternden und wunderbaren Höhepunkt entgegen, als sie einige Auszüge aus den Abschiedsbriefen ihres Mannes,

88 Vgl. die Anm. 72.

die ja an sie gerichtet waren, vorlas. Graf Moltke hat nach seiner Verurteilung zum Tode ganz wunderbare Glaubenserfahrungen gemacht. Schon während der Verhandlung im Volksgerichtshof in Berlin war es ihm gegeben, die Frage des Vorsitzenden: »Herr Graf, von wem empfangen Sie Ihre Befehle? Von Adolf Hitler oder vom Jenseits?«[89] mit einem Lächeln zu beantworten, das seinen Anklägern die Schamröte ins Gesicht trieb.

In seinem allerletzten Brief an seine Frau steht geschrieben:

> Gott hat mich die zwei Tage so fest und klar geführt. Der ganze Saal hätte brüllen können wie der Herr Freisler, und sämtliche Wände hätten wackeln können und es hätte mir gar nichts ausgemacht. Es war wahrlich so, wie es im Jesaja 43,2 heißt: Denn so du durch Wasser gehst, will ich bei dir sein, daß dich die Ströme nicht sollen ersäufen; und so du ins Feuer gehst, sollst du nicht brennen, und die Flamme soll dich nicht versengen. Mir war, als ich zum Schlußwort aufgerufen wurde, so zumute, daß ich beinahe gesagt hätte: ich habe nur eines zu meiner Verteidigung anzuführen: Nehmen sie den Leib, Gut, Ehr, Kind und Weib, laß fahren dahin, sie haben's kein Gewinn, das Reich muß uns doch bleiben.

Und auf der letzten Seite heißt es:

> Mein Herz, mein Leben ist vollendet, und ich kann von mir sagen: Er starb alt und lebenssatt. Das ändert nichts daran, daß ich gerne noch etwas leben möchte, daß ich dich gerne noch ein Stück auf dieser Erde begleitete. Aber dann bedürfte es eines neuen Auftrages Gottes. Der Auftrag, für den Gott mich gemacht hat, ist erfüllt.

89 Ebd., S. 52.

Und auch sein letztes Wort an seine Frau sei hier angeführt:

> Ich aber sage Dir zum Schluß, kraft des Schatzes, der aus mir gesprochen hat und der dieses bescheidene irdene Gefäß erfüllt: Die Gnade unseres Herren Jesu Christi und die Liebe Gottes und die Gemeinschaft des Heiligen Geistes sei mit Euch allen. Amen.[90]

Helmuth James Graf von Moltke starb durch den Strang am 23. Januar 1945 im Alter von 38 Jahren als Vater zweier Söhne in der Landesstrafanstalt Plötzensee bei Berlin.

Als Dekan Glöckler den Dank der Männer aussprach, da war eine große stille Ergriffenheit in den Hörern. Er faßte den Bericht von Frau von Moltke zusammen, indem er Worte von Christian Morgenstern sprach:

> Sieh nicht, was andere tun, der anderen sind so viel.
> Du kommst nur in ein Spiel, das nimmermehr wird ruhn.
> Geh einfach Gottes Pfad, laß nichts sonst Führer sein,
> dann gehst du recht und grad – und gingst du ganz allein.[91]

Der unermüdliche Bezirksobmann Karl Gehrke rief zum Schluß der Gemeinde die Jahreslosung des evangelischen Männerwerkes zu: Die Welt braucht ganze Christen!

Mit Gebet und Segen beschloß er dieses denkwürdige Treffen, an das alle, die dabei waren, noch oft denken werden.

90 Ebd., S. 43-44, 60-61.
91 Das Gedicht »Sieh nicht, was andere tun« stammt aus dem Gedichtband: Wir fanden einen Pfad. Neue Gedichte (1914).

[20. Freya von Moltke ⟹ Christian Tröbst, 10. November 1958]

Wannsee,
Am Kleinen Wannsee 29 B
den 10. Nov. 1958

Lieber Herr Tröbst,
Ihr schöner Brief, der Zeitungsausschnitt, aber vor allem die Freundschaft, die ich bei Ihnen und Ihrer Frau empfing, das alles ist noch unbedankt. ›So ist es eben‹, werden Sie schon gedacht haben, da Sie langes Warten auf Antwort je leider schon gewöhnt sind.

Auch für mich waren es wunderschöne Tage – es war ja gar nicht so lange, aber es kommt mir zurückdenkend lange vor. Vor allem, weil es so wohl tat, daß Sie Helmuth wirklich lieben und weil ich so gerne Ihnen und auch am Abend Ihrer Frau von ihm und mir erzählte. Abgesehen von der Freundschaft, die ich bei Ihnen gefunden habe und die ich weiter mit mir nehmen werde, war es so wohltuend zu fühlen: bei Ihnen habe ich weitergegeben, was ich weiterzugeben habe. Auch habe ich den Frieden und die große Liebe, die in Ihrem Hause herrscht, dankbar mit mir genommen.

Dann waren auch die Männer für mich sehr wichtig. Die Aktion hat mir Mut gemacht. Täte ich etwas Ähnliches wieder, ich brauchte wieder neuen Mut, aber der schon angewandte, der hat sich gelohnt und das schafft Neuen. So mutig wie Sie denken bin ich nämlich gar nicht. So etwas wird mir schwer. Ich möchte es recht machen und es dauert lange, bis ich mich selbst darin ganz vergessen kann. Ob Sie das gemerkt haben? Und dann war es eben ein Risiko, ein Sprung, eine Glaubenssache, und die tragen vorwärts in neue Glaubenssachen.

Alle Einzelheiten des Sonntags und des Montags sind mir unvergessen. Vielen, vielen Dank. Der gilt auch Ihrer Frau. Wenn ich an sie denke, sehe ich sie immer mit einem vollen Tablett mit ganz leichten Schritten, ganz beschwingt zur Türe hereinkommen. Das macht sie zu schön! Wie es wohl den Öhrchen des armen Stefan geht? Ob es wirklich die Polypen sind?[92] Hoffentlich, hoffentlich macht sich in diesem Winter alles leicht und gut bei Ihnen. Ich werde oftmals hindenken!

Bei mir ist es auch lebhaft weitergegangen und so bleibt es auch. Ich hoffe aber sehr, in diesem Winter noch viele Briefe abzuschreiben und weiter mit dieser mich freuenden aber doch auch antreibenden Arbeit zu kommen. Aber immer, immer kommt mir etwas anderes in den Weg und zieht mich ab.

Wenn Sie meine Notizen und Abschriften noch bei sich liegen haben[93], dann stecken Sie sie doch bitte in einen Umschlag. Ich verwahre sie dann bei mir. Vielleicht brauche ich die Abschriften wieder einmal. Aber wenn sie weg sind, dann macht es auch nichts.

Und nun noch viele herzliche, warme Grüsse für Sie beide und für die beiden Kleinen und nochmals: Haben Sie beide Dank!

Ihre
Freya von Moltke

92 Stefan Troebst litt damals an einer Mittelohrentzündung.
93 Vgl. die Anm. 44 zum Brief Nr. 10.

[21. Freya von Moltke ⟹ Christian Tröbst, 10. Juli 1959]

z. Zt. Salem /Bodensee,
10. Juli 1959

Liebe Tröbst Familie,
Ich habe so oft an Sie gedacht. Viele herzliche Glück und Segen wünschende Gedanken oft geschickt – und nie geschrieben. Hoffentlich geht es Ihnen allen gut. Immer habe ich gedacht, ich möchte ein Zeichen meines Gedenkens und der Wünsche speziell für das kleine Töchterchen[94] Ihnen geben. Da sah ich neulich die Glocke.[95] Da dachte ich: die ist recht für Tröbsts und schickte sie ab. Sie werden sich vielleicht gewundert haben, aber nun verstehen Sie warum. Sicher gibt es tagein tagaus sehr viel zu tun für Sie und für die Mutter treppauf treppab. Möge es Ihnen in allem Wirken sehr gut gehen!
Das wünscht von Herzen Ihre
Freya von Moltke

94 Sabine Tröbst, geb. am 12. Januar 1959 (gest. 1987).
95 Gemeint ist eine Porzellannachbildung der Freiheitsglocke im Rathaus Berlin-Schöneberg, ein Geschenk der USA von 1950.

Freya von Moltke mit ihren Söhnen, ca. 1949, Südafrika

Hochzeitsfoto Christiane und Christian Tröbst, 5.10.1952, Heppenheim/Bergstraße

Freya und Helmuth Caspar von Moltke mit anderen Verwandten, ca. 1958

Christiane, Ulrike, Stefan und Christian Tröbst im Rohrbacher Pfarrgarten, ca. 1957

Freya von Moltke, 1960er Jahre

Christian Tröbst im Garten des Rohrbacher Pfarrhauses, ca. 1958

Freya von Moltke, 1960er Jahre

Pfarrer Christian Tröbst, ca. 1957

Quellen und Literatur

Diese Liste stellt nur eine knappe Auswahl dar. Es werden allein die in der Einleitung und in den Fußnoten aufgeführten Titel berücksichtigt.

Allemann, Fritz René: Bonn ist nicht Weimar, Köln 1956

Beck, Dorothea: Julius Leber. Sozialdemokrat zwischen Reform und Widerstand, Berlin (West) 1983

Boveri, Margret: Der Diplomat vor Gericht, Berlin 1948

Boveri, Magret: Der Verrat im 20. Jahrhundert, Reinbek b. Hamburg 1956

Brakelmann Günter: Helmuth James von Moltke 1907-1945. Eine Biographie, 2. Aufl. München 1997 (poln.: Helmuth James von Moltke 1907-1945 Biografia, Poznań 2007)

Brücken schlagen. Briefe zum 90. Geburtstag von Freya von Moltke, hrsg. von der Stiftung Kreisau für Europäische Verständigung in Zusammenarbeit mit der Kreisau-Initiative Berlin e.V., München 2003

Czachur, Waldemar; Feindt, Gregor: Kreisau | Krzyżowa. 1945 – 1989 – 2019, Bonn 2019

Dossier: Kreisauer Kreis. Dokumente aus dem Widerstand gegen den Nationalsozialismus. Aus dem Nachlaß von Lothar König S.J., hrsg. u. komm. von Roman Bleistein, Frankfurt a.M. 1987

Dertinger, Antje: Frauen der ersten Stunde. Aus den Gründerjahren der Bundesrepublik, Bonn 1989

Deutscher Widerstand, hrsg. von Rudolf Pechel, Zürich 1947

Dudek, Peter: Erziehung durch Arbeit. Arbeitslagerbewegung und freiwilliger Arbeitsdienst 1920-1935, Opladen 1988

Fikus, Sebastian: Trudny spadek dysydentów III Rzeszy w Republice Federalnej Niemiec, Warschau 2013

Fischer, Stefanie: Ökonomisches Vertrauen und antisemitische Gewalt. Jüdische Viehhändler in Mittelfranken 1919-1939, Göttingen 2014

Franke, Annemarie: Das neue Kreisau, Die Entstehungsgeschichte der Stifung Kreisau für Europäische Verständigung 1989-1998, Augsburg 2017 (poln.: Wspólna droga, wspólny duch. Fundacja »Krzyżowa« dla Porozumienia Europejskiego 1989-1998, Poznań 2017)
Furtwängler, Franz Josef: Männer, die ich sah und kannte, Hamburg 1951
Das Gewissen entscheidet. Bereiche des deutschen Widerstandes von 1933-1945 in Lebensbildern, hrsg. von Annedore Leber in Zusammenarbeit mit Willy Brandt und Karl Dietrich Bracher, Frankfurt a.M. 1963
Das Gewissen steht auf. 64 Lebensbilder aus dem deutschen Widerstand 1933-1945, gesammelt und hrsg. von Annedore Leber in Zusammenarbeit mit Willy Brandt und Karl Dietrich Bracher, Berlin (West), Frankfurt a.M. 1954
Geyken, Frauke: Freya von Moltke. Ein Jahrhundertleben 1911-2010, München 2011
Greiff, Walter: Das Boberhaus in Löwenberg/Schlesien 1933-1937. Selbstbehauptung einer nonkonformen Gruppe, Sigmaringen 1985
Hassell, Ulrich von: Die Hassell-Tagebücher 1938-1944. Nach der Handschrift revidierte und erweiterte Ausgabe, hrsg. von Friedrich Frhr. Hiller von Gaertringen, Berlin (West) 1988
Herzfeld, Hans: Aus den Lebenserinnerungen, hrsg. v. Willy Real, Berlin, New York 1992.
Hüppauf, Bernd: Schlachtenmythen und die Konstruktion des »Neuen Menschen«, In: Gerhard Hirschfeld, Gerd Krumeich, Irina Renz (Hrsg.): »Keiner fühlt sich hier mehr als Mensch«. Erlebnis und Wirkung des Ersten Weltkriegs, Essen 1993.
Jessen, Olaf: Die Moltkes. Biographie einer Familie, München 2010
Leber, Annedore; Moltke, Freya Gräfin von: Für und wider. Entscheidungen in Deutschland 1918-1945, Frankfurt a.M. 1961
Lier, Barbara: Das Hilfswerk 20. Juli 1944. Die Geschichte der Hinterbliebenen der Hitler-Attentäter von 1944 bis 1974, Augsburg 2020

Meding, Dorothee von: Mit dem Mut des Herzens. Die Frauen des 20. Juli, Berlin 1992
Moltke, Freya von: Die Kreisauerin, 2. Aufl., Göttingen 1992
Moltke, Freya von: Erinnerungen an Kreisau 1930-1945, München 1987 (poln.: Wspomnienia z Krzyżowej 1930-1945, Warszawa 2000)
Moltke, Helmuth J. Graf von: Letzte Briefe aus dem Gefängnis Tegel, Berlin (West) 1951 (poln.: Ostatnie listy z więzienia Tegel w 1945 roku, przek. Magdalena Ruta, Kraków 1993)
Mühlen, Bengt von zur: Die Angeklagten des 20. Juli vor dem Volksgerichtshof, Berlin-Kleinmachnow 2001
Naso, Eckart von: Moltke. Mensch und Feldherr, Berlin 1937
Niemöller, Wilhelm: Die Evangelische Kirche im Dritten Reich. Handbuch des Kirchenkampfes, Bielefeld 1956
Reichel, Peter; Schmid, Harald; Steinbach, Peter (Hrsg.): Der Nationalsoziaismus. Die zweite Geschichte. Überwindung, Deutung, Erinnerung, Bonn 2009
Roon, Ger van: Neuordnung im Widerstand. Der Kreisauer Kreis innerhalb der deutschen Widerstandsbewegung, München 1967
Rosenstock-Huessy, Eugen: Der unbezahlbare Mensch, Berlin (West) 1955
Rosenstock-Huessy, Eugen: Des Christen Zukunft, oder Wir überholen die Moderne, München 1956
Rosenstock-Huessy, Eugen; Trotha, Carl Dietrich von (Hrsg.): Das Arbeitslager. Berichte aus Schlesien von Arbeitern, Bauern, Studenten, Jena 1931
Rothfels, Hans: Die deutsche Opposition gegen Hitler. Eine Würdigung, Krefeld 1949
Ruchniewicz, Krzysztof: Kreisau neu gelesen. Mit einem Nachwort von Annemarie Franke, Dresden 2018 (poln.: Krzyżowa ponownie (od)czytana, Wrocław 2017)
Schmädeke, Jürgen; Steinbach, Peter (Hrsg.): Der Widerstand gegen den Nationalsozialismus. Die deutsche Gesellschaft und der Widerstand gegen Hitler, München 1994

Scholtyseck, Joachim; Schröder, Stephan (Hrsg.): Die Überlebenden des deutschen Widerstandes und ihre Bedeutung für Nachkriegsdeutschand (= Schriftenreihe der Forschungsgemeinschaft 20. Juli 1944 e.V., Bd. 6), Münster 2005

Sösemann, Bernd: Verräter vor dem Volksgericht. Die denkwürdige Geschichte eines Filmprojekts. In: Der Umgang des Dritten Reiches mit den Feinden des Regimes. XXII. Königswinterer Tagung (Februar 2009), hrsg. von Manuel Becker und Christoph Studt, Berlin 2010 (= Schriftenreihe der Forschungsgemeinschaft 20. Juli 1944 e.V., Bd. 13), S. 147-163

Steinbach, Peter: Widerstand im Widerstreit. Der Widerstand gegen den Nationalsozialismus in der Erinnerung der Deutschen. Ausgewählte Studien. Paderborn 2001

Das Tagebuch der Anne Frank. 14. Juni 1942-1. August 1944, Heidelberg 1950

Tempel, Silke: Freya von Moltke. Ein Leben. Ein Jahrhundert, Berlin 2011

Tuchel, Johannes: Vor dem »Volksgerichtshof«. Schauprozesse vor laufender Kamera. In: Gerhard Paul (Hg.): Das Jahrhundert der Bilder 1900-1945, Göttingen 2009, S. 648-657

»Das (un)sichtbare Erbe. Gedanken über den Kreisauer Kreis«, unter der Redaktion von Tomasz Skonieczyny, Wrocław 2017 (poln.: (Nie)obecne dziedzictwo. Rozważania o Kręgu z Krzyżowej«, red. Tomasz Skonieczny, Wrocław 2017)

Ullrich, Volker: Adolf Hitler. Die Jahre des Aufstiegs 1889-1939. Biographie, Band 1, Frankfurt a.M. 2013

Voss, Rüdiger von: Der Staatsstreich vom 20. Juli 1944. Politische Rezeption und Traditionsbildung in der Bundesrepublik Deutschland, Berlin 2011

Internetadressen

A Biographical Sketch of Eugen Rosenstock-Huessy, https://bit.ly/3YRbd7D (letzter Zugriff: 17.3.2023)

Adenauer-Ära. Überblicksdarstellungen, https://bit.ly/3Jto8nx (letzter Zugriff: 17.3.2023)

Aufarbeitung der NS-Vergangenheit in den Ministerien und Bundesbehörden (2018), https://bit.ly/3JmLeiF (letzter Zugriff: 17.3.2023)

Auswahlbibliographie zum Widerstand gegen den Nationalsozialismus, in: Zeitgeschichte-online, Juli 2004, URL: https://zeitgeschichteonline. de/themen/auswahlbibliographie-zum-widerstand-gegen-dennationalsozialismus (letzter Zugriff: 17.3.2023)

Die Daimler Werkzeitung von 1919 bis 1920: ein avantgardistisches Projekt in schwieriger Zeit, https://bit.ly/40eCjX7 (letzter Zugriff: 17.3.2023)

Freya von Moltke-Stiftung für das Neue Kreisau, https://bit.ly/3Z1eRvA (letzter Zugriff: 17.3.2023)

Literaturhinweise und Internetadressen, 2016, https://bit.ly/3n5q15d (letzter Zugriff: 21.3.2023)

Stiftung Kreisau, https://www.krzyzowa.pl/de/ (letzter Zugriff: 19.3.2023)

Umgang mit der NS-Vergangenheit, https://bit.ly/3FwsKuS (letzter Zugriff: 17.3.2023)

Personenregister

Mosaik

PAMELA BALL

10 000 Träume

Traumsymbole und ihre Bedeutung von A–Z

MOSAIK VERLAG

Titel der englischen Originalausgabe:
10 000 Dreams

Der Mosaik Verlag ist ein Unternehmen
der Verlagsgruppe Bertelsmann

Ungekürzte Buchhandels-Lizenzausgabe der
Mosaik Verlag GmbH, München 1997

Übersetzung: Brigitte Milkau, München
Lektorat: Diane von Weltzien, Wagun
Umbruch: Eva Kaltenbrunner, Wien
Druck und Bindung: Graphische Großbetriebe Pößneck
Printed in Germany
ISBN 3-576-11069-0

Inhalt

I. TEIL

Einführung in die Traumarbeit

Schlafen und Träumen

Man sagt, Träume seien ein Mittel des menschlichen Geistes, um mit den unterschiedlichen Arten von Reizen aus der Außenwelt, die er verarbeiten muß, zurechtzukommen. In der Zwischenzeit ist bewiesen, daß der Mensch Schlaf braucht, um erfolgreich zu funktionieren. Schlafentzug hat tatsächlich schwerwiegende Auswirkungen auf die Leistungsfähigkeit. Träume auf der anderen Seite scheinen das Gleichgewicht zwischen psychischer und physischer Aktivität herzustellen. Ohne den Ausgleich durch den Traumprozeß kommt es sehr schnell zum psychischen und physischen Zusammenbruch.

Im Wachzustand gilt die menschliche Aktivität generell dem äußeren und bewußt wahrgenommenen Geschehen. Der Mensch nimmt fortwährend Daten in sich auf, die entweder umgehend genutzt oder gespeichert werden müssen, bis er sie einordnen oder in ein Muster einpassen kann. Er besitzt die Fähigkeit, in seinen Mitmenschen wie auch in Situationen zu »lesen«. Wenn er neues Material aufnimmt, kann er es beurteilen und Entscheidungen treffen, Erkenntnisse gewinnen und Einsichten haben. Sowohl die Informationen als auch die Erkenntnisse werden für den späteren Gebrauch gespeichert und tauchen anscheinend zufällig in Träumen wieder auf. Manche Menschen glauben nicht, daß die Funktion von Träumen über die des Lagers für aufgenommene Informationen hinausgeht. Sie vergleichen Träumen mit dem Hintergrundgeräusch eines elektrischen Geräts.

In gewisser Weise mag dies zutreffen. Das Träumen ist ein selbstreinigender, selbstklärender Prozeß, der jede Nacht Platz schafft für die Ereignisse des nächsten Tages. Es stellt sich jedoch die Frage, was danach mit dem geklärten Material geschieht. Der Ablauf des Träumens ist ein wenig vergleichbar mit dem Frühjahrsputz, bei dem die Hausfrau manche Dinge in den Müll wirft und andere auf dem Dachboden verstaut. Was dann noch übrigbleibt, kommt in der Wohnung zum Einsatz. Bei Träumen wird der »Abfall« – oder all die Information, die man als überflüssig betrachtet – dem allgemeinen Schuttabladeplatz beziehungsweise dem kollektiven Unbewußten zugeordnet. Später vielleicht einmal nützliches Material wird so abgelegt, daß es im Bedarfsfall verfügbar ist, während der Rest leicht zugänglich bereitgehalten wird.

Man kann diese Vorgänge auch betrachten, indem man sich den menschlichen Geist als Computer mit einer riesigen Speicherkapazität vorstellt, in den man im Wachzustand fortwährend wahllos Daten eingibt. Träume erfüllen in diesem Zusammenhang zwei Funktionen. Die eine ist das korrekte Sortieren und Archivieren des gewonnenen Materials. Die zweite ist die Darstellung der Informationen, welche die träumende Person benötigt, um erfolgreich in der Welt zu funktionieren, in der sie lebt. Wenn die Leistungsfähigkeit dieses inneren Computers zunimmt, dann gelingt es ihm zwar schneller, das hereinkommende Material zu sortieren, aber er braucht auch mehr Zeit, um nach relevanten Informationen zu suchen, die ihn – und seinen Benutzer – befähigen, besser zu funktionieren.

Träume haben Zugang zur Datenbank des Gedächtnisses, zu Erfahrungen, Wahrnehmungen und zu kulturellen Vorstellungswelten, und bilden neue Ideen und Vorstellungen. Sie schaffen Möglichkeiten der Problemlösung, die auf der bewußten Ebene anscheinend nicht möglich sind. Wenn die Grenzen, die das Bewußtsein im Denkprozeß absteckt, beseitigt sind, dann ist der Geist frei, dorthin zu wandern, wo es ihm gefällt – ungehindert kann er Szenarios und Situationen erzeugen, die sich der Erklärung durch den logischen Teil der Persönlichkeit entziehen. Bei der Suche nach Antworten ist größere Kreativität und Offenheit im Streben nach Wissen erforderlich. Unter solchen Voraussetzungen ist es nicht nur möglich, Zugang zum eigenen Vorstellungsvorrat zu gewinnen, sondern sogar zu einer noch subtileren, jedem Menschen zugänglichen Informationsebene. Diese Ebene nannte C. G. Jung das »kollektive Unbewußte«.

Mit dem Begriff »unbewußt« kann man viele Dimensionen des Selbst beschreiben. Das Unbewußte ist der Aspekt des menschlichen Seins, der seine Lebenserfahrung und eine Gedächtnisebene umfaßt, auf deren gespeichertes Wissen er selten Zugriff hat. Solcherart mündet die Informationsverarbeitung in die Entwicklung eines Realitätskonzepts, mit dessen Hilfe der Mensch begreift, was wahrscheinlich ist und was erheblich außerhalb des Normalen liegt. Viele Funktionen des Unbewußten, die wir zum Überleben brauchen, sind physiologischer und psychologischer Natur. Außerdem enthält es ererbte Normen bezüglich des Verhaltens, der Einstellungen und Ideale.

Sobald der Zugang zum kollektiven Unbewußten wächst, werden bestimmte wiederkehrende Muster erkennbar. Diese Grundmuster werden so lange immer wieder verändert und korrigiert, bis sie in die Erfahrungen des Träumenden passen. Zahlreiche Träume ermöglichen den Zugang zu solchen Grundmustern und befähigen dazu, die äußerst subtilen Anpassungsleistungen zu bewerkstelligen.

Die Erforschung von Träumen

Je eingehender die Erforschung dieser Datenbank der Träume erfolgt, um so feinsinniger werden die Erklärungen, doch erscheinen sie uns dabei sonderbarerweise um so einfacher und sachdienlicher. Dennoch ist es notwendig, einen Traum aus mehreren Blickrichtungen zu untersuchen, um ihn in seiner Gesamtheit und Komplexität zu verstehen. Weil der Mensch von Natur aus ein ganzheitliches Wesen ist, kann Traumdeutung keine exakte Wissenschaft sein, denn sie muß berücksichtigen, welches Selbstverständnis der Träumende hat. Vielleicht sucht er nicht nach einer psychologischen oder spirituellen Deutung, sondern einfach nach einer unkomplizierten Erklärung seiner Träume. Zweck der Traumdeutung ist es, zu erkennen:

1. daß der Mensch bestimmte Ziele erreichen oder Absichten aktiv verfolgen will, auch wenn diese vielleicht unerreichbar sind. Die Einbeziehung aller erhältlichen Informationen ist notwendig, um erfolgreich zu sein;
2. daß der Blick direkt auf Gefühle wie Zorn, Eifersucht, Angst und Schmerz gerichtet werden muß;
3. daß Gesichtspunkte wie etwa jene der Sexualität und der Spiritualität unmittelbar zum Tragen kommen.

Dieses Buch versucht, diesem Zweck der Traumdeutung zu entsprechen, indem es dem Leser Wahlmöglichkeiten anbietet. Die erste Deutung ist die konventionellere. Es kann sein, daß eine simple Erklärung eines oder mehrerer Traumbilder die Bedürfnisse des Träumenden ausreichend erfüllt. Die zweite Deutung ist eine eher psychologische; sie geht stärker auf die Bedeutung des Traums für den Träumenden ein, und manchmal wird eine bestimmte Handlung hervorgehoben, die vielleicht zutrifft. Die dritte Deutung ist eine klare, kurze Erklärung des vermuteten spirituellen Trauminhalts, welche dem Träumenden die Gelegenheit gibt, die Deutungen auf einer tieferen Ebene durchzuarbeiten und dabei stärker auf von ihm bevorzugte Techniken zurückzugreifen. Vielleicht bedient er sich der Meditation oder geführter Phantasiereisen, da diese viele Symbole mit seinem Traum gemeinsam haben können.

Sobald der Träumende entschieden hat, welche Deutung zutrifft – oder vielleicht passen auch mehrere –, kann er den emotionalen Inhalt, die Symbole, den Ablauf und den Grund jedes einzelnen Traums vollkommen verstehen.

Es steht dem Träumenden frei, seine Träume aufzuzeichnen und sein eigenes Archiv aufzubauen. So ist er dazu in der Lage, seine Fortschritte mitzuverfolgen und mehr und mehr über sich und jene private, verborgene Welt zu erfahren, in der seine Träume entstehen. Je zugänglicher diese Welt wird, desto mehr Kontrolle hat er über die äußeren Umstände seines Lebens. Je mehr Kontrolle er auf der bewußten Ebene erlangt, um so reichhaltiger wird sein Leben. Er kann sein Schicksal in die Hand nehmen und die ihm nun zugängliche Energie nutzen, um sich eine lebenswerte Zukunft zu schaffen.

Die Sprache der Träume

Man nimmt an, daß Traumdeutung ähnlich funktioniert wie das Lernen einer neuen Sprache, und dies ist durchaus richtig – außer daß der Mensch die Traumsprache eigentlich schon kennt und sie sich lediglich wieder aneignen muß. Ein Baby kann sehen, bevor es zu sprechen vermag, und es deutet, was es sieht, auf einer stark vereinfachten Ebene. Es hat keinen Grund, daran zu zweifeln, daß es das Zentrum des Universums ist. Schrittweise erhält das Durcheinander der Eindrücke eine Ordnung, und eine anfangs scheinbar bedeutungslose Mischung von Geräuschen erlangt Bedeutung. Die Gefühle, die zu den Eindrücken und Klängen gehören, werden allmählich erkennbar. Wenn das, was auftaucht, annehmbar ist, wird es automatisch sortiert. Sobald das Baby allmählich besser dazu in der Lage ist, Informationen aufzunehmen und zu quantifizieren, nimmt das Staunen ab, und der Entdeckungsprozeß entwickelt ein Eigenleben. Ziel beim Wiedererlernen der Traumsprache ist es also, sich an den Prozeß des Erkennens und Sortierens von Symbolen zu erinnern.

Anfänglich sollten zunächst Situation und Umfeld, in dem der Träumende lebt, gedeutet werden. Dadurch erhält er Hinweise auf den Zusammenhang des Traums. Wenn man beispielsweise träumt, man sei in einer Schule, deutet dies auf ein Lernumfeld hin; der Träumende kann dann eine Beziehung zu seinen gegenwärtigen Lebensumständen herstellen. Er beschäftigt sich damit, wie es ihm in der Schulsituation ergeht und welche Gefühle er durchlebte, damit er das Traumszenario nach und nach versteht. So wie das Drehbuch eine Filmszene auf eine Weise gestaltet, die es dem Publikum ermöglicht, die Geschichte nachzuvollziehen, so gibt auch der menschliche Geist der Traumszene eine ganz bestimmte Form, in der man genügend Anhaltspunkte finden kann, um den Ablauf zu begreifen.

Im Anschluß werden die Symbole der verschiedenen Traumbilder entziffert, denn es könnte sich bei ihnen um Anspielungen, Gleichnisse, versteckte Andeutungen oder um Wortassoziationen handeln. Dann betrachtet man die Personen des Traums wie die Figuren eines Dramas, und schließlich wird die Deutung durch die Handlungen der verschiedenen Teilnehmer vervollständigt.

Oft scheinen die Szenen eines Traums ohne inneren Zusammenhang abzulaufen und offenbar ohne Sinn und Zweck zu wechseln. Akzeptiert man, daß der menschliche Geist in bezug auf das, was an die Oberfläche kommt, ganz subjektiv Schwerpunkte setzt, dann entsteht eine bestimmte Art von Ordnung. Sobald das

Thema des Traums klar hervortritt, können die verschiedenen Teilaspekte definiert und die Symbole gedeutet werden.

Die Sprache der Träume verarbeitet allgemeine Themen und normalerweise akzeptierte Bedeutungen, aber sie hat, genau wie andere Sprachen auch, ihre Dialekte. Jeder Mensch hat seinen eigenen Traumdialekt, der auf individuelle Erfahrungen, die persönliche Familiengeschichte, die eigenen Wahrnehmungen und Gefühle zurückzuführen ist. Die einzige, wirklich gültige Deutung eines Traums ist die eigene, auch wenn andere Menschen, welche dieselbe Sprache sprechen, zur Mithilfe herangezogen werden können. Es ist jedoch auch denkbar, eine neue Begrifflichkeit zu lernen. So kann beispielsweise die Deutung eines Traums, in dem sich der Träumende in einem Fischerboot befindet und einen riesigen Fisch fängt, unterschiedlich ausfallen – je nachdem, ob es sich bei dem Träumenden um einen Fischer handelt oder nicht. Im ersten Fall könnte der Traum als Hinweis auf die Arbeitssituation des Fischers hinweisen, im zweiten hingegen steht die Frage im Vordergrund, ob der Träumende die Fähigkeiten hat, um erfolgreich zu sein, und welche Gefühle damit verbunden sind.

Wie man dieses Buch benutzt

Am besten zeichnet man Träume so bald wie möglich nach dem Aufwachen auf. Sie können dazu einen Kassettenrekorder verwenden oder alles aufschreiben, woran Sie sich noch erinnern. Was geschah? Wer und was kam in dem Traum vor? Was wurde gesagt, was getan, welche Gefühle hatten Sie im Traum, und wie hing alles zusammen? Um die Deutung zu erleichtern, empfiehlt es sich, jedes Symbol, jeden Gegenstand und jedes Gefühl aufzuschreiben und alphabetisch zu ordnen. Es ist außerdem ratsam, ein Traumtagebuch zu führen – hierbei sollte jeder Traum, der über eine bestimmte Zeit hinweg auftritt, in diesem Tagebuch festgehalten werden.

In diesem Buch werden, wie schon erwähnt, zu jedem Stichwort Deutungen auf drei verschiedenen Ebenen gegeben. Die erste Deutung ist eine rein konventionelle. Vielleicht ist diese am leichtesten verständlich. Die zweite Klassifikation geht näher auf die Bedeutung des Objekts oder des Gefühls ein und betrachtet es vom psychologischen Standpunkt aus – wie es auf den Träumenden einwirkt und von ihm genutzt werden kann. Die dritte Erklärung ist ein einfacher Satz, der eher die spirituelle oder esoterische Bedeutung wiedergibt. Da diese Deutung etwas mehr Intuition voraussetzt, kann sie als Katalysator auf den Leser wirken und ihn dabei unterstützen, den Traum auf einer tieferen Ebene eingehender zu erforschen.

1. Lesen Sie zunächst alle drei Deutungen, und versuchen Sie zu bestimmen, welche von ihnen für Sie am zutreffendsten ist. Viele Erklärungen sind plakativ formuliert, um Ihnen die Deutung zu erleichtern.
2. Machen Sie sich Notizen zu den wichtigsten Aspekten.
3. Tun Sie dies bei jedem Traum, den Sie aufgezeichnet haben, und rekonstruieren Sie das Traumgeschehen so, wie es ablief.
4. Viele Stichworte in diesem Buch werden durch Querverweise (mit einem → dargestellt) ergänzt, die auf andere Eintragungen hinweisen und dem Leser die Möglichkeit geben, die Traumbilder tiefergehend zu erforschen.

Ein Beispiel

Eine Frau erzählte den folgenden Traum: »Ich betrachtete ein Bild, das ziemlich düster und schmuddelig war, möglicherweise war es ein altes Bild. Jemand war bei mir, ich glaube, es war ein Mann. Er wischte über das Bild, um es zu säubern, und stach mit dem Finger ein Loch in die linke untere Ecke. Dann lief ich mit einer guten Freundin einen Weg hinunter, um ein Paar zu warnen, welches das nun beschädigte Bild gekauft hatte. Der Frau aber schien dies nichts auszumachen.«

Alphabetische Liste

- ○ alt, ausmachen
- ○ düster
- ○ Finger, Frau, Freundin
- ○ beschädigt, betrachten, Bild
- ○ Ecke
- ○ kaufen

Fortsetzung auf Seite 16

- links, laufen, Loch
- Paar
- unten
- Mann
- säubern, schmuddelig
- Weg

Nachdem die Frau über ihren Traum nachgedacht hatte, arbeitete sie heraus, daß in letzter Zeit ihre Erfahrungen zwar etwas düster und trist gewesen waren, daß sie jedoch nun mit der Hilfe eines Mannes Veränderungen in Angriff nehmen würde. Vielleicht war dieser Mann ein Therapeut, der die angestrebten Veränderungen mit ihr untersuchen würde, auch wenn sie sich dadurch verletzbarer fühlen würde. Mit Unterstützung ihres Freundes, eines Mannes mit einer bemerkenswert starken Persönlichkeit, würde sie eine ähnliche Stärke entwickeln und sich damit beschäftigen, was es bedeutete, wieder Teil eines Paares zu sein. Es wäre ihr auch möglich zu akzeptieren, daß sie als Frau durch diese Erfahrung nicht mehr verletzt oder beunruhigt sein würde.

Hätte die Frau eine noch tiefergehende Erklärung gewünscht, hätte sie, wie oben vorgeschlagen, jedes Bild einzeln bearbeiten können, um sich selbst und ihr Handeln besser zu verstehen.

Träume verstehen

Ein Traum kann Erkenntnisse und Einsichten unmittelbar auslösen, und dies kann durchaus ausreichen, um ihn erfolgreich zu deuten. Mitunter werden zu Ihrem Traumszenario eher die konventionelleren Deutungen passen, manchmal die psychologischen oder aber die spirituellen. Wenn Sie erst einmal mit der Traumarbeit besser vertraut sind, wird Ihre Deutung sich wahrscheinlich aus einer Mischung aller drei Möglichkeiten zusammensetzen. Da die Traumsprache so facettenreich und die Persönlichkeit eines Menschen so komplex ist, ist es jedoch immer auch möglich, daß ein und derselbe Traum mehrere richtige Deutungen gleichzeitig zuläßt.

Ist ein Traum nur schwer zu verstehen, dann kann es hilfreich sein, gemeinsam mit einem Freund oder einer Freundin an seiner

Deutung zu arbeiten. Oft ist es möglich, erstaunliche Einsichten zu gewinnen, wenn ausreichend Zeit zur Verfügung steht, um alle Facetten des Traums zu untersuchen. Freunde, die bei der Traumdeutung helfen, sollten aufmerksam zuhören, während der Traum beschrieben wird, und Fragen stellen, damit sie seine Bildersprache und die dahinterstehenden Gefühle verstehen. Sie sollten eine klare Vorstellung von dem Traum bekommen, ihn jedoch nicht analysieren.

Wenn man über einen Traum spricht, dann wird man sich häufig bestimmter Aspekte bewußt, zu denen man vorher keinen Zugang hatte. Vielleicht erscheint eine Figur oder ein Bild des Traums in einem anderen Licht und gestattet dadurch die Vertiefung der Interpretation. Oder Interaktionen zwischen einzelnen Traumfiguren treten deutlich hervor und lassen auf diese Weise neue Einsichten zu. Es ist von großer Wichtigkeit, daß an der Traumdeutung beteiligte Freunde nur solche Fragen stellen, die zu einem besseren Verständnis des Traumablaufs führen, nicht jedoch zu einer Interpretation.

Zuerst wird der Traum aus der Sicht des Träumenden untersucht. Er kann etwa folgendermaßen aus einem persönlichen Blickwinkel beschrieben werden: »Ich war ... «, »Wir waren ... «, »Ich schien ... «. Danach sollte eine detailliertere, möglicherweise objektivere Beschreibung der Bilder folgen, beispielsweise: »Das Zimmer war in einem großen Haus« oder »Der Baum war sehr sonderbar«. Dieser Prozeß ist von sehr großer Bedeutung, weil der Träumende die Perspektive wechselt und in die Rolle des Beobachters schlüpft.

Im nächsten Schritt wählt der Träumende eine Figur oder ein Bild aus seinem Traum aus, um zu dieser Figur oder zu diesem Bild zu »werden« und den Traum aus diesem speziellen Blickwinkel kennenzulernen. Da alle Traumelemente Aspekte des Selbst sind – auch Gegenstände wie Autos, Bäume oder Häuser –, gewinnt der Träumende zusätzliche Einsichten in seine Person, wenn er das Traumszenario aus verschiedenen Perspektiven erlebt. Dieser Prozeß kann so lange auf jedes einzelne Traumbild angewandt werden, bis man meint, seinen Traum zu verstehen. Mit der Zeit wird es dem Träumenden leichter fallen, seine Traumsymbole richtig zu interpretieren. Dann verkürzt sich auch der Prozeß des Bildersortierens, und das Begreifen des Traumgesamtzusammenhangs wird erleichtert.

Die Geschichte der Traumforschung

Die Traumdeutung hat eine lange und bewegte Geschichte. Die bekanntesten Traumdeutungen findet man in der Bibel. Im Buch Moses beispielsweise deutet Joseph den Traum des Pharao über die sieben fetten und die sieben mageren Jahre. Übrigens muß Joseph sich ziemlich gut mit Träumen ausgekannt haben, denn er hatte viele Träume. Die Menschen des Altertums glaubten an die prophetische oder hellseherische Kraft der Träume; Träume und Visionen waren eins. Für sie waren Träume von den Göttern gesandte Warnungen und Weisungen. Im Licht moderner Vorstellungen nimmt man an, daß viele Träume dem höheren Selbst, dem spirituellen Kern des Menschen, entstammen.

Um 200 nach Christus waren dem Griechen Artemidorus aus Daldis Träume so wichtig, daß er *Die fünf Traumbücher* schrieb. Bis ins 19. Jahrhundert, als Freud begann, sich mit Träumen zu beschäftigen, galten viele Traumdeutungen des Artemidorus als zutreffend. Und auch heute noch sind in vielen Büchern über Traumdeutung Reste seiner Interpretationen enthalten.

In den Anfängen der Psychoanalyse glaubte Freud, eine Reihe von Träumen im Zusammenhang mit der Geschlechtszugehörigkeit und der Sexualität des Träumenden deuten zu können. Wahrscheinlich konnte sich diese Erklärung halten, weil man damals noch weniger über psychische Funktionen wußte. Jene, die sich für Träume interessierten, übernahmen daher Freuds noch wenig entwickelte psychoanalytische Thesen. Nachdem Therapeuten und Trauminteressierte durch zunehmende wissenschaftliche Forschungsarbeit mehr Wissen zur Verfügung stand, stellte sich heraus, daß Geschlechtszugehörigkeit und Sexualität allein Träume nicht erklären können. Um sich selbst zu schützen, behaupteten Therapeuten häufig, Träume seien nur mit professioneller Hilfe zu entschlüsseln. Dies trifft ganz offensichtlich nicht zu, es sei denn, es handelt sich um Menschen, die Medikamente gegen Depressionen oder ähnliche Krankheiten einnehmen. Wie bereits festgestellt wurde, ist die Traumsprache universell. Ein Leitfaden, wie dieses Buch, befähigt jeden, der seine Träume deuten möchte, dazu, seine Entdeckungsreise auf eigene Faust zu beginnen. Indem Sie sich darin üben, Ihre Träume aufzuzeichnen, werden Sie als der Träumende zu Ihrem eigenen Therapeuten.

Freuds Werk über die Traumarbeit beruhte auf seiner Arbeit als Psychoanalytiker. Er glaubte, Träume seien der getarnte Ausdruck des Geschehens unter der Oberfläche des Bewußtseins. Daher war er von der Notwendigkeit überzeugt, daß Träume von einer anderen Person als dem Träumenden selbst gedeutet werden müssen, vorzugsweise von jemandem, der die Kunst beherrscht, die Inhalte der verschiedenen Traumbilder aufzuklären. Die Tatsache, daß die menschliche Psyche sich einer immensen Mechanismenfülle bedient, um vor dem Träumenden Informationen zu verbergen, machte nach Freuds Auffassung eine Person erforderlich, welche die Arbeitsweise der Psyche verstand. Und wer konnte besser geeignet sein als der Psychoanalytiker?

Freud glaubte, daß der Analytiker sich in den Patienten auf eine ganz bestimmte Weise einfühlen können muß. Er soll wissen, wie die Psyche seines Patienten arbeitet, und fähig sein, »mit dem dritten Ohr« auf das zu hören, was der Patient zu sagen hat, statt einfach nur zuzuhören. Hier ist anzumerken, daß Freud bei seinen Überlegungen möglicherweise nicht in Betracht zog, daß die Deutung des Traums durch die unbewußten Hemmungen und das Bewußtsein des Psychoanalytikers gefärbt sein könnten. Zusätzliche Informationen soll der Analytiker gewinnen, indem er herausfindet, was der Träumende mit dem Traumbild verbindet. Dies kann durch Assoziationen zum Wortklang geschehen oder indem der Träumende schildert, welche weiteren Gedanken und Gefühle das Wort in ihm auslöst. Gelingt es, Traumbilder bis zu ihrem Ausgangspunkt zurückzuverfolgen, so ist durch diesen Schritt viel über die unbewußten Motive des Träumenden in Erfahrung zu bringen. Vergangene Geschehnisse und Traumata können mittels Assoziation erinnert werden und auf diese Weise den Träumenden darin unterstützen, sich sinnvolle Bewältigungsstrategien für den Alltag zu erarbeiten. Jedoch sind bei jedem Menschen die Erinnerungen an Ereignisse und Traumata aus der Vergangenheit sehr stark persönlich gefärbt. Was etwa in der Erinnerung als Mißbrauch abgespeichert ist – egal, ob körperlich, psychisch oder emotional –, muß in der Realität nicht unbedingt einer gewesen sein.

Der Begründer der Psychoanalyse ging außerdem davon aus, daß in Träumen zwei Gedanken zu einem Bild verdichtet werden können. Dies trifft zweifellos zu, aber er verstand diesen Prozeß als Tarnung unbewußter Wünsche. Der unbewußte Wunsch muß demnach, damit man ihn deuten kann, entschlüsselt werden. Genauso ist es jedoch denkbar, daß der menschliche Geist eher versucht, diesen Wunsch erkennbar zu machen, statt ihn zu verschleiern. Indem ein Traumbild auf eine Art präsentiert wird, die den Träumenden dazu zwingt, sich mit ihm auseinanderzusetzen und zu beschäftigen, entsteht eine Atmosphäre, die es ihm ermöglicht, sich die Dinge positiv zu Bewußtsein zu bringen. Vielleicht sollte abermals hervorgehoben werden, daß es Freud als Psychoanalytiker mit Menschen zu tun hatte, die ein persönliches Interesse an der Geheimhaltung ihrer Angelegenheiten hatten. Das kulturelle Klima um die Jahrhundertwende war vor allem von Hemmung und Unterdrückung geprägt.

Freuds Theorie der Verschiebung unterstellt, daß alles, was in Träumen geschieht, eigentlich etwas anderes ist, daß nichts ist, was es zu sein scheint. Jedes Gefühl ist ein Symbol für ein anderes Gefühl, vor dem der Träumende Angst hat. Der Mensch kann Trauminhalte nur dann bewältigen, wenn er sie entsprechend verändert. Manchmal ist dies ohne Zweifel der Fall, denn dieser Vorgang ist auch im Wachzustand zu beobachten: Wir lachen, wenn uns zum Weinen zumute ist; wir werden wütend, wenn wir eigentlich umarmt werden möchten. Freud hielt diese Verschiebung für den Versuch des Bewußtseins, den Träumenden zu verwirren und die Deutung zu verhindern, statt sie als positiven Anstoß für den Träumenden zu begreifen, damit er sich seinen echten Gefühle zuwendet.

Freud nahm außerdem ein Phänomen wahr, das er »sekundäre Bearbeitung« nannte. Diese tritt in Erscheinung, wenn der Traum sich zu wiederholen und eine andere, klarere Sichtweise des Originaltraums zu gewähren scheint. Offenbar müssen die ersten Gedanken, die der Träumende beim Erwachen hat, erst geordnet werden, um dann durch rationales Denken einen Sinn zu erhalten. Freud hielt die sekundäre Bearbeitung noch für einen Tarnmechanismus. Heute betrachtet man sie jedoch eher als Verstärkung. Der wache Geist vermag sich erfolgreicher als der schlafende an die Erschaffung der neu präsentierten Ordnung zu erinnern, welcher Art sie auch sein mag, und er ist fähig, sie auf angemessene, logische Weise zu verstehen und somit eine rationale Deutung zu ermöglichen. Es gibt keinen Grund, die sekundäre Traumbearbeitung für einen Tarnmechanismus zu halten, wie Freud dies tat. Allerdings trifft es zu, daß sich eine Verbindung eher zwischen dem logischen Geist und dem Wachzustand als zwischen ihm und dem schlafenden Selbst herstellen läßt.

Viele Theorien Freuds besitzen noch heute Gültigkeit, insbesondere was die Traumsymbolik betrifft. Für zahlreiche dieser Grundmuster, die allen Menschen gemeinsam sind, gibt es allgemeingültige Interpretationen. Unklar ist jedoch, ob all diese Symbole ihren Ursprung in der verschütteten kindlichen Sexualität haben. Freud erkannte, daß die sexuellen Symbole, auf die er stieß, offensichtlich universell sind. Da viele seiner Patienten sexuell stark gehemmt waren, mußte Freud davon ausgehen, daß seine Entdeckungen bei ihnen auf Skepsis stoßen würden. Er forderte sie daher einfach dazu auf, sich an die sexuellen Symbole in Märchen und Mythen zu erinnern. Der Analytiker muß einfach mehr als die meisten Menschen darin geübt sein, Symbole richtig zu deuten. Aufgrund seines Wissens um die Allgemeingültigkeit solcher Traumbilder ist er dazu in der Lage, kluge Vermutungen über den möglichen Handlungsverlauf anzustellen. Seine Aufgabe ist es auch, das Verständnis des Patienten für seine eigene Symbolbildung zu erweitern.

Als Freuds Schüler erkannten, wie gefährlich es war, daß der Analytiker sich mit seiner Interpretation jederzeit im Recht fühlen und direktive Deutungen geben durfte (»wenn es nicht dies bedeutet, dann muß es jenes anzeigen ... «), forderten sie eine Erweiterung der bisherigen Traumdeutung. Carl Gustav Jung schrieb:

»Es ist wahr, daß es Träume gibt, die unterdrückte Wünsche und Ängste enthalten, aber was könnte der Traum, wenn nötig, nicht darstellen? Träume können unerklärlicher Wahrheit, philosophischen Gedanken, Illusionen, wilden Phantasien, Erwartungen, irrationalen Erfahrungen, sogar telepathischen Visionen und weiß der Himmel was noch allem Ausdruck verleihen.«

Jung schlug vor, daß der Königsweg der Traumdeutung in der Erkenntnis liegen müsse, daß Traumelemente und -figuren Persönlichkeitsbestandteile des Träumenden sind und als solche gedeutet werden sollten. Diese subjektive Herangehensweise gewährte einen Einblick in die Persönlichkeit, in die Ängste und Zweifel des Träumenden, der sich als absolut befreiend erwies. Auf diese Weise konnte der Ganzheitlichkeit des Träumenden keine Gewalt mehr angetan werden, weil die Träume nun subjektiv statt vermeintlich objektiv gedeutet wurden. Die Funktion des Analytikers bestand nun lediglich darin, Hilfestellung bei der Deutung zu leisten.

Diese Veränderungsvorschläge zur Traumdeutung bildeten den Ausgangspunkt für C. G. Jungs Arbeit über die Archetypen. Er erkannte, daß der sexuelle Impuls tatsächlich der Dualität von männlich und weiblich entstammt. Jung kam daher zu dem Schluß, daß es in jedem Menschen bestimmte Anteile gibt, die er versteckt, daß aber grundsätzlich Wichtiges offenkundig in Träumen verarbeitet wird. Von Bedeutung war für Jung das, was der Traum enthüllt, nicht das, was er verbirgt. Nach seiner Auffassung bringen Träume manchmal einen verborgenen Konflikt oder Schwierigkeiten zum Vorschein, enthüllen mitunter aber auch ein bisher unerkanntes Potential – sowohl im alltäglichen Leben als auch auf der psychologischen Ebene. Er beharrte darauf, daß jeder Traum sich zunächst mit der aktuellen Situation des Träumenden beschäftigt und nicht in erster Linie mit seiner Vergangenheit. Er akzeptierte die Gültigkeit bestimmter allgemeiner Symbole und verwendete das Wort »universell« im Sinne eines kollektiven Unbewußten – eine Art Informationsspeicher, zu dem jeder Mensch Zugang hat. Weil Jung davon überzeugt war, daß Träume so gedeutet werden müssen, daß die Deutung dem Träumenden zugute kommt, erkannte er, daß grundsätzlich mehrere Deutungen gleichzeitig möglich sind.

Für Jung war klar, daß das zentrale Streben des Menschen auf Ganzheitlichkeit gerichtet ist, und er bezeichnete es daher als den »Archetypus des Selbst«. Das Streben nach Ganzheitlichkeit wird von bestimmten Themen im Unbewußten beeinflußt. Diese Themen drücken sich im allgemeinen in Form von Gegensätzen oder Dualitäten aus. Jung sah die Existenz eines negativen Doppelgängers, eines Schattens oder persönlichen Dämons, welcher der dunklen, unterdrückten Seite des Menschen Ausdruck verleiht und dazu dient, dem Individuum eine Falle zu stellen und es, wenn möglich, zu zerstören. Es ist möglich, diesem Schatten zu trotzen, und am wirkungsvollsten geschieht dies mittels der reichhaltigen Schichten aus Mythen und Legenden. Jung erkannte nicht nur die positiven und negativen Aspekte der Persönlichkeit, sondern auch die grundlegende Dichotomie von männlich und weiblich, welche er als Animus und Anima bezeichnete. Indem man sich bemüht, mit diesen verborgenen Seiten des menschlichen Seins in Beziehung zu treten, und eine Art inneres Gespräch mit ihnen aufbaut, sollte es mit relativer Leichtigkeit möglich sein, voranzukommen. Wenn der Zugang zu einem entfremdeten Teil der Persönlichkeit zurückgewonnen wird – oft durch die Deutung einer ganzen Serie von Träumen –, dann kann dieser wieder in das Ganze integriert werden.

Spätere Arbeiten zum Verständnis des Trauminhalts, hauptsächlich jene von Calvin Hall, aber auch von Fritz Pearls, gingen davon aus, daß Träumen eine sehr stark von der einzelnen Person abhängende Aktivität ist. Für Hall waren Träume eine Art persönliches Dokument, welches über den besonderen psychischen Zustand eines Menschen Aufschluß gibt, und ein wichtiger Hinweis darauf, worüber der Mensch nachdenkt und womit er sich beschäftigt, während er schläft. Hall hielt die meisten Traumbilder für Symbole dieses Prozesses. Und wer sollte besser dazu in der Lage sein, dieses persönliche Dokument zu entziffern als sein Erschaffer selbst? Vier Punkte bildeten für Hall die Grundlage der Traumarbeit:

1. Der Träumende selbst gestaltet seinen Traum, daher muß er als subjektive Realität betrachtet werden.

2. Der Träumende ist verantwortlich für den Inhalt seines Traums.
3. Zu jedem beliebigen Zeitpunkt entwickelt der Träumende eine unbeschränkte Anzahl von Vorstellungen, die alle zugleich gültig sein können. Das Selbstbild des Menschen ist nicht festgeschrieben und kann sich jederzeit ändern.
4. Es ist möglich, Träume als Serie zu lesen und damit ihre Deutung zu erleichtern.

Durch die Deutung von Träumen können vier Hauptfragen beantwortet werden:
Wie sehe ich mich selbst?
Wie sehe ich andere?
Welche Motive habe ich?
Welche Konflikte habe ich?

In den späten sechziger Jahren entwickelte Fritz Pearls seine Gestalttherapie. Er hielt es für möglich, verlorengegangene Anteile der Persönlichkeit zurückzugewinnen. Für ihn sind Träume der »Königsweg zur Ganzheitlichkeit der Persönlichkeit«. Wenn jedes Traumbild einen entfremdeten Teil des menschlichen Selbst darstellt, dann ist es nur vernünftig, jedem Traumbestandteil eine eigene Stimme und damit die Möglichkeit zum Ausdruck und zur Reintegration zu verleihen.

In früheren Zeiten war die Traumdeutung mehr eine Art Gesellschaftsspiel, und viele alte Bücher über dieses Thema spiegeln dies wider. Was der Mensch in einem Traum in Szene setzt, kann einfach nur Spaß sein oder tiefe Ernsthaftigkeit andeuten. Möglicherweise werden auf dem geschützten Terrain des Traums neue Gefühle, Vorstellungen und Ideen erprobt, bevor sie im alltäglichen Leben zum Einsatz kommen. Warum in früheren Zeiten beispielsweise ein Esel, der im Traum vorkommt, gerade für einen Streit zwischen Liebenden steht oder auf die Überwindung eines Leidens schließen läßt, ist nicht unmittelbar einzusehen. Man kann nur vermuten, daß die Menschen damals weniger dazu in der Lage waren, selbst treffend zu urteilen, und daher einfach die Erklärung übernahmen, die man ihnen anbot. Möglicherweise litt die Traumdeutung deshalb so lange unter einem schlechten Ruf.

Als Träume Einzug in die Forschungslabors hielten, wurden sie mit wissenschaftlichen Methoden erforscht. Man entdeckte, daß das Gehirn schwache elektrische Impulse, die Gehirnwellen, erzeugt. Da diese auch bei Föten festgestellt werden konnten, war der Beweis erbracht, daß der Mensch schon vor seiner Geburt träumt.

Diese elektrische Aktivität des Gehirns ist bei geistiger Anstrengung, in der Konzentration, bei großer Wachsamkeit oder Angst am stärksten. In diesem Tätigkeitsbereich werden die Hirnstromwellen Betawellen genannt. Ihre Frequenz liegt zwischen 13 Zyklen/Sekunde und etwa 26 Zyklen/Sekunde. Diese Wellenfrequenz wird mit Poltergeistern in Verbindung gebracht.

Im Entspannungszustand sinkt die Hirnstromaktivität; Alphawellen haben daher eine Frequenz von 8 bis zu 13 Zyklen/Sekunde. Im Schlaf oder im Zustand tiefer Meditation – wie sie etwa im Yoga, Zen oder Sufismus praktiziert wird – können Alphawellen im Vorder- oder Mittelhirn gemessen werden.

Thetawellen sind langsamer als die Gehirnwellen, die mit dem Ruhezustand in Verbindung gebracht werden. Sie besitzen eine Frequenz von 4 bis 7 Zyklen/Sekunde und treten bei Schamgefühlen und Frustrationen auf. Interessanterweise sind Thetawellen aber auch mit Kreativität und Inspiration verbunden. Vielleicht markieren sie die Schnittstelle zwischen physischem und spirituellem Reich.

Die Frequenz von Deltawellen liegt zwischen 0,5 und 3 Zyklen/Sekunde. Sie sind mit tiefem Schlaf und offenbar auch mit der Abgabe von Wachstumshormonen verbunden. Ein unregelmäßiger Deltawellenrhythmus tritt vermehrt auf in den Monaten vor und nach der Geburt. Diese Tatsache scheint die esoterische Vorstellung zu unterstützen, daß Babys sich in die Existenz »hineinträumen«.

Gammawellen liegen in einem Frequenzbereich von über 27 Zyklen/Sekunde. Bisher sind sie noch nicht gänzlich erforscht, und es ist auch nicht allgemein anerkannt, daß sie sich tatsächlich von Betawellen unterscheiden.

Die Erforschung der Gehirnaktivität macht Fortschritte. Man hat entdeckt, daß die Induzierung von Signalen mit einer Frequenz von 18 000 Hertz mystische Gefühle hervorruft. Manche

Wissenschaftler nehmen an, daß das Gehirn einem Filter gleicht, der die Anzahl der hereinströmenden Daten verringert und Überflüssiges aussortiert, damit das Bewußtsein nicht überfrachtet wird. In bestimmten Zuständen, wenn Informationen »paranormal« empfangen werden sollen, wird dieser Filter umgangen.

Schlafforscher stellten fest, daß während bestimmter Schlafphasen sogenannte Rapid Eye Movements (REM), also rasche Augenbewegungen auftreten. In diesen REM-Phasen tastet der Träumende offenbar eine Art von »Datenbank« ab. Weckt man den Träumenden während dieser Perioden, so vermag er sich besser an seine Träume zu erinnern. Auf diese Weise gelang es, eine Vielzahl von Traumbildern zu sammeln. Dabei wurde deutlich, daß es innerhalb des Traumgeschehens häufig wiederkehrende Themen gibt – beispielsweise haben viele Menschen Träume, in denen sie fallen. Weitverbreitet ist das Auftreten von Bezugspersonen aus Freundeskreis und Familie im Traum und die Thematisierung von Erfolg und Scheitern. Bei den Untersuchungen im Schlaflabor wurde deutlich, daß der chaotische Aspekt von Träumen normal und keineswegs ungewöhnlich ist. In Schlaflabors aufgezeichnete Träume sind jedoch trotz eines für die Erforschung idealen Umfelds nicht unbedingt so aussagefähig wie Träume, die unter normalen Bedingungen auftreten. Trotzdem können einige der dort angewandten Techniken – etwa das Wecken in regelmäßigen Abständen, das gewissenhafte Aufzeichnen der Träume und die Anwendung statistischer Methoden – von großem Nutzen für die Traumdeutung sein. In der gegenwärtigen Forschungsarbeit wird eine Synthese unterschiedlicher Methoden angestrebt.

Persönliche Traumforschung

Jeder kann nach Belieben ein eigenes kleines Schlaflabor und ein Behandlungszimmer bei sich zu Hause einrichten. Alles, was der engagierte Traumforscher hierzu benötigt, ist ein Wecker, Papier und Bleistift oder eine Schreibmaschine und ein beträchtliches Ausmaß an gesundem Menschenverstand. Wenn er nachts zur gewünschten Zeit (es muß nicht jede Nacht zur selben Zeit sein) geweckt wird und seine Träume regelmäßig aufschreibt, kann der Trauminteressierte eine Fülle von Informationen über sich sammeln und speichern.

Es gibt unterschiedliche Möglichkeiten, die gewonnenen Informationen zu bewerten. Es ist beispielsweise denkbar, das gewonnene Material statistisch auszuwerten, um auf diesem Weg seine Träume besser zu verstehen. So kann mitunter deutlich werden, daß eine bestimmte Anordnung von Umständen einen bestimmten Traumtyp auslöst. Vielleicht träumt eine Person, daß sie jedesmal, wenn sie mit ihrem Partner oder ihrer Partnerin in ein bestimmtes Restaurant essen geht, von Tieren verfolgt wird. Zunächst müssen die Variablen angeordnet werden, damit ihre reale Bedeutung zu erkennen ist. Ist es der Partner, der den Träumenden »verfolgt«? Oder sind es die wissenden Blicke des Kellners beim Betreten des Lokals, die ihm so zusetzen? Eine solche Reaktion muß dem Träumenden nicht bewußt sein, aber irgend etwas muß das unangenehme Gefühl ausgelöst haben. Möglicherweise hat der Träumende in der vorliegenden Anordnung von Umständen – ein gutes Essen zu zweit im Restaurant – zum ersten Mal über die Grundsätze der vegetarischen Ernährung nachgedacht. Es liegt an Ihnen, wie Sie den Traum deuten.

Hier wurde bewußt ein bizarres Bild gewählt, um den Deutungsprozeß zu veranschaulichen, den man wählen kann. Es mag jedoch auch bereits die Feststellung ausreichend sein, daß das Traumgeschehen nach einem Zusammentreffen mit dem Partner oder der Partnerin lebendiger ist.

Zum Behandlungsraum wandelt sich das Labor, wenn der Träumende fragt: »Was bedeutet das?« oder noch klarer: »Was bedeutet das für mich?« Der Träumende selbst ist sein bester Traumdeuter und Therapeut. Er selbst entscheidet, was der Traum aussagt und auch, welche Schlüsse er daraus zieht. Der Träumende legt fest, ob er den Traum in Begriffen der Freudschen Theorie der Verschiebung interpretiert oder nach Jungs Theorie der Archetypen, ob er seiner Deutung Halls Theorie des Trauminhalts oder Pearls Gestalttherapie zugrunde legt. Er kann eine oder alle Interpretationsmethoden zugleich wählen. Der Träumende selbst entschließt sich, welche Konsequenzen er aus dem Traum zieht, um seine Erkenntnisse umzusetzen, und vor allem trifft er die Wahl, in welchem Maß er seinen Träumen gestattet, Einfluß auf seinen Alltag zu nehmen und umgekehrt.

Das vorliegende Buch versucht, alle Stränge der Traumdeutung zusammenzufassen, damit der Träumende sein Potential so weit wie möglich entwickeln kann. Die Prämisse lautet, daß er die Welt, in der er lebt, erst dann begreifen kann, wenn er sich selbst versteht. Erst dann ist er dazu fähig, die Verantwortung für diese Welt zu übernehmen. Wenn er anerkennt, daß er die Verantwortung für den Einfluß, den er im Wachzustand auf seine Welt hat, übernehmen muß, dann setzt dies voraus, daß er seine eigene verborgene Welt erforscht. Läßt er sich darauf ein, so wird er in die Lage versetzt, Zugang zur universellen Weisheit zu erlangen. Indem er diese nutzt, vermag der Träumende eine bessere Zukunft zu gestalten. Damit kann er in der Welt leben und zugleich ein Teil von ihr sein. Er kann ein reiches Innenleben besitzen und in der äußeren Realität seine Erfolge genießen.

Die Archetypen

In Träumen zeigen sich drei unterschiedliche Facetten der menschlichen Persönlichkeit. Mitunter treten sie als Menschen auf, die der Träumende kennt, manchmal als fiktive oder mythische Figuren oder Wesen, oder aber sie nehmen eine dritte Form an.

Die schwierigste Seite des Menschen wurde als der Schatten bezeichnet. Er ist die Personifizierung der schlimmsten Fehler und Schwächen. Er ist ein Teil jedes Menschen, und er hat dasselbe Geschlecht wie der Träumende. Im allgemeinen wird der Schatten unterdrückt, weil er angsterregend ist und weil wir es nicht gelernt haben, richtig mit ihm umzugehen. Der gegengeschlechtliche Teil des Träumenden wird bei Frauen als Animus und bei Männern als Anima bezeichnet. Die Anima des Mannes verkörpert alles, was instinktiv, weiblich und sensibel ist. Bei Frauen steht der Animus für ihre männlichen Eigenschaften wie Logik und Sachlichkeit. In dem Archetypus des wahren Selbst schließlich kommt das größtmögliche kreative Potential zum Ausdruck, das ein Mensch erreichen kann. Obwohl das wahre Selbst potentiell in der Zukunft zu liegen scheint, kann der Mensch ein ganzheitliches, reales Selbst mit vielen Facetten entwickeln, wenn er all seine Lebensaspekte richtig integriert. Ist der Träumende bereit, mit diesen Archetypen zu arbeiten und sie zu verstehen, dann können ihm die Figuren aus seinen Träumen dabei behilflich sein, eine stabile Realität zu erschaffen, in der er mehr als nur einzelne Archetypen auslebt. Die Traumfiguren haben, sobald der Träumende sie in sein Leben integriert hat, ihre Funktion erfüllt und werden in seinen Träumen nicht mehr auftauchen. Jedes dieser Traumbilder, jeder dieser Archetypen repräsentiert einen anderen Aspekt der vitalen Kräfte, die dem Menschen zur Verfügung stehen; jedes Traumbild vermag auf ureigenste Weise Lebensenergie zu aktivieren.

Wenn man die archetypischen Figuren und ihre Funktion begreifen will, ist es wichtig, das genaue Ziel im Blickfeld zu behalten. Persönliches Wachstum findet statt, wenn man lernt, jede Facette des eigenen Charakters zu verstehen und zu integrieren. Jeder Persönlichkeitsaspekt muß in seine eigene Sphäre hineinwachsen, ohne die Funktion der anderen zu behindern. Konflikte, die im Verlauf dieses Reifungsprozesses zwischen den Archetypen auftauchen, sollten nicht destruktiv ausgetragen werden – selbst dann nicht, wenn dieser Prozeß sehr schmerzhaft sein sollte. Die Wechselwirkung zwischen den verschiedenen Teilen der Persönlichkeit soll ihre Eigenschaften verdeutlichen. Indem man sie zunächst als voneinander abgetrennte Einheiten wahrnimmt, werden sie einem eher vertraut und können besser in die Persönlichkeit eingebunden werden.

Das Ich

Beim Betrachten des Geschehenen im Traumzustand ist der beobachtende Teil das Ich. Weil das Ich den bewußten Teil des Menschen darstellt, werden ihm Konflikte in Träumen eher bewußt als andere Aspekte.

Wenn das Ich von anderen Teilen der Persönlichkeit abgespaltet ist, dann kann die Welt nicht mehr richtig erlebt werden. Die

Folge sind Selbstsüchtigkeit, Mißtrauen, Schwierigkeiten in Beziehungen mit anderen Menschen und oftmals auch die Unfähigkeit, andere Ansichten als die eigenen zu akzeptieren.

Das Ich ist der Teil des Menschen, der seine äußere Realität beurteilt. Die Suche nach innerer Gerechtigkeit – ein übertriebenes Phantasiebedürfnis – kann jedoch die äußere Realität vereinnahmen. Ein Gleichgewicht ist herstellbar, indem man sachliche Selbstkritik und Geduld entwickelt und die eigenen Phantasien beobachtet.

Um die richtige Balance zwischen innen und außen, zwischen Logik und Intuition oder Vernunft und Phantasie zu halten, muß das Ich unter Kontrolle gebracht werden.

Der Schatten

Der Schatten, wie bereits erwähnt eine geschlechtsgleiche Figur, taucht im Traum als Person auf, an die sich der Träumende nicht erinnern kann. Er kann eine vage, instinktgeleitete Gestalt sein, die manchmal hinter dem Träumenden steht. Oft ist er bei Traumbeginn scheinbar gegengeschlechtlich zum Träumenden und kann daher leicht mit Animus und Anima verwechselt werden. Erst im weiteren Verlauf des Traums zeigt sich, daß er dasselbe Geschlecht hat wie der Träumende. Der Schatten ist der Teil des Potentials, das der Träumende nie entwickelt hat, die Seite, die der Mensch ablehnt. Er umfaßt jene Aspekte seines Charakters, die vereitelt und frustriert wurden, aber vor allem verkörpert er jene Anteile, die nie erkannt wurden.

Jeder Mensch hat seinen individuellen Schatten; fast immer handelt es sich dabei um jene schlimme Seite, die zu erkennen ihm nicht möglich war. Der Schatten des sensiblen Altruisten ist wahrscheinlich brutal und egoistisch, der des Helden feige und der Schatten des Künstlers möglicherweise von sadistischer Ausprägung. Es ist eine schmerzhafte Erfahrung, dem Schatten zu begegnen, denn es ist schockierend, zu erkennen, wie man schlimmstenfalls wirklich ist. Gelingt es jedoch, diesem quälenden Wesen mit Demut zu begegnen, dann kann man sich selbst akzeptieren und dadurch lernen, die übrige Realität ehrlich zu sehen. Dies ist der richtige Weg, um auch andere Menschen besser zu verstehen und um neue Einsichten in das Unbewußte zu gewinnen. Ist ausreichend Mut vorhanden, um den eigenen Schatten zu betrachten, seine Existenz zuzulassen und ihn als das zu erkennen, was er ist, dann kann eine Realität geschaffen werden, die sich auf Wahrheit gründet statt auf Phantasie. Oft ist es erst dann möglich, jene normalen Instinkte, angemessenen Reaktionen und kreativen Fähigkeiten wiederzubeleben, die zusammen mit den bösen und destruktiven Seiten der Persönlichkeit bewußt unterdrückt und vergraben wurden. Diese hinter dem Schatten verborgene vitale Energie muß kein gefährlicher Feind sein. Wenn sie nutzbar gemacht und verstanden wird, kann sie vielmehr zu einem bedeutsamen Motor der Weiterentwicklung werden.

Es gibt einen einfachen Weg, wie Sie eine Vorstellung von Ihrem eigenen Schatten gewinnen können: Verbinden Sie die Eigenschaften, die Sie an anderen Menschen am meisten ablehnen, mit jenen, die Ihnen im Umgang mit Ihren Mitmenschen am meisten Schwierigkeiten bereiten. Das Ergebnis dieses Gedankenspiels ist meist ein ziemlich genaues Abbild des eigenen Schattens. Man meint, daß dieses Bild nichts mit einem selbst zu tun hat. Fragt man jedoch bei Familienangehörigen und Freunden nach, ob sie diese oder jene Eigenschaft des Schattens an einem entdecken können, dann lautet die Antwort wahrscheinlich »ja«. Könnte man sich hinsetzen und die dunklen, bisher geleugneten Verhaltensmuster bei sich selbst ehrlich und genau aufzeigen, dann wäre dies ein klarer Schritt hin zur Ganzheitlichkeit. Die obsessive Abneigung, die man mitunter gegen bestimmte Eigenschaften bei anderen Menschen aufbringt, verdeckt in Wahrheit nur die Angst davor, daß man genau diese abgelehnten Verhaltensweisen und Meinungen knapp unter der Oberfläche bei sich selbst finden könnte.

In Träumen taucht der Schatten oft als eine Person auf, die man ablehnt, fürchtet oder beneidet. Man empfindet die Begegnung mit ihr als zutiefst unangenehm, und gerade deshalb kann man sie nicht vermeiden. Persönliches Wachstum beginnt, wenn man erkennt, daß Konfrontation und Veränderung dem Menschen die Gelegenheit geben, seinen Schatten kennenzulernen und anzunehmen, statt ihn zu ignorieren oder vor ihm den Kopf in den Sand zu stecken. Die Arbeit an diesen angsterregenden

Traumbildern führt häufig dazu, daß negative Persönlichkeitsaspekte nicht mehr nach außen projiziert werden müssen und daß die Energie, die früher notwendig war, um sich zu schützen oder um Schattenseiten zu unterdrücken, nun in Wachstum und Kreativität umgewandelt werden kann.

In der Kindheit hat der Mensch das Bedürfnis, eine in sich stimmige, heile kleine Welt zu errichten, in die er hineinpaßt. Das Kind erschafft sich eine solche Realität um den Preis, die Teile seiner Persönlichkeit zu unterdrücken, die in dieser »heilen Welt« keinen Platz haben. Gegen Projektionen, die andere Menschen auf sich haben, kann sich das Kind nicht wehren, und so kann der Konflikt zwischen der verdrängten inneren Schattenpersönlichkeit und den Anforderungen von außen sehr destruktiv werden. Durch die Beschäftigung mit den Träumen, die der Mensch als Erwachsener hat, ist es möglich, solche Konflikte aus der Kindheit aufzuarbeiten und den Schatten wieder in die Persönlichkeit zu integrieren. Träume führen dem Menschen sein Bedürfnis nach Ganzheitlichkeit deutlich vor Augen und unterstützen ihn in diesem Integrationsprozeß.

Ohne die Bereitschaft, beide Seiten der Persönlichkeit – die helle und die dunkle – zu erforschen, werden Einschränkungen in Kauf genommen, welche den Horizont einengen und den Reichtum des Lebens beschneiden. Auf dem Weg zur Ganzheitlichkeit muß der Introvertierte die äußere Realität kennenlernen und der Extrovertierte sein Inneres erfahren.

Anima/Animus

Wenn junge Menschen beginnen, sich aus dem Familienkreis zu lösen, und eine erste Liebesbeziehung aufnehmen, dann projizieren sie für gewöhnlich ihre Idealvorstellung vom anderen Geschlecht auf ihren Partner. Schwierigkeiten sind vorprogrammiert, wenn dieser Mensch dem Ideal nicht entspricht. Die resultierende Vermischung des inneren Ideals mit der äußeren Realität kann während des ganzen Lebens Probleme in der Beziehung zwischen Mann und Frau verursachen. Eine Annäherung an den weiblichen Anteil des Mannes oder an den männlichen Anteil der Frau mag nicht so recht gelingen.

Jung nannte den gegengeschlechtlichen Aspekt des Menschen Animus und Anima. Gelingt es, mit ihm in Einklang zu kommen und ihn als das zu akzeptieren, was er ist, dann ist eine gesunde Basis geschaffen, um das andere Geschlecht zu verstehen und für das eigene Innenleben offen zu sein. Kommt es bei einem jungen Menschen zur Zurückweisung oder zum Mißbrauch dieser potentiellen Androgynie, also der körperlich-seelischen Mischung beider Geschlechter in einer Person, dann wird dieser Mensch wahrscheinlich im späteren Leben von seinen wichtigen gegengeschlechtlichen Eigenschaften abgeschnitten sein. Diese unterdrückte innere Funktion kann sich zum Beispiel zeigen, indem ein Mann in seinem Verhalten unsicher oder eine Frau streitsüchtig wird.

Anima

Die Anima ist die emotionale und intuitive Seite des männlichen Wesens. Anfänglich ist es die Mutter, welche das Bild der Weiblichkeit in einem Mann prägt, später tragen dann alle Frauen, die er kennenlernt, zur Formung seiner diesbezüglichen Vorstellung bei und helfen, alle weiblichen Kräfte in ihm zu bündeln. Diese weibliche Figur kann sich in Träumen als völlig unbekannte Frau, als Teile von Frauen, die der Träumende gekannt hat, aber auch als Göttin zeigen.

In seinen Träumen versucht der Mensch, seine unausgeglichenen bewußten Einstellungen auszubalancieren. Daher taucht die Anima häufig dann in seinen Träumen auf, wenn ein Mann die eigenen weiblichen Anteile ablehnt und versucht, sein ganzes Wesen in die Männlichkeit zu zwängen. Eigenschaften wie Zärtlichkeit, Gehorsam und Sensibilität müssen ihm dann verlorengehen. Sobald sich der Träumende seiner weiblichen Seite bewußter wird, ist er besser dazu in der Lage, warme, echte Gefühle und weibliche Eigenschaften wie Spontaneität, Rezeptivität und viele andere durch Sensibilität und Anpassungsfähigkeit gekennzeichnete Verhaltensweisen zu entwickeln. Gelingt es ihm nicht, diese weiblichen Attribute zu integrieren, dann wird man ihn als rigiden, griesgrämigen oder verantwortungslosen Mann wahrnehmen. Die unterdrückte weibliche Seite kann sich auch in Launenhaftigkeit und Wutanfällen entladen.

Findet ein Mann keinen Zugang zu seiner Anima, dann projiziert er unablässig sein negatives Bild des Weiblichen auf die Frauen, denen er begegnet, und er kann nicht verstehen, woher es kommt, daß alle Frauen vermeintlich dieselben Fehler haben.

Viele Männer projizieren die Anima auf ein unerreichbares »Objekt« und vermeiden echten Kontakt mit dem anderen Geschlecht, statt ihre Anima als inneren Aspekt der eigenen Persönlichkeit und damit als Verbündete zu akzeptieren. Für solche Männer verändert sich die Anima zu einem negativen Trugbild des Weiblichen, welches für Frauen steht, die alles um sich herum zerstören. Nur dann kann die Anima zur Führerin zu innerer Weisheit werden, wenn sich der Mann mit seinen destruktiven Anteilen konfrontiert und lernt, mit der ihm zur Verfügung stehenden Energie umzugehen.

Animus

Der Animus ist das männliche Segment in der weiblichen Persönlichkeit. Wenn Frauen lernen, diesen Teil vollständig zu integrieren, dann können sie ihre logischen, rationalen Anteile und auch ihr Selbstbewußtsein besser entwickeln. Der Animus wird durch frühe Kontakte zu Männern geformt. Wenn sich die Männer, mit denen ein Mädchen oder eine junge Frau in Berührung kommt, nicht ihrem eigenen Wesen entsprechend entwickelt haben, dann kann sich dies interessanterweise im Animus dieser Frau widerspiegeln. Erst dann kann der Animus einer Frau als Führer zu den tiefen männlichen Schichten ihrer Persönlichkeit dienen, wenn sie bereit ist, ihn als Bestandteil ihres Selbst zu akzeptieren und ihm Raum zu geben.

In Träumen manifestiert sich der Animus im allgemeinen, um eine Frau darauf hinzuweisen, daß sie ihre männlichen Anteile bisher zu wenig beachtet hat. Gesellschaftliche Konventionen, die selbständiges Denken und Handeln bei Frauen noch immer hintanstellen, haben die Urteilskraft vieler Frauen eingeschränkt und sie nur wenig darauf vorbereitet, selbständig zu sein und die inneren Überzeugungen ernst zu nehmen. Doch nur dann, wenn eine Frau fähig ist, ihre Urteilsfähigkeit zu entwickeln, kann sie ihre männlichen Anteile wirkungsvoll nutzen, ohne ihren Erfolg auf den Konkurrenzkampf mit Männern oder auf den destruktiven Umgang mit anderen Frauen gründen zu müssen.

Wird eine Frau jedoch von ihrem Animus dominiert, dann führt dies unter Umständen zu Starrsinn und Selbstsüchtigkeit wie auch zu dem Gefühl, daß das Leben im allgemeinen und Männer im besonderen ihr etwas schuldig bleiben. Kehrt der Animus in der einen oder anderen Traumfigur immer wieder an die Oberfläche zurück, dann ist dies ein Hinweis auf die Notwendigkeit zur Entwicklung jenes Persönlichkeitsanteils, der beurteilt, ohne zu werten, der Strategien entwickelt, ohne rigide zu sein. Ein solcher Prozeß ist die Voraussetzung dafür, daß die Träumende bewußt – nicht nur instinktiv – Halt in ihrer eigenen inneren Realität findet.

Auch bei einer Frau kann es geschehen, daß sie ihren Animus auf die Männer in ihrer Umgebung projiziert. Unterläßt sie es, sich diese Spiegelung bewußt zu machen, so werden Männer in ihr permanent Gefühle der Enttäuschung wachrufen. Die Beziehungen einer Frau, die ihre männliche Seite nicht lebt, scheitern so lange immer wieder aus denselben Gründen, bis sie die richtigen Ursachen dafür zu sehen vermag. Es ist für sie wichtig, sich darum zu bemühen, ihren Animus wieder im Gesamtbild ihrer Persönlichkeit aufzunehmen, damit sie wachsen und in ihren Beziehungen Fortschritte machen kann.

Träume verschaffen dem Menschen die Gelegenheit, sich den heiklen Eigenschaften zu nähern, die ihn zu einer einzigartigen Persönlichkeit machen. Indem der Träumende eine erste Beziehung zu Animus oder Anima aufnimmt, hat er die Gelegenheit, sich diese Archetypen und ihre Energie auch im Wachzustand zunutze zu machen. Dabei kann es durchaus zu Konflikten zwischen den männlichen und den weiblichen Eigenschaften kommen. Ist jedoch erst einmal ein gewisses Gleichgewicht hergestellt, dann ist auch ein wichtiger erster Schritt auf dem Weg zur Ganzheitlichkeit der Persönlichkeit getan. Größere Bewußtheit und ein ungezwungeneres Leben sind der Lohn für solches Bemühen.

Das Selbst

Das Selbst ist der Archetypus, der für das Potential eines Menschen steht – es ist immer gegenwärtig, wird jedoch vom Entwicklungsbedürfnis der Persönlichkeit überlagert. Der Mensch hat, wie bereits gezeigt wurde, die Tendenz, Animus/Anima und seinen Schatten so weit wie möglich zu verdrängen. Das Geheimnis seiner Ganzheitlichkeit liegt jedoch in seinem Selbst verborgen. Da menschliches Potential mit der Zukunft in enger Beziehung steht, begegnet dem Träumenden sein Selbst vielleicht erstmals in der Gestalt einer Figur, die ihn dazu ermutigt, vorwärtszuschreiten. Später wird diese Figur vielleicht zu einem Symbol der Ganzheitlichkeit, mit dem man im Hier und Jetzt arbeitet, um eine stabile Zukunft zu gestalten.

Indem der Mensch die Welt, in der er lebt, immer besser zu verstehen lernt, erhält er gleichzeitig Zugang zu einer neuen spirituellen Qualität, die jedem Menschen innewohnt und die er, entsprechenden Mut vorausgesetzt, sich zunutze machen kann. Der einzelne erlebt dieses spirituelle Gefühl für die richtige Richtung im Leben individuell verschieden, doch das Wissen darum ist ein universelles Gut.

Wenn der Mensch zum ersten Mal mit diesem geistigen Wissen um die richtige Richtung in Berührung kommt, dann erlebt er dies oft als etwas Heiliges oder als Geschenk des Gottes, den er verehrt. Sobald einem jedoch diese Art des Wissenserwerbs vertrauter wird, stellt man fest, daß die Form und die personalisierten Eigenschaften, mit denen man sie ausgestattet hat, nicht unbedingt notwendig sind. Entscheidend ist lediglich, daß man größere Bewußtheit über die eigene Existenz erlangt. Zwar existiert der Mensch als eine in sich geschlossene Einheit in Raum und Zeit, doch steht er zugleich mit allen Dingen in Verbindung. Dies scheint ein Wissen zu sein, welches der Mensch schon immer besaß, ohne sich dessen richtig bewußt zu sein. Menschen treten nicht nur untereinander in eine Wechselbeziehung, sondern auch mit allen Dingen. Ohne diese Interaktion, die sich auf allen Ebenen des Lebens abspielt, kann der Mensch nicht existieren. Daher ist es entscheidend zu begreifen, daß jeder einzelne letztlich Teil eines großen Ganzen ist.

Wenn Bilder dieses Archetypus, wie etwa ein Guru, ein Gott, ein heiliges Tier, ein Kreuz, ein Mandala oder eine andere geometrische Figur in Träumen auftauchen, dann weisen sie den Träumenden darauf hin, daß er bereit ist, sich auf den Prozeß einzulassen, eine ganzheitliche Persönlichkeit zu werden. Solche Träume zeigen an, daß es nun möglich ist, die Ichbezogenheit hintanzustellen und sich für die Wertschätzung einer größeren Wirklichkeit zu öffnen. Diese größere Wirklichkeit kann auf eine Weise zu einem Teil der persönlichen Erfahrung werden, daß sie Verwirrung stiftet. Manche Menschen fühlen sich in dieser Situation zwischen der realen und der spirituellen Welt hin und hergerissen. Es ist jedoch ein Gleichgewicht zwischen diesen beiden Sphären notwendig, um die Ganzheitlichkeit zu erlangen.

Tauchen in Verbindung mit diesem Archetypus negative oder destruktive Bilder auf, so weisen sie darauf hin, daß die Kraft des Selbst vernachlässigt wird. Dies verlangt positive Lebensveränderungen, die dem Menschen, wenn er sich vor ihnen drücken will, häufig aufgezwungen werden.

Die Große Mutter/Mutter Erde

Dieser Archetypus ist die Verkörperung aller – sowohl der positiven wie auch der negativen – Aspekte des Weiblichen. Er weist hin auf die vollkommene Ganzheitlichkeit einer Frau und steht für ihre Fähigkeit, alle Bereiche ihrer Persönlichkeit nutzbar zu machen. Um dieses hohe Niveau der Vollkommenheit zu erreichen, muß eine Frau lernen, alle einzelnen Funktionen ihres Seins zu klären und zum Einsatz zu bringen. Es hilft ihr weiter, wenn sie sich darin übt, Empfindung, Gefühl, Denken und Intuition als Werkzeuge einzusetzen und nicht als Waffen. Dieser Archetypus stellt nicht allein die mütterliche Seite einer Frau dar, sondern vielmehr ihr spirituelles Selbst. Alles Lebendige und das instinktive Wissen um die Prozesse des Lebens fallen in den Bereich der Großen Mutter.

Das weibliche Selbst

Jede Frau ist eine Verkörperung weiblicher Energie und hat damit einen besonderen Zugang zu Instinkt und Gefühl. Ihre Fähigkeiten drücken sich durch Empfindsamkeit, Emotionalität, Intellekt und Intuition aus. Dieser Archetypus kennt und versteht den Kreislauf von Leben, Tod und Wiedergeburt. Er ist das Bild für Fülle und Fürsorge, aber auch für Erotik und Erdnähe.

Das Streben des weiblichen Selbst gilt der Zeugung und dem Hervorbringen, aber es besitzt zugleich auch die Fähigkeit, zu zerstören. In ihrer Zerstörungskraft kann die Frau unbarmherzig sein, ohne zu verstehen, warum etwas Unvollkommenes erhalten bleiben soll. Jede Frau ist bestrebt, alle Funktionen so umfassend wie möglich auszuleben. Und jede Frau kompensiert ihr daraus resultierendes Gefühl von Unzulänglichkeit, indem sie einen Ausgleich durch einen männlichen Gefährten sucht. Die mütterliche Frau, die sich mit einem Mann verbindet, der sich nach Bemutterung sehnt, ist weit verbreitet. Interessanterweise funktionieren diese Beziehungen nur so lange, bis einer der beiden Partner erkennt, daß es auch noch andere Seiten seiner Persönlichkeit gibt, die er entwickeln kann.

Der weise alte Mann

Der weise alte Mann ist der primäre Archetyp für das umfassende Selbst des Mannes. So wie die Große Mutter für das Weibliche steht, so ist er die Figur, die alle jene männlichen Eigenschaften in sich trägt, die wirklich erkannt und in die Persönlichkeit integriert worden sind. Wenn ein Mensch erkennt, daß die einzig richtige Leitlinie für ihn diejenige ist, die von innen kommt, taucht im Traum oft der weise alte Mann auf. Es scheint, als würde sein Auftreten durch die Verzweiflung des Träumenden ausgelöst. Sobald der Mensch an die tiefen Reserven des Unbewußten gelangt, erscheint ein Freund und Führer, der ihm eine Quelle der Inspiration und der Erkenntnis sein kann, der ihm rät und ihn bei notwendigen Entscheidungen unterstützt. In der Figur des alten Weisen sind Sensibilität, Gefühl, Denken und Intuition vereint.

Das männliche Selbst

Das Selbst eines Mannes drückt sich durch Intellekt, Logik und bewußten Geist aus. Durch die technologisch orientierte westliche Gesellschaft können Männer dazu veranlaßt werden, Entscheidungen zu treffen und Urteile zu fällen, bei denen sie ihre Intuition völlig verleugnen. Bei Naturvölkern hingegen verhält es sich umgekehrt: Noch immer herrscht hier eine viel stärkere Verbindung zur Erde vor, und der Intellekt ist folglich weniger geschult.

Wie beim weiblichen Selbst ist es auch beim männlichen entscheidend, ein Gleichgewicht zwischen Intellekt und Gefühl, zwischen bewußtem und unbewußtem Selbst herzustellen. Erst diese Entwicklung gewährleistet den Schritt hin zur Ganzheitlichkeit. Gefahrvolle Träume vermögen einen Mann darauf hinzuweisen, daß er sich vielleicht zu sehr auf der Verstandesebene verliert.

Das Unbewußte scheint hereinkommende Informationen anhand von Vergleichen und Gegenüberstellungen zu sortieren. Wird man sich eines inneren Konflikts bewußt – sei es zwischen dem inneren und dem äußeren Selbst, zwischen männlichen und weiblichen Anteilen oder ähnlichem –, so spiegelt sich dies in Träumen häufig durch Gegensatzpaare wie männlich/weiblich, jung/alt, klug/dumm und so fort wider.

Das Hinundherpendeln zwischen zwei Extremen kann eine Zeitlang anhalten. Auf einen Traum, der zur Klärung der männlichen Seite beiträgt, folgt vielleicht einer, in dem das Weibliche im Mittelpunkt steht. Indem man bei der Deutung der eigenen Träume die jeweils gegenteilige Bedeutung des Traumgeschehens betrachtet, ist es oftmals möglich, geistige Prozesse besser zu verstehen.

Die Datenbank der Träume

Offenbar werden Träume im Bewußtsein wie Informationen in einer Datenbank leicht zugänglich gespeichert. Mit einiger Erfahrung vermag der Träumende Zugang zu dieser Datenbank zu erhalten und dadurch sehr schnell die Themen und Tendenzen in seinen Träumen zu erkennen. Damit werden diese zu einer Quelle des persönlichen Wachstums. Um ein anderes Bild zu verwenden: Die Trauminhalte gelangen zusammen mit anderem Wissen auf eine Art »Komposthaufen«, wo sie verarbeitet werden und dann in neuen Bildern und anderer Gestalt zum Träumenden sprechen.

Es wurde bereits erwähnt, daß Träume ein Mittel sind, um das Material zu ordnen, welches im Wachzustand aufgenommen wurde. Hat man erst einmal begonnen, mit seinen Träumen zu arbeiten, dann kann man mit Hilfe der neuen Erkenntnisse viele Probleme lösen. Träume können zu einer sehr reichen Informationsquelle werden, wenn das erwachende Selbst bereit ist, sich eingehend mit ihnen zu befassen. Indem der Träumende mehr über seinen Traumprozeß lernt, kann er allmählich die Verbindung zwischen seinem inneren Selbst und seiner Persönlichkeit im Wachzustand festigen. Das von Jung als »zentraler Archetypus« beschriebene Selbst ist dann dazu in der Lage, erfolgreicher mit der Persönlichkeit im Wachzustand zu kooperieren. Ein solcher sich entwickelnder und reifender Charakter ist für andere Menschen leichter zugänglich.

Sobald die Synthese zwischen Traum- und Wachbewußtsein erst einmal in Gang gekommen ist, vermag sie erstaunliche Veränderungen im Leben des Träumenden zu bewirken. Er entdeckt bisher übersehene Möglichkeiten, es zeigen sich neue Beziehungen, die seine Bedürfnisse befriedigen, und er spürt intensiv, daß er zu einem größeren Ganzen gehört.

Diese Fähigkeit des Geists, Inhalte aus zunehmend tieferen Bewußtseinsebenen zutage zu fördern, kann verbessert werden. Es gibt viele Beispiele dafür, daß Träume, die unlösbaren Puzzles ähnelten, schließlich dennoch richtig gedeutet werden konnten. So berichtete Albert Einstein, daß er in seiner Jugend von einem Schlitten geträumt habe, der mit Lichtgeschwindigkeit unterwegs war. Die jahrelange Arbeit an diesem Bild führte ihn schließlich zur Relativitätstheorie. August Kekulé von Stradonitz gelang es lange Zeit nicht, die Struktur von Benzol richtig zu definieren. Eines Tages träumte er von einer Schlange, einem der ältesten spirituellen Symbole, die sich in den eigenen Schwanz beißt. Dieser Traum brachte ihn auf den Gedanken, daß Benzol eine Ringstruktur aufweisen könnte.

Die Lösung eines Problems kommt oft »wie im Traum«, wenn man kurz vor dem Einschlafen darüber nachdenkt und sich die Details, die dabei eine Rolle spielen, durch den Kopf gehen läßt. Dies kann spontan geschehen oder eine Zeitlang dauern. Zunächst ist es notwendig, sich über die Natur des Problems Klarheit zu verschaffen. Schreiben Sie deshalb alles auf, was Ihnen dazu einfällt oder was Sie darüber in Erfahrung gebracht haben. Entscheiden Sie, mit welchen anderen Problemen Sie sich näher befassen wollen und wie tief Ihr Einblick sein soll. Halten Sie die Themen einfach, und wählen Sie solche aus, an denen Sie bewußt arbeiten wollen. Wenn Sie tagsüber Zeit dafür haben, um sich mit den anstehenden Fragen zu befassen und über sie nachzudenken, dann fördern Sie damit die Konzentration Ihrer Gedanken und regen den Traumprozeß an.

Wenden Sie vor dem Einschlafen eine Visualisierung oder eine andere Technik an, die es Ihnen ermöglicht, im Traum die Informationen zu verarbeiten, die Sie bereits gesammelt haben. Das folgende Bild könnte Ihnen dabei nützlich sein: Stellen Sie sich vor, daß sich das Material zu Ihrem anstehenden Problem auf einer Diskette befindet; schieben Sie die Diskette in Ihren »Traumcomputer«, und lassen Sie ihm genug Zeit. Die Lösung muß nicht unbedingt in einem einzigen Traum auftauchen. Sie werden instinktiv wissen, wann das Problem gelöst ist. Es ist möglich, diesen Prozeß zu intensivieren, indem Sie auf ähnliche Weise doch mit anderen Erkenntnissen fortfahren. Egal, ob es sich dabei um persönliche oder um allgemeine Probleme des Lebens handelt, im allgemeinen ist es notwendig, Veränderungen viel Zeit zu lassen, damit sich neue Einstellungen und Lebenshaltungen festigen können.

Die Traumtypen

Bei Träumen kann man zwei Typen unterscheiden, C.G. Jung nannte sie »große« und »kleine« Träume. Mitunter fällt Traumarbeit leichter, wenn man die beiden Typen zum Beispiel in zwei verschiedenen Kladden aufschreibt. An wichtige, »große« Träume kann man sich für gewöhnlich leicht erinnern, und ihre Bedeutung hat der Träumende recht schnell erkannt; die Aussage weniger wichtiger, »kleiner« Träume hingegen ist unter Umständen nicht so leicht zugänglich und wird erst klar, wenn alle Bestandteile genau untersucht wurden. Große und kleine Träume kann der Träumende vergleichen und gegeneinander abwägen. Themen, die in großen Träumen erstmals verarbeitet wurden, sind in darauffolgenden kleinen Träumen oft leichter zu durchschauen und besser zu verstehen. Je mehr sich der Träumende im Aufzeichnen seiner Träume übt, desto leichter fällt es ihm, sich genau an sie zu erinnern.

Ein weiteres Mittel, Träume zu kategorisieren, ist die Unterteilung in »gute« und »böse« Träume. Mit einem höheren Wissensstand kann der Träumende oft das Ergebnis eines bösen Traums in einen guten verwandeln. Diese Technik wurde in den USA als therapeutisches Mittel entwickelt. Sie besteht aus vier Einzelschritten:

1. Das Erkennen eines bösen Traums noch während des Traumprozesses.
2. Das Bestimmen des bösen Gefühls.
3. Das Anhalten des Traums.
4. Das Verwandeln des Negativen in Positives.

Am Anfang ist es meist nötig, aufzuwachen, um diese Schritte zu vollziehen. Mit mehr Übung kann der Träumende den Prozeß während des Schlafs in Gang bringen.

Da es etwa sechs Wochen dauert, bis auf der psychischen Ebene Veränderungen eintreten, muß sich der Träumende beim Erlernen dieser Methode in Geduld üben. Oft zeigen sich Veränderungen in Einstellung und Verhalten recht schnell. Aber richtig gefestigt sind sie erst nach Ablauf von sechs bis acht Wochen. Meist zeigt sich der Träumende selbst am meisten durch solche Fortschritte überrascht. Allmählich fällt es ihm leichter, mit Themen umzugehen, die ihm früher Schwierigkeiten bereiteten, oder er merkt, daß er innere Konflikte leichter und wirksamer handhaben kann.

Alpträume besitzen eine Gefühlsintensität, die extrem angsterregend ist. Obgleich das Wachbewußtsein vielleicht unfähig erscheint, solche Gefühlszustände durchzustehen, so scheint der Mensch den Gefühlsterror von Alpträumen doch zulassen zu können. Typische Themen von Alpträumen sind das Festsitzen in unmöglichen oder unerträglichen Situationen und die Unfähigkeit, sich von der Stelle zu rühren, obwohl ein dringendes Fluchtbedürfnis besteht. Häufig scheint es für solche Traumszenarios keine Erklärung zu geben, bis man vergangene Erfahrungen und Ängste erforscht. Gelingt es, derart beunruhigende Bilder zu entwirren und sie isoliert zu betrachten, dann wächst das Verständnis für die dahinterstehenden Ängste, und die Zahl der Alpträume nimmt ab.

Angst in allen möglichen Erscheinungsformen ist eines der häufigsten Traumthemen. Weil Angstträume weniger intensiv sind als Alpträume, fällt es leichter, sie zu wiederholen, um auf diesem Weg jenen Lebensaspekten Aufmerksamkeit zu widmen, die Schwierigkeiten bereiten. Träume, in denen Furcht eine Rolle spielt, bleiben leichter im Gedächtnis haften als andere. Dies bedeutet jedoch nicht, daß sie tatsächlich häufiger vorkommen. Erinnerungen, Gedanken, Eindrücke und Gefühle, die man im Wachzustand unterdrückt, tauchen als störende Elemente im Traum wieder auf. Unterschwelligen Sorgen und Problemen wird in Angstträumen ein geschützter Zugang zur Oberfläche gewährt. Obwohl man die Bilder leicht für den wichtigsten Teil eines solchen Traums halten kann, müssen doch vor allem die erlebten Gefühle betrachtet und erkannt werden. Die Arbeit mit ihnen erleichtert gewöhnlich den Umgang mit alltäglichen Ängsten.

Sobald die Macht der Vorstellungen über Gefühle und Körper erkannt ist, kann die Arbeit an der Angst beginnen. Ein Mensch, der seiner Angst und seiner emotionalen Pein nicht begegnen kann, liefert sich selbst ihrer Macht aus. Traumarbeit stellt eine wirkungsvolle Unterstützung dar, um Ängste bewußt anzugehen und zu erforschen.

Hellseherische Träume sind ein interessantes Phänomen. Die Meinungen darüber, ob es sie wirklich gibt, sind geteilt. Hier sei nur erwähnt, daß Träume oft auf hervorragende Weise die beste Richtung für zukünftiges Handeln zu weisen vermögen und daß Traumbilder eine Entscheidungshilfe und Quelle tiefer Einsichten sein können. Häufig richtet sich der Träumende nach seinen Träumen, obwohl sein Bewußtsein noch nicht bereit ist, eine solche Situation zu akzeptieren.

Auch magische Träume sind ein fester Bestandteil der Bewußtheit. Daß sie von manchen Menschen geleugnet werden, spielt dabei keine Rolle. Es besteht kein Zweifel daran, daß Träume den Menschen auf einer tiefspirituellen esoterischen Ebene ansprechen. Farben, Symbole und die vielen anderen Details eines Traums sind für die Traumdeutung von grundlegender Bedeutung, und mit ein wenig Wissen können diese Anhaltspunkte eine Struktur schaffen, die den Zugang zu Erkenntnissen gestattet, welche andernfalls verborgen blieben. Über magische Träume hat der Mensch Zugriff auf Traditionen, Weisheiten, Rituale und Zeremonien, die sich auf einem tiefgreifenden Wissen über Symbole gründen.

Der Nutzen der Traumarbeit

Das Leben im Alltag erhält eine zunehmend hektische und traumatische Ausprägung. Träume und die Arbeit mit ihnen sind daher ein unverzichtbares Sicherheitsventil oder dienen entsprechend als Heiltechnik. Träume gestatten dem Menschen, den Kontakt zu seinem inneren Selbst nicht zu verlieren, seine Wünsche zu befriedigen und es in seinem permanenten Kampf mit der äußeren Realität zu unterstützen. Traumworkshops und -gruppen können bei der Streßbewältigung wertvolle Hilfe leisten. Berufliche und persönliche Probleme sind mitunter leichter zu bewältigen, wenn Traumbilder bearbeitet werden, statt endlos über Schwierigkeiten und ihre Ursachen zu reden.

Mehr und mehr wird auch die Meditation zu einem wirksamen Werkzeug des Selbstmanagements. In ihr kommen viele Bilder vor, die auch aus Träumen stammen könnten. Traumarbeit und Meditation überschneiden sich in vielen Bereichen, und die Wissenserweiterung des einen Gebiets zieht auch die des anderen nach sich. Sind erst einmal Techniken entwickelt, welche dazu befähigen, Bewußtheit und Kreativität im Wechsel zu erfahren, dann können diese sowohl während des Wach- wie auch während des Schlafzustands angewendet werden. Die Arbeit mit Traumbildern stellt eine solche Technik dar.

Es wurde bereits erwähnt, daß durch Traumdeutung Einfluß auf den Alltag des Träumenden genommen werden kann. Indem der Träumende lernt, mit seinen Träumen richtig umzugehen, trägt er damit maßgeblich zur Verbesserung seiner Lebensweise bei. Er entwickelt die Beziehung zwischen der logischen, rationalen Seite und der instinktiven, intuitiven Seite – also zwischen der linken und der rechten Hirnhemisphäre. Dies befähigt den Träumenden, persönliche Erfolge zu erlangen.

Die Traumarbeit in Verbindung mit kreativer Visualisierung sehe ich als ein sehr mächtiges Instrument für den Fortschritt der gesamten Menschheit. Das innere Selbst, das weiß, was nötig ist, um das Leben des Menschen zu verbessern, gibt die Richtung an. Es reagiert dabei auch positiver auf Feedback. Das äußere Selbst hat mehr Vertrauen in sich und seine Fähigkeit, das richtige Umfeld und die richtigen Szenarios zu schaffen. Durch Träume findet das Individuum sein inneres Gleichgewicht und vermag auf dieser Basis verantwortlicher mit der Schöpfung umzugehen.

Ich und viele andere Menschen mit mir zweifeln nicht daran, daß ein Informationsaustausch zwischen zwei Menschen durch telepathische Träume stattfinden kann. Zahlreiche Gruppierungen experimentieren bereits mit Gruppenmeditation und Gruppenträumen auf einer globaleren Ebene. Die Weiterentwicklung solcher Techniken könnte viel Energie und mehr als nur eine neue Vision des menschlichen Miteinanders erschaffen.

Schlaf und Spiritualität

Der Schlaf ist – verglichen mit der gewöhnlichen alltäglichen Welt – ein passiver Zustand, dennoch ist er keineswegs ereignislos. Definiert man Aktivität als Bewegung, dann gibt es zahlreiche verschiedene Arten von Bewegung, die im Verlauf einer Nacht stattfinden. Körperliche Bewegungen, die zufällig aufzutreten scheinen, sind während des Schlafs sehr häufig (etwa einmal alle 15 Minuten). Dabei handelt es sich nicht um ein rastloses Herumwälzen, sondern um ein erkennbares, beinahe bewußtes Umdrehen, Bewegen einzelner Glieder und so weiter. Anfangs, nachdem eine bequeme Schlafposition gefunden wurde, beginnt der Körper sich zu entspannen. Im nächsten Stadium, wenn sich die Muskeln allmählich tiefer lockern, ist das sogenannte »myoklonische Zucken« zu beobachten. Hierbei handelt es sich um eine typische Reaktion von Muskeln in der Einschlafphase. Im Schlaf hat man dabei oft das Gefühl zu fallen, und es kommt vor, daß man dabei heftig erschrickt. Durch den Schreck wacht man manchmal wieder auf, und der ganze Entspannungsprozeß muß von neuem beginnen. Diese wenig angenehmen Erfahrungen bleiben einem erspart, wenn man lernt, den Körper schon vor dem Einschlafen zu entspannen.

Viele Menschen vertreten die Auffassung, daß Träume durch bestimmte Reize aus der Schlafumgebung verursacht werden. Daß jemand träumt, seine Hand würde abgehackt, und dann aufwacht und bemerkt, daß er auf dieser Hand liegt, ist ein typisches Beispiel dafür. Es stimmt, daß solche Unbequemlichkeiten die Schlafqualität beeinflussen, nicht aber die Träume.

Es gibt auch unterschiedliche Meinungen darüber, ob der Verzehr bestimmter Speisen sich bis in die Träume hinein auswirkt. Wenn Sie sich für solche Zusammenhänge interessieren, dann sollten Sie damit experimentieren, um herauszufinden, ob Sie ähnliche Wechselwirkungen bei sich beobachten, wie sie im folgenden von einer Dame beschrieben werden. Diese behauptete, nur dann in Farbe zu träumen, nachdem sie einen bestimmten Schokoriegel gegessen hatte.

Die Verdauung scheint tatsächlich einen gewissen Einfluß auf das Traumverhalten zu haben. Doch steht dies wohl eher im Zusammenhang mit der allgemeinen körperlichen Entspannung. Kommt sie während des Schlafs zu kurz, so kann sich dies negativ auf die Gesundheit auswirken. Der hohe und noch immer zunehmende Lärmpegel in Städten stellt in diesem Zusammenhang ein wachsendes Problem dar.

Die Arbeit in Schlaflabors trägt erheblich dazu bei, daß neue Erkenntnisse über die Zusammenhänge zwischen Schlafen und Träumen gewonnen werden können. Im Jahr 1937 wurde der Elektroenzephalograph (EEG) erfunden, ein Gerät, mit dem man die Potentialschwankungen des Gehirns messen kann. Dann fand man heraus, daß sich das Muster der Gehirnwellen im Schlaf ändert. Aserinsky und Kleitman entdeckten 1953 die Schlafstadien, in denen Rapid Eye Movements (REM), also rasche Augenbewegungen, auftreten. 1957 wurde der Zusammenhang zwischen REM- und Traumphasen erkannt.

Während des Schlafs laufen die Gehirnaktivitäten in bestimmten Mustern ab. Mit Hilfe des EEG ist es möglich, eine Art Progression der Gehirnwellenaktivität festzustellen. Im Wachzustand ist die Aktivität der Hirnstromwellen gering, ihre Frequenz jedoch hoch. In der Entspannung produziert das Gehirn Alphawellen, welche beim Einschlafen zu flachen Thetawellen werden.

Während dieses Stadiums nähert man sich allmählich dem Schlaf, und es tauchen Bilder und Gedanken auf, in denen die Tagesereignisse verarbeitet werden. Diese Einschlafphase dauert etwa zehn Minuten. Dann folgen weitere Schlafperioden, die etwa die Hälfte der Schlafzeit ausmachen und in denen sich die Gehirnwellen abermals verändern. Deltawellen schließlich zeigen an, daß die Person in Tiefschlaf gesunken ist. Etwa 60 bis 90 Minuten dauert eine Tiefschlafphase an.

Auch der Schlaf unterliegt beim Menschen einem Wellenmuster: Mehrmals während einer Nacht pendelt ein Schlafender zwischen Tiefschlaf und REM-Phase hin und her. Wenn er das zweite Mal die REM-Phase erreicht, ist der Schlafende nur schwer zu wecken, obwohl das Gehirn aufmerksam und aktiv ist. Daher wird diese Schlafperiode manchmal auch »paradoxer Schlaf« genannt. Der Körper ist wie gelähmt, weil die ganze willkürliche Muskelaktivität zum Stillstand gekommen ist. Das Gehirn übermittelt noch immer Botschaften, doch aktivierte Inhibitoren sorgen dafür, daß sie unterdrückt werden.

Im Verlauf des REM-Schlafs kommt es in den Körperteilen, in denen sich zahlreiche Nervenenden befinden, wie zum Beispiel im Ohr, in den Augäpfeln, im Penis und so fort, zu kurzen Aktivitätsausbrüchen. Die Abläufe innerhalb dieser Schlafphase erinnern ein wenig an die Inspektion eines Autos: Der Anlasser, die Bremsen, die Kupplung und so fort werden einzeln auf ihre Funktion hin überprüft. Sogar im autonomen Nervensystem, dem Teil des Körpers, der »automatisch« Atmung, Blutdruck und Herzfunktion reguliert, treten während dieser Phase Veränderungen auf.

Die Traumaktivität findet innerhalb des paradoxen Schlafs statt. Nach dem Einschlafen sind die REM-Phasen, und damit die Traumphasen, nur kurz. Aber nach etwa vier Stunden werden die Traumperioden länger. Wissenschaftliche Experimente haben erwiesen, daß Träume auftreten, wenn die Hirnrinde in verschiedenen Regionen gereizt wird; und die kortikalen Strukturen werden veranlaßt, einen angemessenen Trauminhalt zu »erdenken«.

Während des Schlafs werden drei verschiedene Bewußtseinsebenen erreicht. Die erste ist der Traumschlaf, in der man Symbole und eine Fülle von Traumbildern, die man als real betrachtet, wahrnimmt. Es folgt die luzide Ebene, in der man sich dessen bewußt ist, daß man träumt und daß die Traumsymbole selbstgeschaffen und nicht real sind. Die dritte Bewußtseinsebene schließlich ist der traumlose Schlaf, während dem man weder denkt noch fühlt. Jede dieser Ebenen hat ihre Funktion, und jede Störung kann tiefgreifende Auswirkungen auf die Gesundheit des Menschen haben.

Es gibt eine Vielzahl von Schlafstörungen. Einige von ihnen sollen hier erwähnt werden, weil sie die Qualität und Häufigkeit der Traumphasen beeinträchtigen können:

Die erste Schlafstörung ist die Schlaflosigkeit, an der viele Menschen leiden. Ihre Ursachen reichen von Depressionen über Streß bis hin zu körperlichen Beschwerden. Um die Schlaflosigkeit zu verstehen, ist es notwendig, zuerst ihre Ursachen zu erkennen und dann zu entscheiden, welche Konsequenzen daraus gezogen werden sollen. Im Fall von körperlichen Beschwerden sind viele Möglichkeiten und Vorbereitungen zur Schlafeinleitung denkbar. Regelmäßigkeit und Gewohnheit spielen hierbei eine wichtige Rolle, aber auch heiße Bäder und Massagen können unterstützend wirken.

Es ist schwierig, mit Schlaflosigkeit umzugehen – auch deshalb, weil sie nicht nur den Betroffenen selbst beeinträchtigt, sondern auch die Menschen, mit denen er den Tag verbringt. Schlafentzug führt zu allen möglichen Beschwerden, daher ist es von größter Wichtigkeit, zu einem richtigen Umgang mit ihr zu finden. Es hat wenig Sinn, sich in der Nacht mit den Sorgen des

Tages zu beschäftigen. Planen Sie hierzu eine feste Zeit morgens, nachmittags oder abends ein. Kreative Visualisierung und Meditation sind ebenfalls Mittel, welche bei Schlaflosigkeit gute Resultate gezeigt haben. Angeblich sind zehn Minuten Meditation soviel wert wie vier Stunden Nachtschlaf. Vielleicht ist es dem Schlaflosen möglich, seinen Lebensstil so zu verändern, daß er dies berücksichtigen kann.

Eine andere Schlafstörung ist die Apnoe. Sie tritt auf, wenn der Atem des Schlafenden bis zu einer Minute lang stillsteht. Da er in der Folge immer wieder erwacht, gelangt er über den Leichtschlaf nicht hinaus. Wer unter Apnoe leidet, bedarf der Behandlung durch einen Arzt.

Narkolepsie tritt auf, wenn Menschen mitten in bewußter Aktivität plötzlich einschlafen. Die Erforschung dieser Schlafstörung führte zu Erkenntnissen über die Muskelbewegungen im Schlaf. Unter normalen Umständen unterdrückt ein bestimmter Bereich im Gehirn – er wird Pons Varoli (Varolsbrücke) genannt – die Muskelbewegung während des Schlafs. Ist die Varolsbrücke geschädigt oder in ihrer Funktion gehemmt, dann kommt es in der Traumphase zu Muskelbewegungen. Diese scheinen nicht allein die Überreste von alten Überlebenstechniken zu sein, sondern sie sind offenbar eine Art »Entlastungsmechanismus«, der es dem Träumenden ermöglicht, Emotionen und Traumata zu verarbeiten. Spontane Bewegungen und sogar das Sprechen während der Traumphase haben also durchaus ihren Sinn. Die Varolsbrücke spielt in einem ähnlichen Zusammenhang auch bei durch bestimmte religiöse Praktiken hervorgerufenen Bewußtseinsveränderungen eine Rolle.

Alp- und Angstträume können sich zu einer schwerwiegenden Schlafstörung auswachsen, denn sie besitzen, zumal wenn sie häufiger auftreten, eine emotionale Intensität, mit der man sonst selten konfrontiert wird. Die Merkmale solcher Träume wurden an einer früheren Stelle bereits beschrieben Es gibt sechs verschiedene Ursachen für Alpträume:

1. Starke Erinnerungen an Gefühle aus der Kindheit. Davon herrührende Alpträume drehen sich oft um Verlust, und man

nimmt an, daß sie mit dem Geburtsprozeß und dem dazugehörigen Trauma in Zusammenhang stehen.

2. Kindheitsängste. Vielleicht haben diese ihren Ursprung ebenfalls im Geburtstrauma. Die Angst vor Gewalt und vor den eigenen inneren Trieben spielt jedoch eine entscheidende Rolle. Wird dem Überlebenstrieb des Kindes und der Befriedigung seiner Grundbedürfnisse nach Nahrung, Wärme und Schutz nicht genug Rechenschaft gezollt, dann kann dies ebenfalls Ängste hervorrufen und später zu Alpträumen führen.
3. Das posttraumatische Streßsyndrom. Auch hier fühlt sich der Mensch in seinem Grundbedürfnis, zu überleben, bedroht. Man hat festgestellt, daß die aufgrund des traumatisierenden Ereignisses erlebte Angst noch viele Jahre danach durch Alpträume an die Oberfläche kommen kann.
4. Die Zukunftsangst, als die sich der gewöhnliche, alltägliche Überlebenstrieb bei Erwachsenen äußern kann. Sie scheint in Verbindung mit Aggression, Sexualität und Veränderung einherzugehen. Sie ist die Angst vor dem Unbekannten.
5. Manche Alpträume gehen einher mit offenkundigen Vorahnungen. Noch ist nicht geklärt, ob dies bereits in den Bereich der hellseherischen Träume fällt. Es trifft anscheinend zu, daß der Mensch dazu fähig ist, Informationen, die er noch nicht begreifen kann, von einer ihm unbekannten Quelle zu empfangen.
6. Ernsthafte Erkrankungen, bei denen man Angst vor dem Tod hat, können ebenfalls Alpträume auslösen. Therapie und Beratung können hier helfen.

Auch sich wiederholende, immer gleiche Träume können zu Schlafstörungen führen und stehen eventuell ebenfalls im Zusammenhang mit Ängsten, sind vielleicht sogar ihr Auslöser. Solche Träume nehmen unterschiedliche Formen an. Entweder ist das Traumsetting unveränderlich, während Personen und Thema wechseln. Oder aber das Thema bleibt erhalten, während Setting und Personen sich verändern. Oft tritt eine Änderung erst ein, wenn sich der Träumende mit seinen Träumen befaßt und die hinter ihnen stehenden Ängste untersucht.

Das Sprechen im Schlaf und Schlafwandeln stellt unter bestimmten Umständen gleichfalls eine Schlafstörung dar. Sprechen im Schlaf scheint bei der Bewältigung von Sorgen und Kümmernissen eine Rolle zu spielen. Es sind Fälle bekannt, bei denen mit einer im Schlaf sprechenden Person ein Gespräch geführt wurde, an welches sich diese im Wachzustand jedoch nicht mehr erinnern konnte. Schlafwandeln ist anscheinend eine zielbezogene Aktivität, da der Schlafwandler versuchen wird, seine Handlung zu Ende zu führen, wenn dies zugelassen wird.

Spiritualität

Für mich bedeutet Spiritualität das Wissen darum, daß es mehr im Leben gibt als nur die gewöhnliche Alltagsexistenz, welche die meisten Menschen erfahren. Träume gestatten auf einfache und geschützte Weise den Zugang zur spirituellen Dimension des menschlichen Daseins und stellen daher einen wichtigen Lernprozeß dar.

In einem Bild wird die Dualität der menschlichen Existenz und der Rolle, welche Träume in ihr spielen, leichter faßbar: Das materielle, gewöhnliche Alltagsleben stellt das eine Ende einer Brücke und das spirituelle, bewußt geführte Leben das andere Ende dar; die Brücke selbst ist der Geist, in dessen Mitte ein Grenzwächter steht, der Träume ausgibt und annimmt, was in die Ablage soll, und so beide Brückenenden miteinander verbindet. Mit diesem Bild ist es möglich, imaginäre Handlungen und Dialoge oder, anders ausgedrückt, Phantasiereisen zu ersinnen, die ein Kennenlernen der beiden Dimensionen unterstützt. Zwar sind die Botschaften des Grenzwächters verschlüsselt, doch mit etwas Geduld lassen sich schon bald wichtige Erkenntnisse über das eigene Selbst gewinnen und die beiden Teile der menschlichen Existenz zusammenführen, die schon immer zusammengehörten.

II. TEIL

Das Traumlexikon von A bis Z

A

ABEND

Allgemein: Wenn es im Traum Abend ist, muß der Träumende erkennen, daß er Zeit für sich selbst benötigt – vielleicht Entspannung und stillen Frieden.

Psychologisch: Der Abend kann stellvertretend für Zwielicht und die Grenzen des bewußten Verstands stehen. Vielleicht gibt es in Ihrer Umgebung Erscheinungen, die Sie erst zu sehen vermögen, wenn Sie sich mit Ihrem Unbewußten befassen.

Spirituell: Der Abend symbolisiert Alter und viele Jahre Erfahrung.

ABFALL

Allgemein: In der Traumsymbolik steht Abfall für die Dinge oder Informationen, die nicht mehr benötigt werden und jetzt fortgeworfen werden können. Oft ist die Farbe des Abfalls von Bedeutung (→ Farben). Abfall kann auch auf einen Mißbrauch von Ressourcen und auf Verschwendung verweisen.

Psychologisch: Produziert der Träumende in seinen Träumen viel Abfall, dann sollte er seine Lebensführung überprüfen. Vielleicht investiert er in Beziehungen oder in andere Dinge, die er herbeiführen will, mehr, als ihm guttut.

Spirituell: Vielleicht erlebt der Träumende eine Energiekrise, die er nicht versteht. Er sollte sich auf die Suche nach dem »Energieleck« begeben.

ABGRUND

Allgemein: Von einem Abgrund zu träumen, deutet darauf hin, daß der Träumende in sich selbst das sogenannte »Faß ohne Boden« oder die Leere erkennt. Dies ist ein Aspekt des Unbekannten, dem sich jeder Mensch irgendwann im Leben stellen muß. Hinter dem Bild verbirgt sich ein riskantes Unterfangen, welches der Träumende anzugehen hat, ohne zu wissen, was dabei herauskommen wird.

Psychologisch: Der Traum weist hin auf eine Angst vor Kontroll- oder Identitätsverlust oder vor dem Scheitern in irgendeiner Hinsicht. Positiver ausgedrückt: Es ist möglich, die eigenen Grenzen oder gegenwärtigen Erfahrungen zu überschreiten. Der Abgrund deutet auch darauf hin, daß sich der Träumende mit Gegensatzpaaren wie richtig und falsch oder gut und böse abfindet.

Spirituell: Die Unterwelt und niedrige Dinge erscheinen in Träumen als Abgrund.

ABHÄNGIGKEIT

→ Sucht

ABHANG

Allgemein: Die Angst vor Versagen ist ein ungemein starkes Gefühl.

Im Traum kann sie durch einen Abhang zum Ausdruck kommen. Wenn der Träumende in seinem Traum einen steilen Abhang betritt, deutet dies darauf hin, daß er sich unbedacht Gefahren aussetzt, weil er die Folgen seines Handelns nicht absehen kann. Der Versuch, einen Steilhang hinaufzuklettern, steht für ein enormes Bemühen, Hindernisse, die sich in den Weg stellen, zu überwinden.

Psychologisch: Die Tarotkarte »Der Narr« zeigt diesen am Beginn und am Ende seines Weges. Er achtet nicht auf den steilen Abhang und ist sich der Gefahr, in der er sich befindet, nicht bewußt. Andererseits ist ihm das auch egal, denn er weiß, daß er über den Rand treten und fliegen kann. Diese Art von Traum kommt oft vor, wenn der Träumende sich in einer Situation großer Gefahr befindet.

Spirituell: Auf dieser Ebene ist der steile Abhang im Traum der Hinweis auf eine spirituelle Gefahr, um die der Träumende jedoch Bescheid weiß.

ABNORMITÄT

Allgemein: Abnormität steht im Traum normalerweise für etwas, was man instinktiv für falsch oder unausgewogen hält. Handelt es sich um etwas Abnormes im Sinne von außergewöhnlich – beispielsweise ein abnormes Gefühl oder Geräusch –, dann sollte die Aufmerksamkeit auf das Fremde daran gerichtet werden. Zum Beispiel könnte im Traum eine Person auf einer Beerdigung lachen. Dies würde bedeuten, daß der Träumende sich sehr aufmerksam damit beschäftigen muß, welche Gefühle er für diesen Menschen hegt.

Psychologisch: Die bewußte Wahrnehmung von Abnormität zwingt den Träumenden dazu, sich mit Lebensbereichen zu beschäftigen, die nicht so sind, wie er sie gerne hätte. Von einem Zwerg oder einem Riesen zu träumen, kann bedeuten, daß die Aufmerksamkeit auf bestimmte Punkte gelenkt wird, die etwas mit Größe oder Deformation zu tun haben. Im Leben des Träumenden existiert etwas, das für ihn vielleicht zu groß ist.

Spirituell: Das Abnorme oder Fremde besitzt in der Regel magische Kräfte oder magische Fähigkeiten.

ABREISEN

auch → Reise

Allgemein: Wenn man aus einer bekannten Situation aufbricht – etwa sein Zuhause verläßt –, so verweist dies darauf, daß man sich von alten oder gewohnten Verhaltensmustern losreißt. Vielleicht haben Sie das Bedürfnis, sich selbst Freiheit und Unabhängigkeit zuzugestehen.

Psychologisch: Hinter dem Traumbild steht möglicherweise der

Wunsch, Verantwortung oder Schwierigkeiten aus dem Weg zu gehen. Hier ist auf alle Fälle Vorsicht angesagt!

Spirituell: Die bewußte Zurückweisung der Vergangenheit kann im Traum durch eine Abreise dargestellt sein.

ABSORBIEREN

Allgemein: Im Traum von einer Tätigkeit oder Erfahrung absorbiert zu sein, verweist auf die Fähigkeit zu Hingabe. Oder aber der Träumende ist fähig, Ideen, Vorstellungen oder Glaubenselemente aufzunehmen und sie in seine Person zu integrieren. Die Wissensaufnahme ist ein wichtiger Teil des Erkenntnisprozesses.

Psychologisch: Jeder Mensch hat das Bedürfnis, einer sozialen Gruppe anzugehören. Von etwas absorbiert zu sein, steht für den Wunsch, zu einem größeren Ganzen zu gehören, oder für das Bemühen, verdrängte oder nicht erkannte Persönlichkeitsaspekte zu reintegrieren.

Spirituell: Der Träumende besitzt die Fähigkeit, die verschiedenen Aspekte seines Lebens in seine Persönlichkeit zu integrieren. Auf der spirituellen Ebene steht Absorption für die Sehnsucht nach der Rückkehr zum Ursprung.

ABSPERRUNG

Allgemein: Handelt ein Traum von einer Absperrung, die etwa aus Eisenstangen besteht, dann muß der Träumende sich damit auseinandersetzen, wie streng oder aggressiv er sich anderen Menschen und sich selbst gegenüber verhält und ob dies der jeweiligen Situation angemessen ist.

Psychologisch: Vor einer Absperrung zu stehen, kann sich, insbesondere bei Männern, auf die Unfähigkeit beziehen, sexuelle Erfüllung zu finden.

Spirituell: Eine eiserne Absperrung kann Symbol der spirituellen Macht und der Kraft im alltäglichen Leben sein.

ABSTIEG

Allgemein: Der Traum von einem Abstieg, zum Beispiel von einem Berg, einer Treppe oder einer Leiter hinunter, ist ein Hinweis für den Träumenden, daß die Lösung eines bestimmten Problems im Unbewußten, in der Vergangenheit beziehungsweise bei der Bewältigung bestimmter Traumata zu finden ist.

Psychologisch: Möglicherweise fürchtet der Träumende auf beruflicher oder sozialer Ebene einen Statusverlust und ist sich trotzdem der positiven Aspekte dieses Verlusts bewußt.

Spirituell: Auf der spirituellen Ebene steht dieses Traumsymbol für das Hinabsteigen in die Unterwelt, für das Streben nach mystischer Weisheit, Wiedergeburt und Unsterblichkeit.

ABTREIBUNG

Allgemein: Eine Abtreibung ist im weitesten Sinne eine Zurückweisung. Dabei kann es sich beispielsweise um ein Bedürfnis, ein Gefühl oder eine Glaubenshaltung handeln, mit der Schwierigkeiten assoziiert werden. Ein eingegangenes Risiko hat nicht das erhoffte Resultat erbracht, und die Rückkehr an den Ausgangspunkt steht nun an. Vielleicht hat der Träumende eine neue Denk- oder Seinsweise verinnerlicht, die er bei näherer Betrachtung jedoch ablehnen muß.

Psychologisch: Der Träumende sollte sich Klarheit darüber verschaffen, zu welcher Art des Handelns oder Seins er sich verpflichtet hat. Verlangt ist eine Entscheidung darüber, welche Elemente nicht mehr benötigt werden.

Spirituell: Spirituelles Nachsinnen sagt dem Träumenden, daß er ein vorher aufrechterhaltenes Konzept aufgeben muß.

ABWESENHEIT

Allgemein: Ein Traum über eine abwesende Person oder über das Fehlen eines Gegenstandes deutet darauf hin, daß möglicherweise etwas Unerwartetes geschieht. Vielleicht sucht der Träumende etwas Verlorengegangenes, oder aber seine Gefühle hinsichtlich der Abwesenheit (d. h. Angst oder Zorn) sind wichtig. Ein Kind erlebt beispielsweise die Abwesenheit seiner Mutter als Verlust; dies kann eine traumatisierende Erfahrung sein.

Psychologisch: Der Träumende befindet sich in einer Situation, in der er möglicherweise unter einem Verlust leidet oder etwas zurückweist, was er in Wahrheit aber braucht. Ein Traum, in dem man sich in einer vertrauten Umgebung befindet, in der jedoch ein geliebter Gegenstand oder Mensch fehlt, deutet auf ein Gefühl von Unbeständigkeit hin.

Spirituell: Die Erfahrung von Abwesenheit oder ein Gefühl des Nichts können ein Hinweis auf Verlassenheit sein.

ABZEICHEN/STICKER

Allgemein: Ein Abzeichen oder Sticker in einem Traum ist möglicherweise ein Hinweis auf eine Gruppenzugehörigkeit oder auf den Wunsch nach Gruppenzugehörigkeit.

Psychologisch: Der Träumende ist aufgrund einer bestimmten Erkenntnis auserwählt worden – vielleicht, weil er die vorausgesetzten Eigenschaften besitzt. Ein Abzeichen kann auch als Talisman begriffen werden.

Spirituell: Ein Abzeichen gilt als ein Zeichen der Macht. Wenn es im Traum auftaucht, dann zeigt es das Bedürfnis des Träumenden an, nicht nur als er selbst, sondern auch als Teil eines größeren Ganzen akzeptiert zu werden.

ACHAT

→ Edelsteine

ACHT

→ Zahlen

ADLER

auch → Vögel

Allgemein: Ein Adler im Traum zeigt Inspiration und Kraft an. Er kann auch für das Bedürfnis nach Aufstieg, nach der Ablösung von alten Vorstellungen und Einstellungen stehen. Als Raubvogel vermag der Adler alle Möglichkeiten auszuschöpfen, die sich ihm bieten. Von einem Adler zu träumen, bedeutet, daß man es ihm gleichtun kann oder will.

Psychologisch: Vom psychologischen Standpunkt aus weist der Adler darauf hin, daß der Träumende die Fähigkeit besitzt, seinen Verstand zu gebrauchen, um erfolgreich zu sein. Er nimmt sein Leben selbst in die Hand. Vielleicht ist der Adler aber auch ein Hinweis auf die Notwendigkeit, sachlicher zu werden und einen weiteren Standpunkt einzunehmen.

Spirituell: Ein Adler stellt eine Form des spirituellen Siegs dar.

ADRESSE

auch → Brief, → Paket

Allgemein: Bestimmte Angelegenheiten in der Gegenwart verlangen Aufmerksamkeit – vielleicht die aktuelle Lebensweise des Träumenden. Etwas zu adressieren, wie etwa einen Brief oder ein Paket, kann die Erforschung von Handlungsmöglichkeiten bedeuten. Etwas an eine Gruppe zu adressieren heißt, sich dessen bewußt zu sein, daß man sein Wissen anderen mitteilen muß.

Psychologisch: Eine bekannte Adresse kann auf einen Ort der Sicherheit hinweisen. Eine alte Adresse hingegen deutet darauf hin, daß der Träumende vielleicht Rückschau halten und über alte Verhaltensweisen und Einstellungen nachdenken muß.

Spirituell: Unsere spirituelle Heimat hat eine Identität bekommen.

ÄGYPTEN

auch → Orte

Allgemein: Obwohl dies heute, wo das Reisen sehr viel leichter geworden ist, vielleicht weniger zutrifft, symbolisieren ferne Orte in Träumen das Exotische. Besonders Ägypten wird immer als magisches Land betrachtet, das mit altem Wissen verbunden ist. Dies steht jedoch in Zusammenhang damit, was der Träumende über dieses Land weiß.

Psychologisch: Der Träumende nimmt Verbindung zum magischen, fremden Teil seiner Persönlichkeit auf.

Spirituell: Ägypten steht für Erkenntnisse im Zusammenhang mit der verborgenen Seite des Selbst und für das Geheimnisvolle schlechthin.

ÄSKULAPSTAB

Allgemein: Der Äskulapstab wird von Ärzten und medizinischen Einrichtungen als Zeichen des Heilens verwendet. Sieht man im Traum einen Äskulapstab, so wird man durch ihn auf Gesundheitsangelegenheiten aufmerksam gemacht – entweder auf die eigenen oder auf die anderer Menschen.

Psychologisch: Mitunter bringt der Körper seine Bedürfnisse und Erwartungen bezüglich seines gesundheitlichen Wohlbefindens in Träumen zum Ausdruck. Auf der psychologischen Ebene kann der Äskulapstab darauf hinweisen, daß die Bedingungen für körperliche Gesundheit nicht angemessen sind und verbessert werden müssen.

Spirituell: Der Äskulapstab im Traum steht für die Kraft, Gegensätzliches zu vereinen.

AFFÄRE

Allgemein: Der Träumende sollte sich seine sexuellen Bedürfnisse und sein Verlangen nach Aufregung und Anregung bewußt machen. Von einer Affäre zu träumen, ermöglicht es ihm, solche Gefühle gefahrlos zuzulassen. Vielleicht hat er den Drang, etwas Freches zu tun oder etwas, was mit emotionalen Risiken für ihn verbunden ist.

Psychologisch: Der Träumende sucht möglicherweise auf eine aktive Weise emotionale Befriedigung, die für ihn im Wachzustand inakzeptabel ist.

Spirituell: Der Träumende sucht Gegensätze wie männlich/weiblich, geben/empfangen, gut/böse zu integrieren.

AFFE

→ Tiere

ALKOHOL

auch → Drogen, → Rausch

Allgemein: Wenn man von Alkohol träumt, hat man unter Umständen ein Bedürfnis oder einen Wunsch nach einer beglückenden Erfahrung oder nach erfreulichen Einflüssen. Der Träumende verfügt über Mittel, um seine Wahrnehmung zu verändern. Er kann es sich leisten, aus sich herauszugehen und sich dem »Fluß der Dinge« zu überlassen, die mit ihm geschehen.

Psychologisch: Der Träumende erkennt die Möglichkeiten, die in emotionaler Verwirrung liegen, und sieht die Klarheit, die aus ihr heraus entstehen kann. Wenn die selbstgeschaffenen Beschränkungen abgebaut werden, denen man sich im Wachzustand unterwirft, gelingt häufig der Durchbruch zur eigenen Wahrheit. Der Alkohol im Traum kann dem Träumenden hierzu symbolisch die Erlaubnis erteilen.

Spirituell: Alkohol als »Geist« ist die Verbindung von Gegensätzen und bedeutet Bewußtseinsveränderung.

ALLEINSEIN

Allgemein: Ein Traum, der vom Alleinsein handelt, hebt hervor, daß der Träumende sich abgespalten fühlt, isoliert oder einsam. Positiver gewendet, repräsentiert dieses Bild das Bedürfnis nach Unabhängigkeit. Einsamkeit kann als negativer Zustand erfahren werden; allein zu sein hingegen kann sehr positiv sein. In Träumen wird häufig ein bestimmtes Gefühl hervorgehoben, damit der Träumende zu erkennen lernt, ob es positiv oder negativ ist.

Psychologisch: Es zeigt die Fähigkeit, die Notwendigkeit zu erkennen, daß man sich mit der eigenen Emotionalität ohne die Hilfe anderer beschäftigen muß.

Spirituell: In diesem Zusammenhang steht Alleinsein für Vollständigkeit, Ganzheit.

ALPHABETTAFEL

Allgemein: Der Gebrauch einer Alphabettafel für spiritistische Sitzungen ist gefährlich. Wenn ein Traum von dieser Tafel handelt, kann dies eine Warnung sein oder die Aufforderung, auch weiterhin die Dinge zu erforschen, die der Träumende nicht versteht. Wenn der Träumende sich in seinem Traum mit einer Alphabettafel beschäftigt, dann bedeutet dies, daß er bereit ist, Risiken einzugehen. Wenn die Alphabettafel furchterregend wirkt, kommt der Träumende mit seiner tiefverwurzelten Angst vor dem Unbekannten in Berührung.

Psychologisch: Die Alphabettafel im Traum bedeutet, daß der Träumende den Kontakt mit der unbewußten Seite seiner selbst braucht. Sie kann ein Symbol für alles das sein, was er bisher unterdrückt hat und nicht erkennen wollte.

Spirituell: Auf der spirituellen Ebene steht die Alphabettafel im Traum für eine primitive Art der Kommunikation mit der Geisterwelt.

ALRAUNE

Allgemein: In alten Zeiten war die Alraunenwurzel ein Symbol der Männlichkeit. Sie wurde in magischen Zeremonien häufig benutzt, und daher erhielt sie eine ähnliche Bedeutung wie eine Puppe im Voodoo-Kult. Wenn einem Menschen im Traum eine Alraunenwurzel oder eine Gliederpuppe begegnet, dann nimmt er Kontakt zu dem tief verborgenen Wunsch auf, andere Menschen zu verletzen. Beide Gegenstände drücken vielleicht auch einen Konflikt mit einem Menschen aus. Es ist interessant, daß die Alraunenwurzel auch ein Symbol der *Großen Mutter* ist (siehe »Einführung in die Traumarbeit«) und daher den weiblichen Aspekt symbolisiert. In der Hexerei stellt die Hexe also eine Verbindung mit der zerstörerischen Kraft ihres eigenen Selbst her.

Psychologisch: In einem Traumsymbol wie der Alraune verbirgt sich die Dualität der Schöpfung: Sie ist eine Pflanze, mit der geheilt oder getötet werden kann. Vom Träumenden wird hier verlangt, sich zu entscheiden und die Verantwortung für seine Entscheidung zu tragen.

Spirituell: Die Macht über Leben und Tod bedeutet auf der spirituellen Ebene das Recht, so zu leben, wie es den Glaubensvorstellungen des Träumenden entspricht.

ALT

Allgemein: Begegnen dem Träumenden *alte Gegenstände,* dann ist dies ein Hinweis auf die Vergangenheit und darauf, daß er sich altes Wissen aneignen soll, um es in der Gegenwart zur Anwendung zu bringen. Handelt der Traum von *historischen Personen,* so ist dies möglicherweise ein Hinweis darauf, daß sich der Träumende ihrer Eigenschaften bewußt ist. Vielleicht ist es seine Aufgabe, diese Eigenschaften selbst zu entwickeln.

Psychologisch: Alte Menschen im Traum verweisen auf traditionelles Denken und alte Weisheit durch Erfahrung. Thema könnte auch das Nachdenken über den Tod oder die Einstellung zu ihm sein. *Alte Gebäude* können eine alte Lebensweise symbolisieren, von welcher der Träumende meint, er habe sie überwunden. Der *weise alte Mann* (siehe »Einführung in die Traumarbeit«) im Traum stellt den weisen Anteil der Persönlichkeit dar, der dem Bewußtsein des Träumenden nicht immer zugänglich ist. Wenn ein alter Mann im Traum erscheint, stellt er die Verbindung zur weisen Seite des Träumenden her. Er kann auch seine Gefühle hinsichtlich Zeit und Tod symbolisieren. *Antiquitäten* stellen häufig Elemente aus der Vergangenheit dar, die es wert sind, aufbewahrt zu werden.

ALTAR

auch → Religiöse Bilder, → Tisch

Allgemein: Im Traum stellt ein Altar das Mittel oder die Notwendigkeit dar, sich für etwas freizumachen, was wichtiger ist als die unmittelbare Situation. In der Regel repräsentiert ein Altar religiösen Glauben. Er ist die Tafel, an der Kommunion praktiziert und Zusammengehörigkeit erfahren wird. Oft ist dieses Symbol jedoch auch ein Hinweis auf die Trennung von materieller und spiritueller Sphäre.

Psychologisch: Auf der psychologischen Ebene ist der Altar Sinnbild für die freiwillige oder erzwungene Opferung des Träumenden. Der Akt des Opferns oder Heiligens muß in der Öffentlichkeit stattfinden, damit es richtig anerkannt wird (→ Opfer).

Spirituell: Eine an das Göttliche gerichtete Danksagung.

AMAZONE

→ Archetypen

AMBOSS

Allgemein: In Abhängigkeit von den Traumumständen kann der Amboß im Traum Symbol für die Grundkräfte der Natur, rohe Gewalt oder einen Katalysator sein. Indem man im Leben in eine Situation gerät, die einen auf die Probe stellt, mißt man sich mit den natürlichen Kräften.

Psychologisch: Als Symbol des Lebensfunkens und der Initiation war der Amboß einst ein sehr starkes Bild. Heute ist häufig die Zündkerze im Auto an seine Stelle getreten.

Spirituell: Der Amboß steht in Verbindung mit den altnordischen Gottheiten der Schmiedekunst. Neues Leben schmieden, Anfänge erschaffen, Neues in Gang bringen ist die spirituelle Botschaft, die er transportiert.

AMETHYST

→ Edelsteine

AMPUTATION

Allgemein: Handelt ein Traum von der Amputation einzelner oder mehrerer Gliedmaßen, so riskiert oder fürchtet der Träumende, einen Teil seiner selbst zu verlieren, indem dieses ihm »abgeschnitten« oder von ihm unterdrückt wird. Eine Fähigkeit geht verloren oder etwas, was dem Träumenden am Herzen liegt. Träumt man davon, einem anderen einen Arm oder ein Bein zu amputieren, dann kann dies als Hinweis darauf verstanden werden, daß man diesem Menschen das Recht zum Selbstausdruck abspricht.

Psychologisch: Ein Erfahrungsprozeß wurde durch den Träumenden plötzlich beendet. Amputation im Traum kann für das Leiden an einem Verlust von Macht oder Fähigkeiten stehen.

Spirituell: Die Entstellung des Vollkommenen.

ANALYTIKER

Allgemein: Ganz gleich, von welcher Art Analytiker der Traum handelt, dem Träumenden wohnt ein Bewacher inne, der seine Aufmerksamkeit für die Notwendigkeit schärft, das eigene Handeln und die eigenen Reaktionen zu analysieren. Aufgabe des Träumenden ist es, seine Selbstbewußtheit zu entwickeln und sein Leben zu erforschen, indem er es in handhabbare Teile zerlegt.

Psychologisch: Die Gegenwart eines Analytikers kann für das Wissen stehen, daß der Träumende im Wachzustand in bestimmten Situationen unangemessen handelt.

Spirituell: Der Träumende steht mit einer transformativen Kraft in seinem Innern in Verbindung.

ANDENKEN

Allgemein: In alten Zeiten tauschten Liebende oft Andenken aus. Besitzt man im Traum ein solches Andenken, so verbildlicht es die

Fähigkeit, zu lieben und geliebt zu werden. Ein Gegenstand, welcher den Träumenden mit seiner Vergangenheit verbindet, erinnert ihn daran, wozu er einst fähig war und wer er damals war.

Psychologisch: Viele Traumbilder geben romantische Erinnerungen wieder. Handelt ein Traum von einem Gegenstand, der dem Träumenden sehr wertvoll ist und ihm von einem anderen Menschen geschenkt wurde, so gibt dieses Traumbild den Blick auf die Schönheit im allgemeinen frei.

Spirituell: Ein Andenken steht im Traum als Symbol der Liebe.

ANDROGYNIE

Allgemein: Handelt ein Traum von einem Menschen, der weder eindeutig als Frau oder als Mann zu erkennen ist, dann steht dieser für den Versuch, die gegensätzlichen Seiten des Selbst in Einklang zu bringen. Der Träumende sucht Vervollkommnung und Ganzheit.

Psychologisch: Der Träumende sucht zu verstehen, wie er ein Gleichgewicht zwischen seinem emotionalen Selbst und seinen übrigen Persönlichkeitsanteilen herstellen kann. Es ist notwendig, gegensätzliche Gedanken und Gefühle miteinander in Einklang zu bringen, damit eine ausgeglichene Entwicklung stattfinden kann.

Spirituell: Androgynie kann ein Hinweis auf eine außergewöhnliche spirituelle Balance sein, auf einen Zustand der Autonomie und ursprünglichen Vollkommenheit.

ANEMONE

→ Blumen

ANGRIFF

Allgemein: Erlebt der Träumende im Traum einen Angriff auf seine Person, so deutet dies darauf hin, daß er Angst hat, von äußeren Ereignissen oder Gefühlen bedroht zu werden. Unbekannte Impulse oder Vorstellungen zwingen den Träumenden dazu, eine defensive Haltung einzunehmen. Handelt es sich bei den Angreifern um Tiere, dann fürchtet sich der Träumende vor seinen eigenen, natürlichen Trieben, insbesondere vor Aggression und Sexualität.

Psychologisch: Ist der Träumende selbst der Angreifer, dann muß er sich durch positiven Selbstausdruck verteidigen – er versucht offenbar, bei sich selbst oder bei anderen einen Trieb oder ein Gefühl zu zerstören.

Spirituell: Es besteht die Gefahr einer spirituellen oder übersinnlichen Bedrohung.

ANHÄNGER

→ Halskette

ANHÖHE

auch → Hügel

Allgemein: In der traditionellen Traumdeutung nimmt man an, daß eine Anhöhe den Träumenden mit den Bedürfnissen aus seiner sehr frühen Kindheit in Verbindung bringt und mit dem Wohlbehagen, welches ihm die Mutterbrust vermittelte.

Psychologisch: Auf der emotionalen Ebene dauern die Bedürfnisse des Mannes nach Behaglichkeit und Nahrung sein Leben lang an. Er muß jedoch mit seiner Abhängigkeit von diesen weiblichen Bereichen ins reine kommen. Träume, in denen Anhöhen eine Rolle spielen, können ihm dabei behilflich sein.

Spirituell: Eine Anhöhe symbolisiert Mutter Erde oder den Eingang zur Unterwelt.

ANIMUS/ ANIMA

auch → »Einführung in die Traumarbeit«

Allgemein: Spielt in einem Traum eine gegengeschlechtliche Figur eine Rolle, so versucht der Träumende damit, den Eigenschaften dieses Geschlechts Bedeutung und Wertschätzung zu verleihen. Ein Mann bemüht sich vielleicht, seiner empfindsamen Seite näherzukommen, während eine Frau sich um die Erschließung ihrer rationalen Seite bemüht.

Psychologisch: Ein solcher Traum stellt den Versuch dar, die Psyche ins Gleichgewicht zu bringen, indem sich der Träumende objektiv betrachtet. Nur wenn er versteht, daß er in sich auch die Eigenschaften des anderen Geschlechts birgt, kann er ganz werden.

Spirituell: Die polarisierende Art, mit welcher der Träumende seine Geschlechtszugehörigkeit zum Ausdruck bringt, ist gleichwohl ein sehr wertvoller Teil seiner Persönlichkeit.

ANKER

Allgemein: Wenn in einem Traum ein Anker erscheint, kann dies im allgemeinen als Hinweis auf die Notwendigkeit aufgefaßt werden, in emotionalen Situationen innerlich gefestigt zu bleiben. Der Träumende sollte sich an einer Vorstellung oder Idee festhalten, die in schwierigen Situationen einen Bezugspunkt für ihn bilden.

Psychologisch: Der Träumende benötigt Ermutigung, um sich zu entwickeln, und die Fähigkeit, in Zeiten der Labilität »standhaft zu bleiben«. Der Träumende kann überleben, wenn er den Sturm übersteht. Wird der Anker im Traum gelichtet, dann sind die äußeren Zwänge zu groß für den Träumenden.

Spirituell: Der Träumende entwickelt allmählich Hoffnung auf künftige Ruhe.

ANSPORN

Allgemein: Ansporn kann sich auf vielerlei Weise zeigen. Stachelt man einen anderen Menschen dazu an, etwas zu tun, was er selbst eigentlich nicht will, muß man aufpassen, daß man nicht Bedingungen schafft, die sich in ihr Gegenteil verkehren und einen schließlich beherrschen. Vielleicht spornt man Mitmenschen dazu an, sich zu entwickeln, einen Prozeß in Gang zu bringen. Über die Richtung dieser Entwicklung hat man dabei jedoch nur kaum die Kontrolle.

Psychologisch: Auf der psychologischen Ebene wird der Träumende eher durch seine aggressiven oder negativen Anteile angespornt. Ein solcher Traum zeigt mitunter, auf welche Art der Träumende sich sein Leben selbst erschwert und welche Persönlichkeitsanteile andere unterdrücken.

Spirituell: Der Ansporn im Traum symbolisiert Macht und spirituelle Autorität.

APFEL

Allgemein: Das Traumbild Apfel kann Fruchtbarkeit, Liebe und Versuchung darstellen.

Psychologisch: Einen Apfel zu essen, deutet auf den Wunsch hin, Wissen zu erwerben. Der Apfel steht allgemein für die Versuchung.

Spirituell: Die Apfelblüte ist ein chinesisches Symbol für Frieden und Schönheit. Auf der spirituellen Ebene deutet ein Apfel einen Neubeginn an.

APOTHEKER

Allgemein: Erscheint im Traum ein Apotheker, so stellt dies eine Verbindung zu dem Teil des menschlichen Selbst her, welches Veränderungen schafft. Der Träumende ist in Berührung mit seinem Wissen über das Selbst.

Psychologisch: Der Apotheker ist auf der psychologischen Ebene der Teil des Träumenden, der sich um seine Gesundheit und um Selbstheilung kümmert.

Spirituell: Der Alchimist verwandelt Rohmaterial (grundlegendes spirituelles Wissen) in (spirituelles) Gold.

APPETIT

Allgemein: Wenn in einem Traum Appetit besonders auffällig ist, stellt er für gewöhnlich einen unerfüllten Wunsch dar. Dies muß nicht unbedingt ein Wunsch nach Materiellem sein, sondern es kann sich auch um ein Bedürfnis nach emotionaler oder spiritueller Befriedigung handeln.

Psychologisch: Im Traum hungrig oder durstig zu sein, kann ein Hinweis auf Lust und sexuelles Begehren sein.

Spirituell: Appetit steht für die Lust zu leben und für spirituelle Sehnsucht.

AQUAMARIN

→ Edelsteine

ARBEIT

Allgemein: Wenn man sich im Traum anstrengt, um ein Ziel zu erreichen, dann erhält man damit einen Hinweis auf dessen Bedeutung. Andererseits kann Überanstrengung jedoch auch auf Selbstbestrafung schließen lassen.

Psychologisch: Eine Frau, die von den Anstrengungen der Geburt träumt, sollte sich mit ihrem Wunsch nach Schwangerschaft oder Kindern auseinandersetzen.

Spirituell: Die zwölf Arbeiten des Herakles stellen angeblich die Bewegung der Sonne durch die zwölf Tierkreiszeichen dar. Sie symbolisieren auch die Entbehrungen und Anstrengungen, die der Mensch auf sich nimmt, um sich selbst zu verwirklichen.

ARBEITSLOSIGKEIT

Allgemein: Ein Traum, der die Arbeitslosigkeit des Träumenden zum Inhalt hat, deutet an, daß er seine Begabungen nicht optimal nutzt oder meint, sie würden verkannt.

Psychologisch: Fast jeder Mensch fürchtet die Arbeitslosigkeit. Kommt in einem Traum etwas vor, das mit ihr in Zusammenhang steht, wie beispielsweise eine Kündigung oder Arbeitslosengeld, dann drückt sich darin ein Unzulänglichkeitsgefühl des Träumenden aus. Er muß diese Ängste erleben, um sie zu überwinden.

Spirituell: Ein Gefühl spiritueller Unzulänglichkeit oder Unfähigkeit kann sich im Bild der Arbeitslosigkeit Bahn brechen. Dies hat jedoch mehr mit der mangelnden Motivation zu tun, eine spirituelle Aufgabe anzunehmen.

ARCHETYPEN

Allgemein: Archetypen sind Urbilder, die jeder Mensch tief in seinem Unterbewußtsein bewahrt. In gewisser Hinsicht sind sie »übersinnliche« Baupläne. Diese Baupläne – obwohl potentiell vollkommen – können durch Kindheitserlebnisse, Sozialisation und sogar durch die Erfahrung von Elternschaft verzerrt werden.

C. G. Jung machte den Anfang bei der Erforschung der Archetypen und gliederte ihre Funktion in Denken, Fühlen, sinnliches und intuitives Wahrnehmen. Einige von Jungs Schülern erarbeiteten eine Art »Landkarte«, mit deren Hilfe es möglich ist, das Wechselspiel dieser Tätigkeiten aufzuzeigen und festzustellen, wo jeweils individuelle Verzerrungen in Erscheinung treten.

Jede Funktion hat »positive« und »negative« Eigenschaften, die mit den Adjektiven »mehr« oder »weniger« vielleicht besser umschrieben werden können. Jede der männlichen und weiblichen Seiten der Persönlichkeit besitzt diese vier Funktionen, so daß insgesamt 64 (acht mal acht) Interaktionen möglich sind. Dort, wo eine Verzerrung auftritt, neigt der Mensch zur Projektion auf jene Archetypen in seiner Umgebung, mit denen er die größten Schwierigkeiten hat (häufig ist dies der Schatten). Folglich gibt es eine Tendenz, Situationen so lange zu wiederholen (zum Beispiel die Frau, die sich immer wieder mit einer Vaterfigur in engen Beziehungen wiederfindet, oder der Mann, der ein ums andere Mal in Streit mit weiblichen Vorgesetzten gerät), bis man gelernt hat, angemessen mit seinen Verzerrungen umzugehen und sie zu verstehen. Gelingt es jedoch, sich die eigenen und die Projektionen, die andere Menschen auf einen haben, bewußt zu machen, dann können diese angenommen werden, ohne daß man selbst dabei zu Schaden kommt. Die vollkommene Ausgewogenheit wäre dann erreicht, wenn alle Seiten der Persönlichkeit so zum Ausdruck gebracht werden können, wie dies in der Tabelle unten dargestellt ist.

Der liebevolle Vater und die liebevolle Mutter sind selbsterklärend. Das Ungeheuer symbolisiert negativ eingesetzten männlichen Zorn, und die destruktive Mutter kann willentlich zerstören oder einfach nur erstickend sein (das ist die Mutter, die bei ihren Kindern angemessenes Wachstum verhindert). Der strahlende Jüngling und die Prinzessin sind die eher liebenswürdigen, lebenslustigen Seiten der Persönlichkeit, während der Herumtreiber für männliche Unbeständigkeit und die Sirene, die Verführerin, für die aktive weibliche Sexualität steht. Der Held ist der selbständige, messianische Teil der Persönlichkeit, die Amazone hingegen das selbstzufriedene Weibliche – der leistungsorientierte Typ Karrierefrau. Der Schurke ist der maskuline Anteil des Selbst, der Macht für seine

Männlich	*Weiblich*	*Wertung*	*Funktion*
liebevoller Vater	liebevolle Mutter	positiv	Sinneswahrnehmung
Ungeheuer	destruktive Mutter	negativ	
strahlender Jüngling	Prinzessin	positiv	Gefühl
Herumtreiber	Sirene	negativ	
Held	Amazone	positiv	Denken
Schurke	Wettkämpferin	negativ	
Priester	Priesterin	positiv	Intuition
Zauberer	Hexe	negativ	

Zwecke nutzt, die Wettkämpferin die typische »Emanze«, die meint, sie käme ohne Männer aus. Priester und Priesterin stellen die intuitiven Kräfte dar, die im Dienst des »größeren Ganzen« stehen. Der Zauberer bringt seine Macht gefühllos zum Einsatz, die Hexe eher emotional und möglicherweise negativ.

Psychologisch:

Die liebevolle Mutter: Sie spiegelt das traditionelle Bild der fürsorglichen Mutter wider, die Verletzungen verzeiht und immer verständnisvoll ist. Weil diese Seite des Weiblichen bis heute große Wertschätzung erfährt, kann es noch immer leicht geschehen, daß sie auf Kosten anderer Persönlichkeitsaspekte überentwickelt wird.

Die destruktive Mutter: Bei diesem Archetyp handelt es sich entweder um eine erstickende Ausprägung von Mütterlichkeit oder um die offen destruktive, verbietende Frau. Oft ist es diese Art Mutter, welche die Beziehungen des Träumenden willentlich verhindert oder ihm, aufgrund ihres Einflusses auf ihn, das Zugehen auf andere Menschen erschwert.

Die Prinzessin: Dieser Archetyp stellt den lebenslustigen, unschuldigen und kindlichen Aspekt des Weiblichen dar. Die Prinzessin ist absolut spontan und hat gleichzeitig ihre ganz eigene Weise, mit anderen Menschen umzugehen.

Die Sirene: Dieser Archetyp steht für die Verführerin, für die Frau, die sich ihrer Sinnlichkeit und Sexualität bewußt ist. In Träumen erscheint sie oft in historischen, fließenden Gewändern, um ihre erotische Ausstrahlung zusätzlich zu betonen.

Die Amazone: Sie ist die selbständige Frau, die meint, keinen Mann zu brauchen; in vielen Karrierefrauen steckt eine große Portion Amazone. Sie hat Freude an forschen, angriffslustigen, intellektuellen Wortgefechten.

Die Wettkämpferin: Hinter ihr verbirgt sich die Frau, die mit allem und jedem konkurriert – mit Männern und Frauen gleichermaßen – und die alles daransetzt, um zu beweisen, daß sie ihr Leben selbst in die Hand nehmen kann.

Die Priesterin: Bei ihr handelt es sich um eine äußerst intuitive Frau, die gelernt hat, den Fluß der Informationen zu kontrollieren und ihn zum Wohl der Allgemeinheit zu nutzen. Sie ist in ihrer inneren Welt vollkommen zu Hause.

Die Hexe: Auch sie ist überaus intuitiv, nutzt jedoch ihre Energie für die eigenen Zwecke. Sie entscheidet rein subjektiv und verliert daher ihr kritisches Urteilsvermögen.

Der liebevolle Vater: Diese Seite des Männlichen ist das traditionelle Bild des zugewandten Vaters, der die Fähigkeit besitzt, für das Kind in sich und in anderen zu sorgen, und in seinen Entscheidungen unerschütterlich und absolut fair ist.

Das Ungeheuer: Es stellt die wütende, herrische, aggressive, angsterregende Seite des Männlichen dar.

Der strahlende Jüngling: Die lebenslustige, neugierige Seite des Männlichen ist sowohl empfindsam als auch kreativ. Hinter ihr verbirgt sich Peter Pan, der nie erwachsen geworden ist.

Der Herumtreiber: Er stellt den freiheitsliebenden Mann, den ewigen Wanderer, den Zigeuner dar. Er hält niemandem die Treue, und ihn treibt ausschließlich die Aussicht auf das nächste Abenteuer voran.

Der Held: Bei ihm handelt es sich um einen Mann, der sich dazu entschlossen hat, seine Erkundungsreise auf eigene Faust zu unternehmen. Er kann Angebote abwägen und sicher über den nächsten Schritt entscheiden. Im Traum erscheint er oft als messianische Figur. Er errettet die verzweifelte Maid, aber nur, wenn ihn dies in seinem eigenen Wachstum voranbringt.

Der Schurke: Dieser Archetyp steht für den vollkommen selbstsüchtigen Mann, der sich nicht darum kümmert, auf wem er bei der Suche nach sich selbst herumtrampelt. Seine Art von Männlichkeit offenbart sich Frauen häufig erst im Beziehungsalltag. Im Traum ist er oft eine bedrohliche Figur, die wiederkehrt, wenn sich die Frau nicht mit seiner Selbstsucht abgefunden hat.

Der Priester: Der intuitive Mann erkennt und versteht die Kraft seiner Intuition, und er nutzt sie im Dienst seines Gottes und der Allgemeinheit. In den Traum kann er als Schamane oder heidnischer Priester eingehen.

Der Zauberer: Dieser Mann nutzt sein Urteilsvermögen absolut leidenschaftslos für Gutes und Schlechtes gleichermaßen, aber nur, weil er die Ausübung von Macht genießt. In einer negativeren Sichtweise ist er der Schwindler oder Meister unerwarteter Veränderungen.

Spirituell: Wenn der Träumende Zugang zu allen Archetypen gleichermaßen hat, dann ist er bereit, eine Einheit und ganz zu werden.

ARENA

Allgemein: Befindet sich der Träumende als Handelnder oder als Zuschauer in einer Arena, so versinnbildlicht dies die Notwendigkeit, ein Umfeld aufzusuchen, das mehr Raum für Selbstausdruck und Kreativität bietet.

Psychologisch: Der Träumende zentriert seine Aufmerksamkeit neu oder betritt eine konflikthafte Arena. Vielleicht muß dieser Konflikt offen ausgetragen werden.

Spirituell: Eine Arena deutet auf einen ritualisierten Konflikt hin. Heutige Sportarten werden als Ausgleich genutzt.

ARME

→ Körper

ARMUT

Allgemein: Armut im Traum verweist auf die Unfähigkeit, die eigenen Grundbedürfnisse zu befriedigen. Vielleicht fühlt sich der Träumende emotional oder materiell unzulänglich. Die Rückkehr zum Grundlegenden ist oft die Voraussetzung, um zu erkennen, welche Bedürfnisse tatsächlich vorhanden sind.

Psychologisch: Armut kann im Traum durch eine armselige Umgebung vermittelt werden. Vielleicht ist dies ein Hinweis darauf, daß sich der Träumende eher mit seiner Umgebung beschäftigen muß als mit sich selbst.

Spirituell: Spirituelle Armut kann für Selbstverleugnung stehen.

ARZT

Allgemein: Der Arzt im Traum weist darauf hin, daß der Träumende sich in Gesundheitsangelegenheiten an eine höhere Autorität wenden sollte.

Psychologisch: Soll der Traum richtig gedeutet werden, so ist die Einbeziehung der Spezialisierung des Arztes notwendig.

Ein Chirurg könnte ein Hinweis darauf sein, daß der Träumende etwas aus seinem Leben herausschneiden möchte. Ein praktischer Arzt richtet die Aufmerksamkeit des Träumenden auf seinen Allgemeinzustand. Ein Psychiater hingegen symbolisiert das Bedürfnis, sich mit der seelischen Befindlichkeit zu befassen. Ist der Arzt eine Person, die der Träumende persönlich kennt, dann verkörpert er vielleicht eine wichtige Autoritätsfigur.

Spirituell: Ein Arzt im Traum verweist darauf, daß der Träumende einen Zugang zu seinem inneren Heiler findet.

ASCHE

Allgemein: Asche steht im Traum oft für Reue und Kummer. Der Träumende ist sich dessen bewußt, daß er sich in einer Situation überängstlich und dumm verhalten hat und daß er daran nichts mehr ändern kann. Diese Situation ist abgeschlossen. Nachdem ein Ereignis vorüber oder ein Mensch aus dem Leben des Träumenden verschwunden ist, träumt er vielleicht von einem heruntergebrannten Feuer, von dem nur noch die Asche bleibt. Von seiner Erfahrung bleibt nur Asche zurück.

Psychologisch: Asche kann auf der psychologischen Ebene für Trauer stehen. Wenn sie in einem Traum auftaucht, dann ist sie möglicherweise ein Hinweis für den Träumenden, sich einer lang schon anstehenden Trauerarbeit nicht mehr länger zu entziehen.

Spirituell: Asche symbolisiert Reinigung und Tod, den vergänglichen menschlichen Körper und seine Sterblichkeit.

ASKESE

Allgemein: Der Träumende ist im Konflikt mit seinen natürlichen Trieben. Vielleicht vermeidet er Sexualität oder andere Kontakte, weil er Angst hat oder das Bedürfnis nach Beschränkung verspürt. Trifft man im Traum auf einen asketischen oder heiligen Mann, so begegnet man in ihm seinem eigenen höheren Selbst, jenem Persönlichkeitsaspekt, der ununterbrochen nach der Einswerdung mit dem Göttlichen strebt. Vielleicht steht der Asket im Traum auch für die Suche nach Einfachheit.

Psychologisch: Auf der psychologischen Ebene sucht der Träumende möglicherweise nach Reinheit bei sich selbst oder bei anderen. Oder aber er fürchtet sich vor der Reinheit, die bereits in seinem Inneren wohnt, und muß mit ihr ins reine kommen.

Spirituell: Askese im Traum könnte für den Versuch stehen, das Spirituelle im Leben zu finden und die Entwicklung des Willens voranzutreiben.

ATEM

Allgemein: Nimmt ein Träumender seinen Atem im Traum bewußt wahr, dann deutet dies seine tiefe Verbindung mit dem Leben an. Wird im Traum das Atmen eines anderen Menschen bewußt erlebt, so könnte dies ein Hinweis darauf sein, daß man das Mitgefühl und das Verständnis dieses Menschen braucht.

Psychologisch: Der emotionale Zustand eines Menschen hat oft Auswirkungen auf seine Atemfrequenz. Erhöhte Atemfrequenz kann im Traum zum Beispiel in eine Panikattacke »übersetzt« werden. Atmet der Träumende unter Wasser, so stellt dies eine instinktive Rückkehr in die Gebärmutter dar.

Spirituell: Der Atem ist das Sinnbild für die Seele. Der Atem ist die Kraft des Geistes und die lebenspendende Energie.

ATOMBOMBE

auch → GAU

Allgemein: Wenn auf diese Weise Angst hinsichtlich der äußeren Welt erlebt wird, muß der Träumende sich vielleicht bewußt werden, daß die Beendigung eines bestimmten Lebensabschnitts auf besonders dramatische Weise nahe bevorsteht. Häufig geht mit dem Traumbild das Gefühl einher, daß eine Explosion durch destruktive Energie einem Neuaufbau vorausgehen muß.

Psychologisch: Die Atombombe im Traum könnte für die Angst vor Irrationalität und vor falsch gebrauchter Macht stehen. Eine Atombombe führt absichtlich eine Explosion herbei, die ausschließlich der Zerstörung dient. Der Träumende fürchtet vielleicht, daß jemand sein sorgsam aufgebautes Leben vernichten will.

Spirituell: Die unkontrollierbaren Kräfte des Lebens und des Unbewußten sind dem Träumenden bewußt geworden.

AUFSTIEG

Allgemein: Dem Träumenden wird bewußt, daß er die Kontrolle über seine Leidenschaft und über seine sexuellen Gelüste gewinnen kann.

Psychologisch: Wenn es gelingt, Energie statt in Sexualität in Selbstbewußtsein auszudrücken, dann manifestiert sich dies im Traum häufig als Aufstieg. Steigt man im Traum eine Treppe hinauf oder fährt in einem Fahrstuhl nach oben, so kann dies Erwachen und zunehmende Bewußtheit signalisieren; der Träumende läßt Angst und Niedergeschlagenheit hinter sich und befreit sich von materiellen Zwängen.

Spirituell: Der Träumende sucht spirituelle Bewußtheit.

AUFTAUEN

Allgemein: Tauwetter im Traum steht für die Veränderung emotionaler Reaktionen. Eine früher vorhandene emotionale Distanziertheit beginnt sich aufzulösen.

Psychologisch: Auf der psychologischen Ebene ist der Träumende dazu fähig, eine zwischenmenschliche Begegnung emotional zu erwärmen und vielleicht vorherrschende Kälte »wegzuschmelzen«. Herrscht im Träumenden selbst Kälte vor, so muß er auf der emotionalen Ebene die Ursachen hierfür überprüfen.

Spirituell: Emotionales Auftauen verweist auf die Fähigkeit, mit alten Hemmungen ins reine zu kommen und warm und liebevoll zu werden.

AUFWACHEN

Allgemein: Es gibt einen Schlafzustand, in dem der Schlafende erkennt, daß er träumt und aufwachen könnte. Dies scheint den Träumenden zum einen dazu zu zwingen, bestimmte Geschehnisse oder Umstände zur Kenntnis zu nehmen. Zum anderen wird er hierdurch in die Lage versetzt, das Aufwachen als therapeutisches Mittel einzusetzen, in den Traum einzugreifen und ihm möglicherweise ein besseres Ende zu geben.

Psychologisch: Im Traum aufzuwachen, kann heißen, daß man eine Zeit der Trauer und Zurückgezogenheit hinter sich läßt.

Spirituell: Aufwachen ist gleichbedeutend mit Bewußtwerdung.

AUGE

→ Körper

AUGENARZT/ OPTIKER

Allgemein: Wenn man im Traum zu einem Augenarzt oder einem Optiker geht, dann bedeutet dies, daß der Träumende eine bestimmte Situation nicht klar durchschaut und daher Unterstützung benötigt. Vielleicht heißt dies aber auch, daß man eine neue Sichtweise entwickeln muß.

Psychologisch: Ein Augenarzt im Traum ist möglicherweise als Hinweis zu verstehen, daß der Träumende sich mit der Kunst des Sehens befassen soll. Möglicherweise kann auch Hellsehen gemeint sein.

Spirituell: Dieser Traum verweist auf die Fähigkeit, die Wahrnehmung zu verbessern.

AURA

auch → Religiöse Bilder

Allgemein: Nimmt man im Traum die eigene oder eine fremde Aura wahr, dann zeigt dies, für wie mächtig man sich selbst oder andere hält.

Psychologisch: Die Aura versinnbildlicht die innere Kraft eines Menschen, sein Kraftfeld, durch welches er andere Menschen anzieht oder abstößt.

Spirituell: Die Aura ist ein Energiefeld, welches den physischen Körper umgibt. Sie ist Ausdruck des Selbst.

AUSBILDUNG

auch → Schule, → Lehrer

Allgemein: Handelt ein Traum von einer schulischen Ausbildungsinstitution, dann sollte der Träumende seine Einstellung zur Disziplin im allgemeinen überdenken. Vielleicht ist auch die Vorbereitung auf eine bestimmte Aufgabe nicht ausreichend, und der Erwerb zusätzlicher Kenntnisse ist notwendig.

Psychologisch: Da Träume von Schulsituationen den Träumenden in der Regel in Kindheit und Jugend zurückführen, ist die Überlegung angebracht, ob Bewältigungsstrategien aus dieser Zeit vielleicht zur Lösung eines aktuellen Problems beitragen könnten.

Spirituell: Eine Ausbildung kann symbolisch für spirituelle Entwicklung stehen.

AUSGRABEN

auch → Graben/Ausgrabung

Allgemein: Der geträumte Versuch, etwas Unbekanntes auszugraben, bringt das Bemühen des Träumenden zum Ausdruck, eine Seite seines Selbst zu enthüllen, die er noch nicht versteht. Weiß der Träumende jedoch, wonach er sucht, so geht es ihm darum, Aspekte seiner Persönlichkeit aufzudecken, die er verdrängt hat.

Psychologisch: Mitunter entdeckt man Kenntnisse und Fertigkeiten in sich und anderen, die jedoch erst mühevoll ausgegraben werden müssen, bevor sie zum Einsatz kommen können.

Spirituell: Auf der spirituellen Ebene ist der Träumende dazu imstande, sich seinem verborgenen Selbst zu stellen, wenn er bereit ist, sich um mehr Tiefe zu bemühen.

AUSLAND

Allgemein: Handelt ein Traum davon, daß man im Ausland ist oder ins Ausland gehen will, so öffnet dies den Träumenden für die Erweiterung seines Horizonts oder für notwendige Veränderungen, die er in seinem Leben in Gang setzen muß. Solche Träume können aber auch verbunden sein mit Vorstellungen über das Land, welches im Traum bereist wird (auch → Orte). Solche Träume handeln von persönlicher Freiheit oder von der Fähigkeit, sich frei in seinem Universum zu bewegen.

Psychologisch: Im Mittelpunkt steht das Bedürfnis, einer Situation zu entfliehen. Vielleicht ist der Träumende zu neuen Ufern aufgebrochen. Sein Geist ist bereit, sich neuen Erfahrungen zu stellen. Oft wird er erst durch Träume gewahr, was er gelernt hat oder welche Aufgaben als nächste anstehen.

Spirituell: Auf der spirituellen Ebene ist im Ausland sein oder ins Ausland gehen ein Hinweis auf neue spirituelle Erfahrungen.

AUSREISSEN

Allgemein: Der Träumende, der mit einer ihm vertrauten Person ausreißt, versucht aus einer Situation zu flüchten, die für ihn am Ende schmerzvoll sein könnte. Aufgabe ist es, das Gleichgewicht zwischen emotionaler und materieller Sicherheit aufrechtzuerhalten.

Psychologisch: Wenn man im Traum plant, auszureißen, dann verweist dies darauf, daß man Bedingungen schafft, bei denen andere Menschen die Motive des Handelns nicht verstehen. Der Träumende hat seinen Wunsch danach erkannt, seine Teilpersönlichkeiten in einem Ganzen zu integrieren, kann dies jedoch nicht in die Tat umsetzen, ohne von anderen Menschen mißverstanden zu werden.

Spirituell: Ausreißen symbolisiert eine Vereinigung – spiritueller oder anderer Art –, besonders in der Not.

AUSSERIRDISCHES WESEN

Allgemein: Der Träumende muß sich dem Unbekannten und Angsterregenden stellen.

Psychologisch: Der Träumende erlebt sich selbst oder einen Teil seines Selbst als abgeschnitten, als nicht zugehörig oder als fremd. Im Traum hat er die Erkenntnis, daß er sein Leben anders lebt als andere.

Spirituell: Etwas Fremdes mag auf Böses – oder in anderer Hinsicht auf Okkultes – hinweisen.

AUSTER

Allgemein: Es wird behauptet, daß Austern aphrodisiakisch wirken können. In Träumen symbolisieren sie daher möglicherweise den Sexualakt oder alles, was mit Sexualität im Verbindung steht.

Psychologisch: Eine Auster ist etwas Einzigartiges, weil sie ein Sandkorn in eine Perle verwandeln kann. Auf diese Eigenschaft macht der Traum den Träumenden aufmerksam, um ihm zu zeigen, wie er etwas Störendes in etwas Schönes verwandeln kann.

Spirituell: Eine Auster symbolisiert spirituelle Transformation. Es ist möglich, negative Eigenschaften zu verwandeln, statt sie auszulöschen.

AUSZIEHEN

auch → Kleidung

Allgemein: Wenn man sich im Traum auszieht, tritt man möglicherweise mit seiner Sexualität in Verbindung. Vielleicht hat der Träumende auch das Bedürfnis, seine wahren Gefühle hinsichtlich einer Situation zu enthüllen und völlig offen auszudrücken.

Psychologisch: Jemandem beim Ausziehen zuzusehen, kann heißen, daß man sich der Verletzlichkeit dieses Menschen bewußt werden soll. Jemand anderen auszuziehen bedeutet, daß man versucht, entweder sich selbst oder den anderen auf einer tieferen Ebene zu verstehen.

Spirituell: Sich ausziehen bringt das Bedürfnis des Träumenden nach Offenheit und Ehrlichkeit zum Ausdruck.

AUTO

auch → Reise

Allgemein: Ein Auto steht häufig für den persönlichen Raum, für die Erweiterung des Seins. Fährt man in einem Traum im Auto, so ruft dies den persönlichen Antrieb ins Bewußtsein. Das Lenken eines Fahrzeugs kann mehr mit der Richtung und dem Ziel in Verbindung gebracht werden. Ist der Träumende hingegen Beifahrer, dann könnte dies heißen, daß er die Verantwortung für sein Leben an einen anderen Menschen delegiert hat.

Psychologisch: Traumszenarios mit Autos verarbeiten häufig die Art, wie der Träumende auf der psychischen oder emotionalen Ebene mit sich selbst umgeht. Es deutet auf Unabhängigkeit hin, wenn er allein in einem Auto ist. Handelt der Traum hingegen von den Bremsen, dann zeigt dies seine Fähigkeit, eine Situation unter Kontrolle zu halten. Der Motor symbolisiert die wesentlichen Triebe, mit denen er konfrontiert ist. Ein Verkehrsunfall verweist auf Versagensängste im Leben, während ein brennendes Auto vielleicht körperlichen oder emotionalen Streß zum Ausdruck bringt. Auf mangelnde Verantwortung verweisen Träume, in denen der Träumende in einem Auto sitzt, das (von ihm selbst oder von einer anderen Person) unvorsichtig gefahren wird. Wird das Auto des Träumenden hingegen von einem anderen überholt, dann bedeutet dies, daß er sich vernachlässigt fühlt. Träumt man, daß er sein Fahrzeug wendet, so ist dies ein Hinweis darauf, daß man rückfällig wird oder eine Entscheidung rückgängig machen muß.

Spirituell: Ein Auto symbolisiert spirituelle Richtung und Motivation.

AUTOREPARATUR-WERKSTATT

auch → Werkstatt

Allgemein: Sie weist im Traum darauf hin, wie man mit seinen persönlichen Fähigkeiten umgeht. Die Werkstatt ist die Stätte der Kreativität; aus ihr heraus zeigt der Träumende der Welt, womit er sich beschäftigt hat. Dort nutzt und prüft er seine Trieb- und Motivationsreserven und all seine Fähigkeiten.

Psychologisch: Eine Reparaturwerkstatt für Autos kann auf das Bedürfnis nach persönlicher Aufmerksamkeit und vielleicht nach körperlicher Zuwendung verweisen – denn ein Auto im Traum verdeutlicht, wie der Träumende mit seinem äußeren Leben umgeht (→ Auto).

Spirituell: Der Träumende besitzt spirituelles Werkzeug, welches er in bestimmen Momenten zu seiner Unterstützung heranziehen kann. Eine Autowerkstatt erinnert den Träumenden daran, daß er diese besonderen Hilfsmittel auf Lager hat und sie jederzeit benutzen kann.

AUTORITÄTS-PERSONEN

→ Menschen

AXT

auch → Waffen

Allgemein: Bei einem Traum, in dem eine Axt vorkommt, ist zu unterscheiden, ob sich diese gegen den Träumenden richtet oder ob er sie selbst benutzt. Im ersten Fall wird der Träumende durch die größere Macht eines anderen Menschen bedroht. Im zweiten Fall verlangt der Traum vom Träumenden, daß er sich der destruktiven Kräfte in sich selbst bewußt werden muß.

Psychologisch: Es gibt etwas im Träumenden, mit dem er nur auf destruktive Weise fertig wird.

Spirituell: Die Axt stellt Macht, Donner, Bezwingung von Fehlern und Opfer dar.

B

BABY

→ Menschen

BACKEN

auch → Ofen

Allgemein: Jeder Mensch ist dazu in der Lage, seinen Zugang zu Situationen oder seine Einstellung zum Leben zu ändern. Ein Traum, in dem ein Bäcker vorkommt, bestärkt den Träumenden in diesen Fähigkeiten.

Psychologisch: Möglicherweise muß der Träumende seine kreativen Begabungen mehr pflegen und sich ihnen mit größerer Aufmerksamkeit zuwenden, damit sich Erfolg einstellt. Handelt der Traum einer Frau vom Backen, so hat dies etwas mit ihrer Fruchtbarkeit und mit ihrer Einstellung zur Ernährung zu tun.

Spirituell: Auf der spirituellen Ebene stellt sich kreativer Drang im Traum unter anderem im Backen dar.

BAD/BADEN

Allgemein: Von einem Aufenthalt im Bad zu träumen, kann bedeuten, daß der Träumende das Bedürfnis hat, sich von alten Gefühlen zu reinigen, sich zu erholen und zu entspannen. Beim Baden hat er die Gelegenheit, um über vergangene Ereignisse und über neue Verhaltensweisen nachzusinnen.

Psychologisch: Handelt ein Traum davon, daß der Träumende eine andere Person badet, dann zeigt dies sein Bedürfnis, diesen Menschen zu umsorgen oder eine intime Verbindung mit ihm einzugehen.

Spirituell: Baden im städtischen oder öffentlichen Bad stellt die Einheit von Unschuld und Sinnlichkeit dar.

BÄR

auch → Tiere

Allgemein: Ein lebendiger Bär im Traum ist ein Hinweis auf Aggression. Ist der Bär tot, so steht er für den Umgang des Träumenden mit seinen tieferen negativen Instinkten. Handelt der Traum von einem Teddybären, dann manifestiert sich in diesem ein kindliches Bedürfnis nach Sicherheit.

Psychologisch: Der Bär steht für den Wunsch, der Kraft der eigenen Kreativität zu begegnen.

Spirituell: Auf dieser Ebene symbolisiert der Bär spirituelle Stärke und Macht.

BAHN

→ Reise

BALDACHIN

Allgemein: Der Baldachin symbolisiert den Wunsch nach Schutz, Bewachung oder Zuwendung. In alten Zeiten wurde ein Baldachin verwendet, um Menschen in hohen Ämtern, also zum Beispiel

Könige oder Priester, vor der Sonne und dem Wetter zu schützen. Auf einer tieferen Ebene beansprucht der Träumende noch immer dieses Privileg. Der Träumende, der sich im Traum unter einem Baldachin sieht, weiß um sein Potential für große Leistungen.

Psychologisch: Der Kopf ist der Sitz des Verstands, und dieser wird durch den Baldachin geschützt. Der Baldachin kann den Träumenden vom Zugang zu höheren Idealen und Zielen abschneiden.

Spirituell: Der Baldachin kann in Zusammenhang mit einem besonderen Symbol für spirituellen Schutz stehen.

BALKON

auch → Gebäude

Allgemein: Träumt man davon, daß man sich auf einem Balkon befindet, dann trachtet man nach einem höheren Rang, als man gegenwärtig innehat. Steht man im Traum unter einem Balkon, so zeigt dies, daß der Träumende sich des Prestigebedürfnisses seiner Mitmenschen bewußt ist.

Psychologisch: Der Träumende sucht in einer Situation, in der er sich machtlos fühlt, nach Macht.

Spirituell: Wer von sich träumt, daß er auf irgendeine Weise erhöht ist, erkennt seine spirituelle Kompetenz oder seinen Fortschritt auf spiritueller Ebene.

BALL

Allgemein: Ein Ball ist mit der spielerischen, kindlichen Seite des Träumenden verbunden oder mit seinem Bedürfnis, sich frei auszudrücken. Einem Ball zu folgen, deutet auf ein Bedürfnis nach Freiheit hin, bezieht sich aber auf die schillerndere Seite der Persönlichkeit.

Psychologisch: Nimmt der Träumende an einem Ballspiel teil (→ Spiele), dann ist er sich seines Bedürfnisses sowohl nach einer Ordnung als auch nach Freiheit bewußt. Auf der psychologischen Ebene bedeutet dies, daß der Mensch bestimmte Ereignisse zelebrieren muß – wie bei einer formalen Einladung oder auf einem Ball. Ein Ball gibt ihm die Gelegenheit, dieses Bedürfnis auf einfache Weise zu erfüllen.

Spirituell: Sonnen- und Mondfeste, aber auch das Gefühl undurchdringlicher Vollständigkeit werden auf spiritueller Ebene oft durch einen Ball symbolisiert.

BALLETT-TÄNZERIN

auch → Tanz

Allgemein: In einem Traum zeigt die feenartige Erscheinung der Ballettänzerin, daß der Träumende eine Verbindung zu dieser Seite seines Wesens herstellt. Darüber hinaus befindet er sich auf der Suche nach Gleichgewicht und innerer Ausgeglichenheit.

Psychologisch: Der Träumende ist sich seiner kreativen Seiten und der Notwendigkeit kontrollierter Bewegung bewußt. Er vermag sein inneres Sein auszudrücken.

Spirituell: Die Ballettänzerin symbolisiert Musik und den inneren Aspekt des Fühlens.

BAMBUS

Allgemein: Die Biegsamkeit des Bambus verweist auf Nachgiebigkeit, aber auch auf ausdauernde Kraft. Bambus ist eine der anmutigsten und zugleich robustesten Pflanzen und verbildlicht daher diese Eigenschaften des Träumenden.

Psychologisch: Bambus steht für gute Bildung, ein langes Leben und ein erfülltes Alter. Er symbolisiert das kraftvolle Nachgeben in Situationen, in denen der Druck solch kluge Reaktion fordert.

Spirituell: Der perfekte, aber biegsame Mensch wird durch Bambus symbolisiert. Wenn der Träumende die beiden Eigenschaften dieser Pflanze in sich erkennt, kann er mit Brüchen in seinem Charakter sinnvoll umgehen.

BANANE

auch → Essen

Allgemein: Viele Träume über Früchte haben mit Sexualität und Sinnlichkeit zu tun. Wegen ihrer Form symbolisiert die Banane von alters her den Penis. Sie wird jedoch wegen ihrer weichen Konsistenz auch als Symbol für die Handhabung männlicher Sexualität gedeutet.

Psychologisch: In Verbindung mit anderen Früchten kann sie auch als Sinnbild der Fruchtbarkeit und des Lebensunterhalts verstanden werden.

Spirituell: Die Banane ist ein Symbol der Fruchtbarkeit.

BANK

Allgemein: Die finanziellen, mentalen oder spirituellen Ressourcen des Träumenden verlangen sorgfältige Beachtung. Das Gespür für Sicherheit, ohne das sich der Mensch nicht in die Welt hinauswagen kann, muß richtig gehandhabt und beobachtet werden.

Psychologisch: Emotionale Ressourcen, wie etwa Selbstvertrauen, soziale Fähigkeiten und Weisheit, werden in Reserve gehalten. Wahrscheinlich spielt hier die Angst vor negativen äußeren Bedingungen eine Rolle.

Spirituell: Eine Bank deutet auf einen sicheren spirituellen Raum hin.

BANKIER

Allgemein: Geld und finanzielle Reserven sind Dinge, mit denen die meisten Menschen Schwierigkeiten haben. Normalerweise wird das Bedürfnis nach einer Autorität, die dem Träumenden hilft, mit auftretenden Problemen fertig zu werden, durch Bankangestellte und Bankiers symbolisiert.

Psychologisch: Die inneren Quellen des Träumenden müssen ihm auf eine Weise zugänglich sein, die ihm das Anzapfen dieser bedeutenden Energiequellen ermöglicht. Der Bankier spielt die Rolle des kontrollierenden Teils des Träumenden.

Spirituell: Im Traum kann ein Bankier der Hinweis auf das Recht des Träumenden sein, Verantwortung für seinen spirituellen Besitzstand zu übernehmen.

BARFUSS

Allgemein: Je nach den im Traum gegebenen Umständen kann es entweder Armut oder sinnliche Freiheit symbolisieren, wenn der Träumende barfuß ist.

Psychologisch: Seine Schuhe nicht finden zu können, zeigt einen Mangel an Schicklichkeit; der Träumende ist sich seines unangemessenen Verhaltens bewußt.

Spirituell: Auf der spirituellen Ebene steht Barfüßigkeit für Demut oder für sichere Erdung.

BASIS

Allgemein: Ist die Aufmerksamkeit des Träumenden auf die Basis eines Gegenstands gerichtet, dann muß er vielleicht an den Anfang des Projekts zurückkehren, mit dem er im Alltag befaßt ist. Der Träumende muß überprüfen, wie gefestigt er in jeder Situation ist.

Psychologisch: Basis kann auch primitiv oder unterstes Entwicklungsniveau bedeuten. Der Träumende muß also eine Veredelung anstreben.

Spirituell: Auf dieser Ebene steht sie für Roheit und für ungeformtes Material; vielleicht geht es um die »Grundtriebe« des Träumenden.

BAUCH

auch → Körper

Allgemein: Die Aufmerksamkeit des Träumenden wird auf die Gefühle eines Menschen gelenkt, wenn er den Bauch dieser Person im Traum bewußt wahrnimmt.

Psychologisch: Wenn im Traum der Bauch des Träumenden aufgebläht ist, dann bedarf er der psychischen Erleichterung in Form eines Zornausbruchs oder eines offenen Gesprächs.

Spirituell: Weil er der Sitz des Solarplexus ist, ist der Bauch ein vitales Zentrum.

BAUERNHOF

Allgemein: Befindet man sich im Traum auf einem Bauernhof (und es handelt sich dabei nicht um reale Erinnerungen), dann ist man in Kontakt mit seiner bodenständigen Seite. Viele Facetten des menschlichen Verhaltens können im Traum durch Tiere (→ Tiere) dargestellt werden und sind manchmal von größerer Bedeutung als die übrigen Traumelemente.

Psychologisch: Die natürlichen Triebe des Menschen, wie etwa das Bedürfnis nach körperlichem Komfort, der Herdentrieb oder das Revierverhalten, werden am besten in einer sicheren Umwelt zum Ausdruck gebracht.

Spirituell: Ein Bauernhof ist ein abgegrenztes Gebiet, in dem man sich sicher fühlen kann und in dem man gut versorgt wird.

BAUGERÜST

Allgemein: Ein Baugerüst im Traum symbolisiert eine vorübergehende Struktur im Leben des Träumenden. Ist es errichtet worden, damit etwas Neues entstehen kann oder weil etwas Altes repariert werden muß? In beiden Fällen ist das Gerüst notwendig, um die gewünschte Höhe erreichen zu können.

Psychologisch: Es ist wichtig, dem Leben Struktur und Ordnung zu geben. Manchmal aber besteht die Gefahr, daß die Struktur das Leben erstickt.

Spirituell: Ein Baugerüst ist ein Zeichen für spirituelle Unterstützung.

BAUM

Allgemein: Ein Baum ist das Sinnbild für die ursprüngliche Struktur des menschlichen Innenlebens. Taucht im Traum ein Baum auf, so tut man gut daran, sich mit diesem Bild eingehend zu befassen. Ein Baum mit ausladenden Ästen steht für eine warmherzige und liebevolle Persönlichkeit, während ein kleiner, dichtblättriger Baum auf eine verklemmte Persönlichkeit schließen läßt. Ein wohlgeformter Baum symbolisiert eine wohlgeordnete und ein großer, wirrer Baum eine chaotische Persönlichkeit.

Psychologisch: Von den *Wurzeln* eines Baums behauptet man, daß sie die Verbindung zwischen dem Menschen und der Erde zeigen. Richtiger wäre die Aussage, daß sie das Vermögen des Menschen darstellen, zu den praktischen Seiten des Lebens zu stehen und sich seines Daseins zu erfreuen. Sich ausbreitende Wurzeln bedeuten die Bereitschaft, Offenheit zu zeigen, wohingegen tiefgehende Wurzeln eher auf Zurückhaltung schließen lassen. Der *Stamm* des Baums gibt Hinweise darauf, wie man seine Kräfte einsetzt und wie man für die Umwelt nach außen hin auftritt. Ein rauher Stamm verbildlicht eine rauhe Persönlichkeit, wohingegen ein glatterer Stamm von mehr Eleganz zeugt. Die *Zweige* geben Aufschluß über die abgeschlossenen Entwicklungsstadien des Träumenden. Die *Blätter* sagen etwas darüber aus, wie der Träumende auf seine Umwelt einwirkt. Auf einen Baum zu klettern bedeutet, daß der Träumende seine Hoffnungen und Fähigkeiten einsetzt, um etwas zu erreichen.

Spirituell: Auf der spirituellen Ebene verkörpert er den Baum des Lebens und steht für den Einklang zwischen Himmel, Erde und Wasser. Indem der Träumende lernt, seinen eigenen Baum richtig zu deuten, ist er dazu in der Lage, sein Leben in allen Bereichen erfolgreich zu gestalten.

BEAMTE

auch → Autoritätspersonen unter Menschen

Allgemein: Handelt ein Traum von einem Beamten, zu dem der Träumende im realen Leben keine Beziehung hat, dann beschäftigt er sich mit dem Teil seiner selbst, der sein Leben koordiniert und lenkt. Jede offizielle Traumfigur, besonders eine uniformierte, macht den Träumenden auf den Persönlichkeitsanteil aufmerksam, der einer organisierten Gruppe angehören möchte. Auf der bewußten Ebene empfindet sich der Träumende vielleicht als Rebell. Doch in seinem Unbewußten schlummert das Bedürfnis nach Anpassung und Eingliederung.

Psychologisch: In der Kindheit lernt jeder Mensch, sich Autoritäten zu unterwerfen. Hatte der Träumende einen strengen Vater, der oft überhöhte Ansprüche an ihn stellte, dann mag dieser im Traum als Beamter zurückkehren.

Spirituell: Wahrscheinlich wird in einem solchen Traum das Bedürfnis nach einer spirituellen Autorität dargestellt. Der Träumende sucht vielleicht nach einer höheren Führung, die ihm sagt, was er tun soll.

BEBEN

auch → Zittern

Allgemein: Beben ist ein Hinweis auf einen Zustand extremer Erregung. Eine solche Reaktion in einem Traum will dem Träumenden sagen, daß er über Gefühle, die ihn erregen, nachdenken und sich im Alltag mit ihnen befassen sollte.

Psychologisch: Eine körperliche Reaktion kann während des Träumens aktiv zum Ausdruck kommen. So kann etwa Beben im Traum einfach die Ursache haben, daß der Träumende friert.

Spirituell: Es kann sich um einen Zustand der Ekstase handeln, der von Beben begleitet wird. Auf diesen Zusammenhang ist der Name der amerikanischen Sekte der Shaker (»Zitterer«) zurückzuführen.

BECKEN

(beim Schlagzeug)

Allgemein: Becken sind verbunden mit Rhythmus und Klang. Daher deutet ihr Erscheinen im Traum darauf hin, daß der Träumende eine Grundschwingung benötigt oder wiederherstellen muß. Beim Becken wie auch bei anderen Schlaginstrumenten besteht häufig ein Bezug zur Sexualität, da sie seit alters verwendet werden, um ekstatische Zustände herbeizuführen.

Psychologisch: Der Träumende bringt Leidenschaft und Begehren in Einklang.

Spirituell: Spirituell symbolisieren

Becken zwei wechselseitig abhängige Hälften – eine kann ohne die andere nicht wirksam werden.

BEERDIGUNG

Allgemein: Von der eigenen Beerdigung zu träumen ist ein Hinweis auf die Angst, überwältigt zu werden – möglicherweise durch zu hohe Verantwortung oder durch unterdrückte Persönlichkeitsanteile, die gewaltsam hervorzubrechen drohen.

Psychologisch: Die Teilnahme an einer Beerdigung rückt die Notwendigkeit ins Blickfeld, mit einem Verlust fertig zu werden.

Spirituell: Hier sind die spirituellen Symbole für Tod, Verlust und Schmerz bedeutsam. Sie müssen nicht unbedingt eine negative Bedeutung haben. Der Träumende sollte sich mit der Wiedergeburt und den positiven Elementen beschäftigen, die in dieser Symbolik enthalten sein können.

BEGRÄBNIS

auch → Trauern

Allgemein: Der Traum von einem Begräbnis ist ein Hinweis darauf, daß der Träumende mit seinen Gefühlen in bezug auf den Tod ins reine kommen muß. Es braucht sich dabei nicht unbedingt um den eigenen Tod zu handeln, es kann auch der eines anderen Menschen sein. Der Traum kann die Aufmerksamkeit darauf lenken, daß es notwendig ist, wegen eines Ereignisses oder um einen Menschen in der Vergangenheit zu trauern, und daß erst diese Zeit des Trauerns den Träumenden dazu befähigt, für die Zukunft Pläne zu schmieden. Der Traum vom eigenen Begräbnis kann den Wunsch nach Sympathie darstellen oder andeuten, daß ein Persönlichkeitsanteil des Träumenden tot ist.

Psychologisch: Ein Traum vom Begräbnis der Eltern symbolisiert einen ersten Schritt in Richtung Unabhängigkeit oder steht für das möglicherweise schmerzhafte Loslassen von der Vergangenheit. Vielleicht muß der Träumende seine Kindheit (oder Kindheitserlebnisse) freigeben und diesen Akt durch ein Ritual oder eine Feier bekräftigen.

Spirituell: Auf der spirituellen Ebene steht das Begräbnis für ein Übergangsritual.

BEIFAHRER

→ Reise

BEIN

→ Körper

BELEIDIGUNG

Allgemein: Wird der Träumende in seinem Traum beleidigt, dann heißt dies, daß er eine Empfindlichkeit zeigt, die er im Wachzustand nicht für angemessen halten würde. Ist es der Träumende, der einen anderen Menschen beleidigt, so erkennt er damit, daß er über dessen Gefühle nicht so gut Bescheid weiß, wie er sollte.

Psychologisch: Jemanden zu beleidigen, verweist darauf, daß der Träumende bewußt oder unbewußt gegen seinen eigenen Moralkodex verstößt. Er stellt sich außerhalb der gesellschaftlichen Norm.

Spirituell: Ein Verweis auf spirituell falsches Handeln kann hier von Bedeutung sein. Es bleibt jedoch dem Träumenden überlassen, die Schwere der Beleidigung einzuschätzen und sich entsprechend zu verhalten.

BENZIN

Allgemein: Benzin im Traum muß als Energieform gedeutet und als etwas erkannt werden, was der Träumende benötigt, um in seiner Entwicklung voranzukommen. Träumt man beispielsweise davon, ein Auto aufzutanken, dann kann dies darauf hinweisen, daß man sich vielleicht mehr um seinen Körper kümmern sollte. Benzin ist leicht brennbar und gefährlich; setzt der Träumende seine Energie auf riskante Weise ein, dann kann es leicht zu Verletzungen und Problemen kommen.

Psychologisch: Die Energie und Entschlossenheit, mit welcher der Träumende Entscheidungen trifft, ist eine gute Basis für seinen Tatendrang. Benzin im Traum steht für Motivation und Energieaufnahme.

Spirituell: Benzin kann spirituelle Energie und spirituelle Kraft symbolisieren.

BEOBACHTEN

Allgemein: In Träumen erlebt sich der Träumende oft als Beobachter. Es ist im Alltag vernünftig, eine Situation oder Personen erst zu beobachten, bevor man zur Tat schreitet. Aber der Träumende darf bei all dem Beobachten selbst das Handeln nicht vergessen.

Psychologisch: Träumt man davon, daß man beobachtet wird, so empfindet man möglicherweise das starke Interesse eines anderen Menschen an der eigenen Person als bedrohlich. Andererseits kann sich die eigene Lust am Beobachten bis hin zum Voyeurismus steigern.

Spirituell: Der Träumende muß sein eigenes Handeln kontrollieren, vor allem, wenn er sich unlängst neue spirituelle Praktiken zu eigen gemacht hat.

BERG

Allgemein: Im Traum erscheinen Berge in der Regel, um ein Hindernis zu symbolisieren, welches der Träumende überwinden muß. Bringt der Träumende den Mut auf, um einen Berg zu besteigen, dann befreit er sich von Angst und wird mit gesteigertem Selbstbewußtsein belohnt. Der Gipfel des Berges steht für das Ziel. Stürzt der Träumende ab, verweist dies auf Unvorsichtigkeiten, die er im Alltag begeht.

Psychologisch: Jeder Mensch muß im Leben mit Schwierigkeiten fertig werden. Häufig ist es entscheidend, wie man diesen Schwierigkeiten begegnet. Das Symbol Berg bietet viele Deutungsmöglichkeiten. Das Verhalten des Träumenden gegenüber dem Berg spiegelt sein psychologisches Verhalten im Alltag wider.

Spirituell: Auf der spirituellen Ebene stellt der Berg im Traum das Zentrum der menschlichen Existenz dar.

BERGWERK

auch → Graben

Allgemein: Ein Bergwerk im Traum symbolisiert die ans Tageslicht gebrachten Ressourcen des Unbewußten. Der Träumende ist dazu in der Lage, das ihm zur Verfügung stehende Potential zu nutzen. Das Traumbild kann jedoch auch den Arbeitsplatz des Träumenden darstellen.

Psychologisch: Das Bergwerg im Traum kann für das Dunkle im Unbewußten stehen und damit für die Unterwelt, in die ungeliebte Persönlichkeitsanteile verdrängt werden. Dieser Unterwelt zu begegnen, kann sehr beängstigend sein.

Spirituell: Auf der spirituellen Ebene stellt ein Bergwerk die Gelegenheit dar, das zugängliche Unbewußte zu erforschen.

BERNSTEIN

→ Edelsteine

BERÜHMTHEIT

Allgemein: Wenn ein Traum davon handelt, daß der Träumende berühmt ist oder auf einem ausgewählten Gebiet zu Ruhm gelangt ist, zeigt dies, daß er selbst seine Fähigkeiten erkennen und Vertrauen in sie setzen muß. Im Wachzustand mag ein Mensch vielleicht verhältnismäßig schüchtern sein, aber in seinen Träumen erreicht er oft Dinge, wie er sie nie für möglich gehalten hätte.

Psychologisch: Der Erkenntnisdrang des Menschen erwächst aus dem Ich (→ Archetypen). Wenn der Träumende Entscheidungen über sein weiteres Voranschreiten treffen will, muß er wissen, ob er dazu in der Lage ist, aus einer Masse herauszuragen oder nicht. Berühmtheit im Traum kann bei der Klärung dieser Frage helfen.

Spirituell: Auf der spirituellen Ebene legt Berühmtheit im Traum nahe, daß der Träumende sich zu sehr mit seiner Wirkung auf die Außenwelt befaßt und daß sein spirituelles Vorankommen daher entsprechend gering ist.

BERÜHRUNG

Allgemein: Die Berührung in einem Traum steht für das Herstellen von Kontakten. Der Träumende steht mit dem Menschen, den er im Traum berührt, im gegenseitigen

Einvernehmen. Berührung im Traum kann auch das Verlangen nach Nähe zu einem anderen Menschen symbolisieren.

Psychologisch: Innerhalb von Beziehungen kann die Berührung einen wichtigen Akt der Anerkennung darstellen. Das Traumbild zeigt, welche Einstellung der Träumende zu Berührungen hat, die er gibt oder empfängt.

Spirituell: Die Übertragung von Energie kann durch eine segnende Berührung erfolgen.

BERUF

Allgemein: Ein Traum, in dem sich der Träumende an seinem Arbeitsplatz oder bei der Arbeit sieht, läßt Fragen oder Sorgen erkennen, welche seine Berufssituation betreffen. Vielleicht bemüht er sich aber auch aktiv um Veränderungen in seinem Leben, und dies wird im Traum in die Arbeitssituation hineinprojiziert.

Psychologisch: Der Beruf hat mit der tatsächlichen Berufung eines Menschen im allgemeinen nichts gemein. Häufig können Träume dazu beitragen, die Situation des Träumenden zu verändern, indem sie ihm seine wahren Begabungen aufzeigen. Wenn man im Traum an etwas arbeitet, das im Alltag keinen Platz hat, dann könnte es sich lohnen, das Potential dieser Tätigkeit zu überprüfen.

Spirituell: Möglicherweise kommt ein gewisses Maß an spiritueller Aktivität auf den Träumenden zu. Vielleicht wird der Träumende dazu gebracht, mit einer neuen spirituellen Arbeit zu beginnen.

BERUFS-TÄTIGKEIT

Allgemein: Träume über Berufstätigkeit haben viel mit Status zu tun, da viele Menschen den Wert eines anderen über seinen Beruf ermitteln. So hat ein Arzt einen sehr hohen Status, während der einer Hausfrau sehr niedrig angesetzt wird. Solche Träume weisen daher auf den Wert hin, den sich der Träumende selbst zumißt.

Psychologisch: In der Regel nimmt der Beruf einen großen Teil des Tages in Anspruch. Ein Traum von der Berufstätigkeit kann also ein Hinweis sein, daß der Träumende darüber nachdenken sollte, welche Arbeit ihn befriedigt und ob sie ihm das Leben ermöglicht, welches er sich wünscht.

Spirituell: Auf der spirituellen Ebene verlangt das Traumbild vom Träumenden, seine Fähigkeiten und Gaben wirkungsvoll für das größere Ganze einzusetzen.

BERYLL

→ Edelsteine

BESTRAFUNG

Allgemein: Wenn ein Kind merkt, daß es den Erwartungen der Erwachsenen nicht entspricht, hat es oft Angst vor Bestrafung. Im späteren Leben träumt man davon, bestraft zu werden, wenn man fürchtet, den Leistungsanforderungen nicht gewachsen zu sein. Zu Selbstbestrafung kommt es, wenn der Träumende die an sich selbst gestellten Anforderungen nicht erfüllt.

Psychologisch: Gibt es im Leben des Träumenden einen Konflikt, den er nicht lösen kann, dann träumt er vielleicht davon, bestraft zu werden. Dies mag der einzige Ausweg aus seinem Dilemma sein. Es erscheint ihm leichter, den Schmerz zu ertragen, als das Problem zu lösen.

Spirituell: Die schlimmste spirituelle Bestrafung ist das Wissen, daß ein angestrebter Entwicklungsschritt nicht vollendet wurde.

BESUCH

Allgemein: Der Besuch, den man erhält, symbolisiert, daß dem Träumenden Informationen, Wärme oder Liebe zuteil werden. Ist ihm der Besucher bekannt, so könnte sich dies auf eine reale Situation beziehen. Andernfalls bemüht sich wahrscheinlich ein verdrängter Persönlichkeitsanteil, zum Vorschein zu kommen.

Psychologisch: Jemanden zu besuchen bedeutet, daß der Träumende in physischer, emotionaler oder spiritueller Hinsicht seinen Horizont erweitern muß.

Spirituell: Ein zukünftiger spiritueller Führer macht sich oft zunächst durch einen Besuch im Traum bemerkbar.

BETRUG

Allgemein: Wenn Betrug in einem Traum eine Rolle spielt, besonders wenn der Träumende der Betrogene ist, besteht die Möglichkeit, daß dieser zu vertrauensselig ist. Wenn der Träumende betrügt, läuft er Gefahr, einen guten Freund zu verlieren.

Psychologisch: Wenn man akzeptiert, daß die verschiedenen Figuren, die in Träumen auftauchen, Teile der eigenen Persönlichkeit sind, dann sollte man sich davor hüten, sich selbst zu betrügen.

Spirituell: Der Träumende muß seine spirituellen Ziele überprüfen und ihnen dann treu bleiben; geistiger Selbstbetrug ist auf jedem spirituellen Entwicklungsweg eine große Gefahr.

BETRUNKEN

auch → Alkohol, → Rausch

Allgemein: Wenn man im Traum betrunken ist, bedeutet dies, daß man sich irrationalen Kräften überläßt. Der Träumende sehnt sich danach, ohne Hemmungen und Verantwortung zu sein.

Psychologisch: Betrunkenheit im Traum zeigt, daß der Träumende mit dem Teil seines Selbst in Kontakt treten möchte, der unangemessenes Verhalten duldet. In alten Gesellschaften war Trunkenheit ein erlaubtes Mittel zum Abbau von Spannungen und zum Feiern.

Spirituell: Hemmungsabbau durch Alkoholgenuß kann eine Vorbereitung auf Ekstase sein.

BETT

auch → Möbel

Allgemein: Wenn man im Traum allein ins Bett geht, kann dies den Wunsch danach symbolisieren, in die Sicherheit und Geborgenheit des Mutterschoßes zurückzukehren. Handelt der Traum von einem frisch bezogenen Bett, so weist dies auf die Notwendigkeit hin, jene Gedanken und Vorstellungen, die dem Träumenden wirklich wichtig sind, von einer neuen Warte anzugehen.

Psychologisch: Geht der Träumende in seinem Traum mit einer anderen Person ins Bett, so kann dies entweder das sexuelle Begehren für diesen Menschen ausdrücken oder zeigen, daß der Träumende sich vor seinen sexuellen Impulsen nicht zu fürchten braucht.

Spirituell: Ein Bett kann eine Art spirituelles Heiligtum und ein Gefühl von Reinheit darstellen.

BETTLER

Allgemein: Im Traum ein Bettler zu sein, stellt ein Gefühl des Scheiterns und einen Mangel an Selbstwertgefühl dar. Trifft man im Traum auf einen Bettler, so wird man durch diese Begegnung daran erinnert, daß man anderen Menschen, die weniger Glück haben als man selbst, helfen muß.

Psychologisch: Gefühle, Triebe und Gedanken, die im realen Leben des Träumenden »gehungert« haben, werden in Träumen möglicherweise als Bettler personifiziert.

Spirituell: Ein Bettler kann mit einem Einsiedler identisch und daher ein spiritueller Bittsteller/Fürbitter sein.

BETTNÄSSEN

Allgemein: In den Träumen kehrt man oft in die Vergangenheit zurück; ein Traum vom Bettnässen symbolisiert Ängste hinsichtlich fehlender Kontrolle. In manchen Fällen kann sich der Traum auch auf sexuelle Probleme beziehen.

Psychologisch: Vielleicht ist der Träumende besorgt, daß er sich in Gesellschaft nicht korrekt verhält oder daß er für falsches Verhalten verurteilt wird.

Spirituell: Auf der spirituellen Ebene veranschaulicht Bettnässen ein Bedürfnis nach Freiheit des persönlichen Ausdrucks.

BEWAFFNUNG

auch → Waffen

Allgemein: Geht es im Traum um Bewaffnung, so ist es wichtig, in welchem Zusammenhang diese steht. Vielleicht muß sich der Träumende verteidigen, oder er greift an; möglicherweise wird er auch festgehalten.

Psychologisch: Bewaffnung dient dem Schutz und der Verteidigung. Es vergingen viele Jahre, und zahlreiche Rituale waren zu absolvieren, bis aus dem Pagen ein Ritter wurde und er den Übergang vom Träger der Waffen zu ihrem Benutzer vollziehen konnte.

Spirituell: Auf der spirituellen Ebene steht Bewaffnung für Kapitulation, Weisheit oder Aktion.

BEWEGUNG

Allgemein: In der Regel wird eine Bewegung im Traum hervorgehoben, um den Träumenden auf einen Fortschritt aufmerksam zu machen. Bewegt er sich nach vorn, zeigt dies seinen Glauben an seine Fähigkeiten; zieht sich der Träumende zurück, steht dies für seine Reaktion in einer bestimmten Situation. Geht er zur Seite, verweist dies auf eine bewußte Vermeidungshaltung.

Psychologisch: Die Art, wie sich der Träumende in seinem Traum bewegt, kann viel darüber aussagen, ob er sich in ausreichendem Maße selbst akzeptiert. Bewegt er sich beispielsweise lebhaft, dann ist dies ein Hinweis darauf, daß er eine Veränderung leicht akzeptieren kann. Wird er bewegt – beispielsweise auf einem Laufband –, dann bedeutet dies vielleicht, daß der Träumende durch äußere Umstände oder andere Menschen gelenkt wird.

Spirituell: Auf dieser Ebene steht die Bewegung im Traum für eine Hinorientierung zur Spiritualität.

BEZIEHUNGS-PARTNER

→ Menschen

BIBEL

auch → Religiöse Bilder

Allgemein: Wenn man von der Bibel oder von anderen religiösen Büchern träumt, bedeutet dies normalerweise, daß man sich der traditionellen moralischen Grundsätze bewußt ist. Der Mensch braucht einen Verhaltenskodex, der ihm hilft, zu überleben.

Psychologisch: Der Träumende muß sich sehr sorgfältig mit der Religion, den Mythen und Legenden beschäftigen, an die er glaubt.

Spirituell: In Träumen symbolisiert die Bibel die Erkenntnis.

BIBLIOTHEK

auch → Gebäude

Allgemein: Im Traum kann eine Bibliothek das »Lagerhaus« für die gesammelten Lebenserfahrungen darstellen. Sie kann auch den Intellekt symbolisieren und die Art, wie der Träumende mit Wissen umgeht. Eine gut geordnete Bibliothek verweist auf die Fähigkeit, in Verstandesdingen den Überblick zu bewahren. Eine chaotische, verstaubte Bibliothek stellt die Schwierigkeiten dar, die der Träumende im Umgang mit Informationen hat.

Psychologisch: In einem bestimmten Stadium der psychischen und spirituellen Entwicklung ist eine Bibliothek ein wichtiges Symbol. Es verweist auf die Weisheit und die Fähigkeiten, die der Träumende angesammelt hat, aber auch auf die Weisheit der Menschheit. Wenn der Träumende sein Leben objektiver betrachtet, so erlangt er einen besseren Zugang zu diesem universellen Menschheitswissen.

Spirituell: Eine Bibliothek stellt das kollektive Unbewußte dar – alles, was ist, war und sein wird. Sie wird auch häufig als Symbol für die Akasha-Chronik betrachtet.

BIENE

Allgemein: Als Symbol für etwas Gefährliches wie auch für etwas Gezähmtes und Nützliches kann die Bedeutung von Bienen im Traum durchaus ambivalent sein. Wenn der Träumende in seinem Traum von einer Biene gestochen wird, dann ist dies eine Warnung vor der Möglichkeit, verletzt zu werden. Greift ein Bienenschwarm den Träumenden an, so ist dies der Hinweis darauf, daß der Träumende im Begriff ist, eine Situation zu schaffen, die unkontrollierbar werden könnte.

Psychologisch: Handelt der Traum von einer Bienenkönigin, dann drückt sich darin das Bedürfnis des Träumenden aus, sich in irgendeiner Form als »etwas Besseres« zu fühlen. Möglicherweise ist der Wunsch vorherrschend, von anderen Menschen in den Zielen, die der Träumende gewählt hat, unterstützt zu werden. Dem Träumenden ist klar, daß er hart arbeiten und fleißig sein muß.

Spirituell: Eine Biene symbolisiert Ordnung, Unsterblichkeit und Wiedergeburt.

BIENENSTOCK

Allgemein: Ein Bienenstock symbolisiert eine geordnete Lebensgemeinschaft, in der mit beträchtlichem Fleiß gearbeitet und aus allen Ressourcen der größtmögliche Nutzen gezogen wird. Befindet sich der Träumende in seinem Traum in der Nähe eines Bienenstocks, so kann dies ein Hinweis auf die Anstrengungen sein, denen er sich unterwerfen muß, wenn er für sich selbst gute Erträge erzielen will. Ein Bienenstock stellt auch schützende Mütterlichkeit dar.

Psychologisch: Handelt ein Traum davon, daß der Träumende ein Bienenvolk in einem Bienenstock hält, so ist dies für ihn ein Hinweis, mit seinen körperlichen, geistigen und seelischen Ressourcen gut umzugehen.

Spirituell: Ein Bienenstock stellt die weibliche Kraft der Natur dar. Das Symbol, ein hohler Behälter, der Nahrung enthält, steht in Verbindung mit Mutter Erde. Es kann auch als vorhandene oder fehlende Redegewandtheit gedeutet werden.

BIGAMIE

Allgemein: Wenn der Träumende sich selbst im Traum als Bigamist sieht, dann ist dies als Hinweis auf seine Entscheidungsunfähigkeit zu deuten – entweder zwischen zwei geliebten Menschen oder zwischen zwei möglichen Handlungsweisen. Dem Träumenden stehen zwei Möglichkeiten offen, die für ihn von gleicher Wertigkeit sind.

Psychologisch: Ist der Träumende in seinem Traum mit einem Bigamisten verheiratet, dann muß er sich mit der Möglichkeit auseinandersetzen, daß er eventuell von einem Menschen, der ihm sehr nahesteht, betrogen oder getäuscht wird.

Spirituell: Auf der spirituellen Ebene kann Bigamie die Entscheidung darstellen, die möglicherweise zwischen Recht und Unrecht getroffen werden muß.

BILD

Allgemein: Ein Bild im Traum ist in der Regel die Illustration eines Lebensabschnitts. Ist es ein selbstgemaltes Bild, dann kann es hierbei um sehr tiefe Gefühle gehen. Handelt es sich um das Gemälde eines alten Meisters, so ist es möglicherweise ein Hinweis auf die Einstellung, die der Träumende zur Vergangenheit hat.

Psychologisch: Der Zustand des Bildes kann ebenso wichtig sein wie seine Farben (→ Farben). Der Bildinhalt gibt vielleicht Hinweise darauf, worauf der Träumende in seinem Leben achten soll.

Spirituell: Eine Ikone oder eine Darstellung mit spiritueller Bedeutung.

BISEXUALITÄT

→ Sexualität

BISS

Allgemein: Im Traum gebissen zu werden, zeigt, daß der Träumende unter der aggressiven Behandlung eines anderen Menschen leiden muß oder umgekehrt, daß er selbst seine aggressiven Impulse nicht unter Kontrolle hat.

Psychologisch: Beißt der Träumende in seinem Traum einen anderen Menschen oder in eine Frucht, so gibt es für ihn eine Idee oder eine Vorstellung, um deren Umsetzung er sich mit aller Macht bemühen sollte.

Spirituell: Der Träumende muß sich nicht nur seiner eigenen Fähigkeit zur Bosheit bewußt sein, sondern auch die Möglichkeit in Betracht ziehen, selbst Opfer eines boshaften Angriffs zu werden.

BIZARR

Allgemein: In Träumen spielen oft bizarre Figuren und Handlungen eine Rolle. Offenbar liegt die Ursache hierfür in der leichteren Einprägsamkeit solcher überzeichneten Traumbilder.

Psychologisch: In seinen Träumen erschafft der Mensch Dinge oder Situationen, die scheinbar unsinnig sind. Das so erzwungene Nachdenken läßt den Träumenden die Bedeutung der Traumbilder in seinem Alltagsleben oder im Beruf erkennen.

Spirituell: Auf der spirituellen Ebene entsteht das Bizarre durch mißverstandene Informationen.

BLATT

Allgemein: Ein Blatt im Traum steht für eine Zeit des Wachstums oder für die Zeit an sich. Grüne Blätter sind ein Hinweis auf Hoffnung und neue Möglichkeiten. Verwelkte Blätter symbolisieren eine Phase der Trauer und Unproduktivität oder den Herbst.

Psychologisch: Wenn man sein Leben im Rückblick als Ganzes betrachtet, können Blätter im Traum Hinweise auf einen bestimmten Lebensabschnitt geben – vielleicht auf eine Zeit, die bedeutungsvoll und kreativ war.

Spirituell: Blätter symbolisieren Fruchtbarkeit und Wachstum. Weil jedes Blatt einzigartig ist, kann der Traum auch als Hinweis auf die Schönheit der Schöpfung gedeutet werden.

BLEI

Allgemein: Traditionell wird Blei im Traum mit einer Last oder einer belastenden Situation in Verbindung gebracht. Der Träumende meistert sein Leben nicht so, wie er es gerne möchte. Derartige Erkenntnisse müssen bedrückend wirken. Andererseits wird eine Verbindung zwischen Blei und der Lebenskraft oder Männlichkeit hergestellt.

Psychologisch: Heute wird Blei seltener verwendet als in früheren Zeiten, aber es ist immer noch ein wichtiges Metall. In Träumen kann es darauf hinweisen, daß die Zeit reif ist für Veränderung und Transformation. Der Träumende soll sich um Veränderungen bemühen, um seine Lebensqualität zu verbessern.

Spirituell: Auf der spirituellen Ebene steht Blei für Körperbewußtsein.

BLEISTIFT

→ Stift

BLINDEKUH

Allgemein: Verbundene Augen im Traum signalisieren einen bewußten Versuch, den Träumenden zu täuschen. Verbindet der Träumende selbst jemandem die Augen, so ist er im Umgang mit anderen Menschen nicht ehrlich. Die Ursache hierfür kann in seiner Unwissenheit liegen.

Psychologisch: Der Träumende benötigt vielleicht etwas Zeit, um sich von der äußeren Welt zurückzuziehen.

Spirituell: Auf dieser Ebene können verbundene Augen einen Übergangsritus anzeigen.

BLINDHEIT

Allgemein: Blindheit im Traum deutet an, daß sich der Träumende sträubt, die Wahrheit zu sehen. Er hat die Realität aus den Augen verloren, oder er »übersieht« Eigenschaften an sich, die ihm mißfallen.

Psychologisch: Auf der Verstandesebene ist sich der Träumende vielleicht gewisser Fakten bewußt, aber er entscheidet sich dennoch dafür, dieses Wissen nicht in der am besten geeigneten Weise zu nutzen.

Spirituell: Auf der spirituellen Ebene ist Blindheit eine Art der Unwissenheit. Sie kann auf das Irrationale hinweisen. Außerdem steht sie eng mit der Initiation in Verbindung.

BLOCKADE

Allgemein: Im Traum kann sich eine Blockade in vielerlei Formen zeigen. Sie wird möglicherweise als materielle Blockade erlebt – etwa als ein Gegenstand, über den man hinüberklettern oder um den man herumgehen muß. Mental, beispielsweise, wenn man nicht in der Lage ist, zu sprechen oder zu hören, oder spirituell kann sich eine Blockade ebenfalls äußern.

Psychologisch: In Träumen treten mitunter Blockaden auf, wenn der Träumende eine besondere Anstrengung unternehmen muß, um ein Hindernis in seinem Entwicklungsprozeß zu überwinden.

Spirituell: Auf der spirituellen Ebene kann eine Blockade eine vorbeugende Maßnahme, eine Warnung sein.

BLUMEN

Allgemein: Blumen im Traum stellen eine Verbindung her zu Gefühlen der Freude und Schönheit. Durch sie wird sich der Träumende bewußt, daß etwas Neues aufkommt und daß er alles mit einer neuen Frische tun wird. Erhält der Träumende einen Blumenstrauß, so bedeutet dies, daß er für etwas belohnt wird. Die Farbe der Blumen kann wichtig sein (→ Farben). Jede einzelne Blume im Traum hat eine eigene Bedeutung:

Anemone: Der momentane Partner des Träumenden ist nicht vertrauenswürdig.

Butterblume: Die geschäftlichen Bedingungen werden sich verbessern.

Forsythie: Der Träumende hat Freude am Leben.

Geißblatt: Häuslicher Unfrieden wird den Träumenden aus dem Gleichgewicht bringen.

Geranie: Ein Streit, den der Träumende vor kurzem hatte, ist nicht so ernst wie angenommen.

Glockenblume: Der Partner des Träumenden wird Streitsüchtigkeit entwickeln.

Klee: Jemand, der in Geldnot ist, wird Kontakt mit dem Träumenden aufnehmen.

Krokus: Die Träumende sollte einem »dunklen« Mann in ihrer Nähe nicht trauen.

Lilie: Sie steht für eine unglückliche Ehe oder für den Tod einer Beziehung.

Mistel: Der Träumende sollte in der Beziehung mit dem augenblicklichen Partner fortfahren.
Mohn: Eine Nachricht wird große Enttäuschung bringen.
Myrte: Sie symbolisiert Freude, Friede, Ruhe, Glück und Beständigkeit.
Narzisse: Der Träumende sollte darauf achten, daß er den Schatten nicht mit der Realität verwechselt.
Nelke: Eine leidenschaftliche Liebesaffäre steht an.
Narzisse: Der Träumende hat sich einem Freund gegenüber unfair verhalten und sollte sich um Versöhnung bemühen.
Pfingstrose: Zu starke Selbstbeschränkung kann dem Träumenden Kummer bereiten.
Primel: Der Träumende wird Glück in einer neuen Freundschaft finden.
Rose: Liebe und vielleicht eine Hochzeit innerhalb eines Jahres kündigen sich an.
Schneeglöckchen: Der Träumende muß lernen, zu vertrauen und seine Probleme nicht zu verstecken.
Schwertlilie: Sie steht für Hoffnung und gute Nachrichten.
Veilchen: Der Träumende wird sich an einen Menschen binden, der jünger ist als er selbst.
Vergißmeinnicht: Der gewählte Partner des Träumenden kann ihm nicht das geben, wonach er sich sehnt.

Psychologisch: Blumen sind ein Symbol für das weibliche Prinzip und für die Kindheit. Die Knospe verweist auf das Potential, eine sich öffnende Blüte ist ein Hinweis auf eine bevorstehende Entwicklung.
Spirituell: Auf der spirituellen Ebene symbolisieren Blumen Liebe und Mitgefühl.

BLUMENSTRAUSS

Allgemein: Erhält der Träumende in seinem Traum einen Blumenstrauß, dann zeigt dies, daß er seine eigenen Fähigkeiten erkennt, aber auch erwartet, daß andere sie honorieren. Schenkt der Träumende einem andren Menschen einen Blumenstrauß, so weist dies darauf hin, daß er dessen gute Eigenschaften sieht.
Psychologisch: Der Blumenstrauß im Traum zeigt an, daß der Träumende über viele Talente verfügt.
Spirituell: Wegen seiner Schönheit und wegen seiner Verbindung zu Feierlichkeiten kann ein Blumenstrauß ein spirituelles Angebot symbolisieren.

BLUT

auch → Körper
Allgemein: Von alters her ist Blut ein Symbol für Leben und Lebensenergie. Handelt ein Traum von einer gewalttätigen Situation, in der Blut fließt, dann legt dies den Schluß nahe, daß man in sich selbstzerstörerische Kräfte trägt.

Wenn im Traum eine Blutung gestillt werden muß, heißt dies, daß der Träumende sich seiner Kraft bewußt werden soll. Ist der Träumende selbst der blutende Verletzte, dem von einer anderen Person geholfen wird, muß er sich darüber Klarheit verschaffen, welche Art Hilfe er braucht, um den Schmerz zu verkraften.

Psychologisch: Emotionaler Mißbrauch – vom Träumenden selbst verübt oder von ihm erlitten – kann im Traum als blutende Wunde dargestellt sein.

Spirituell: Im Körper zirkulierendes Blut kann eine verjüngende Kraft symbolisieren.

BLUTJASPIS

→ Edelsteine

BÖSE

Allgemein: Wenn man im Traum Böses erlebt, heißt dies in der Regel, daß dem Träumenden die Triebregungen bewußt werden, die er ablehnt. Böses Verhalten anderen Menschen gegenüber empfindet der Träumende als schrecklich und ekelhaft.

Psychologisch: Die Eigenschaft »böse« kann nicht »wegerklärt« werden. Jede gewaltsame Handlung kann als böse gedeutet werden. Viele Menschen sehen zwischen der Dunkelheit und dem Bösen eine enge Verbindung.

Spirituell: Das Böse geht Hand in Hand mit dem Teufel.

BOGEN

Allgemein: Ein Bogen, wie jener des Amor, kann einerseits auf den Wunsch, geliebt zu werden, hindeuten oder aber die Vereinigung von Männlichem und Weiblichem symbolisieren.

Psychologisch: Der Bogen im Traum ist möglicherweise ein Wortspiel und bezieht sich tatsächlich auf biegen, beugen, verbeugen. Dies läßt auf ein Unterlegenheitsgefühl schließen. Obwohl der Träumende vielleicht gar keinen Grund hat, sich minderwertig zu fühlen, spürt er möglicherweise auf einer unbewußten Ebene das Bedürfnis eines anderen Menschen, sich überlegen zu fühlen, und gesteht ihm dies im Traumzustand zu. Wenn der Träumende in seinem Traum einen Bogen mit einem farbigen Band statt mit einer Sehne sieht, stellt dies eine Verbindung zum weiblichen Prinzip und zur weiblichen Schönheit her.

Spirituell: Auf der spirituellen Ebene kann der Bogen für Überlegenheit, Vereinigung des Männlichen und des Weiblichen oder für die rituelle Feier stehen.

BOHNE

Allgemein: Lagert der Träumende Bohnenvorräte, so zeigt sich darin seine möglicherweise vorhandene Angst zu scheitern oder sein mangelndes Vertrauen in seine Beharrlichkeit. Das Pflanzen von Bohnen ist ein Hinweis auf sein Vertrauen in die Zukunft und auf den Wunsch, etwas Nützliches zu schaffen. Traditionell gilt die Bohne als nährend und kleidend wie auch als für den Tauschhandel geeigneter Gegenstand.

Psychologisch: In diesem Zusammenhang symbolisiert die Bohne Potential. Der Träumende besitzt eine gut gefüllte energetische Vorratskammer, auf welche er jederzeit und für beliebige Vorhaben Zugriff hat.

Spirituell: Eine Bohne kann für Unsterblichkeit und magische Kraft stehen.

BOMBE

Allgemein: Bomben im Traum deuten in der Regel auf eine explosive Situation hin, mit welcher der Träumende fertig werden muß. Eine explodierende Bombe weist auf die Notwendigkeit hin, wirkungsvoll zu handeln, während das Entschärfen einer Bombe den Träumenden warnt, sich davor in acht zu nehmen, eine bereits schwierige Situation noch zu verschlimmern.

Psychologisch: Der Träumende muß sich darauf einstellen, daß ihn seine Gefühle überwältigen werden.

Spirituell: Eine explodierende Bombe ist normalerweise ein unerwartetes Ereignis. Wenn man davon träumt, kann dies die Angst davor andeuten, plötzlich zu sterben.

BOOT

→ Reise, → Schiff

BORDELL

Allgemein: Wenn eine Frau träumt, sie sei in einem Bordell, ist sie noch nicht im Einklang mit ihrer Sexualität. Träumt ein Mann, er sei in einem Bordell, kann dies seine Angst vor Frauen zum Ausdruck bringen.

Psychologisch: Von einem Bordell zu träumen, verweist auf den Wunsch nach sexueller Befreiung und Freiheit.

Spirituell: In diesem Traumszenarium manifestiert sich die dunklere Seite des Weiblichen. Ein Bordell kann auch Ausdruck der spirituellen Schuld sein, die ein Mann gegenüber Frauen empfindet.

BRÄUTIGAM

auch → Hochzeit

Allgemein: Von einem Bräutigam zu träumen, deutet normalerweise auf den Wunsch hin, verheiratet zu sein oder einen Partner zu finden. Das Bedürfnis, für einen anderen Menschen zu sorgen und verantwortlich zu sein, tritt offen zutage. Dieses Symbol stellt eine Verbindung her zur »romantischen« Seite des Träumenden.

Psychologisch: Es kann sich um einen eher verstandesorientierten statt um einen emotionalen Wunsch nach einer Partnerschaft handeln. Es ist für den Träumenden wichtig, eine Verbindung zum männlichen Triebgeschehen herzustellen.

Spirituell: Ein Bräutigam im Traum kann den Wunsch des Träumenden nach Verantwortung für andere Menschen oder nach Macht repräsentieren.

BRAUN

→ Farben

BRAUT

auch → Hochzeit

Allgemein: Sieht sich eine Frau im Traum als Braut, dann drückt sich darin der Versuch aus, den Wunsch nach einer Liebesbeziehung mit dem Bedürfnis nach Unabhängigkeit in Einklang zu bringen. Die Träumende muß den Wandel der Verantwortlichkeit verstehen lernen. Im Traum eines Mannes symbolisiert die Braut seine Auffassung von den weiblichen, unschuldigen Teilen in seinem Inneren. Handelt der Traum von einer Hochzeit – insbesondere wenn es sich um die des Träumenden handelt –, dann ist dies ein Hinweis auf die Integration von Gefühl und Realität.

Psychologisch: Der Traum steht für das Streben nach der Vereinigung der integrierten mit den nicht integrierten Persönlichkeitsanteilen. Vielleicht sucht der Träumende seine unschuldige, weibliche Seite.

Spirituell: Auf dieser Ebene steht die Braut für das spirituelle Bedürfnis nach Liebe, die Erkenntnis der Liebe, Empfänglichkeit und Fruchtbarkeit.

BRENNESSEL

Allgemein: Im Traum verweist die Brennessel auf eine schwierige Situation, die vermieden werden muß. Möglicherweise liegen Ärgernisse vor, die dem Träumenden, weil er nicht im Austausch mit anderen Menschen oder seiner Umwelt steht, noch nicht bewußt sind. Kommunikationsschwierigkeiten werden angedeutet, wenn sich der Träumende mitten in einem Brennesselfeld befindet. Darüber hinaus können Brennesseln für den Wunsch anderer Menschen stehen, den Träumenden zu verletzen, oder aber dieser hat sich an einem privaten oder beruflichen Vorhaben »die Finger verbrannt«.

Psychologisch: Brennesseln sind Wildpflanzen, die Hautirritationen hervorrufen können. Dies kann im Traum symbolisieren, daß der Träumende durch »wildes« Verhalten sexuell oder auf andere Weise überreizt worden ist und die Kontrolle über sich verloren hat. Brennesseln können aufgrund ihrer Verwendung in der Volksmedizin auch auf Heilung verweisen.

Spirituell: Auf der spirituellen Ebene gelten Brennesseln als Mittel gegen Gefahr. Sie finden auch Verwendung in Reinigungsritualen.

Frische Brennesseln sind ein gutes Mittel zur Rekonvaleszenzunterstützung.

BRETT

auch → Holz

Allgemein: Balanciert der Träumende in seinem Traum auf einem Brett, verweist dies darauf, daß er ein emotionales Risiko eingeht. Ein Holzbrett im Traum kann entweder andeuten, daß etwas repariert werden muß oder daß sich der Träumende vielleicht sicherer fühlt, wenn er selbst für seinen Lebensunterhalt sorgt. Als Bestandteil eines Fußbodens symbolisiert ein Brett Sicherheit, als Bestandteil einer Tür steht es für Abwehr. Zu einer dekorativen Wandfläche verarbeitet, stellt es Schmuck für den inneren Raum des Träumenden dar.

Psychologisch: Wenn das Brett benutzt wird, um etwas zu bauen, verweist es darauf, daß der Träumende genug Material für ein geplantes Vorhaben besitzt. Die Holzart ist möglicherweise von Bedeutung oder vermag den Träumenden an etwas aus seiner Vergangenheit zu erinnern. Wenn das Brett benutzt wird, um eine Kiste zu bauen, sollte der Träumende aufpassen, daß er nicht in eine Falle gerät.

Spirituell: Der Träumende besitzt das erforderliche Rohmaterial, um seine Lebensprozesse bewußter zu erleben. Vielleicht muß der Träumende darüber nachdenken, was der Zweck seines Daseins ist.

BRIEF

auch → Adresse

Allgemein: Durch einen Brief, den der Träumende in seinem Traum erhält, wird ihm vielleicht ein Problem bewußt, welches mit dem Absender in Verbindung steht. Möglicherweise ist er verstorben, und es gibt noch ungelöste Probleme oder ungeklärte Situationen, die mit diesem Menschen zu tun haben. Wenn der Träumende selbst einen Brief verschickt, so ist er im Besitz von Informationen, die für den Empfänger wichtig sein könnten.

Psychologisch: Ein Brief im Traum, dessen Inhalt dem Träumenden verborgen bleibt, läßt vermuten, daß ihm Informationen vorenthalten werden.

Spirituell: Verborgenes Wissen ist leichter aufnehmbar, wenn ein Verständnisprozeß vorausgeht.

BRIEFTASCHE

Allgemein: Die Brieftasche repräsentiert in Träumen den Ort, an dem der Träumende seine Ressourcen – nicht nur die finanziellen, sondern auch alle übrigen – sicher aufbewahrt. Doch wird das Verhältnis, welches der Träumende zum Geld hat, durch das Traumsymbol in den Vordergrund gerückt.

Psychologisch: Die Brieftasche im Traum kann für die weiblichen

Aspekte der Fürsorge und Zurückhaltung stehen und somit die Haltung des Träumenden zu Intuition und Bewußtheit zum Ausdruck bringen.

Spirituell: Die alte Vorstellung, daß man sein »Leben« in der Brieftasche trägt, versinnbildlicht nicht nur das Leben, sondern auch Gesundheit.

BRILLE

auch → Linse

Allgemein: Eine Brille im Traum verweist auf die Fähigkeit des Träumenden, zu sehen und richtig zu verstehen. Wenn eine andere Person im Traum unerwarteterweise eine Brille trägt, dann hat dies entweder etwas mit dem mangelnden Verständnis des Träumenden zu tun oder mit der Unfähigkeit des betreffenden Menschen, den Träumenden einzuordnen.

Psychologisch: Die Brille im Traum zeigt, daß der Träumende seine Aufmerksamkeit mehr auf das richtet, was außerhalb seiner selbst geschieht, statt den Blick nach innen zu wenden. Eine Brille kann auch für vorgefaßte Meinungen und Anschauungen stehen, die vom Träumenden auch da angebracht werden, wo sie keinesfalls passen.

Spirituell: Auf der spirituellen Ebene mahnt eine Brille im Traum, einen anderen Blickwinkel in Betracht zu ziehen.

BRISE

auch → Wind

Allgemein: Wind wird normalerweise dem Verstand zugeordnet. Eine leichte Brise symbolisiert daher Liebe, während eine steife Brise ein gewisses Ausmaß an Aggressivität darstellen kann.

Psychologisch: Die Brise im Traum bringt frischen Wind und daher für die meisten Menschen eine glückliche Zeit.

Spirituell: Auf der spirituellen Ebene bedeutet die Brise Jungfräulichkeit, bedingungslose Liebe und Spiritualität.

BROT

auch → Nahrungsmittel

Allgemein: Ein Traum von Brot handelt von der emotionalen und physischen Befriedigung der menschlichen Grundbedürfnisse. Wird im Traum Brot mit anderen Menschen geteilt, dann wird auf diese Weise die Fähigkeit des Träumenden dargestellt, grundlegende Erfahrungen weiterzugeben.

Psychologisch: Wirkt Brot im Traum fremd auf den Träumenden oder schmeckt es schlecht, dann ist er sich vielleicht nicht sicher, was er vom Leben will. Möglicherweise hat er falsche Entscheidungen getroffen. Der Brotlaib ist auch ein Symbol für Mitmenschlichkeit, Freundschaft und Teilen.

Spirituell: Brot ist ein Symbol für das Leben an sich. Es ist Nahrung für die Seele und kann auch die

Notwendigkeit darstellen, mit anderen Menschen zu teilen.

BRUDER

→ Familie

BRUDERSCHAFT

Allgemein: Die Zugehörigkeit zu einer Bruderschaft im Traum verweist darauf, daß der Träumende den Wunsch hat, einer Gruppe Gleichgesinnter anzugehören, wie etwa einer Gewerkschaft oder den Freimaurern. Alle Menschen brauchen die Bestätigung durch die Gruppe, und ein solcher Traum stellt dar, wie der Träumende mit ritualisiertem Gruppenverhalten umgeht.

Psychologisch: Bruderschaften und Bünden anzugehören, ist insbesondere ein männliches Bedürfnis. Dahinter kann sich der Drang zur gemeinschaftlichen Gewalt- oder Machtausübung verbergen.

Spirituell: Auf der spirituellen Ebene steht die Bruderschaft für den Priesterstand, dem Frauen und Männer gleichermaßen angehören können.

BRÜCKE

Allgemein: Eine Brücke ist ein in Träumen häufig vorkommendes Bild, und es verweist fast immer auf den Übergang von einer Lebensphase in die nächste. Die Brücke kann baufällig oder stabil sein oder andere Merkmale haben, die ein Hinweis auf die Stabilität des Zugehörigkeitsgefühls sind, welches der Träumende zur Welt hat und braucht, um Veränderungen in seinem Leben vorzunehmen.

Psychologisch: Das Symbol der Brücke bezeichnet im Traum die emotionale Verbindung zwischen dem Träumenden und anderen Menschen oder zu verschiedenen Lebensbereichen.

Spirituell: Auf der spirituellen Ebene wird mittels der Brücke der Fluß des Lebens überquert.

BRÜSTE

auch → Körper

Allgemein: Man nimmt an, daß dies der Teil des Körpers ist, von dem am häufigsten geträumt wird; die Brüste einer Frau sind das Symbol für Nahrung und Mutterliebe. Wenn ein Mann von Brüsten träumt, stellt dies seine unbewußte Sehnsucht nach seiner Mutter oder nach Fürsorge dar.

Psychologisch: Obwohl die meisten Menschen mit dem Verstand das Bedürfnis nach Bemutterung oder »erstickender Liebe« leugnen, taucht dieser Wunsch dennoch auf der psychischen Ebene auf, vor allem, wenn man unter Streß steht.

Spirituell: Auf der spirituellen Ebene stehen die Brüste für Mutterschaft, Schutz und Liebe.

BRUNNEN

Allgemein: Ein Brunnen symbolisiert den Zugang zu den verborgensten Gefühlen und Empfindungen des Träumenden. Nur durch dieses Tor ist es ihm letztendlich möglich, zur Ganzheitlichkeit zu finden. Ist etwas mit dem Brunnen nicht in Ordnung, so daß der Träumende beispielsweise das Wasser nicht zu erreichen vermag, symbolisiert dies das Unvermögen, mit den wertvollsten Begabungen in Verbindung zu kommen.

Psychologisch: Das Bild des Brunnens steht für Heilung wie für Wunscherfüllung. Indem der Träumende mit seinem intuitiven, bewußten Selbst in Verbindung tritt, erschließt er sich den Weg zu Heilung und Erfolg.

Spirituell: Ein Brunnen symbolisiert den Zugang zu den Tiefen des Unbewußten.

BRUTALITÄT

Allgemein: Das Erleben von Brutalität im Traum kann sehr angsterregend sein, bis der Träumende erkennt, daß er durch einen solchen Traum mit seiner dunkleren, animalischen Seite Kontakt aufnimmt. Vielleicht muß er mit den Ängsten fertig werden, die Brutalität bei ihm verursacht, um sich weiterentwickeln zu können.

Psychologisch: Ungezügelte Leidenschaft sexueller oder anderer Natur kann im Traum als Brutalität und Grausamkeit zum Ausdruck kommen.

Spirituell: Brutalität im Traum kann sich auf dämonische Handlungen des Bösen beziehen.

BUCH

auch → Lesen, → Religiöse Bilder

Allgemein: In Träumen wird das Streben nach Wissen und die Fähigkeit, aus den Erfahrungen und von den Meinungen anderer Menschen zu lernen, durch Bücher und Bibliotheken symbolisiert. Beides repräsentiert Weisheit und spirituelle Bewußtheit. Handelt ein Traum von Rechnungsbüchern, so lenkt dies die Aufmerksamkeit des Träumenden auf die Notwendigkeit, sich um seine Ressourcen zu kümmern. Kommt ein Roman vor, dann ist er ein Hinweis auf alternative Betrachtungsweisen. Dabei spielt die Art des Romans eine Rolle. Ein historischer Roman, beispielsweise, kann verlangen, daß der Träumende seine Vergangenheit erforschen soll; ein Liebesroman hingegen ist die Aufforderung dazu, über Beziehungen nachzudenken.

Psychologisch: Auf der Verstandesebene sucht der Träumende in seinem Traum nach Mitteln und Wegen, die ihm helfen, mit dem fertig zu werden, was in seinem Leben geschieht.

Spirituell: Ein Buch – besonders ein heiliges Buch, wie etwa die Bibel oder der Koran – symbolisiert geheimes oder heiliges Wissen. Wenn ein Traum davon handelt, dann kann dies das Bedürfnis zum

Ausdruck bringen, in das Reich des heiligen Wissens zu blicken oder sich rückzuversichern, daß man auf dem richtigen Weg ist.

BUCHT

Allgemein: Der Traum von einer Küstenlinie mit einer Bucht zeigt, daß der Träumende sich der Sexualität und Empfänglichkeit von Frauen bewußt ist.

Psychologisch: Die Bucht im Traum kann den Eingriff des Träumenden in den Bereich eines anderen Menschen darstellen.

Spirituell: Auf der spirituellen Ebene steht die Bucht für das Schützende und Gebärende.

BUDDHA

auch → Religiöse Bilder

Allgemein: Im Traum stellt Buddha die Leugnung oder den Verlust des Ichs dar. Es ist notwendig, sich vom Denken und Begehren zu befreien.

Psychologisch: Wenn man träumt, man sei Buddhist, dann ist es wichtig, sich die Unterschiede zwischen westlicher und östlicher Religion vor Augen zu halten.

Spirituell: Auf dieser Ebene bedeutet der Buddha spirituelle Klarheit.

BÜHNE

auch → Theater

Allgemein: Im Traum auf der Bühne zu stehen bedeutet, daß sich der Träumende zeigen und präsentieren will. Eine Freiluftbühne ist ein Hinweis auf Kommunikation mit der breiten Masse. Eine Drehbühne zeigt das Bedürfnis, in Bewegung zu bleiben, selbst während der Träumende eine Rolle spielt. Ist der Träumende nur der Zuschauer, so ist er in die Rolle der Passivität gedrängt und muß das Bühnengeschehen beobachten.

Spirituell: Aus spiritueller Sicht ist eine Bühne ein Symbol für das Theater des Lebens. Der Träumende ist dazu in der Lage, die Ereignisse objektiv zu beobachten, obwohl er beteiligt ist. Indem er das »Stück« nach außen projiziert, kann er sein Leben steuern.

BÜRO

Allgemein: Die Arbeitssituation des Menschen bildet häufig das Ambiente seiner Träume. Das Büro ist in der Regel etwas formaler gestaltet als die Wohnung, und daher haben die dort spielenden Szenarios häufig die Beziehung zur Arbeit und zu Autoritäten zum Thema.

Psychologisch: Wenn man sich im Traum in einem Büro befindet – insbesondere wenn man es nicht kennt –, verweist dies auf die Notwendigkeit von Ordnung und auf ein gewisses Maß von Bürokratie im Leben. Tut der Träumende in seinem Traum im Büro Dienst, so symbolisiert dies die Übernahme von Verantwortung.

Spirituell: Auf der spirituellen Ebene verweist ein Büro darauf, daß der

Träumende die Verantwortung dafür übernommen hat, wer er ist.

BURG

auch → Gebäude

Allgemein: Der Träumende wird mit dem weiblichen Prinzip der abgeschlossenen und verteidigten Privatsphäre verbunden, wenn er von einer Burg träumt. Sie kann das Phantastische oder vielleicht die Schwierigkeit beim Erreichen seiner Zielsetzungen repräsentieren.

Psychologisch: Bevor sich der Mensch ganz und gar für andere öffnen kann, muß er in der Regel seine Barrieren abbauen. In einer Burg gefangengehalten zu werden, stellt möglicherweise die Schwierigkeit bei der Befreiung von alten Einstellungen dar. Versucht der Träumende, in eine Burg einzudringen, dann heißt dies, daß er die Hindernisse erkennt und überwinden wird.

Spirituell: Auf dieser Ebene steht die Burg für spirituelle Prüfung und die Überwindung von Hindernissen, um tiefere Erkenntnis zu erlangen.

BUS

auch → Reise

Allgemein: Der Aufenthalt in einem Bus zeigt, daß der Träumende sich mit Gruppenbeziehungen auseinandersetzt und sich überlegt, wie er in Zukunft mit seinen Mitmenschen umgehen will.

Psychologisch: Möglicherweise verspürt der Träumende den Drang, für sich zu sein, obwohl er einer Gruppe angehört und mit ihr engagiert für etwas kämpft.

Spirituell: Auf der spirituellen Ebene steht der Bus für das allumfassende Gute.

BUTTERBLUME

→ Blumen

C

CHAMÄLEON

→ Tiere

CHIRURGIE

Allgemein: Der Aufenthalt bei einem Chirurgen im Traum deutet an, daß der Träumende sich um seine Gesundheit kümmern sollte.

Psychologisch: Eine Operation ist ein recht gewaltsamer Eingriff in das Leben eines Menschen, der jedoch unverzichtbar sein kann. Träumt man davon, operiert zu werden, so zeigt dies, daß man sich an Veränderungen gewöhnen muß. Dies kann anfangs schwierig sein, aber letzten Endes wirkt es heilend.

Spirituell: Auf der spirituellen Ebene kann dies bedeuten, daß der Träumende mit zu vielen Dingen gleichzeitig beschäftigt ist.

CHRISTBAUM

Allgemein: Für die meisten Menschen ist der Christbaum mit der Vorstellung von Festlichkeit verbunden, daher symbolisiert er im Traum die Hervorhebung eines bestimmten Zeitabschnitts. Vielleicht kündigt er aber auch einen Neubeginn an. Darüber hinaus kann der Christbaum eine Zeit des Gebens darstellen oder die Fähigkeit, sich über ein Geschenk zu freuen.

Psychologisch: Vielleicht sieht der Träumende im Christbaum die Ankündigung, daß sich eine lange quälende oder deprimierende Sache nun zum Besseren wendet.

Spirituell: Auf der spirituellen Ebene ist der Christbaum der Baum der Wiedergeburt und Unsterblichkeit, weil er immergrün ist.

CHRISTUS

→ Religiöse Bilder

CHRYSOLITH

→ Edelsteine

CHRYSOPRAS

→ Edelsteine

CD

Allgemein: Handelt der Traum von einer CD-ROM, auf die man mit einem Computer Zugriff hat, dann verweist dies auf die Verfügbarkeit einer riesigen Informationsmenge. Eine Musik-CD könnte den Träumenden darauf aufmerksam machen, daß er Erholung braucht.

Psychologisch: Eine CD hat im Traum dieselbe Bedeutung wie die Sonne; sie stellt Vollkommenheit und die Erneuerung des Lebens dar.

Spirituell: Auf der spirituellen Ebene repräsentiert eine CD Göttlichkeit und Macht.

COMPUTER

Allgemein: Computer und andere High-Tech-Geräte sind für viele Menschen ein Teil ihres Lebens.

Der Computer kann im Traum als Werkzeug fungieren oder aber das persönliche Potential an Begabungen symbolisieren, welche der Träumende besitzt.

Psychologisch: Der Träumende stellt eine Verbindung zu alten Erinnerungen oder zu gespeicherten Informationen her.

Spirituell: Ein Computer kann spirituelle Eindrücke symbolisieren; er kann auch die Vergangenheit, die Gegenwart und die Zukunft darstellen.

D

DACH

Allgemein: Wenn sich im Traum die Aufmerksamkeit auf das Dach eines Hauses richtet, dann weiß der Träumende um den Schutz, den es bietet. Ein undichtes Dach zeigt, daß der Träumende für emotionale Angriffe offen ist. Steht der Träumende auf dem Dach, fühlt er sich stark genug, um auf Schutz verzichten zu können.

Psychologisch: Ein Dach ist notwendig, um das Grundbedürfnis des Menschen nach Sicherheit und Schutz zu erfüllen. Auf der anderen Seite erschwert das Dach »den Griff nach den Sternen«.

Spirituell: Mitunter wird der schützende Aspekt der Frau als Hüterin der Feuerstelle als Dach dargestellt.

DAME

→ Spiele

DAMM

auch → Wasser

Allgemein: Ein Damm kann im Traum unterschiedliche Bedeutungen annehmen. Vielleicht staut der Träumende seine Gefühle und Triebe auf oder versucht, einen Gefühlsausbruch bei einem anderen Menschen zu verhindern. Wenn der Träumende einen Damm errichtet, dann baut er einen Schutzwall zu seiner Verteidigung auf. Ein brechender Damm ist ein Hinweis darauf, daß der Träumende fürchtet, seine Gefühle nicht mehr länger unter Kontrolle halten zu können.

Psychologisch: Während der Mensch auf der bewußten Ebene seine Gefühle in der Regel kontrollieren muß, gestattet ihm das Traumerleben den natürlichen Ausdruck seiner Schwierigkeiten oder Frustration. Überlaufendes Wasser oder ein Dammbruch ist dabei ein oft wiederkehrendes Bild.

Spirituell: Auf dieser Ebene symbolisiert der Damm der spirituellen Entwicklung künstlich auferlegte Begrenzungen.

DAMPF

Allgemein: Dampf im Traum kann emotionalen Druck verraten. Der Träumende hegt leidenschaftliche Gefühle einer Sache oder einem Menschen gegenüber, ohne genau zu wissen, worum oder um wen es sich handelt.

Psychologisch: Da sich hier die eine Substanz in eine andere verwandelt, bedeutet Dampf Transformation. Darüber hinaus steht Dampf für eine vorübergehende Erfahrung, da er sich leicht verflüchtigen kann.

Spirituell: Der Träumende begegnet der Macht des Geistes und ist sich dessen bewußt.

DARM/ DARMENTLEERUNG

→ Körper

DATTEL

Allgemein: Weil Datteln exotische Früchte sind, machen sie den Träumenden auf seine Wünsche nach etwas Besonderem und Ausgefallenem in seinem Leben aufmerksam. Andererseits steht die Dattel im Traum vielleicht dafür, daß der Träumende Freundlichkeit und einen Menschen braucht, der sich um ihn kümmert.

Psychologisch: Der Träumende verspürt das Bedürfnis, daß sich ein anderer Mensch in einem ungewöhnlichen Maß seiner annimmt.

Spirituell: Früchte, und besonders Datteln, werden oft mit Fruchtbarkeit und Fruchtbarkeitsriten in Verbindung gesetzt. Im Alten Rom wurden Datteln wegen ihres köstlichen Geschmacks und ihrer spirituellen Verbindung oft während der Hochzeitsvorbereitungen als Aphrodisiakum verwendet.

DATUM

Allgemein: Wenn im Traum ein bestimmtes Datum hervorgehoben wird, soll der Träumende entweder an etwas besonders Bedeutsames – im positiven oder im negativen Sinne – in seinem Leben erinnert werden oder aber über die Zahlen des Datums nachdenken (→ Zahlen).

Psychologisch: Die Psyche des Menschen gibt ihm im Traum oft hellseherische Informationen. Möglicherweise bezeichnet das Datum ein in der Zukunft liegendes Ereignis, auf das der Träumende aufmerksam gemacht werden soll.

Spirituell: Ein bestimmtes Datum oder ein bestimmter Tag können auf eine bevorstehende – vielleicht auch auf eine vergangene – spirituelle Erfahrung hinweisen.

DAUMEN

→ Körper

DECKE

Allgemein: Steppdecke, Federbett oder Wolldecke repräsentieren häufig das Bedürfnis des Träumenden nach Sicherheit, Wärme und Liebe. Sie im Traum zu sehen bedeutet, daß er dieses Bedürfnis erkennt. Eine spezielle Bettdecke kann eine spezielle Bedeutung haben. Eine Kinderbettdecke im Traum eines Erwachsenen etwa kann auf den Wunsch nach Trost deuten.

Psychologisch: Möglicherweise hat die Farbe oder das Muster der Bettdecke größere Bedeutung als die Decke selbst (→ Farben, → Geometrische Figuren).

Spirituell: Auf dieser Ebene kann eine Bettdecke im Traum ein Symbol für spirituelle Fürsorge sein.

DELPHIN

Allgemein: Delphine sind für Seeleute gleichzeitig Retter und Führer, weil sie ein besonderes Wissen und eine besondere Art von Bewußtheit haben. Wie der Delphin, so taucht auch das Unbewußte aus den Tiefen auf – der Delphin repräsentiert demnach die verborgene Seite des Menschen, die es zu ergründen gilt.

Psychologisch: Auf der psychologischen Ebene stellt ein Delphin die spielerische Seite der Persönlichkeit dar. Zugleich macht er den Träumenden jedoch auch auf den Trickster aufmerksam (→ Trickster). Schwimmt der Träumende in seinem Traum mit Delphinen, dann setzt er sich mit seiner ursprünglichen Natur in Verbindung.

Spirituell: Ein Delphin symbolisiert spirituelle Sensibilität und Geborgenheit.

DENKMAL

Allgemein: Spielt in einem Traum ein Denkmal, etwa ein Kriegerdenkmal, eine Rolle, dann transportiert dies den Träumenden zurück in eine vergangene Zeit, zu einer Erinnerung vielleicht, die zu einem »Abdruck in Stein« geworden ist. Der Träumende muß diese Erinnerung aufarbeiten, bevor er in seiner Entwicklung weiter voranschreiten kann.

Psychologisch: Ein Denkmal kann einfach das Wiedererkennen einer glücklicheren Zeit symbolisieren, deren Wert der Träumende im Gedächtnis behalten muß.

Spirituell: Ein Denkmal ist eine gegenständliche Darstellung, die Ehrerbietung und Wertschätzung wiedergeben soll.

DIADEM

Allgemein: Das Diadem im Traum ist eine Anerkennung der Macht des Weiblichen und drückt die Fähigkeit aus, geistige oder intellektuelle Fähigkeiten zu nutzen, um eine Vormachtstellung zu erhalten.

Psychologisch: Mit einem Diadem wird immer ein magisches Gefühl oder etwas Wunderbares assoziiert, und es kann daher als Darstellung des Magischen und Unbekannten aufgefaßt werden.

Spirituell: Auf der spirituellen Ebene ist das Diadem ein Symbol für die Himmelskönigin und stellt durch seine Kreisform das größere Ganze dar.

DIAMANT

→ Edelsteine

DICK

Allgemein: Sieht sich der Träumende in seinem Traum als dicken Menschen, so wird seine Aufmerksamkeit auf die Abwehr gelenkt, die er gegen seine Unzulänglichkeit benutzt. Gleichzeitig wird sich der Träumende durch das Traumbild vielleicht seiner Sinnlichkeit und genußvollen Seite bewußt, der er zuvor noch nicht begegnet sein mag.

Psychologisch: Die Meinung, die der Träumende im Wachzustand von seinem Körper hat, kann sich von der, die ihm in seinen Träumen präsentiert wird, gravierend unterscheiden. Das gibt ihm die Gelegenheit, an seinem körperlichen Selbstbild zu arbeiten.

Spirituell: Auf der spirituellen Ebene steht das Dicksein für die Wahl, vor die jeder Mensch immer wieder gestellt wird: unterwerfen oder auflehnen.

DIEB

auch → Stehlen

Allgemein: Handelt ein Traum von einem Dieb, so läßt dies darauf schließen, daß der Träumende Angst hat, Verluste hinnehmen zu müssen. Es muß sich dabei nicht unbedingt um materielle Dinge handeln, es kann auch Liebe oder Leidenschaft gemeint sein.

Psychologisch: Wenn im Traum ein Dieb erscheint, verkörpert er den Teil der Persönlichkeit, der den Träumenden Zeit und Energie für sinnlose Beschäftigungen verschwenden läßt. Der Träumende wird durch einen Teil seiner selbst bestohlen.

Spirituell: Auf der spirituellen Ebene ist der Dieb im Traum der Teil des Selbst, der Glauben nicht respektiert.

DIKTATOR

→ Menschen

DINOSAURIER

Allgemein: Ungeheuer und vorgeschichtliche Lebewesen in Träumen lösen Angst und Erschrecken aus. Der Träumende muß sich

Klarheit verschaffen, ob er in seiner Existenzangst stärker auf ihre körperliche Größe oder auf ihre Macht reagiert.

Psychologisch: Der Träumende hat die Verbindung zu einem archaischen oder unzeitgemäßen Teil seiner selbst aufgenommen. In Anbetracht der Tatsache, daß die Dinosaurier ausgestorben sind und dem Menschen heute vor allem in der Form von Fossilien begegnen, könnte es sich, wenn ein solches Tier im Traum vorkommt, um einen versteinerten Persönlichkeitsanteil handeln.

Spirituell: Jeder Mensch trägt eine chaotische Vergangenheit in sich, die einen riesigen Teil seines Lebens ausmacht. Soll die spirituelle Entwicklung voranschreiten, muß der Träumende begreifen, daß er auch im Nachhinein noch auf die Vergangenheit einwirken kann.

DISTEL

Allgemein: Disteln in einem Traum weisen auf etwas Unangenehmes im Leben des Träumenden hin. Ein Distelfeld symbolisiert einen schwierigen Weg, den der Träumende vor sich hat. Eine einzige Distel deutet auf geringere Schwierigkeiten hin.

Psychologisch: Die Distel kann für Trotz und Rachsucht stehen. Von ihr zu träumen, macht dem Träumenden diese Eigenschaften bei Mitmenschen und bei sich selbst bewußt. Hierbei kann auch die Farbe der Distel von Bedeutung sein (→ Farben).

Spirituell: Die Distel kann die verstandesmäßige Ablehnung gegenüber einer körperlichen Not darstellen.

DOHLE

→ Vögel

DOLCH

Allgemein: Wenn im Traum ein Dolch eine Rolle spielt, kann seine Bedeutung entweder im Angriff oder in der Verteidigung liegen. Benutzt der Träumende den Dolch, um einen anderen Menschen anzugreifen, dann versucht er auf einer tieferen Ebene, einen ungeliebten Teil seiner selbst herauszuschneiden und loszuwerden. Wird der Träumende in seinem Traum durch einen Dolchstich verletzt, hebt das seine Verletzbarkeit hervor.

Psychologisch: Der Dolch im Traum ist eng mit der männlichen Seite des Träumenden verbunden und repräsentiert in der Regel die Sexualität.

Spirituell: Wird der Dolch gegen den Träumenden gerichtet, stellt er ein Opferinstrument aus alten Zeiten dar.

DONNER

Allgemein: Donner, der in einem Traum zu hören ist, kann eine Warnung vor einer bevorstehenden emotionalen Entladung sein.

Der Träumende hat Energie aufgestaut, die schließlich ein Ventil finden muß. Ist der Donner nur aus weiter Ferne zu hören, dann bleibt immer noch Zeit, um die Kontrolle über eine äußerst schwierige Situation zu gewinnen.

Psychologisch: Der Donner war von jeher das Symbol für Macht und Energie. In Verbindung mit dem Blitz wurde er als Werkzeug der Götter betrachtet. Er konnte sowohl Trauer und Leid mit sich bringen als auch reinigend und klärend wirken.

Spirituell: Auf der spirituellen Ebene bedeutet Donnergrollen tiefe Wut oder in extremen Fällen sogar den Zorn Gottes.

DORF

Allgemein: Ein Dorf in einem Traum verweist auf eine enge Gemeinschaft. Es versinnbildlicht die Begabung des Träumenden, stärkende Beziehungen und Gemeinschaftsgeist zu entwickeln.

Psychologisch: In einem Dorf geht es jedoch nicht nur idyllisch zu. Zum Beispiel weiß jeder über alle anderen genau Bescheid, was durchaus problematisch sein kann. Eventuell bringt dieses Symbol dem Träumenden die Einengung zum Ausdruck, die er in einer wichtigen Beziehung verspürt. Da das Leben in einem Dorf langsamer verläuft als in der Großstadt, könnte es als Trauminhalt auch für Entspannung stehen.

Spirituell: Oft standen Kirche und Wirtshaus, zwei ganz verschiedene Orte also, im Mittelpunkt des Dorflebens. Spirituell gesehen, muß sich der Träumende immer wieder darum bemühen, zwei Aspekte seines Lebens miteinander in Einklang zu bringen.

DORN

Allgemein: Im Traum von einem Dorn gestochen zu werden bedeutet, daß der Träumende kleinere Schwierigkeiten zu bewältigen hat. Bringen Dornen Blut zum Fließen, dann muß der Träumende in seinem Leben nach der Ursache für eine Verletzung suchen. Handelt es sich um den Traum einer Frau, dann kann die Verletzung durch den Dorn für den sexuellen Akt stehen oder für ihre Angst vor dem Geschlechtsverkehr.

Psychologisch: Der Dorn im Traum symbolisiert körperliches Leid. In Verbindung mit der allgemeinen Gesundheit kann er auf eine mögliche Anfälligkeit für Infektionen hinweisen.

Spirituell: Der Dorn, speziell in bezug auf Christus, kann bedeuten, daß der Träumende auf der Suche nach dem Spirituellen ist. Die Dornenkrone versinnbildlicht das Leiden für den Glauben.

DRACHE
(das Fabelwesen)

Allgemein: Ein Drache ist ein komplexes, universelles Symbol. Er gilt als furchterregend und trotzdem handhabbar. Unter bestimmten Bedingungen stellt er die ungezähmte Natur des Menschen dar. Sein Erscheinen im Traum verlangt, daß der Träumende an seinen Leidenschaften und chaotischen Vorstellungen arbeitet.

Psychologisch: Jeder Mensch besitzt auch eine mutige Seite, mit der er gefährlichen Konflikten die Stirn bietet. Dies muß sein, damit der Träumende die niedrigeren Seiten seines Wesens überwinden und seine inneren Quellen erreichen kann. Der Drache im Traum stellt diesen Konflikt dar.

Spirituell: Auf der spirituellen Ebene steht der Drache für die durch das Patriarchat unterworfene weibliche Seite des Menschen. Ihr darf nicht mit Kampf, sondern muß mit Liebe begegnet werden.

DRACHEN
(das Fluggerät)

Allgemein: In chinesischen Überlieferungen symbolisiert der Drachen den Wind; auch heute noch ist er ein Symbol für Freiheit und Glück. Läßt der Träumende in seinem Traum einen Drachen steigen, erinnert ihn dies vielleicht an unbeschwerte Kindheitstage, die noch frei von Verantwortung waren. Oft sind die Farbe des Drachen (→ Farben) und das Material, aus dem er hergestellt wurde, von symbolischer Bedeutung.

Psychologisch: Wenn man einen Drachen steigen läßt, dann liefert man sich dabei völlig dem Wind aus. Übertragen auf die Traumebene bedeutet dies, daß der Träumende in seinem Alltagsleben über die Sachkenntnis verfügt, die er benötigt.

Spirituell: Ein Drachen stellt das Bedürfnis des Träumenden nach größerer spiritueller Freiheit dar – frei sein von Einschränkungen und selbst die »Fäden ziehen«.

DREI

→ Zahlen

DREIECK

→ Geometrische Figuren

DRESCHFLEGEL

Allgemein: Jedes Schlaginstrument, welches in Träumen eine Rolle spielt, ist ein Hinweis darauf, daß irgend etwas Macht über den Träumenden hat und ihn beherrschen will, statt ihm die Kraft zu geben, um selbst in Aktion zu treten.

Psychologisch: Ein Dreschflegel kann die Vorstellungen des Träumenden über Autorität verdeutlichen. In alten Zeiten benutzte der Hofnarr eine Schweineblase, um den König mit ihr zu schlagen und ihn damit an die notwendige Demut zu erinnern.

Spirituell: Ein Dreschflegel kann auch spirituelle Höherwertigkeit und die höhere Macht symbolisieren, die dem Träumenden vielleicht zugänglich ist.

DRITTES AUGE

→ Religiöse Bilder

DROGEN

auch → Rausch

Allgemein: Wenn im Traum Drogen eine Rolle spielen, deutet dies darauf hin, daß der Träumende vielleicht Hilfe von außen braucht, damit er sein Bewußtsein verändern kann. Nimmt der Träumende in seinem Traum Drogen, dann glaubt er, die Kontrolle über sein Leben verloren zu haben und sich auf äußere Reizmittel verlassen zu müssen. Ein unangenehmes Drogenerlebnis im Traum kann auf die Angst, den Verstand zu verlieren, zurückgeführt werden. Muß sich der Träumende gegen seinen Willen Drogen verabreichen lassen, so ist eine mögliche Deutung, daß der Träumende gezwungen wird, eine unangenehme Wahrheit zu akzeptieren.

Psychologisch: Möglicherweise versucht der Träumende unter Zuhilfenahme von Drogen, die Realität zu leugnen. Sie können aber auch ein Heilfaktor bei der Wiederherstellung des inneren Gleichgewichts sein. Werden dem Träumenden von einem Fachkundigen Drogen im Sinne von Medikamenten verabreicht, so bedeutet dies, daß er das größere Wissen eines anderen Menschen annimmt. Erwirbt der Träumende Drogen auf illegalem Weg, läßt dies auf eine überhöhte Risikobereitschaft schließen.

Spirituell: Bestimmte Drogen dienen dem Ziel, einen euphorischen Zustand oder eine Bewußtseinsveränderung herbeizuführen. So gesehen sind sie eine Methode der Erkenntnisförderung. Doch bleibt der Wert solcher Erkenntnis zweifelhaft, da sie eine Folge der Droge und nicht auf natürliche Weise induziert ist.

DUFT

auch → Geruch, → Parfum

Allgemein: Wenn man im Traum einen Duft wahrnimmt, ist dies in der Regel höchst bedeutsam, da es einzelne Bestandteile des Traumgeschehens noch stärker hervorhebt. Handelt es sich um einen angenehmen Duft, so verweist dies auf eine gute Zeit; ist der Geruch unangenehm, dann ist er möglicherweise als Warnung aufzufassen.

Psychologisch: Der menschliche Geruchssinn ist sehr stark ausgeprägt. Aber wie alle anderen Sinneswahrnehmungen kann auch der Duft für etwas anderes stehen oder ein Mittel sein, um den Träumenden auf einen Ort oder eine Situation in seiner Vergangenheit aufmerksam zu machen.

Spirituell: Auf dieser Ebene symbolisiert ein lieblicher Duft Heiligkeit und Spiritualität.

DUNKELHEIT

Allgemein: Dunkelheit im Traum wird als Zustand der Verwirrung oder als das Betreten eines unbekannten und schwierigen Geländes gedeutet. Vielleicht gerät der Träumende mit einem abgelehnten und daher verborgenen Persönlichkeitsanteil in Berührung.

Psychologisch: Dunkelheit im Traum macht den Träumenden auf seine dunkle, depressive Seite aufmerksam. Auch der Schatten (→ Archetypen) kann durch dieses Traumbild verkörpert werden.

Spirituell: Auf der spirituellen Ebene symbolisiert die Dunkelheit das Chaos und das magische Böse.

DURST

Allgemein: Im Traum Durst zu haben zeigt, daß der Träumende ein unbefriedigtes inneres Bedürfnis hat. Jede Form von emotionaler Befriedigung wäre jetzt willkommen.

Psychologisch: Stillt der Träumende seinen Durst selbst, so zeigt dies, daß er fähig ist, seinen Wünschen richtig zu begegnen. Bleibt der Durst des Träumenden ungelöscht, so ist die Auseinandersetzung damit verlangt, welche existentiellen Notwendigkeiten dem Träumenden durch wen vorenthalten werden.

Spirituell: Der Durst im Traum steht wörtlich für den Durst nach spirituellem Wissen und nach Erleuchtung.

E

EBENE

Allgemein: Eine ebene Oberfläche verweist in der Regel auf Leichtigkeit und Bequemlichkeit.

Psychologisch: Im Traumzustand gibt es viele Ebenen des Verständnisses. Die Ebene, auf welcher der Träumende seine Träume interpretiert, hängt davon ab, wie weit er schon fortgeschritten ist.

Spirituell: In der Tempelarchitektur stellt die Ebene Wissen außerhalb der Norm dar.

EBER

auch → Tiere

Allgemein: Wortassoziationen sind ein Mittel vieler Träume, um den Träumenden auf den Trauminhalt aufmerksam zu machen. Weil nicht viele Menschen mit Ebern Kontakt haben, bedeutet »Eber« im Traum normalerweise »über« – im Sinne von Überdruß.

Psychologisch: In Verbindung mit Festen und Festtagen kann der Eber Sinneslust und Völlerei darstellen.

Spirituell: Auf der spirituellen Ebene steht der Eber im Traum für Überfluß und Vitalität. In Verbindung mit der Mythologie und mit Märchen kann der Eber auch das Böse darstellen.

ECKE

Allgemein: Im Traum um eine Ecke zu biegen bedeutet, daß der Träumende es geschafft hat, sich in Bewegung zu setzen und neue Erfahrungen zu machen, obwohl es zunächst so aussah, als gäbe es Hindernisse. Biegt der Träumende rechts um eine Ecke, verweist dies auf eine logische Handlungsorientierung, biegt er links ab, bedient er sich eines intuitiveren Ansatzes.

Psychologisch: Der Traum macht dem Träumenden einen verborgenen oder wenig zugelassenen Aspekt zugänglich. Der Träumende muß sich nicht mehr wie in die Ecke gedrängt fühlen; er kann mit dem Unerwarteten und mit neuen Erfahrungen umgehen.

Spirituell: Auf dieser Ebene bedeutet die Ecke, daß der Träumende eine neue Perspektive bezüglich seiner spirituellen Unentschiedenheit erlangen muß.

EDELSTEINE

Allgemein: Wenn Edelsteine im Traum eine Rolle spielen, dann stehen sie fast immer für Dinge, die der Träumende zu schätzen weiß. Dies können persönliche Eigenschaften sein, wie beispielsweise Integrität, Authentizität oder sogar der eigene Wesenskern. Sobald der Mensch weiß, was er sucht, ist ihm der Wert der Dinge, seiner Umgebungen und der möglichen Erfahrungen bewußt. Versucht der Träumende also auf einem Berg oder in einer Höhle Edelsteine zu finden, so bemüht er sich um jene Persönlichkeitsbestandteile, die ihm in seiner Zukunft nützlich sein könnten. Zählt er Edelsteine oder versucht er, ihren Wert zu schätzen, dann ist dies ein Hinweis, daß er noch Zeit zum Nachdenken braucht.

Psychologisch: In der Traumdeutung wird jeder Edelstein aufgrund seiner Eigenschaften wie folgt interpretiert:

Achat (schwarz): Symbolisiert Wohlstand, Mut, Zuversicht und Ausdruckskraft. Ein roter Achat stellt Frieden, spirituelle Liebe zu Gott, Gesundheit, Wohlstand und ein langes Leben dar.

Amethyst: Er ist der Edelstein der Heilung und der Traumbeeinflussung. Außerdem wird er mit Demut, Seelenfrieden, Vertrauen, Selbstbeschränkung und Resignation in Verbindung gebracht.

Aquamarin: Er verkörpert Hoffnung, Jugend und Gesundheit.

Bernstein: Repräsentiert kristallisiertes Licht und Magnetismus.

Beryll: Man sagt, Beryll stelle Glück, Hoffnung und ewige Jugendlichkeit dar.

Blutjaspis: Er spiegelt Frieden und Verständnis wider und erhört alle Wünsche.

Chrysolith: Repräsentiert Weisheit, Diskretion, Taktgefühl, Klugheit.

Chrysopras: Symbolisiert Heiterkeit, bedingungslose Fröhlichkeit, das Symbol der Freude.

Diamant: Symbolisiert menschliche Gier, die Härte der Natur und menschliche Werte im kosmischen Sinn. Darüber hinaus ist er Symbol der Dauerhaftigkeit und Unbestechlichkeit sowie der unerschütterlichen Treue, Aufrichtigkeit und Unschuld.

Gagat: Obwohl er normalerweise mit den dunkleren Gefühlen, wie Kummer und Trauer, in Zusammenhang gebracht wird, wacht er auf einer Reise über die Sicherheit.

Granat: Versinnbildlicht Hingabe, Loyalität und Anmut. Ein Granat kann auf der Energieebene helfen.

Grüner Granat: Beeinflußt Einfachheit, Bescheidenheit und Glück im Rahmen von Demut.

Hyazinth: Teilweise Treue und die darin enthaltene Wahrhaftigkeit, aber auch das Geschenk des Zweiten Gesichts und Bescheidenheit.

Jade: Steht sowohl für Außergewöhnliches und Hervorragendes, als auch für die himmlische Macht des Yang und alle damit einhergehenden Freuden.

Jaspis: Bedeutet Freude und Glück.

Karfunkelstein: Wird mit Bestimmung, Erfolg und Selbstsicherheit in Verbindung gebracht.

Karneol: Symbolisiert Freundschaft, Mut, Selbstvertrauen und Gesundheit.

Katzenauge: Steht für Langlebigkeit, Überlebensfähigkeit und den bleichen Mond.

Korund: Einflüsse und Hilfe schaffen geistige Stabilität.

Kristall: Symbolisiert Reinheit, Einfachheit und verschiedene magische Elemente.

Lapislazuli: Ruft göttliches Wohlwollen, Erfolg und die Fähigkeit zu Beharrlichkeit hervor.

Magnetit: Spiegelt Aufrichtigkeit und Ehrlichkeit wider; beeinflußt die männliche Potenz.

Mondstein: Steht für den Mond und seine magischen Eigenschaften sowie für Zärtlichkeit und romantische Liebe.

Olivin: Weist hin auf Einfachheit, Bescheidenheit und Glück in bescheidenem Rahmen.

Onyx: Symbolisiert Scharfsinn, Aufrichtigkeit, spirituelle Kraft und Eheglück.

Opal: Stellt nicht nur Treue dar, sondern auch religiöse Leidenschaft, Gebet und die Beständigkeit des spirituellen Glaubens.

Peridot: Versinnbildlicht die gefestigte Freundschaft und auch den Blitz.

Perle: Symbolisiert die weiblichen Prinzipien der Keuschheit und Reinheit, außerdem den Mond und das Wasser.

Rubin: Wird in Beziehung gesetzt mit allem, was mit königlicher Größe zu tun hat: Würde, Hingabe, Macht, Liebe, Leidenschaft, Schönheit, Langlebigkeit und Unverletzbarkeit.

Saphir: Repräsentiert weltliche Treue, Tugendhaftigkeit, Kontemplation und die weibliche Seite der Keuschheit.

Smaragd: Stellt Unsterblichkeit,

Hoffnung, Jugend, Treue und auch die Schönheit des Frühlings dar.

Topas: Steht in Beziehung zur Schönheit des Göttlichen in Form von Güte, Treue, Freundschaft, Liebe und Klugheit und symbolisiert auch die Sonne.

Türkis: Er repräsentiert Mut, körperliche und spirituelle Erfüllung sowie Erfolg.

Turmalin: Stellt Inspiration, Vorstellungskraft und Freundschaft dar.

Zirkon: Symbolisiert Weltklugheit, aber auch Ehre und die Anmut des Großartigen.

Spirituell: Aus spiritueller Sicht können Edelsteine und ihre Deutung die persönliche Entwicklung vorantreiben.

EFEU

Allgemein: Von Efeu zu träumen, weist zurück auf die alte Vorstellung von Feierlichkeit und Vergnügen. Es kann die klammernde Abhängigkeit symbolisieren, die sich mitunter in Beziehungen entwickelt.

Psychologisch: Weil Efeu ein Symbol für dauerhafte Zuneigung ist, erkennt der Träumende, daß er in dieser Hinsicht für die Befriedigung seiner Bedürfnisse sorgen muß.

Spirituell: Auf der spirituellen Ebene symbolisiert Efeu Unsterblichkeit und ewiges Leben.

EHEFRAU

→ Familie

EHEMANN

→ Familie

EHERING

auch → Ring

Allgemein: Ursprünglich war der Ehering ein Symbol völliger, alles umschließender Liebe. Seine Form ist vollkommen, sie hat keinen Anfang und kein Ende. Als Traumbild schafft er eine Verbindung zur Ewigkeit. Der geträumte Verlust des Eherings kann auf Eheprobleme verweisen. Findet der Träumende einen Ehering, heißt dies möglicherweise, daß sich eine Beziehung anbahnt, die in eine Ehe münden könnte.

Psychologisch: Im Menschen lebt das Bedürfnis, Gelübde abzulegen, Versprechen zu machen und diese symbolisch darzustellen. Der Ehering, getragen an dem Finger, der mit dem Herzen assoziiert wird – dem vierten Finger der rechten Hand –, ist ein solches Symbol. Handelt der Traum von einem Ehering, der an einem anderen Finger steckt, so kann dies ein Hinweis dafür sein, daß das Versprechen keine Geltung hat oder daß der Träumende den Ehering als Einschränkung empfindet.

Spirituell: Ein Ehering symbolisiert die bindende Hingabe, die ewige Liebe bedeutet.

EI

Allgemein: Das Ei ist ein Symbol für nicht verwirklichtes Potential oder für Chancen, welche die Zukunft noch bringen wird. Handelt ein Traum von einem Ei, dann ist dies ein Fingerzeig dafür, daß dem Träumenden seine natürlichen Fähigkeiten noch nicht völlig bewußt geworden sind. Das Essen des Eis zeigt den Wunsch des Träumenden, bestimmte Aspekte von Neuheit aufzunehmen, ohne die er eine ihm noch nicht vertraute Art, zu leben, nicht vollkommen erforschen kann.

Psychologisch: Das Ei im Traum stellt das Staunen des Träumenden dar, welches er angesichts des Wunders Leben empfindet. Mit ihm ist die Erkenntnis verbunden, daß Zeiten der Aktivität auch Perioden der Ruhe und Nachdenklichkeit folgen müssen, um neue Eindrücke verarbeiten und richtig einordnen zu können.

Spirituell: Es heißt, das Prinzip des Lebens und der Keim allen Seins seien im kosmischen Ei enthalten; daher stellt das Ei das Potential und die Kraft des Menschen dar, vollkommen zu sein.

EIBE

auch → Baum

Allgemein: Einst symbolisierte die Eibe Kummer und Traurigkeit. Zwar würden nur wenige eine Eibe erkennen, das Wissen aber ist im Unbewußten jedes Menschen gespeichert. Ein solches Symbol kann in Träumen als instinktives Wissen zum Vorschein kommen.

Psychologisch: Die Bedeutung der Eibe auf dieser Ebene ist äußerst ambivalent: Zum einen war ihr Holz früher hochgeschätzt, da es zu Bögen und Armbrüsten verarbeitet werden konnte; andererseits aber zeichnet sich die Eibe durch eine Giftigkeit aus, die ihresgleichen sucht.

Spirituell: Die äußerst langlebige Eibe kann spirituelle Unsterblichkeit symbolisieren.

EICHE

→ Baum

EICHELN

Allgemein: Von Eicheln zu träumen, deutet darauf hin, daß aus kleinen Anfängen ein immenser Wachstumsprozeß entsteht. Da Eicheln nur im Herbst zu finden sind, ist es vielleicht notwendig, die Ideen zu ernten oder aufzusammeln und sie dann gut zu lagern, damit sie sich in Ruhe entfalten können.

Psychologisch: Der Keim einer Idee ist vorhanden. Nun ist Geduld erforderlich, ob im Umgang mit sich selbst oder mit anderen.

Spirituell: Eicheln symbolisieren Leben, Fruchtbarkeit und Unsterblichkeit. Darüber hinaus stehen sie für das Androgyne.

EICHHÖRNCHEN

→ Tiere

EIDECHSE

→ Tiere

EILE

Allgemein: Wenn man im Traum in Eile ist, so weist dies darauf hin, daß man sich gegen Druck von außen behaupten muß. Ist der Träumende selbst in Eile, dann bereitet er sich auch den Druck.

Psychologisch: Der Träumende sollte lernen, wie man mit Zeit umgeht. Daß er im Traum Hast und Eile verarbeitet, ist ein Hinweis darauf, daß er es noch nicht kann.

Spirituell: Sonderbarerweise ist in der spirituellen Arbeit Zeit ein Symbol für Raum. Ist der Träumende in Eile, sieht er das Schönste in seiner Umgebung nicht. Wenn der Träumende jedoch den ihm zur Verfügung stehenden Raum gut nutzt, dann ist er auch fähig, mit Zeit richtig umzugehen.

EINBRECHER

auch → Eindringling

Allgemein: Wenn ein Einbrecher die Bühne des Traums betritt, dann erlebt der Träumende die Verletzung seiner Privatsphäre. Auslöser dieses Übergriffs kann eine äußere Quelle sein oder aber überhandnehmende innere Ängste und schwierige Gefühle.

Psychologisch: Ein Teil der Psyche, bisher verleugnet, dringt nun hoch in das Bewußtsein und muß Beachtung finden.

Spirituell: Auf der spirituellen Ebene handelt es sich hier um ein gewaltsames Eindringen psychischer oder physischer Art.

EINDRINGLING

auch → Einbrecher, → Menschen

Allgemein: Die meisten Menschen haben ein starkes Bedürfnis nach einer geschützten Intimsphäre. Der Traum von einem Eindringling kann daher nur heißen, daß der Träumende sich bedroht fühlt. Häufig ist der Eindringling im Traum ein Mann. Damit sind Urängste im Spiel, die mit Macht und Gewalt zu tun haben.

Psychologisch: Der Traum von einem Eindringling steht in der Regel in offenkundiger Verbindung zur Sexualität und zu einer in diesem Bereich erlebten Bedrohung.

Spirituell: Auf der spirituellen Ebene ist der Träumende möglicherweise offen für eine Entweihung. Sein Selbst ist ein heiliger, unantastbarer Raum. So lange er dies nicht in seiner ganzen Tiefe begriffen hat, ist der Träumende offen für Angriffe. Der Eindringling aus dem Traum ist der Teil der eigenen Persönlichkeit, der nicht mit Ängsten und Zweifeln umgehen kann.

EINGANG

Allgemein: Der Eingang im Traum hat dieselbe Bedeutung wie eine Tür (→ Tür); er stellt die Hinwendung zu einem neuen Erfahrungsbereich oder die neue Erfahrung selbst dar. In solchen Träumen geht es fast immer um anstehende Veränderungen, um die Schaffung neuer Möglichkeiten.

Psychologisch: Träume handeln von geheimen Eingängen, wenn der Träumende mit seiner verborgenen intuitiven Seite in Kontakt tritt.

Spirituell: Weil der Eingang ein Symbol für den Übertritt von einem äußeren in einen inneren Raum ist, stellt er das ewig Weibliche dar.

EINHORN

auch → Fabelwesen, → Tiere

Allgemein: Im traditionellen Volksglauben verlor ein Einhorn seine Wildheit, wenn es sein Haupt in den Schoß einer Jungfrau legte. Ein Einhorn, das im Traum erscheint, wird mit der Unschuld und Reinheit im Träumenden in Verbindung gebracht. Es ist das weibliche Prinzip des Empfangenden und Instinktiven.

Psychologisch: Einer schönen Legende zufolge verpaßten die Einhörner die Aufnahme in die Arche Noah, weil sie mit Spielen beschäftigt waren. Um zu überleben, muß der Mensch im Auge behalten, was in der wirklichen Welt geschieht.

Spirituell: Das Einhorn steht für bedingungslose Liebe.

EINKAUFEN

→ Geschäft

EINKOMMEN

Allgemein: Das Einkommen ist ein zentraler Bestandteil unseres Lebensunterhalts. Jeder Traum, der mit ihm in Zusammenhang steht, symbolisiert daher die Einstellung des Träumenden zu seinen Wünschen und Bedürfnissen. Wenn der Traum von einem verbesserten Einkommen handelt, dann spürt der Träumende, daß er ein Hindernis in sich selbst überwunden hat und sich nunmehr als wertvoll akzeptiert. Ein sinkendes Einkommen symbolisiert hingegen Bedürftigkeit und vielleicht die Einstellung des Träumenden zur Armut.

Psychologisch: Ein Mensch, der für sich sorgt, nimmt bewußt wahr, was er zu tun hat, damit seine Bemühungen belohnt werden, und welchen Beitrag andere Menschen hierzu leisten können. Wenn der Träumende in seinem Traum ein privates Einkommen erhält, etwa Stiftungsgelder, dann verweist dies darauf, daß er vielleicht über seine Beziehungen zu anderen Menschen nachdenken muß.

Spirituell: Ein Mensch, der Almosen gibt, handelt nach dem Gebot, daß man sein Gut mit anderen teilen soll, und dies ist in einem Traum vom Einkommen bedeutsam. Es ist unwichtig, ob das Teilen auf der materiellen Ebene oder auf der von Zeit und Leistung erfolgt.

EINS

→ Zahlen

EIS

Allgemein: Wenn Eis im Traum thematisiert wird, dann wendet sich der Träumende seinen Gefühlen zu. Er ist sich dessen bewußt, daß er mehr Kälte zeigt, als es ihm guttut, und daß er jede Regung von Wärme und Mitleid in sich zum Schweigen bringt. Die Folge ist Isolation und Einsamkeit.

Psychologisch: Eis ist auch eine Darstellung von Starrheit und Sprödigkeit, die daher rührt, daß der Träumende nicht versteht, was um ihn herum geschieht, und daß er Bedingungen schafft, in denen andere Menschen mit ihm nicht in Kontakt treten können.

Spirituell: Auf der spirituellen Ebene symbolisiert Eis einen Teil des Selbst, der eingefroren ist und aufgetaut werden muß, bevor Fortschritte möglich sind.

EISCREME

Allgemein: Eiscreme im Traum steht im Zusammenhang mit Sinnlichkeit und Geschmack. Unter normalen Umständen ist dies eine erfreuliche Erfahrung, die den Träumenden an seine Kindheit und an unbeschwertere Zeiten erinnern wird. Ißt der Träumende in seinem Traum Eiscreme, dann ist er auch als Erwachsener dazu in der Lage, mit kleinen Dingen Freude in sein Leben zu holen.

Psychologisch: Eiscreme kann auch eine Geisteshaltung darstellen, in welcher der Träumende zu dem Schluß gekommen ist, daß nichts im Leben von Dauer ist – Freude, Glück, Zufriedenheit sind unbeständig wie Eis im Sommer.

Spirituell: Auf dieser Ebene ist Eiscreme ein Symbol, das Unbeständigkeit darstellen kann, besonders wenn der Traum im Zusammenhang mit Freude steht.

EISEN

Allgemein: Wenn das Metall Eisen im Traum auftaucht, stellt es in der Regel die Stärken und die Bestimmung des Träumenden dar. Es kann aber auch die Starrheit von Gefühlen oder Vorstellungen symbolisieren.

Psychologisch: Wird im Traum ein Bügeleisen benutzt, so ist dies ein Hinweis, daß der Träumende mehr aus sich zu machen versucht. Eisen im Traum kann jedoch auch bedeuten, daß der Träumende sich bemüht, eine verpatzte Sache wieder »geradezubiegen«.

Spirituell: Eisen im Traum mag auf mangelnde oder erforderliche Disziplin anspielen. Der Träumende muß sich davor hüten, auf der spirituellen Ebene »Rost anzusetzen«.

EISENBAHN

auch → Reise

Allgemein: Eine Eisenbahn in einem Traum symbolisiert den Pfad, den der Träumende in seinem Leben einschlagen möchte. Es steht ihm frei, einen Weg zu wählen, der nach vorn weist, und sachkundige Entscheidungen zu treffen. Ein einzelnes Paar Schienen zeigt, daß es nur eine Richtung gibt, während mehrere Gleise ein größeres Wahlspektrum signalisieren.

Psychologisch: Auf der psychologischen Ebene steht die Eisenbahn dafür, als Mitglied einer Gruppe oder allein auf ein Ziel hinzuarbeiten und sich darauf zu konzentrieren. Darüber hinaus symbolisiert die Eisenbahn die Kraft, mit der alle Hindernisse, die ein Vorankommen erschweren könnten, überwunden oder umgangen werden können.

Spirituell: Auf der spirituellen Ebene steht die Eisenbahn für einen Menschen, der sich einmal für eine Richtung entschieden hat und sie dann hartnäckig oder auch stur verfolgt.

EITER

auch → Entzündung

Allgemein: Einer Infektion folgt in der Regel die Entstehung von Eiter. In einem Traum kann sich etwas, das »schlimm geworden« ist und seine Umgebung infiziert hat, als Eiter zeigen. Möglicherweise ist der Träumende mit Ängsten, Selbstzweifeln und sogar Neid »infiziert«. Dem Träumenden wird gezeigt, daß eine negative Situation in seinem Leben Schmerzen und Schwierigkeiten verursachen kann, wenn sie nicht richtig behandelt wird.

Psychologisch: Hat der Träumende es in seinem Traum mit Eiter zu tun, so besteht seine Aufgabe möglicherweise darin, mit einer negativen Angelegenheit in seinem Umfeld fertig zu werden. Leidet eine andere Person im Traum unter Eiterbildung, dann muß sich der Träumende mit seiner inneren Negativität befassen und lernen, sich selbst zu heilen.

Spirituell: Aus spiritueller Sicht ist Eiter das Resultat des Versuchs, etwas »Böses« zu bekämpfen. Auch wenn dem Träumenden dies bereits gelungen ist, nach dem Kampf ist er aufgefordert, die Folgen zu beseitigen.

EJAKULATION

auch → Sexualität

Allgemein: Die Einstellung des Träumenden zu seiner Sexualität zeigt sich oft in Beischlafträumen. Eine Ejakulation im Traum kann ein Versuch sein, negative Gefühle zu verstehen. Es könnte aber auch einfach ein Hinweis darauf sein, daß der Träumende das Bedürfnis nach Entspannung und nach Befriedigung seiner sexuellen Wünsche hat.

Psychologisch: Die Ejakulation kann das Aufgeben alter Ängste und Selbstzweifel darstellen oder sexuelle Potenz symbolisieren.

Spirituell: Auf der spirituellen Ebene steht die Ejakulation für einen Kraftverlust oder den »kleinen Tod«.

ELEFANT

→ Tiere

ELEKTRIZITÄT

Allgemein: Elektrizität spielt im Traum häufig stellvertretend für Kraft eine Rolle, und es hängt von den Umständen ab, welcher Aspekt von Kraft hier hervorgehoben wird. Träume von elektrischen Drähten symbolisieren die kommunikativen Begabungen des Träumenden; Träume von Lichtschaltern oder Schaltern an elektrischen Geräten hingegen verweisen auf die Fähigkeit zur Selbstkontrolle.

Psychologisch: Erhält der Träumende in seinem Traum einen elektrischen Schlag, so schützt er sich nicht ausreichend vor Gefahren und muß mehr auf sich achtgeben.

Spirituell: Auf dieser Ebene symbolisiert Elektrizität die höhere spirituelle Macht.

ELF

→ Zahlen

ELFENBEIN

Allgemein: Da Elfenbein unter Naturschutz steht, symbolisiert es im Traum einen kostbaren, edlen Charakterzug, den es zu erhalten gilt, auch wenn er etwas aus der Mode gekommen ist.

Psychologisch: Ein Elfenbeinturm symbolisiert die Tatsache, daß eine Frau nicht leicht zugänglich ist, wenn sie nicht deutlich erkennbar dazu auffordert. Der Elfenbeinturm im Traum ist ein Symbol für Selbstbezogenheit und Unnahbarkeit.

Spirituell: Auf der spirituellen Ebene kann Elfenbein das weibliche Prinzip symbolisieren.

ELSTER

→ Vögel

EMBRYO

Allgemein: Im Traum von einem Embryo wird dem Träumenden ein äußerst verletzbarer Teil seiner Persönlichkeit bewußt. Vielleicht macht sich der Träumende auch selbst auf eine neue Situation in seinem Leben aufmerksam, die noch nicht mehr als die Ahnung einer Idee ist.

Psychologisch: Der Träumende sieht sich veranlaßt, sich mit der Empfängnis zu befassen, also mit dem Punkt, an dem alles beginnt. Möglicherweise muß er sich mit dem Prozeß der Bewußtwerdung an seinem Anfang befassen.

Spirituell: Auf der spirituellen Ebene ist ein Embryo der Kern des Seins und daher das Zentrum der Schöpfung.

ENDE

Allgemein: Von einem Ende zu träumen, symbolisiert das Erreichen eines Ziels oder eines Punktes, an dem die Dinge sich unvermeidlich ändern müssen. Der Träumende wird aufgefordert, zu entscheiden, was er aufgeben kann und was er fortführen möchte.

Psychologisch: Eine Situation, die für den Träumenden problematisch war, kommt zu einem erfolgreichen Abschluß.

Spirituell: Auf der spirituellen Ebene kann das Ende das Unterbewußte oder den Tod darstellen.

ENGE

Allgemein: Die Enge im Traum steht für Einschränkung oder Begrenzung. Manchmal hat der Träumende selbst sie geschaffen, manchmal ein anderer Mensch. Eine enge Straße im Traum ist eine Warnung, nicht vom eingeschlagenen Weg abzuweichen.

Psychologisch: Der Träumende muß darauf achten, daß er im Umgang mit anderen Menschen nicht zu engstirnig und wertend wird. Möglicherweise ist der Träumende zu intolerant. Eine enge Brücke könnte auf Kommunikationsschwierigkeiten hinweisen; vielleicht fällt es dem Träumenden schwer, seine Vorstellungen klar zum Ausdruck zu bringen.

Spirituell: Einseitigkeit ist keine spirituelle Tugend, aber die Selbstdisziplin kann vom Träumenden verlangen, auf dem eingeschlagenen Pfad zu bleiben.

ENGEL

auch → Religiöse Bilder

Allgemein: Der Engel im Traum deutet darauf hin, daß der Träumende eine Elternfigur sucht, die bedingungslose Liebe und Unterstützung gewährt, oder daß der Träumende selbst diese Eigenschaften entwickeln muß. Möglicherweise finden religiöse Bilder Eingang in das Leben des Träumenden.

Psychologisch: Die Beziehung zur Mutter oder Mutterfigur muß als separate Einheit betrachtet werden. Der Engel im Traum ist die Personifizierung dieser Beziehung.

Spirituell: Auf dieser Ebene signalisieren Engel im Traum die spirituelle Öffnung des Träumenden. Darüber hinaus stehen Engel für himmlische Kräfte und Erleuchtung.

ENTE

auch → Vögel

Allgemein: Der Traumzusammenhang muß herangezogen werden, um Aufschluß über die wirkliche Bedeutung des Symbols zu erhalten. Eine Spielzeugente stellt vielleicht die kindlichen Anteile des Träumenden dar. Füttert er im Traum Enten, dann liegt der Schluß nahe, daß eine therapeutische oder beruhigende Beschäftigung wichtig ist. Eine Ente zu essen, verweist auf ein bevorstehendes Fest oder eine Feierlichkeit.

Psychologisch: Es ist gut, Kontrolle über das eigene Leben zu haben. Aber der Träumende sollte sich auch immer wieder vertrauensvoll dem Strom des Lebens überlassen.

Spirituell: Auf der spirituellen Ebene wird die Ente traditionell als Symbol der Künstlichkeit gewertet.

ENTFÜHRUNG

Allgemein: Im Traum entführt zu werden, macht dem Träumenden deutlich, daß seine eigenen Ängste und Zweifel ihn zum Opfer machen können. Er wird von seinen eigenen inneren »Dämonen« verunsichert und überwältigt.

Psychologisch: Es kann jedoch auch der Träumende sein, der einen anderen Menschen entführt. Dies würde auf der einfachsten Ebene bedeuten, daß er versucht, diese Person zu beeinflussen. Oder aber der Träumende strebt an, sich die begehrten Eigenschaften seines »Opfers« anzueignen.

Spirituell: Auf dieser Ebene entspricht der Entführer im Traum einer Art »Seelendieb«.

ENTSETZEN

Allgemein: Entsetzen im Traum ist häufig die Folge unaufgelöster Ängste und Zweifel. Wahrscheinlich ist der Träumende nur dann bereit, sich mit diesen Ängsten und Zweifeln zu konfrontieren, wenn er ein derart heftiges Gefühl erlebt. Ist es nicht der Träumende selbst, sondern eine andere Person in seinem Traum, die Entsetzen erfährt, dann ist es die Aufgabe des Träumenden, das Entsetzen zu lindern und sich eine entsprechende Vorgehensweise zu überlegen.

Psychologisch: Entsetzen im Traum kann ein Auslöser für ein tieferes Verständnis des eigenen Selbst sein. Ein Mensch, der um seine Angst weiß, kann etwas gegen sie unternehmen. Entsetzen ist schwerer zu bewältigen, weil dem Träumenden im Traum der Hintergrund seines Entsetzens meist nicht zugänglich ist. Wird man im Wachzustand von Entsetzen überfallen, so gibt es eine Technik, die dem Betroffenen dabei hilft, die Ursachen seiner panischen Angst zu durchschauen. Man faßt sie in Worte, indem man sagt: »Ich spüre Entsetzen, weil ...« und dann die augenblicklichen Umstände und unmittelbaren Reaktionen einsetzt. Jede neue Aussage muß so lange durchgearbeitet werden, bis ein natürliches Ende erreicht wird.

Zum Beispiel:

»Ich habe furchtbare Angst, weil ich kein Geld habe.«

»Ich habe kein Geld, weil ich es im Supermarkt ausgegeben habe.«

»Ich habe es im Supermarkt ausgegeben, weil ich etwas zu essen brauche.«

»Ich muß etwas essen, weil ich Angst habe, zu sterben« und so fort.

Die Ursachen des Entsetzens werden durch diese Methode stufenweise erschlossen.

Spirituell: Spirituelles Entsetzen könnte auf Angst vor dem Bösen zurückgeführt werden.

ENTZÜNDUNG

auch → Eiter

Allgemein: Leidet der Träumende in seinem Traum an einer Entzündung, könnte es sein, daß er negative Einstellungen von anderen Menschen verinnerlicht hat. Wie die Entzündung gedeutet werden kann, hängt davon ab, welcher Teil des Körpers betroffen ist. Beispielsweise kann ein entzündetes Bein zu der Annahme führen, daß der Träumende sich durch äußere Einflüsse an seiner Weiterentwicklung gehindert fühlt.

Psychologisch: Wenn sich der Träumende aufgrund äußerer Umstände im Wachzustand unwohl fühlt, kann dies im Traum als Entzündung zutage treten.

Spirituell: Auf dieser Ebene steht die Entzündung für mögliche falsche Ideologien und Glaubensvorstellungen, durch die der Träumende in seiner spirituellen Entwicklung »infiziert« wird. Er muß sich die Möglichkeit vor Augen halten, daß falsche Gedanken und Negativität Macht über ihn gewinnen können.

ERBRECHEN

Allgemein: Ein Traum vom Erbrechen bedeutet, daß unangenehme Gefühle herausgelassen werden. Der Träumende befreit sich von etwas, das sein Wohlbefinden erheblich beeinträchtigt. Erbricht sich eine andere Person im Traum, so heißt dies, daß der Träumende diesen Menschen verletzt hat. Mitgefühl ist angebracht.

Psychologisch: Bei zu starker Belastung durch Probleme und Schwierigkeiten muß der Träumende den Kummer, der ihm dadurch entsteht, »ausspucken« und loswerden. Wacht der Träumende mit einem Gefühl der Übelkeit auf, bedeutet dies, daß er auf einer emotionalen Ebene diese Befreiung, die im Traum stattgefunden hat, spürt.

Spirituell: Auf der spirituellen Ebene symbolisiert Erbrechen eine Befreiung von Bösem.

ERDBEBEN

Allgemein: Der Traum von einem Erdbeben macht auf eine innere Unsicherheit aufmerksam, mit der sich der Träumende befassen muß, bevor sie ihn überwältigt. Es finden gravierende innere Veränderungen und entscheidende Wachstumsprozesse statt, die eine starke Erschütterung sein können.

Psychologisch: Alte Ideale, Einstellungen und Beziehungen brechen zusammen und verlangen vom Träumenden entsprechende Aufmerksamkeit und Umstellung.

Spirituell: Auf dieser Ebene stellt ein Erdbeben im Traum erhebliche spirituelle Unsicherheit dar.

ERDE

Allgemein: Ein Traum vom Planeten Erde bedeutet, daß der Träumende das unterstützende Netzwerk, welches er im Leben hat, seine Geisteshaltung und jene Beziehungen, die er für dauerhaft hält, einbezieht. Die Erde symbolisiert die Suche nach Zugehörigkeit und sozialer Ordnung. Nachgiebiger, weicher Erdboden stellt die Verbindung her zum Wunsch des Träumenden, bemuttert zu werden, oder zu seinem Bedürfnis nach Hautkontakt.

Psychologisch: Der Träumende erkennt in sich den Drang, mit beiden Beinen auf der Erde zu stehen, sieht jedoch ein, daß er dabei Unterstützung benötigt. Befindet sich der Träumende in seinem Traum unter der Erde, dann zeigt dies, daß er ein tieferes Bewußtsein über seine unbewußten Triebe und Gewohnheiten erlangen sollte.

Spirituell: Auf der spirituellen Ebene symbolisiert Erde die Große Mutter und Fruchtbarkeit.

ERDROSSELN

Allgemein: Hat man im Traum das Gefühl, erdrosselt zu werden, dann kommt damit zum Ausdruck, daß man von seinen Ängsten überwältigt wird. Es kann auch ein Hinweis darauf sein, daß der Träumende sein Umfeld nicht unter Kontrolle hat. Ist er derjenige, der einen anderen Menschen erwürgt, so fühlt sich diese Person möglicherweise im Alltag von ihm erdrückt.

Psychologisch: Falls der Träumende die Beziehung zu einer bestimmten Person ablehnt, so könnte dies zu Erdrosselungsträumen führen. Auch Ängste im sexuellen Bereich finden in diesem Bild ein Ventil.

Spirituell: Auf der spirituellen Ebene können derartige Träume für negative Energien stehen, die dem Träumenden die Luft abschnüren.

EREMIT

Allgemein: Es gibt eine Art von Einsamkeit, die den Menschen daran hindert, Beziehungen auf einer Basis von Gleichheit einzugehen. Dies kann sich in Träumen in der Figur des Eremiten manifestieren.

Psychologisch: Ein Eremit ist ein Mensch, der sich aus dem Leben zurückzieht, um ein ausschließlich spirituelles Dasein zu führen. Wenn der Träumende dem Eremiten begegnet, dann entdeckt er in sich die Dimensionen der spirituellen Bewußtheit.

Spirituell: Auf der spirituellen Ebene steht der Eremit für den heiligen oder weisen alten Mann (siehe »Einführung in die Traumarbeit«).

ERFINDER

Allgemein: Der Traum von einem Erfinder setzt den Träumenden in Verbindung mit seiner Kreativität. Doch ist der Erfinder eher Verstandesmensch als praktisch Handelnder; er ist fähig, eine Idee aufzugreifen und sie auf ihre Machbarkeit hin zu durchdenken.

Psychologisch: Im Traum von einem Erfinder verbindet sich der Träumende auf der psychologischen Ebene mit der Seite seiner Persönlichkeit, die rational und logisch denkend, zugleich aber auch introvertierter ist.

Spirituell: Der Erfinder im Menschen ist der Teil, der Verantwortung für die Entwicklung übernimmt und neue Seinsweisen »erfindet«.

ERMÄCHTIGUNG

Allgemein: Eine Ermächtigung ist eine besondere Genehmigung des Handelns, vergeben von einer höheren weltlichen oder geistigen Macht. Von der Art der Ermächtigung hängt es ab, in welcher Richtung der Träumende aktiv werden muß. So fordert ein Durchsuchungsbefehl dazu auf, die eigenen Beweggründe zu durchleuchten, während ein Haftbefehl dem Träumenden nahelegt, bestimmte Handlungsweisen aufzugeben.

Psychologisch: Gerade wenn es dem Menschen schwerfällt, Entscheidungen zu treffen, können Traumbilder manchmal weiterhelfen. Die Ermächtigung im Traum eröffnet dem Träumenden Möglichkeiten, die er zuvor eventuell nicht gesehen hat.

Spirituell: Möglicherweise sucht der Träumende eine spirituelle Ermächtigung.

ERNÄHRUNG/FÜRSORGE

auch → Essen

Allgemein: In Träumen stehen alle Symbole aus dem Bereich Ernährung und Fürsorglichkeit mit den Grundbedürfnissen des Menschen nach Wärme, Wohlbefinden, Schutz und Lebensunterhalt in Verbindung. Anfangs steht die Befriedigung all dieser Bedürfnisse mit der Mutter in Verbindung, und ebenso verhält es sich mit Träumen, die dies thematisieren. Jeder Traum, in dem sich der Träumende seiner grundlegenden Wünsche bewußt wird, hat etwas mit seiner Beziehung zur Mutter zu tun.

Psychologisch: Alle Gefäße (Tasse, Kelch, Schüssel usw.) sind Symbole der Fürsorglichkeit und des Weiblichen. Masttiere und Milchvieh stehen ebenfalls mit dem nährenden Aspekt der Mutter in Verbindung; daher sind sie ein Symbol für Mutter Erde.

Spirituell: Auf der spirituellen Ebene bedeuten Ernährung und Fürsorge im Traum Nahrung für die Seele.

ERNTE

Allgemein: Wenn ein Traum von der Ernte handelt, ist dies ein Hinweis darauf, daß der Träumende die Erträge einbringt, die er vergangenen Lernsituationen verdankt. Das Sprichwort: »Wie man sät, so erntet man« bedeutet, wer Gutes tut, an dem wird Gutes getan. Erlebt der Träumende die Ernte als Belohnung für eine positive Handlungsweise, so bejaht er damit sein eigenes Tun.

Psychologisch: Indem der Träumende sich in seinem Traum an der Ernte oder vielleicht an einem Erntefest beteiligt, feiert er seine eigene Lebensenergie. Es ist die richtige Entscheidung, diese Kraft so einzusetzen, daß sie auch in der Zukunft gute Ernteerträge ermöglicht.

Spirituell: Jede Art von Ernte stellt Fruchtbarkeit dar, insbesondere spirituelle Fruchtbarkeit. Andererseits kann mit dem Traumsymbol Ernte auch der Tod verbunden sein.

ERSCHÖPFUNG

Allgemein: Handelt ein Traum davon, daß sich der Träumende erschöpft fühlt, dann kann dies ein Hinweis darauf sein, daß er sich um Gesundheitsangelegenheiten kümmern sollte oder daß er seine Energien falsch einsetzt.

Psychologisch: Zeigen sich andere Personen als der Träumende selbst in seinem Traum erschöpft, so muß er erkennen, daß er Menschen im allgemeinen wahrscheinlich zu stark beansprucht.

Spirituell: Auf dieser Ebene kann Erschöpfung für spirituelle Trägheit stehen.

ERSPARNISSE

Allgemein: Viele Traumbilder sind doppeldeutig. Ersparnisse im Traum können – materielle, spirituelle oder emotionale – Ressourcen darstellen, welche der Träumende für Zeiten der Not aufbewahrt. Möglicherweise repräsentieren sie aber auch sein Bedürfnis nach Sicherheit und Unabhängigkeit. Handelt ein Traum von Ersparnissen, von denen der Träumende nichts wußte, dann ist dies ein Hinweis darauf, daß er zusätzliche Energie- und Zeitquellen besitzt, die er bisher noch nicht angezapft hat. Träumt er, daß er Ersparnisse anlegt, so ist dies ein Hinweis darauf, daß er seine augenblickliche finanzielle Situation überdenken sollte, um Maßnahmen für die Zukunft ergreifen zu können.

Psychologisch: Geht es in einem Traum um Ersparnisse, so ist sich der Träumende der Notwendigkeit bewußt, etwas zu bewahren. Dies kann im persönlichen Bereich, aber auch auf einer umfassenderen Ebene der Fall sein. Ist mit den Ersparnissen ein Gefühl der Selbstverleugnung verbunden, so hat er in der Vergangenheit seine Mittel vielleicht nicht richtig gehandhabt und muß nun darunter leiden. Schenkt ein anderer Mensch dem Träumenden seine Ersparnisse, dann steht dies für neu erworbenes Wissen und Sachkenntnis. Wenn umgekehrt der Träumende seine Ersparnisse verschenkt, heißt dies, daß er das, wofür diese Ersparnisse stehen, nicht mehr benötigt.

Spirituell: Im spirituellen Sinn sind Ersparnisse ein Hinweis auf jene

Talente und Fähigkeiten, die der Träumende besitzt, aber bisher noch nicht genutzt hat.

ERSTICKEN

Allgemein: Im Traum zu ersticken bedeutet, daß der Träumende mit seiner Unfähigkeit, sich angemessen zur Geltung zu bringen, in Konflikt geraten ist. Es herrscht ein Konflikt vor zwischen dem inneren und dem äußeren Selbst des Träumenden. Möglicherweise handelt es sich aber auch um den schwer zu fassenden Entschluß, ob ein bestimmter Sachverhalt angesprochen werden soll oder nicht.

Psychologisch: Der Träumende wird von anderen Menschen oder von Umständen unterdrückt und kann diese nicht unter Kontrolle bringen.

Spirituell: Ersticken im Traum kann auf einen spirituellen Konflikt oder eine Einschränkung auf spiritueller Ebene hindeuten.

ERTRINKEN

Allgemein: Im Traum zu ertrinken, weist in der Regel darauf hin, daß der Träumende Gefahr läuft, von Gefühlen überwältigt zu werden, die er nicht handhaben kann. Der Träumende hat Angst, seinen Gefühlen freien Lauf zu lassen. Ertrinken kann auch darauf hinweisen, daß der Träumende sich seiner Unfähigkeit bewußt wird, eine ihn aktuell belastende Situation zu bewältigen.

Psychologisch: Der Träumende hat sich in eine Situation hineinmanövriert, die er nicht mehr kontrollieren kann.

Spirituell: Auf der spirituellen Ebene bedeutet Ertrinken im Traum das Eintauchen in das Meer des Lebens und daher Verlust des Ich.

ERWACHSENE

→ Menschen

ERWÜRGEN

Allgemein: Handelt ein Traum davon, daß der Träumende jemanden erwürgt, ist dies ein Versuch, Gefühle zu ersticken. Wird der Träumende in seinem Traum selbst erwürgt, dann symbolisiert dies seine Schwierigkeiten, seine Gefühle offen auszusprechen.

Psychologisch: Erwürgen ist ein Hinweis auf gewaltsame Unterdrückung. In bestimmten Situationen gestattet seine hitzige, aggressive Seite dem Träumenden nicht, angemessen zu handeln.

Spirituell: Aus spiritueller Sicht entsteht Weisheit, wenn der Träumende lernt, unangemessene Worte zurückzuhalten, aber nicht zu erwürgen.

ERZ

Allgemein: Erz ist ein Rohmaterial, das verfeinert werden muß, um es brauchbar zu machen. In Träumen kann es die dem Menschen zur Verfügung stehenden Ressourcen darstellen. Erz im Traum kann auch neue Ideen, Gedanken und Konzepte symbolisieren, die der Träumende noch nicht ganz durchschaut hat.

Psychologisch: Wenn im Traum Bodenschätze wie Eisenerz eine Rolle spielen, dann signalisiert dies eine Aufforderung des Unbewußten, »nach Informationen zu graben«. Anfangs zeigen sie sich vielleicht nicht als brauchbares Material. Sie müssen zunächst in einem Bearbeitungsprozeß veredelt werden.

Spirituell: Auf der spirituellen Ebene steht Erz für Grundwissen.

ESEL

→ Tiere

ESSEN

auch → Ernährung/Fürsorge

Allgemein: Im Traum steht Essen allgemein für Bedürfnisbefriedigung.

Psychologisch: Spielt Nahrungsaufnahme im Traum eine Rolle, so kann dies ein Hinweis darauf sein, daß dem Träumenden ein grundlegender Nährstoff oder ein Feedback im Leben fehlt. Geht es im Traum darum, daß er nicht ißt oder die Nahrungsaufnahme verweigert, dann zeigt dies ein Vermeiden von Wachstum und Veränderung an. Vielleicht versucht der Träumende, sich von anderen Menschen fernzuhalten oder sich zu isolieren. Oder aber der Träumende ist mit sich selbst uneinig, weil er mit seinem Körper unzufrieden ist. Wird der Träumende in seinem Traum verspeist, so symbolisiert dies seine Erkenntnis, daß er von seinen eigenen Gefühlen und Ängsten oder von jenen anderer Menschen verzehrt wird. Von einem wilden Tier gefressen zu werden, läßt darauf schließen, daß der Träumende von seiner eigenen animalischen Natur »aufgefressen« wird.

Spirituell: Es heißt: »Der Mensch ist, was er ißt«, und daher sollte der Träumende auf der spirituellen Ebene die beste Nahrung zu sich nehmen, die er bekommen kann.

ESSIG

Allgemein: Als saure Substanz repräsentiert Essig jene Informationen, die schwer verdaulich sind oder deren Aufnahme dem Menschen Schwierigkeiten bereitet.

Psychologisch: Essig ist ein Sinnbild des Lebens, und zwar sowohl, weil er konserviert, als auch, weil er durch Veränderung entsteht. In Träumen kann diese Symbolik sehr eindrucksvoll zutage treten.

Spirituell: Das Erhalten eines spirituellen Lebens und all dessen, was dem Menschen teuer ist, kommt in dem Traumsymbol Essig als eine konservierende Substanz zum Ausdruck.

ETIKETT

Allgemein: Der Traum von einem Etikett hat mit dem Drang des Menschen zu tun, den Dingen

Namen zu geben und sie zu personifizieren. Sein eigenes Identitätsgefühl ist ebenfalls mit dem Namen verbunden, den man ihm bei der Taufe gegeben hat. Die Beurteilung von Menschen anhand der Markenetikette beispielsweise ihrer Kleidung ist ein weitverbreiteter Fehler.

Psychologisch: Wenn der Träumende sich in seinem Traum mit einem falschen Etikett versehen wahrnimmt, dann zeigt dies, daß ihm klar ist, daß er sich nicht richtig sieht oder nur nach seinem Äußeren beurteilt. Etikettiert er etwas neu, so symbolisiert dies die Korrektur seiner falschen Wahrnehmung. Es kann sich in dem Traum jedoch auch um Etiketten, also um Umgangsformen, handeln, an die der Träumende sich nicht hält.

Spirituell: Auf der spirituellen Ebene kann das Etikett im Traum dem Träumenden ein Gefühl für seine Identität geben (→ Name).

EULE

→ Vögel

EXKREMENTE

Allgemein: Im Traum von Fäkalien kehrt der Träumende zu kindlichen Ausdrucksformen und Vergnügungen zurück. Möglicherweise ist er auf einer unbewußten Ebene nicht über das Gefühl hinausgekommen, daß alles, was mit Körperfunktionen zu tun hat, schmutzig und egozentrisch ist. Vielleicht spielt in seinem Alltag das Element der Auflehnung eine dominierende Rolle.

Psychologisch: Exkremente im Traum stehen für bestimmte Aspekte im Leben des Träumenden, die er »aufgebraucht« hat und »aussortieren« soll. Das *Spielen mit Exkrementen* kann ein Symbol für Geld und Wertsachen sein und Geldsorgen oder Angst vor Verantwortung zum Ausdruck bringen. Wenn sich *Exkremente in lebendige Tiere* verwandeln, vielleicht in Ratten, findet sich der Träumende mit der Tatsache ab, daß er selbst dafür verantwortlich ist, wie er mit seinen Impulsen umgeht. Die *Entleerung des Darms* steht normalerweise für den Wunsch des Träumenden, ohne Verantwortung und Sorgen zu leben oder aber seine Hemmungen abzubauen. Darüber hinaus kann die Darmentleerung den Sexualakt symbolisieren. *Verstopfung,* also das Zurückhalten von Exkrementen, symbolisiert eine Unfähigkeit, die Vergangenheit oder frühere Verhaltensweisen loszulassen. Der Träumende wirkt in seinem Verhalten »verklemmt«.

Spirituell: Auf dieser Ebene können Exkremente im Traum spirituellen Ausdruck symbolisieren. Der Träumende sehnt sich danach, schlechte Gefühle loszuwerden oder aber in etwas Wertvolles zu verwandeln.

EXPLOSION

Allgemein: Im Traum verweist eine Explosion in der Regel auf das heftige Entweichen von Energie. Dabei handelt es sich in der Regel um einen reinigenden Prozeß, bei dem jedoch andere Menschen zu Schaden kommen können.

Psychologisch: Eine heftige Explosion des Zorns, der Angst oder sexueller Entspannung kann eine Reinigung abschließen. Ein Traum kann ein geschützter Raum sein, in dem eine solche Katharsis gefahrlos erfolgt.

Spirituell: Eine Explosion im Traum verweist auf der spirituellen Ebene auf eine Art von Offenbarung.

F

FABELWESEN

Allgemein: Tiere können in Träumen mitunter als Wesen gezeigt werden, die Merkmale anderer Geschöpfe aufweisen, um die Aufmerksamkeit des Träumenden auf bestimmte Eigenschaften zu lenken. Beispiele hierfür sind Greif, Einhorn, Minotaurus oder Phönix. Archetypisch gesehen, gibt es zahlreiche mögliche Kombinationen, und den kreativen Möglichkeiten des Träumenden sind daher keine Grenzen gesetzt (→ Archetypen). Der Träumende macht in seinem Traum die Erfahrung, daß es keine allgemeingültigen Prinzipien gibt.

Psychologisch: Der Geist kann phantastische, aber auch groteske Figuren erfinden, wenn seiner Kreativität keine Grenzen gesetzt sind. Allein schon der schöpferische Akt, den derartige Träume beinhalten, ist positiv zu bewerten.

Spirituell: Auf der spirituellen Ebene stehen Fabelwesen im Traum für furchtsame und grausame Mächte der Natur. Der Träumende wird auf seine eigenen »animalischen« Kräfte aufmerksam gemacht, und er sollte klären, ob er sie kontrollieren kann.

FACKEL

Allgemein: Die Fackel im Traum stellt das Selbstvertrauen des Träumenden dar. Darüber hinaus steht sie auch für sein Bedürfnis, voranzukommen, wobei er ganz auf sich selbst vertraut.

Psychologisch: Die Fackel des Selbstvertrauens ist nicht nur für den Träumenden selbst, sondern auch für andere Menschen wirksam. Von der Selbstkenntnis des Träumenden und von seiner Sehnsucht nach Entwicklung können auch Personen in seinem Umkreis profitieren, indem sie ihn beispielsweise als Führer auf ihrem Weg annehmen.

Spirituell: Auf dieser Ebene kann die Fackel im Traum auch ein Hinweis darauf sein, daß der Träumende spirituelle Anleitung und Führung braucht.

FADEN

Allgemein: Ein Faden im Traum stellt eine bestimmte Gedankenlinie oder Fragenkette des Träumenden dar. In bezug auf sein tägliches Leben muß er diese Linie oder Kette möglicherweise bis zum Ende verfolgen. Das Einfädeln einer Nadel steht offensichtlich in einem sexuellen Zusammenhang. Es kann aber auch auf Schwierigkeiten allgemeiner Art hindeuten.

Psychologisch: Der Faden im Traum versinnbildlicht sozusagen den roten Faden des Lebens. Ist er verheddert, so ist dies der Hinweis auf ein Problem, welches einer Lösung bedarf. Eine Garnspule verkörpert ein geordnetes Leben; auch hier kann die Farbe des Fadens entscheidend sein (→ Farben). Ein Korb voller Garnspulen symbolisiert die verschiedenen Seiten der weiblichen Persönlichkeit einer Frau.

Spirituell: Auf der spirituellen Ebene kann der Faden für den Weg zur Ganzheitlichkeit oder Erleuchtung stehen.

FÄCHER

Allgemein: Ein Fächer im Traum stellt eine Verbindung mit der weiblichen Seite und den intuitiven Kräften des Wesens her. Besonders im Traum einer Frau kann ein Fächer Sinnlichkeit und Sexualität darstellen.

Psychologisch: Ein Fächer kann als Symbol der Offenheit für neue Erfahrungen und für Kreativität betrachtet werden. Fächelt sich der Träumende in seinem Traum mit einem Fächer Luft zu, dann bedeutet dies, daß er mit ihm böse Kräfte vertreibt.

Spirituell: Auf der spirituellen Ebene symbolisiert der Fächer im Traum das Zunehmen und Abnehmen des Mondes.

FÄHRE

Allgemein: Befindet sich der Träumende in seinem Traum auf einer Fähre, so ist er offensichtlich in einen Veränderungsprozeß eingebunden. Weil eine Fähre eine große Zahl von Menschen zu transportieren vermag, kann sie auch eine Gruppe symbolisieren, welcher der Träumende angehört – eine Gruppe, die sich im Umbruch befindet.

Psychologisch: In der griechischen Mythologie ist die Fähre ein Symbol für den Tod. In der alten Sage bringt die Fähre den Träumenden über den Fluß Styx, der die Grenze zwischen Leben und Tod darstellt, und ist damit ein Bild für tiefgreifende, ja sogar für existentielle Veränderungen.

Spirituell: Die Fähre im Traum steht für den »spirituellen Tod« oder für Veränderungen jeder Art.

FÄULNIS

Allgemein: Fäulnis im Traum kann Auflösung bedeuten. In einer realen Lebenssituation ist vielleicht etwas schiefgegangen und keine Energie mehr vorhanden, um es fortzuführen. Während der Träumende dies auf der bewußten Ebene vielleicht nicht zu erkennen vermag, macht der Traum den Sachverhalt deutlich.

Psychologisch: Die Auflösung – beispielsweise in einer Partnerschaft – kann sich im Traum als Fäulnis zeigen. Geschieht etwas, das in letzter Konsequenz zum totalen Zusammenbruch führt, ist im Traum oft ein übler Geruch wahrnehmbar: Etwas stirbt.

Spirituell: In spiritueller Hinsicht steht vor einem Neubeginn häufig Zerstörung und Auflösung. Die Angst vor diesem Prozeß drückt sich im Traum möglicherweise als Fäulnis aus. Darüber hinaus kann Fäulnis auch den Tod bedeuten.

FAHNE

Allgemein: Die Fahne symbolisiert an erster Stelle die Notwendigkeit, Gedanken und Handlungen in Übereinstimmung miteinander zu bringen. Ist sie im Traum jedoch kommerzieller Art, so steht sie für das ins Blickfeld gerückte Bedürfnis nach Besitz oder nach Besitzerwerb. Sie kann auch Sinnbild eines Ortes sein, an dem sich Menschen mit denselben Zielen und Glaubensvorstellungen versammeln, oder für altmodische Prinzipien und Glaubensvorstellungen stehen.

Psychologisch: Die Fahne im Traum ist das Signal, um sich für eine Sache oder einen Menschen voll und ganz einzusetzen. Sie mag auch für Patriotismus und Streitbarkeit stehen. Die Fahnenstange symbolisiert eine stabilisierende Kraft oder einen Versammlungsort.

Spirituell: Menschen, die sich unter dem Banner der spirituellen Kreuzfahrt versammeln, benötigen Vorgaben für richtiges Verhalten.

FAHRPREIS

Allgemein: Wenn der Träumende in seinem Traum Fahrgeld bezahlt, dann erkennt er damit den Preis für seinen Erfolg, welcher Art auch immer, an. Der Taxifahrpreis symbolisiert einen intimeren Prozeß als zum Beispiel die Busfahrkarte.

Psychologisch: Möglicherweise wird der Träumende mit Anforderungen konfrontiert, bei denen er entscheiden muß, ob sie angemessen sind oder nicht.

Spirituell: Auf der spirituellen Ebene spielen Träume, in denen vom Träumenden Fahrgeld verlangt wird, dann eine Rolle, wenn er spürt, daß er für bestimmte Handlungen in der Vergangenheit noch nicht »bezahlt« und den Wunsch hat, mit ihnen endlich ins reine zu kommen.

FAHRRAD

→ Reise

FAHRSTUHL

→ Gebäude

FALKE

auch → Vögel

Allgemein: Der Traum von einem Falken oder einem anderen dressierten Tier stellt möglicherweise eine Energie dar, die für ein bestimmtes Vorhaben gebündelt wird, ohne daß hierzu die Beachtung irgendwelcher Verhaltensvorschriften verlangt ist. Ein solcher Traum konfrontiert den Träumenden mit seinen Zielen, Hoffnungen und Wünschen.

Psychologisch: Die Kraft, welche dem Träumenden zur Verfügung steht, damit er seinen Weg erfolgreich meistern kann, muß maßvoll genutzt werden.

Spirituell: Auf der spirituellen Ebene steht der Falke für die Erhöhung und den unbedingten Freiheitsdrang.

FALLE

Allgemein: Im Traum in eine Falle zu geraten, macht deutlich, daß sich der Träumende in die Enge getrieben fühlt. Einen anderen Menschen oder ein Tier bewußt gefangenzuhalten, drückt den Versuch des Träumenden aus, etwas festzuhalten und zu bewahren. Ein gefangener Schmetterling repräsentiert die Einkerkerung des eigenen Ich.

Psychologisch: Gerät der Träumende in seinem Traum in Gefangenschaft, so bringt dies zum Ausdruck, daß es dem Träumenden nicht gelingt, aus alten Verhaltens- und Denkmustern auszubrechen. Er benötigt Hilfe von außen.

Spirituell: Auf dieser Ebene steht die Falle für spirituelle Zurückhaltung. Möglicherweise fühlt sich der Träumende in seinem Körper gefangen wie in einer Falle.

FALLEN

Allgemein: Fällt der Träumende in seinem Traum, so besagt dies, daß er auf dem Boden der Tatsachen bleiben und in einer ihm bekannten Situation vorsichtig sein muß. Er könnte sich verletzen, weil er zu umständlich ist.

Psychologisch: Wenn der Träumende vergißt, wer er ist und woher er kommt, wenn er also, in anderen Worten, den Bezug zu sich selbst verliert, dann drückt sich dies in solchen typischen Träumen vom Fallen aus.

Spirituell: In einem solchen Traum wird spirituelle Angst dargestellt.

FALLSCHIRM

Allgemein: Der Traum vom Fallschirm kann ein Hinweis sein, daß sich der Träumende in allen Lebenslagen beschützt fühlt. Er kann auch darauf hinweisen, daß er sich seinen Ängsten stellt und trotzdem, oder gerade deshalb, erfolgreich ist.

Psychologisch: Der Traum vom Fallschirm symbolisiert kontrolliertes Fallen. Zugleich hat der Träumende die Gelegenheit, sich einen umfassenden Überblick über seine Lebenslage zu machen und die notwendigen Schlüsse daraus zu ziehen. Darüber hinaus kann der Traum für Freiheit und Abenteuerlust stehen (auch → Fliegen).

Spirituell: Dieses Traumbild steht für geistige Freiheit und Ungebundenheit. Der Träumende hat die Fähigkeit, sich über das Oberflächliche hinauszuerheben.

FAMILIE

Allgemein: Mit der Familie hängt die erste Vorstellung von grundlegender Sicherheit zusammen, die ein Kind entwickelt. Oft wird dieses Bild verzerrt durch Umstände, auf die das Kind keinen Einfluß hat. Durch Träume versucht der Mensch, dieses Bild wieder zu entzerren oder auch die Verzerrung zu bestätigen. Vielleicht handelt ein Traum von einem Streit mit einem Familienmitglied. Doch die Deutung dieses Traums hängt sowohl von der Traumsituation als auch von der tatsächlichen Beziehung des Träumenden zu dieser Person ab. Alle zukünftigen Beziehungen werden von jenen beeinflußt, die der Mensch zuerst zu den Mitgliedern seiner Familie aufgebaut hat.

Psychologisch: Der Kampf um die Individualität eines Menschen sollte im geschützten Bereich der Familie stattfinden. Dies ist jedoch nicht immer der Fall. In Träumen »manipuliert« man das Bild der mitspielenden Familienmitglieder, um die eigenen Schwierigkeiten durcharbeiten zu können, ohne dabei jemandem zu schaden. (Es ist übrigens bemerkenswert, daß es tiefgreifende Auswirkungen auf die Interaktionen und unbewußten Übereinkünfte zwischen anderen Familienmitgliedern haben kann, wenn ein Mitglied dieser Familie sich um die Deutung seiner Träume bemüht.) Nahezu sämtliche Probleme, mit denen ein Mensch im Laufe seines Lebens konfrontiert werden kann, spiegeln sich in irgendeiner Form auch in der Familienkonstellation wider. In Zeiten großer Belastungen kommen daher oft Träume von früheren Problemen und Schwierigkeiten innerhalb der Familie vor.

Spirituell: Auf dieser Ebene steht die Familie in ihrer kleinsten Ausprägung für das spirituelle Dreieck oder aber allgemein für eine spirituelle Gruppe, in der sich der Träumende geborgen fühlt. Da familiäre Beziehungen so wichtig sind, können Träume, in denen Familienmitglieder vorkommen, eine besondere Bedeutung haben. Typische Traumthemen können die folgenden sein:

Die Mutter eines Mannes verwandelt sich im Traum in eine andere Frau: Die erste enge Beziehung zu einer Frau im Leben eines Mannes ist die zu seiner Mutter. Abhängig von den Traumumständen, kann eine solche Verwandlung positiv oder negativ sein. Für den Träumenden ist es ein Zeichen seines Wachstums, wenn es ihm im Traum gelingt, seine Mutter loszulassen. In diesem Fall legt die Verwandlung nahe, daß sich seine Wahrnehmung von Frauen verändert (siehe »Einführung in die Traumarbeit« und → Anima unter Archetypen).

Der Vater, Bruder oder Geliebte einer Frau verwandelt sich in eine andere Person: Die erste Beziehung einer Frau zu einem Mann ist normalerweise die Beziehung zu ihrem Vater. Wenn sie sich entwickeln und erfüllte Liebesbeziehungen zu Männern aufbauen will, muß sie lernen, aus der Beziehung zu ihrem Vater herauszutreten und mit ihrem Animus umzugehen (siehe »Einführung in die Traumarbeit« und → Animus unter Archetypen).

Der Bruder eines Mannes oder die Schwester einer Frau: Sie stellen im Traum häufig den Schatten dar (siehe auch »Einführung in die Traumarbeit«). Häufig ist es leichter, die eigenen negativen Seiten zu akzeptieren, wenn man sie auf die Mitglieder der Familie projiziert. Wenn man sich nicht um die Auflösung dieser Projektionen kümmert, kann dies später zu Schwierigkeiten in der Partnerschaft und in der eigenen Familie führen. Oft zeigt sich ein Weg zur Auflösung solcher Projektionen in Träumen. Das Aggressionsmuster zwischen Familienmitgliedern ist in allen Familien recht ähnlich, dennoch ist es leichter, es im Traum durchzuarbeiten als im wirklichen Leben.

Träume über die Familie sind deshalb so häufig, weil die meisten Konflikte zuerst im familiären Umfeld erlebt werden. Auf diese Weise entsteht eine Art Beziehungsschablone, die immer so bleiben wird, wenn man sich nicht bewußt um Veränderung bemüht. Im Traum kann es unter anderem zu den folgenden Traum-

situationen oder -konstellationen kommen:
Eine Traumfigur setzt sich aus mehreren Familienmitgliedern zusammen (etwa der Kopf der Mutter auf dem Körper des Vaters): Dies kann ein Hinweis darauf sein, daß der Träumende sich nicht entscheiden kann, welcher Elternteil für ihn der bestimmende ist.
Verletztes Familienmitglied: Ist im Traum ein Familienmitglied verletzt oder erscheint es in irgendeiner Weise verzerrt, dann kann dies ein Hinweis darauf sein, daß der Träumende sich vor ihm fürchtet oder Angst um es hat.
Wiederkehrendes Familienmitglied (oder es bleibt jedesmal aus, wenn man es erwartet): Der Träumende muß sich um größeres Verständnis für diese Person oder aber für den eigenen Persönlichkeitsanteil, den sie repräsentieren kann, bemühen.
Inzestuöse Beziehung: Ein solcher Traum kann ein Hinweis darauf sein, daß sich Träumende nach einer Verschmelzung mit dem betreffenden Familienmitglied sehnen. Das für diese innige Beziehung typische Machtgefälle macht die noch unreife Sexualität des Träumenden deutlich.
Unterdrückung durch die Eltern: Eine solche Situation löst beim Träumenden Auflehnung aus. Dies verweist darauf, daß er sich von dem in der Kindheit erlernten Verhalten lösen muß, um sich als eigenständige Persönlichkeit zu entwickeln. Der Tod der Eltern oder eines Elternteils im Traum kann eine ähnliche Bedeutung haben.
Unangemessenes Verhalten der Eltern oder eines Elternteils: Dies ist möglicherweise ein Hinweis für den Träumenden, daß er die kindliche Sichtweise, nach der die Eltern vollkommen sind, korrigieren und durch eine realistische ersetzen muß, die ihnen Fehler und Mängel zubilligt.
Rivalität mit einem Elternteil: In der ersten Zeit nach der Geburt durchläuft ein Kind eine Phase der äußersten Selbstbezogenheit, die dann von einer einzigartigen Beziehung, normalerweise mit der Mutter, abgelöst wird. Erst später entwickelt das Kind Verlangen nach einer anderen Beziehung zu einer dritten Person. Durch diese neue Beziehung wird das Kind dazu veranlaßt, über seinen Wert als Person nachzudenken. Vermag es dies nicht erfolgreich zu Ende zu bringen, dann kann es im Traumgeschehen als Konflikt mit einem Elternteil überdauern.
Konflikt zwischen einem geliebten Menschen und einem Familienmitglied: Der Träumende hat noch keine völlige Klarheit über seine unterschiedlichen Wünsche und Bedürfnisse bezüglich jeder dieser beiden Personen gewonnen. Einen Menschen zu lieben, mit dem man nicht über die Fami-

lie verbunden ist, ist ein Zeichen der Reife.

Ein Familienmitglied mischt sich im Traum ein: Dies kann darauf hinweisen, daß Familienloyalität in Widerspruch zum Alltagsleben des Träumenden geraten kann.

Rivalitäten zwischen Geschwistern: Dies verweist auf Unsicherheitsgefühle und Zweifel; möglicherweise fühlt sich der Träumende von seiner Familie nicht genügend geliebt.

Die Archetypen (→ Archetypen und »Einführung in die Traumarbeit«) schlüpfen mitunter in die Rollen einzelner Familienmitglieder und ihre Position innerhalb der Familie. Der Vater symbolisiert also beispielsweise das männliche Prinzip und Autorität, während die Mutter für nährende und schützende Weiblichkeit steht. Die folgenden Traumfiguren können eine Rolle spielen:

Bruder: Ein Bruder kann geistige Verwandtschaft und Rivalität zugleich darstellen. Ein älterer Bruder symbolisiert im Traum eines Mannes möglicherweise Erfahrung und Autorität, ein jüngerer hingegen Verletzbarkeit und möglicherweise fehlende Reife. Im Traum einer Frau kann ein jüngerer Bruder Rivalitätsgefühle zum Ausdruck bringen, aber auch Verletzbarkeit. Ein älterer Bruder repräsentiert ihr extrovertiertes Selbst.

Ehefrau/Lebenspartnerin: Die Qualität einer solchen Partnerschaft hängt stark davon ab, wie sich der Mann selbst wahrnimmt. Hatte er als Kind eine gute, ja sogar erfolgreiche Beziehung zu seiner Mutter, so wird er sich im Traum auch als guter Ehemann darstellen. Er erlebt den möglichen Verlust oder Tod seiner Partnerin auf dieselbe Weise wie den »Verlust« seiner Mutter.

Ehemann/Lebenspartner: In der Beziehung zwischen Beziehungspartnern ist es von entscheidender Wichtigkeit, wie die Frau ihre Sexualität und die Intimität ihres Körpers empfindet und wie sie sich seelisch-geistig fühlt. Ihre Selbstwahrnehmung ist geprägt durch die Verbindung mit ihrem Vater, und jede spätere Partnerschaft wird dadurch gefärbt sein. Bringt sie ihre Selbstzweifel und Ängste nicht auf gesunde Weise zum Ausdruck, dann kommen sie in Träumen als Verlust oder Tod ihres Partners an die Oberfläche; sie können aber auch auf die Männer anderer Frauen projiziert werden.

Entferntere Familienmitglieder (wie Cousins, Tanten, Onkel): Entferntere Familienmitglieder tauchen für gewöhnlich in Träumen entweder als sie selbst auf oder als Repräsentanten einzelner Persönlichkeitsmerkmale, welche der Träumende nicht zur Kenntnis nehmen will.

Großeltern: Träume von ihnen können sich direkt auf sie beziehen, aber auch auf die Traditionen und Glaubenshaltungen, die sie an den Träumenden weitergegeben haben. Großeltern erfahren erst dann, ob sie ihre Söhne und Töchter richtig großgezogen haben, wenn diese selbst eigene Kinder haben.

Mutter: Die Beziehung eines Kindes zu seiner Mutter ist von zentraler Bedeutung für seine Entwicklung. Dies ist die erste Beziehung, die ein Kind entwickelt, und es sollte sie daher als nährend und fürsorglich empfinden. Trifft dies nicht zu, können Ängste und Zweifel entstehen. Im Leben eines Mannes kann dies zur Folge haben, daß er immer wieder Abhängigkeitsbeziehungen mit älteren Frauen eingeht oder sein Bedürfnis nach einer Beziehung leugnet. Im Leben einer Frau färbt ihr Verhältnis zur Mutter ebenfalls alle übrigen Beziehungen. Sie fühlt sich vielleicht in die Rolle gedrängt, sich um den bedürftigen Mann zu kümmern, oder aber geht Beziehungen mit Männern und Frauen ein, in denen sie nicht auf ihre Kosten kommt. Es gibt viele Möglichkeiten, in Träumen die Beziehung mit der Mutter aufzuarbeiten, und derjenige, der sich mit der Deutung solcher Träume befaßt, kann hierdurch große Schritte in seiner Entwicklung machen.

Schwester: Eine Schwester stellt im Traum für gewöhnlich die emotionale Seite des Träumenden dar. Er ist dazu in der Lage, mit diesem Bestandteil seines Selbst Verbindung aufzunehmen, vorausgesetzt, er bringt Verständnis für die Persönlichkeit der Schwester auf. Eine ältere Schwester im Traum eines Mannes kann schikanierendes Verhalten, aber auch Fürsorge zum Ausdruck bringen. Handelt es sich um eine jüngere Schwester, dann verkörpert sie seine verletzbare Seite. Eine jüngere Schwester im Traum einer Frau steht für Rivalität und eine ältere für Fähigkeit.

Sohn: Ein Sohn kann im Traum den Wunsch des Träumenden nach Selbstausdruck und Extraversion darstellen. Oder aber er symbolisiert elterliche Verantwortung. Im Traum einer Mutter kann ein Sohn deren Ehrgeiz, Hoffnung und Potential repräsentieren. Im Traum eines Vaters kann er unerfüllte Hoffnungen zum Ausdruck bringen.

Tochter: Im Traum einer Frau verweist die Beziehung zur Tochter normalerweise auf eine gegenseitige Unterstützung, obwohl möglicherweise auch Rivalität und Eifersucht eine Rolle spielen. Im Traum eines Mannes kann die Tochter Ängste und Zweifel symbolisieren, die beim Umgang mit der eigenen Verletzbarkeit auftauchen können.

Vater: Ist die Beziehung zum Vater gesund, dann drückt sich dies durch ein positives Vaterbild auch im Traum aus. Der Vater repräsentiert Autorität und die konventionellen Formen von Recht und Ordnung. Im Leben eines Mannes übernimmt der Vater die gleichgeschlechtliche Vorbildrolle (oder auch nicht). Im Leben einer Frau stellt der Vater die Schablone dar, anhand derer sie alle zukünftigen Beziehungspartner bewertet. Reifere Beziehungen sind jedoch nur möglich, wenn sie sich, beispielsweise mit Unterstützung der Traumarbeit, von ihrem Vater löst.

FAMILIEN-MITGLIEDER

→ Familie

FARBEN

Allgemein: Die Farbe eines Traumsymbols kann eine wichtige Rolle spielen. Im Spektrum des Regenbogens sind Gelb, Orange und Rot die warmen, aktiven Farben und Blau, Indigo und Violett die kalten, passiven. Grün ist eine Synthese aus warm und kalt. Weißes Licht enthält alle Farben.

Psychologisch: Farben haben eine heilende Wirkung. Wenn sie im Traum auftauchen, können sie wichtige Hinweise über Krankheit und Heilung geben. Sie bedeuten im einzelnen:

Blau: Dies ist die Farbe des klaren, blauen Himmels. Sie ist die primäre Heilfarbe und verweist auf Entspannung, Schlaf und Friedfertigkeit.

Braun: Die Farbe der Erde, des Todes und des Engagements.

Gelb: Es kommt dem Tageslicht am nächsten. Die Farbe ist verbunden mit dem emotionalen Selbst; ihre Eigenschaften sind Denken, Distanz und Urteilskraft.

Grau: Über die tatsächlichen Eigenschaften dieser Farbe läßt sich streiten; im allgemeinen werden Demut und Fürsorge mit ihr assoziiert.

Grün: Dies ist die Farbe des Gleichgewichts und der Harmonie. Sie steht für Natur und das Leben der Pflanzen.

Magenta: Diese Farbe verbindet das Materielle und das Spirituelle miteinander. Sie symbolisiert Verzicht, Selbstlosigkeit, Perfektion und meditative Praxis.

Orange: Sie ist eine essentiell heitere, erbauliche Farbe; mit ihr werden Heiterkeit und Unabhängigkeit assoziiert.

Rot: Ausdruckskraft, Stärke, Energie, Leben, Sexualität und Macht werden dieser Farbe zugeordnet. Ist die Farbe im Traum nicht in ihrem reinen Zustand, bedeutet dies, daß die Eigenschaften ebenfalls nicht in ihrer stärksten Ausprägung vorkommen.

Schwarz: Diese Farbe enthält potentiell alle Farben. Sie deutet auf Ausdruck, Negativität und Urteilskraft hin.

Türkis: Das klare, grünliche Blau symbolisiert in manchen Religionen die befreite Seele. Sie steht für Gelassenheit und Ehrlichkeit.

Violett: Manchen Menschen ist diese Farbe zu kräftig; sie bedeutet Würde, Respekt und Hoffnung. Ihr Ziel ist Erbauung.

Weiß: Die Farbe, die alle Farben in sich birgt. Sie verweist auf Unschuld, spirituelle Reinheit und Weisheit.

Spirituell: Farbe bestätigt die Existenz des Lichts; auf der spirituellen Ebene bedeutet dies: Rot ist die Farbe des Selbstbildes und der Sexualität, Orange steht für Beziehung – zu sich selbst und zu anderen Menschen, Gelb ist das emotionale Selbst, Grün steht für Selbstbewußtheit, Blau symbolisiert Selbstausdruck und Weisheit, Indigo ist die Farbe der Kreativität und Violett stellt die kosmische Verantwortung dar.

FASAN

→ Vögel

FASS

Allgemein: Ein Faß ist, wie die meisten Behälter, ein Symbol für das weibliche Prinzip. Da die meisten Fässer handgemacht sind, verweist ein Traum von einem Faß auf die Sorgfalt, mit der sich der Träumende mit seinem eigenen emotionalen Ausgleich befaßt.

Psychologisch: Es ist wahrscheinlicher, daß der Träumende sich in dem Inhalt des Fasses wiedererkennt als in dem Faß selbst. Ein Faß im Traum verweist jedoch auf die Begabung, kreativ mit Rohmaterial umgehen zu können.

Spirituell: Auf der spirituellen Ebene steht ein Faß ohne Boden für nutzlose Anstrengungen.

FASTEN

Allgemein: Fasten im Traum kann bedeuten, daß der Träumende ein emotionales Trauma zu klären sucht oder daß seine Aufmerksamkeit auf ein Reinigungsbedürfnis gerichtet ist.

Psychologisch: Fasten kommt einem Rückzug aus dem Alltag gleich, eine Reaktion, die durch Kummer hervorgerufen werden kann.

Spirituell: Auf der spirituellen Ebene ist Fasten ein Symbol für eine Bewußtseinsveränderung.

FAXGERÄT

Allgemein: Botschaften von einer verborgenen Quelle oder von einem verborgenen Teil des eigenen Selbst werden dem Träumenden oft durch logische Mittel und funktionale Geräte zugeführt. Auch wenn die Botschaft selbst vielleicht unverständlich ist – die Art ihrer Übermittlung ist es nicht.

Psychologisch: Möglicherweise ist dem Träumenden bewußt, daß jemand Kontakt zu ihm aufnehmen möchte.

Spirituell: Im Traum kann ein Faxgerät eine spirituelle Färbung haben; es kann ein Mittel sein, um Botschaften aus dem »Jenseits« zu übermitteln.

FEDER

Allgemein: Federn können im Traum ein Symbol für Sanftheit und Leichtigkeit sein – vielleicht für eine sanftere Annäherung an eine Situation. Es mag für den Träumenden an der Zeit sein, zu erkennen, daß Gewalt ihn nicht weiterführt und daß er sich zu einer ruhigeren Art entschließen muß.

Psychologisch: Federn stellen häufig den Flug zu den anderen, noch wenig vertrauten Seiten des Selbst dar. Da sie mit dem Wind und der Luft verbunden sind, können sie den spirituellen Lebensbereich des Träumenden darstellen. Federn in einem Traum bedeuten jedoch möglicherweise auch, daß der Träumende ein Projekt erst zu Ende führen muß, bevor er sich Ruhe gönnen darf.

Spirituell: Auf der spirituellen Ebene symbolisieren Federn den Himmel oder die Seele.

FEDERKLEID

Allgemein: Wenn die Aufmerksamkeit des Träumenden in seinem Traum auf ein Federkleid gelenkt wird, verweist dies häufig auf die Zurschaustellung von Macht und Stärke. Es kann auch ein Zeichen von Trotz sein; der Träumende muß sich seiner Sache sicher sein und Farbe bekennen.

Psychologisch: Für den Vogel bedeutet sein Federkleid Schutz, aber auch Macht und Stärke. In diesem Sinn macht ein Federkleid den Träumenden darauf aufmerksam, daß er seine Stärke und seine Fähigkeit zu selbstbestimmtem Handeln nutzen soll.

Spirituell: Die Zurschaustellung eines Federkleides bringt einen Triumph zum Ausdruck.

FEE

Allgemein: Weil Feen elementare Energien darstellen, verweist ihr Erscheinen im Traum auf die Verbindung des Träumenden mit solchen Kräften in sich selbst. Vielleicht wird die hellere Seite seines Wesens ihm dadurch ins Bewußtsein gehoben.

Psychologisch: Es heißt, Feen seien kapriziös, und daher können sie für den Persönlichkeitsanteil im Menschen stehen, der keine Kontrolle zuläßt und sich wünscht, frei und spontan zu reagieren.

Spirituell: Auf der spirituellen Ebene können Feen im Traum einen Zugang zur Welt der übersinnlichen Wahrnehmung symbolisieren.

FEGEN

Allgemein: Im Traum zu fegen bedeutet, daß der Träumende dazu in der Lage ist, veraltete Einstellungen und Gefühle »wegzufegen«. Kehrt der Träumende etwas zusammen, so verweist dies darauf, daß er seine Angelegenheiten in Ordnung bringt.

Psychologisch: Fegen ist ein altes Symbol, das auf einen guten Umgang mit der Umwelt verweist. Der Träumende nimmt Details aufmerksam wahr und legt Wert auf Korrektheit und Sauberkeit. Darüber hinaus könnte das Fegen im Traum unter Umständen auch auf die Suche nach Krankheitserregern hindeuten.

Spirituell: Auf der spirituellen Ebene ist es an der Zeit, nützliches von unnützem Wissen zu trennen.

FEHLGEBURT

Allgemein: Der Traum von einer Fehlgeburt, welche der Träumende selbst oder eine andere Person in seinem Traum erfährt, zeigt, daß er sich der Tatsache bewußt ist, daß etwas nicht stimmt. Im Traum einer Frau hängt die Deutung davon ab, ob sie früher bereits eine Fehlgeburt hatte; trifft dies zu, dann kann der Traum ein Hinweis darauf sein, daß sie sich damals nicht genug Zeit zum Trauern genommen hat.

Psychologisch: Wenn man von einer Fehlgeburt träumt, kann dies auch auf den Verlust des Arbeitsplatzes, auf das Scheitern eines bereits begonnenen Projekts oder auf die Auflösung eines Persönlichkeitsbestandteils hinweisen. Der Träumende braucht Zeit, um die Ereignisse zu verarbeiten.

Spirituell: Auf dieser Ebene steht eine Fehlgeburt für einen schweren Verlust und für Depression.

FEIGE

Allgemein: Wegen ihrer Form wird die Feige mit Sexualität, Fruchtbarkeit und Wohlstand in Verbindung gebracht. Werden im Traum Feigen gegessen, so kann dies ein Hinweis darauf sein, daß es etwas zu feiern gibt. Darüber hinaus zeigt das Traumbild möglicherweise, daß eine Situation ein größeres Potential birgt, als man zuerst angenommen hat.

Psychologisch: Ein Feigenbaum im Traum deutet in der Regel darauf hin, daß der Träumende mit einer tieferen spirituellen Bewußtheit in Berührung ist, von der er zuvor keine Kenntnis hatte.

Spirituell: Auf der spirituellen Ebene steht die Feige für übersinnliche Fähigkeiten und eine direkte Verbindung zu den Anfängen des materiellen Lebens.

FEINDSELIGKEIT

Allgemein: Verspürt der Träumende während seines Traums in sich selbst Feindseligkeit, dann handelt es sich wahrscheinlich um den direkten Ausdruck dieses Gefühls. Der Traum bietet dieser gefährlichen Regung ein sicheres und ungefährliches Ventil, wie dies der Alltag nicht könnte. Erlebt der Träumende in seinem Traum eine andere Person als feindselig, so kann dies ein Hinweis darauf sein, daß er sich falsche Verhaltensweisen gegenüber seinen Mitmenschen bewußt machen muß.

Psychologisch: Feindseligkeit ist eine der Emotionen, die man idealerweise im Traum bearbeitet. Wenn der Träumende ihre Ursachen im Traum ergründet, dann erhält er einen neuen Zugang zu dem realen Gefühl im Wachzustand und kann es gefahrlos bearbeiten.

Spirituell: Menschen, welche die persönliche Ausprägung von Spiritualität beim Träumenden ablehnen, können in ihm Feindseligkeit auslösen. Er muß jedoch zu akzeptieren lernen, daß in spiritueller Hinsicht nicht jeder seine Meinung teilen muß.

FELD

Allgemein: Befindet sich der Träumende in seinem Traum auf einem Feld, so ist er vielleicht auf der Suche nach einem neuen Betätigungsfeld.

Psychologisch: Der Träumende muß sich der weiten Räume bewußt sein, in denen er sein Leben gestalten kann, und er muß erkennen, was seiner Natur entspricht, und vielleicht zum Grundlegenden zurückkehren.

Spirituell: Auf der spirituellen Ebene steht das Feld für Mutter Erde, für die große Ernährerin und möglicherweise für das »Feld der Träume«.

FELS

Allgemein: Träume von Fels weisen auf Stabilität in der realen Welt hin. Wenn der Mensch auf festem Grund steht, kann er überleben. Vielleicht ist dem Träumenden auch bewußt, daß er unverrückbar wie ein Fels sein muß in der Verfolgung seiner Ziele. Küstenfelsen erinnern den Träumenden an glücklichere, sorgenfreiere Lebensabschnitte.

Psychologisch: Auf der Verstandesebene haben die Bilder Gültigkeit, die wie Zuverlässigkeit, Kälte, Starrheit und so fort mit dem Fels verknüpft werden können. Der Träumende muß diese Eigenschaften in sich erkennen und lernen, richtig mit ihnen umzugehen. Befindet sich der Träumende in seinem Traum zwischen Felsen eingeschlossen, so steht dieses Bild für eine schwierige Situation.

Spirituell: Auf der spirituellen Ebene stehen Felsen in Form einer Barriere für einen Durchgang zu einem neuen Lebensabschnitt.

FENSTER

→ Gebäude

FERN

→ Positionen

FERNROHR

Allgemein: Ein Fernrohr im Traum bedeutet, daß der Träumende punktuell dazu in der Lage ist, weit vorauszuschauen, daß er jedoch

Schwierigkeiten hat, sich den großen Überblick zu bewahren.

Psychologisch: Ein Fernrohr kann darauf hinweisen, daß der Träumende über die Dinge sowohl mit einer kurzfristigen als auch mit einer langfristigen Perspektive nachdenken muß. Zieht der Träumende keine langfristigen Perspektiven in Betracht, dann kann er kurzfristig vielleicht nicht erfolgreich sein.

Spirituell: Auf der spirituellen Ebene kann ein Fernrohr die Kunst des Hellsehens symbolisieren.

FERSE

→ Körper

FESTBANKETT

Allgemein: Hat der Träumende in seinem Traum die Aufgabe, bei einem Festbankett zu bedienen, so muß er darauf achten, daß ihm nicht die guten Dinge im Leben vorenthalten werden, weil er zu selbstlos ist. Ist er selbst Gast des Banketts, dann will der Traum ihn auf sein Bedürfnis nach Nahrung (nicht nur für den Körper) aufmerksam machen.

Psychologisch: Der Träumende erhält durch das Traumsymbol den Hinweis, daß er seine geistigen Fähigkeiten nicht so zum Einsatz bringt, wie er es könnte. Er gibt sich auf der Qualitätsebene mit geistiger Nahrung zweiter Wahl zufrieden.

Spirituell: Das Festbankett ist ein Symbol für das menschliche Bedürfnis nach spiritueller Nahrung.

FESTPLATZ

Allgemein: Handelt ein Traum davon, daß sich der Träumende auf einem Festplatz befindet, dann kann dies bedeuten, daß er wieder Verbindung mit seiner leichtherzigen, kindlichen Seite aufnimmt. Wenn der Träumende sich an einer Karnevalfeier beteiligt, hat er die Gelegenheit, jegliche Beschränkungen außer acht zu lassen, die ihm normalerweise auferlegt sind.

Psychologisch: Ein Festplatz ist eine Art abgeschlossene Welt für sich, in der andere Regeln gelten. Wenn man davon träumt, verweist dies darauf, daß man sich der hedonistischen Seite seines Wesens bewußt wird. Der Träumende wertet Spaß und Vergnügen höher als alles andere.

Spirituell: Auf der spirituellen Ebene kann der Festplatz für das »Karussell des Lebens« und sein spirituelles »Auf und Ab« stehen.

FETISCHISMUS

→ Sexualität

FETT

Allgemein: Fett im Traum kann dem Träumenden bewußt machen, daß er vielleicht in einer Situation nicht so vorsichtig war, wie er es hätte sein sollen. Er hat Bedingungen geschaffen, die ihm nicht zum Vorteil gereichen und sich als »schlüpfrig« oder unbequem erweisen könnten.

Psychologisch: Der Träumende sollte eine Situation besser beurteilen, bevor er sich einem Risiko aussetzt. Fett kann auch symbolisieren, daß der Träumende sich das Leben zu leicht macht.

Spirituell: Auf der spirituellen Ebene kann Fett sowohl Einfachheit als auch Verschmutzung symbolisieren.

FEUER

Allgemein: Feuer kann im Traum auf Leidenschaft und Begehren im positiven Sinn und auf Frustration, Zorn, Verdruß und Destruktivität im negativen Sinn hinweisen. Die genaue Deutung hängt beispielsweise davon ab, ob das Feuer unter Kontrolle ist. Sieht der Träumende vor allem die Flamme des Feuers, so ist er sich der Energie, die erzeugt wird, bewußt. Steht die Hitze des Feuers mehr im Vordergrund, so nimmt der Träumende starke Gefühle eines Menschen wahr.

Psychologisch: Feuer erscheint in Träumen häufig als Symbol der Reinigung. Der Mensch kann sich die lebenspendende und erzeugende Kraft des Feuers zunutze machen, um sein Leben zu verändern. Manchmal ist Feuer auch ein Hinweis darauf, daß der Träumende seine sexuelle Macht transformieren muß. Wird der Träumende in seinem Traum bei lebendigem Leibe verbrannt, kann dies Angst vor einer neuen Beziehung oder einer neuen Lebensphase ausdrücken. Vielleicht spürt der Träumende auch, daß er für seinen Glauben leiden muß.

Spirituell: Auf dieser Ebene symbolisiert eine Feuertaufe ein neues Bewußtsein spiritueller Macht und Transformation.

FEUERHAKEN

Allgemein: Ein Feuerhaken hat offenkundige Verbindungen zu Männlichkeit, aber auch zu Starrheit. In Träumen kann ein Feuerhaken daher auf Aggressivität hinweisen, aber auch auf starres Verhalten und eine unwandelbare Einstellung.

Psychologisch: Der Feuerhaken im Traum steht für Mittel und Wege, um überwältigende Gefühle unter Kontrolle zu halten.

Spirituell: Auf der spirituellen Ebene verweist ein Feuerhaken auf starre und unbeugsame Disziplin, die an einem bestimmten Punkt in der spirituellen Entwicklung nötig sein kann.

FEUERLILIE

Allgemein: Die Feuerlilie stellt das Recht auf Macht dar.

Psychologisch: Als Sinnbild von Feuer und Licht verweist die Feuerlilie darauf, daß der Träumende möglicherweise nach größerer Klarheit suchen muß.

Spirituell: Auf der spirituellen Ebene symbolisiert die Feuerlilie das Recht auf Herrschaft.

FEUERLÖSCHER

Allgemein: Als Symbol verweist ein Feuerlöscher auf eine Situation, die der Träumende nicht mehr unter Kontrolle hat. Nur durch ein »Dämpfen« der Gefühle ist ein weiteres Vorankommen möglich. Jemand hat vielleicht zuviel des Guten getan und braucht Hilfe.

Psychologisch: Wie jedes Gefäß kann auch der Feuerlöscher das weibliche Prinzip darstellen. Im Traumzusammenhang ist es wichtig, ob der Feuerlöscher gefüllt ist oder leer.

Spirituell: Auf der spirituellen Ebene repräsentiert der Feuerlöscher leidenschaftliche Gefühle.

FEUERWERK

Allgemein: Ein Feuerwerk unterstreicht in der Regel einen freudigen Anlaß, aber es kann auch Angst erzeugen. Wenn ein Traum von einem Feuerwerk handelt, hofft der Träumende, sein Glück oder das eines anderen Menschen feiern zu können.

Psychologisch: Ein Feuerwerk kann die gleiche Bedeutung haben wie eine Explosion (→ Explosion). Das Freisetzen von Energie oder einer Emotion hat mitunter eine recht spektakuläre Wirkung auf den Träumenden oder auf die Menschen in seiner Umgebung.

Spirituell: Auf dieser Ebene ist das Feuerwerk ein Hinweis dafür, daß ein Übermaß an spirituellen Emotionen vorherrscht, das richtig kanalisiert werden muß, damit es nicht unkontrolliert in alle Richtungen schießt.

FILM

Allgemein: Handelt ein Traum davon, daß der Träumende, beispielsweise im Kino, einen Film anschaut, dann ist dies ein Hinweis darauf, daß er einen Aspekt seiner Vergangenheit oder seines Charakters sieht, dem er mehr Beachtung als bisher schenken muß. Der Träumende macht den Versuch, sich selbst objektiv zu sehen. Darüber hinaus kann das Traumsymbol jedoch auch ein Hinweis sein, daß der Träumende vor der Realität flieht.

Psychologisch: Betrachtet der Träumende einen Film, so heißt dies, daß er sich eine andere Realität erschafft, um seine eigene damit zu ersetzen. Dreht der Träumende selbst einen Film und es handelt sich dabei nicht um die Ausübung seines Berufs, ist dies vielleicht ein Hinweis auf die Notwendigkeit, die selbst gestalteten Realitäten näher zu untersuchen und nicht zu viele zu erschaffen.

Spirituell: Auf der spirituellen Ebene kann Film ein Symbol für die Akasha-Chronik oder für die Vergangenheit sein.

FILMSTAR

Allgemein: Viele Menschen erschaffen sich eine ideale Persönlichkeit, auf die sie ihre Phantasien und Wünsche projizieren. In Träumen stellt ein Filmstar, ein Popstar oder eine schillernde Figur des öffentlichen Lebens den Animus oder die Anima des Träumenden dar (siehe »Einführung in die Traumarbeit«).

Psychologisch: Berühmte Menschen, Popstars und Filmstars sind im Traum Projektionsfläche für all jene guten Eigenschaften, die der Träumende selbst gerne hätte.

Spirituell: Auf der spirituellen Ebene setzt das Streben nach Vollkommenheit voraus, daß der Träumende die Aspekte seiner Persönlichkeit durcharbeitet, zu denen er bisher noch keinen tieferen Zugang erhalten hat.

FINDEN

Allgemein: Im Traum einen wertvollen Gegenstand zu finden heißt, daß dem Träumenden ein Teil seiner selbst bewußt geworden ist, der ihm noch nützlich sein wird.

Psychologisch: Der Geist des Menschen besitzt ein unglaubliches Geschick, um die Aufmerksamkeit auf das zu lenken, was getan werden muß, damit ein Ziel in erreichbare Nähe rückt. Er benutzt Verstecken, Suchen und Finden als Metaphern für die Anstrengung, die man im Wachzustand aufbringen muß, um seine Vorstellungen zu verwirklichen. Wenn der Träumende in seinem Traum etwas ohne Anstrengung findet, ist dies ein Hinweis darauf, daß ihm zum rechten Augenblick auch das notwendige Wissen ohne Mühe zufliegen wird.

Spirituell: Auf der spirituellen Ebene kann das Traumbild dafür stehen, daß der Träumende im Begriff ist, den entscheidenden nächsten Schritt zu tun.

FINGER

→ Hand unter Körper

FINSTERNIS

Allgemein: Wenn in einem Traum Finsternis herrscht, dann kann dies auf die Schwierigkeit verweisen, daß der Träumende sich selbst nicht aus der Ferne und damit objektiver betrachten kann. Möglicherweise muß er sich zunächst mit seiner Negativität auseinandersetzen, um sie aufzulösen und Helligkeit und Klarheit zu schaffen.

Psychologisch: Sieht der Träumende sich in seinem Traum von Finsternis umschlossen, während andere Menschen im Licht stehen, dann kann dies ein Hinweis auf eine bevorstehende depressive Phase sein. Im umgekehrten Fall besitzt möglicherweise der Träumende Erkenntnisse, die den Menschen seines Umfelds dabei helfen, ihr Leben besser zu gestalten.

Spirituell: Finsternis im Traum verweist in der Regel auf die Gegenwart des Bösen.

FISCHE

auch → Tierkreis

Allgemein: Ein Traum über Fische stellt die Verbindung zur emotionalen Seite des Träumenden her. Er verdeutlicht, daß die Begabung des Träumenden nicht im strategischen Denken liegt. Oft jedoch ist eine instinktive Reaktion angebrachter als das Analysieren einer Situation.

Psychologisch: Mit dem Traum wird dem Träumenden signalisiert, daß er Zugang zum kollektiven Unbewußten hat (siehe »Einführung in die Traumarbeit«).

Spirituell: Fische symbolisieren zeitweilig verfügbare spirituelle Macht.

FISCHER

Allgemein: Wenn eine der Traumgestalten eine bestimmte Tätigkeit ausübt, muß geklärt werden, was diese Tätigkeit zu bedeuten hat. Ein Fischer symbolisiert den Ernährer einer Familie, ein Tiefseefischer kann für Tapferkeit stehen, ein Flußfischer verweist möglicherweise auf ein Bedürfnis nach Ruhe und Erholung.

Psychologisch: Der Fischer im Traum symbolisiert den Wunsch des Träumenden, sich beispielsweise einen neuen Arbeitsplatz, einen neuen Partner und so fort »einzufangen«.

Spirituell: Auf der spirituellen Ebene kann der Fischer im Traum das Symbol für einen Priester sein.

FLAMME

→ Feuer

FLASCHE

Allgemein: Die Bedeutung ist abhängig von der Art und dem Inhalt der Flasche, die im Traum eine Rolle spielt. Handelt es sich um ein Babyfläschchen, könnte dies bedeuten, daß der Träumende gut »ernährt« und förderlich in seinem Wachstum unterstützt werden will. Eine Flasche mit Alkohol könnte den Wunsch nach einer Feier oder nach exzessivem Verhalten darstellen, ein Medizinfläschchen symbolisiert die Notwendigkeit, sich um die eigene Gesundheit intensiver zu kümmern, und eine zerbrochene Flasche ist Sinnbild der Aggression oder des Scheiterns.

Psychologisch: Wird im Traum eine Flasche geöffnet, bedeutet dies eventuell, daß dem Träumenden Ressourcen zugänglich gemacht werden, die er zwar schon lange besitzt, aber bisher unterdrückt oder verschüttet hat.

Spirituell: Auf der spirituellen Ebene kann die Flasche ein Symbol für den Schoß sein, für das Prinzip des Fassungsvermögens und der Abgeschlossenheit.

FLEDERMAUS

auch → Vampir

Allgemein: Weil Fledermäuse im Volksglauben als angsterregende Tiere gelten, deutet eine Fledermaus im Traum darauf hin, daß der Träumende durch unbewußte Ängste gequält wird.

Psychologisch: Wenn man träumt, daß man von Fledermäusen angegriffen wird, verlangt dies möglicherweise, daß der Träumende sich mit der Angst auseinandersetzen muß, den Verstand zu verlieren. Fledermäuse sind Nachttiere; der Aspekt der Dunkelheit oder Finsternis kann daher für einen solchen Traum von Bedeutung sein (→ Dunkelheit, → Finsternis, → Nacht).

Spirituell: Auf der spirituellen Ebene kann eine Fledermaus im Traum sowohl Verunsicherung als auch spirituelle Unklarheit zum Ausdruck bringen.

FLEISCH

→ Nahrungsmittel

FLEISCHER

→ Schlachter

FLIEGE

Allgemein: Fliegen werden in der Regel als häßlich und lästig abgewertet; daß sie ebenso wie die Ameisen eine wichtige Rolle im Verwesungsprozeß spielen, wird gerne übersehen. Fliegen in einem Traum verlangen vom Träumenden, daß er sich mit bestimmten Aspekten in seinem Leben auseinandersetzen muß, die er für ausschließlich negativ hält, die aber doch auch eine positive Seite haben. Da sich nur einzelne Insekten ziellos bewegen, ein Insektenschwarm jedoch nicht, deutet ein Fliegenschwarm im Traum an, daß der Träumende effektiver und wirkungsvoller sein wird, wenn er sich in bestimmten Situationen einer Gruppe anschließt.

Psychologisch: Insekten aller Art lenken die Aufmerksamkeit des Träumenden in der Regel auf primäres, instinktives Verhalten, welches überlebenswichtig ist. Was den Träumenden bedroht, bedroht ihn auf einer grundlegenden Ebene (→ Insekten).

Spirituell: Auf der spirituellen Ebene symbolisieren Fliegen im Traum Verschmutzung und warnen vor Krankheit.

FLIEGEN

auch → Reise

Allgemein: In der traditionellen Traumdeutung werden Träume vom Fliegen mit Sexualität in Verbindung gebracht. In einer umfassenderen Sichtweise stehen sie für Ungehemmtheit und die Befreiung von möglicherweise selbstgeschaffenen Begrenzungen.

Psychologisch: Fliegt der Träumende in seinem Traum nach oben, bedeutet dies, daß er sein Leben stärker nach spirituellen Gesichtspunkten ausrichten will; fliegt er nach unten, zeigt dies, daß er sich seinem Unterbewußten zuwendet und sich um tieferes Verstehen bemüht.

Spirituell: Auf dieser Ebene steht Fliegen für spirituelle Freiheit.

FLÖTE

auch → Musikinstrumente

Allgemein: Viele Musikinstrumente – insbesondere Blasinstrumente – verweisen auf extreme Gefühle, auf Verlockungen und Schmeicheleien. Wegen ihrer Form gilt die Flöte als Symbol männlicher Potenz, aber sie kann auch den Schmerz verkörpern.

Psychologisch: Die Flöte ist ein Symbol der Freude und des Glücks, da sie den Klang der Seele und daher Harmonie ausdrücken kann.

Spirituell: Auf der spirituellen Ebene steht die Flöte im Traum für Himmelsmusik.

FLOH

auch → Parasiten

Allgemein: Flöhe sind ein Ärgernis, und genau diese Rolle übernehmen sie auch im Traum. Der Träumende befindet sich offenbar in einer Auseinandersetzung mit Menschen, die ihn ausnutzen wollen oder parasitäres Verhalten an den Tag legen. Es ist für den Träumenden an der Zeit, dies zu erkennen und sich von solchen Blutsaugern zu befreien.

Psychologisch: Der Träumende muß sich für die schmerzhafte Erkenntnis öffnen, daß Menschen, die er für Freunde hielt, ihn in Wahrheit nur benutzen und für ihre Zwecke ausbeuten.

Spirituell: Auf der spirituellen Ebene symbolisieren Flöhe im Traum Überlebenswille, Anpassungsfähigkeit und Beweglichkeit.

FLOSS

Allgemein: Ein Floß bedeutet Sicherheit mitten in einer stürmischen Situation. Auch wenn es nicht den Komfort eines Schiffes bietet, vermag es den Träumenden doch durch ein stürmisches Meer der Gefühle zu tragen.

Psychologisch: Im Traum kann das Floß ein Symbol des Übergangs sein. Mitunter ist es bedeutsam, woraus das Floß besteht, da das Material dem Träumenden Hinweise für mögliches Verhalten geben kann.

Spirituell: Auf dieser Ebene ist das Floß ein Symbol des spirituellen Übergangs von einer Lebensphase in eine neue.

FLUCHT

Allgemein: Handelt ein Traum von Flucht, dann versucht der Träumende schwierigen Gefühlen auszuweichen. Möglicherweise will er sich einer Verantwortung oder Verpflichtung entziehen.

Psychologisch: Eine bestimmte Situation löst so starke Gefühle der Angst und Panik im Träumenden aus, daß er sich nicht anders als durch Flucht zu helfen weiß. Solches Verhalten ist jedoch auf Dauer keine Lösung, und die ursprüngliche Situation wird sich so lange wiederholen, bis der Träumende eine andere Bewältigungsstrategie gefunden hat.

Spirituell: Auf der spirituellen Ebene steht die Flucht im Traum für eine außerordentlich große Sehnsucht nach Freiheit.

FLÜGEL

Allgemein: Flügel und Fliegen sind eng miteinander verbunden. Folglich könnten Vogelschwingen auf das Bedürfnis des Träumenden nach Freiheit hinweisen. Ein gebrochener Flügel zeigt an, daß ein Trauma den Träumenden daran hindert, »abzuheben«.

Psychologisch: Flügel können auch schützen und nehmen in Träumen häufig diese Bedeutung an. Die Flügel eines Engels versinnbildlichen, ebenso wie die Schwingen eines Raubvogels, die Fähigkeit des Träumenden, Schwierigkeiten zu überwinden.

Spirituell: Auf der spirituellen Ebene stehen Flügel im Traum für die schützende, alles durchdringende Macht Gottes.

FLÜSSIGKEIT

Allgemein: Flüssigkeiten im Traum stehen in der Regel in Verbindung mit »Fließen« und dem Fluß der Gefühle. Die Farbe der Flüssigkeit ist meist von Bedeutung, weil sie einen Hinweis darauf gibt, mit welchen Gefühlen der Träumende es zu tun hat (→ Farben).

Psychologisch: Ist im Traum etwas unerwartet flüssig, dann muß sich der Träumende darüber Klarheit verschaffen, welchen Bereichen in seinem Alltagsleben es an Stabilität mangelt. Möglicherweise ist es für den Träumenden besser, sich dem Strom der Ereignisse zu überlassen, um das Potential in dieser Situation zu maximieren. Darüber hinaus steht die Flüssigkeit im Traum für die Wandelbarkeit, für ein Verwirklichungspotential auf materieller oder emotionaler Ebene.

Spirituell: Eine goldene Flüssigkeit ist ein starkes Symbol für die spirituelle Entwicklung; sie kann Macht und Energie darstellen.

FLÜSTERN

auch → Klatsch

Allgemein: Wenn der Träumende in seinem Traum ein Flüstern vernimmt, dann sagt ihm dies, daß er auf jemanden oder etwas sehr aufmerksam hören muß. Das Flüstern könnte auch bedeuten, daß er über eine reale Situation in seinem Leben nicht alles weiß.

Psychologisch: Das Flüstern im Traum, welches, da es leise ist, leicht als weniger wichtig eingestuft werden kann, ist tatsächlich ein Schrei nach Aufmerksamkeit.

Spirituell: Auf der spirituellen Ebene

kann Flüstern verborgene Informationen oder okkultes Wissen symbolisieren.

FLUGHAFEN

Allgemein: Der Flughafen im Traum symbolisiert einen Raum des Übergangs, in dem Entscheidungen für das Betreten eines neuen Lebensbereichs getroffen werden. Er kann auch ein Hinweis darauf sein, daß der Träumende seine Identität neu beurteilt oder beurteilen soll.

Psychologisch: Der Träumende befindet sich an der Schwelle zu einem neuen Lebensabschnitt. Vertrauen ist notwendig angesichts der Tatsache, daß er sein Ziel noch nicht kennt.

Spirituell: Auf dieser Ebene zeigt der Flughafen den Aufenthalt in einer Art spirituellen Transit an.

FLUGZEUG

auch → Reise

Allgemein: Träume, in denen Flugzeuge eine Rolle spielen, können plötzliche oder dramatische Veränderungen im Leben repräsentieren. Ein startendes Flugzeug steht für einen Sprung ins Ungewisse und das Eingehen von Risiken. Ein landendes Flugzeug deutet auf den Erfolg einer neuen Unternehmung oder den Ertrag eines kalkulierten Risikos hin.

Psychologisch: Ein Flugzeug im Traum symbolisiert die Suche nach dem unabhängigen Sein.

Spirituell: Wie der geflügelte Wagen, so repräsentiert auch das Flugzeug eine spirituelle Reise.

FLUSS

auch → Wasser

Allgemein: Handelt ein Traum von einem Fluß, deutet dies darauf hin, daß sich der Träumende des Flusses seiner Gefühle bewußt ist. Befindet sich der Träumende in einem Fluß, läßt dies vermuten, daß er seine Sinnlichkeit spürt.

Psychologisch: Jeder Mensch möchte auf der emotionalen Ebene geliebt und anerkannt sein, denn sonst ist ihm ein aktives Leben versagt. Sich im Fluß mit den Dingen zu befinden bedeutet, Teil einer sozialen Gruppe zu sein, die es dem Träumenden ermöglicht, mit anderen Menschen zu interagieren.

Spirituell: Auf dieser Ebene steht der Fluß im Traum für in Bahnen gelenkte spirituelle Energie.

FOLGEN

Allgemein: Wenn der Träumende in seinem Traum das Bedürfnis hat, einem anderen Menschen zu folgen und sich seiner Führung zu unterwerfen, dann erkennt er an, daß er sich auf dem zweiten Platz wohler fühlt als in der Führungsposition.

Psychologisch: Wenn dem Träumenden in seinem Traum etwas folgt, muß er herausfinden, ob sich dies für ihn negativ oder positiv anfühlt. Ist ersteres der Fall, dann hat sich der Träumende mit seinen Ängsten, Zweifeln oder Erinnerungen zu befassen; trifft zweiteres zu, so ist es am besten, wenn der Träumende die Initiative ergreift und herausfindet, was ihn antreibt.

Spirituell: Der Träumende erkennt seine Berufung darin, daß er einem spirituellen Lehrer oder Meister nachfolgt.

FOLTER

Allgemein: Erscheinen im Traum Bilder von Folter, versucht der Träumende mit ihrer Hilfe einen großen Schmerz zu verarbeiten. Es muß sich dabei keineswegs nur um körperliche Schmerzen handeln. In der Regel spielen verletzte oder schmerzliche Gefühle eine entscheidende Rolle.

Psychologisch: Ein Traum, in dem der Träumende Folter über sich ergehen lassen muß, kann jedoch auch bedeuten, daß er sich im Alltag meist mit der Opferrolle zufrieden gibt.

Spirituell: Auf der spirituellen Ebene kann die Folter im Traum den Konflikt zwischen Gut und Böse darstellen. Ebenso kann es sich um eine anstehende Entscheidung für das eine oder andere handeln.

FORSYTHIE

→ Blumen

FRAGEBOGEN/ QUIZ

Allgemein: Füllt der Träumende in seinem Traum einen Fragebogen aus oder nimmt er an einem Quiz teil, deutet dies den Versuch an, seine Situation zu ändern, ohne daß er sich jedoch sicher ist, was er tatsächlich tun soll, um die Veränderung herbeizuführen.

Psychologisch: Ein Fragebogen steht für den konzentrierten, entschlossenen Einsatz der geistigen Fähigkeiten.

Spirituell: Das Unvermeidliche in Frage zu stellen, ist ein Weg, um spirituell weiterzukommen.

FRAGEN

Allgemein: Stellt der Träumende in seinem Traum Fragen, dann weist dies auf ein gewisses Maß an Selbstzweifeln hin. Stellt eine andere Person dem Träumenden Fragen, zeigt dies, daß sich der Träumende im klaren darüber ist, daß er über wertvolles Wissen verfügt und es weitergeben soll. Kann eine Frage nicht beantwortet werden, muß der Träumende die Antwort vielleicht im Wachzustand suchen.

Psychologisch: Fragen, die der Träumende sich im Wachzustand nicht beantworten kann, werden mitunter im Traum beantwortet. Hierzu muß sich der Träumende seine Frage vor dem Einschlafen vergegenwärtigen.

Spirituell: Spirituelles Fragen und

Forschen führt nicht zuletzt zu größerem Wissen.

FRAU

→ Menschen

FREMDE LÄNDER

→ Ausland, → Orte

FREMDER

→ Menschen

FREUND

Allgemein: Wenn Freunde eine Rolle im Traum spielen, dann muß sich der Träumende folgende Fragen stellen: Erstens, welche Beziehung hat er im Alltag zu dem Freund im Traum, und zweitens, was symbolisiert dieser Freund für ihn (beispielsweise: Sicherheit, Unterstützung und Liebe)?

Psychologisch: Häufig heben Freunde des Träumenden in seinem Traum einen bestimmten Teil seiner Persönlichkeit hervor, den er sich genau anschauen, verstehen und mit dem er auf die eine oder andere Weise ins reine kommen muß.

Spirituell: Freunde im Traum erleichtern die spirituelle Suche.

FREUNDIN

→ Menschen

FRIEDHOF

Allgemein: Ein Friedhof und seine Verbindung mit dem Tod kann im Traum die Persönlichkeitsmerkmale des Träumenden repräsentieren, die er »vernichtet« hat oder nicht mehr benutzt. Andererseits symbolisiert er vielleicht die Gedanken und Gefühle, welche der Träumende zum Tod hat, oder aber gängige Einstellungen und Traditionen in bezug auf das Sterben.

Psychologisch: In seinen Träumen kann der Mensch gefahrlos zulassen, daß seine Ängste auf akzeptable Weise an die Oberfläche kommen, und ein Friedhof kann Symbol eines angemessenen Umgangs mit diesen Ängsten sein.

Spirituell: Auf der spirituellen Ebene ist ein Friedhof der Ort der Toten und der spirituellen Wiedererneuerung.

FRISEUR

Allgemein: Für viele Frauen ist ihr Friseur ein Mensch, mit dem sie frei über ihre Angelegenheiten sprechen können. Im Traum kann ein Friseur daher als der Persönlichkeitsanteil des Träumenden in Erscheinung treten, der sich mit dem Selbstbild beschäftigt und damit, was der Träumende von sich selbst denkt. Vielleicht sollte der Träumende sich überlegen, auf welche Weise er sein Selbstbild verändern könnte.

Psychologisch: Der Friseur im Traum kann den Heiler im Träumenden darstellen. Eine intime, aber trotzdem objektive Beziehung ist für den Träumenden jetzt möglicherweise von großer Wichtigkeit. Der

Friseur im Traum symbolisiert diese Beziehung.

Spirituell: Auf der spirituellen Ebene ist die Verbindung zwischen Selbstbild und Schönheit offensichtlich. Der Mensch kann nicht spirituell wachsen, wenn er sich selbst nicht mag.

FRISEURSALON

Allgemein: Handelt ein Traum davon, daß der Träumende zum Friseur geht, so bedeutet dies, daß er in Erwägung zieht, seine Einstellung, sein Denken oder seine Meinung in bezug auf die eigene Person zu revidieren.

Psychologisch: Im Leben des Träumenden wird ein Einfluß deutlich, der ein Bedürfnis nach Veränderung anzeigt. Der Veränderung muß die Selbstwahrnehmung des Träumenden als Grundlage dienen.

Spirituell: Die alte Auffassung, daß sich die spirituelle Kraft eines Menschen in seinem Kopf befindet, erklärt, warum der Friseur traditionell die Kontrolle über sie symbolisiert.

FROSCH

auch → Tiere

Allgemein: Viele Menschen verbinden mit einem Frosch ein sichtbares Muster, welches das menschliche Wachstum bis zur Vollkommenheit widerspiegelt. Das Wachstumsstadium, in dem der Träumende in seinem Traum den Frosch sieht, symbolisiert den Entwicklungsstand, den er sich selbst zumißt.

Psychologisch: Der Frosch ist Symbol der Fruchtbarkeit und der Erotik. Darüber hinaus kann er in Träumen auch einen Aspekt des Charakters darstellen, der verändert werden soll.

Spirituell: Auf der spirituellen Ebene steht der Frosch im Traum für die Verwandlung.

FRÜCHTE

auch → Nahrungsmittel

Allgemein: Wenn ein Traum von Früchten handelt, besonders von Früchten in einer Schüssel, stehen diese symbolisch für den Höhepunkt der Aktivitäten, welchen der Träumende sich in der Vergangenheit gewidmet hat. Etwas ist zum Abschluß gekommen und kann geerntet werden. Ein Neuanfang steht kurz bevor.

Psychologisch: Da der Träumende hart gearbeitet hat, sollte er dazu in der Lage sein, die Früchte seiner Arbeit zu erkennen. Wenn Früchte auf diese Weise im Traum eine Rolle spielen, dann heißt dies, daß der Träumende darin erfolgreich war, was er sich vorgenommen hat.

Spirituell: Auf der spirituellen Ebene stehen Früchte im Traum für Schaffenskraft.

FRÜHLING

auch → Jahreszeiten

Allgemein: Der Frühling kann im

Traum Symbol für neues Wachstum oder neue Möglichkeiten sein. Vielleicht ist eine neue Beziehung im Entstehen begriffen, oder eine bereits existierende erhält neue, belebende Anstöße.

Psychologisch: Der Frühling ist die Jahreszeit des Aufbruchs, des Neubeginns, des unkontrollierten Wachstums und vor allem der Jugend. Mit der Energie dieser Jahreszeit hat der Träumende die Gelegenheit, sein Potential voll auszuschöpfen.

Spirituell: Auf dieser Ebene ist der Frühling im Traum ein Symbol für das Fortschreiten, insbesondere auf emotionalem Gebiet.

FUCHS

→ Tiere

FÜHREN

Allgemein: Führt der Träumende in seinem Traum einen anderen Menschen, dann verweist dies darauf, daß er genau weiß, was er tut und wohin er geht. Wird er selbst geführt, zeigt dies, daß er einem anderen Menschen die Kontrolle einer Situation überlassen hat, die ihn betrifft.

Psychologisch: Nicht jeder Mensch erkennt, daß er Führungsqualitäten besitzt. Häufig überrascht sich der Träumende in seinem Traum selbst, wenn er Dinge tut, die er sich normalerweise nicht zutrauen würde.

Spirituell: Aufgrund seines spirituellen Wissens kann der Träumende eine Autorität sein; dazu bedarf es der Demut und des Verzichts auf die Ichbezogenheit.

FÜLLHORN

Allgemein: Ebenso wie die Schneckenmuschel ist ein Füllhorn im Traum ein Symbol für Überfluß, immense Freigebigkeit, Fruchtbarkeit und reiche Erträge – dies kann mehr sein, als der Träumende gewohnt ist, oder auch zuviel, als daß er noch damit umgehen kann.

Psychologisch: Der Träumende trägt in sich ein unbegrenztes Potential, um für sich eine annehmbare Gegenwart und eine lebensfähige Zukunft zu gestalten.

Spirituell: Das Füllhorn ist ein Symbol, welches in allen möglichen Formen und bei jeder Beschäftigung mit Spiritualität auftaucht. Der Überfluß, den das Füllhorn symbolisiert, kann für den Träumenden selbst, aber auch für andere bestimmt sein.

FÜNF

→ Zahlen

FÜNFECK

→ Geometrische Figuren

FÜRSORGE

→ Ernährung

FÜSSE

→ Körper

FUNKE

Allgemein: Ein Funke in einem Traum steht für einen Beginn. Wenn der Träumende einen Funken wahrnimmt, ist er sich dessen bewußt, wodurch erwünschte Prozesse ausgelöst werden können. Aus einem winzigen Funken kann ein vernichtender Waldbrand entstehen.

Psychologisch: Der Funke im Sinne eines Geistesblitzes ist ein symbolischer Hinweis auf den Keim für ein kreatives Potential, welches, wenn es ausreichend Gelegenheit dazu erhält, sich beträchtlich auswachsen kann. Da der Funke gleichzeitig für die Urkraft des Lebens steht, muß sich der Träumende seine eigene Lust auf das Leben bewußt machen.

Spirituell: Auf der spirituellen Ebene steht der Funke für Feuer und damit für die Liebe. Er ist die Urkraft des Lebens, ohne die kein Mensch leben könnte.

FUSSPUREN

Allgemein: Wenn der Träumende in seinem Traum Fußspuren sieht, zeigt dies seinen Wunsch, einem anderen Menschen Gefolgschaft zu leisten.

Psychologisch: Befinden sich die Fußspuren vor dem Träumenden, erhält er in der Zukunft Hilfe; wenn sie sich hinter ihm befinden, ist es empfehlenswert für ihn, sich mit vergangener Schuld zu befassen.

Spirituell: Auf der spirituellen Ebene spürt der Träumende möglicherweise unbewußt eine göttliche Gegenwart.

G

GABEL

Allgemein: Eine Gabel, speziell eine Gabel mit drei Zinken, gilt als Symbol des Teufels und stellt daher Böses und Betrug dar. Die Gabel im Sinne der Gabelung ist hingegen ein Bild für Dualität und Unentschlossenheit.

Psychologisch: Die Gabel im Traum ähnelt in ihrer Symbolik dem Widerhaken oder dem Stachel – all dies sind Gegenstände, mit denen der Träumende in eine Richtung getrieben wird, die vielleicht nicht die seine ist.

Spirituell: Auf der spirituellen Ebene bedeutet die Gabel im Traum, daß der Träumende vor einer schweren Entscheidung steht, bei der ihm vielleicht geholfen werden muß.

GÄHNEN

Allgemein: Gähnen im Traum deutet auf Müdigkeit oder Langeweile hin. Vielleicht möchte der Träumende auch etwas sagen, hat dies aber noch nicht richtig durchdacht.

Psychologisch: Im Tierreich ist Gähnen oft als Warnung vor aufkeimender Aggression zu verstehen. Im Traum kann es daher eine Aufforderung zur Vorsicht sein, um verletzendes Verhalten seitens des Träumenden oder anderer Personen im Zaum zu halten.

Spirituell: Auf der spirituellen Ebene bedeutet Gähnen im Traum, daß das Selbst mehr Wissen aufnehmen will.

GÄNSEBLÜMCHEN

Allgemein: Da Gänseblümchen eng mit der Kindheit verbunden sind, stellen sie in der Regel Unschuld und Reinheit dar.

Psychologisch: Im Traum kann das Gänseblümchen auch für das psychologische Erwachen des Träumenden stehen.

Spirituell: Das Gänseblümchen ist ein Symbol spiritueller Reinheit.

GÄRTNER

Allgemein: Bei jeder Traumfigur, die im Traum eine bestimmte Rolle übernimmt, ist es wichtig, darauf zu achten, womit sie beschäftigt ist. Ein Gärtner kann die Erkenntnisse und Weisheit repräsentieren, die der Träumende durch seine Lebenserfahrung gesammelt hat. Häufig deutet ein Gärtner im Traum auf einen Menschen hin, auf den sich der Träumende verlassen kann, der auf alles achtgibt, womit der Träumende glaubt, nicht umgehen zu können.

Psychologisch: Pflegt der Träumende selbst in seinem Traum einen Garten, heißt dies, daß er liebevoll für sich selbst sorgt. Alle Pflanzen im Garten der Seele müssen gleichermaßen gepflegt werden und von Unkraut freigehalten werden.

Spirituell: Ein Gärtner im Traum unterstützt den Träumenden darin, den Weisen in sich zu erkennen und ihm mehr Vertrauen zu schenken.

GÄRUNG

Allgemein: Ein Traum von einer Gärung ist ein Hinweis auf Prozesse, die im Verborgenen ablaufen, dem Träumenden aber dennoch bewußt sind. Er muß warten, bis sie deutlicher sichtbar in den Vordergrund treten.

Psychologisch: Ein Gärungsprozeß ermöglicht es dem Träumenden, gewöhnliche Aspekte seiner Persönlichkeit in neue, wundervolle Eigenschaften umzuwandeln.

Spirituell: Auf dieser Ebene steht die Gärung im Traum für spirituelle Transformation.

GÄSTEHAUS

→ Gebäude

GAGAT

→ Edelsteine

GALLE

Allgemein: Von Galle zu träumen bedeutet, daß der Träumende Beziehung aufnimmt zu Gefühlen der Bitterkeit, die er in bezug auf sein Leben möglicherweise hat. Gelangen solche Gefühle mittels Träumen an die Oberfläche, erhält der Träumende die Gelegenheit, sie auszudrücken und durchzuarbeiten.

Psychologisch: Handelt ein Traum von der Gallenblase oder einer Gallenblasenoperation, so drückt dies das Bedürfnis aus, alle Aktivitäten aufzugeben, die dem Träumenden nicht guttun. Der Träumende muß sich von Bitterkeit, Schwierigkeiten und von Schuldgefühlen befreien.

Spirituell: Wenn Aspekte eines Traums quälend sind, dann hat es keinen Sinn, sie beiseite zu schieben. In der Regel kehren sie in der einen oder anderen Form so lange zurück, bis der Träumende sich mit ihnen auseinandersetzt.

GANS

→ Vögel

GARN

Allgemein: Garn steht für die Fähigkeit, aus dem Chaos heraus Ordnung zu schaffen. Früher war Garn untrennbar mit dem Spinnen verbunden, einem archetypischen Symbol für das Leben. Dieses Bild taucht noch immer oft in Träumen auf. Der Mensch gestaltet sein Leben aus dem, was ihm gegeben ist.

Psychologisch: Der Ausdruck »Seemannsgarn spinnen« zeugt davon, daß Garn mit dem Erzählen verbunden ist. Der Träumende braucht Helden und Heldinnen, mit denen er sich identifizieren kann, und vielleicht auch einen klugen Ratgeber.

Spirituell: Auf der spirituellen Ebene gibt Garn im Traum einen Hinweis darauf, daß Mythen und Geschichten dem Träumenden auf seiner spirituellen Reise weiterhelfen können.

GARTEN

Allgemein: Der Garten im Traum ist ein positives Traumsymbol, denn es deutet Wachstum im Leben des Träumenden an oder seinen Wunsch, sich selbst zu kultivieren. Er symbolisiert den inneren Zustand des Träumenden.

Psychologisch: Der Garten im Traum kann für weibliche Wildheit stehen, die kultiviert und gezähmt werden muß, damit optimales Wachstum möglich ist. Besonders eingezäunte Gärten haben diese Bedeutung und können darüber hinaus auch Jungfräulichkeit darstellen.

Spirituell: Auf der spirituellen Ebene steht der Garten im Traum für das Paradies und ist als Aufforderung an den Träumenden zu verstehen, Entspannung zu suchen.

GAS

Allgemein: Gas kann dieselbe Bedeutung haben wie Luft und Wind, aber in der Regel wird es als etwas gefährlicher empfunden, denn es kann explodieren. Gas, welches in einem Traum vorkommt, beispielsweise als eine undichte Stelle in der Gasleitung, deutet an, daß es dem Träumenden schwerfällt, seine Gedanken und Gefühle zu kontrollieren und die Angst vor ihnen zu verlieren.

Psychologisch: Als Hilfsmittel oder Werkzeug hat Gas dieselbe Bedeutung wie der Atem.

Spirituell: Der Geist als ungeformte Einheit kann durch Gas symbolisiert werden. Der Träumende sollte sich bewußt machen, daß der Geist die Eigenschaft hat, in sein Leben hinein- und wieder aus ihm hinauszuströmen.

GASTHAUS

auch → Hotel

Allgemein: Wenn sich der Träumende in seinem Traum in einem Gasthaus befindet und sich seines Verhaltens bewußt ist, zeigt dies, wie er sich gegenüber Gruppen verhält und was er der Gesellschaft gegenüber empfindet. Vielleicht sucht der Träumende das Gasthaus auf, um neue Beziehungen zu knüpfen oder um seine Einsamkeitsgefühle zu bekämpfen. Ein öffentlicher Ort, an dem die Hemmungen des Menschen von ihm abgleiten, erinnert an das heidnische Bedürfnis nach Festen und Ausgelassenheit.

Psychologisch: Alle Menschen haben soziale Bedürfnisse, die durch Geselligkeit, wie eben zum Beispiel in einem Gasthaus, befriedigt werden können. Jede Gruppe, die hier zusammenkommt, tut dies lediglich vorübergehend. Das Ziel aller Beteiligten ist Entspannung und Ausruhen.

Spirituell: Als öffentlicher Ort, an dem gemeinsame Werte wichtig sind, kann ein Gasthaus der Kreativität Raum bieten.

GAU

auch → Atombombe

Allgemein: Ein GAU beziehungsweise größter anzunehmender Unfall in einem Atomkraftwerk kann sich durch eine Explosion oder aufgrund anderer Ursachen ereignen. Ein solcher Unfall kann ungewollt sehr weitreichende Auswirkungen haben (etwa Tschernobyl). Wenn man von einem GAU im Atomkraftwerk träumt, dann kann dies die Angst eines Menschen vor großen Veränderungen in seinem Leben verbildlichen. Der Träumende weiß noch nicht, welche Auswirkungen diese Veränderungen haben werden, aber ihm ist klar, daß sie radikal sein werden, auch wenn er einen stufenweisen Prozeß bevorzugt.

Psychologisch: Indem man eine Reihe von unerwünschten Persönlichkeitsmerkmalen unterdrückt, statt sich mit ihnen auseinanderzusetzen, führt man eine zerstörerische Energieansammlung herbei. Durch den Traum von einem GAU wird der Träumende möglicherweise auf diesen gefährlichen Zustand aufmerksam gemacht.

Spirituell: Auf der spirituellen Ebene verweist ein GAU in einem Atomkraftwerk darauf, daß sich die Freisetzung von Energie, die nicht richtig gehandhabt wird, zerstörerisch auswirken könnte.

GEÄCHTETER

Allgemein: Die Traumfigur des Geächteten stellt einen Menschen dar, der sich gegen das Gesetz der Gesellschaft gestellt hat. Im Traum kann jener Persönlichkeitsteil des Träumenden, der sich außerhalb des Gesetzes stellt, als Geächteter auftreten. Tötet der Träumende in seinem Traum den Geächteten, dann ist dies Ausdruck des Versuchs, die eigenen wilden Triebe zu kontrollieren oder zu unterdrücken.

Psychologisch: Jeder Mensch besitzt eine anarchistische Seite und wünscht sich, einmal im Leben Rebell zu sein. Gelegentlich kann dieser Wunsch sich als gegengeschlechtliche Figur im Traum manifestieren. Trifft dies zu, dann ist der Träumende mit der Anima oder dem Animus beschäftigt (siehe »Einführung in die Traumarbeit«). Haben der Träumende und der Geächtete jedoch das gleiche Geschlecht, dann thematisiert der Traum den Schatten.

Spirituell: Auf dieser Ebene steht der Geächtete für einen Menschen, der sich nicht an die gängigen Regeln der Spiritualität hält und daher ausgestoßen wird. Er sollte sich jedoch davon nicht beirren lassen, wenn er das Gefühl hat, auf dem richtigen spirituellen Weg zu sein.

GEBÄRMUTTER

→ Körper

GEBÄUDE

auch → Haus

Allgemein: Gebäude repräsentieren die Lebenskonstruktionen des Träumenden. Dies sind Einstellungen und Glaubenshaltungen, die er aufgrund seiner Erfahrungen, Sinneswahrnehmungen und oft aufgrund seiner familiären Gewohnheiten und Bräuche ausgebildet hat. Ebenso wie man über einen Menschen viel erfahren kann, wenn man sein persönliches Umfeld kennenlernt, so spiegeln auch Gebäude in Träumen Charakter, Hoffnungen und Sorgen des Träumenden wider: Der Zweck des Gebäudes steht oft für das zentrale Thema, mit dem sich der Träumende beschäftigt.

Psychologisch: Die Bedeutung eines Gebäudes für den Traum hat etwas mit seiner Bestimmung zu tun:

Burg/Festung/Zitadelle: Sie symbolisieren den verteidigten Raum und können daher für das Weibliche oder die Große Mutter stehen.

Gästehaus/Hotel: Beide sind ein Sinnbild der Gastfreundschaft und Kommunikation. In manchen Fällen kann es jedoch auch sein, daß sie die Unsicherheit ausdrücken, die ein Träumender in bezug auf seine Lebensbedingungen verspürt.

Haus: Wenn das Haus nicht leer steht, wenn sich also beispielsweise Möbel darin befinden, dann heißt dies, daß der Träumende seine positiven Eigenschaften zu erkennen vermag. Fremde Menschen im Haus können ein Hinweis darauf sein, daß sich der Träumende durch einen Teil seiner Persönlichkeit bedroht fühlt. Finden dort unterschiedliche Aktivitäten statt, so deutet dies darauf hin, daß ein Konflikt zwischen zwei Anteilen der Persönlichkeit herrscht, vielleicht zwischen der rationalen und der kreativen Seite des Träumenden. Die Vorderansicht des Hauses stellt dar, wie sich der Träumende seinen Mitmenschen zeigt. Der Eingang oder die Eingänge treffen eine Aussage darüber, wie introvertiert oder extrovertiert der Träumende lebt. Ein beeindruckendes, ehrfurchteinflößendes Haus zeigt, daß der Träumende sein Selbst oder seine Seele kennt. Der Umzug in ein größeres Haus bedeutet, daß der Träumende sein Leben verändern, es vielleicht offener gestalten und mehr Raum schaffen muß. Außerhalb des Hauses zu sein, symbolisiert die eher öffentliche Seite des Träumenden. Ein kleines Haus oder das Haus, in dem der Träumende geboren wurde, stellt das Sicherheits- und Schutzbedürfnis des Träumenden dar und seinen Wunsch, Verantwortung abzugeben. Wenn das Haus zu klein und einschränkend ist, fühlt sich der Träumende in der Falle seiner Verantwortung gefangen und spürt ein Fluchtbedürfnis. Reparaturen am Haus zeigen, daß der Träumende an seinen Beziehungen arbeiten oder sich um seine Gesundheit kümmern sollte. Vielleicht muß der Träumende auch die Beschädigung oder Verkümmerung seines Lebens zur Kenntnis nehmen. Der Bau oder Abbruch eines Hauses steht für die Fähigkeit, das Leben erfolgreich aufzubauen, aber auch für die Selbstzerstörung. Ein Traum, der Aufbau oder Zerstörung hervorhebt, gewährt dem Träumenden Zugang zu diesen Fähigkeiten.

Hof: Er ist im Traum ein Ort der Sicherheit. Seine Form kann eine wichtige Rolle spielen (→ Geometrische Figuren).

Iglu: Wegen seiner Bauweise steht das Iglu für Vollkommenheit und repräsentiert Heiligtum. Da es innen warm ist und außen kalt, symbolisiert es den Unterschied zwischen Innen- und Außenwelt.

Kaufhaus: Weil ein Kaufhaus in erster Linie auch ein Lagerplatz ist, symbolisiert es eine Fundgrube für spirituelle Energie oder spirituellen »Schrott«.

Kirche/Tempel: Ein religiöses Bauwerk deutet auf Schutz und Zuflucht hin und ist ein Ort, an dem der Mensch über seinen Glauben nachdenken kann. Auch wenn der Träumende vielleicht keiner Glaubensgemeinschaft angehört, so besitzt er doch, wie die meisten Menschen, moralische Prinzipien, nach denen er lebt (auch → Tempel und → Kirche unter Religiöse Bilder).

Pyramide: Dieses Gebäude wird im allgemeinen für ein Kraftzentrum gehalten.

Turm (Obelisk, Kirchturm, Leuchtturm): Jeder Turm stellt die Persönlichkeit und die Seele eines Menschen dar. Da Türme offensichtlich mit dem Männlichen in Verbindung stehen, ist es naheliegend, sie als das Selbst in einem größeren Zusammenhang zu sehen. Für die richtige Deutung ist von Interesse, wo sich beispielsweise Fenster, Türen und Treppen befinden und welche Eigenschaften sie haben. Dies führt zu tieferen Erkenntnissen über das spirituelle Selbst.

Neben der Bestimmung von Gebäuden spielen auch ihre Bestandteile eine wichtige Rolle:

Balkon/Fenstersims: Der Balkon kann der Selbstdarstellung des Träumenden dienen und seine Eitelkeit ungünstig fördern.

Fahrstuhl: In der Regel symbolisiert ein Fahrstuhl den Umgang des Träumenden mit Informationen. Ein abwärtsfahrender Fahrstuhl beispielsweise deutet darauf hin, daß der Träumende in das Unbewußte hinuntersteigt. Ein aufwärtsfahrender Fahrstuhl wiederum trägt den Träumenden hinauf zur Spiritualität. Manche Menschen glauben, daß man im Schlaf seinen Körper verläßt; eine Vorstellung, die sich ebenfalls im

Fahrstuhl als Traumsymbol niederschlagen kann. Mit dem Fahrstuhl steckenzubleiben versinnbildlicht, daß der Träumende in seiner spirituellen Entwicklung nicht weiterkommt.

Fenster: Ein Fenster stellt das Medium dar, durch welches der Mensch seine Lebenswelt beurteilt, und ist Symbol für die Art, wie er Realität wahrnimmt. Handelt ein Traum davon, daß der Träumende durch ein Fenster nach draußen schaut, dann kann dies darauf hindeuten, daß er eine extrovertiertere Sicht von sich selbst hat und sich eher mit äußeren Umständen beschäftigt. Durch ein Fenster nach innen zu schauen, symbolisiert, daß der Träumende nach innen blickt und sich introvertiert gibt. Das Öffnen eines Fensters bedeutet, daß der Träumende sich mit seinen Gefühlen oder mit seiner Einstellung zu den Meinungen anderer Menschen beschäftigt. Ein Fenster (oder eine Glastür) zu durchbrechen, kann auf die erste sexuelle Erfahrung hindeuten. Bleiverglaste Fenster sind ein Hinweis auf Religiosität, weil sie häufig in Kirchen zu finden sind (auch → Farben).

Halle/Gang/Flur: Sie stehen in Beziehung zu Initiationsritualen oder aber weisen auf Körperöffnungen hin, wie beispielsweise auf Vagina oder Anus. Auf der psychologischen Ebene bedeutet dies, daß der Träumende andere Menschen in seinen persönlichen Raum eindringen läßt.

Treppe: Sie deutet oft auf die Schritte hin, die der Träumende unternehmen muß, um ein Ziel zu erreichen. Eine Treppe hinaufsteigen kann ein Hinweis auf die Anstrengung sein, die ihm bevorsteht, wenn er einen Zugang zu der eher mystischen, spirituellen Seite seines Wesens erlangen will. Es kann sich aber auch einfach um eine Anstrengung im alltäglichen Leben handeln. Geht der Träumende eine Treppe hinunter und steigt in das Unbewußte hinab, sucht er Verbindung mit seiner verborgenen, unbewußten Seite. Eine goldene Treppe stellt meist den Tod, aber nicht immer einen körperlichen dar. Sie steht für die Erkenntnis, daß der Träumende nicht mehr im Materiellen gefangen ist, sondern sich auf ein erfülltes, spirituelles Leben zubewegt.

Tür: Sie verweist auf die Körperöffnungen und daher auf die Sexualität. Die Eingangstür symbolisiert die Vagina und die Hintertür den Anus. Das gewaltsame Aufbrechen einer Tür kann als Hinweis auf eine sexuelle Hemmung und die Weigerung, sich mit den Problemen zu beschäftigen, gesehen werden; es kann jedoch auch auf Vergewaltigung oder Mißbrauch schließen lassen. Eine Tür öffnen und schließen steht in der Regel für den Geschlechtsakt, kann aber auch allgemein die Einstellung des Träumenden zur Sexualität widerspiegeln. Die Weigerung, eine Tür zu öffnen, symbolisiert einen unschuldigen Zugang zur Sexualität. Eine Tür zwischen äußeren und inneren Räumen deutet darauf hin, daß es zu einem Konflikt zwischen Bewußtem und Unbewußtem kommen kann. Eine verbarrikadierte Tür hebt das Bedürfnis des Träumenden nach Selbstschutz hervor. Die Flucht durch eine andere Tür deutet auf den Wunsch des Träumenden hin, seine Lösung für ein bestimmtes Problem durch eine andere zu ersetzen. Damit, daß eine Person an die Tür klopft, wird die Aufmerksamkeit des Träumenden auf eine äußere Situation gelenkt.

Wand: Sie repräsentiert eine Verhinderung des Fortschritts – Schwierigkeiten, welche der Träumende vielleicht hat oder auf die er stoßen wird. Häufig geben uns die Eigenschaften der Wand näheren Aufschluß darüber, was blockiert wird. Eine Wand, die alt aussieht, symbolisiert ein altes Problem, eine Wand aus Glas hingegen deutet auf Schwierigkeiten mit der Wahrnehmung hin. Eine umschließende Wand könnte die Erinnerung des Träumenden an seine Gefühle während der Geburt symbolisieren oder aber dem Eindruck Gestalt verleihen, daß sich der Träumende durch seine eigene Lebensweise eingesperrt fühlt. Ziegelwand, Schutzwall oder Trennwand symbolisieren den Unterschied zwischen der inneren und der äußeren Realität.

Zimmer: Ein Zimmer beschreibt die verschiedenen Anteile der Persönlichkeit oder Erkenntnisebenen. Häufiger allerdings wird es als Symbol für den Mutterschoß oder die Mutterfigur gesehen.

Die *Küche* steht für den versorgenden Anteil des Träumenden, das *Wohnzimmer* für den entspannenden oder geselligen. Ein *kleines Zimmer* mit nur einer Tür oder ein Untergeschoß mit Wasser darin ist eine sehr direkte Darstellung des Mutterschoßes und deutet vielleicht den Wunsch danach an, in die Gebärmutter zurückzukehren. Eine *Reihe von Zimmern* verweist auf die verschiedenen Aspekte der Weiblichkeit und häufig auf die ganzheitliche Seele. *Zimmer in oberen Stockwerken* symbolisieren normalerweise geistige oder spirituelle Eigenschaften. Der *Keller* kann die Seiten des Träumenden darstellen, die er absichtlich unterdrückt. Er symbolisiert möglicherweise aber auch Familiensitten und -gewohnheiten, besonders wenn es sich im Traum um das Haus oder die Wohnung der Eltern handelt. Von einem in ein anderes Zimmer gehen stellt eine bewußte Veränderung der eigenen Situation dar, in welcher der Träumende etwas hinter sich zurückläßt. Leere Zimmer symbolisieren einen Mangel im Leben, vielleicht den Mangel an Trost und Unterstützung.

Spirituell: Auf der spirituellen Ebene stehen Gebäude in der Regel für einen geschützten Raum, in dem der Träumende an seiner Entwicklung arbeiten kann.

GEBEN

Allgemein: Geben steht für die innere Beziehung des Träumenden zu sich selbst, zu seiner Umwelt und zu anderen Menschen. Wenn ein Traum davon handelt, daß der Träumende einem anderen Menschen etwas gibt, dann verweist dies auf sein Bedürfnis, in einer Beziehung zu geben und zu nehmen, mit einem anderen zu teilen, was er besitzt, und eine Umwelt zu schaffen, die Geben und Nehmen gleichermaßen ermöglicht.

Psychologisch: Mit anderen Menschen etwas zu teilen, ist eines der fundamentalsten Bedürfnisse des Menschen. Dieses Traumbild steht daher für das Entwickeln eines Zugehörigkeitsgefühls beim Träumenden selbst wie auch bei den anderen Personen in seinem Traum.

Spirituell: Auf der spirituellen Ebene ist Geben eine Aufforderung an den Träumenden, erhaltene Gaben zu schätzen und richtig zu gebrauchen.

GEBET

auch → Religiöse Bilder

Allgemein: Beten im Traum zeigt, daß der Träumende Hilfe von außen in Anspruch nehmen will.

Psychologisch: Der Glaube an eine höhere Macht hat im Leben des Menschen schon immer eine wichtige Rolle gespielt. Beten im Traum bedeutet, daß der Träumende den Dialog mit dieser Macht sucht, an die er sich vertrauensvoll wendet.

Spirituell: Auf der spirituellen Ebene bedeutet Beten im Traum, daß der Träumende die Existenz einer höheren Macht anerkennt und um ihre Unterstützung nachsucht.

GEBURT

Allgemein: Wenn der Mensch sein Leben ändert, eine neue Einstellung gewonnen, neue Fähigkeiten erlernt oder ein neues Vorhaben begonnen hat und auch, wenn ihm klar wird, daß Altes stirbt, dann träumt er von einer Geburt.

Psychologisch: Geburt im Traum stellt den Beginn einer neuen kreativen Lebensphase dar, die dem Träumenden Bereicherung und persönliches Vorankommen verspricht.

Spirituell: Auf dieser Ebene steht Geburt im Traum für spirituelles Erwachen.

GEDÄCHTNISVERLUST

Allgemein: Im Traum an Gedächtnisverlust zu leiden zeigt, daß der Träumende versucht, etwas Unangenehmes in der näheren oder ferneren Vergangenheit auszulöschen, oder aber Angst vor Veränderung hat.

Psychologisch: Ein Traum, in dem der Träumende unter Gedächtnisverlust leidet, spiegelt eine extreme Verunsicherung wider. In der Regel verbergen sich hinter einem solchen Traumsymbol verdrängte Traumata, deren Aufarbeitung ansteht, wozu dem Träumenden aber noch der Mut fehlt. Die Unterstützung durch einen anderen Menschen kann hierbei von großem Wert sein.

Spirituell: Auf der spirituellen Ebene kann Gedächtnisverlust im Traum ein Hinweis auf den Tod im Sinne einer einschneidenden Veränderung sein.

GEFAHR

Allgemein: Gefährliche Situationen im Traum sind ein Hinweis darauf, daß sich der Träumende Gedanken über die Ängste und Schwierigkeiten des alltäglichen Lebens macht. Dies kann sich auf den privaten wie den beruflichen Lebensbereich gleichermaßen beziehen.

Psychologisch: Solche Träume können präkognitiv sein und auf eine tatsächliche Gefahr in der nahen Zukunft hinweisen oder aber im übertragenen Sinne innere Konflikte oder äußere Auseinandersetzungen des Träumenden thematisieren.

Spirituell: Auf dieser Ebene bedeutet Gefahr im Traum spirituelle Unsicherheit. Andererseits kann in dem Traum aber auch ein Hinweis verborgen sein, daß der Träumende dem falschen Meister folgt.

GEFÄNGNIS

auch → Schlüssel, → Schloß

Allgemein: Das Gefängnis steht im Traum für die Fallen, die sich der Träumende selbst stellt. Nicht äußere Umstände erschweren ihm das Leben auf der emotionalen, materiellen oder spirituellen Ebene, sondern er sich selbst.

Psychologisch: Oft erschafft sich der Mensch durch Pflicht- oder Schuldgefühle selbst ein Gefängnis, welches dann im Traum symbolisch dargestellt wird. Schloß und Riegel der Gefängniszelle geben dem Träumenden möglicherweise Aufschluß darüber, auf welche Weise er sich selbst »verhaftet«. Ein vergittertes Fenster zeigt, daß sich der Träumende daran gehindert fühlt, äußere Hilfsquellen zu nutzen.

Spirituell: Auf der spirituellen Ebene kann das Gefängnis im Traum auch die Ablehnung des Träumenden ausdrücken, für sein eigenes Dasein die Verantwortung zu übernehmen. Pflicht- und Schuldgefühle sind dabei kein Antrieb zur Veränderung, sondern lediglich eine Verschleierung der Inaktivität.

GEFÄNGNISWÄRTER

Allgemein: Wenn ein Traum von einem Gefängniswärter handelt, dann verweist dies darauf, daß der

Träumende sich vielleicht durch seine eigenen Gefühle oder durch die Persönlichkeit oder das Verhalten eines anderen Menschen eingeschränkt fühlt. Selbstkritik und Entfremdung machen es dem Träumenden schwer, seine alltäglichen Aufgaben zu erfüllen.

Psychologisch: Wenn sich der Träumende in seinem Traum in einer Situation befindet, aus der er nicht entfliehen kann, gibt ihm die Figur des Gefängniswärters oft einen Hinweis darauf, wie er sich selbst in diese Situation gebracht haben könnte. Darüber hinaus könnte der Gefängniswärter auch Projektionsfläche für die sadistischen oder masochistischen Neigungen des Träumenden sein.

Spirituell: Auf dieser Ebene ist dem Träumenden bewußt geworden, daß er in spirituelle Schwierigkeiten geraten ist.

GEFANGENSCHAFT

Allgemein: Im Traum eingesperrt zu sein bedeutet, daß der Träumende sich in die Enge getrieben fühlt – oft hat der Träumende die Voraussetzung für seine »Gefangenschaft« durch Ängste und Unwissenheit selbst geschaffen. In den seltensten Fällen sind tatsächlich andere Menschen für die Unfreiheit des Träumenden verantwortlich.

Psychologisch: Gefangenschaft im Traum kann bedeuten, daß dem Träumenden alte Vorurteile und Glaubensvorstellungen bewußt werden. Oder aber der Träumende wird durch den Traum gezwungen, innezuhalten, damit er nicht mehr länger vor einer Aufgabe davonlaufen kann.

Spirituell: Auf der spirituellen Ebene kann Gefangenschaft darauf hinweisen, daß der Träumende zu introvertiert oder zu sehr mit sich selbst beschäftigt ist. Er muß sich für neue Einflüsse öffnen und sich zu diesem Zweck Unterstützung suchen, wenn er sie benötigt.

GEFÜHLE

Allgemein: Die Gefühle des Träumenden im Traumzustand können sich stark von jenen im Wachzustand unterscheiden. Vor allem extremeren Regungen kann der Mensch im Traum offenbar freieren Lauf lassen. Vielleicht erkennt der Träumende auch, daß er seltsamen Stimmungsumschwüngen unterworfen ist.

Psychologisch: Gelegentlich ist es leichter und sinnvoller, Traumsymbole zu übergehen und sich gleich mit den leichter zugänglichen Stimmungen und Gefühlen des Traums zu beschäftigen.

Spirituell: Auf dieser Ebene ist die bewußte Wahrnehmung von Gefühlen die Voraussetzung für den spirituellen Entwicklungsprozeß.

GEGENSÄTZE

Allgemein: Das Unbewußte scheint Informationen zu sortieren, in dem es Vergleiche anstellt und Gegensätze herausarbeitet. Insbesondere wenn der Träumende unter inneren Konflikten leidet, träumt er in Gegensätzen (etwa männlich/weiblich, alt/jung, klug/dumm). Die Wirkung ähnelt jener eines inneren Pendels, welches die Gegensätze in ein vereinigtes Ganzes einsortiert.

Psychologisch: Dieses Jonglieren mit Gegensätzen kann sich eine ganze Zeitlang hinziehen. Auf einen Traum, in dem die männliche Seite des Träumenden geklärt wird, kann ein anderer Traum folgen, in dem er an seiner weiblichen Seite arbeitet. Bei der Deutung von Träumen wird größere Einsicht in die geistigen Prozesse möglich, wenn der Träumende das jeweilige Gegenteil von Traumfiguren, -situationen und -stimmungen betrachtet.

Spirituell: Auf dieser Ebene stehen Gegensätze im Traum für den Versuch, ein spirituelles Gleichgewicht zu erlangen.

GEGENÜBER

→ Positionen

GEHEN

auch → Reise

Allgemein: Gehen im Traum zeigt dem Träumenden, in welche Richtung er sich bewegen soll. Mit Entschlossenheit zu gehen, zeigt, daß er sein Ziel kennt. Orientierungsloses Gehen hingegen bedeutet, daß er sich seine Ziele erst suchen muß. Freude am Gehen versinnbildlicht die Rückkehr zur Unschuld des Kindes. Der Gebrauch eines Spazierstocks zeigt das Wissen des Träumenden, daß er Hilfe und Unterstützung braucht.

Psychologisch: Spazierengehen kann eine Entspannung sein, und diese Bedeutung nimmt es häufig im Traum an. Ist der Träumende auf seinem Spaziergang im Traum allein, kann dieser still und kontemplativ sein. Erfolgt er in der Gesellschaft einer oder mehrerer Personen, ist die Gelegenheit zu tiefen Gesprächen geboten.

Spirituell: Ein spiritueller Spaziergang ist ein Erkundungsgang in dem Träumenden unbekannte Bereiche seines Selbst.

GEHIRN

Allgemein: Wird die Aufmerksamkeit im Traum auf das Gehirn gelenkt, soll der Träumende über seinen Intellekt oder über den anderer Menschen nachdenken. Handelt der Traum von einem konservierten Gehirn, dann muß sich der Träumende um seine geistigen Angelegenheiten kümmern. Möglicherweise stellt er in diesem Fall zu hohe Anforderungen an sich selbst.

Psychologisch: Da das Lernen vor allem im Gehirn verankert ist, wird der Träumende durch das Traumsymbol dazu aufgefordert, seine Überzeugungen und Ideale im

Licht seiner Erfahrungen eingehend zu betrachten.

Spirituell: Auf dieser Ebene symbolisiert das Gehirn im Traum das Schaltzentrum spiritueller Macht.

GEHORSAM

Allgemein: Wenn der Träumende in seinem Traum Gehorsam von einem anderen Menschen verlangt, dann weiß er um seine Autorität und Macht über andere. Muß er selbst einem anderen Menschen gehorchen, verweist dies darauf, daß ihm sowohl dessen Autorität als auch sein größeres Wissen bewußt ist; der Träumende spürt in dieser Situation seine Machtlosigkeit.

Psychologisch: Wenn der Träumende einem Menschen, den er kennt, in einer unerwarteten Situation Gehorsam leistet, dann ist dies ein Hinweis dafür, daß seine Beziehung mit diesem Menschen in Zukunft unproblematischer sein wird, da die Rangordnung geklärt ist.

Spirituell: Wer im Traum gehorcht, unterwirft sich auf der spirituellen Ebene seinem Gott und läßt sich völlig von seiner Spiritualität führen.

GEIER

→ Vögel

GEISSBLATT

→ Blumen

GEISTER

auch → Religiöse Bilder

Allgemein: Ganz tief im Innern haben alle Menschen Angst vor dem Tod. Im Traum können die Geister von Verstorbenen dem Träumenden dabei helfen, sich mit dem Unvermeidbaren abzufinden. Ob dies geschieht, hängt stark davon ab, ob Geister in der Vorstellung des Träumenden Raum haben.

Psychologisch: Wenn Geister im Traum eine Rolle spielen, dann haben sie vielleicht die Funktion, dem Träumenden durch ein Übergangsstadium zu helfen.

Spirituell: Während der spirituellen Entwicklung dehnt sich das Wahrnehmungsvermögen über die alltäglichen Dinge hinaus auch auf andere Dimensionen des Wissens hin aus. Ob es sich dabei nun um Aspekte der eigenen Persönlichkeit handelt oder nicht, ist unerheblich, da ihre Funktion letztlich darin besteht, die Weiterentwicklung des Träumenden zu unterstützen. Das spirituelle Selbst hat zum gesamten kollektiven Unbewußten Zugang.

GELB

→ Farben

GELD

Allgemein: Im Traum stellt Geld nicht unbedingt eine harte Währung dar, sondern symbolisiert eher die Art, wie sich der Träumende selbst bewertet. Wenn dieses Symbol im Traum erscheint, kann es darauf verweisen, daß der Träumende seinen Wert sorgfältiger beurteilen muß. Dem Träumenden wird außerdem bewußt, welchen Preis er für sein Verhalten und seine Wünsche zu »zahlen« hat.

Psychologisch: Geld kann die persönlichen Ressourcen in materieller oder spiritueller Hinsicht repräsentieren, aber auch das Erfolgspotential des Träumenden. Unter bestimmten Bedingungen kann ein Traum, in dem es um Geld geht, mit der Machteinschätzung und der Sexualität des Träumenden in Verbindung stehen.

Spirituell: Auf dieser Ebene steht Geld im Traum für den Austausch spirituellen Wissens oder aber, in der Form von Kapital, für das Ergebnis vergangener Unternehmungen.

GELDBÖRSE

Allgemein: Eine Börse dient gewöhnlich zur Aufbewahrung von Geld oder von Dingen, die dem Menschen wertvoll erscheinen. Im Traum wird die Geldbörse daher zu einem Gegenstand, der an sich von Wert ist. Das Finden einer Geldbörse legt nahe, daß der Träumende etwas Wertvolles gefunden hat, der Verlust einer Geldbörse läßt vermuten, daß er nachlässig war.

Psychologisch: Große Bedeutung kann das Material haben, aus dem die Börse besteht. Der Traum spielt dem Träumenden oft einen Streich und präsentiert ihm ein scheinbar unpassendes Bild, mit dem er sich auseinandersetzen muß.

Spirituell: Auf der spirituellen Ebene steht die Börse für den Versuch, Energie zu bewahren. Sie kann auch Ausdruck des weiblichen Prinzips sein.

GELÖBNIS

Allgemein: Ein Gelöbnis ist ein Pakt oder ein Versprechen zwischen zwei Menschen oder zwischen Gott und einem Menschen. Im Traum ein Gelöbnis abzulegen heißt, die Verantwortung für das eigene Leben zu übernehmen. Das Gelöbnis ist feierlicher als ein einfaches Versprechen, und die Auswirkungen können weitreichender sein.

Psychologisch: Da ein Gelöbnis vor einem Zeugen abgelegt wird, muß sich der Träumende der Wirkung bewußt sein, die es auf andere Menschen haben kann. Im Traum setzt der Träumende die Erwartung in andere Menschen, daß sie ihm dabei helfen, sein Versprechen zu halten. Ein Ehegelübde abzulegen oder zu hören, deutet darauf hin, daß sich der Träumende weitreichend verpflichtet.

Spirituell: Auf dieser Ebene ist ein Gelöbnis ein feierliches spirituelles Versprechen des Träumenden gegenüber dem Universum.

GEMÜSE

→ Nahrungsmittel

GENITALIEN

auch → Körper

Allgemein: Handelt der Traum von den eigenen Genitalien, dann hat dies eine direkte Verbindung zur eigenen Sexualität. Sind die Genitalien des Träumenden in seinem Traum verstümmelt, dann könnte dies ein Hinweis auf Mißbrauch in der Vergangenheit oder in der Gegenwart sein.

Psychologisch: Wenn im Traum die Genitalien eines anderen Menschen eine Rolle spielen, so deutet dies auf eine sexuelle Beziehung zu diesem Menschen hin. Träumt eine Frau von den Genitalien eines Mannes (oder umgekehrt ein Mann von den Genitalien einer Frau), dann kann dies auch eine Aufforderung an den Träumenden sein, sich mit seiner gegengeschlechtlichen Seite zu befassen. Er begegnet seiner Anima oder seinem Animus (siehe »Einführung in die Traumarbeit«).

Spirituell: Der Träumende ist sich der spirituellen Ganzheitlichkeit seines Körpers bewußt.

GEOMETRISCHE FIGUREN

Allgemein: Die Seitenanzahl einer Figur ist ebenso von Bedeutung wie ihre Farbe (→ Zahlen, → Farben). In einem bestimmten Stadium der Entwicklung treten geometrische Figuren, die dem Menschen ein größeres Verständnis für die abstrakte Welt ermöglichen, im Traum auf. Es ist, als ob die alte Wahrnehmung der Form eine neue Bedeutung anzunehmen beginnt. Der Träumende akzeptiert die Natur der Dinge und betrachtet damit die grundlegende Struktur seines Wesens. Er kann die Grundform, die sein Leben hat, wertschätzen, ohne sich emotionale Hindernisse in den Weg zu legen.

Psychologisch: Im einzelnen können die folgenden geometrischen Figuren im Traum eine Rolle spielen:

Dreieck: Das Dreieck symbolisiert den Menschen mit seinen drei Hauptbestandteilen: Körper, Geist und Seele. Bewußtsein und Liebe werden durch seine Körperlichkeit manifest. Wenn das Dreieck nach oben weist, bewegt sich die menschliche Natur dem Göttlichen entgegen. Zeigt es nach unten, ist es der Geist, der Ausdruck mittels des Physischen sucht. Das Dreieck kann auch als Symbol für familiäre Beziehungen zum Beispiel zwischen Vater, Mutter und Kind stehen.

Hakenkreuz: Ein Hakenkreuz, dessen Arme im Uhrzeigersinn angeordnet sind, zeigt den idealen Menschen und seine Kraft, Gutes zu tun. In der östlichen Symbolik steht die Figur für die Bewegung der Sonne. Sind die Arme gegen den Uhrzeigersinn angeordnet, ist das Hakenkreuz als Symbol des Faschismus Sinnbild für alles Böse und Falsche.

Halbmond: Er symbolisiert die weibliche, geheimnisvolle Kraft, die intuitiv und nicht rational ist.

Hexagramm: Das Sechseck steht für die harmonische Entwicklung der physischen, sozialen und spirituellen Elemente im menschlichen Leben und ihre Integration in ein vollkommenes Ganzes. Es symbolisiert die Vereinigung von Männlich und Weiblich, von Materie und Geist zu einem vollkommenen Ganzen.

Kreis: Er verkörpert das innere Wesen oder das Selbst des Menschen. Ein runder Gegenstand, wie zum Beispiel ein Ring, symbolisiert Einheit, Perfektion und die vollkommene Seele.

Kreuz: Jedes Kreuz steht für die Manifestation des Geistes in der Materie. Während die Seele sich vom Symbol des Schwertes zu dem gleicharmigen Kreuz, weiter zum Kreuz des Leidens, zur Kreuzigung und schließlich zum Tao der Perfektion bewegt, lernt sie durch Erfahrung, die Hindernisse auf dem Weg der spirituellen Entwicklung zu überwinden. Die vier in die entgegengesetzten Richtungen weisenden Arme symbolisieren Konflikt, Schmerz und Leid, doch wer sie durchlebt, erreicht die Vollkommenheit. Das hängende Kreuz mit der Gestalt des Christus verbildlicht die Opferung des Selbst für andere Menschen. Der Kreuzungspunkt repräsentiert die Versöhnung von Gegensätzen. Die drei oberen Arme des christlichen Kreuzes stehen für Gottvater, Sohn und Heiligen Geist (auch → Religiöse Bilder).

Kugel: Sie wird mit Vollkommenheit und der Vollendung aller Möglichkeiten in Verbindung gebracht.

Mittelpunkt: Er ist der Punkt, an dem alles beginnt, von dem aus sich auch die Form entwickelt.

Muster: Im Traum kann das Muster eines Kleidungsstücks, einer Tapete oder ein Mosaik ein Hinweis darauf sein, daß sich die Verhaltensweisen des Träumenden auf eine bestimmte Weise wiederholen und ihn zur Nachdenklichkeit anregen.

Oval: Es symbolisiert die Gebärmutter und allgemein das weibliche Prinzip. Als Mandorla ist es der Heiligenschein, der Christus oder Maria vollkommen umgibt.

Quadrat/Würfel: Beide stehen für die irdische Sphäre als Gegensatz zum Himmel. Ein Quadrat innerhalb eines Kreises steht für das Werden, dafür, daß etwas Form annimmt. Die Figur in einem Quadrat ist das Selbst oder der vollkommene Mensch. Jeder quadratische Gegenstand ist ein Symbol für das umfassende, weibliche Prinzip.

Raute: Als Traumbild ist sie ein Hinweis darauf, daß der Träumende die Wahl zwischen größeren und kleineren Möglichkeiten hat.

Spirale: Die Spirale ist der vollkommene Pfad für die Evolution. Alles befindet sich ohne Unterlaß in Bewegung und steigt zugleich ständig an oder erhöht seine Schwingung. Verjüngt sich die Spirale zur Mitte hin, nähert sich der Träumende seiner Mitte auf indirektem Weg. Eine im Uhrzeigersinn nach außen drehende Spirale steht für eine Entwicklung hin zu Bewußtheit und Erleuchtung. Im Gegenuhrzeigersinn zielt sie auf das Unbewußte und wahrscheinlich auf alte Verhaltensmuster. Der Nabel oder Solarplexus wird als Zentrum der Kraft in der menschlichen Lebensspirale begriffen (auch → Labyrinth).

Stern: In der Regel verkörpert jede Art Stern die Hoffnungen, das Sehnen und die Ideale des Menschen. Der *fünfzackige Stern*, dessen eine Spitze nach oben weisen muß, beschwört persönliche Magie und alle Materie in Harmonie. Im Traum symbolisiert er die Beherrschung von magischen Fähigkeiten und geistigen Bestrebungen durch den Träumenden. Auf dem Kopf stehend ist der Stern Symbol für Böses und Hexerei. Der *sechszackige Stern* oder Davidsstern besteht aus zwei zusammengesetzten Dreiecken. Das Physische und das Spirituelle sind in Harmonie verbunden, um Weisheit zu schaffen.

Es gibt ein *Spiel* mit geometrischen Figuren, bei dem man ein Quadrat, einen Kreis und ein Dreieck zeichnet. Eine andere Person fügt diese geometrischen Grundformen zu einer Zeichnung zusammen. Was er aus dem Quadrat macht, soll mit seiner Sichtweise der Welt in Verbindung stehen, der Kreis mit seinem inneren Wesen und das Dreieck mit seinem Geschlechtsleben.

Spirituell: Auf der spirituellen Ebene stehen geometrische Figuren im Traum für das Abstraktionsvermögen des Träumenden; sie repräsentieren in der Regel das männliche Prinzip.

GEPÄCK

Allgemein: Wenn man im Traum ungewöhnliches Gepäck bei sich hat, trägt man vielleicht eine besondere Last, sei sie emotionaler oder anderer Art. Möglicherweise erwartet der Träumende zuviel von sich oder anderen. Er trägt eine vergangene Verletzung oder ein Trauma der Vergangenheit mit sich herum.

Psychologisch: Der Träumende steht möglicherweise psychisch unter Streß und muß sich vielleicht entschließen, im Wachzustand Vorhaben oder Gefühle auf sich beruhen zu lassen.

Spirituell: Im Traum kann Kummer als Gepäck dargestellt sein. Es ist gut, wenn der Träumende sich klarmacht, daß man Gepäck ebenso schnell abstellen kann, wie man es aufnimmt.

GERADEAUS

→ Positionen

GERANIE

→ Blumen

GERECHTIGKEIT

Allgemein: Im Traum von der Gerechtigkeit verleiht der Träumende seinem Recht Ausdruck, gehört zu werden und jene Dinge offen auszusprechen, die er für richtig hält. Im Traum versucht das Unbewußte auf einer persönlichen Ebene, Richtiges von Falschem zu trennen.

Psychologisch: Wenn der Träumende versucht, zwei unterschiedliche Zustände miteinander ins Gleichgewicht zu bringen, kann dies im Traum als Gerechtigkeit symbolisiert werden. Der Träumende wird durch den Traum aufgefordert, beide Seiten seiner Persönlichkeit erfolgreich zu nutzen. Wenn der Träumende in seinem Traum vor Gericht gestellt wird, kann dies bedeuten, daß er über sein Verhalten und über seine Einstellung zur Autorität nachdenken muß.

Spirituell: Im Prozeß spiritueller Entwicklung muß es ein Gleichgewicht geben zwischen dem spirituellen und dem materiellen Selbst. Es kann schwierig sein, dieses Gleichgewicht zu erlangen und aufrechtzuerhalten.

GERICHTSVOLLZIEHER

Allgemein: Ein Gerichtsvollzieher im Traum symbolisiert die Zweifel des Träumenden an seiner Fähigkeit, seine Ressourcen zu handhaben. Er ist sich dessen bewußt, daß er auf irgendeine Art die Grenze überschritten hat und nun von einer Autorität zur Rechenschaft gezogen werden kann.

Psychologisch: Der Träumende hat sich einem Risiko ausgesetzt und seine Verpflichtungen nicht eingehalten. Solange er die Verantwortung für das, was er getan hat, nicht übernimmt, kann er durch materielle Einbußen oder Statusverlust »bestraft« werden.

Spirituell: Ein Gerichtsvollzieher im Traum symbolisiert Vergeltung oder ein Karma unbestimmter Art.

GERUCH

auch → Duft, → Parfum

Allgemein: Wenn der Träumende in seinem Traum einen Geruch wahrnimmt, bedeutet dies meist, daß er versucht, einen Gegenstand oder eine Erfahrung einzuordnen oder herauszufinden, woher der Geruch kommt. Die sinnliche Wahrnehmung ist im Traum allgemein sehr scharf, doch der Geruchssinn tritt nur dann hervor, wenn eine besondere Deutung notwendig ist.

Psychologisch: Die Kindheit ist eine Zeit, in der Gerüche eine große Rolle spielen. Viele von ihnen sind für immer mit bestimmten

Ereignissen oder Situationen verbunden, etwa der Duft frisch gebackenen Brotes oder von Blumen oder der Geruch von Schulmahlzeiten. Ein angenehmer Geruch kann glückliche Zeiten repräsentieren, ein schlechter für Erinnerungen an besonders schlimme Zeiten stehen.

Spirituell: Wenn sich die spirituelle Wahrnehmung entwickelt, kann die Fähigkeit, Gerüche aus der Vergangenheit auf einer hellseherischen Ebene wahrzunehmen und zu erkennen, etwas beängstigend sein. Wird diese Fähigkeit nur als Mittel verstanden, um ein Ereignis, einen Ort oder eine Person richtig einzuordnen, dann muß sie nicht zu einem Problem werden.

GESCHÄFT/EINKAUFEN

Allgemein: Ein Geschäft symbolisiert im Traum etwas, das der Träumende haben möchte oder zu brauchen glaubt. Kennt er das Geschäft gut, dann heißt dies, daß er weiß, was er vom Leben will. Handelt es sich um ein ihm unbekanntes Geschäft, dann muß er möglicherweise in seinem Gedächtnis nach Erinnerungen suchen. Ein Supermarkt weist darauf hin, daß der Träumende eine Wahl treffen muß.

Psychologisch: Einkaufen heißt, einen fairen Tauschhandel mit dem Ziel abzuschließen, seine Wünsche zu befriedigen. Der Träumende besitzt das richtige Mittel (das Geld) und kann es gegen das eintauschen, was er möchte. Auch der eingekaufte Gegenstand selbst kann von Bedeutung sein. Wenn der Träumende Lebensmittel einkauft, benötigt er Nahrung, wählt er Kleidungsstücke aus, stehen diese vielleicht für Schutz.

Spirituell: Auf dieser Ebene ist ein Geschäft ein Ort spirituellen Austauschs (auch → Markt).

GESCHENK

auch → Schenken

Allgemein: Ein Geschenk kann auf eine Begabung hinweisen. Erhält der Träumende in seinem Traum ein Geschenk, zeigt dies, daß er geliebt und anerkannt wird und von einer Beziehung zu profitieren vermag. Macht er ein Geschenk, dann ist ihm bewußt, daß er Eigenschaften besitzt, die anderen Menschen zugute kommen können. Ein Berg von Geschenken in einem Traum kann bisher unerkannte Talente und Fertigkeiten symbolisieren. Geben die Geschenke – wie etwa Geburtstagsgeschenke – einen Hinweis auf einen Zeitpunkt, kündigt dieser möglicherweise einen Erfolg an. Ein Geschenk heißt manchmal auch Präsent und kann daher ein Wortspiel sein. Der Träumende wird daran erinnert, präsent zu sein, im Augenblick oder im Hier und Jetzt, und nicht in der Vergangenheit oder Zukunft zu leben.

Psychologisch: Jeder Mensch hat unbewußtes Wissen gespeichert, das ihm von Zeit zu Zeit zugänglich wird; es kann im Traum durch ein Geschenk symbolisiert werden. Wenn der Träumende in seinem Traum etwas »präsentiert«, bedeutet dies, daß er die Arbeit, die er geleistet hat, vorzeigt, um Bestätigung zu erhalten.

Spirituell: Auf der spirituellen Ebene weist ein Geschenk im Traum auf kreative Talente hin, die dem Träumenden vielleicht bisher noch nicht bewußt waren. Für eine spirituelle Entwicklung ist es notwendig, präsent zu sein und in der Gegenwart zu leben. Der Träumende muß dazu in der Lage sein, alles, was das Leben ihm präsentiert, gut für sich zu nutzen, aber gleichzeitig auch erkennen, daß dies auch für andere Menschen von Belang sein und Auswirkungen auf ihr Leben haben kann.

GESCHICHTE

Allgemein: Wenn der Träumende einen historischen Traum hat, der etwa im Mittelalter oder in der Zeit der Weltkriege angesiedelt ist, dann stellt er durch diesen Traum eine Verbindung zu Gefühlen und Persönlichkeitsanteilen der Vergangenheit her. Er nimmt Verbindung mit der Person auf, die er früher einmal war. Vielleicht führt ihn dies auch zu altmodischen Glaubensvorstellungen und Lebensweisen.

Psychologisch: Jeder Mensch befaßt sich sowohl mit der eigenen als auch mit der historischen Vergangenheit. Geschichte bietet vielleicht die objektive Beurteilung einer subjektiven Art zu existieren.

Spirituell: Auf der spirituellen Ebene kann ein Traum, in dem der Träumende sich in verschiedenen geschichtlichen Epochen wiederfindet, ein Hinweis auf frühere Inkarnationen sein.

GESCHLECHTS-KRANKHEITEN

→ Sexualität

GESCHLECHTSVERKEHR

→ Sexualität

GESCHMACK

Allgemein: Wenn im Traum etwas nicht nach dem Geschmack des Träumenden ist, stimmt es nicht mit seinen Idealen und Wertvorstellungen überein. Wenn etwas schlecht schmeckt, verweist dies darauf, daß die Nahrung – die alles mögliche symbolisieren kann – den Träumenden nicht nährt. Bemerkt der Träumende in seinem Traum, daß seine Umgebung einen »guten Geschmack« hat, dann verweist dies auf die Wertschätzung schöner Dinge.

Psychologisch: Im Wachzustand weiß der Mensch in der Regel, was ihm gefällt und welches seine persönlichen Maßstäbe sind. In Träumen können diese Maßstäbe durcheinandergeraten, um eine Veränderung hervorzuheben. Wenn der Träumende beispielsweise feststellt, daß er im Traum eine Farbe schön findet, die ihm normalerweise im Wachzustand nicht gefällt, dann kann dies eine Aufforderung sein, die neue Farbe genauer zu erforschen und herauszufinden, was sie dem Träumenden zu bieten hat (→ Farben).

Spirituell: Mit größerer Sensibilität und Bewußtheit kommt auch eine Verfeinerung des Geschmacks. Dies ist auch im spirituellen Bereich so; der Träumende lernt, feinere, schönere Dinge zu schätzen.

GESCHOSS

Allgemein: Wenn in einem Traum ein Geschoß, wie etwa eine Gewehrkugel, vorkommt, dann ist sich der Träumende seiner Aggressionen und des Wunsches bewußt, einen anderen Menschen zu verletzen. Wenn auf den Träumenden geschossen wird, kann dies als Warnung vor Gefahr aufgefaßt werden. Schießt jedoch der Träumende, dann stellt dies sein Wissen um seine Verletzbarkeit dar.

Psychologisch: Der Träumende muß herausfinden, über wieviel Munition er verfügt, und er sollte sie im Sinne von Ressourcen, auf die er bei Bedarf zurückgreifen kann, wahrnehmen.

Spirituell: Auf der spirituellen Ebene kann ein Geschoß im Traum als Bedürfnis nach sexueller Erfüllung und nach der Kontrolle über sie gesehen werden.

GESCHWINDIGKEIT

Allgemein: Geschwindigkeit steht in Träumen für intensive Gefühle, die im Wachzustand meist nicht empfunden werden. Da alles zu schnell geht, erzeugt dies im Träumenden Angst, die zu Problemen führen kann.

Psychologisch: Wenn sich der Träumende in seinem Traum mit hoher Geschwindigkeit fortbewegt, dann versucht er ein Ergebnis rascher zu erreichen. Überhöhte Geschwindigkeit – wie etwa bei einem Verkehrsdelikt – ist ein Zeichen dafür, daß der Träumende zu stark auf das Endresultat fixiert ist und die Bedeutung des Wegs mißachtet.

Spirituell: In der spirituellen Entwicklung gibt es einen Punkt, an dem der Mensch sein Zeitgefühl verliert.

GESCHWÜR

Allgemein: Ein Geschwür ist ein Leiden, das sich nur schwer kurieren läßt. Wenn ein Traum davon handelt, zeigt dies, daß der Träumende an der Heilung einer großen Verletzung arbeiten muß. Wahrscheinlich befindet sich diese Verletzung dort, wo im Traum auch das Geschwür auftritt. So verweist ein Magengeschwür auf ein emotionales Problem, während ein

Mundgeschwür bedeuten könnte, daß der Träumende mit Kommunikationsschwierigkeiten ringt.

Psychologisch: Hat im Traum eine andere Person ein Geschwür, dann kann dies bedeuten, daß der Träumende seine Probleme auf diese projiziert.

Spirituell: Auf der spirituellen Ebene steht ein Geschwür im Traum für seelischen Schmerz oder auch für einen Konflikt.

GESICHT

Allgemein: Wenn sich der Träumende in seinem Traum auf das Gesicht eines Menschen konzentriert, dann versucht er, diese Person zu verstehen. Betrachtet der Träumende sein eigenes Gesicht, so bemüht er sich vielleicht, mit der Art ins reine zu kommen, wie er sich im normalen Alltag zum Ausdruck bringt. Ist das Gesicht im Traum verhüllt, steht es für verborgene Kräfte oder für die Weigerung, die eigenen Fähigkeiten anzuerkennen.

Psychologisch: Am meisten kann man über andere Menschen erfahren, wenn man ihr Gesicht betrachtet. Auf der spirituellen Ebene kann daher ein Gesicht im Traum den Versuch darstellen, Kenntnisse und Informationen zu erlangen, die auf anderem Wege nicht zu bekommen sind.

Spirituell: Auf der spirituellen Ebene steht das Gesicht im Traum für die Elementarkräfte.

GESPENST

Allgemein: Der Traum von einem Gespenst stellt die Verbindung zu alten Gewohnheitsmustern her. Es kann den Träumenden jedoch auch an begrabene Hoffnungen und Sehnsüchte erinnern, die etwas Substanzloses haben – vielleicht, weil er nicht genügend Energie in sie investiert hat.

Psychologisch: Vielleicht belebt der Träumende alte Erinnerungen oder Gefühle, damit er seine Handlungen besser verstehen kann. Wenn sich der Träumende mit vergangenen und toten Aspekten in Verbindung setzt, kann er im Hier und Jetzt angemessen handeln.

Spirituell: Taucht ein Gespenst im Traum auf, soll dies den Träumenden möglicherweise auf seine vergangenen Seinszustände aufmerksam machen; in diesem Fall sollte der Träumende dazu in der Lage sein, seine Entwicklungsfortschritte zu erkennen.

GETREIDE

Allgemein: Ein Traum, in dem Getreide, also beispielsweise Weizen, Hafer, Roggen, Dinkel oder Gerste, eine Rolle spielt, kann auf eine Ernte verweisen (→ Ernte). Der Träumende hat sich in der Vergangenheit Möglichkeiten geschaffen, die nun Früchte tragen. Vorausgesetzt, er sucht nach dem Ergebnis dieser Möglichkeiten, dann wird es ihm möglich sein, seine

Erfolge voranzutreiben und noch mehr Überfluß zu schaffen. Darüber hinaus symbolisiert Getreide meist Fruchtbarkeit und reiche Erträge. Es kann auch neues Leben darstellen – sei es eine Schwangerschaft oder neue Entwicklungen in anderer Hinsicht.

Psychologisch: Sieht der Träumende in seinem Traum ein reifes Getreidefeld, dann bedeutet dies vielleicht, daß er sich auf dem Gipfel des Erfolgs befindet, daß er in seinem Leben bisher genug Mühe investiert und daher optimales Wachstum erreicht hat.

Spirituell: Auf der spirituellen Ebene kann Getreide den Keim des Lebens und das Bedürfnis des Träumenden, die verborgene Wahrheit zu entdecken, symbolisieren. Es ist darüber hinaus ein Symbol der Großen Mutter.

GETREIDEGARBE

Allgemein: Früher war eine Getreidegarbe ein Symbol für eine gute Ernte oder gutes Wirtschaften. Heute kann sie, ganz allgemein betrachtet, ein Hinweis auf altmodische Methoden sein.

Psychologisch: Die Getreidegarbe ist ein Symbol für den Herbst (→ Herbst). Oft stellt sie jedoch auch Festigung und Bindung dar. Vielleicht sollte der Träumende darüber nachdenken, was er sammeln und zu einem einheitlichen Ganzen bündeln muß.

Spirituell: Als Symbol der Demeter repräsentiert die Getreidegarbe im Traum die nährende Mutter.

GEWALT

Allgemein: Jeder Traum von Gewalt spiegelt die eigenen Gefühle wider, ob in bezug auf den Träumenden selbst oder auf die Situation in seiner Umgebung. Die Form, welche die Gewalt annimmt, kann Aufschlüsse für ein umfassenderes Verständnis des eigenen Selbst liefern.

Psychologisch: Wenn sich der Träumende, bedingt durch gesellschaftlichen Druck oder die Umstände, nicht angemessen ausdrücken kann, greift er im Traum mitunter zu Gewalt. Ist der Träumende der Gewalt anderer Personen ausgesetzt, muß er eventuell darauf achten, andere Menschen nicht zu verletzen.

Spirituell: Ein Gefühl spiritueller Ungerechtigkeit kann sich im Traum etwa in Gewaltszenen oder -handlungen Bahn brechen. Der Träumende sollte dies mit Ereignissen, die sich in jüngster Zeit auf spiritueller Ebene zugetragen haben, in Verbindung bringen.

GEWAND

Allgemein: Der Traum von einem Gewand kann bedeuten, daß der Träumende seine Blöße bedecken will, oder es kann ein Ausdruck von Entspannung und Gelöstheit sein. Was zutrifft, hängt vom Kontext des Traums ab. Hüllt der Träumende einen anderen Menschen in ein Gewand, dann bietet er ihm Schutz.

Psychologisch: Ein Gewand kann ein Hinweis auf die Haltung des Träumenden in bezug auf Sexualität und Beziehungen sein. Ist es sauber, hat der Träumende ein gesundes Selbstbild, ist es schmutzig, ist das Gegenteil der Fall. Ein schmutziges Gewand kann auch Niedergeschlagenheit bedeuten.

Spirituell: Auf der spirituellen Ebene symbolisiert ein weißes Gewand Unschuld und ein saumloses Gewand Heiligkeit.

GEWEIH

auch → Hörner

Allgemein: Der Hirsch ist ein majestätisches Tier, das sein Geweih wie eine Krone trägt. Es ist jedoch als Waffe gemeint und kann Angriff und Aggression ausdrücken.

Psychologisch: Auf der psychologischen Ebene stellt das Geweih im Traum die Bewußtheit für das Konfliktpotential zwischen dem edleren Selbst und den niederen Trieben dar.

Spirituell: Auf der spirituellen Ebene stellt das Geweih im Traum übernatürliche Kräfte, Fruchtbarkeit und die Vornehmheit des Geistes dar.

GEWICHT

Allgemein: Im Traum ein Gewicht zu spüren heißt, daß der Träumende sich seiner Verantwortung bewußt ist. Es könnte auch ein Hinweis sein, daß der Träumende die Bedeutung und Ernsthaftigkeit seines Tuns bewerten sollte.

Psychologisch: Ein Gewicht als Traumbild kann den Träumenden darauf aufmerksam machen, daß er nüchtern und praktisch handeln soll. Er muß mit den Füßen auf dem Teppich bleiben. Nimmt er im Traum stark an Gewicht zu, erkennt er, daß er die Bandbreite seiner Aktivität auf irgendeine Weise vergrößern muß. Ist der Träumende unzufrieden mit seinem Gewicht, könnte dies auf eine Angst vor zuviel Verantwortung hinweisen oder darauf, daß er sich für eine bestimmte Aufgabe nicht ausreichend gewappnet fühlt.

Spirituell: Auf der spirituellen Ebene ist das Gewicht im Traum ein Sinnbild für Ernst und Würde.

GEWITTER

Allgemein: Im Traum stellt ein Gewitter unerwartete Veränderungen dar, die bereits ablaufen oder demnächst stattfinden werden. Sie vollziehen sich vielleicht aufgrund einer Erkenntnis oder einer Offenbarung. Häufig bewirkt eine solche Offenbarung eine Zerstörung der Strukturen, die der Träumende zu seinem Schutz in seinem Leben eingebaut hat. Vielleicht verlangt das Traumsymbol vom Träumenden auch, Alltagsstrukturen und Beziehungen so zu belassen, wie sie sind, und statt dessen die Denkweise zu verändern. Ein Gewitter kann auch auf eine starke Leidenschaft, beispielsweise auf Liebe, hinweisen, die den Träumenden plötzlich »überfällt«.

Psychologisch: Wenn ein Traum von einem Gewitter handelt, kennzeichnet der Träumende damit in gewisser Weise eine Spannungsentladung. Vielleicht existiert eine Situation im Alltagsleben des Träumenden, die gesprengt werden muß, damit etwas Neues hervorbricht und sich die Bedingungen verändern. Dies mag auf den ersten Blick destruktiv wirken, aber es ist ein notwendiger Akt. Wenn der Träumende alle bekannten Fakten in Betracht zieht, wird er die richtige Handlungsweise erkennen.

Spirituell: Auf der spirituellen Ebene stellt ein Gewitter eine Form der spirituellen Erleuchtung dar. Dies kann ein plötzliches Erkennen der persönlichen Wahrheit sein oder eine universellere Bewußtheit.

GEWÖLBE

Allgemein: Jeder dunkle, verborgene Ort symbolisiert in Träumen sexuelle Potenz oder das Unbewußte. Ebenso kann er auch für die persönlichen Ressourcen des Träumenden stehen, für all das, was er im Laufe des Erwachsenwerdens und Reifens gelernt hat. Wenn der Träumende in seinem Traum in ein Gewölbe hinabsteigt, dann kommt darin sein Bedürfnis zum Ausdruck, jene Bereiche seines Selbst zu ergründen, die bislang verschüttet waren. Vielleicht muß sich der Träumende auch mit seiner Einstellung zum Tod auseinandersetzen.

Psychologisch: Das kollektive Unbewußte (siehe »Einführung in die Traumarbeit«) bleibt oft verborgen, bis sich der Träumende wirklich bemüht, dieses verfügbare Wissen zu entdecken. Zwar kann ein Gewölbe auch ein Grab repräsentieren, aber ebenso steht es auch für die »Archive des Wissens«, zu denen alle Menschen Zugang haben.

Spirituell: Auf der spirituellen Ebene repräsentiert das Gewölbe im Traum einen Ort der Begegnung zwischen Geist und Körper – und somit auch den Tod.

GEZEITEN

auch → Meer unter Wasser

Allgemein: Der Traum von den Gezeiten steht für den Versuch, in Ebbe und Flut des Lebens voranzukommen beziehungsweise Gefühlen und Empfindungen nachzugeben. So wie die Flut Schutt und Geröll fortschafft, so ist auch mit dem Traumbild eine Reinigung und Klärung gemeint. Die Flut steht für den Aufbau gewaltiger Energien, wohingegen die Ebbe das Abfließen von Kraft und Fähigkeiten verkörpert.

Psychologisch: Im Jahreslauf kommt es zweimal recht zuverlässig zu Sturmfluten: im Frühling und im Herbst (→ Jahreszeiten). Daher kann eine Sturmflut im Traum sich auf diese Jahreszeiten beziehen. Ein Vollmond über einer einsetzenden Flut kann während eines bestimmten Entwicklungsstadiums die Stärke des Weiblichen symbolisieren.

Spirituell: Auf der spirituellen Ebene können die Gezeiten im Traum einen Gezeitenwechsel ankündigen und damit zeigen, daß der Träumende den rechten Weg gefunden hat.

GIFT

Allgemein: Wenn Gift in einem Traum eine Rolle spielt, dann heißt dies, daß der Träumende eine bestimmte Einstellung, ein Gefühl oder einen Gedanken vermeiden soll, der nicht gut für ihn ist. In der Umgebung des Träumenden existieren Einflüsse, die er sowohl jetzt als auch in Zukunft meiden muß.

Psychologisch: Die Einstellungen und Glaubenshaltungen anderer können die Denkweise und die Art des Fühlens bei einem sensiblen Menschen vergiften. Dies kann im Traum als Gift dargestellt werden.

Spirituell: Auf dieser Ebene ist alles Gift, was das spirituelle Vorankommen des Träumenden blockieren oder verhindern könnte.

GIRLANDE

Allgemein: Die Girlande im Traum steht für die Achtung, die der Träumende sich selbst entgegenbringt. Schmückt er sich mit einer Girlande, so sucht der Träumende nach Wegen, bei sich Glücksgefühle hervorzurufen. Er strebt nach Auszeichnung und möchte sich in gewisser Weise von anderen Menschen abheben.

Psychologisch: Die Girlande im Traum kann Ehre und Erkenntnis darstellen und den Träumenden mit dem Menschen verbinden, der sie ihm geschenkt hat.

Spirituell: Auf dieser Ebene ist eine Girlande im Traum ein Symbol für den Wunsch nach spiritueller oder materieller Auszeichnung.

GITARRE

Allgemein: Im Traum kann Gitarrenmusik eine neue Romanze ankündigen. Gitarrenmusik und das Instrument selbst drücken Romantik und kreative Schaffenskraft aus.

Psychologisch: Jedes Musikinstrument im Traum zeigt das Bedürfnis des Träumenden nach Ruhe, Entspannung und Harmonie.

Spirituell: Auf dieser Ebene drückt die Gitarre im Traum den Wunsch des Träumenden nach spiritueller Harmonie aus.

GLAS

Allgemein: Glas im Traum verweist auf eine unsichtbare, doch berührbare Barriere, die der Träumende um sich selbst errichtet hat, um sich vor Beziehungen zu anderen Menschen zu schützen. Es kann jedoch auch umgekehrt der Fall sein, daß sich andere Menschen mit einer Glaswand vor dem Träumenden schützen.

Psychologisch: Zerbricht der Träumende in seinem Traum Glas, so ist dies ein Hinweis darauf, daß er seine Schutzwand durchbricht (auch → Zerbrechen). Er zertrümmert die Gefühle, die ihn einengen, und bewegt sich in einen klareren Raum hinein, in dem er das Errichten neuer Barrieren nicht zuläßt. Mattiertes oder verdunkeltes Glas kann ein Hinweis auf den Wunsch nach Privatsphäre sein oder darauf, daß die Sicht des Träumenden in bestimmten Situationen schlechter ist.

Spirituell: Auf der spirituellen Ebene kann Glas im Traum die Barriere darstellen, die zwischen dem Leben und dem Leben danach besteht.

GLATZE

Allgemein: Handelt ein Traum von einer Person, die eine Glatze hat, bedeutet dies, daß dem Träumenden ein gewisses Maß an Stumpfsinn in seinem Leben bewußt gemacht wird.

Psychologisch: Hat der Träumende selbst in seinem Traum eine Glatze, so wird damit entweder der Verlust seiner intellektuellen Kraft angezeigt oder umgekehrt seine Intelligenz.

Spirituell: Auf dieser Ebene bedeutet eine Glatze im Traum die Erkenntnis, daß Spiritualität und Demut Hand in Hand gehen.

GLEICHGEWICHT

Allgemein: Wenn ein Traum davon handelt, daß der Träumende sein Gleichgewicht aufrechterhält oder in einer schwierigen Position im Gleichgewicht gehalten wird, dann zeigt dies, daß er auf der Suche nach einem Gleichgewicht von Körper, Geist und Seele ist.

Psychologisch: Gleichgewicht ist ein Zustand, den alle Menschen suchen. Aber wenn alle Bestandteile einer Person qualitativ und quantitativ ausgeglichen sind, dann ist sie auch weniger lebendig und damit weniger interessant.

Spirituell: Auf der spirituellen Ebene hat das Gleichgewicht im Traum sehr viel mit Gerechtigkeit zu tun (→ Gerechtigkeit).

GLIEDMASSEN

→ Körper

GLOCKE

Allgemein: Eine Glocke im Traum läuten zu hören, bedeutete traditionell, daß man vor einem Unglück oder vor dem Tod gewarnt wird. Während diese Deutung heute weniger zutrifft, mahnt doch zum Beispiel die Türklingel im Traum noch immer zu Vorsicht und Wachsamkeit. Die Glocke im Traum kann auch für den Wunsch stehen, mit einer Person zu kommunizieren, die weit entfernt lebt oder dem Träumenden fremd geworden ist.

Psychologisch: Glocken können das Bewußtsein symbolisieren und das Bedürfnis des Träumenden, durch andere Menschen Bestätigung zu erfahren.

Spirituell: Auf der spirituellen Ebene ist die Glocke im Traum ein Instrument der Warnung, aber auch ein Glücksbote, weil sie die Kräfte der Zerstörung bannen kann.

GLOCKENBLUME

→ Blumen

GLÜCKSSPIEL

Allgemein: Das Glücksspiel steht für die Vorstellung, daß man, wenn man ein Risiko eingeht, etwas gewinnen kann. Handelt der Traum davon, daß der Träumende beim Glücksspiel gewinnt, dann hatte er im Alltag entweder tatsächlich in einer Situation Glück, oder aber er war besonders geschickt. Verliert der Träumende in seinem Traum seinen Einsatz, ist dies vielleicht ein Hinweis darauf, daß ein anderer Mensch Macht über sein Schicksal ausübt.

Psychologisch: Ein Glücksspiel kann alle Arten von Glaubenssystemen hervorheben, manche haben Gültigkeit und manche nicht. Die Vorstellung einer zufälligen Auswahl, besonders wenn sie mechanisch erfolgt, steht in Verbindung mit dem Glauben an ein mechanistisches Universum. Das Glücksspiel im Traum stellt auch die Einstellung des Träumenden zu Habsucht und Armut dar und illustriert, wie er dazu steht, wenn Gewinn eine Folge von Glück statt von Anstrengung ist.

Spirituell: Auf der spirituellen Ebene stellt Glücksspiel im Traum die Fähigkeit dar, Chancen wahrzunehmen. Gleichzeitig steht es für die Tendenz, sich eher auf das Schicksal zu verlassen als auf ein gutes Urteilsvermögen.

GÖTTIN

auch → Religiöse Bilder

Allgemein: Wenn ein Traum von einer mythischen Göttin handelt, verbindet dies den Träumenden mit den archetypischen Bildern von Weiblichkeit (→ Archetypen). Eine Göttin im Traum einer Frau symbolisiert die Verbindung über das Unbewußte, die zwischen allen Frauen und weiblichen Kreaturen existiert. Das Recht auf die Initiation in diese Gemeinschaft der Frauen wird durch den Traum geltend gemacht. Im Traum eines Mannes symbolisiert die Figur der Göttin alles, was ein Mann an weiblichen Machtvorstellungen fürchtet. In der Regel gibt seine diesbezügliche Einstellung einen wichtigen Einblick in seine frühesten Erfahrungen mit Weiblichkeit durch die Beziehung zu seiner Mutter.

Psychologisch: Die Zahl der Göttinnen in den vielen Kulturen ist groß. Unter ihnen sind destruktive wie *Kali*, *Bast* und *Lillith*, aber auch nützliche wie *Athene* und *Hermione*. Jene Göttinnen, von denen es heißt, daß Frauen mit ihnen in enger Verbindung stehen, sind: *Artemis*, die Mondgöttin, die den unabhängigen weiblichen Geist verkörpert, dessen Ziel letztendlich Erfolg ist. Sie wird häufig als Jägerin dargestellt. *Athene* ist die Göttin der Weisheit und der Kriegskunst. Sie denkt logisch und ist selbstsicher; sie läßt sich eher von ihren geistigen Fähigkeiten leiten als von ihren Gefühlen. *Hestia*, die Göttin des Herdes, ist eine Verkörperung der geduldigen Frau, die Ruhe in der Abgeschiedenheit findet. *Hera*, die Göttin der Ehe, symbolisiert die Frau, für die an erster Stelle das Ziel steht, einen Mann zu finden und verheiratet zu sein. *Demeter*, der mütterliche Archetypus und die Göttin der Fruchtbarkeit, hebt den Trieb einer Frau hervor, ihren Kindern körperliche und spirituelle Unterstützung zu geben. *Persephone*, die letztlich zur Königin der Unterwelt wurde, weil sie ihren Rang als Tochter Demeters ablehnte, drückt den Wunsch von Frauen aus, anderen zu gefallen und von anderen gebraucht zu werden. Ihr unterwürfiges Verhalten und ihre Passivität müssen sich in die Fähigkeit verwandeln, Verantwortung für sich selbst zu übernehmen. *Aphrodite*, die Göttin der Schönheit und der Liebe, bringt Frauen dazu, sowohl kreativ als auch fruchtbar zu sein. Sie herrscht über weibliche Leidenschaft, Schönheit und Liebe.

Spirituell: Auf der spirituellen Ebene bedeutet das Traumsymbol Göttin, daß Frauen dazu in der Lage sind, Verbindungen zu den wesentlichen Aspekten ihrer Persönlichkeit herzustellen. Hierdurch erlangen sie ein größeres Verständnis für sich selbst und können alle Facetten ihres Wesens im Alltag zum Leben erwecken.

GOLD

Allgemein: Gold verweist im Traum auf die besten und wertvollsten Aspekte der Persönlichkeit. Findet der Träumende in seinem Traum Gold, so bedeutet dies, daß er diese Merkmale an sich selbst entdecken kann. Wenn er Gold vergräbt, zeigt dies, daß er versucht, etwas zu verbergen.

Psychologisch: Gold kann im Traum auch die heilige Seite des Menschen darstellen. Der Träumende erkennt an sich Unbestechlichkeit, Weisheit, Geduld und Fürsorge. Im Traum steht Gold selten für materiellen Wohlstand. Viel öfter symbolisiert es den spirituellen oder emotionalen Reichtum, den ein Mensch besitzt.

Spirituell: Auf dieser Ebene steht Gold im Traum für Spiritualität auf einer hohen Ebene.

GOLF

auch → Spiele

Allgemein: Mannschaftssportarten oder Spiele im Traum stellen entweder die Zugehörigkeit des Träumenden zu einem Team dar oder heben seine individuelle Leistung hervor. Letzteres trifft auf Golf zu. Für diesen Sport braucht man viel Bewegungsfreiheit und klare Vorstellungen.

Psychologisch: Wenn der Träumende in seinem Traum Golf spielt, zeigt dies sein Bedürfnis, sein Talent unter Beweis zu stellen und bis an die Grenzen seiner Leistungsfähigkeit zu gehen. Diese Wettkampfenergie kann, wenn sie im beruflichen Kontext zum Einsatz kommt, dem Erfolg sehr förderlich sein.

Spirituell: Auf der spirituellen Ebene weist Golf im Traum darauf hin, daß sich die Natur förderlich auf das Fortschreiten der Entwicklung auswirkt und daß der Träumende mehr Zeit an der frischen Luft verbringen soll.

GOTTESDIENST

→ Religiöse Bilder

GONG

Allgemein: Wenn der Träumende in seinem Traum den Klang eines Gongs hört, heißt dies, daß er sich die Tatsache bewußt machen muß, eine Grenze erreicht oder umgekehrt die Erlaubnis zum Weitermachen erhalten zu haben. Den Gong zu schlagen, kann den Wunsch nach Strenge und Struktur darstellen oder aber das Ziel unterstreichen, im Wachzustand eine bestimmte Klang- oder Informationsqualität zu erreichen.

Psychologisch: In vielen Religionen wird der Gong geschlagen, um die Aufmerksamkeit der Gläubigen auf wichtige Inhalte zu lenken. Dies ist auch die vorrangige Funktion des Gongs im Traum.

Spirituell: Der Gong im Traum »weckt« den Träumenden auf einer spirituellen Ebene. Er symbolisiert sein Bewußtsein für Spiritualität.

GOTT/GÖTTER

auch → Religiöse Bilder

Allgemein: Wenn ein Traum von Gott handelt, bestätigt sich der Träumende selbst, daß eine höhere Macht im Spiel ist. Ein gemeinsamer Gott verbindet den Träumenden mit der ganzen Menschheit, daher hat er das Recht auf bestimmte moralische Glaubensvorstellungen. Wenn eine Frau von einer mythischen Gottheit träumt, hilft ihr dies, verschiedene Aspekte ihrer Persönlichkeit zu verstehen. Im Traum eines Mannes stellt ein Traum von einer mythischen Gottheit die Verbindung her zu seiner Männlichkeit und verschafft ihm einen tieferen Zugang zu ihr.

Psychologisch: Die mächtigen Gefühle, die jeder Mensch manchmal erlebt, sind vielleicht mit seinem enormen, aus der Kindheit herrührenden Bedürfnis nach Liebe und Anerkennung der Eltern verbunden. Häufig können diese Gefühle durch die mythischen Götter personalisiert und durch sie ausgedrückt werden. Mars, der Gott des Krieges, symbolisiert den Elan, den man braucht, um erfolgreich zu sein. *Merkur* verweist auf Kommunikation, häufig auf ein sensibel geführtes Gespräch. Er ist der Patron der Magie. *Apollo* stellt die Sonne dar; er lehrte Chiron die Heilkunst. *Herakles* lernte die Heilkunst von Chiron, aber Chiron wollte sich nicht von Herakles heilen lassen, als dieser ihn verletzte. *Adonis* symbolisiert Gesundheit, Schönheit und Selbstliebe. *Zeus*, der König der Götter, stellt die negative und die positive Seite des Vaters dar.

Spirituell: Auf der spirituellen Ebene zeigt der Traum von einem Gott oder von Gottheiten, daß sich der Träumende einer höheren Macht bewußt ist. Je tiefer dieses Bewußtsein ist, desto eher erkennt der Träumende, daß Gott, ja alle Götter gemeinsam eine alles durchströmende Energie sind.

GOTTESANBETERIN

Allgemein: Wie die meisten Insekten symbolisiert auch die Gottesanbeterin im Leben des Träumenden das Hinterhältige und Verschlagene, den betrügerischen Persönlichkeitsanteil, der Probleme schaffen kann, wenn das Geschehen eigentlich zugunsten des Träumenden verläuft. Sie stellt jenen Aspekt der Persönlichkeit dar, der sich nicht mit all den anderen zu einem Ganzen fügen will.

Psychologisch: Im Traum überträgt der Träumende häufig eine Eigenschaft oder eine Situation, mit der er gerade ringt, auf einen Gegenstand, eine Person oder ein Tier. Wenn im Traum eine Gottesanbeterin eine Rolle spielt, kann es sein, daß im Umfeld des Träumenden Betrügereien im Gange sind.

Spirituell: Der Träumende sollte die Erscheinung einer Gottesanbeterin sorgfältig beachten, weil sie Hinterhältigkeit verkörpert.

GRAB

auch → Tod

Allgemein: Der Traum von einem Grab ist ein Hinweis darauf, daß der Träumende Rücksicht auf die Gefühle nehmen muß, die er mit dem Tod oder seiner Vorstellung vom Tod verbindet.

Psychologisch: Der Traum zeigt möglicherweise, daß der Träumende einen Persönlichkeitsanteil getötet und vor der äußeren Welt verborgen hat.

Spirituell: Auf der spirituellen Ebene deutet der Traum an, daß der

Mensch vielleicht weniger den physischen Tod fürchtet als vielmehr seine Folgen.

GRABEN/AUSGRABUNG

auch → Ausgraben, →Bergwerk

Allgemein: Wenn der Träumende beginnt, etwas über sich selbst zu erfahren, muß er die Anteile aufdecken, die er bislang verborgen gehalten hat. Dies wird im Traum oft durch das Ausheben einer Grube oder das Ausgraben eines Gegenstands angedeutet.

Psychologisch: Der Traum weist möglicherweise darauf hin, daß der Träumende in seinem schöpferischen Lebensbereich wichtige Erkenntnisse hat, die aber nur schwer zugänglich sind und daher ausgegraben werden müssen.

Spirituell: Auf der spirituellen Ebene legt das Traumbild Graben nahe, daß der Träumende einen Zugang zu seinem Unbewußten finden muß.

GRAL

Allgemein: Der Heilige Gral ist ein grundlegendes spirituelles Symbol. Wenn er im Traum eine Rolle spielt, dann weist er den Träumenden auf seine Befähigung hin, sein Potential vollkommen zu entwickeln. Oft steht er für das Erreichen des spirituellen Erfolgs. Der Gral wird jedoch auch mit dem Kelch des Glücks gleichgesetzt. Wenn der Gral im Traum erscheint, verweist dies darauf, daß der Träumende eine außergewöhnliche Befriedigung oder eine wichtige Veränderung erfahren wird.

Psychologisch: Der Träumende ist auf der Suche nach etwas, was er im Augenblick noch für unerreichbar hält. Der Traum zeigt ihm jedoch, daß sein Ziel in greifbare Nähe gerückt ist.

Spirituell: Auf der spirituellen Ebene steht der Gral im Traum für den Heiligen Geist.

GRAMMATIK

Allgemein: Wenn dem Träumenden in seinem Traum die Grammatik bewußt wird, dann hat er erkannt, daß er selbst oder eine andere Person unter Kommunikationsschwierigkeiten leidet.

Psychologisch: Möglicherweise signalisiert das Traumsymbol auch das Bedürfnis des Träumenden nach genaueren Informationen zu einer bestimmten Situation in seinem Leben.

Spirituell: Die Qualität von Kommunikation ist auf der materiellen, der geistigen und nicht zuletzt auf der spirituellen Ebene von grundlegender Wichtigkeit.

GRANAT

→ Edelsteine

GRAS

auch → Drogen

Allgemein: Gras ist ein Symbol neuen Wachstums und des Sieges über die Unproduktivität. In der alten Traumdeutung brachte man Gras mit Schwangerschaft in Verbindung. Heute geht man jedoch davon aus, daß Gras neue Ideen und Vorhaben darstellt.

Psychologisch: Gras kann das Geburtsland des Träumenden oder das Aufgeben tiefverwurzelter Glaubensvorstellungen symbolisieren.

Spirituell: Auf der spirituellen Ebene steht Gras im Traum für eine Bewußtseinsveränderung.

GRAU

→ Farben

GRENZE

Allgemein: Begrenzungen und Kanten von Materialien und Formen richten die Aufmerksamkeit des Träumenden auf Veränderungen, die er in der materiellen Welt vornehmen will. An der Grenze zwischen zwei Ländern zu stehen, zeigt die Notwendigkeit, große Veränderungen im Leben, vielleicht einen Umzug, anzugehen. Wenn der Träumende in seinem Traum eine Grenze überschreitet und von einem Ort zum nächsten geht, dann stellt dies dar, daß große Umbrüche im Leben anstehen und daß der Träumende aktiv den Wechsel von einem Zustand in einen anderen betreibt.

Psychologisch: Wenn der Mensch von einer Lebensphase in eine andere wechselt, beispielsweise von der Pubertät in das Erwachsenenalter oder von der Berufstätigkeit in den Ruhestand, dann ist es sinnvoll, dieser Grenzüberschreitung Form zu verleihen. Grenzen, die in Träumen eine Rolle spielen, können auch bedeuten, daß der Träumende Hindernisse in seinem Inneren überwindet.

Spirituell: Auf der spirituellen Ebene hat der Träumende eine neue Erfahrung vor sich, die ihn auf seinem Weg zur Ganzheitlichkeit voranbringen wird. Er begegnet einem Teil seines Selbst, mit dem er noch nicht vertraut ist. Der Träumende selbst muß entscheiden, ob der Zeitpunkt richtig ist, um die »Grenze zu überschreiten«.

GRÖSSE

Allgemein: Ist sich der Träumende in seinem Traum bewußt, daß etwas oder jemand groß ist, so wirft dies ein Licht auf die Gefühle des Träumenden bezüglich einer Person, eines Vorhabens oder eines Objekts. Größe bedeutet Wichtigkeit, vielleicht aber auch Bedrohlichkeit. Beispielsweise könnte ein *großes* Haus das Wissen des Träumenden um die Erweiterung seines Selbst andeuten.

Psychologisch: Ein Kind lernt sehr früh, Vergleiche zu ziehen, und dies gehört zu den Dingen, die der Mensch niemals verlernt. Etwas ist größer als oder kleiner als, statt einfach nur groß und klein. Die

Größe einer Sache im Traum hat oft nichts mit seiner wirklichen Größe zu tun. Daher können solche »Realitätsverschiebungen« wichtige Hinweise für den Träumenden sein.

Spirituell: Aus spiritueller Sicht spielt Größe keine Rolle. Es ist mehr die Wahrnehmung des zugehörigen Gefühls, die zählt.

GROSSELTERN

→ Familie

GRUBE

auch → Abgrund

Allgemein: Der Traum von einer Grube macht den Träumenden auf ein Gefühl der Verzweiflung oder des Gefangenseins aufmerksam. Vielleicht befindet sich der Träumende in einer Situation, aus der er alleine nicht entkommen kann, oder er hat Angst, in eine solche zu geraten. Hebt der Träumende in seinem Traum die Grube selbst aus, dann heißt dies, daß er sich selbst in diese unangenehme Lage bringt. Wird die Arbeit hingegen von anderen Traumfiguren verrichtet, zeigt dies, daß der Träumende sein Leben offenbar nicht wirklich im Griff hat und eine scheinbar unvermeidbare Katastrophe fürchtet.

Psychologisch: Wenn der Träumende in seinem Traum andere Menschen, vor allem Familienmitglieder, aus einer Fallgrube rettet, verweist dies darauf, daß er Informationen besitzt, die ihnen vielleicht bei der Lösung ihrer Probleme helfen könnten. Wenn der Träumende jemanden in eine Grube stößt, versucht er damit, einen Teil seiner Persönlichkeit zu unterdrücken. Hat die Grube keinen Boden, dann fehlen dem Träumenden die Mittel, um eine frühere Situation wiedergutzumachen.

Spirituell: Eine Grube stellt, ähnlich wie der Abgrund, das Nichts und möglicherweise den Tod dar. Der Träumende hat keine Wahl: Er muß weitermachen, auch wenn er vielleicht weiß, daß er scheitern wird. Diese Lebensphase verlangt sehr viel Mut.

GRÜN

→ Farben

GRUFT

Allgemein: Das Betreten einer Gruft sagt dem Träumenden, daß er in die dunkleren Tiefen seiner Persönlichkeit hinabsteigt. Anfängliche Ängstlichkeit weicht allmählichem Zutrauen. Sieht sich der Träumende in einer Gruft, heißt dies, daß er bereit ist, seinen Ängsten vor dem Tod und dem Sterben ins Auge zu sehen.

Psychologisch: Wenn sich der Träumende in einer Gruft gefangen sieht, dann wird er vielleicht von Ängsten vor Tod, Schmerz oder vor alten, überholten Lebenseinstellungen tyrannisiert. Leichen in einer Gruft versinnbildlichen

Persönlichkeitsanteile, die noch nicht ausgereift sind oder bereits ausgemerzt wurden. Erwacht eine dieser Leichen zum Leben, lenkt der Träumende seine Aufmerksamkeit auf einen Persönlichkeitsaspekt, den er wieder aufleben lassen möchte.

Spirituell: Auf der spirituellen Ebene fühlt sich der Träumende möglicherweise in eine Welt hineinversetzt, die urplötzlich dunkel und unheimlich ist. Ihre Dunkelheit steht für die Sehnsucht des Träumenden nach Licht. Obwohl er sich fürchtet, zieht ihn diese Welt doch auch an.

GRUSSKARTE

Allgemein: Handelt ein Traum davon, daß der Träumende eine Grußkarte erhält, dann ist dies ein Hinweis darauf, daß er mit dem Absender eine bestimmte Art von Gespräch führen muß. Vielleicht geht es darum, das eigene Glück oder eine glückliche Schicksalsfügung mit ihm zu feiern.

Psychologisch: Es kann sein, daß das Unterbewußtsein des Träumenden Besorgnis über die eigenen Angelegenheiten oder über die anderer Menschen auslöst.

Spirituell: Auf dieser Ebene ist die Grußkarte im Traum ein Mittel der visuellen Kommunikation und repräsentiert als solches die Fähigkeit, eine Botschaft spirituell zu übermitteln.

GÜRTEL

Allgemein: Im Traum einer Frau kann ein Gürtel das eingeengte Empfinden ihrer eigenen Weiblichkeit darstellen. Im Traum eines Mannes ist der Gürtel, wie auch der Gurt, ein Machtsymbol.

Psychologisch: Ein Gürtel kann als Hinweis auf die Unvermeidlichkeit von Leben und Tod gedeutet werden.

Spirituell: Auf der spirituellen Ebene symbolisiert der Gürtel im Traum Weisheit, Stärke und Macht. Der Träumende sollte dies besonders aufmerksam zur Kenntnis nehmen, denn er macht auf der spirituellen Ebene Fortschritte in die richtige Richtung.

GÜRTELSCHLIESSE

Allgemein: Eine verzierte Gürtelschnalle symbolisiert hohe Ämter oder Prestige. Darüber hinaus steht sie für Ehre und weist hin auf Loyalität oder Mitgliedschaft in einer Vereinigung.

Psychologisch: Wenn der Träumende in seinem Traum eine Gürtelschnalle schließt, zeigt dies, daß er Verantwortung für sein Handeln übernimmt.

Spirituell: Auf der spirituellen Ebene kann eine Gürtelschließe im Traum ein schützendes Element gegen die Kräfte des Bösen darstellen oder dem Träumenden helfen, Belastungen durchzustehen und sich nicht beschädigen zu lassen, wenn er unter Druck steht.

GUILLOTINE

Allgemein: Eine Guillotine im Traum verweist auf etwas Irrationales in der Persönlichkeit des Träumenden. Vielleicht hat er Angst, die Selbstbeherrschung oder Teile seiner Persönlichkeit zu verlieren. Möglicherweise ist er sich einer Verletzung seiner Persönlichkeit oder Würde bewußt.

Psychologisch: Der Träumende erkennt in sich das Potential, den Kontakt zu einem geliebten Menschen oder zum eigenen Liebesvermögen zu verlieren.

Spirituell: Auf der spirituellen Ebene hat die Guillotine die Funktion, etwas abzutrennen. Möglicherweise fühlt sich der Träumende von seinen Idealen oder spirituellen Sehnsüchten abgeschnitten.

GURT

Allgemein: Wenn im Traum ein Gurt die Aufmerksamkeit des Träumenden auf sich zieht, dann fühlt er sich möglicherweise durch alte Einstellungen, Pflichten und so fort gefesselt. Ein besonders gestalteter Gürtel (wie etwa ein Uniform- oder Judogürtel) ist ein Symbol von Macht oder Dienstgrad.

Psychologisch: In geistiger Beziehung ist der Träumende vielleicht »engstirnig«, weil er sich noch immer auf veraltete Werte und Vorstellungen stützt.

Spirituell: Ein Gurt kann Macht symbolisieren, die der Träumende entweder bereits hat oder noch erlangen wird.

GURU

Allgemein: Ein Guru im Traum stellt die Weisheit des Unbewußten dar. Wenn diese Weisheit für den Träumenden zugänglich wird, bringt er sie häufig durch die Figur des alten Weisen auf die Ebene bewußten Wissens (siehe »Einführung in die Traumarbeit«).

Psychologisch: Der Träumende sehnt sich nach einer Vaterfigur oder einer Autoritätsperson, die er im Traum als Guru darstellt. Wenn er nach einer bestimmten Art von Wissen sucht, dann benötigt der Mensch eine Projektionsfläche, welche dieses Wissen verkörpern kann. In östlichen Religionen ist dies der Guru, der eine ähnliche Funktion hat wie der Priester in westlichen Religionen.

Spirituell: Für viele Menschen ist Gott zu weit entfernt, als daß sie eine persönliche Beziehung zu ihm haben könnten. Daher wird ein Guru zur Verkörperung der Weisheit, die dem Menschen durch dessen hohen Entwicklungsstand zugänglich ist. Der Guru im Traum hilft dem Träumenden, seine ihm angeborene Weisheit für sich zu erobern.

GUTSCHEIN

auch → Schuldschein

Allgemein: Ein Gutschein, Schuldschein oder Rabattgutschein erfüllt als Traumsymbol die Rolle eines Platzhalters: Er steht für eine andere Sache, als auf den ersten Blick zu erkennen ist.

Psychologisch: Ein Gutschein im Traum eröffnet dem Träumenden zusätzliche Möglichkeiten. Da er gewöhnlich zwischen zwei Menschen ausgetauscht wird, kann er auf die Hilfe verweisen, die ein anderer dem Träumenden zuteil werden läßt.

Spirituell: Auf der spirituellen Ebene ist der Gutschein im Traum eine Einladung ins Unbewußte.

H

HAARE

→ Körper

HÄLFTE

Allgemein: Es kann vorkommen, daß man in Träumen ein Bild nur zur Hälfte sieht oder daß eine Handlung nur zur Hälfte abläuft. Damit erhalten Träume eine sonderbare Qualität. Normalerweise verweist dies auf eine Unvollständigkeit im Träumenden, auf eine Art Zwischenstadium. Solche »halben« Träume fordern ihn dazu auf, Entscheidungen über das weitere Voranschreiten zu treffen.

Psychologisch: Wenn der Träumende in seinem Traum nur halb soviel hat, wie er seiner Ansicht nach haben sollte, dann ist dies als Hinweis zu deuten, daß er sich selbst abwertet. Er gestattet sich selbst nicht, das zu besitzen, was er braucht. Ein zur Hälfte bestiegener Berg und ein halb zurückgelegter Weg lassen Entschlußlosigkeit und mangelnde Motivation vermuten.

Spirituell: Träume, in denen eine Sache nur zur Hälfte vorhanden ist, bieten auf spiritueller Ebene einen wichtigen Lerninhalt: Etwas kann zur Hälfte voll *oder* zur Hälfte leer sein, es kommt nur darauf an, wie man es sieht.

HÄNSELEI

Allgemein: Wenn der Träumende in seinem Traum von einer anderen

Traumfigur gehänselt wird, ist die Ursache hierfür vielleicht sein unangemessenes Verhalten. Ist er derjenige, der eine andere Person hänselt, dann hebt dies vielleicht seine eigene Widersprüchlichkeit hervor.

Psychologisch: Hänseln kann eine Form der Schikane sein. Der Träumende muß sich mit seinem Bedürfnis auseinandersetzen, Macht über andere Menschen zu erlangen. Hänseleien entstehen häufig aus einer Unsicherheit heraus und haben ihre Ursache meist in den Ängsten und Zweifeln des Träumenden. Sie sind eine einfache Methode, um eigene Schwierigkeiten auf andere Menschen zu projizieren.

Spirituell: Auf dieser Ebene bedeutet Hänselei im Traum, daß dem Träumenden im Rahmen seiner spirituellen Entwicklung die Charakterfehler anderer Menschen bewußt werden. Wenn der Träumende in seinem Traum andere hänselt oder selbst gehänselt wird, macht ihn dies auf einen Zustand seines Ichs aufmerksam, der seiner weiteren Entwicklung im Wege steht.

HAGEL

Allgemein: Hagel als das gefrorene Wasser, das er ist, symbolisiert zu Eis erstarrte Gefühle (→ Eis). Erfrorene Gefühle stellen eine Gefahr dar und können Verletzungen bewirken.

Psychologisch: Hagel spielt im Zyklus der Natur eine bestimmte Rolle. Der Träumende sollte bedenken, daß es in bestimmten Augenblicken eine angemessene Reaktion sein kann, die eigenen Gefühle zu betäuben. Um einen Dauerzustand darf es sich dabei jedoch nicht handeln.

Spirituell: Gefühle der Spiritualität müssen unter Kontrolle gehalten werden. Im Traum kann diese Notwendigkeit durch Hagel dargestellt werden.

HAHN

auch → Vögel

Allgemein: Der Hahn ist Symbol für den neuen heranbrechenden Tag, aber auch für Aufmerksamkeit und Wachsamkeit. Wenn ein Hahn im Traum eine Rolle spielt, sagt er einen Neubeginn voraus oder ermahnt den Träumenden, bei seinen täglichen Beschäftigungen aufmerksam bei der Sache zu sein.

Psychologisch: Der Hahn im Traum kann auch eine Aufforderung an den Kampfgeist des Träumenden sein. Vielleicht sollte er bei dem, was er tut, offener und mutiger sein.

Spirituell: Auf der spirituellen Ebene steht der Hahn im Traum für das männliche Prinzip und die Morgendämmerung.

HAI

Allgemein: Handelt ein Traum von einem Hai, dann kann dies ein

Hinweis darauf sein, daß der Träumende unfair angegriffen wird und daß jemand versucht, sich etwas zu nehmen, was rechtmäßig dem Träumenden gehört. Befindet sich der Träumende in einem Meer mit Haien, sieht er sich in einer Situation, in der er keinem traut. Wird er von einem Hai verfolgt, kann dies darauf hinweisen, daß der Träumende sich in Gefahr gebracht und die Situation dadurch geschaffen hat, daß er in den Hoheitsbereich eines anderen eingedrungen ist.

Psychologisch: Da ein Hai ein Meereslebewesen ist, steht er für Probleme im emotionalen Bereich. Offenbar kann die emotionale Belastbarkeit des Menschen durch skrupelloses Verhalten verschlissen werden.

Spirituell: Der Hai wird mit dem kollektiven Unbewußten in Verbindung gebracht und ist ein Symbol für die Angst vor dem Tod. Der Träumende ist nicht dazu in der Lage, sich diesen Ängsten ohne Hilfe zu stellen.

HAKEN

Allgemein: Handelt ein Traum von einem Haken, so bedeutet dies, daß der Träumende dazu in der Lage ist, sowohl gute als auch schlechte Dinge anzuziehen. Darüber hinaus kann der Haken die Abhängigkeit von einem anderen Menschen symbolisieren.

Psychologisch: In Träumen von Kindern kann ein Haken auf die Macht verweisen, die ein Elternteil oder eine Autoritätsperson über sie hat. Diese Symbolik kann sich bis in das Erwachsenenalter hinein fortsetzen und dann darstellen, auf welche Art andere Menschen Gewalt über das Leben des Träumenden ausüben.

Spirituell: Auf der spirituellen Ebene ist der Haken im Traum eine Warnung, nicht in Abhängigkeit von religiösen Glaubensvorstellungen und Praktiken zu geraten.

HAKENKREUZ

→ Geometrische Figuren

HALBMOND

→ Geometrische Figuren

HALFTER

Allgemein: Mit einem Halfter werden normalerweise die Bewegungen des Kopfes reguliert, daher legt das Traumbild nahe, daß der Träumende die Beherrschung durch den Verstand höher bewertet als den freien Fluß kreativer Energie. Er gesteht sich nicht die Freiheit zu, das Beste aus seinen Fähigkeiten zu machen. Das Halfter im Traum symbolisiert also dem Träumenden auferlegte Beschränkungen, die manchmal auch durchaus akzeptable Einschränkungen sein können.

Psychologisch: Wenn der Träumende in neue Bereiche des Wachstums vordringt, ist es mitunter erforderlich, daß ihm der richtige Weg gezeigt wird. Das Halfter ist in diesem Zusammenhang das Symbol für die Hinführung zu neuer Kreativität. Der Träumende wird beim Kopf gepackt, und ihm wird gezeigt, was zu sehen für ihn erforderlich ist.

Spirituell: Auf dieser Ebene muß der Träumende sich Klarheit darüber verschaffen, ob ihm in spiritueller Hinsicht ein Halfter angelegt und er vor einen fremden Wagen gespannt wurde.

HALLE

→ Gebäude

HALLUZINATIONEN

Allgemein: Traumszenen können so schnell wie ein Wimpernschlag wechseln. Gesichter verändern sich scheinbar grundlos und ohne Vorwarnung. Während man im Traum noch einen Gegenstand betrachtet, muß man im nächsten Augenblick feststellen, daß er plötzlich durch einen anderen ersetzt wurde. In der Traumwirklichkeit ist all dies akzeptabel und normal. Erst im Wachzustand und im Rückblick auf den Traum erscheint er unwirklich und seltsam. Im Traum können Gegenstände Eigenschaften annehmen, die zu anderen Gegenständen gehören. In Träumen geschieht das Unerwartete, was im normalen Leben völlig undenkbar und unlogisch ist. Im Traum vollzieht der Träumende Handlungen, die ihm im Wachzustand niemals in den Sinn kämen. Befreit von der Logik, die das normale Alltagsleben leitet, bildet der Träumende eine völlig andere Bewußtheit bezüglich seiner Fähigkeiten, Möglichkeiten und Denkmuster, ja sogar bezüglich seiner Vergangenheit heraus.

Psychologisch: Halluzinationen im Traum befreien den Geist, damit er nach eigenem Ermessen »herumstreunen« kann und verborgene Erinnerungen, Bilder und Gedanken auf eine Weise an die Oberfläche bringt, die es dem Träumenden gestatten, mit ihnen auf eine Weise zu arbeiten, die im Alltag nicht möglich ist. Anders als der Alltag, der schöpferische Handlungen in eine bereits vorhandene Realität stellt, erschafft ein solcher Traum eine Realität eigens für eine Handlung, und sei sie auch noch so irreal. In diesem Sinne würde demnach beispielsweise ein mißbrauchtes Kind den eigentlichen Mißbrauch im Traum unverändert stehen lassen, aber die Realität, also beteiligte Personen, bestimmte Örtlichkeiten sowie die emotionale Bewertung der Ereignisse, durch eine andere ersetzen.

Spirituell: Auf der spirituellen Ebene ist eine im Traum erlebte Halluzination eine direkte Botschaft aus dem Unbewußten.

HALSKETTE

auch → Schmuck

Allgemein: Die Halskette ist ein Symbol der Zugehörigkeit entweder zu der Person, die sie dem Träumenden geschenkt hat, oder zu einer Institution. Darüber hinaus verweist sie auf einen besonderen Gefühlsreichtum.

Psychologisch: Halsketten deuten wie Amtsketten auf die dem Träger verliehene Würde und auf seine Ehre hin.

Spirituell: Auf der spirituellen Ebene kann die Halskette im Traum ein Symbol der Macht, aber auch der Unterwerfung unter ein bestimmtes Glaubenssystem sein.

HAMMER

Allgemein: Der Traum von einem Hammer oder von anderen stumpfen Werkzeugen verdeutlicht die aggressive, männliche Seite des Wesens. Möglicherweise hat aber der Träumende auch das Gefühl, daß ein Teil seiner Persönlichkeit zerstört oder herausgebrochen werden muß, damit er richtig funktionieren kann.

Psychologisch: Der Hammer im Traum kann auch die Endgültigkeit darstellen, mit der eine Entscheidung getroffen oder ein Richterspruch gefällt wurde.

Spirituell: Auf der spirituellen Ebene ist der Hammer im Traum ein doppeldeutiges Symbol: Er stellt sowohl Gerechtigkeit als auch Rache dar.

HAND

→ Körper

HANDLUNG

Allgemein: Die Handlung eines Traums informiert den Träumenden über verborgene Hintergründe und Motive.

Psychologisch: Der Träumende sollte sich dessen bewußt sein, daß die Traumhandlung in das wirkliche Leben übersetzt werden muß, damit er mit seiner Entwicklung vorankommt.

Spirituell: Eine Handlung im Traum kann auf die spirituellen Fähigkeiten des Träumers hinweisen.

HANDSCHELLEN

Allgemein: Wenn sich der Träumende in seinem Traum in Handschellen erlebt, weist dies auf eine körperliche oder geistige Einschränkung hin, die vielleicht mit einer Autoritätsperson in Verbindung steht (→ Autoritätspersonen unter Menschen).

Psychologisch: Legt der Träumende selbst in seinem Traum einem anderen Menschen Handschellen an, versucht er diesen gewaltsam an sich zu binden. Seine besitzergreifende Art wird ihm auf Dauer schaden.

Spirituell: Auf der spirituellen Ebene verweisen Handschellen im Traum darauf, daß der Träumende durch seine eigenen Zweifel und Ängste in seiner Bewegungsfreiheit behindert ist.

HANDSCHUHE

auch → Kleidung

Allgemein: Früher spielten Handschuhe in der Gesellschaft eine größere Rolle als heute. Sie waren ein wichtiger Bestandteil der Etikette und symbolisierten Ehre, Reinheit und die Verbindlichkeit von Treu und Glauben. Heute stellen Handschuhe im Traum die Mittel dar, mit denen der Träumende seine Begabungen vor anderen Menschen versteckt. Werden die Handschuhe ausgezogen, zeigt dies Respekt und ist ein Akt der Aufrichtigkeit. Boxhandschuhe im Traum deuten an, daß der Träumende in einer aggressiven Situation um jeden Preis die Oberhand behalten will.

Psychologisch: Handschuhe repräsentieren die Fähigkeit des Träumenden, andere Menschen in ihrem Glaubenssystem herauszufordern, indem er vor ihnen seine eigene Bewußtheit und seinen Entwicklungsstand verbirgt.

Spirituell: Da die Hände auf der spirituellen Ebene ein Symbol für die Kreativität sind, können Handschuhe den Wunsch zeigen, sie zu schützen. Vielleicht stellen sie aber auch eine Situation, einen Gegenstand oder eine Person dar, die den vollständigen Ausdruck der Kreativität behindert.

HAREM

Allgemein: Wenn ein Mann träumt, daß er sich in einem Harem befindet, dann zeigt dies, daß er damit kämpft, die Vielschichtigkeit der weiblichen Natur zu begreifen. Träumt eine Frau von einem Harem, dann signalisiert dies, daß sie über ihre Extravaganz und Sinnlichkeit Bescheid weiß. Auf einer anderen Ebene drückt der Traum ihr Bedürfnis aus, zu einer Frauengruppe zu gehören.

Psychologisch: Jede Gruppe von Frauen symbolisiert im Traum Weiblichkeit. In diesem Fall handelt es sich um eine sehr sinnliche und körperbezogene Variante des weiblichen Prinzips. Möglicherweise steht der Träumende aber auch in Beziehung zu einer bestimmten Frau in dem Harem.

Spirituell: Auf der spirituellen Ebene symbolisiert der Harem im Traum die spielerische Natur der Großen Mutter.

HARFE

Allgemein: Eine Harfe im Traum verweist auf die richtige Schwingung, welche der Träumende braucht, um in seinem Leben Harmonie zu schaffen.

Psychologisch: Harfenklänge können sehr betörend sein. Hört der Träumende in seinem Traum eine sich fortwährend wiederholende Melodie, dann könnte es sein, daß er zu etwas überredet werden soll, was eigentlich nicht seinem Willen entspricht.

Spirituell: Auf der spirituellen Ebene ist die Harfe im Traum das Symbol der Leiter, welche in die kommende Welt führt.

HASE

→ Tiere

HAUPTSTADT

auch → Orte

Allgemein: Wenn man von der Hauptstadt eines Landes träumt, bedeutet dies, daß man sich mit seiner Einstellung zu den Problemen dieses Landes oder mit seiner Beziehung zu dieser Stadt beschäftigen muß. Der Träumende sollte sich außerdem darüber Klarheit verschaffen, wie er mit größeren Gruppen umgeht, besonders mit solchen, deren Sitten und Bräuche ihm nicht vertraut sind.

Psychologisch: Da die Hauptstadt eines Landes ihre wichtigste Stadt ist, könnte der Traum vom Träumenden verlangen, sich den wichtigen Angelegenheiten in seinem Leben stärker zuzuwenden.

Spirituell: Auf spiritueller Ebene stellt die Hauptstadt die positiven Ergebnisse vergangener Unternehmungen dar.

HAUS

auch → Gebäude

Allgemein: Fast immer verweist ein Haus im Traum auf die Seele, auf die Art und Weise, wie der Träumende sein Leben »baut«, und auf seine innere Befindlichkeit. Die verschiedenen Räume und Bereiche innerhalb eines Hauses stehen dabei für die Persönlichkeitsanteile und für die Erfahrungen des Träumenden.

Psychologisch: Das *Badezimmer* im Haus spiegelt die Einstellung des Träumenden zu persönlicher Sauberkeit und seine intimsten Gedanken und Beschäftigungen. Die *Bibliothek* symbolisiert den Geist und die Art, wie der Träumende Informationen aufnimmt und speichert. Der *Dachboden* steht für Erfahrungen der Vergangenheit und für alte Erinnerungen. Er kann auch familiäre Verhaltensmuster und Einstellungen illustrieren, die an den Träumenden weitergegeben wurden. Die *Diele* oder der *Flur* des Hauses versinnbildlichen, wie der Träumende anderen Menschen begegnet und wie er sich auf sie bezieht. Der *Keller* beziehungsweise das *Souterrain* eines Hauses stellt in der Regel das Unterbewußte dar und all jene Erfahrungen, die der Träumende, weil er nicht angemessen mit ihnen umgehen konnte, verdrängt hat. Außerdem werden diese Räumlichkeiten mit der Lebensenergie des Träumenden in Verbindung gebracht und mit der Sexualität. Das Schlafzimmer repräsentiert den Ort der Sicherheit, an dem sich der Träumende entspannen und so sinnlich sein darf, wie er will. Als Medium für den Übergang von einem Zustand in einen anderen oder als Kanal der Hitze zeigt der *Schornstein* im Traum, wie der Träumende mit seinen Gefühlen und mit seiner inneren Wärme umgeht.

Spirituell: Auf der spirituellen Ebene ist das Haus im Traum ein Symbol für Sicherheit und versinnbildlicht daher Schutz und die Große Mutter.

HAUSTIER

auch → Tiere

Allgemein: Im Wachzustand bemerkt man mitunter nicht, daß einem Liebe und Zuneigung fehlt. Ein Haustier im Traum kann das natürliche Bedürfnis, Liebe zu geben und zu empfangen, bildlich darstellen.

Psychologisch: Unterschwellig ist dem Träumenden vielleicht bewußt, daß ein anderer Mensch Macht über sein Leben ausübt. Der Träumende kann nur das tun, was von ihm erwartet wird. Besitzt er im Traum ein Haustier, dann muß er möglicherweise herausfinden, wie und ob er sich trotzdem um jemanden kümmern kann, der noch verletzbarer ist als er selbst.

Spirituell: Haustiere vermögen bedingungslose Liebe zu schenken. Sie sind sensibel und spüren daher sofort den emotionalen Zustand oder den Schmerz ihres Herrn.

HAUT

→ Körper

HEFE

Allgemein: Hefe ist eine Substanz, die Speisen »zum Gehen« bringt und ihnen eine besondere Geschmacksnote verleiht. Als Traumsymbol steht Hefe für Ideen oder Einflüsse, die das Leben des Träumenden oder eine bestimmte Situation unwiderruflich und oft zum Besseren verändern können.

Psychologisch: Hefe bewirkt Gärung, daher ist sie ein Symbol für Wachstum und bedingungslose Liebe.

Spirituell: Auf der spirituellen Ebene versinnbildlicht Hefe im Traum stetes Wachstum, welches den Träumenden dahin führt, Liebe in all ihrer Schönheit zu leben und zu erleben.

HEILIGE KOMMUNION

→ Religiöse Bilder

HELD

→ Archetypen, → Menschen

HELLIGKEIT

Allgemein: Die Helligkeit, die der Träumende in seinem Traum sieht, bedeutet, daß ein Teil seines Lebens der Erleuchtung bedarf, oft durch eine äußere Quelle.

Psychologisch: Der Träumende besitzt eine ausgezeichnete Auffassungsgabe und versteht diese zu seinem Vorteil einzusetzen.

Spirituell: Auf dieser Ebene symbolisiert Helligkeit die Hinwendung des Träumenden zu spiritueller Erleuchtung.

HELM

Allgemein: Wird der Helm im Traum von einem anderen Menschen getragen, kann dies dieselbe Bedeutung haben wie eine Maske (→ Maske): Die Traumfigur schützt sich durch den Helm vor den Blicken der anderen. Trägt der Träumende selbst den Helm, dann ist er ein Symbol des Schutzes und der Erhaltung.

Psychologisch: In alten Zeiten war der Helm ein Attribut des Kriegers oder des Helden. Aber auch heute noch ist er als Motorrad- oder Bauarbeiterhelm ein Symbol des Männlichen.

Spirituell: Auf dieser Ebene bedeutet der Helm im Traum den Schutz durch das spirituelle Selbst.

HENKELKREUZ

Allgemein: Die Symbolik ist der des Kreuzes ähnlich; sie stellt den Glauben des Träumenden und seine Vorstellung vom Universum dar.

Psychologisch: Das Henkelkreuz oder der Lebensschlüssel, wie es auch manchmal genannt wird, steht für allumfassende Macht und den Schutz, den ein Mensch trotz aller Widrigkeiten und Kümmernisse des materiellen Lebens erfahren kann. Es ist die Verbindung des Menschlichen mit dem Göttlichen.

Spirituell: Auf dieser Ebene symbolisiert das Henkelkreuz im Traum den Schlüssel zur Erkenntnis.

HERANWACHSENDE

→ Menschen

HERBST

auch → Jahreszeiten

Allgemein: Der Herbst im Traum macht dem Träumenden bewußt, daß etwas zu Ende geht. Er erkennt, daß er viel Gutes in eine Situation eingebracht hat und dies weiter tun kann, daß jedoch das Ende trotz allen Einsatzes nicht mehr aufzuhalten ist.

Psychologisch: Das Traumsymbol Herbst fordert den Träumenden dazu auf, über die in seinem Leben auftretenden Zyklen nachzudenken und die Dinge loszulassen, die er nicht mehr zu Ende führen kann.

Spirituell: Wenn der Herbst im Traum erscheint, dann ist auf der spirituellen Ebene der Lebensabend gemeint.

HERD

Allgemein: Im Traum von einem Herd oder einer Feuerstelle erkennt der Träumende sein Bedürfnis nach Sicherheit. Hierbei kann es sich entweder um die Gewißheit handeln, daß sein Zuhause, der Ort seines Daseins, sicher ist, oder aber um ein Erkennen einer inneren Sicherheit, die vor allem dem weiblichen Selbst Ausdruck verleiht, die Wärme und Stabilität spendet.

Psychologisch: Da der Herd eng mit dem Feuer verbunden ist, kann der Herd im Traum auch auf eine kontrollierte Leidenschaftlichkeit verweisen, die in den Dienst des Alltags gestellt ist.

Spirituell: Auf der spirituellen Ebene kann der Herd im Traum die Anima symbolisieren.

HERDE

Allgemein: Wenn ein Traum von einer Herde, etwa von einer Schaf- oder Rinderherde, handelt, dann drückt der Träumende hierdurch sein Bedürfnis nach Gruppenzugehörigkeit aus. Er möchte Ziele und Lebensweisen mit anderen Menschen gemeinsam haben.

Psychologisch: Fühlt sich der Träumende in seinem Traum einer Gruppe zugehörig, so bedeutet dies, daß sein individuelles Verhalten sich von anderen unterscheidet.

Spirituell: Auf dieser Ebene kann eine Herde im Traum Symbol für die spirituellen Glaubensvorstellungen des Träumenden sein. Das Vertrauen auf die eigene Orientierung ist der richtige Weg.

HERMAPHRODIT

auch → Sexualität

Allgemein: Wenn sich der Träumende in seinem Traum als Hermaphrodit sieht, ist er sich vielleicht seines eigenen Geschlechts nicht ganz sicher, oder aber er fühlt sich unwohl mit der Rolle, die seinem Geschlecht zugeschrieben wird. Ein Mensch, der mehr über sich selbst zu erfahren sucht, bemüht sich, ein Gleichgewicht zwischen der logischen und der sensiblen Seite seines Wesens herzustellen. Dies kann im Traum durch das Traumbild Hermaphrodit zum Ausdruck gebracht werden.

Psychologisch: Wenn ein Kind heranwächst, versteht es allmählich, daß manches Verhalten angemessen und akzeptabel ist und anderes nicht. Dies kann dazu führen, daß andere natürliche Reaktionen unterdrückt werden und erst im Verlauf des späteren Lebens an die Oberfläche zurückkehren. Dies kann den Träumenden verwirren und durch den Traum als Hermaphrodit bildlich dargestellt werden.

Spirituell: Auf der spirituellen Ebene steht der Hermaphrodit im Traum für das vollkommene Gleichgewicht.

HERUMGEHEN

Allgemein: Wenn der Träumende in seinem Traum um ein bestimmtes Gebäude oder um einen bestimmten Punkt herumgeht, so erschafft er sich ein eigenes »Universum«. Durch dieses Traumsymbol wird ein Ort »markiert«, und zugleich wird ihm eine bestimmte Bedeutung zuerkannt.

Psychologisch: Jeder Mensch braucht einen Platz, der nur ihm allein gehört, und wenn der Träumende in seinem Traum diesen Platz umkreist, dann bedeutet dies, daß er Verantwortung für sich und sein Handeln übernimmt.

Spirituell: Auf der spirituellen Ebene bedeutet das Herumgehen um etwas, daß der Träumende seinen Mittelpunkt gefunden hat und aus ihm heraus handelt.

HERUMTREIBER

auch → Archetypen

Allgemein: Handelt ein Traum von einem Herumtreiber, von einem heruntergekommenen, alten Landstreicher, dann führt dies den Träumenden zurück zu einem Teil seines Selbst, der im Alltag nicht voll in Erscheinung tritt. Es handelt sich um den »Aussteiger« oder Zigeuner im Träumenden. Sein Auftreten im Traum macht dem Träumenden bewußt, daß er gerne verantwortungsloser handeln würde.

Psychologisch: Ein Herumtreiber personifiziert den Vagabunden, den Freiheitsliebenden. Im Traum erscheint er hauptsächlich in Phasen, in denen sich der Träumende nach mehr Freiheit sehnt. Der Herumtreiber kann die Gestalt des Narren oder des Trottels annehmen. In jedem Menschen steckt ein wenig Anarchie. Der Herumtreiber verkörpert diese Seite des Menschen.

Spirituell: Obwohl dieses Bild ursprünglich das Negative beinhaltet, kann es ebensoviel Positives bewirken, wenn der Träumende auf den richtigen Umgang damit vorbereitet ist. Der Herumtreiber ist stets aus dem richtigem Grund zur rechten Zeit am rechten Ort.

HERZ

→ Körper

HEU

Allgemein: In früheren Zeiten wurde Heu mit Sommer, gemeinschaftlichem Arbeiten, der Ernte und mit Vergnügen assoziiert. Heute steht der Heuschnupfen in der Assoziationskette an erster Stelle. Wenn ein Traum von Heu handelt, sollte der Träumende sich mit dem praktischen Teil seiner Persönlichkeit beschäftigen. Vielleicht hat er die Fähigkeit, anderen Menschen Schutz und Fürsorge zu geben.

Psychologisch: Glückliche Erinnerungen und gute Gefühle werden in Träumen häufig durch stereotype romantische Szenarios dargestellt, in denen solche Emotionen wiederholt werden.

Spirituell: Auf dieser Ebene wird Heu, wie auch Sommer und die mit ihm verbundenen Gefühle von Wärme und Glück, mit spirituellem Fortschritt verbunden.

HEUSCHRECKE

Allgemein: Eine Heuschrecke im Traum ist in der Regel ein Symbol für Freiheit und Launenhaftigkeit. Andererseits ist die Vorstellung von einer Heuschreckenplage so stark im westlichen Denken verankert, daß sie im Traum die Vergeltung für irgendein Vergehen darstellen kann.

Psychologisch: Die Heuschrecke wird mit einer flatterhaften Geisteshaltung, Zerstreutheit und mit wenig durchdachten Äußerungen in Verbindung gebracht (Grillen im Kopf) und symbolisiert daher die Unfähigkeit, sich für irgend etwas zu entscheiden.

Spirituell: In der chinesischen Philosophie wird die Heuschrecke mit der Erleuchtung in Verbindung gebracht. Daher verkörpert sie im Traum eine Form spiritueller Freiheit. Sie kann jedoch auch für göttliche Vergeltung und den Mißbrauch von Ressourcen stehen.

HEXAGRAMM

→ Geometrische Figuren

HEXE

→ Archetypen

HIMMEL

auch → Religiöse Bilder

Allgemein: Im Traum kann der Himmel den Geist repräsentieren, aber auch ein Symbol für menschliches Potential sein. Am Himmel zu schweben oder zu fliegen, stellt den Versuch dar, dem Weltlichen auszuweichen, oder den Wunsch, andere Dimensionen zu erkunden. Ist der Himmel dunkel, spiegelt er vielleicht die bedrückte Stimmung des Träumenden wider, ist er hell, repräsentiert er seine Freude.

Psychologisch: Der Himmel symbolisiert das Unerreichbare. Wie sehr der Träumende sich auch bemüht, wirklich zu fassen wird der Himmel für ihn nie sein.

Spirituell: Auf der spirituellen Ebene ist der Himmel im Traum ein Symbol für Unendlichkeit und Ordnung.

HIMMELFAHRT

Allgemein: Die Himmelfahrt ist ein Durchbruch zu einer neuen spirituellen Stufe, die den Status des Menschlichen transzendiert. Sie stellt eine Bewußtheit auf einer neuen Konzentrationsebene dar, die einen anderen Blick auf das Menschliche freigibt.

Psychologisch: Die Himmelfahrt im Traum steht für einen veränderten Bewußtseinszustand, der als Folge von Meditation und spirituellen Praktiken eintritt. Im Traum wird er wertneutral als real betrachtet und häufig von symbolhaften Bildern des Paradieses begleitet.

Spirituell: Auf der spirituellen Ebene ist die Himmelfahrt im Traum eine Warnung vor einem bald schon folgenden Abstieg in die Unterwelt.

HIMMELSKÖRPER

Allgemein: Wenn ein Traum von Himmelskörpern handelt, bedeutet dies, daß der Träumende mit sehr subtilen Energien in Berührung kommt, die ihn umgeben und auf sein Leben einwirken – auch dann, wenn dem Träumenden dies nicht bewußt ist.

Psychologisch: Folgende Deutungen der wichtigsten Himmelskörper wären möglich:

Jupiter: Mit ihm werden Wachstum und Ausdehnung sowie Freiheit von Begrenzungen in Verbindung gebracht.

Mars: Dieser Planet verweist auf Aktivität und Krieg, aber auch auf konstruktiven Tatendrang.

Merkur: Dieser Planet steht für Kommunikation, Intuition und mentale Kraft.

Mond: Er stellt die Gefühle des Träumenden und die Verbindungen zu seiner Mutter dar.

Neptun: Er arbeitet mit Intuition, aber auch mit Inspiration.

Pluto: Er reguliert das Unbewußte und die Transformation.

Saturn: Er besitzt hemmenden Einfluß auf den Träumenden und regiert die Vergangenheit.

Sonne: Die Sonne symbolisiert das Selbst und die Energie des Träumenden.

Uranus: Dieser Planet steuert plötzliche Veränderungen.

Spirituell: Auf der spirituellen Ebene weisen Himmelskörper und besonders Planeten im Traum darauf hin, daß der Träumende sich diese planetarische Energie zunutze machen kann, wenn er lernt, mit ihr umzugehen.

HINDERNIS

auch → Reise

Allgemein: Hindernisse im Traum können viele Gestalten annehmen: Wall, Wand, Hügel, Berg, dunkler Wald und so fort. Meist ist dem Träumenden klar, daß er diese Hindernisse überwinden muß. Die Art, wie er die Situation im Traum bewältigt, kann ihm bei der Lösung von Alltagsproblemen dienlich sein.

Psychologisch: Unentschiedenheit und Selbstzweifel, die größten Hindernisse jeder Entwicklung, können im Traum mitunter in materialisierter Form zum Ausdruck kommen. Manchmal fällt es dem Menschen schwer, seinen Hemmungen und Ängsten zu begegnen, wenn sie nicht »greifbar« sind.

Spirituell: Auf dieser Ebene verlangen Hindernisse im Traum vom Träumenden, sie ernst zu nehmen und an ihnen seine Entschlossenheit für den spirituellen Weg zu überprüfen.

HINDEUTEN

(mit dem Finger auf jemand/etwas zeigen)

Allgemein: Wenn im Traum eine Traumfigur mit dem Finger auf etwas zeigt, bedeutet dies, daß der Träumende seine Aufmerksamkeit auf einen bestimmten Gegenstand, ein Gefühl oder auch auf einen bestimmten Ort gelenkt hat. Es gilt darauf zu achten, wer mit dem Finger zeigt (→ Menschen) und worauf hingedeutet wird. Hinter dieser Handlung kann sich Aggression oder eine Schuldzuweisung verbergen. Der Träumende fühlt sich vielleicht eines falschen Verhaltens beschuldigt. Ist dies der Fall, so muß er darüber nachdenken, ob dies berechtigt ist oder nicht.

Psychologisch: Eine mit dem Finger weisende Person im Traum kann dem Träumenden entweder eine für ihn wichtige Richtung angeben oder aber ihn von einer aktuellen Handlung ablenken, die er nicht zu Ende führen soll.

Spirituell: Auf der spirituellen Ebene ist der Fingerzeig eine Unterstützung für den Träumenden, der seinen Weg verloren hat.

HINRICHTUNG

Allgemein: Eine Hinrichtung ist ein gewalttätiger Akt gegen einen Menschen. Wohnt der Träumende in seinem Traum also einer Hinrichtung bei, so hat er Teil an dem Gewaltakt und muß vielleicht seine Handlungsweise überdenken. Ist der Träumende selbst der Hingerichtete, ist dies als Warnung vor einer bevorstehenden Katastrophe zu bewerten.

Psychologisch: Wenn man selbst oder ein anderer Mensch zum Tode verurteilt wird, so ist dies die höchstmögliche Strafe. Hinter einer solch starken Ablehnung des eigenen Selbst oder einer anderen Person stecken gewichtige Gründe, denen sich der Träumende zuwenden muß.

Spirituell: Auf dieser Ebene könnte Erhängen für spirituelle Unterdrückung stehen.

HINTEN

→ Positionen

HIRSCH

→ Tiere

HITZE

Allgemein: Angenehme Emotionen können im Traum in körperliche Gefühle übertragen werden. Wenn der Träumende in seinem Traum schwitzt, symbolisiert dies warme, vielleicht auch leidenschaftliche Gefühle. Wenn man sich im Traum dessen bewußt ist, daß die Umgebung heiß ist, verweist dies darauf, daß man sich geliebt und umsorgt fühlt.

Psychologisch: Gelegentlich kann eine starke Emotion als körperliches Gefühl gedeutet werden. So erlebt der Träumende etwa Zorn, Eifersucht oder ähnliche Emotionen als Hitze. Empfindet der Träumende etwas als heiß, was eigentlich kalt sein sollte (beispielsweise Eis), dann kann dies bedeuten, daß er Schwierigkeiten damit hat, seine Gefühle zu ordnen.

Spirituell: Spirituelle Leidenschaft ist ein sehr tiefes Gefühl; es kann im Traum als Hitze erlebt werden.

HOCHEBENE

Allgemein: In vielen Träumen spielt die Situation eine Rolle, in welcher der Träumende einen mühsamen Aufstieg hinter sich gebracht hat und schließlich eine Ebene erreicht, die reizvoll und mühelos zu überqueren ist. Dieses Traumbild weist manchmal auf eine Zeit des Friedens und der Ruhe hin, mitunter aber auch auf einen Stillstand, der durch Mangel an Energie verursacht wurde.

Psychologisch: Handelt es sich um eine karge und wenig attraktive Hochebene, benötigt der Träumende vielleicht noch weitere Anreize, um seinen Weg fortzusetzen. Ist sie ein sicherer, behaglicher Platz, so möchte er vielleicht nicht weitergehen und braucht Zeit, um sich zu erholen.

Spirituell: Auf der spirituellen Ebene bietet das Traumsymbol Hochebene eine Reihe von Wahlmöglichkeiten. Entweder der Träumende ruht sich in Untätigkeit auf seinen Lorbeeren aus, oder er nimmt sich die Zeit, um sein Vorankommen zu begutachten und um die Hochebene als ruhigen und friedvollen Ort zum Nachdenken zu nutzen.

HOCHZEIT

Allgemein: Eine Hochzeit im Traum verweist auf die Vereinigung zweier Persönlichkeitsteile des Träumenden, die miteinander verbunden werden müssen, damit ein besseres Ganzes entstehen kann. Eine »Hochzeit« zwischen Geist und Gefühl oder zwischen der praktischen und der intuitiven Seite könnten hierfür Beispiele sein. Im Traum an einer *Hochzeitsfeier* teilzunehmen, kann bedeuten, daß der Träumende von einer realen Beziehung weiß, die sich auf diesem Entwicklungsstand befindet. Trägt der Träumende in seinem Traum das *Hochzeitskleid,* zeigt dies, daß er sich darum bemüht, seine Gefühle und Hoffnungen im Hinblick auf Beziehungen zu ordnen. Trägt eine andere Traumfigur das Hochzeitskleid, dann läßt dies beim Träumenden auf Minderwertigkeitsgefühle schließen (»Immer nur Brautjungfer, nie die Braut«).

Psychologisch: Ein Traum über eine Hochzeit kann dem Träumenden Hinweise geben, welche Art von Partner er sucht. Wenn er im Traum beispielsweise einen Freund aus der Kindheit heiratet, so ist es naheliegend, daß er einen Menschen sucht, der dieselben Eigenschaften hat wie dieser Freund aus Kindertagen. Vielleicht wünscht sich der Träumende, einen berühmten Menschen zu heiraten; auch hier geht es um die Eigenschaften dieses Menschen und nicht um die Person selbst.

Spirituell: Auf der spirituellen Ebene ist die Hochzeit im Traum ein Hinweis auf die Notwendigkeit eines Integrationsprozesses. Zuerst müssen sich die männliche und die weibliche Seite der Persönlichkeit vereinigen und dann die materielle und die spirituelle Seite miteinander in Einklang kommen.

HÖHER

→ Positionen

HÖHLE

Allgemein: Wie die Katakomben, so weist auch die Höhle den Weg ins Unbewußte. Auch wenn sie zu Beginn furchterregend sein mag, ihre Erforschung kann den Träumenden zu einem starken Kontakt mit seinem inneren Selbst verhelfen.

Psychologisch: Durchschreitet der Träumende in seinem Traum die Höhle, so bedeutet dies eine Zustandsveränderung und ein tieferes Verständnis seiner negativen Impulse.

Spirituell: Auf dieser Ebene steht die Höhle im Traum für spirituellen Schutz, Initiation und Wiedergeburt.

HÖLLE

→ Religiöse Bilder

HÖRNER

auch → Geweih

Allgemein: Hörner, die in einem Traum eine Rolle spielen, verweisen auf das Tier im Menschen. Pan, der sowohl Sexualität als auch Lebenskraft symbolisiert, ist ein gehörnter Gott. Ein einzelnes Horn kann auch für den Penis und für Männlichkeit stehen. Darüber hinaus haben Hörner im Traum einen schützenden und zugleich einen aggressiven Aspekt. Ein Jagdhorn verweist auf eine Warnung oder sendet ein Signal der Aufforderung.

Spirituell: Hörner verweisen im Traum auf verdiente oder verliehene Überlegenheit. Lange Zeit glaubte man, daß die Kräfte von Tieren durch ihre Hörner auf den Menschen übertragen werden könnten. In vielen Mythologien symbolisierte das Tragen von Hörnern daher einen hohen Rang.

Spirituell: Weil Hörner am Kopf festgewachsen sind, stellen sie sowohl geistige als auch übernatürliche Macht dar. Auf der spirituellen Ebene stehen Hörner im Traum für Göttlichkeit und die Macht der Seele.

HOF

→ Gebäude

HOHL

Allgemein: Wenn sich der Träumende in seinem Traum hohl fühlt, verbindet ihn das mit einem Gefühl von Leere, Ziellosigkeit und Unfähigkeit, im Leben eine Richtung zu finden. Sieht sich der Träumende in seinem Traum als Höhle, so sehnt er sich nach Schutz vor den Ereignissen, die im Alltag um ihn herum geschehen.

Psychologisch: Vielleicht ist dem Träumenden im Traum bewußt, daß er innen hohl ist (»Ich hatte das Gefühl, meine Beine seien hohl«). Dieser Zustand ist mit dem der Leere (→ Leere) vergleichbar. Der Träumende befindet sich in einer Situation, in der nichts geschieht, in der er sich nicht unter Kontrolle hat und in der er den Raum, der ihm gegeben wurde, nicht richtig nutzen kann.

Spirituell: Auf dieser Ebene kann Hohlheit im Traum auf mangelnde Motivation verweisen, insbesondere in bezug auf die spirituelle Reise.

HOLZ

auch → Baum und Wald

Allgemein: Als Bauholz steht es für die Fähigkeit des Träumenden, die Vergangenheit richtig einzuschätzen und auf Vorherigem aufzubauen. Der Träumende ist dazu in der Lage, etwas von Dauer zu errichten. Holzspielzeug wirft als Traumbild ein Licht auf seine Beziehung zu seiner Natürlichkeit.

Psychologisch: Wenn das Verhalten des Träumenden starr oder hölzern wird, versucht ein solcher Traum, ihn darauf und auf die Notwendigkeit aufmerksam zu machen, seine Gefühle zu harmonisieren.

Spirituell: Auf der spirituellen Ebene wird Holz im Traum als Manifestation des Geistes begriffen. Ist das Holz im Traum noch unbearbeitet, und steht es mit der freien Natur in enger Verbindung, muß der Träumende eine gewisse Beherrschung seines Geistes üben.

HOLZHAMMER

Allgemein: Ein Holzhammer ist ein Symbol der Autorität und der männlichen Kraft. Wenn ein Holzhammer oder ein Hammer im Traum erscheint, verweist dies darauf, daß der Träumende möglicherweise übertriebene Kraft oder Macht zum Einsatz bringt, um bestimmte Ergebnisse zu erzielen.

Psychologisch: Der Holzhammer im Traum kann auch den Willen des Träumenden zum Ausdruck bringen. Er kann ein Hinweis darauf sein, daß der Träumende möglicherweise versucht, das Geschehen auf eine Weise zu beeinflussen, die für diese spezielle Situation nicht unbedingt angemessen ist.

Spirituell: Der Holzhammer im Traum verweist auf eine Form spiritueller Macht und Energie. Der Träumende muß sich jedoch wegen der symbolischen Eigenschaften des Holzhammers bewußt sein, wie er die mit ihm verbundene Macht und Energie lenkt.

HOMOSEXUALITÄT

auch → Sexualität

Allgemein: Wenn der Träumende in seinem Traum eine sexuelle Beziehung mit einem gleichgeschlechtlichen Partner hat, kann dies als Hinweis auf einen Konflikt oder auf die Besorgnis bezüglich des eigenen Geschlechts gedeutet werden. Vielleicht fühlt sich der Träumende auch deshalb zu einem gleichgeschlechtlichen Menschen hingezogen, weil er sich noch immer nach elterlicher Liebe sehnt. Möglicherweise geht es eher um Zärtlichkeit als um Sexualität.

Psychologisch: Sehr oft hebt aktive Homosexualität im Traum den Versuch des Träumenden hervor, mit den entgegengesetzten geschlechtlichen Aspekten ins reine zu kommen. Dies bedeutet, daß der Träumende sich um die Integration eines Teils seines Selbst bemüht. Aus der resultierenden Ganzheitlichkeit gelingen Beziehungen oft besser.

Spirituell: Das Ganzwerden auf einer tiefen inneren Ebene ist ein Zeichen spiritueller Reife.

HONIG

Allgemein: Honig symbolisiert Freude und Süße. Handelt ein Traum von Honig – insbesondere wenn der Träumende ihn ißt –, steht dies für die Erkenntnis, daß er selbst für die Freuden in seinem Leben sorgen muß. Darüber hinaus kann Honig im Traum ein Hinweis auf integrierte gute Erfahrungen sein.

Psychologisch: Angeblich fördert Honig weibliche Fruchtbarkeit und männliche Potenz. Wenn also ein Traum von Honig handelt, verweist dies darauf, daß für den Träumenden vielleicht eine sexuell aktivere oder fruchtbarere Zeit beginnt.

Spirituell: Auf der spirituellen Ebene symbolisiert Honig im Traum Unsterblichkeit und Wiedergeburt und hat als Heilmittel regenerative Kräfte.

HOTEL

auch → Gästehaus, → Gebäude

Allgemein: Wenn sich der Träumende in seinem Traum in einem Hotel aufhält, kann dies bedeuten, daß er aus einer Situation in seinem Leben für kurze Zeit flüchten muß. Andererseits ist es auch möglich, das Traumsymbol umgekehrt zu deuten: Eine Situation, in der sich der Träumende befindet, ist nur von kurzer Dauer.

Psychologisch: Der Aufenthalt im Hotel ist möglicherweise ein Hinweis darauf, daß der Träumende unbeständig ist und sich nur vorübergehend niederlassen kann. Wenn er gezwungen ist, im Hotel zu leben, steht dies für eine grundlegende Rastlosigkeit in seinem Charakter. Der Träumende muß prüfen, ob er auf der Flucht vor sich selbst ist.

Spirituell: Auf der spirituellen Ebene steht das Hotel im Traum für einen heiligen Ort für eine begrenzte Zeit oder für die Suche nach einer geschützten Umgebung.

HÜGEL

auch → Anhöhe

Allgemein: Wenn sich der Träumende in seinem Traum oben auf einem Hügel befindet, zeigt er damit, daß er sich seiner eigenen Weitsicht bewußt ist. Er hat sich bemüht, etwas zu erreichen, und kann die Ergebnisse seines Strebens nun von oben überblicken, um ihre Auswirkungen auf seine Umwelt und seine Mitmenschen einzuschätzen. Der Träumende hat etwas erreicht, was er anfangs vielleicht nicht für möglich hielt, und er ist nun dazu in der Lage, seine nächste Arbeit im Licht des neu erworbenen Wissens zu bewältigen.

Psychologisch: Wenn der Träumende in seinem Traum zusammen mit anderen Menschen einen Hügel hinaufgeht, verweist dies darauf, daß er zusammen mit anderen ein gemeinsames Ziel verfolgt. Geht der Träumende in seinem Traum einen Hügel hinunter, deutet dies darauf hin, daß er meint, die Umstände würden ihn in eine bestimmte Richtung drängen. Vielleicht bewegt er sich von dem Erreichten fort und bemerkt, daß er seine eigenen Fähigkeiten doch noch nicht richtig im Griff hat.

Spirituell: Auf der spirituellen Ebene ist Anstrengung notwendig, um die Klarheit zu erlangen, die der Träumende braucht, um weitere spirituelle Fortschritte zu machen.

HUFEISEN

Allgemein: Das Hufeisen ist ein altes Glückssymbol. Steht es aufrecht, stellt es den Mond und Schutz vor dem Bösen dar, im umgekehrten Fall bringt es Unglück. Das Hufeisen als Glückssymbol wird auch mit Hochzeiten in Verbindung gebracht. Im Traum verweist es daher normalerweise auf eine bevorstehende Hochzeit in der Familie oder im Freundeskreis des Träumenden.

Psychologisch: Das Hufeisen im Traum kann eine Reise ankündigen oder aber als Symbol für die Umrisse des weiblichen Geschlechts gedeutet werden.

Spirituell: Auf der spirituellen Ebene ist ein Hufeisen im Traum ein Talisman oder Amulett, welches den persönlichen Raum des Träumenden beschützt.

HUHN

→ Vögel

HUND

auch → Tiere

Allgemein: Die Bedeutung eines Hundes im Traum hängt davon ab, ob der Träumende ihn kennt (vielleicht ein Haustier aus der Kindheit), dann kann er für glückliche Erinnerungen stehen, oder nicht, dann symbolisiert er möglicherweise Loyalität und die bedingungslose Liebe, wie der Mensch sie von Hunden kennt. Handelt es sich um eine Hunderasse mit spezifischen Eigenschaften, wie beispielsweise die Schnelligkeit eines Windhunds und so fort, dann ist es diese besondere Begabung des Hundes, welche der Träumende entwickeln muß, um sich auch weiterhin auf ein bestimmtes Ziel konzentrieren zu können.

Psychologisch: Wenn ein Traum von einer Meute wilder Hunde handelt, dann stellt dieses Gefühle dar, vor denen der Träumende Angst hat.

Spirituell: Auf der spirituellen Ebene ist der Hund im Traum der Führer in die Unterwelt.

HUNGER

Allgemein: Wird der Träumende in seinem Traum von einem Hungergefühl gequält, ist der Schluß naheliegend, daß seine körperlichen, emotionalen oder geistigen Bedürfnisse nicht richtig befriedigt werden. Möglicherweise ist der Träumende tatsächlich hungrig und erkennt dies im Traum.

Psychologisch: Jeder Mensch hat Grundwünsche, die befriedigt werden müssen. Wenn der Träumende fehlende Befriedigung im Wachzustand vielleicht nicht bemerkt, kann sie in der Traumsymbolik zu Hunger werden.

Spirituell: Auf dieser Ebene steht Hunger für die Suche nach spiritueller Befriedigung.

HYÄNE

→ Tiere

HYAZINTH

→ Edelsteine

I

IBIS

→ Vögel

IGEL

→ Tiere

IGLU

auch → Gebäude

Allgemein: Ein Iglu kann eine kalte äußere Hülle darstellen, die ein sehr warmes Inneres enthält oder aber die Kälte der Konstruktion. Das Traumsymbol veranschaulicht, daß der Träumende gleichgültig ist und daher sein Zuhause lieblos gestaltet, obgleich es Wärme in ihm gibt.

Psychologisch: Ein Iglu symbolisiert das Weibliche und den Mutterschoß. Manchmal steht es für Frigidität, aber in der Regel stellt es die Fähigkeit einer Frau dar, sich zu entspannen und sie selbst zu sein, nachdem ihre Barrieren erst einmal überwunden sind.

Spirituell: Auf der spirituellen Ebene versinnbildlicht das Iglu im Traum das weibliche, beschützende und nährende Prinzip.

IKONE

auch → Religiöse Bilder

Allgemein: Wenn ein Traum von einer Ikone handelt, verweist dies in der Regel auf die tiefe Verbundenheit des Träumenden mit alten Ideen und Prinzipien. Eine Ikone symbolisiert den Mikrokosmos im

Makrokosmos, das heißt, die kleine Welt spiegelt die größere Welt. Sie befriedigt das Bedürfnis des Menschen, etwas Unfaßliches in einer Form zu fassen.

Psychologisch: Normalerweise ist die Ikone das Symbol eines Glaubenssystems. Im Traum ist sie zwar dem Anschein nach ein religiöses Gemälde, aber in Wirklichkeit stellt sie die Familie des Träumenden dar. Sie verdeutlicht das Idealbild, welches sich der Träumende von seiner Familie macht.

Spirituell: Eine Ikone ist ein kleines spirituelles Gemälde und symbolisiert das größere Ganze.

IMPFUNG

Allgemein: In der üblichen Bedeutung ist die Impfung ein Vorgang, der zunächst wehtut, letztlich aber gut und nützlich ist. Wenn ein Traum davon handelt, daß der Träumende geimpft wird, kann dies heißen, daß er wahrscheinlich von einem anderen Menschen verletzt wird, möglicherweise auch emotional. Was dieser andere ihm antut, wird dem Träumenden jedoch schlußendlich helfen.

Psychologisch: Wir lassen uns sehr leicht von anderen beeinflussen. Die Impfung verweist darauf, daß die Gefühle und Vorstellungen anderer Menschen auf den Träumenden abfärben können.

Spirituell: Auf dieser Ebene kann die Impfung im Traum für spirituelle Indoktrination stehen.

INAUGURATION

Allgemein: Der Mensch hat viele Möglichkeiten, neu zu beginnen, und eine Inauguration, die auf eine Veränderung seines Rangs hinweist, kann ein Symbol für einen solchen Neuanfang sein. Dies kann sich auf das persönliche Wachstum des Träumenden oder auf seine berufliche Situation beziehen. Wenn dem Träumenden in seinem Traum eine solche Ehre widerfährt, bedeutet dies, daß er öffentlich Beifall für etwas erhält, was er geleistet hat.

Psychologisch: Häufig ist eine Feier nötig, um die Tatsache hervorzuheben, daß ein Mensch in einer Sache erfolgreich war und nun weitermachen kann, indem er sein Wissen von der äußeren Welt überprüfen läßt. Wenn ein Traum von einer solchen Feier handelt, verweist dies darauf, daß der Träumende sich über sich selbst und das von ihm Erreichte freuen kann. Er hat buchstäblich eine neue Art des Seins »inauguriert«.

Spirituell: Auf der spirituellen Ebene hebt die Inaugurationsfeier einen Neubeginn hervor. Sie kennzeichnet das Annehmen einer neuen Spiritualität und vielleicht von kosmischer Verantwortung.

INDIANER

Allgemein: Die Vorstellung des Europäers vom Indianer als einem von Natur aus unverfälschten Menschen macht ihn zum Symbol für Weisheit oder Urinstinkt. Erscheint im Traum ein Indianer, nimmt der Träumende mit einer anderen Art von Kraft und Energie Verbindung auf.

Psychologisch: Der Indianer, der im Traum des Träumenden eine Rolle spielt, verkörpert Heilung und Selbsterkenntnis.

Spirituell: Auf der spirituellen Ebene symbolisiert der Indianer im Traum eine innere Kraft, derer sich der Träumende bewußt sein kann oder auch nicht.

INITIATION

→ Religiöse Bilder

INJEKTION

auch → Spritze

Allgemein: Wenn ein Traum davon handelt, daß der Träumende eine Injektion erhält, bedeutet dies, daß in seinen privaten Raum eingedrungen wurde. Vielleicht werden ihm die Meinungen, Bedürfnisse und Wünsche anderer Menschen aufgezwungen, und er hatte keine andere Wahl, als mitzumachen. Verabreicht der Träumende in seinem Traum einem anderen Menschen eine Spritze, will er diesem etwas aufzwingen. In diesem Fall kann eine Verbindung zur Sexualität hergestellt werden.

Psychologisch: Eine Injektion kann ein Versuch der Heilung sein. Vielleicht spürt der Träumende, daß er Hilfe von außen braucht, um gesund zu werden oder um erfolgreicher zu funktionieren. Ob eine Injektion positiv aufgefaßt wird oder nicht, hängt von der Einstellung des Träumenden zur Schulmedizin ab und davon, ob er diese als Unterstützung betrachtet oder einen Widerwillen gegen sie verspürt.

Spirituell: Auf der spirituellen Ebene verweist die Verabreichung einer Injektion im Traum darauf, daß der Träumende bereit ist, Bedingungen in sich zu schaffen, die ihn in seiner Entwicklung unterstützen. Andererseits kann eine Injektion im Traum auch kurzfristiges Vergnügen statt langfristigem Gewinn signalisieren.

INSCHRIFT

Allgemein: Eine Inschrift im Traum ist eine Information, um deren Verständnis der Träumende sich bemühen sollte. Liest er die Inschrift in seinem Traum, dann ist dies ein Hinweis, daß er etwas Wesentliches bereits verstanden hat. Kann er sie nicht lesen, hat er die notwendigen Vorarbeiten noch nicht geleistet und muß seinen Einsatz vergrößern.

Psychologisch: Erscheint beispielsweise eine Inschrift auf einem Felsen, dann verweist dies auf altes Wissen oder Weisheit. Sieht der Träumende eine Inschrift im Sand, so ist dies ein Hinweis darauf, daß das Wissen entweder unbeständig ist oder schnell gelernt werden muß.

Spirituell: Das Bild einer Inschrift erscheint in Träumen häufig, wenn eine bestimmte Entwicklungsstufe erreicht ist. Auf der spirituellen Ebene verweist dies für gewöhnlich auf eine Art von Wissen, die an andere Menschen weitergegeben werden kann.

INSEKTEN

Allgemein: In Träumen können Insekten das Gefühl zum Ausdruck bringen, daß den Träumenden irgend etwas stört oder ihm auf die Nerven geht. Andererseits verkörpern sie möglicherweise Gefühle von Bedeutungslosigkeit und Machtlosigkeit. Wie der Traum gedeutet wird, hängt davon ab, um welches Insekt es sich handelt. Eine Wespe kann auf Gefahr hinweisen, ein Käfer hingegen kann Schmutz, aber auch Schutz symbolisieren.

Psychologisch: Insekten im Traum stellen Gefühle dar, denen der Träumende lieber nicht begegnen möchte. In der Regel handelt es sich um negative Gefühle wie Schuld, Scham, Ablehnung oder Haß.

Spirituell: Auf der spirituellen Ebene stellen Insekten im Traum in der Regel eine Bedrohung, oft eine existentielle Bedrohung dar. Eine positivere Bedeutung können Insekten im Traum haben, wenn sie als mahnender Hinweis auf instinktives Verhalten in Erscheinung treten.

INSEL

Allgemein: Wenn ein Traum von einer Insel handelt, dann symbolisiert diese die Einsamkeit, die man empfindet, wenn man isoliert ist. Vielleicht spürt der Träumende, daß er keinen Kontakt zu anderen Menschen oder zu der Situation, in der er lebt, hat. Eine Insel kann auch Sicherheit darstellen, weil der Träumende nicht zum Opfer äußeren Drucks werden kann, da er ja isoliert ist.

Psychologisch: Gelegentlich muß der Mensch seine Batterien wieder aufladen. Spielt also in einem Traum eine Insel eine wichtige Rolle, kann sie den Träumenden daran erinnern oder ihn mahnen, sich um sich selbst zu kümmern. Ist die Insel einsam oder eine Schatzinsel, verweist dies darauf, daß der Träumende bestimmte Ziele nur im Alleingang erreichen kann. Er muß sich daher in der Einsamkeit und Zurückgezogenheit selbst erforschen.

Spirituell: Auf dieser Ebene symbolisiert die Insel im Traum einen spirituellen Rückzug.

INZEST

auch → Sexualität

Allgemein: Der Inzest ist so sehr tabuisiert, daß er sich selten auf den körperlichen Akt bezieht, wenn er im Traum vorkommt. Normalerweise stellt er das Bedürfnis und den Wunsch des Träumenden dar, entweder sich selbst oder die Beziehungen innerhalb der Familie in den Griff zu bekommen.

Psychologisch: Weil das Selbstbild des Menschen sehr eng mit seiner Sexualität verbunden ist, steht ein Inzest im Traum wahrscheinlich im Zusammenhang mit dem Bestreben, die Gefühle in bezug auf sich selbst zu ordnen. Der Träumende bemüht sich, eine Verbindung mit dem Persönlichkeitsteil herzustellen, der durch die andere Person (Opfer oder Täter) dargestellt wird. Dies ist nur in der geschützten Atmosphäre des Traums möglich.

Spirituell: In Mythen und Legenden war der Inzest zwischen Göttern und Göttinnen ein Versuch, die Reinheit der Energie zu gewährleisten. Wenn also ein Traum von Inzest handelt, versucht der Träumende, seine eigene Kraft zu reinigen oder sauberzuhalten.

IRRGARTEN

→ Labyrinth

J

JA

Allgemein: Gelegentlich hört sich der Träumende in seinem Traum »ja« sagen. Dies ist als instinktive Annahme oder Anerkennung der Gültigkeit dessen, was jeweils geschehen ist, zu werten.

Psychologisch: Oft muß der Mensch, bevor er in seinem Alltag etwas verändert, sich selbst auf einer unbewußten Ebene die Erlaubnis dazu erteilen. Dies im Traumzustand zu erkennen, ist ein wesentlicher Bestandteil des Entwicklungsprozesses.

Spirituell: Der Träumende erhält die Erlaubnis zu spirituellem Wachsen und Gedeihen. Mit ihr kann der Träumende einen gezielter ausgerichteten Lebensstil ins Auge fassen.

JADE

→ Edelsteine

JAGD/JÄGER

Allgemein: Sieht sich der Träumende in seinem Traum als Opfer einer Jagd, hat dies meist etwas mit seiner Sexualität zu tun. Eine ältere Deutung stellt einen Zusammenhang mit dem Tod her, besonders mit dem rituellen oder dem Opfertod.

Psychologisch: Begegnet sich der Träumende in seinem Traum selbst als Jäger, macht ihn dies auf den Teil seiner selbst aufmerksam, der destruktiv und bösartig sein kann.

Spirituell: Auf der spirituellen Ebene kann Tod und Zerstörung in einem rituellen Zusammenhang Bestandteil der spirituellen Reise sein. Der Träumende muß die Teile seiner Persönlichkeit »vernichten«, die ihn am spirituellen Vorankommen hindern.

JAGUAR

→ Tiere

JAHR

→ Zeit

JAHRESZEITEN

Allgemein: Wenn der Träumende in seinem Traum Jahreszeiten erlebt, so hat dies etwas mit seinen verschiedenen Lebensphasen zu tun: Frühling steht für die Kindheit, Sommer für das frühe Erwachsenenalter, Herbst für die mittleren Jahre und Winter für das Alter (auch → Frühling, → Sommer, → Herbst und → Winter).

Psychologisch: Das Bedürfnis des Menschen, Lebenszeit in Abschnitte oder Phasen zu gliedern, entspringt ursprünglich der Notwendigkeit, sich aus Gründen des Überlebens auf die Jahreszeiten einzustellen. Der Mensch braucht Fixpunkte und Grenzen, um die für ihn überlebenswichtige Orientierung zu gewährleisten.

Spirituell: Die Gliederung des Jahres in Frühling, Sommer, Herbst und Winter bietet Gelegenheit für Feste und Feierlichkeiten.

JASPIS

→ Edelsteine

JUBILÄUM

Allgemein: Ein Jubiläum verweist auf einen neuen Start. Der Traum von einem Jubiläum oder einer Jubiläumsfeier stellt einen Übergang dar, der früher mit einem entsprechenden Ritual gewürdigt wurde. Ein alter Lebenszyklus ist abgeschlossen, und ein neuer beginnt.

Psychologisch: Wenn ein Traum von einer Jubiläumsfeier handelt, kann dies eine natürliche Spontaneität darstellen, mit welcher der Träumende große Veränderungen begrüßt.

Spirituell: Auf der spirituellen Ebene steht das Jubiläum im Traum für einen heiligen Beginn.

JULBLOCK

auch → Feuer

Allgemein: In heidnischer Zeit wurde ein Holzklotz geschmückt und verbrannt, um mit dem alten Jahr abzuschließen. Als Traumbild symbolisiert der Julblock Licht und neues Leben.

Psychologisch: Auch wenn heute das neue Jahr in der Regel anders eingeleitet wird, der Julblock ist noch immer ein wichtiges Traumsymbol für den Neubeginn.

Spirituell: Auf dieser Ebene steht der Julblock im Traum für eine spirituelle Opfergabe, vor allem in Zeiten eines spirituellen oder religiösen Festes, bei dem die Götter geehrt werden.

JUNGE

→ Menschen

JUNGFRAU

auch → Tierkreis

Allgemein: Sieht sich der Träumende in seinem Traum als Jungfrau, verweist dies auf einen Zustand der Unschuld und Reinheit. Ist im Traum eine andere Person eine Jungfrau, hebt dies die Ideale der Ganzheit und Ehrlichkeit hervor.

Psychologisch: Der jungfräuliche Geist, dem Betrug und Arglist fremd sind, ist vielleicht wichtiger als die körperliche Jungfräulichkeit. Dieser Aspekt wird durch einen solchen Traum hervorgehoben. Bei einer Frau legt ein Traum von einer Jungfrau nahe, daß sie eine gute Verbindung zu ihrer eigenen Psyche hat.

Spirituell: Auf der spirituellen Ebene deutet die Jungfrau im Traum eine Art von Unschuld und Reinheit an, die oft in den Dienst anderer Menschen gestellt wird.

JUNGGESELLE

Allgemein: Im Traum einem Junggesellen zu begegnen, deutet darauf hin, daß der Träumende in seinen Gefühlen oder in seinem Liebesleben Freiheit sucht. Träumt dies ein Mann, wünscht er sich vielleicht die Freiheit, etwas zu erreichen, was ihm im Rahmen einer Partnerschaft nicht so recht gelingen will.

Psychologisch: Der Junggeselle im Traum ist ein Hinweis, daß der Träumende sich für die freiheitliebenden männlichen Anteile in sich öffnen muß, um sein Schicksal zu vollenden.

Spirituell: Auf der spirituellen Ebene bedeutet ein Junggeselle im Traum, daß der Träumende augenblicklich nicht zu einer emotionalen Bindung bereit ist.

JUNGVOGEL

→ Vögel

JUPITER

→ Himmelskörper

K

KÄFER

Allgemein: Für die meisten Menschen sind Käfer keine angenehmen, sondern schmutzige Tiere. Im Traum haben sie daher eine Symbolkraft, die der aller Insekten ähnelt: Sie stehen für etwas, was unsauber ist und leicht übersehen werden kann.

Psychologisch: Der Fleiß des Käfers im Traum steht für harte Arbeit, die erledigt werden muß.

Spirituell: Auf der spirituellen Ebene dient der Käfer im Traum wie der Skarabäus dem Schutz vor dem Bösen. Der Träumende sollte darauf achten, was oder wen er glaubt, schützen zu müssen.

KÄFIG

auch → Gefängnis

Allgemein: Ein Käfig ist mit einer Falle oder einem Gefängnis vergleichbar. Der Traum von einem wilden Tier, das in einen Käfig gesperrt ist, macht den Träumenden auf die Notwendigkeit aufmerksam, seine wilderen Instinkte zu bändigen. Befindet sich der Träumende selbst in einem Käfig, deutet dies darauf hin, daß er frustriert ist und vielleicht von der Vergangenheit gefangengehalten wird.

Psychologisch: Der Traum vom Käfig ist eine Warnung an den Träumenden, daß er seine verborgenen Fähigkeiten zu sehr einschränkt. Andererseits kann es sein, daß er anderen Menschen zu sehr gestattet, ihm Beschränkungen aufzuerlegen.

Spirituell: Auf der spirituellen Ebene ist der Käfig im Traum ein negatives Symbol für Religion oder Glauben.

KÄLTE

Allgemein: Nimmt der Träumende in seinem Traum Kälte wahr, dann ist dies ein Hinweis darauf, daß er sich vernachlässigt oder ausgeschlossen fühlt.

Psychologisch: Im Traum werden oft Gefühle in körperliche Empfindungen übersetzt. Wenn der Träumende in seinem Traum friert, handelt es sich um eine solche Übersetzung.

Spirituell: Spiritueller Verlust kann sich im Traum als extreme Kälte ausdrücken.

KÄNGURUH

→ Tiere

KAI

Allgemein: Wenn der Träumende in seinem Traum am Kai steht, bedeutet dies, daß er sich auf eine neue Lebensphase zubewegt und eine alte hinter sich läßt. Falls der Träumende mit einem Gefühl der Erwartung nach vorn blickt, ist es die neue Lebensphase, der er verstärkt seine Aufmerksamkeit schenken muß. Schaut der am Kai stehende Träumende zurück, gibt es vielleicht etwas in der Vergangenheit, das er klären muß, bevor er weitergehen kann.

Psychologisch: Da alles, was mit Wasser zu tun hat, mit Gefühlen verbunden ist, kann das Stehen an einem Kai ein Hinweis darauf sein, wie der Träumende mit den Gefühlen anderer Menschen umgehen sollte, wenn er in eine neue Lebensphase eintritt.

Spirituell: Möglicherweise deutet der Kai im Traum auf spirituellen Fortschritt hin, da er ein Ort des Aufbruchs ist.

KALEIDOSKOP

Allgemein: Ein Kaleidoskop stellt eine Verbindung zum Selbst der Kindheit her: Die Form- und Farbkompositionen, die ein solches Spielzeug erzeugen kann, erinnern an Mandalas (→ Mandala) und Grundmuster, von denen jedes Kind fasziniert ist. Als Traumbild kann das Kaleidoskop die blockierte Kreativität im Träumenden wieder freisetzen.

Psychologisch: Das Kaleidoskop gestattet dem Träumenden, sich wieder im Rahmen des größeren Ganzen zu sehen und das Wunder seiner Existenz zu spüren.

Spirituell: Auf dieser Ebene können die Farben- und Formenspiele im Kaleidoskop die Muster symbolisieren, nach denen der Träumende in Zeiten spiritueller Selbstzweifel sein Leben ausrichtet.

KALENDER

Allgemein: Ein Kalender im Traum lenkt die Aufmerksamkeit des Träumenden auf die Vergangenheit, Gegenwart oder Zukunft oder auf etwas Bedeutsames in seinem Leben. Vielleicht ist der Kalender im Traum aber auch eine Mahnung daran, daß kostbare Zeit für ein wichtiges Vorhaben verrinnt.

Psychologisch: Weil die Zeit eine selbst eingesetzte Begrenzung darstellt, erinnert der Kalender im Traum den Träumenden an das Vorhandensein von Begrenzungen.

Spirituell: Auf der spirituellen Ebene kann der Kalender im Traum ein Zeitplan für Feste und Feierlichkeiten sein.

KAMEL

Allgemein: Ein Kamel im Traum stellt in der Regel das Ungewöhnliche oder Bizarre dar. Es repräsentiert auch zugängliche Ressourcen und Gehorsam gegenüber einem Grundprinzip.

Psychologisch: Das Kamel im Traum steht für Durchhaltevermögen, Bescheidenheit und Selbstgenügsamkeit, Eigenschaften, die der Träumende entweder bereits besitzt oder noch erlangen muß.

Spirituell: Auf der spirituellen Ebene ist das Kamel im Traum ein Symbol für Würde und Träger des Majestätischen.

KAMERA

Allgemein: Eine Kamera ist ein Instrument, welches der Dokumentation dient. Wenn der Träumende sie in seinem Traum benutzt, bedeutet dies, daß er Ereignisse oder Situationen aufzeichnet, an die er sich erinnern oder die er sich bewußt machen soll. Im Traum fotografiert zu werden, verweist darauf, daß der Träumende seine Handlungen und Reaktionen in bestimmten Situationen sorgfältiger beobachten muß.

Psychologisch: Der Träumende wird auf die Notwendigkeit hingewiesen, im Geiste Bilder von solchen Ereignissen zu speichern, die er noch bearbeiten muß, und sie nicht ins Unbewußte abzuschieben.

Spirituell: Auf der spirituellen Ebene weist die Kamera im Traum auf notwendige Wachsamkeit hin.

KAMM

Allgemein: Ein Kamm ist ein Gerät mit vielen Zähnen, welches der Pflege dient. Taucht er im Traum eines Menschen auf, betont er das Bedürfnis, etwas im Leben zu pflegen und zu putzen. Das Traumsymbol ist ein Hinweis darauf, daß der Träumende seine Gedanken ordnen soll. Im Traum eines Mannes kann ein Kamm Versuchung und Sinnlichkeit symbolisieren.

Psychologisch: Der Träumende ist aufgefordert, an seinem Selbstbild zu arbeiten.

Spirituell: Auf der spirituellen Ebene steht der Kamm im Traum für Fruchtbarkeit, die Strahlen der Sonne, Verwobenheit und Musik.

KAMPF

Allgemein: Wenn der Träumende in seinem Traum in einen Kampf verwickelt wird, verweist dies in der Regel darauf, daß er mit seinem Bedürfnis nach Unabhängigkeit konfrontiert ist. Vielleicht muß er auch seine Wut, Frustration und den unbewußten Wunsch, einen Teil von sich selbst zu verletzen, zum Ausdruck bringen. Vielleicht bringt das Traumsymbol auch die unterdrückte Wut zum Ausdruck, welche der Träumende einem anderen Menschen gegenüber empfindet.

Psychologisch: Zurückzuschlagen ist ein natürlicher Verteidigungsmechanismus; fühlt sich der Träumende in seinem Alltagsleben bedroht, kann es leicht sein, daß er seine Gefühle auf der Ebene des Traums ausagiert.

Spirituell: Das Traumsymbol Kampf ist der Hinweis auf einen spirituellen Konflikt. Der Träumende sollte versuchen, herauszuarbeiten, wo und warum es einen Konflikt gibt, und damit feinfühliger umgehen, statt »aus allen Rohren zu feuern«.

KANAL

Allgemein: Weil ein Kanal eine künstliche Struktur ist, verweist ein Kanal im Traum auf die Neigung, Strenge bei der Kontrolle über die Gefühle walten zu lassen. Vielleicht gibt der Träumende seinem Leben auf Kosten seiner Kreativität zuviel Struktur.

Psychologisch: Der Träumende muß sein Wissen über sich selbst strukturieren, um ein funktionsfähiges System zu erschaffen.

Spirituell: Auf der spirituellen Ebene steht der Kanal im Traum für Struktur, Definition und strengen Glauben.

KANINCHEN

→ Tiere

KANNIBALISMUS

Allgemein: Der Traum von Kannibalismus illustriert normalerweise unüberlegtes oder unangemessenes Verhalten. Wenn sich der Träumende in seinem Traum dessen bewußt ist, daß er Menschenfleisch ißt, kann dies ein Hinweis auf seine Ablehnung von unpassendem Essen oder von unangemessenen Handlungen sein. Der Träumende hat bestimmte Persönlichkeitsanteile nicht »internalisiert« und muß dies noch nachholen.

Psychologisch: Im Traum Menschenfleisch zu essen, kann bedeuten, daß der Träumende falsche oder unbrauchbare Informationen aufnimmt.

Spirituell: Auf der spirituellen Ebene steht das Traumsymbol Menschenfleisch für die Aufnahme von Kräften oder Eigenschaften, die einem anderen Menschen gehören.

KANU

Allgemein: Es könnte darauf hindeuten, daß der Träumende seine Emotionen zu isoliert behandelt, wenn er von einem Kanu träumt. Möglicherweise versucht er, den Fluß seiner Gefühle zu kontrollieren. Er ist sich dessen bewußt, daß er sich verändern kann, aber nur mittels seiner eigenen Anstrengungen.

Psychologisch: Vielleicht fühlt sich der Träumende durch seine Emotionen beschützt, zugleich aber auch großen Risiken ausgesetzt. Ein gewisses Maß an Können ist nötig, damit er in seiner Entwicklung weiter vorankommt.

Spirituell: Auf der spirituellen Ebene kann das Kanu im Traum für die lunare Barke, den Halbmond, stehen.

KAPUZE

Allgemein: Eine Traumfigur, die eine Kapuze trägt, ist immer ein Sinnbild der Bedrohung. Das bedeutet nicht, daß sie unbedingt böse ist, doch der Träumende fühlt sich durch sie bedroht. Die Kapuze kann auch den Träumenden in einer Lebensphase des Rückzugs darstellen, von der er sich nun abwenden möchte. Oder ein Aspekt seiner Persönlichkeit ist für ihn unsichtbar und muß enthüllt werden, damit er auf einer ganzheitlicheren Basis funktionieren kann.

Psychologisch: Trägt eine Frau im Traum eine Kapuze, ist dies ein Hinweis, daß sie betrügt. Wird die Kapuze von einem Mann getragen, zeigt dies, daß er sich aus einer Situation zurückzieht. Die Figur eines Mönchs mit Kapuze kann im Traum die nachdenkliche Seite des Träumenden darstellen, die allmählich in seinem Alltagsleben deutlicher zutage tritt.

Spirituell: In früheren Deutungen symbolisierte die Kapuze im Traum Tod und Unsichtbarkeit. Heute könnte sie darauf verweisen, daß ein bestimmtes Wissen im Verborgenen zurückgehalten wird, bis die richtige Zeit für dessen Enthüllung gekommen ist.

KARFUNKELSTEIN

→ Edelsteine

KARNEOL

→ Edelsteine

KARTE

→ Grußkarte, → Landkarte, → Spielkarte

KASSE

Allgemein: Vorrangig bedeutet die Kasse im Traum eine sichere Aufbewahrungsstätte für Geld. Daher wird sie am ehesten mit geschäftlichen Transaktionen in Verbindung gebracht. Sie kann jedoch auch für das Kultivieren von Möglichkeiten stehen, wenn man darunter versteht, daß eine Sache angereichert wird.

Psychologisch: Legt man Geld in eine Kasse, so tut man dies, um es dort sicher aufzubewahren. Außerdem hat diese Handlung das Ziel, Geld anzusammeln und zu vermehren. Mithin stimmt hier die praktische und die psychologische Bedeutung des Traumsymbols Kasse weitgehend überein. Der Träumende muß sparen und das, was er besitzt, erhalten, um den größten Nutzen daraus zu ziehen.

Spirituell: Die Kasse ist ein Symbol für das, was der Träumende an spirituellem Potential angesammelt und für den Einsatz zu gegebener Zeit aufbewahrt hat.

KASTRATION

Allgemein: Jeder Traum, in dem sexuelle Traumata abgehandelt werden, machen den Träumenden auf seine Ängste aufmerksam. Der gewaltsame Akt der Kastration verweist im Traum auf die Beschädigung, die sich der Träumende selbst zufügt, wenn er solche Ängste verleugnet.

Psychologisch: Das Traumsymbol kann Schwierigkeiten und Konflikte bei der Integration männlicher und weiblicher Persönlichkeitsanteile signalisieren.

Spirituell: Der Träumende ist bereit, der Spiritualität seine Sexualität zu opfern. Oder aber das Traumsymbol drückt die Furcht eines Mannes aus, seine Männlichkeit und Sexualkraft zu verlieren.

KATAKOMBE/ KRYPTA

Allgemein: Viele Träume beinhalten Bilder, die mit unterirdischen Räumen zu tun haben. Wenn also ein Traum von einer Krypta oder Katakombe handelt, dann kann dies ein Hinweis darauf sein, daß sich der Träumende mit unbewußten religiösen Glaubensinhalten oder religiösen Praktiken beschäftigt.

Psychologisch: Die unbewußten Ängste und Gefühle des Träumenden im Hinblick auf den Tod können im Traum als Katakombe oder Krypta zum Ausdruck kommen.

Spirituell: Da sowohl Katakombe als auch Krypta Orte verborgener Kräfte und okkulter Mächte sind, symbolisieren sie im Traum das Unbewußte.

KATZE

→ Tiere

KATZENAUGE

→ Edelsteine

KAUFHAUS

→ Gebäude

KAULQUAPPE

Allgemein: Wenn im Traum eines Träumenden Kaulquappen vorkommen, dann verweist dies darauf, daß ihm die Einfachheit des Lebens bewußt ist. Er erkennt, daß es Wachstum gibt, aber entweder hat er selbst oder ein anderer Mensch noch nicht die vollkommene Reife erlangt.

Psychologisch: Im Traum einer Frau können Kaulquappen ihren Wunsch oder ihre Fähigkeit repräsentieren, schwanger zu werden.

Spirituell: Auf der spirituellen Ebene symbolisiert die Kaulquappe im Traum den Keim des Lebens.

KEHLE

→ Körper

KEIL

Allgemein: Der Keil als Traumsymbol zeigt dem Träumenden an, daß er sich die Situationen in seinem Umfeld erst noch erschließen muß. Er soll etwas an den richtigen Platz rücken, so daß er allzeit offen und ehrlich sein kann. Da der Keil mitunter auch ein stützendes Element ist, ist es möglich, daß der Träumende in einer aktuellen Situation mehr Beistand benötigt. Zugleich muß er sich jedoch davor hüten, von dieser Unterstützung zu abhängig zu werden.

Psychologisch: Das Traumsymbol Keil steht für eine Person oder eine Sache, die den Träumenden aus einer Beziehung lösen oder von einem dringlich verfolgten Ziel abbringen will.

Spirituell: Auf der spirituellen Ebene symbolisiert der Keil im Traum das Verstreichen der Zeit und die Voraussetzung dafür, daß im Leben des Träumenden etwas geschieht und daß seine Träume Wirklichkeit werden.

KELCH

Allgemein: Ein Kelch im Traum stellt das Weibliche dar. Wegen seiner religiösen Bedeutung repräsentiert er in der Regel etwas Unerreichbares, etwas, das man nur erlangen kann, wenn man große Mühen auf sich nimmt. Ein Kelch kann auch für ein wichtiges Ereignis oder eine Zeremonie stehen (auch → Gral).

Psychologisch: Der Kelch steht als Symbol in engem Zusammenhang mit dem Herzen, welches wie er das Blut des Lebens enthält. Im Kelch ist Blut durch Wein dargestellt – Wein und Blut haben dieselbe Bedeutung.

Spirituell: Auf der spirituellen Ebene steht der Kelch im Traum für die Quelle unerschöpflicher Nahrung, für Überfluß oder den Heiligen Gral.

KELLNER/ KELLNERIN

Allgemein: Die Deutung dieses Traumbildes richtet sich danach, ob der Träumende bedient oder aber bedient wird. Ist ersteres der Fall, dann drückt sich in dem Bild die Fähigkeit des Träumenden aus, sich um andere Menschen zu kümmern und ihnen Dienste zu erweisen. Trifft zweiteres zu, hat der Träumende vielleicht das Bedürfnis danach, verwöhnt und mit Wertschätzung behandelt zu werden.

Psychologisch: Da man bei einem Kellner sein Essen *bestellt*, kann das Traumbild die Geduld symbolisieren, die der Träumende aufbringen muß, wenn er ein bestimmtes Ziel erreichen will.

Spirituell: Auf der spirituellen Ebene verlangt der Kellner im Traum vom Träumenden zweierlei: Bereitschaft, zu dienen, und Geduld.

KERZE

Allgemein: Als die Elektrizität noch nicht erfunden war, wurde die Kerze und ihr Licht als Auflösung der Dunkelheit oder als verehrenswürdige Macht gedeutet. Der Traum von einer Kerze verweist heute auf den Versuch, etwas zu klären, was der Träumende noch nicht versteht. Kerzen auf einem Geburtstagskuchen symbolisieren einen Übergang vom Alten zum Neuen. Das Anzünden einer Kerze steht für Mut und Kraft oder für die Forderung nach etwas, was der Träumende braucht.

Psychologisch: Da Kerzen heute als Beleuchtungskörper nicht mehr relevant sind, versinnbildlichen sie eine Form von Wissen oder Weisheit, die noch nicht völlig klar ist. Sie können auch die Macht des Träumenden über seine persönliche Magie darstellen.

Spirituell: Auf der spirituellen Ebene stehen Kerzen im Traum für Erleuchtung, Weisheit, Kraft und Schönheit.

KESSEL

Allgemein: Ein Kessel im Traum stellt in der Regel Überfluß und Nahrung dar. Ein magischer Kessel deutet auf Fruchtbarkeit und die weibliche Macht der Veränderung hin. Ein großer Kessel verbindet den Träumenden mit seinen Grundprinzipien. Handelt es sich um einen Teekessel, so verweist er auf die praktische Seite des Träumenden.

Psychologisch: Spielt ein großer Kessel im Traum eine Rolle, muß sich der Träumende auf seine intuitiven Fähigkeiten besinnen, um mit einfachen Zutaten Neues zu erschaffen. Ein Teekessel steht für Transformation und Veränderung. Er verlangt vom Träumenden, seinen Lern- und Wachstumsprozeß zu beschleunigen.

Spirituell: Auf der spirituellen Ebene symbolisiert ein großer Kessel Erneuerung und Wiedergeburt, Magie und magische Kräfte, die im Dienst des größeren Ganzen stehen.

KETTE

Allgemein: Es wird auf eine Form von Einschränkung oder Abhängigkeit verwiesen, wenn ein Traum von einer Kette handelt. Ebenso wie Stärke notwendig ist, um die Ketten zu sprengen, so ist sie auch erforderlich, um sie zu erhalten. Wenn der Träumende sich ins Bewußtsein ruft, was ihn zurückhält, durchschaut er, wie er sich von den Ketten befreien kann.

Psychologisch: Die Bindeglieder in einer Kette stehen oft für die Kommunikationselemente, welche der Träumende benötigt, um sich selbst zu befreien.

Spirituell: Auf der spirituellen Ebene steht die Kette im Traum für Hörigkeit und Sklaverei, für Würde und Einheit. Die Kette ist ein sehr ambivalentes Symbol.

KIES

Allgemein: Häufig wird die Aufmerksamkeit des Träumenden auf die Größe eines Gegenstands, der im Traum vorkommt, gelenkt. Kies ist in diesem Zusammenhang als Hinweis auf die kleinen Details zu verstehen.

Psychologisch: Wenn der Träumende auf Kies ausrutscht, bedeutet dies, daß er im täglichen Leben unnötige Risiken eingeht und sie besser vermeiden sollte.

Spirituell: Auf der spirituellen Ebene steht Kies im Traum für den Mikrokosmos.

KIND/KINDER

→ Menschen

KINN

→ Körper

KIRCHE

auch → Gebäude, → Religiöse Bilder

Allgemein: Eine Kirche im Traum illustriert die Einstellung des Träumenden in bezug auf etablierte Religionen. Sie kann ein Ort der Zuflucht sein, besonders in dem Sinne, daß der Träumende seinen Glauben mit vielen anderen Menschen teilt. Dies steht möglicherweise in enger Verbindung zu einem Moral- oder Verhaltenskodex, den er ebenfalls mit anderen Menschen gemeinsam hat.

Psychologisch: Man kann eine Kirche für schön halten oder auch nicht, aber ihr Anblick stellt eine Verbindung her zur Wertschätzung des Menschen für schöne Dinge, die sein Gefühl von Verehrung hervorhebt und verstärkt. Der Träumende tritt mit Lebenskräften in Verbindung, die ihn befähigen, sein Leben intensiver zu erfahren.

Spirituell: Auf der spirituellen Ebene kann eine Kirche im Traum zum »Zentrum der Welt« werden, da sie alles symbolisiert, was dem Träumenden heilig und grundlegend wichtig ist.

KIRCHENMUSIK

→ Religiöse Bilder

KISSEN

Allgemein: Im gewöhnlichen Alltagsleben ist ein Kissen eine Stütze und sorgt für Wohlbehagen. Im Traum kann es das Bedürfnis des Träumenden nach Unterstützung und Bequemlichkeit symbolisieren. Manchmal ist wichtig, woraus das Kissen besteht. Handelt es sich um ein mit Federn gefülltes Kissen, so steht Bequemlichkeit im Vordergrund, besteht die Füllung aus einem härteren oder rauheren Material, so liegt die Betonung auf den stützenden Eigenschaften des Kissens.

Psychologisch: Wenn der Träumende sich gerade in einem Zustand der Selbstverleugnung befindet, dann ist das Kissen ein Hinweis, sich mehr Komfort zu gönnen. Eine Kissenschlacht im Traum verweist auf einen Scheinkonflikt oder auf das Bedürfnis, Dampf abzulassen.

Spirituell: Auf der spirituellen Ebene symbolisiert das Kissen im Traum Wohlbehagen.

KISTE

→ Truhe

KITZELN

Allgemein: Eines der schwierigsten Dinge sowohl im Leben als auch im Traum ist das Durchbrechen der Barrieren, die jeder Mensch, ursprünglich zu seinem Schutz, aufgebaut hat. Daher braucht man im Traum manchmal die verrücktesten Bilder, um die eigentliche Botschaft erkennen und deuten zu können. Bei einem sensiblen Träumenden bedeutet das Kitzeln meist, daß er ein tiefes, doch verleugnetes Bedürfnis nach Humor hat. Ist dies nicht der Fall, so sollte zumindest jede intime Annäherung mit Humor geschehen.

Psychologisch: Kitzeln im psychologischen Sinne bedeutet, alles auf die leichte Schulter zu nehmen. Das kann sich sowohl auf eine Person als auch auf eine Situation beziehen. Etwas aus einem Menschen herauskitzeln oder ihn aus der Reserve locken heißt im Traum, ihn zu einem größeren Maß an Nähe bewegen zu wollen.

Spirituell: Im Traum gekitzelt zu werden, kann auf der spirituellen Ebene heißen, daß sich der Träumende mit einer gesunden Portion Humor ausgestattet der Spiritualität nähert.

KLAGEN

Allgemein: Wenn der Träumende in seinem Traum hört, wie ein anderer Mensch seine Trauer laut und anhaltend äußert, wird er sich der Gefühle dieser Person bewußt. Ist es der Träumende selbst, der klagt, gesteht er sich vielleicht einen Gefühlsausbruch zu, der im realen Leben als ungebührlich angesehen würde.

Psychologisch: Klagen gilt als Möglichkeit, die Geister anzurufen. Im Traum kann es daher das Bemühen des Träumenden ausdrücken, mit einer Macht in Verbindung zu treten, die größer ist als er selbst.

Spirituell: Mit Jammergeschrei und Klagelauten werden böse Geister gebannt. Der Träumende sollte sich fragen, was aus seinem Leben »verbannt« werden muß.

KLATSCH

Allgemein: Wenn der Träumende in seinem Traum klatscht oder tratscht, dann verbreitet er zwar Informationen, tut dies aber auf eine unangemessene Weise. Befindet sich der Träumende in einer Gruppe und hört dem Gerede anderer zu, sucht er Informationen, an die er jedoch nicht wirklich herankommt. Der Träumende benutzt andere Menschen, um sein Bedürfnis nach Informationen zu befriedigen.

Psychologisch: Klatsch im Traum ist ein Hinweis, daß sich der Träumende stark mit oberflächlichen Informationen beschäftigt und sich damit den Weg zu tieferem Verstehen und zu weiterreichenden Einsichten verbaut.

Spirituell: Auf dieser Ebene bedeutet Klatsch im Traum spirituelle Unbeweglichkeit.

KLAVIER

Allgemein: Klavierspielen ist eine Beschäftigung, die alle ästhetischen Bedürfnisse befriedigt. Ein Klavier im Traum ist ein Symbol der Kreativität. Wer Klavier spielen will, muß täglich lernen und üben. Gleiches gilt, wenn der Träumende seine Kreativität nutzen möchte.

Psychologisch: Wer Klavier spielt, geht mit der Arbeit eines anderen Menschen kreativ um. Nur wenige Menschen sind Komponisten. Vielleicht sollte der Träumende über seine berufliche Situation nachdenken und etwas unternehmen, um sein Potential besser zu nutzen.

Spirituell: Kreative Klänge sind ein lebendiges Element bei der spirituellen Entwicklung, und die Wertschätzung des Träumenden für Musik kann einen Hinweis auf seine spirituellen Fortschritte geben.

KLEEBLATT

auch → Blumen

Allgemein: Schon immer wurde das Kleeblatt als Glücksbringer empfunden. Dies gilt auch, wenn es als Traumsymbol in Erscheinung tritt.

Psychologisch: Aufgabe des Träumenden ist es, Körper, Geist und Seele wieder in Einklang miteinander zu bringen.

Spirituell: Auf der spirituellen Ebene ist das Kleeblatt ein Symbol der heiligen Dreifaltigkeit.

KLEIDERSCHRANK

→ Möbel

KLEIDUNG

auch → Sexualität

Allgemein: Kleidung, welche der Träumende in seinem Traum trägt, stellt oft die äußere Fassade dar, die er für andere Menschen erschafft. Jeder Mensch ist fähig, bestimmte Rollen zu spielen und in sie hineinzuschlüpfen, wenn es eine Begegnung erforderlich zu machen scheint. Kleidung, die andere Menschen in unserem Traum tragen, kann die Szene für das Ausagieren von Konfrontationen gestalten.

Psychologisch: Kleidung ist in gewisser Hinsicht ein Schutz vor Berührungen. Kleidung kann verhüllen und enthüllen. Neben der Nacktheit bedeckt sie häufig auch die Schwächen eines Menschen und tarnt seine Sexualität. Wenn der Träumende bestimmte Teile seiner Träume enthüllt, sieht er, wo er verletzbar ist.

Jedes Kleidungsstück hat für sich eine bestimmte Bedeutung:

Handschuhe: Sie symbolisieren, daß der Träumende sich die Finger nicht schmutzig machen will oder daß er »seine Karten aufdeckt« und den Status quo aufs Spiel setzt.

Hut: Er steht für Weisheit und Verstand, aber auch für Schutz. Abhängig von den Umständen im Traum kann er darüber hinaus auf Spiritualität oder auf Sexualität verweisen.

Krawatte: In manchen Träumen ist sie Symbol der Korrektheit und des gutes Benehmens, in anderen kann sie als Phallussymbol interpretiert werden.

Mantel/Schal/Umhang: Ein Mantel kann auf Liebe und Wärme hinweisen, aber auch auf Schutz. Dieser Schutz kann körperlich oder emotional gemeint sein. Vor allem, wenn es sich um einen Umhang handelt, kann dieser den spirituellen Schutz des Glaubens symbolisieren. Ein Mantel aus Schafsfell unterstreicht diese Bedeutung noch (auch → Schaf unter Tiere). Fürchtet man im Traum, seinen Mantel zu verlieren, ist dies möglicherweise ein Hinweis auf die Angst, den Glauben zu verlieren. Ein Mantel, der zu kurz oder nicht warm genug ist, verleiht der Befürchtung des Träumenden Ausdruck, daß Liebe und Schutz seinen Bedürfnissen nicht entsprechen.

Regenmantel: Er steht für den Schutz gegen emotionale Angriffe durch andere Menschen. In seltenen Fällen verweist er vielleicht auf einen Wunsch, in einen embryonalen Zustand zurückzukehren.

Schlafanzug/Nachthemd: Nachtwäsche verweist auf Entspannung und Offenheit.

Schleier oder schleierähnliche Kleidungsstücke: Wenn der Träumende selbst oder andere Menschen in seinem Traum einen Schleier tragen, versucht er entweder, etwas vor anderen zu verbergen, oder er akzeptiert sein Wissen über sich oder seine Beziehungen mit anderen Menschen nur zum Teil.

Schuhe: Sie stehen für Erdung und für die Tuchfühlung mit dem Alltagsleben. Wenn dem Träumenden in seinem Traum auffällt, daß seine Schuhe oder die anderer Traumfiguren merkwürdig aussehen, macht ihn dies darauf aufmerksam, daß er an seiner Einstellung zum Leben etwas verändern muß. Bindet sich der Träumende in seinem Traum die Schuhe zu oder stehen Schuhe auf dem Tisch, so stellt dies ein Symbol des Todes dar.

Unterwäsche: Ein Traum von der eigenen oder von fremder Unterwäsche zeigt, daß der Träumende verborgene Einstellungen zu seinem Selbstbild oder zur Sexualität überdenkt.

Wenn sich der Träumende *auszieht*, heißt dies, daß er alte Glaubensvorstellungen und Hemmungen abwerfen will. Im Traum die *Kleider zu verlieren* oder *nackt zu sein*, hebt die Verletzbarkeit und die Ängste des Träumenden hervor. Oft sind auch die *Farben* der Kleidungsstücke wichtig (→ Farben). Wenn der Träumende in seinem Traum beispielsweise für einen bestimmten Anlaß *falsch gekleidet* ist (etwa formelle Kleidung bei einem ungezwungenen Beisammensein trägt und umgekehrt), fällt es ihm offensichtlich schwer, richtig einzuschätzen, ob er zu diesen anderen Leuten »paßt« oder nicht. Gleichgültig, ob ihn die Situation überrascht oder erschreckt, seine begleitenden Gefühle geben ihm wichtige

Hinweise für die richtige Deutung des Traums. Vielleicht unterwirft sich der Träumende bewußt nicht der Meinung, die andere Menschen von ihm haben, oder aber er verhält sich zu konform, indem er die ihm zugedachte Rolle tatsächlich übernimmt. Kleidungsstücke, die *von einem Menschen getragen* werden, *dem sie nicht gehören*, deuten darauf hin, daß der Träumende offenbar nicht genau weiß, welche Rollen und Charaktere zusammenpassen. Ein *Mann in Frauenkleidern* wiederum macht deutlich, daß der Träumende sich seiner weiblichen Anteile stärker bewußt werden muß. Durch eine *Frau in Uniform* hebt der Träumende hervor, daß er sich der disziplinierten, männlichen Seite seiner Persönlichkeit stärker zuwenden muß. Mit dem *Wechseln der Kleidung* versucht der Träumende sein Image zu verändern. *Zu klein oder zu kurz gewordene Kleidungsstücke* signalisieren, daß der Träumende früheren Vergnügungen entwachsen ist und sich nach neuen Unterhaltungsmöglichkeiten umsehen muß. *Schöne Kleider* zeigen, daß es in seinem Leben vieles gibt, das er zu schätzen weiß. *Kleidungsstücke, die einem bestimmten Menschen gehören*, erinnern an diesen Menschen, auch wenn dem Träumenden klar ist, daß er nicht bei ihm sein kann.

Spirituell: Auf dieser Ebene steht Kleidung für spirituellen Schutz.

KLETTERN

Allgemein: Wenn ein Traum vom Klettern handelt, dann geht es für den Träumenden darum, von etwas loszukommen. Das Traumsymbol kann andeuten, daß der Träumende vielleicht Schwierigkeiten vermeidet.

Psychologisch: Der Träumende versucht im Leben neue Höhen zu erreichen. Wahrscheinlich sind, um erfolgreich zu sein, hierzu größere Anstrengungen notwendig.

Spirituell: Auf der spirituellen Ebene bedeutet Klettern im Traum Erhöhung; der Träumende klettert, um die Erleuchtung zu erlangen.

KLETTERPFLANZE

Allgemein: Wenn man sich in einer Situation befindet, in der man sich von Umständen oder Menschen behindert oder unterdrückt fühlt, träumt man oft, man sei in irgendeiner Weise gefesselt. Eine Kletterpflanze symbolisiert diesen Zustand.

Psychologisch: Die Kletterpflanze kann Unsicherheit und Schwierigkeiten bei der Entscheidungsfindung darstellen. Vielleicht ist die Auswahl zu groß.

Spirituell: Auf der spirituellen Ebene steht die Kletterpflanze im Traum für Demut und Ergebenheit.

KLIPPE

Allgemein: Im Traum am Rand einer Klippe zu stehen, bedeutet, daß der Träumende mit Gefahr rechnen muß. Es wird gezeigt, daß es notwendig ist, eine Entscheidung darüber zu treffen, wie er mit der Situation umgehen will, und daß er vielleicht ein Risiko eingehen muß.

Psychologisch: Vielleicht muß der Träumende einen Schritt tun, der ihn nervös macht oder psychisch an den Abgrund führt, damit er seine Ängste überwinden und seine selbstauferlegten Begrenzungen durchbrechen kann.

Spirituell: Auf der spirituellen Ebene bezeichnet der Rand einer Klippe im Traum einen Schritt hinaus ins Unbekannte.

KLOPFEN

Allgemein: Wenn der Träumende es im Traum klopfen hört, ist er sich darüber im klaren, daß er seine Aufmerksamkeit neu fokussieren muß. Vielleicht schenkt er einem Teil seiner Persönlichkeit zuviel Aufmerksamkeit. Möglicherweise gibt er sich zu introvertiert, obwohl er äußeren Angelegenheiten mehr Beachtung schenken sollte.

Psychologisch: Klopft der Träumende in seinem Traum an eine Tür, möchte er vielleicht im Leben eines anderen Menschen eine Rolle spielen. Bevor er den Lebensbereich dieser Person betritt, wartet er auf die Erlaubnis.

Spirituell: Das spirituelle Selbst des Träumenden gibt ihm die Erlaubnis, mit der spirituellen Reise fortzufahren.

KLUFT

Allgemein: Handelt ein Traum von einer Kluft oder einem großen Loch, werden dem Träumenden meist Situationen bewußt, die unbekannte Elemente enthalten oder in irgendeiner Hinsicht riskant sind. Er wird eine Entscheidung treffen müssen.

Psychologisch: Der Träumende wird mit unbekannten oder vielleicht nicht erkannten negativen Elementen seines Selbst konfrontiert; er hat bisher keine Erfahrungen gemacht, welche die Beurteilung seiner momentanen Situation erleichtern und zu den richtigen Handlungen oder Reaktionen führen könnten.

Spirituell: Auf der spirituellen Ebene blickt der Träumende in das Antlitz des Unbewußten, ins Nichts.

KNAUF

Allgemein: Wenn in einem Traum ein Knauf, etwa ein Türknauf, vorkommt, kann dies auf einen Wendepunkt im Leben des Träumenden hindeuten. Ein auffälliger Unterschied zwischen der Tür und dem Knauf verhilft dem Träumenden möglicherweise zu bestimmten Erkenntnissen. Ein sehr einfacher Knauf an einer verzierten Tür legt nahe, daß in einer bestimmten Situation eine Bewegung nach vorn sehr leicht ist. Träume über andere Knaufarten stehen häufig im Zusammenhang mit dem Einfluß einer Situation.

Psychologisch: Viele Menschen verwenden bei der Benennung ihrer intimen Körperteile gerne Umschreibungen. Der Knauf im Traum kann eine solche für den Penis sein und, wenn der Träumende ein Mann ist, seine Männlichkeit symbolisieren.

Spirituell: Auf der spirituellen Ebene kann ein Knauf im Traum auf Veränderungen verweisen, die stattfinden, wenn der Träumende sein unbewußtes Selbst erreicht.

KNIE

→ Körper

KNOBLAUCH

Allgemein: Knoblauch hat eine vielschichtige Bedeutung. Wegen seiner Form und seiner Zerlegbarkeit in einzelne Zehen gilt er als Symbol der Fruchtbarkeit, und wegen seines Geruchs schreibt man ihm schützende Eigenschaften zu. Ein Traum, in dem Knoblauch vorkommt, kann mit einer dieser beiden Bedeutungen in Beziehung stehen.

Psychologisch: Als Schutzamulett ist Knoblauch ein wichtiges Mittel gegen das Böse. Er schützt auf der körperlichen Ebene das Herz und hilft daher gegen Angst.

Spirituell: Auf dieser Ebene symbolisiert Knoblauch im Traum Magie.

KNOCHEN

auch → Körper

Allgemein: Wenn im Traum Knochen eine Rolle spielen, verlangt dies in der Regel vom Träumenden, sich darüber Klarheit zu verschaffen, was er als seine Grundsubstanz betrachtet. Er muß »zum Elementaren zurückkehren«. Handelt der Traum von einem Hund, der einen Knochen frißt, heißt dies, daß der Träumende mehr auf seine Grundinstinkte hören soll. Findet der Träumende in seinem Traum einen Knochen, deutet dies auf etwas Wesentliches hin, das er in einer bestimmten Situation nicht betrachtet hat.

Psychologisch: Von einem Skelett zu träumen, deutet darauf hin, daß der Träumende die Struktur seines Lebens überdenken sollte.

Spirituell: Knochen sind ein wichtiger Bestandteil des menschlichen Körpers. Häufig sind sie der Schlüssel zu den Belangen von Tod und Wiederauferstehung.

KNOCHENMARK

Allgemein: Weil das Knochenmark die Lebenskraft und Stärke eines Menschen symbolisiert, verkörpert ein Traum, in dem Knochenmark vorkommt, die Lebensqualität, die sich der Träumende wünscht.

Psychologisch: Vielleicht ist dem Träumenden bewußt, daß er sich nicht im Gleichgewicht befindet und möglicherweise in Schwierigkeiten ist. Ein Traum von Knochenmark kann auf ein Ungleichgewicht hinweisen.

Spirituell: Ähnlich wie das Knochenmark im Körper etwas mit der Lebenskraft zu tun hat, kann es im Traum auf spirituelle Kraft verweisen.

KNOSPE

Allgemein: Von einer Knospe zu träumen bedeutet, daß der Träumende eine neue Art zu leben entfaltet, neue Erfahrungen macht oder neue Gefühle kennenlernt. Stirbt die Knospe ab oder verwelkt sie, deutet dies auf das Scheitern eines Vorhabens hin.

Psychologisch: Neue Ideen und Denkweisen bergen ein großes Potential, welches der Träumende bisher nicht angezapft hat.

Spirituell: Auf der spirituellen Ebene symbolisiert die Knospe im Traum die sich vor dem Träumenden entfaltende Welt in ihrer ganzen Beeinflußbarkeit.

KNOTEN

Allgemein: Ein Knoten in seiner negativen Bedeutung kann für ein heilloses Durcheinander und für scheinbar unlösbare Probleme stehen. Die Lösung kann nur Schritt für Schritt »ausgetüftelt« werden. In seiner positiven Bedeutung kann ein Knoten die Bande symbolisieren, die den Träumenden mit seiner Familie, seinen Freunden oder der Arbeit verbinden.

Psychologisch: Sieht der Träumende in seinem Traum einen einfachen Knoten, könnte dies sein Bedürfnis darstellen, bei einem Vorhaben eine andere Richtung einzuschlagen. Ein komplizierter Knoten verweist möglicherweise darauf, daß er in einer Situation durch ein Gefühl von Verpflichtung oder Schuld blockiert ist. Wahrscheinlich braucht der Träumende in einem solchen Fall seine Einbindung in die Beziehung zu einem anderen Menschen oder in eine Arbeitssituation lediglich zu lockern. Die Vorstellung, einen gordischen Knoten durchschlagen zu müssen, ist falsch.

Spirituell: Auf dieser Ebene steht der Knoten im Traum für spirituelle Kontinuität oder Verbindung.

KNÜPPEL

Allgemein: Handelt ein Traum davon, daß der Träumende einen anderen Menschen mit einem Knüppel schlägt, deutet dies auf innere Gewalttätigkeit hin, die nicht zum Ausdruck gekommen ist. Es kann sich auch um gefährliche Autoaggression handeln.

Psychologisch: Der Träumende verfügt über ein großes Maß an Kraft, für das er ein Ventil finden muß, um nicht die Kontrolle darüber zu verlieren.

Spirituell: Auf der spirituellen Ebene symbolisiert der Knüppel das Männliche, auch wenn etwas Grausames damit zum Ausdruck kommt.

KOBOLD

Allgemein: Wenn ein Kobold im Traum auftaucht, sagt er dem Träumenden meist Unordnung und Schwierigkeiten voraus. Ein Kobold hat häufig eine ähnliche Bedeutung wie der Teufel (→ Teufel), der den Träumenden quält, ihm Schwierigkeiten bereitet und Schaden zufügt.

Psychologisch: Ein Kobold kann die unkontrollierten, negativen Persönlichkeitsanteile des Träumenden zum Ausdruck bringen. Er schafft instinktiv Chaos und hat daran große Freude. Der Traum kann ein Hinweis auf Kontrollverlust sein.

Spirituell: Auf der spirituellen Ebene kann der Teufel in seiner Eigenschaft als Verführer im Traum als Kobold oder als Manifestation einer besonders störenden Figur auftauchen.

KOCHEN

Allgemein: Wenn der Träumende in seinem Traum etwas kocht, bedeutet dies, daß er Nahrung zubereiten oder Hunger stillen will. Weder Nahrung noch Hunger müssen sich auf die körperliche Ebene beschränken, sondern können etwas Subtileres darstellen, wie etwa den Wunsch, eine offene Chance richtig zu nutzen.

Psychologisch: Damit der Träumende in seinem Leben erfolgreich vorankommt, muß er vielleicht bestimmte Teile seiner Existenz auf eine neue Weise zusammensetzen. Wenn sich der Träumende in seinem Traum mit Kochen beschäftigt, wird dieser Sachverhalt unterstrichen. Begabungen müssen genährt und gepflegt werden, wenn sie nicht verkümmern sollen.

Spirituell: Auf der spirituellen Ebene kann Kochen im Traum ein hohes Maß an Kreativität symbolisieren.

KÖDER

Allgemein: Wird im Traum einer Frau ein Köder ausgelegt, kann dies ihre Zweifel darüber ausdrücken, ob sie für einen erwünschten Partner attraktiv genug ist. Vielleicht glaubt die Träumende, den Kandidaten für eine Partnerschaft in eine Falle locken und umgarnen zu müssen.

Psychologisch: Der Köder im Traum kann sich auch auf einen Persönlichkeitsanteil des Träumenden beziehen, der eigens auf raffinierte Weise hervorgelockt werden muß, damit er in der Gesamtpersönlichkeit integriert werden kann.

Spirituell: Auf der spirituellen Ebene signalisiert der Köder im Traum ein gefährliches Spiel mit dem Bösen, welches der Träumende auf irgendeine Art »reizen« muß, damit es ihm in die Falle geht und schließlich kontrolliert werden kann.

KÖNIG

→ Menschen

KÖNIGIN

→ Menschen

KÖRPER

Allgemein: Der Körper als Traumsymbol ist das Abbild des Menschen mit all seinen Eigenschaften und Eigenheiten. Im Traum symbolisiert der Körper oft das Ich (siehe »Einführung in die Traumarbeit«). Da sich der Mensch als Säugling zuallererst als »körperlich« erlebt, ist der Körper seine erste Informationsquelle.

Psychologisch: Die meisten psychischen und emotionalen Erfahrungen des Menschen überträgt er in Körpergefühle. Daher sind sie für Träume eine reiche Symbolquelle. Wenn sich der Träumende seinen Gefühlen auf der Bewußtseinsebene nicht stellen will, kommen sie oft als verzerrte Traumsymbole zum Ausdruck.

Die verschiedenen Körperteile und -bereiche können unterschiedliche Bedeutungen haben. Beispielsweise symbolisiert der *Oberkörper* die Verbindung mit dem Geist und den spirituellen Anteilen des Charakters, während der *Unterleib* für Triebe, Instinkte und emotionale Anteile des Charakters steht. Ein Konflikt zwischen Oberkörper und Unterleib weist auf eine gestörte Harmonie zwischen den mentalen Funktionen und dem instinktiven Verhalten des Träumenden hin. Der *Kopf* eines Erwachsenen auf einem kindlichen Körper oder der Kopf eines Kindes auf dem Körper eines Erwachsenen deutet darauf hin, daß der Träumende den Unterschied zwischen reifem Denken und Emotion erkennen muß. Wenn die *rechte Körperseite* oder die rechte Hand im Traum eine besondere Rolle spielt, bedeutet dies, daß der Träumende die logische Seite seiner Persönlichkeit zur Kenntnis nehmen sollte. Die *linke Körperseite* und die linke Hand hingegen machen deutlich, daß er sich seiner intuitiven, kreativen Anteile bewußt werden muß. Im einzelnen können Körperteile im Traum folgendermaßen gedeutet werden:

Anus: Die erste Erfahrung seiner Macht hat das Kind, wenn es die Kontrolle über seine Ausscheidungsorgane erlangt. Im Traum kehrt der Geist des Träumenden zu dieser Erfahrung zurück, entweder um Selbstvertrauen zu tanken und Selbstverwirklichung ins Auge zu fassen oder um in Sachen Unterdrückung und Abwehr aufzurüsten. Ein solches Traumsymbol verweist daher auf kindisches Verhalten oder Egoismus (auch → Exkremente).

Arme: Die Arme können im Traum in vielerlei Hinsicht zum Einsatz kommen. Vielleicht verteidigt sich der Träumende, oder er kämpft oder wird festgehalten. Möglicherweise dienen sie auch dem Ausdruck leidenschaftlichen Engagements.

Auge: Träume, in denen die Augen eine Rolle spielen, haben etwas mit Beobachtung und kritischem Urteilsvermögen zu tun. Sie werden in Verbindung gebracht mit Erleuchtung und Weisheit, mit Schutz und Stabilität. In alten Deutungen des Traumsymbols Augen wurden sie mit der Kraft des Lichts und den Sonnengöttern assoziiert. Als ägyptisches Symbol ist das Auge auch ein Talisman. Der Verlust des Augenlichts stellt die verlorengegangene Klarheit dar, und je nachdem, welches Auge erblindet ist, kann es sowohl den Verlust der Logik (rechtes Auge) als auch der Intuition (linkes Auge) symbolisieren. Wenn man im Traum sein Augenlicht zurückerlangt, kann dies auf die Rückkehr zur Unschuld und Klarsichtigkeit eines Kindes hindeuten.

Blut: Von Blut zu träumen, symbolisiert entweder die Annahme des Träumenden, daß auf einer bestimmten Ebene ein Opfer dargebracht wurde. Dies stellt eine Verbindung zu der alten Vorstellung her, Blut enthalte auf irgendeine Weise das Leben des Geistes, und daher sei vergossenes Blut heilig. Oder aber es symbolisiert wegen seiner Verbindung mit der Menstruation die Erneuerung des Lebens. Viele Menschen fürchten sich vor Blut, und daher kann ein Traum, in dem Blut eine Rolle spielt, das Bedürfnis signalisieren, mit diesen Ängsten ins reine zu kommen. Auf der spirituellen Ebene kann das Blut im Traum jenes des Christus repräsentieren (auch → Menstruation).

Brüste: Im allgemeinen deuten Brüste im Traum auf die Nähe des Träumenden zu seiner Mutter und auf seinen Wunsch hin, ernährt zu werden. Ein Traum mit diesem Traumsymbol kann auch die Sehnsucht des Träumenden spürbar machen, wieder ein von Verantwortungen freies Kind zu sein.

Daumen: Der Daumen im Traum deutet an, daß dem Träumenden bewußt ist, wieviel Kraft er hat. Ein nach oben gerichteter Daumen stellt günstige Energien dar, ein nach unten weisender Daumen negative.

Ferse: Die Ferse ist der Teil des Körpers, der zugleich sehr stark, aber auch äußerst verletzbar ist.

Gliedmaßen: Ob es nun etwas mit dem Zellgedächtnis zu tun hat oder mit dem Wachstumsprozeß, jedenfalls können alle Gliedmaßen im Traum ein Symbol für Sexualität und für die mit ihr verbundenen Ängste sein. Abgerissene oder abgeschnittene Gliedmaßen zeigen, daß der Träumende von einem Menschen oder einem Ereignis sozusagen auseinandergerissen worden ist. Dies kann von ihm verlangen, sein Leben neu zu ordnen und von vorn zu beginnen. Manchmal kann dieses Traumbild auch darauf hindeuten, daß er in irgendeiner Weise im innersten Kern seiner Existenz bedroht ist.

Haare: Sie repräsentieren Stärke und Potenz. Kämmt sich der Träumende in seinem Traum die Haare, versucht er eine bestimmte persönliche Einstellung aufzulösen. Werden ihm die Haare geschnitten, heißt dies, daß er versucht, Ordnung in sein Leben zu bringen. Schneidet der Träumende einem anderen Menschen die Haare, kann dies anzeigen, daß der Träumende in seinen Aktivitäten zurücksteckt. Dies bezieht sich unter Umständen auf eine sexuelle Beziehung, die mit Ängsten oder Zweifeln belastet ist. Wenn der Träumende in seinem Traum kahlköpfig ist, weiß er um seine eigene Intelligenz.

Hand: Die Hände sind einer der ausdrucksstärksten Teile des menschlichen Körpers; sie symbolisieren Kraft und Kreativität. *Vergleicht* der Träumende seine beiden Hände miteinander, oder hält er in jeder einen anderen Gegenstand, zeigt dies möglicherweise einen Konflikt zwischen seinen Überzeugungen und seinen Gefühlen. Eine *Hand auf der Brust* symbolisiert Unterwerfung. Ein *Händedruck* deutet auf Vereinigung und Freundschaft hin, zu *Fäusten* geballte Hände hingegen signalisieren Bedrohung. *Gefaltete Hände* drücken tiefe Gelassenheit aus oder einen Zustand der Ruhe. Eine die *Augen verdeckende Hand* stellt im allgemeinen Scham oder entsetzliche Angst dar, während an den *Handgelenken gekreuzte Hände* ausdrücken, daß der Träumende gefesselt ist. Eine *geöffnete Hand* stellt Gerechtigkeit dar, und *Handauflegen* symbolisiert Heilung und Segnung – besonders wenn die Hand auf dem Nacken aufgelegt wird. *Zusammengelegte Hände* sind ein Hinweis auf Wehrlosigkeit. Liegt die *Hand in der Hand* eines anderen Menschen, ist dies ein Hinweis auf das Versprechen von Diensten. *Erhobene Hände* bedeuten Anbetung, Gebet oder Unterwerfung. Wenn die *Handflächen* nach außen gewendet sind, segnen sie, und wenn sie zum Kopf erhoben sind, sollte der Träumende sich aufmerksam mit seiner Situation befassen und über sie nachdenken. *Händewaschen* signalisiert Unschuld oder das Zurückweisen von Schuld, während *Händeringen* tiefen Kummer symbolisiert. Eine *riesige Hand*, besonders wenn sie vom Himmel kommt, ist ein Hinweis darauf, daß der Träumende »besonders« auserwählt ist. Die *rechte Hand* ist die Hand der Macht, die *linke Hand* hingegen die passive und empfangende. Manchmal kann sie im Traum Betrug symbolisieren. Die *ausgestreckten Hände* zeigen das Verlangen des Träumenden nach etwas, was er nicht hat. Dies kann emotionaler wie auch materieller Natur sein, jedenfalls versucht er andere Menschen durch seine Bedürftigkeit zu kontrollieren. Oder aber der Träumende bemüht sich, ein Konzept zu erfassen beziehungsweise eine Möglichkeit zu ergreifen, die außerhalb seiner Reichweite oder seines Verständnisses zu liegen scheint.

Haut: Im Traum symbolisiert sie die Fassade, welche der Träumende für andere Menschen aufbaut. Harte, rauhe oder zähe Haut signalisiert das »dicke Fell«, welches der Träumende sich zugelegt hat und mit dem er versucht, sich zu schützen.

Herz: Es ist das Zentrum des Seins und repräsentiert »emotionale« Weisheit statt intellektueller Klugheit.

Kehle: Sie zeigt, daß der Träumende sich seiner Verletzbarkeit bewußt ist oder sein Bedürfnis nach Selbstausdruck spürt.

Kinn: Es symbolisiert den Selbstausdruck des Träumenden.

Knie: Sie sind ein Symbol des Gebets, der Anerkennung und des emotionalen Engagements.

Kopf: Der Kopf wird als Hauptteil des Körpers betrachtet. Er stellt Macht und Weisheit dar, weil er der Sitz der Lebenskraft ist. Wenn ein Traum von einem Kopf handelt, dann verlangt dies vom Träumenden, sehr sorgfältig darauf zu achten, wie er sowohl mit Intelligenz als auch mit Torheit umgeht. Wenn er von einem *gesenkten Kopf* träumt, deutet dies demütiges Bitten an. Ein *verhüllter Kopf* könnte die Intelligenz des Träumenden verhüllen oder ein Signal dafür sein, daß er die Überlegenheit eines anderen Menschen anerkennt. Ein *Schlag auf den Kopf* verlangt vom Träumenden, daß er seine Handlungen in einer bestimmten Situation überdenken muß.

Leber: Die Leber verkörpert Gereiztheit und unterdrückten Zorn.

Lunge: In der chinesischen Medizin symbolisiert sie Trauer und Kummer. Sie spielt außerdem eine wichtige Rolle beim Treffen von Entscheidungen. Auf der spirituellen Ebene ist die Lunge der Sitz der Selbstgerechtigkeit und der Ursprung der Gedanken über das Selbst.

Mund: Er repräsentiert den verschlingenden beziehungsweise den empfangenden Teil der Persönlichkeit. Die Umstände im Traum geben vielleicht Aufschluß über die richtige Deutung. Der Mund kann manchmal auch für die weibliche Seite des Träumenden stehen.

Nase: Im Traum symbolisiert sie Neugier, aber auch Intuition.

Niere: Sie ist ein Organ der Ausscheidung; wenn es im Traum eine Rolle spielt, dann deutet dies auf die Notwendigkeit für den

Träumenden hin, sich einer Reinigung zu unterziehen.

Penis: In der Regel illustriert er die Einstellung des Träumenden zu penetrierender Sexualität. Dabei kann es sich um den eigenen Penis oder um den einer anderen Person handeln.

Rücken: Wenn dem Träumenden in seinem Traum ein anderer Mensch den Rücken zuwendet, sollte er die intimeren Elemente seines Charakters kennenlernen. Er muß sich mit dem Gedanken konfrontieren, daß ihn andere Menschen – zum gegenwärtigen Zeitpunkt – nicht an ihren Gedanken teilhaben lassen wollen. Möglicherweise zeigt die Haltung auch eine stärkere Verletzbarkeit des Träumenden durch das Unerwartete. Wenn er selbst in seinem Traum einem Menschen oder Gegenstand den Rücken zukehrt, wehrt er damit das spezielle Gefühl ab, welches er im Traum gerade erlebt.

Rückgrat: Wenn das Rückgrat im Traum besonders wichtig ist, sollte der Träumende überlegen, welche Strukturen ihn im Leben hauptsächlich unterstützen. Auf der intellektuellen Ebene sollte er darüber nachdenken, wie stabil sein Charakter ist.

Schoß: Der Schoß repräsentiert die Rückkehr zum Ursprung. Der Träumende hat ein Bedürfnis nach grundlegender Sicherheit und nach Schutz, oder aber er weist Verantwortung zurück. Auf der spirituellen Ebene stellt der Schoß die Verbindung des Träumenden mit der Großen Mutter oder mit Mutter Erde dar. Wenn er träumt, er würde in den Schoß zurückkehren, ist dies ein Hinweis auf sein Bedürfnis, sich wieder mit der passiven und nachgiebigen Seite seines Wesens zu verbinden. Vielleicht braucht der Träumende Zeit für seine Selbstheilung und Genesung.

Unterleib/Magen/Bauch: Wenn sich der Traum um diese Körperteile zu drehen scheint, muß sich der Träumende auf Emotionen und unterdrückte Gefühle konzentrieren.

Urin: Sein Erscheinen im Traum kann oft auf die Haltung des Träumenden hinsichtlich emotionaler Kontrolle hindeuten. Entweder er staut seine Gefühle auf, oder er gibt ihnen nach. Der Umgang mit seinem Urin gewährt dem Träumenden auch einen guten Einblick in den Umgang mit seiner Sexualität.

Vagina: Meist haben Träume von der Vagina etwas mit dem Selbstbild des Träumenden zu tun. Im Traum einer Frau betont sie ihre Empfänglichkeit. Im Traum eines Mannes deutet sie auf sein Bedürfnis hin, sowohl körperlich als auch geistig zu durchdringen.

Zähne: In der traditionellen Traumdeutung ging man davon aus, daß Zähne im Traum eine aggressive Sexualität darstellen. Korrekter ist es, sie mit dem Wachstumsprozeß zur sexuellen Reife in Verbindung zu bringen. Ausfallende oder lockere Zähne deuten an, daß dem Träumenden bewußt ist, daß er eine Form des Übergangs durchlebt, der vergleichbar ist mit dem Schritt vom Kind zum Erwachsenen oder vom Erwachsenen zu Alter und Hilflosigkeit. Wenn jemand im Traum fürchtet, ihm könnten die Zähne ausfallen, geht es um die Angst, alt und nicht mehr begehrenswert zu sein, oder um die Angst vor dem Erwachsenwerden. Träumt eine Frau davon, Zähne verschluckt zu haben, kann dies auf eine Schwangerschaft schließen lassen.

Zunge: Im Traum symbolisiert sie die Fähigkeit des Träumenden, genau zu wissen, wann er sprechen und wann er besser schweigen soll. Sie kann auch etwas damit zu tun haben, wie der Träumende die Information versteht, die er an andere weitergeben will. Vielleicht hat er tiefe Überzeugungen, die er mitteilen möchte. Eine andere, grundlegendere Erklärung verbindet die Zunge im Traum mit der Schlange und dem Phallus und daher letztlich mit der Sexualität.

Spirituell: Auf dieser Ebene ist der Körper im Traum der physische Ausdruck innerer Spiritualität.

KÖRPERHALTUNG

Allgemein: Die Körpersprache ist ein wichtiger Aspekt in Träumen. Vielleicht bewegen sich die Traumfiguren übertrieben, oder sie posieren auf sonderbare Weise, dann wird eine bestimmte Information hervorgehoben, die der Träumende entschlüsseln muß.

Psychologisch: Wie im Wachzustand, spiegelt sich auch im Traum die Geisteshaltung, Stimmung oder Gefühlslage des Menschen in seinem Körper wider. Jede Geste, Haltung und Bewegung hat auf einer tieferen Ebene ein Gegenstück, welches Minderwertigkeitsgefühle, Selbstvertrauen, Aggression, Unterwerfung und vieles mehr zum Ausdruck bringen kann.

Spirituell: Es gibt viele Systeme, die sich bestimmter Körperhaltungen bedienen, um die spirituelle Entwicklung voranzutreiben. Yoga, Tai Ch'i und Aikido sind nur einige von ihnen.

KOFFER

auch → Gepäck, → Reisegepäck

Allgemein: Früher wurde der Traum von einem Koffer als bevorstehende Reise, möglicherweise über längere Zeit, gedeutet. Heute, da Reisen zu etwas Alltäglichem geworden ist, liegt es näher, das Traumsymbol Koffer als Aufbewahrungsort für alte Dinge zu sehen und daher auf alte, längst überholte Ideen und Vorstellungen zu schließen.

Psychologisch: Manche Menschen verhalten sich wie Hamster und bewahren allen möglichen Kram, sei er materieller oder geistiger Natur, lange Zeit auf. Wenn im Traum ein Koffer vorkommt, bedeutet dies, daß es an der Zeit ist, den »Deckel zu öffnen« und den Mut aufzubringen, um die ausgedienten Dinge auszusortieren. Meist tritt der Traum von einem Koffer wiederholt auf, da der Mensch zwar grundsätzlich bereit ist, Nutzloses auszurangieren, mit der tatsächlichen Durchführung aber weniger gut zurechtkommt. Findet der Träumende einen Wertgegenstand, wie zum Beispiel einen Edelstein, im Koffer, bedeutet das, daß er auf viel Gutes stoßen kann, wenn er sich zu einem persönlichen »Frühjahrsputz« durchringt.

Spirituell: Auf der spirituellen Ebene bedeutet ein Koffer im Traum, daß der Träumende die verborgenen Tiefen seines Selbst erforschen muß.

KOKON

Allgemein: Ein Kokon im Traum bedeutet erstens ein Handlungspotential, welches der Träumende bisher noch nicht erkannt hat, und zweitens Schutz für ein Vorhaben, das ruhen muß, bis die Zeit reif ist, um es voranzutreiben.

Psychologisch: Es geschehen innere Veränderungen mit dem Träumenden, jedoch auf einer sehr subtilen Ebene, die von ihm nicht unmittelbar erkennbar ist.

Spirituell: Auf der spirituellen Ebene symbolisiert der Kokon im Traum eine Metamorphose und magische Kraft.

KOLBEN

auch → Motor

Allgemein: Ein Kolben im Traum kann sexuelle Aktivität oder den Sexualtrieb darstellen. Als Traumsymbol weist er eher auf einen mechanischen Akt hin als auf einen Liebesakt. Dies zeigt dem Träumenden vielleicht seine Einstellung zu seiner Sexualität. Im Traum einer Frau kann ein Kolben ihre Angst enthüllen, sexuell verletzt zu werden. Vielleicht fühlt sie sich benutzt und vermißt Zärtlichkeit. Im Traum eines Mannes kann ein solches Traumbild auf sein Identitätsgefühl und auf seine Männlichkeit hinweisen. Wenn der Kolben nicht steif ist, verbirgt sich dahinter möglicherweise seine Angst vor Impotenz. Im Traum einer Frau könnte dieses Bild auf einen Mangel an Vertrauen in ihren Partner schließen lassen.

Psychologisch: Ein Kolben kann auch das Streben nach Erfolg symbolisieren. Vielleicht muß der Träumende seine Bemühungen verstärken, wenn er sein Ziel tatsächlich erreichen will. Möglicherweise wird er erkennen, daß eine konzentrierte Anstrengung, die recht mechanisch sein kann, in diesem Stadium eine kreativere

Note erhält. Ein Kolben, der ja nur ein Teil einer Maschine ist, braucht die restlichen Bestandteile des Motors, wenn er Leistung erbringen soll. Nicht zuletzt ist Kraftstoff vonnöten, wenn der Träumende in einem bestimmten Entwicklungsstadium mechanisch handeln muß.

Spirituell: Der spirituelle Trieb, das heißt das Verlangen nach Ganzheitlichkeit, bedarf eines vollständigen Einsatzes, und die Chancen auf Erfolg für den Träumenden stehen besser, wenn er seine Ressourcen richtig nutzt.

KOMET

Allgemein: Wenn der Träumende in seinem Traum einen Kometen sieht, erkennt er, daß möglicherweise sehr schnell Umstände entstehen können, über die er keine Kontrolle hat. Das Ergebnis ist vielleicht unvermeidbar.

Psychologisch: Vielleicht kommt die Antwort auf ein Problem mit Lichtgeschwindigkeit auf den Träumenden zu.

Spirituell: Auf der spirituellen Ebene kann der Komet im Traum auf nahende Schwierigkeiten, Krieg, Feuer oder eine andere Gefahr hinweisen.

KOMPASS

Allgemein: Sieht sich der Träumende in seinem Traum mit einem Kompaß hantieren, dann ist dies Ausdruck seines Versuchs, die richtige Richtung oder eine Betätigung für den eingeschlagenen Weg zu finden. Es ist wichtig, daß der Träumende alle Richtungen, die ihm angeboten werden, sieht, in Erwägung zieht und schließlich eine von ihnen, die für ihn die richtige ist, konsequent verfolgt.

Psychologisch: Ein Kompaß im Traum ist von ähnlicher Bedeutung wie ein Kreis. Er stellt die Quelle des Lebens dar und symbolisiert manchmal auch Gerechtigkeit.

Spirituell: Wenn der Träumende versucht, eine Richtung oder manchmal auch seine eigenen Grenzen zu finden, braucht er auf der spirituellen Ebene einen Kompaß, sprich: Unterstützung.

KOPF

→ Körper

KORB

Allgemein: Handelt ein Traum von einem Korb, heißt dies, daß der Träumende von völliger Erfüllung und absolutem Überfluß träumt. Dies gilt vor allem dann, wenn der Korb gefüllt ist.

Psychologisch: Wenn sich der Träumende in seinem Traum bemüht, einen Korb zu füllen, kann dies bedeuten, daß er sich das Ziel gesetzt hat, seine Talente und Fähigkeiten zum Ausdruck zu bringen und, wenn möglich, noch zu steigern.

Spirituell: Auf der spirituellen Ebene bedeutet ein mit Brot gefüllter

Korb im Traum die Bereitschaft des Träumenden, sein Leben sowie seinen gesamten geistigen oder materiellen Besitz mit anderen Menschen zu teilen.

KORRIDOR

Allgemein: Wenn ein Traum davon handelt, daß sich der Träumende in einem Korridor aufhält, dann befindet er sich in der Regel in einem Durchgangsstadium. Möglicherweise bewegt sich der Träumende von einem Zustand in den nächsten oder wechselt zwischen zwei Seinszuständen.

Psychologisch: Vielleicht ist der Träumende in einer unbefriedigenden Situation, aber dennoch nicht fähig, eine andere Entscheidung zu treffen, als das Unvermeidbare zu akzeptieren.

Spirituell: Der Träumende befindet sich in einem spirituellen Zwischenzustand.

KORUND

→ Edelsteine

KOSMETIK

auch → Schminken

Allgemein: Wenn der Träumende in seinem Traum Kosmetik benutzt, möchte er seine natürliche Schönheit unterstreichen und seine Probleme auf- oder zudecken. Wendet er die Kosmetik bei einem anderen Menschen an, muß er diesen Menschen im wahrsten Sinne des Wortes »zurechtmachen«, das heißt, er versucht ihn grundlegend zu ändern.

Psychologisch: Der Träumende meint, sein Aussehen oder Image würde nicht den Anforderungen genügen. Daher trägt er eine Fassade auf, bevor er sich anderen Menschen zeigt.

Spirituell: Auf der spirituellen Ebene bedeutet Kosmetik im Traum, daß sich die Persönlichkeit des Träumenden in vielerlei Gestalten zeigen kann.

KRÄHE

→ Vögel

KRAN

Allgemein: Wenn ein Traum von einem Kran auf einer Baustelle handelt, will dies dem Träumenden meist sagen, daß er ein höheres Maß an Bewußtheit entwickeln sollte. Er muß sich stärker darum bemühen, die allgegenwärtigen oder universellen Auswirkungen seiner Handlungen zu verstehen.

Psychologisch: Der Träumende ist dazu in der Lage, in Situationen, in denen dies erforderlich ist, Kontrolle oder Prestige zu erlangen, um auf diesem Wege seinen Vorteil auszubauen.

Spirituell: Auf der spirituellen Ebene steht der Kran im Traum für eine göttliche Botschaft, für Zwiesprache mit den Göttern und die Fähigkeit, eine höhere Bewußtseinsstufe zu erlangen.

KRANKENHAUS

auch → Operation

Allgemein: Die genaue Deutung dieses Traumsymbols hängt von der Einstellung des Träumenden zu Krankenhäusern ab. Wenn ein Krankenhaus im Traum auftaucht, kann es entweder einen Ort der Sicherheit darstellen oder aber einen Ort, an dem das Dasein bedroht und verletzbar ist. Faßt man es als Ort des Heilens auf, dann stellt es den Teil des eigenen Selbst dar, das weiß, wann eine Ruhepause von Verpflichtungen und Schwierigkeiten nötig ist und wann der Träumende es zulassen kann, daß sich andere um ihn kümmern. Wenn Krankenhäuser auf den Träumenden bedrohlich wirken, kann dies seinen Grund darin haben, daß er sich bewußt ist, daß er »loslassen«, sich anderen Menschen ausliefern und den Dingen ihren Lauf lassen muß, damit sich seine Situation verbessern kann.

Psychologisch: Handelt ein Traum davon, daß der Träumende im Krankenhaus liegt, kann es sein, daß er auf der geistigen Ebene einen Übergang erlebt. Hatten in der ursprünglichen Situation die Dinge keinen guten Verlauf genommen, so findet der Träumende jetzt zu einer besseren Einstellung, bei der sich alles zum Guten entwickelt. Wenn der Träumende einen anderen Menschen im Krankenhaus besucht, verweist dies darauf, daß ihm bewußt ist, daß sich ein Teil seiner selbst vielleicht nicht wohlfühlt, krank ist und Aufmerksamkeit braucht, damit die Klarheit zurückkehren kann.

Spirituell: Auf der spirituellen Ebene symbolisiert das Krankenhaus im Traum eine heilende Umwelt, in der die Dinge in einen Balancezustand gebracht werden können.

KRANKENSCHWESTER

→ Pflegende Berufe unter Menschen

KRANKHEIT

auch → Übelkeit

Allgemein: Was das Leben uns auch bieten mag, vielleicht bleiben dem Träumenden schmerzliche Erinnerungen, Zorn und Schwierigkeiten. Im Traum können diese Erinnerungen und Gefühle als Krankheit an die Oberfläche kommen. Manchmal sagt ein solcher Traum auch eine wirkliche Krankheit vorher, aber meistens stellt sie dar, wie der Träumende mit seinen Angelegenheiten umgeht. Krankheit bedeutet, daß der Träumende nicht dazu in der Lage ist, Kontakt zu einer Kraft aufzunehmen, die ihm dabei hilft, Schwierigkeiten zu überwinden.

Psychologisch: Wenn der Träumende in seinem Traum krank ist, ringt er in der Regel mit einem Teil seiner Persönlichkeit. Der Traum bietet häufig auch eine Methode an, mit der solche Schwierigkeiten bewältigt werden können. Medikamente oder eine Operation geben entsprechende Hinweise. Krankheit kann auch auf die Angst des Träumenden hindeuten, die Menschen seiner Umgebung würden sich nicht genügend um ihn kümmern.

Spirituell: Im Traum kann fehlende spirituelle Klarheit als Krankheit erlebt werden.

KRANZ

Allgemein: Ein Kranz kann ein Sinnbild für Ehre sein. Als Kreis symbolisiert er Dauer und Vollkommenheit sowie ewiges Leben. Erhält der Träumende in seinem Traum einen Kranz, bedeutet dies, daß er ausgewählt und vielleicht ausgezeichnet wird. Der Kranz im Traum kann auch an die Möglichkeit des eigenen Todes erinnern. Gibt der Träumende einem anderen Menschen einen Kranz, drückt dies die Bedeutung seiner Beziehung zu dieser Person aus.

Psychologisch: Der Kranz kann als Traumbild die gleiche Bedeutung haben wie andere bindende Gegenstände, beispielsweise wie Halfter und Geschirr. Er stellt eine Verbindung her, die nicht durchtrennt werden kann, oder ein Opfer, das akzeptiert werden muß.

Spirituell: Auf spiritueller Ebene hat der Kranz im Traum drei Bedeutungen: Hingabe, Opfer oder Tod (Wandel). Welche zutrifft, hängt vom Traumzusammenhang ab.

KRAWATTE

→ Kleidung

KREBS
(Krankheit)

Allgemein: Die Angst vor Krebs gehört zu den grundlegenden Ängsten, mit denen sich der Mensch auseinandersetzen muß. Wenn also ein Traum von dieser Krankheit handelt, verweist dies darauf, daß der Träumende mit seinem Körper nicht mehr im Einklang ist. Es deutet auf die Angst vor Krankheit im allgemeinen hin und kann gleichzeitig symbolisieren, daß der Träumende von etwas »aufgefressen« wird – in der Regel eine negative Idee oder Vorstellung.

Psychologisch: Möglicherweise hat der Träumende seine Ängste bereits auf einer rationalen Ebene durchgearbeitet, aber es bleiben noch immer ungeklärte Einstellungen und Glaubenshaltungen zurück, die sich belastend auswirken. Sie sind es, die im Traum die Form der Krankheit Krebs annehmen können.

Spirituell: Oft ermöglichen schwere Krisen und Krankheiten spirituelle Durchbrüche, die auf anderem Wege niemals erreicht werden könnten.

KREBS
(Tier)

auch → Tierkreis

Allgemein: Ein Krebs im Traum kann ein Hinweis auf Bemutterung, insbesondere auf eine »alles erdrückende« Liebe, sein, aber auch auf Unzuverlässigkeit und Selbstsüchtigkeit. Wegen seiner ungewöhnlichen Fortbewegungsweise wird der Krebs im Traum oft auch als Hinterhältigkeit gedeutet.

Psychologisch: Das Tier Krebs kann im Traum auf die Krankheit Krebs hinweisen oder auf etwas, was den Träumenden im übertragenen Sinn aufzufressen droht.

Spirituell: Der Krebs ist eines der zwölf astrologischen Zeichen und symbolisiert außerdem die Große Mutter.

KREIS

→ Geometrische Figuren

KREISLINIE

Allgemein: Wenn der Träumende in seinem Traum in einer Kreislinie festgehalten wird, dann soll er durch Traumbilder auf die Begrenzungen hingewiesen werden, die er sich selbst gesetzt hat. Befindet sich der Träumende außerhalb der Kreislinie, dann fühlt er sich vom Wissen ausgeschlossen und zweifelt folglich an seinem Wert.

Spirituell: Das Ziehen einer Kreislinie bedeutet spirituelle Begrenzung, die sich zeigende Welt oder Einfriedung.

KREUZ

→ Geometrische Figuren

KREUZIGUNG

→ Religiöse Bilder

KREUZUNG

Allgemein: Eine Kreuzung verweist im Traum auf eine Wahl, die der Träumende zwischen zwei Wegen treffen soll. Möglicherweise ist das Traumsymbol auch ein Hinweis darauf, daß zwei Gegensätze im Alltagsleben des Träumenden aufeinander treffen, der Träumende in der Folge etwas Entscheidendes verändern muß und dann seinen Weg konzentrierter fortsetzen kann. In der Regel stehen solche Prozesse, bei dem dem Träumenden bewußt sein muß, woher er kommt, in Verbindung mit der Karriere oder mit anderen entscheidenden Lebensveränderungen.

Psychologisch: Ein Kreuz, welches vielleicht in ein Muster eingewebt sein kann, bietet dem Träumenden Wahlmöglichkeiten an, die es ihm gestatten, entscheidende Weichen in seinem Leben zu stellen. Es ist überaus wichtig, in einer solchen Situation verantwortliche Entscheidungen zu treffen, denn wie oft blickt man zurück und sagt sich: »Ach, hätte ich doch damals anders entschieden.« Aber einen Weg zurück gibt es nicht. Wenn sich der Träumende in seinem Traum an einer Straßenkreuzung aufhält, befindet er sich in einer Situation, in der zwei entgegengesetzte Kräfte aufeinanderprallen – nicht im Konflikt, sondern in Harmonie.

Spirituell: In der Mythologie aller Völker zeigt sich, daß die Wahl, welche der Mensch vermeintlich an einer Wegkreuzung treffen darf, nur scheinbar ist, denn immer entscheidet er sich für den vom Schicksal bereits vorgezeichneten Weg.

KRIEG

Allgemein: Als Traumbild verweist Krieg stets auf einen Konflikt. Er hat weiterreichende Auswirkungen als ein Zweikampf und verlangt vom Träumenden, daß er sich die Folgen seines Handelns für andere Menschen stärker bewußt machen muß. Zugleich soll der Träumende erkennen, daß er an einem Konflikt beteiligt ist, der sich nicht spontan entwickelt hat, sondern bewußt herbeigeführt wurde.

Psychologisch: Krieg ist letztendlich eine gewaltsame Art, um mit Elend und Unruhen fertig zu werden. Er sollte die Ordnung wiederherstellen, jedoch nicht auf friedlichem und zeitraubendem Weg, sondern rasch und gewaltsam. Als Traumsymbol steht der Krieg für diesen gewaltsamen Ordnungsprozeß, der sich momentan im Träumenden vollzieht.

Spirituell: Auf der spirituellen Ebene ist Krieg im Traum ein Symbol für den spirituellen Verfall. Der Träumende muß demnach erkennen, was gerade in seinem Leben zerbröckelt.

KRISTALL

→ Edelsteine

KRÖTE

→ Tiere

KROKODIL

Allgemein: Ein Traum von einem Krokodil oder einem anderen Reptil zeigt, daß sich der Träumende mit den angsterregenden niedrigeren Aspekten seiner Natur beschäftigt. Vielleicht glaubt er, keine Kontrolle über sie zu haben, und fürchtet, von ihnen verschlungen zu werden.

Psychologisch: Der Träumende läßt sich von seiner Angst vor dem Tod oder vor dem Sterben auffressen.

Spirituell: Auf der spirituellen Ebene symbolisiert ein Krokodil im Traum die Befreiung von den Begrenzungen der Welt.

KROKUS

→ Blumen

KRONE

Allgemein: Wenn ein Traum von einer Krone handelt, soll der Träumende seinen Erfolg erkennen und bemerken, daß er Möglichkeiten besitzt, sein Wissen und sein Bewußtsein zu erweitern. Vielleicht wird ihm für seine Verdienste demnächst eine Auszeichnung oder ein Preis verliehen.

Psychologisch: Eine Krone kann Sieg und Hingabe, besonders an Verpflichtungen, darstellen. Möglicherweise hat der Träumende sein Streben und seine Kraft auf ein bestimmtes Ziel gerichtet, und sein größter Sieg war der über seine eigene Trägheit.

Spirituell: Auf der spirituellen Ebene symbolisiert die Krone im Traum den Sieg über den Tod und Erfüllung.

KRÜCKE

Allgemein: Krücken im Traum symbolisieren das Bedürfnis des Träumenden nach Unterstützung oder die Tatsache, daß der Träumende selbst einen anderen Menschen unterstützen muß.

Psychologisch: Möglicherweise begegnet der Träumende anderen Menschen mit eingeschränkten Möglichkeiten mit Geringschätzung und muß daher sein Denken neu einstellen.

Spirituell: Indem der Mensch seine Spiritualität entwickelt, nimmt sein Bewußtsein in bezug auf die vielen Krücken, derer er sich bedient, zu. Diese Abhängigkeiten heißen Alkohol, Nikotin, Drogen, Medikamente, zwanghaftes Verhalten, oder es handelt sich um bestimmte Personen.

KRUG

auch → Vase

Allgemein: Ein Krug stellt wie alle Gefäße zunächst das weibliche Prinzip dar. Darüber hinaus symbolisiert er auch Elemente von Mütterlichkeit oder des Schutzes, die der Träumende in seinem Leben erkennt.

Psychologisch: Der Krug im Traum ist ein Symbol für das seelische Fassungsvermögen. Der Träumende muß überprüfen, in welchem Maß sein innerer Krug mit Freude, Trauer, Tränen, Erfüllung und ähnlichem gefüllt ist. Im Traum ist es entscheidend, was davon der Krug enthält.

Spirituell: Auf dieser Ebene verkörpert der Krug im Traum das spirituelle Potential des Träumenden.

KRUMME LINIE

Allgemein: Wenn im Traum eine gekrümmte Linie auftaucht, verlangt sie vom Träumenden, ihre Absonderlichkeit als etwas zur Kenntnis zu nehmen, das aus dem Gleichgewicht geraten oder reparaturbedürftig ist. Vielleicht herrscht bei dem Träumenden Unaufrichtigkeit im Umgang mit anderen Menschen vor. Die Linie kann sich auf einem Stück Papier befinden, sie kann aber auch als Menschen- oder Autoschlange auftreten.

Psychologisch: Der Träumende muß einsehen, daß er trotz seines gegenteiligen Bemühens von Wahrheit und Ehrlichkeit abgelenkt werden kann.

Spirituell: Abweichung von der Norm im spirituellen Sinn kann ein Abweichen von den selbstgesetzten Regeln sein.

KUCHEN

Allgemein: Ein Traum von einem Festtagskuchen (beispielsweise Hochzeits- oder Geburtstagskuchen) führt dem Träumenden vor Augen, daß es in seinem Leben einen Grund für Feierlichkeiten gibt. Das kann mit einem aktuellen Anlaß in Verbindung stehen oder aber als Hinweis auf die verstreichende Zeit dienen.

Psychologisch: Wenn der Träumende in seinem Traum einen Kuchen bäckt, symbolisiert dies seinen Wunsch, für andere Menschen zu sorgen oder ein inneres Bedürfnis zu pflegen.

Spirituell: Auf der spirituellen Ebene steht der Kuchen im Traum für Hingabe- und Genußfähigkeit.

KUCKUCK

→ Vögel

KÜCHE

Allgemein: Für die meisten Menschen ist die Küche das »Herz« des Hauses. Sie ist der Ort, von dem aus der Mensch in die Welt hinaustritt und zu dem er zurückkehrt. Im Traum kann die Küche die Mutter oder die Funktion der Mutter symbolisieren. Sie ist normalerweise der am stärksten belebte Raum im Inneren eines Hauses, und daher ist sie auch der Ort, an dem viele Beziehungen gefestigt werden und an dem viel Austausch stattfindet.

Psychologisch: Die Küche im Traum ist ein Ort der kreativen Kommunikation und in der Regel auch der Wärme und des Wohlbefindens. Sie stellt den häuslichen Anteil einer Frau dar.

Spirituell: Auf der spirituellen Ebene stellt die Küche im Traum Transformation und Veränderung von der Art dar, die der Träumende selbst wünscht und die ihm nicht aufgezwungen wird. Die Rituale, in deren Zentrum der Herd und das Herdfeuer stehen, sind ein bedeutsamer Teil der spirituellen Entwicklung.

KÜHLSCHRANK

auch → Speisekammer

Allgemein: Der Kühlschrank ist ein Symbol für Konservierung. Im Traum wird dies zur Selbsterhaltung und weist vielleicht darauf hin, daß der Träumende emotional oder sexuell erkaltet. Finden sich im Kühlschrank verdorbene Lebensmittel, kann dies darauf hindeuten, daß sich der Träumende nicht richtig genährt fühlt.

Psychologisch: Handelt ein Traum davon, daß der Träumende Speisereste in den Kühlschrank stellt, zeigt dies, daß er Groll aufstaut. Dies wiederum läßt seine Reaktionen auf Liebe und Zuneigung »abkühlen«.

Spirituell: Religiöse Askese kann sich bildlich als Kühlung darstellen.

KÜNDIGUNG

Allgemein: Eine Kündigung im Traum heißt, aufzugeben und sich bedeutender Veränderungen im Leben bewußt zu sein. Vielleicht muß der Träumende sein Leben überdenken und sich an den Gedanken gewöhnen, daß es Bereiche und Dinge gibt, die er aufgeben sollte. Kündigen im Sinne von einer Aufgabe zurücktreten ist ein Hinweis darauf, daß der Träumende den gegenwärtigen Zustand seines Lebens akzeptiert hat.

Psychologisch: Wenn man sich mit etwas abfindet, entsteht Resignation. Es scheint so, als habe der Träumende einen Punkt in seinem Leben erreicht, an dem er zu keinen weiteren Anstrengungen mehr fähig ist. Er hat dem Leben gekündigt. Manchmal kann es aber auch von Vorteil sein, wenn man sich fügt.

Spirituell: Auf dieser Ebene steht die Kündigung für die Einsicht, daß man sich dem Unvermeidlichen unterwerfen muß. Der Träumende ist fähig, loszulassen und den Kampf aufzugeben.

KÜNSTLER

Allgemein: Ein Künstler im Traum erinnert den Träumenden an den Künstler in ihm selbst. Er ist sich des Teils seiner selbst bewußt, der ihn mit der irrationalen, kreativen Seite des Unbewußten in Berührung bringt.

Psychologisch: Der Träumende wird aufgefordert, seiner Sehnsucht nach Kreativität Ausdruck zu verleihen.

Spirituell: Auf der spirituellen Ebene symbolisiert der Künstler im Traum oft den Schöpfer oder das Leitprinzip.

KUGEL

auch → Welt, → Geometrische Figuren

Allgemein: Wenn der Träumende in seinem Traum eine Kugel betrachtet – besonders wenn es sich um einen Globus handelt –, verweist dies darauf, daß er einen größeren Horizont erkennt. Die Engstirnigkeit wird nach und nach durch einen globaleren Erfahrungsradius ersetzt und die Wahrnehmung verfeinert. Betrachtet der Träumende eine Glaskugel, sieht er vielleicht einen Lebensstil, der zwar vollkommen, aber doch von der Außenwelt abgeschlossen ist. Die Kugel ist ein Symbol für die Ganzheitlichkeit des Lebens.

Psychologisch: Wenn ein Traum von einer Kugel handelt, dann hat er Macht und Würde zum Thema. Der Träumende spürt in sich die Kraft, eine lebenswerte Zukunft zu gestalten. Um diese Aufgabe zu bewältigen, muß der Träumende Verständnis aufbringen und sich eine globale Sichtweise aneignen.

Spirituell: Auf der spirituellen Ebene symbolisiert die Kugel im Traum den Wunsch des Träumenden nach Ganzheitlichkeit.

KUSS

auch → Sexualität

Allgemein: Wenn der Träumende in seinem Traum einen Menschen küßt, kann dies ein Hinweis darauf sein, daß er diese Person für eine Beziehung in Betracht zieht. Der Kuß kann aber auch bedeuten, daß der Träumende unbewußt eine Eigenschaft dieses Menschen in sich selbst sucht.

Psychologisch: Der Träumende besiegelt mit dem Kuß einen Pakt. Vielleicht ist er bereit, zu einer Übereinkunft zu kommen. Diese kann sexueller Natur sein, es kann sich jedoch auch um eine Freundschaft handeln. Wenn der Träumende geküßt wird, zeigt dies, daß er um seiner selbst willen geschätzt und geliebt wird.

Spirituell: Ein einziger Kuß (vielleicht auf die Stirn) hat häufig eine spirituelle und religiöse Färbung und symbolisiert eine spirituelle Segnung.

L

LABORATORIUM

Allgemein: Wenn der Träumende in seinem Traum in einem Laboratorium arbeitet, verweist dies darauf, daß er sein Leben systematischer in Angriff nehmen muß. Offenbar hat der Träumende bestimmte Fähigkeiten und eine bemerkenswerte Denkkapazität, die jedoch erst noch der Entwicklung bedürfen.

Psychologisch: Ein Laboratorium kann auf eine sehr geordnete Existenz hinweisen. Eine zwanghafte Lebenseinstellung ist daher nicht fern und blockiert den Träumenden in seinem kreativen Ausdruck.

Spirituell: Auf der spirituellen Ebene weist ein Laboratorium im Traum darauf hin, daß sich der Träumende in eine künstliche Spiritualität verstricken läßt, der das Herz fehlt.

LABYRINTH/ IRRGARTEN

Allgemein: Auf einer rein praktischen Ebene fordert das Labyrinth oder der Irrgarten im Traum den Träumenden dazu auf, die verborgene Seite seiner Persönlichkeit zu erforschen. Ein Labyrinth ist mit seinen Sackgassen und Windungen ein ausdrucksstarkes Symbol für das menschliche Wesen. Darüber hinaus verkörpert der Irrgarten verwirrte Gefühle und Vorstellungen oder widerstreitende Bedürfnisse und Meinungen. Auf dem Weg durch diesen Dschungel entdeckt der Träumende seinen Mut und seine Begabung, Probleme zu lösen.

Psychologisch: Jeder Mensch wird auf seiner Reise durch das Leben mit labyrinthischen Erfahrungen konfrontiert. Im Labyrinth des Unbewußten muß er sich mit Ängsten und Zweifeln auseinandersetzen, bevor er seinem Schatten gegenübertreten kann (siehe »Einführung in die Traumarbeit«).

Spirituell: Auf der spirituellen Ebene bezeichnet das Labyrinth oder der Irrgarten im Traum allgemein den Lebensweg des Menschen oder den Weg zum Göttlichen.

LACHEN

Allgemein: Wenn der Träumende in seinem Traum ausgelacht wird, zeigt dies, daß er fürchtet, lächerlich zu sein, oder daß er etwas Unpassendes getan hat und sich nun dafür schämt. Eine solche Zurückweisung ist eine schmerzhafte Erfahrung.

Psychologisch: Lacht der Träumende in seinem Traum selbst, dann erlebt er dies möglicherweise als Spannungsauflösung. In der Regel gibt der Gegenstand der Belustigung Aufschluß über die Bedeutung des Traums für das Alltagsleben. Hört der Träumende eine Gruppe lachen, verstärkt das gemeinsame Vergnügen das Gruppengefühl.

Spirituell: Auf der spirituellen Ebene ist Lachen, vor allem über sich selbst, eine wichtige Errungenschaft des Träumenden.

LACHS

Allgemein: Der Lachs steht für Fülle und Männlichkeit und ist ein Phallussymbol. Sein Paarungsdrang läßt ihn flußaufwärts schwimmen, was ihn auch zum Symbol für Sperma macht. Im Traum einer Frau kann der Lachs ein Hinweis auf eine erwünschte Schwangerschaft sein.

Psychologisch: Wie die meisten Fische steht auch der Lachs im Traum für die Grundtriebe des Menschen, vor allem für den Überlebenstrieb. Da der Träumende bereit ist, Anstrengungen auf sich zu nehmen, werden seine Bemühungen belohnt.

Spirituell: In der Mythologie ist der Lachs ein Symbol für das Wissen aus anderen Welten (aus den Ländern unter dem Meer). In der Traumdeutung bezieht er sich hauptsächlich auf das Unbewußte.

LACK

Allgemein: Lack dient als äußere Schutzhülle und zugleich zur Verschönerung von Gegenständen. Als Traumsymbol kann er beide Bedeutungen annehmen. Vielleicht deckt der Träumende etwas zu, um Unvollkommenheiten zu kaschieren, oder er schützt sich selbst und versucht, sich nach außen besser darzustellen, als er sich selbst empfindet.

Psychologisch: Wenn der Träumende etwas in seinem Traum lackiert, ist er mit dem, was er erschaffen hat, nicht zufrieden. Vielleicht muß er weiter daran arbeiten, um das bisher Erschaffene zu erhalten oder um es so zu verbessern, bis auch andere Menschen es verstehen.

Spirituell: Auf dieser Ebene könnte Lack im Traum symbolisieren, daß der Träumende ein bestimmtes spirituelles Ziel erreicht hat und nun sein Geheimnis ehrfürchtig bewahren möchte.

LÄHMUNG

auch → Unbeweglichkeit

Allgemein: Wenn der Träumende sich in seinem Traum gelähmt fühlt, durchlebt er möglicherweise große Angst oder Bedrängnis. Er hat das Vertrauen in seine Kraft verloren.

Psychologisch: Wenn der Träumende in seinem Traum einen gelähmten Menschen sieht, den er kennt, dann muß er sich dessen Verletzbarkeit und Unsicherheit bewußt machen. Kennt er ihn nicht, dann handelt es sich bei der Traumfigur sehr wahrscheinlich um einen verborgenen Persönlichkeitsanteil, mit dem er nun konfrontiert wird.

Spirituell: Auf dieser Ebene kann Lähmung im Traum für eine spirituelle Unfähigkeit stehen, die jegliche Bewegung sofort in Trägheit erstickt.

LÄNDLICHE GEGEND

Allgemein: In einem Traum von einer ländlichen Gegend setzt sich der Träumende mit seinen natürlichen, spontanen Gefühlen in Verbindung. Vielleicht hat er Erinnerungen an eine ländliche Gegend, die in ihm eine bestimmte Stimmung oder eine bestimmte Art, zu sein, weckt. Dieses Traumbild führt den Träumenden zu einem sehr entspannten Zustand zurück, ohne daß er sich dafür schuldig fühlen muß.

Psychologisch: Die meisten Menschen erinnern sich, wenn sie an ländliche Gegenden denken, an eine bestimmte Art von Freiheit und Offenheit, die es in Städten nicht gibt. Damit verleihen sie dem Bedürfnis Ausdruck, sich Klarheit über ihre Lebensweise zu verschaffen.

Spirituell: Ländliche Szenen vermögen die Kräfte der Natur im Träumenden zu wecken.

LAGERHAUS

→ Gebäude

LAMPE

auch → Licht

Allgemein: Im Traum symbolisiert eine Lampe das Leben. Wenn der Träumende sich in der Nähe einer Lampe befindet, verweist dies auf eine klare Wahrnehmung. In ihrer praktischen Eigenschaft symbolisiert eine Lampe im Traum den Intellekt und Wohltätigkeit.

Psychologisch: Eine Lampe steht im Traum für Führung und Weisheit. Sie kann auch alte Glaubensvorstellungen darstellen, die auf den neuesten Stand gebracht werden müssen.

Spirituell: Auf der spirituellen Ebene kann eine Lampe im Traum auf die Vorstellung eines persönlichen Lichts in der Dunkelheit verweisen oder das Licht des Göttlichen und Unsterblichkeit symbolisieren.

LANDKARTE

Allgemein: Eine Landkarte im Traum zeigt an, daß dem Träumenden seine Richtung im Leben klar wird. Vielleicht hat er sich »verirrt« und braucht etwas, was ihm den Weg nach vorn weist – besonders wenn seine Bestrebungen und seine Motivation betroffen sind. Eine Landkarte, die schon von anderen Menschen benutzt wurde, verweist daher darauf, daß der Träumende dazu in der Lage ist, die richtige Richtung einzuschlagen und von anderen Menschen zu lernen.

Psychologisch: Um die lebenslange Reise erfolgreich meistern zu können, die jeder Mensch vor sich hat, kann eine Landkarte eine nützliche Hilfe sein. Eine solche Landkarte im Traum setzt sich im alltäglichen Leben zusammen aus Ratschlägen, die bereits erfahrene Menschen dem Träumenden geben, aus wichtigen persönlichen Erfahrungen und aus einer gehörigen Portion Instinkt für den richtigen Weg.

Spirituell: Die Landkarte, die wie eine Straßenkarte den kürzesten Weg zum Ziel, in diesem Fall ein spirituelles und meistens jenes der Ganzheitlichkeit, weist, gibt es nicht. Sie setzt sich zusammen aus den Erfahrungen des Träumenden, verbunden mit den Realitäten, auf die er stößt.

LANDSCHAFTEN

Allgemein: Die Landschaft, in der ein Traum spielt, kann ein wichtiger Teil der Deutung sein. In der Regel spiegelt sie die Gefühle und Vorstellungen des Träumenden und daher seine Persönlichkeit wider. Eine Felsenlandschaft verweist auf Probleme, eine düstere hingegen auf Pessimismus und Selbstzweifel. Eine häufig wiederkehrende Landschaft kann auf eine Gegend verweisen, in der sich der Träumende als Kind sicher gefühlt hat; sie kann auch ein Gefühl oder ein Problem symbolisieren, mit dem er bisher nicht ins reine kommen konnte. Landschaften stellen eher gefestigte Gefühle dar als momentane Stimmungen.

Psychologisch: Traumlandschaften können bizarre Eigenschaften haben, um eine bestimmte Botschaft hervorzuheben. Es können beispielsweise Bäume aus Eis oder Felsen aus Zucker erscheinen. Für die richtige Deutung dieser Symbole ist die Handlung von Bedeutung (siehe »Einführung in die Traumarbeit«). Im Traum kann die Landschaft auch darauf verweisen, wie sich der Träumende auf andere Menschen bezieht. Wenn er sich in einer Wüste befindet, kann dies Einsamkeit darstellen, hält er sich hingegen in einem Urwald auf, läßt dies eine sehr fruchtbare Vorstellung zu. Verändert sich die Landschaft zwischen Traumbeginn und -ende, so ist es vielleicht erforderlich, etwas im alltäglichen Leben zu erneuern.

Spirituell: Auf der spirituellen Ebene kann eine Landschaft im Traum auf Verbesserungen hinweisen, die der Träumende bewirken kann, indem er sich mit seinen Stimmungen und Einstellungen befaßt.

LAPISLAZULI

→ Edelsteine

LASTER

Allgemein: Dem Träumenden wird die Seite seines Selbst zu Bewußtsein gebracht, die rebelliert und nicht mit der Gesellschaft in Einklang ist. Er muß sein Verhalten ändern.

Psychologisch: Oft geben Träume dem Menschen die Gelegenheit, Verhaltensweisen auszuprobieren, die er im normalen Leben nicht zur Anwendung bringen könnte. Wenn dem Träumenden in seinem Traum Laster wie Trägheit, Neid oder Apathie bewußt werden, dann kann er in Zukunft mit dieser Neigung in sich vielleicht besser umgehen.

Spirituell: Inakzeptables Verhalten kann sich in Form eines Lasters äußern. Der Träumende sollte für sich herausfinden, nach wessen Maßstäben sein Verhalten als inakzeptabel beurteilt wird, und entsprechend damit umgehen.

LASTWAGEN

→ Reise

LAUFEN

Allgemein: Laufen im Traum weist auf Geschwindigkeit und Fluß hin. Vorwärtslaufen steht für Zuversicht und Leistungsfähigkeit. Weglaufen ist ein Hinweis auf Angst und die Unfähigkeit, in Aktion zu treten.

Psychologisch: Zeit und Ort haben in solchen Träumen eine wichtige Bedeutung. Dort, wo der Träumende hinläuft, stößt er vielleicht auf den Grund, warum Tempo notwendig ist. Einer der möglichen Gründe, um zu laufen, kann sein, daß der Träumende verfolgt wird. Etwas am Laufen zu halten heißt, Verantwortung zu übernehmen.

Spirituell: Auf der spirituellen Ebene bedeutet Laufen im Traum, etwas in Bewegung zu halten.

LAUS

→ Parasiten

LAVA

→ Vulkan

LAWINE

Allgemein: Im Traum eine Lawine zu sehen bedeutet, eine destruktive Kraft zu erleben. Wenn sich der Träumende inmitten einer Lawine befindet, wird er von den Umständen überwältigt.

Psychologisch: Der Träumende muß in diesem Fall die Kontrolle über die äußeren Umstände zurückgewinnen. Er befindet sich in einer Position, die ihn unnötig in Gefahr bringt.

Spirituell: Auf der spirituellen Ebene droht die Macht eingefrorener Gefühle den Träumenden zu überwältigen.

LEBER

→ Körper

LECK

auch → Wasser

Allgemein: Der Traum von einem Leck verdeutlicht, daß der Träumende auf irgendeine Weise Energie verschwendet oder verliert. Läuft die Flüssigkeit langsam aus, dann bemerkt er das Versickern seiner Energie vielleicht gar nicht. Schießt die Flüssigkeit heraus, sollte der Träumende darüber nachdenken, wie er das Loch »stopfen« kann. Größeres Verantwortungsbewußtsein könnte der richtige Weg sein.

Psychologisch: Ein Leck kann auf Unvorsichtigkeit im Umgang mit dem eigenen Selbst verweisen. Vielleicht kümmert sich der Träumende nicht rasch genug um notwendige »Reparaturen« im körperlichen, emotionalen oder mentalen Bereich.

Spirituell: Auf der spirituellen Ebene symbolisiert ein Leck im Traum immer einen Verlust an Lebensenergie.

LEDER

Allgemein: Leder kann sich von seiner Grundbedeutung her und abhängig von den übrigen Traumumständen auf das Selbstbild des Träumenden beziehen. Häufig steht Leder im Zusammenhang mit Uniformen und daher mit Schutz. Ein Motorradfahrer beispielsweise ist durch seine Lederkleidung besser geschützt.

Psychologisch: Leder kann auch mit sadistischen Foltermethoden in Beziehung gebracht werden und vielleicht auch auf sexuelles Verhalten verweisen.

Spirituell: Auf der spirituellen Ebene kann Leder im Traum ein Hinweis auf Selbstkasteiung sein.

LEERE

auch → Abgrund

Allgemein: Im Traum Leere zu erfahren, verweist auf fehlende Freude und Begeisterung. Es kann sein, daß der Träumende unter Gefühlen der Isolation leidet. Vielleicht fehlt ihm auch etwas, woran er sich halten kann. Auch unerfüllbare Erwartungen mögen eine Rolle spielen.

Psychologisch: Der Träumende sucht nach einer Möglichkeit, wieder zu sich zu kommen und sein Leben wieder stärker in Besitz zu nehmen. Wenn sich der Träumende in einem leeren Haus oder Gebäude befindet, bedeutet dies, daß er alte Einstellungen und Gewohnheiten überwunden hat.

Spirituell: Auf der spirituellen Ebene kann die Leere im Traum die innere Leere des Träumenden symbolisieren.

LEHRER

auch → Schule

Allgemein: Für die meisten Menschen ist der Lehrer die erste Autoritätsperson, der sie außerhalb der Familie begegnen. Lehrer haben tiefgreifenden Einfluß auf Kinder, und viele Menschen träumen auch nach Abschluß ihrer Schulzeit noch von ihren Lehrern. Ein Lehrer kann Konflikte heraufbeschwören, wenn seine Ansichten völlig anders sind als jene, die das Kind von zu Hause mitbekommt. Solche Konflikte müssen vielleicht in späteren Jahren mit Hilfe von Träumen gelöst werden.

Psychologisch: Wenn der Träumende nach Führung sucht, kann sich Animus oder Anima (siehe »Einführung in die Traumarbeit«) im Traum als Lehrer zeigen. Oft übernehmen diese gegengeschlechtlichen Figuren die Rolle des Schuldirektors (jemand, der es »besser weiß«).

Spirituell: Ein spiritueller Lehrer erscheint im Traum oder im Leben eines Menschen, wenn dieser bereit dafür ist. Es gibt die Redensart, »Wenn der Schüler bereit ist, kommt der Lehrer«. Häufig nimmt der spirituelle Lehrer nicht die Rolle des alten Weisen oder der weisen alten Frau an, sondern jene, die dem Verständnis des Träumenden angemessen ist.

LEICHENHALLE

Allgemein: Die Leichenhalle ist ein beängstigender Ort, weil sie mit dem Tod in Verbindung steht. Wenn eine Leichenhalle im Traum erscheint, muß der Träumende in der Regel über seine Ängste und Gefühle im Hinblick auf den Tod nachdenken.

Psychologisch: Sieht der Träumende in seinem Traum eine Leiche in einer Leichenhalle, ist es für ihn an der Zeit, über einen Teil seines Selbst, der gestorben ist, nachzudenken oder auch über eine Beziehung, der dieses Schicksal beschieden ist. Ist der Träumende selbst die Leiche, hat er vielleicht einen Zustand von Trägheit herbeigeführt, der nicht zuläßt, daß er das Leben richtig genießen kann.

Spirituell: Auf der spirituellen Ebene kann die Leichenhalle im Traum unter Umständen einen Neuanfang signalisieren.

LEICHENTUCH

Allgemein: Ein Leichentuch in einem Traum kann ein furchterregender Anblick sein, da es einen Toten verhüllt, dessen Identität somit verborgen ist.

Psychologisch: Ein Leichentuch im Traum kann bedeuten, daß der Träumende etwas zudeckt. Bei diesen »Leichen im Keller« kann es sich um vergangene Missetaten, abgetötete Persönlichkeitsanteile oder um Beziehungen handeln, die der Träumende auf dem Gewissen hat. Es ist an der Zeit, daß sich der Träumende mit diesen Dingen konfrontiert und das Leichentuch fortnimmt.

Psychologisch: Auf der spirituellen Ebene ist ein Leichentuch im Traum ein Zeichen von Hochachtung.

LEICHENWAGEN

Allgemein: Wenn der Träumende in seinem Traum einen Leichenwagen sieht, sollte er möglicherweise erkennen, daß es für sein Leben oder für ein Vorhaben, mit dem sich der Träumende trägt, eine zeitliche Begrenzung gibt.

Psychologisch: Vielleicht wird der Träumende durch den Traum in seinem Wissen bestärkt, daß ein Teil seines Selbst nicht mehr lebendig ist und daß es vielleicht besser ist, diesen Teil loszulassen, statt ihn wiederzubeleben.

Spirituell: Auf der spirituellen Ebene symbolisiert der Leichenwagen im Traum immer den Tod oder das Ende einer Sache.

LEIHEN

Allgemein: Wenn der Träumende in seinem Traum einem anderen Menschen einen Gegenstand leiht, wird er sich dessen bewußt, daß die Eigenschaften, welche durch diesen Gegenstand symbolisiert werden, nicht fortgegeben werden können, weil sie fest mit dem Träumenden verbunden sind, daß er sie jedoch mit anderen teilen kann. Verleiht eine andere Traumfigur einen Gegenstand an den Träumenden, dann handelt der Träumende vielleicht nicht verantwortlich genug, um das, wofür dieser Gegenstand steht, selbst zu besitzen.

Psychologisch: Wenn der Träumende Geld verleiht, schafft er in seinem Leben ein Band der Verpflichtung. Wird ihm Geld geliehen, dann ist er aufgefordert, darüber nachzudenken, wie er mit seinen Ressourcen umgeht und wer ihm bei dieser Besinnungsarbeit welche Art von Unterstützung gewähren kann.

Spirituell: Auf der spirituellen Ebene ist das Leihen im Traum mit Heilung und Unterstützung verbunden.

LEIHHAUS

Allgemein: Handelt ein Traum von einem Leihhaus, dann kann dies ein Hinweis darauf sein, daß der Träumende nicht sorgsam genug mit seinen materiellen oder emotionalen Ressourcen umgeht. Vielleicht geht er unnötige Risiken ein, über die er sorgfältiger nachdenken sollte.

Psychologisch: Der Träumende ist sich dessen bewußt, daß bestimmte Eigenschaften und Kennzeichen, die er von anderen Menschen übernommen hat, für ihn keinen Wert haben.

Spirituell: Auf der spirituellen Ebene stellt ein Leihhaus im Traum den verschwenderischen Umgang mit den eigenen Energiequellen dar.

LEINEN

Allgemein: In Träumen kann Leinen auf einer praktischen Ebene auf die Wertschätzung von schönen Gegenständen verweisen. Tischwäsche aus Leinen beispielsweise deutet möglicherweise auf eine Feier hin, bei der der Träumende nur das Beste verwenden will. Bettücher aus Leinen können darüber hinaus Sinnlichkeit symbolisieren.

Psychologisch: In der heutigen Zeit, in der alles so schnell und so einfach wie möglich erledigt wird, kann Leinen im Traum auf eine langsame Gangart und einen behutsamen Umgang verweisen und darauf, daß der Träumende dank einer solchen Einstellung von seinem Leben mehr hat.

Spirituell: Auf der spirituellen Ebene symbolisiert Leinen im Traum Reinheit und Rechtschaffenheit.

LEITER

Allgemein: Eine Leiter im Traum verweist darauf, wie sicher sich der Träumende fühlt, wenn er sich von einer Situation zur nächsten bewegt. Vielleicht muß er sich erheblich anstrengen, um sein Ziel zu erreichen oder um eine Chance wahrzunehmen. Dieses Traumsymbol tritt häufig bei Änderungen in der Berufslaufbahn in Erscheinung und hat daher eine offensichtliche Bedeutung (»Karriereleiter«). Sind die Leitersprossen zerbrochen, muß der Träumende mit Schwierigkeiten rechnen. Wird die Leiter von einer Traumfigur getragen, könnte dies darauf hinweisen, daß eine andere Person, vielleicht ein Vorgesetzter oder ein Kollege, beim Aufstieg des Träumenden eine wichtige Rolle spielt.

Psychologisch: Eine Leiter stellt die Fähigkeit des Träumenden dar, zu einer neuen Ebene von Bewußtheit vorzudringen. Er bewegt sich vom Materiellen zum Spirituellen und verschafft sich zugleich Zugang zu seinem Unbewußten.

Spirituell: Im Traum hat eine Leiter häufig sieben oder zwölf Sprossen. Dies sind die Stadien des Wachstums zur Spiritualität.

LEOPARD

→ Tiere

LEPRA

Allgemein: Wenn ein Traum von Lepra handelt, verweist dies darauf, daß dem Träumenden ein Teil seiner selbst bewußt ist, den er für unrein hält. Vielleicht leidet er unter dem Eindruck, von der Gesellschaft scheinbar grundlos zurückgewiesen zu werden.

Psychologisch: Wenn der Träumende in seinem Traum einen Leprakranken pflegt, ist dies ein Hinweis darauf, daß er sich mit jenen Anteilen seiner selbst befassen muß, die er als unrein empfindet. Er darf nicht versuchen, sie abzuspalten. Wenn der Leprakranke dem Träumenden etwas anbietet, ist es für diesen an der Zeit, etwas über Demut zu lernen.

Spirituell: Auf der spirituellen Ebene kann ein Leprakranker im Traum darauf hinweisen, daß der Träumende mit einem moralischen Dilemma fertig werden muß.

LERCHE

→ Vögel

LESEN

auch → Buch

Allgemein: Das Lesen eines Buches im Traum ist ein Hinweis darauf, daß der Träumende nach Wissen strebt. Einen Brief lesen heißt, Neuigkeiten zu erhalten. Eine Liste, etwa eine Einkaufsliste, symbolisiert das Bedürfnis, dem Leben Ordnung zu geben. Die Lektüre der Bibel oder einer anderen religiösen Schrift legt nahe, daß der Träumende sich bemüht, Zugang zu einem Glaubenssystem zu erhalten.

Psychologisch: Bis in jüngste Zeit bestand das einzige Mittel, um Ereignisse festzuhalten, darin, sie aufzuschreiben. Lesen ermöglicht es dem Menschen, sich Geschehnisse ins Gedächtnis zurückzurufen, private Erinnerungen und solche, die mit anderen Menschen geteilt werden. Liest der Träumende in seinem Traum einen Roman, so befaßt er sich mit seinem Bedürfnis nach Phantasie und beginnt, es zu verstehen.

Spirituell: Lesen oder der Aufenthalt in einer Bibliothek repräsentiert im Traum oft eine Form der spirituellen Erkenntnis.

LEUCHTFEUER

auch → Feuer

Allgemein: Ein Leuchtfeuer, welches der Träumende in seinem Traum anzündet oder auf das er achtgibt, veranschaulicht das Bedürfnis, einige Aspekte in seinem Leben zu bereinigen. Ein Leuchtfeuer kann auch Leidenschaften darstellen, die nicht durch Strenge und Sitten beschränkt werden.

Psychologisch: Wenn im Traum deutlich wird, daß der Träumende ein Leuchtfeuer schürt, braucht die leidenschaftliche Seite seines emotionalen Selbst die Erlaubnis, sich frei auszudrücken. Alte, überkommene Vorstellungen und Überzeugungen läßt der Träumende hinter sich, um etwas Neues zu schaffen.

Spirituell: Auf der spirituellen Ebene symbolisiert das Leuchtfeuer im Traum die Reflexion der Sonnenkraft, die Ermutigung der guten Mächte und Sonnenfeiern.

LEUCHTTURM

Allgemein: Ein Leuchtturm ist Bestandteil eines Warnsystems; im Traum kann er vor emotionalen Schwierigkeiten warnen. Die Traumdeutung ist davon abhängig, ob sich der Träumende an Land oder auf See befindet. Ist ersteres der Fall, wird er vor kommenden Schwierigkeiten gewarnt, die möglicherweise von seinen eigenen Gefühlen herrühren. Trifft zweiteres zu, muß der Träumende darauf achten, keine Mißverständnisse zu schaffen, indem er Probleme ignoriert.

Psychologisch: Ein Leuchtturm vermag den Träumenden in ruhigere Gewässer zu führen. Diese Bedeutung hat das Traumsymbol häufig, vor allem auf der emotionalen oder auf der spirituellen Ebene. Ein Leuchtturm kann jedoch auch auf die Symbolik des Turms verweisen (→ Turm).

Spirituell: Auf der spirituellen Ebene hebt der Leuchtturm im Traum den richtigen Verlauf der Unternehmungen des Träumenden hervor und hilft ihm, seine spirituellen Ziele zu erreichen.

LIBELLE

Allgemein: Wenn ein Traum von einer Libelle handelt, erkennt der Träumende sein Bedürfnis nach Freiheit, aber auch, daß Freiheit immer nur von kurzer Dauer sein kann.

Psychologisch: Möglicherweise versucht der Träumende einen Lebenstraum zu verwirklichen, hat jedoch keinen rechten Überblick darüber, was er vom Leben will. Sein Handeln und Reagieren ist eher instinktiv als logisch durchdacht.

Spirituell: Obgleich das Leben der Libelle kurz ist, symbolisiert sie Unsterblichkeit und geistige Erneuerung.

LICHT

Allgemein: Im Traum symbolisiert Licht meist Zuversicht. »Licht am Ende des Tunnels« verweist beispielsweise darauf, daß der Träumende ein schwieriges Vorhaben bald erfolgreich abschließen kann. »Ihm ging ein Licht auf« symbolisiert plötzliche Einfälle, die zur Problemlösung führen. Licht steht in der Regel eng mit Vertrauen in Verbindung.

Psychologisch: Wenn im Traum Licht eine Rolle spielt, befindet sich der Träumende in einem Prozeß, in dem er versucht, sich selbst zu verbessern. Ein sehr helles Licht symbolisiert häufig die Entwicklung von Intuition und Einsicht. Es gibt verschiedene Methoden, bei denen man im Wachzustand die Flamme einer Kerze oder eine andere Lichtquelle benutzt, um diese Fähigkeiten zu verbessern.

Spirituell: Auf der spirituellen Ebene symbolisiert ein helles Licht im Traum die Manifestation des Göttlichen und der Wahrheit beziehungsweise des »direkten Wissens«. Häufig hat dieses Wissen keine Gestalt und erscheint daher als Energie, die der Geist im Traum als Licht darstellt.

LILIE

auch → Blumen

Allgemein: Da Lilien häufig in Beerdigungskränze eingebunden werden, symbolisieren sie für manche Menschen den Tod. Sie können jedoch auch für Vornehmheit und Anmut stehen. Wenn der Träumende Lilien pflanzt, hofft er auf eine friedliche Veränderung in seinem Leben. Wenn er Lilien pflückt, entwickelt er eine friedvolle Daseinsweise – dies trifft besonders dann zu, wenn eine Frau diesen Traum hat.

Psychologisch: Eine Bedeutung von Lilien ist die der Reinheit, besonders im Traum von Jugendlichen stellen sie oft Jungfräulichkeit oder Unberührtheit dar. Lilien weisen auf verschiedene Aspekte von Weiblichkeit hin.

Spirituell: Auf der spirituellen Ebene ist die Lilie im Traum ein Symbol der Auferstehung und des ewigen Lebens. In religiösen Zeremonien werden sie häufig verwendet, um dies darzustellen.

LINIE/REIHE

Allgemein: Eine Linie im Traum kennzeichnet häufig eine Grenze, oder sie symbolisiert ein Maßsystem. Sie kann auch eine Verbindung zwischen zwei Gegenständen anzeigen, um einen Zusammenhang darzustellen, der nicht sofort augenfällig ist. Eine Menschenreihe oder -schlange verweist auf eine für einen bestimmten Zweck errichtete Ordnung. Wenn der Träumende in einer Reihe wartet, bestimmt der Grund, wegen dem die Menschen anstehen, die Deutung des Traums.

Psychologisch: Der Mensch braucht Grenzen oder Demarkationslinien; diese können im Traum auf eine Weise zum Ausdruck kommen, die im Alltagsleben nicht unbedingt nachvollziehbar ist. Überspringt der Träumende beispielsweise eine Linie, dann verweist dies darauf, daß er den Mut hat, um Risiken einzugehen. Eine Reihe von Gegenständen kann die Chancen symbolisieren, die sich vor dem Träumenden auftun.

Spirituell: Auf der spirituellen Ebene können Linien im Traum eine große Bedeutung haben. Eine gerade Linie symbolisiert die Zeit und die Fähigkeit, nach vorn oder zurück zu gehen. Handelt es sich um eine gerade Linie, dann stellt sie die Welt auf Erden und den passiven Standpunkt dar; handelt es sich um eine vertikale Linie, dann symbolisiert sie die spirituelle Welt und die kosmische Achse.

LINKS

→ Positionen

LINSE

auch → Brille

Allgemein: Wie im Alltagsleben, so erleichtert auch im Traum eine Linse die Konzentrierung der Aufmerksamkeit. Möglicherweise gibt es etwas, was der Träumende sehr deutlich wahrnehmen muß.

Psychologisch: Wenn im Traum eine Linse erscheint, ist es wichtig, zu unterscheiden, ob sie den betrachteten Gegenstand vergrößert oder schärfer sichtbar macht. Die richtige Deutung ist nur im Licht der übrigen Umstände möglich.

Spirituell: Auf der spirituellen Ebene steht die Linse im Traum für visionäre Klarheit.

LOCH

Allgemein: Ein Loch im Traum symbolisiert in der Regel eine schwierige oder knifflige Situation. Es kann sich dabei auch um einen Ort handeln, an dem sich der Träumende verstecken und geschützt fühlen kann. Wenn er in seinem Traum in ein Loch fällt, ist dies ein Hinweis darauf, daß er sehr plötzlich mit seinen unbewußten Gefühlen, Bedürfnissen und Ängsten in Kontakt kommt. Geht der Träumende um ein Loch herum, ist naheliegend, daß er eine knifflige Situation »umgehen« soll.

Psychologisch: Ein Loch kann das Weibliche oder die Leere symbolisieren, die man empfindet, wenn man anfängt, das Selbst zu begreifen. Ein Loch im Dach eines heiligen Gebäudes und jedes Loch, durch das Dampf oder Rauch entweicht, ist eine Öffnung nach oben zur himmlischen Welt; es ist das Tor zu anderen Dimensionen. Seit der Mensch in Wohnungen mit Zentralheizung lebt, fühlt er sich mehr und mehr eingeschlossen. Der Blick für die spirituelle Bewußtheit geht verloren.

LÖWE

auch → Tiere, → Tierkreis

Allgemein: Ein Löwe im Traum symbolisiert sowohl Grausamkeit als auch Stärke.

Psychologisch: Der Löwe im Traum wird mit Würde, Kraft, Stolz und Mut in Verbindung gebracht. Dies sind Eigenschaften, die der Träumende entwickeln muß, wenn er auf seinem Weg weiter vorankommen will.

Spirituell: Auf der spirituellen Ebene symbolisiert der Löwe im Traum das Feuer der Lebensenergie, das gebändigt werden muß.

LOHN

Allgemein: Üblicherweise wird für getane Arbeit Lohn bezahlt. Im Traum Lohn zu erhalten bedeutet demnach, daß der Träumende gute Arbeit geleistet hat. Eine Lohnzahlung an jemanden durch den Träumenden legt nahe, daß er dieser Person etwas schuldet. Handelt ein Traum von einer Lohntüte, ist dies ein Hinweis, daß der Wert des Träumenden mit anderen Aspekten wie Loyalität und Pflichtbewußtsein verknüpft ist.

Psychologisch: Wenn der Träumende eine Aufgabe widerstrebend und ohne Freude erfüllt, besteht sein einziger Lohn oft in dem Geld, welches er dafür erhält. Von Lohn zu träumen kann also heißen, daß der Träumende in einer alltäglichen Situation nicht mehr als das Zugesagte erwarten sollte.

Spirituell: Auf der spirituellen Ebene kann der Lohn im Traum eine Prämie und eine verdiente Belohnung darstellen.

LORBEER

Allgemein: Der Lorbeerbaum ist ein eher seltenes Traumsymbol, es sei denn, der Träumende ist Gärtner, oder er ist mit der Symbolik des Lorbeers besonders gut vertraut. Früher war Lorbeer ein Symbol für den Erfolg. Im deutschen Klima ist es schwer, Lorbeer zu ziehen, daher symbolisiert er das Triumphieren über Schwierigkeiten.

Psychologisch: Ein Lorbeerkranz wird verliehen, um einen Sieg oder Triumph zu kennzeichnen, daher symbolisiert er die Anerkennung von Erfolg. Er stellt auch Unsterblichkeit dar.

Spirituell: Ein Lorbeerbaum symbolisiert Reinheit und Ewigkeit.

LUCHS

→ Tiere

LUFTBALLON

Allgemein: Im Traum kann die Farbe des Luftballons eine wichtige Rolle spielen (→ Farben). In der Regel verweist der Luftballon auf ausgelassene Stimmung oder das Verlangen nach Sexualität.

Psychologisch: Handelt ein Traum von Luftballons, dann haben sie den Zweck, den Träumenden daran zu erinnern, in seiner Begeisterung nicht ganz und gar »abzuheben«, sondern mit den Füßen auf dem Boden zu bleiben.

Spirituell: Der Luftballon im Traum ist ein Symbol der Freude oder des sich in die Lüfte erhebenden Geistes.

LUNGE

→ Körper

LUTSCHEN/SAUGEN

Allgemein: Wenn der Träumende in seinem Traum lutscht oder saugt, dann steht dies für einen Rückfall in infantiles Verhalten und emotionale Abhängigkeit. Hat der

Träumende einen Lutscher im Mund, macht ihn dies auf sein Bedürfnis nach oraler Befriedigung aufmerksam. Dies wie auch das Fingerlutschen kann den Versuch darstellen, sich selbst zu trösten.

Psychologisch: Alle Menschen haben emotionale Bedürfnisse, die der Kindheit entstammen. Dabei kann es sich um unerfüllte Wünsche oder um die Sehnsucht nach Ganzheitlichkeit handeln.

Spirituell: Die Schlange, die an ihrem eigenen Schwanz saugt, ist ein eindrückliches Bild für spirituelle Vollkommenheit.

M

MADE

Allgemein: Wenn im Traum Maden in ihrem richtigen Zusammenhang erscheinen, kann dies die Einstellung des Träumenden zum Tod widerspiegeln. Handelt ein Traum von einem Angler, der Maden verwendet, bezieht sich dies vielleicht auf Macht und Energie.

Psychologisch: Maden können die Unreinheit des Körpers darstellen oder das Gefühl, von etwas aufgefressen zu werden. Vielleicht hat der Träumende die Vorstellung, in seinem Körper habe sich etwas ihm Fremdes eingenistet – bei solchen Maden handelt es sich in der Regel um fremde Ideen und Gefühle.

Spirituell: Auf der spirituellen Ebene symbolisieren Maden im Traum die Ängste des Träumenden vor Tod und Krankheit.

MÄANDER

Allgemein: Mäander sind sich schlangenförmig dahinziehende Flüsse oder Straßen. Wenn sich im Traum eine Straße oder ein Weg vor dem Träumenden in vielen scheinbar sinnlosen Windungen und Kurven ausbreitet, also zu keinem bestimmten Ziel führt, verweist dies darauf, daß der Träumende sich häufiger dem Fluß der Ereignisse überlassen müßte, ohne über die Richtung nachzudenken. Manchmal haben Mäander die Aufgabe, das Vorankommen des Träumenden zu verhindern, damit er sich mehr mit der Situation, in der er sich befindet, und mit sich beschäftigt.

Psychologisch: Wasser bewegt sich nach seinen eigenen Gesetzen, und wenn der Träumende in seinem Traum bemerkt, daß ein Fluß oder eine Straße ihn mit seinen Mäandern umfängt, ist dies eine Aufforderung an ihn, sich seiner Gefühle stärker bewußt zu werden und sanfter mit ihnen umzugehen. Dies kann auch im Zusammenhang mit den Beziehungen des Träumenden zu anderen Menschen stehen. Vielleicht muß er erkennen, daß andere Menschen nicht so freimütig sein können wie er.

Spirituell: Auf der spirituellen Ebene stehen Mäander im Traum für psychische Dynamik und Entwicklung.

MÄDCHEN

→ Menschen

MÄRTYRER

Allgemein: Wenn sich der Träumende in seinem Traum als Märtyrer erlebt, dann illustriert dies seine Unfähigkeit, mit Nachdruck »nein« zu sagen, und seinen Hang, aus Pflichtgefühl zu handeln. Wenn eine andere Traumfigur sich als Märtyrer gibt, hat der Träumende zu große Erwartungen an diese Person.

Psychologisch: Wenn ein Traum von einem religiösen Märtyrer handelt, verlangt dies vom Träumenden, über seine religiöse Erziehung und seinen Glauben nachzudenken. Vielleicht läßt er sich von übertriebener Begeisterung leiten.

Spirituell: Auf der spirituellen Ebene kann der Märtyrer im Traum möglicherweise das Bedürfnis des Träumenden darstellen, sich in der Opferrolle zu sehen und seinem Leben auf diesem Wege mehr Sinn zu verleihen.

MAGENBESCHWERDEN

auch → Erbrechen, → Übelkeit und → Krankheit

Allgemein: Wenn der Träumende in seinem Traum Übelkeit verspürt, heißt dies, daß er ein schlechtes Gefühl hat, das er loswerden muß. Erbricht sich der Träumende, befreit er sich von diesem schlechten Gefühl. Möglicherweise liegen dem Traum im Alltag Probleme mit einer Beziehung oder einer bestimmten Situation zugrunde.

Psychologisch: Der Träumende wird sehr stark von seinen Emotionen beherrscht. Der Magen des Menschen funktioniert wie ein Nervenzentrum, welches sehr stark auf negative Reize reagiert. Im Traum äußern sich diese Zusammenhänge oft als Übelkeit oder Erbrechen.

Spirituell: Auf dieser Ebene symbolisieren Magenbeschwerden im

Traum den sehr großen spirituellen Druck, dem der Träumende sich möglicherweise aussetzt.

MAGENTA

→ Farben

MAGIE

Allgemein: Wenn der Träumende in seinem Traum Magie anwendet, nutzt er seine Energie, um etwas ohne Anstrengung oder Schwierigkeit zu schaffen. Er ist dazu in der Lage, die Situation, in der er sich befindet, unter Kontrolle zu halten, damit sich die Dinge zu seinen Gunsten entwickeln und er sie nach seinen Bedürfnissen und Wünschen gestalten kann.

Psychologisch: Wenn es im Traum um Magie geht, steht dies in Zusammenhang mit der Fähigkeit des Träumenden, sich mit seiner tiefsten Macht zu verbinden. Hierbei kann es sich um sexuelle Macht handeln, aber auch um eine allgemeine Macht über sein Umfeld.

Spirituell: Auf der spirituellen Ebene ist Magie im Traum das Symbol für eine geheimnisvolle Kraft, die der Träumende nicht versteht und nachvollziehen kann.

MAGNET

Allgemein: Jeder Mensch hat die Fähigkeit, andere Menschen anzuziehen. Wenn ein Magnet im Traum auftaucht, wird diese Fähigkeit hervorgehoben. Da ein Magnet allein inaktiv ist, steht die Macht, die mit ihm ausgeübt werden kann, im Vordergrund. Häufig muß der Träumende erkennen, daß der Einfluß, den er auf andere Menschen ausübt, nicht aus ihm selbst erwächst, sondern aus der Interaktion mit ihnen.

Psychologisch: Ein Magnet hat die Fähigkeit, ein »Feld« um sich herum zu schaffen, ein Feld magnetischer Energie. In der Regel macht ein Magnet im Traum den Träumenden auf seine innere Kraft aufmerksam, die so lange inaktiv ist, bis sie durch die Situation selbst aktiviert wird.

Spirituell: Auf der spirituellen Ebene verweist der Magnet im Traum auf das Charisma des Träumenden.

MAGNETIT

→ Edelsteine

MAIBAUM

Allgemein: Ein Maibaum im Traum stellt das männliche Prinzip dar und den »Tanz«, den der Träumende erlebt, wenn es ihm gelingt, mit seinem eigenen Universum ins reine zu kommen. Der Maibaum symbolisiert den zentralen Pol der Welt, den der Träumende für sich selbst errichtet. Wenn ein Traum von einem Maibaum handelt, kann dies sexuelle Bedeutung haben, aber es kann auch darauf verweisen, wie der Träumende mit seinem Leben umgeht.

Psychologisch: Feierlichkeiten und Anlässe für Feiern sind wichtig für den Menschen, damit er sich mit sich selbst wohlfühlt. Häufig ist der Maibaum ein Symbol für Festlichkeit und für den Beginn eines neuen Lebensabschnitts. Er kann im Traum aber auch die verstreichende Zeit darstellen, vielleicht auch Hinweise auf die Zeitplanung geben, die in manchen Situationen notwendig ist.

Spirituell: Auf der spirituellen Ebene ist der Maibaum im Traum ein Phallussymbol, das Abbild männlicher Spiritualität und lebenspendender Energie.

MALEN

Allgemein: Im Wachzustand erkennt der Mensch seine kreativen Fähigkeiten oft nicht. Wenn ein Traum vom Malen handelt, dann macht dies den Träumenden auch auf andere Talente aufmerksam, von denen er noch nichts ahnt. Wenn er in seinem Traum Gemälde betrachtet, zeigt dies, daß er sich Ideen und Vorstellungen widmet, die ihm bisher nicht bewußt waren. Streicht der Träumende in seinem Traum etwas an, dann verweist dies auf erkennbare Veränderungen in seinem Denken und Fühlen.

Psychologisch: Weil Malen sehr viel mit Selbstausdruck zu tun hat, kann es eine wichtige Rolle spielen, wie der Träumende in seinem Traum malt. Beschäftigt er sich beispielsweise mit Miniaturen, dann muß er sich auf die Einzelheiten konzentrieren. Widmet er sich großen Bildern, muß er möglicherweise eine globalere Perspektive entwickeln. Die Farben der Bilder sind ebenfalls wichtig (→ Farben).

Spirituell: Auf dieser Ebene bedeutet Malen, daß sich der Träumende spirituelle Szenarios erschafft.

MANDALA

Allgemein: Ein Mandala ist eine heilige Form, die in Abwandlungen bei den meisten Religionen vorkommt. Typisch für ein Mandala ist ein Kreis, der ein Quadrat mit einem Symbol im Zentrum umschließt; es stellt die Ganzheitlichkeit des Lebens dar. Meistens wird ein Mandala als Hilfsmittel bei Meditationen verwendet. Auf dieser Basis kann es zu einem persönlichen Symbol für die Reise vom Chaos zur Ordnung werden.

Psychologisch: Das Mandala, von C. G. Jung als archetypischer Ausdruck der Seele verstanden, kann oft im Traum auftauchen, ohne daß der Träumende weiß, was es darstellt. Erst wenn er es danach malt, kann er es als Mandala erkennen. Dies zeigt, daß das Mandala ein echter Ausdruck der Individualität des Träumenden und seiner Vorstellung von Ganzheitlichkeit ist.

Spirituell: Sobald der Mensch sein Ich und die damit verbundene Individualität verstanden hat, strebt die Seele nach Darstellung. Der gleichzeitige Ausdruck von Ganzheitlichkeit und Getrenntsein in dieser Figur katapultiert den Träumenden in einen völlig neuen Raum. Das Mandala im Traum kann Maßstäbe für spirituelle Fortschritte setzen.

MANDORLA

→ Aura

MANN

→ Menschen

MANNA

→ Religiöse Bilder

MANTEL

→ Kleidung

MANTRA

Allgemein: Ein Mantra ist die Hervorbringung eines Klangs, der sich auf einen Namen oder einen Aspekt Gottes und dessen kreative Schwingung bezieht. Häufig ist ein Mantra dreisilbig. Es wird verwendet, um dem eigenen und dem Zentrum des Universums näherzukommen. In Träumen kann sich das Mantra aus dem Klang des eigenen Namens entwickeln. Das Mantra wird als der persönliche »Schlüssel« zu universellem Wissen verstanden.

Psychologisch: Wenn man Träume als ruhevolle Aufmerksamkeit betrachtet, kann die Verwendung eines Mantras eine tiefgreifende Auswirkung auf den Traumzustand haben, weil es dem Träumenden hilft, sich im Traum besser zu konzentrieren. Auf diese Weise fällt es dann leichter, die Spontaneität der Bilder, die das Mantra hervorruft, während des Traums aufzunehmen.

Spirituell: Auf der spirituellen Ebene führt ein ständig wiederholtes Klanggebilde wie das Mantra im Traum schließlich eine Bewußtseinsveränderung herbei.

MARIA

→ Religiöse Bilder

MARIONETTE

Allgemein: Wenn in einem Traum eine Marionette vorkommt, hat der Träumende vielleicht das Gefühl, Umstände oder Menschen seiner Umgebung beeinflussen zu können. Die Marionette kann jedoch auch für die mechanischen Prozesse des Seins stehen, für jene Dinge, die automatisch im Hintergrund geschehen.

Psychologisch: Wenn eine andere Traumfigur die Marionette führt, hat der Träumende vielleicht das Gefühl, manipuliert zu werden. Es ist die Aufgabe des Träumenden, zu ergründen, was er im täglichen Leben dazu beiträgt, daß er zum Opfer wird. Ist der Träumende von einer Marionette gelenkt, dann hat er begriffen, daß ihm Bürokratie Schwierigkeiten bereitet. Was eigentlich zum Vorteil des Träumenden gereichen sollte, hat sich in eine Art Manipulator verwandelt.

Spirituell: Auf der spirituellen Ebene bedeutet die Marionette im Traum, daß der Träumende sich als Marionette im Plan des größeren Ganzen begreift.

MARKT

auch → Geschäft

Allgemein: Wenn der Träumende sich in seinem Traum auf einem Markt sieht, verweist dies auf seine Fähigkeit, mit dem Alltagsleben zurechtzukommen und Beziehungen mit anderen Menschen einzugehen. Speziell ist er dazu in der Lage, sich auf eine Menschenmasse zu beziehen. Ein Markt ist auch ein Ort, an dem gekauft und verkauft wird; daher gibt dieses Traumbild auch einen Hinweis darauf, wie der Träumende sein eigenes Kaufen und Verkaufen bewertet.

Psychologisch: Ein Markt ist ein belebter Ort. Wenn er zum Thema eines Traums wird, kann dies eine Aufforderung an den Träumenden sein, sich besser um sich selbst zu kümmern und nicht zuviel Zeit mit vielen Menschen zu verbringen. Der Traum könnte auch die Empfehlung an den Träumenden enthalten, in seinem Beruf geschäftstüchtiger zu werden oder sich stärker von Kreativität beeinflussen und leiten zu lassen, statt eine Sache nur aus kommerziellen Gründen zu betreiben. Ein Markt ist daher im Traum ein ambivalentes Symbol.

Spirituell: Ein Marktplatz kann im Traum als Ort spirituellen Austausches betrachtet werden. Der Träumende kann ein Gleichgewicht zwischen der Alltagsrealität und der spirituellen inneren Welt herstellen.

MARMOR

Allgemein: Weil Marmor eine harte Substanz ist, verweist er, wenn er im Traum eine Rolle spielt, oft auf Alter oder auf Dauerhaftigkeit. Jeder Mensch braucht in irgendeiner Hinsicht Dauerhaftigkeit in seinem Leben, und Marmor kann diesem Bedürfnis Gestalt verleihen.

Psychologisch: Wenn der Träumende in Schwierigkeiten ist, kann es ihm so vorkommen, als sei er »zwischen Skylla und Charybdis« eingeklemmt. Weil Marmor ein so schönes Material ist, kann es den Träumenden mit der Tatsache aussöhnen, daß er den steinigen Weg der persönlichen Entwicklung gewählt hat.

Spirituell: Auf dieser Ebene kann Marmor im Traum spirituelle Stabilität symbolisieren.

MARS

→ Himmelskörper

MASCHINE

Allgemein: Wenn im Traum eine

Maschine eine wichtige Rolle spielt, dann hat dies häufig etwas mit den unwillkürlichen »mechanischen« Funktionen des Körpers, wie Atmung und Herzschlag, zu tun. Wenn der Träumende in seinem Traum bemerkt, daß eine Maschine nicht mehr funktioniert, macht ihn dies darauf aufmerksam, daß er vielleicht einen bestimmten Teil seines Wesens zu stark belastet.

Psychologisch: Eine Maschine im Traum kann das Gehirn und den Denkprozeß symbolisieren. Eine überdimensionale Maschine im Traum transportiert möglicherweise den Hinweis, daß der Träumende sich auf einseitig ungesunde Weise von seinem Intellekt leiten läßt.

Spirituell: Auf der spirituellen Ebene stellt eine Maschine im Traum den Lebensprozeß dar.

MASCHINENBAU

Allgemein: Wenn der Träumende in seinem Traum mit der Konstruktion von Maschinen befaßt ist, dann verweist dies auf seine technischen und erfinderischen Fähigkeiten. Er ist dazu in der Lage, eine Struktur zu schaffen, die ihn voranbringt und ihm das Leben erleichtert. Handelt ein Traum zum Beispiel von Straßenbaumaschinen, dann erkennt der Träumende, daß er auf die Mittel, die ihn auf seinem Weg voranbringen, besser achtgeben muß.

Psychologisch: Maschinenbau im Traum symbolisiert, daß der Träumende mit technischen und mechanischen Hilfsmitteln Kräfte anzapfen kann, die ihm normalerweise nicht zur Verfügung stehen. Wenn er im Traum Maschinen konstruiert, ist dies ein Hinweis auf seine Befähigung, Kräfte außerhalb seiner selbst zu kontrollieren. Er ist dazu in der Lage, diese Kräfte zu seinem eigenen Vorteil zu handhaben.

Spirituell: Auf der spirituellen Ebene symbolisiert der Maschinenbau im Traum, daß der Träumende die Herrschaft über seine inneren Kräfte angenommen hat und sie richtig zum Einsatz bringt.

MASKE

Allgemein: Die meisten Menschen setzen vor ihren Mitmenschen eine Maske auf, insbesondere dann, wenn sie ihnen zum ersten Mal begegnen. Der Traum von einer Maske macht den Träumenden auf die eigene Fassade oder auf die anderer Menschen aufmerksam. Ist der Träumende sich selbst gegenüber nicht ehrlich, manifestiert sich dies in seinem Traum vielleicht in der Form einer »negativen« oder angsterregenden Maske.

Psychologisch: Wenn der Mensch sich schützen und verhindern will, daß andere Menschen wissen, was er denkt und fühlt, dann »maskiert« er sich. Eine Maske im Traum kann daher Verheimlichung darstellen. Andererseits ist man bei vielen Naturvölkern davon überzeugt, daß die Maske seinem Träger die Kraft des mit ihr dargestellten Tieres verleiht.

Spirituell: Auf der spirituellen Ebene wird die Maske im Traum mit der Totenmaske assoziiert, die an die Vergänglichkeit allen Lebens erinnern soll.

MASOCHISMUS

→ Sexualität

MASSBAND

Allgemein: Ein Maßband im Traum verweist auf das Bedürfnis, in gewisser Weise das eigene Leben zu »vermessen«. Vielleicht verspürt der Träumende auch die Notwendigkeit, darüber nachzudenken, wie er mit den Erwartungen anderer Menschen umgeht oder welche Bedeutung er ihnen »beimißt«. Wird im Traum etwas abgemessen, so symbolisiert dies den Wunsch des Träumenden, Ordnung in sein Leben zu bringen.

Psychologisch: Ein Maßband kann auch als Gegenstand betrachtet werden, der einschränkt und Grenzen schafft, innerhalb derer es schwer ist, beweglich zu bleiben. Im Traum treten oft die Begrenzungen, die man sich im Alltagsleben selbst schafft, klarer zutage.

Spirituell: Auf der spirituellen Ebene steht das Maßband für ein Mittel, um sich einen ganzheitlichen Überblick über den persönlichen Lebensprozeß zu verschaffen.

MASSTAB

Allgemein: Der Maßstab oder die Meßlatte ist ein Sinnbild für Korrektheit und geradliniges, untrügliches Urteilsvermögen.

Psychologisch: Im übertragenen Sinne ist der Maßstab die Norm, nach der sich das Verhalten des einzelnen in der Gesellschaft richtet. Übertriebene Anpassung an die Norm kann jedoch zu einem ungesunden Konformismus führen, dem die Eigenheiten eines Menschen zum Opfer fallen.

Spirituell: Auf der spirituellen Ebene symbolisiert der Maßstab im Traum die geistigen Ansprüche, die der Träumende an sich selbst stellt.

MASTURBATION

→ Sexualität

MATRATZE

auch → Bett unter Möbel

Allgemein: Ein Traum, in dem eine Matratze eine Rolle spielt, verweist – ähnlich wie ein Traum, in dem ein Bett vorkommt – auf die Gefühle des Träumenden bezüglich einer – bequemen oder unbequemen – Situation, die er sich im Leben geschaffen hat. Der Träumende ist sich seiner Grundbedürfnisse bewußt, kann sich gut entspannen und sich selbst voll zum Ausdruck bringen.

Psychologisch: Sexuelle Zufriedenheit ist für die meisten Menschen wichtig. Wenn ein Traum von einer Matratze handelt, kann dies ein Hinweis darauf sein, wie der Träumende mit seiner Sexualität umgeht, und verdeutlichen, ob er zufrieden ist oder nicht.

Spirituell: Auf der spirituellen Ebene enthält das Traumbild Matratze die Warnung, die spirituelle Zufriedenheit nicht zugunsten der sexuellen zu vernachlässigen.

MAUER

auch → Gebäude

Allgemein: Im Traum zeigt die Mauer gewöhnlich die Grenzen auf, die sich der Träumende, vielleicht zu seinem Schutz, selbst errichtet hat. Eine Mauer, die Schutz bietet, verstellt jedoch auch den Blick auf die Freiheit. Daher ist es notwendig, von Zeit zu Zeit zu überprüfen, ob sie wirklich noch notwendig ist.

Psychologisch: Eine Mauer symbolisiert auch eine Trennlinie zwischen dem Inneren und Äußeren, zwischen Intimsphäre und vertrauensvoller Offenheit. Ein Loch in einer Mauer weist auf eine Verletzung des Vertrauens oder der Intimsphäre hin. Ist der Träumende innerhalb der Mauern gefangen, so stehen sie für seine Ängste, Zweifel und Schwierigkeiten. Verschwindet und erscheint die Mauer wieder, hat der Träumende seine Probleme nur zum Teil bewältigt.

Spirituell: Auf der spirituellen Ebene symbolisiert eine Mauer die Umgrenzung eines heiligen Bezirks.

MAULWURF

→ Tiere

MAUS

→ Tiere

MEDIKAMENT

Allgemein: Die Einnahme von Medikamenten im Traum zeigt, daß der Träumende um sein Bedürfnis nach Heilung weiß. Ein Medikament im Traum, egal, in welcher Form, macht entweder auf ein Gesundheitsproblem aufmerksam oder auf eine Situation, die vom Negativen ins Positive gewendet werden kann. Das Heilmittel kann auch für eine wichtige Erfahrung stehen, welcher der Träumende sich aussetzen soll, weil sie auf seine persönliche Entwicklung wie ein Katalysator wirkt.

Psychologisch: Das Medikament im Traum kann eine Erfahrung symbolisieren, die im ersten Augenblick unangenehm ist, aber auf längere Sicht Früchte trägt. Darüber hinaus kann es den Träumenden jedoch auch an seine ihm angeborenen Selbstheilungskräfte erinnern.

Spirituell: Auf dieser Ebene stellen Medikamente im Traum das spirituelle Bedürfnis nach heilendem Einfluß im Leben des Träumenden dar.

MEDITATION

Allgemein: Was die Meditation im Traum bedeutet, hängt davon ab, ob der Träumende auch im Wachzustand meditiert. Bei einem Menschen, der Meditation praktiziert, kann die Meditation im Traum Anregungen für Übungen liefern, die den Träumenden mit seiner Intuition und Spiritualität in Kontakt bringen. Bei einem Menschen, der Meditation nicht praktiziert, kann die Meditation auf ein Bedürfnis verweisen, sich nach innen zu wenden.

Psychologisch: Häufig erkennt der Mensch auf einer unbewußten Ebene, daß er sein Bewußtsein oder seine Einstellung verändern möchte. Wenn der Träumende in seinem Traum meditiert, kann dieses Bedürfnis für ihn faßbar werden. Der Träumende erlangt auf diesem Wege Zugang zu seiner kreativen, spirituellen Seite.

Spirituell: Auf dieser Ebene ist die Meditation im Traum ein Hinweis darauf, daß spirituelles Vorankommen nur mit einem gewissen Maß an Disziplin möglich ist.

MEDIUM

Allgemein: Wenn im Traum ein Medium eine wichtige Rolle spielt, bedeutet dies häufig, daß der Träumende den Kontakt zu seinem Unbewußten oder mit dem Tod sucht. Unter Umständen bemüht er sich auch, seine Intuition auf einer neuen Ebene zu aktivieren und sie anders zu nutzen als bisher.

Psychologisch: Wenn sich der Träumende in seinem Traum als Medium sieht, erinnert ihn dies daran, daß er an eine größere Macht angeschlossen ist.

Spirituell: Auf der spirituellen Ebene kann ein Medium im Traum den Wunsch des Träumenden nach Kontakt mit den Toten darstellen. Dies müssen nicht unbedingt verstorbene Personen sein. Es kann sich auch um Elemente aus dem Leben des Träumenden handeln, die »tot« sind und die er wiederbeleben möchte.

MEER

→ Wasser

MEISSEL

Allgemein: Die Bedeutung eines Meißels im Traum hängt davon ab, ob der Träumende im alltäglichen Leben Handwerker ist. In diesem Fall stellt der Meißel im Traum den Stolz des Träumenden auf seine Leistung und sein Fachwissen dar. Wenn der Träumende kein Handwerk ausübt, kann der Meißel im Traum eine Aufforderung dazu sein, in einer bestimmten Situation nicht vorsichtig und zögerlich zu reagieren, sondern kraftvoll zur Tat zu schreiten.

Psychologisch: Der Drang nach Veränderung mag den Träumenden zu der Einsicht führen, daß er in einem Vorhaben, welches ihm am

Herzen liegt, alte Barrieren durchbrechen muß.

Spirituell: In der sakralen Architektur symbolisiert der Meißel das aktive männliche Prinzip.

MENSCHEN

Allgemein: Die Traumfiguren, die im Traum des Träumenden auftreten, übernehmen Rollen, die der Träumende ihnen zuweist, sind also in der Regel Teilaspekte seiner Persönlichkeit oder Projektionen seines Innenlebens.

Psychologisch: Um die verschiedenen »Botschaften« entschlüsseln zu können, die jede Traumgestalt dem Träumenden vermittelt, muß er sich auf intensive Weise mit ihnen auseinandersetzen. Nicht immer muß die Bedeutung eines Traums vollständig entschlüsselt werden. Manchmal reicht es aus, wenn der Träumende sich die Auswirkungen vorstellt, die das Verhalten der Traumfiguren auf sein Alltagsleben haben könnte. Oft zeigt sich eine auffällige Gegensätzlichkeit zwischen zwei Traumfiguren, oder aber das Verhalten des Träumenden gegenüber zweier Traumfiguren unterscheidet sich sehr stark voneinander. Offenbar wird im Traum auf diese Weise die Polarität des Träumenden dargestellt. Eine Traumfigur könnte ein *Mensch aus der Vergangenheit* des Träumenden sein und ihn mit einer bestimmten Lebensphase in Berührung bringen, die schmerzhaft war und noch nicht vollständig verarbeitet ist. Die *Verwandten einer Traumfigur* sollen den Träumenden vielleicht auf die Mitglieder seiner eigenen Familie aufmerksam machen und auf bestehende Eifersuchtsgefühle. *Zusammengesetzte Traumfiguren* heben ähnlich wie zusammengesetzte Tiere die Merkmale oder Eigenschaften hervor, auf die der Träumende seine Aufmerksamkeit richten soll. Jede Traumfigur spiegelt eine Facette der Persönlichkeit des Träumenden wider. Wenn er sich in die Lage seiner Traumfiguren versetzt, vermag der Träumende oft seine eigenen »verschollenen« Persönlichkeitsanteile besser zu verstehen.

Im einzelnen können folgende Traumfiguren im Traum eine Rolle spielen:

Alte Menschen: Im Traum stellen alte Menschen möglicherweise die Vorfahren oder Großeltern des Träumenden dar – also Wissen, das sich durch Erfahrung angesammelt hat. Wenn der alte Mensch ein Mann ist, symbolisiert er – abhängig von dem Geschlecht des Träumenden – sein Selbst oder seinen Animus (siehe »Einführung in die Traumarbeit«). Ist der alte Mensch eine Frau, dann repräsentiert diese Figur die Große Mutter oder die Anima. Vaterfiguren erscheinen häufig im Gewand eines alten Menschen, als ob damit ihre Unnahbarkeit hervorgehoben werden soll. Eine Gruppe alter Menschen im Traum stellt in der Regel Traditionen und Verhaltensregeln der Vergangenheit dar – jene Dinge, die für den »Stamm« oder die Familie heilig sind. Ältere Menschen im Traum sind in der Regel Elternfiguren, auch wenn ihre Gestalten scheinbar in keiner Beziehung zu ihnen stehen.

Angehöriger pflegender Berufe: Dieser verweist auf die mitfühlende, fürsorgliche Seite des Selbst und oft auch auf eine Berufung. Bei einem Mann ist dies in der Regel ein Hinweis auf eine nichtsexuelle Beziehung.

Autoritätspersonen: Der Mensch entwickelt seine Vorstellung von Autorität in der Beziehung zu seiner Mutter und seinem Vater. Wie der Träumende also mit Autoritätspersonen umgeht, hängt davon ab, wie er als Kind behandelt wurde; vom gütigen Helfer bis hin zum ausbeuterischen Zuchtmeister sind alle Rollen denkbar. Autoritätspersonen im Traum zeigen dem Träumenden letzten Endes, was richtig für ihn ist, auch wenn er dies auf den ersten Blick nicht immer gutheißt. Sie stehen für das Über-Ich des Träumenden, sind seine kontrollierende und urteilende innere Instanz. Kommt im Traum Polizei vor, dann symbolisiert sie soziale Kontrolle und ein schützendes Element für den Träumenden als Mitglied der Gesellschaft.

Baby: Ist das Baby im Traum das Kind des Träumenden, verweist dies auf jene verletzbaren Gefühle, die er bisher nicht unter Kontrolle hat. Ist es das Kind einer anderen Traumfigur, macht es den Träumenden auf die Verletzbarkeit und Unschuld dieses Menschen aufmerksam. Der Träumende ist mit der unschuldigen, sonderbaren Seite seiner selbst, die Verantwortung weder zu übernehmen braucht noch wünscht, in Berührung. Auf der spirituellen Ebene bedeutet das Baby im Traum, daß der Träumende sich rein fühlen möchte.

Beziehungspartner: Wenn ein Traum von einem gegenwärtigen oder früheren Beziehungspartner handelt, nimmt die Träumende Verbindung zu den liebevollen und sexuellen Gefühlen auf, die mit diesem Freund in Zusammenhang stehen. Wenn sie von diesem Beziehungspartner als von einem Mann träumt, den sie sich als solchen niemals hätte vorstellen können, dann muß sie sich mit ihrer Art, wie sie sich auf Männer bezieht, stärker auseinandersetzen. Vielleicht muß sie mehr über die liebende, fürsorgliche Seite der Männlichkeit nachdenken. Sie ist noch immer auf der Suche nach dem idealen Liebhaber.

Beziehungspartnerin: Wenn im Traum eines Mannes eine Freundin oder Exfreundin auf den Plan tritt, sind möglicherweise sexuelle Ängste im Spiel. Andererseits kann dies ein Hinweis auf unverarbeitete Beziehungsprobleme sein.

Diktator: Wenn der Träumende einen herrischen Vater hatte, kann ein bekannter Diktator in seinen Träumen diese Rolle übernehmen.

Eindringling: Im Traum einer Frau ist ein Eindringling häufig die Verkörperung ihres Animus (siehe »Einführung in die Traumarbeit«). Im Traum eines Mannes stellt er seinen Schatten dar (siehe »Einführung in die Traumarbeit«). In beiden Fällen verlangt das Traumbild vom Träumenden, seine Einstellung zu verändern und damit eine gesunde Beziehung zu sich selbst zu entwickeln.

Frauen: Im Traum einer Frau kann eine Frau, wie etwa ein Familienmitglied oder eine Freundin, einen Aspekt der Persönlichkeit der Träumenden darstellen. Oft handelt es sich dabei um einen Aspekt, den sie noch nicht vollständig verstanden hat. Im Traum eines Mannes repräsentiert diese Traumfigur die Beziehung zu seinen Gefühlen und zu seiner Intuition. Sie kann auch zeigen, wie er sich auf seine Partnerin bezieht. Eine Göttin oder heilige Frau symbolisiert das Potential des Träumenden in bezug auf das größere Ganze. Wenn orientalische Frauen im Traum erscheinen, verweist dies in der Regel auf die geheimnisvolle Seite des Weiblichen. Im Traum eines Mannes enthüllt diese Figur im allgemeinen seine Einstellung zur Sexualität; im Traum einer Frau hingegen wird mehr von ihrer intuitiven, transzendentalen Kraft gezeigt. Eine ältere Frau stellt entweder die Anima (siehe »Einführung in die Traumarbeit«) im Traum eines Mannes dar oder den Schatten (siehe »Einführung in die Traumarbeit«) im Traum einer Frau.

Fremder: Im Traum stellt ein Fremder den Teil des Selbst dar, den der Träumende noch nicht kennt. Vielleicht wird er von einem Ehrfurchtsgefühl oder von einem Konflikt blockiert.

Held: Im Traum eines Mannes kann der Held all seine guten Eigenschaften darstellen oder aber Platzhalter für sein höheres Selbst sein. Im Traum einer Frau verweist der Held im Traum auf den Animus (siehe »Einführung in die Traumarbeit«). Wenn der Held auf der Suche ist, ringt der Träumende darum, einen Teil seiner selbst zu finden, der im Unbewußten verborgen ist. Es ist wichtig, die dunklen Kräfte zu bezwingen. Doch dürfen sie nicht völlig abgetötet werden, da mit ihnen auch der weise alte Mann im Träumenden verlorengehen kann. Die Ganzwerdung des Träumenden bedarf immer auch der Herausforderung durch das Negative. Wenn der Held im Traum scheitert, verweist dies darauf, daß der Träumende die Einzelheiten in seinem Leben nicht beachtet oder die unterentwickelten Teile seiner Persönlichkeit vernachlässigt. Der Tod des Helden ist möglicherweise eine Aufforderung an den Träumenden, seine intuitiven Anteile besser zu entwickeln. Ein Konflikt zwischen dem Helden und einer anderen Traumfigur verweist auf ein grundlegendes Ungleichgewicht zwischen zwei Facetten des Charakters. Der Held im Traum ist oft als Gegenpol zu einem vom Träumenden gehaßten Menschen zu sehen.

Heranwachsende/Heranwachsender: Sieht sich der Träumende in seinem Traum als Jugendlicher, richtet er damit seinen Blick auf eine unentwickelte Seite seiner Persönlichkeit. Thematisiert der Traum einen gegengeschlechtlichen Jugendlichen, so bedeutet dies in der Regel, daß der Träumende sich mit unterdrückten männlichen oder weiblichen Aspekten auseinandersetzt. Mit der Jugend verbundene Gefühle sind sehr unverfälscht und klar, doch häufig nur im Traum zugänglich. Hinter dem Traum kann auch ein Konflikt stehen, bei dem es um Freiheit geht.

Hohepriester, Astrologe oder andere Person mit esoterischem Wissen: Jede Figur im Traum, die magische Praktiken kennt oder ähnliches Wissen besitzt, ist in der Regel eine erste Ankündigung des höheren Selbst. Es scheint, als ob der Mensch nur dann in dieses tiefere Wissen eingeweiht werden kann, wenn er zuvor seinem Lehrer begegnet.

Junge: Der Traum von einem Jungen steht für Wachstumspotential und neue Erfahrungen. Wenn der Träumende den Jungen kennt, spiegelt er dessen Eigenschaften. Vielleicht ist sein Erscheinen im Traum eine Aufforderung an den Träumenden, mit dem Jungen in sich, seiner unschuldigen Jugendlichkeit und der jugendlichen Begeisterung in Berührung zu bleiben. Das Traumbild signalisiert, daß der Träumende mit seinen natürlichen Trieben und seiner spontanen Fähigkeit, Schwierigkeiten zu meistern, in Kontakt steht.

Kind: Handelt ein Traum von den Kindern des Träumenden, dann haben diese meist die Funktion, ihm einen Zugang zu seinem eigenen inneren Kind zu verschaffen. Jeder Mensch hat eine Seite, die kindlich und neugierig geblieben ist. Mit ihr in Berührung zu bleiben, vergrößert den Zugriff auf das Potential der Ganzheitlichkeit.

König: Fast immer stellt ein König im Traum den Vater oder die Vaterfigur dar. Ein Kaiser kann darauf hinweisen, daß manche Einstellungen des Vaters dem Träumenden fremd sind, daß er sie aber vielleicht dennoch akzeptieren sollte. Wenn der König alt ist oder stirbt, ist der Träumende in der Lage, veraltete oder altmodische Familienwerte abzulehnen.

Königin: Dieses Bild stellt die Beziehung des Träumenden zu seiner Mutter und daher zu Frauen in Autoritätspositionen allgemein dar.

Mädchen: Ein Mädchen irgendeines Alters im Traum zeigt, daß der Träumende sich um Kontakt zu seiner empfindsamen, unschuldigen Seite bemüht. Seine intuitiven und wahrnehmenden Fähigkeiten sind möglicherweise etwas unterentwickelt, aber er kann sie sich verfügbar machen. Wenn der Träumende das Mädchen kennt, sind ihm diese Eigenschaften vielleicht bewußt, aber er muß sie aus dem Blickwinkel des Mädchens erforschen. Kennt er sie nicht, dann gesteht er sich ein, daß ihm der Zugang zu diesen Fähigkeiten fehlt und daß er ihn suchen muß.

Mann: Ein Mann, der im Traum erscheint, zeigt eine Facette des Träumenden in erkennbarer Form. Jeder Mensch hat ein Repertoire an Verhaltensweisen, von denen manche akzeptabel sind und andere nicht. In Träumen werden diese Verhaltensweisen und Merkmale, um sie besser sichtbar zu machen, oft übertrieben oder als eigenständige Persönlichkeiten dargestellt. Die Auseinandersetzung mit ihnen setzt zusätzliche Energie frei. Ein Mann im Traum kann auf den Schatten eines Mannes oder auf den Animus einer Frau verweisen (siehe »Einführung in die Traumarbeit«). Ein älterer, vielleicht weißhaariger Mann stellt die angeborene Weisheit dar, die jedem Menschen zur Verfügung steht. Sie kann auch den Vater symbolisieren. Ein großer Mann im Traum versinnbildlicht in der Regel Kraft, Gewißheit und Schutz, die der Träumende durch seinen Glauben erfährt. Ein Mann im Traum einer Frau stellt die logische Seite ihres Wesens dar. Sie verfügt über alle Aspekte des Männlichen (oder kann sie entwickeln), die ihr erfolgreiches Agieren in der äußeren Welt ermöglichen. Kennt oder liebt sie diesen Mann, dann setzt sie sich im Traum mit ihrer Beziehung zu ihm auseinander. Ein unbekannter Mann stellt jene Teile des Träumenden dar, die er nicht erkennt. Im Traum einer Frau symbolisiert ein unbekannter Mann ihre männliche Seite, im Traum eines Mannes das Selbst (→ Archetypen).

Menschenmasse: Sie zeigt, wie sich der Träumende auf andere Menschen vor allem in sozialer Hinsicht bezieht. Dieses Traumsymbol kann jedoch auch ein Hinweis sein, daß sich der Träumende verstecken oder Aspekte seines Selbst verbergen will. Vielleicht geht es um die Vermeidung von Verantwortung. Eine große Menschenmasse kann auch ein Hinweis auf Informationen sein, mit denen der Träumende vielleicht nicht umgehen kann.

Mitglieder einer ethnischen Minderheit: Jeder ungewöhnliche Aspekt des Selbst kann im Traum die Zugehörigkeit zu einer fremden Ethnie äußern.

Pirat: Er steht für einen Aspekt in der Persönlichkeit des Träumenden, der seine emotionale Verbindung mit der Seele zerstört.

Prinz/Prinzessin: Sie repräsentieren jene Persönlichkeitsaspekte des Träumenden, die ihm bewußt geworden sind. So wie der Held die Verantwortung für seine Reise übernommen hat, so tragen auch Prinz und Prinzessin bewußt die Entscheidungsgewalt für ihr Leben.

Religiöse Würdenträger: Sie verdanken ihren Platz in der Traumhierarchie der Tatsache, daß sie ihre Autorität nicht nur sich selbst verdanken, sondern auch den Absichten und Zielen Gottes oder einer höheren Macht.

Unzulänglicher Mensch: Es ist leichter, sich im geschützten Raum des Traums mit der eigenen Unzulänglichkeit zu konfrontieren. Hier ergibt sich meist erstmals die Gelegenheit, dem Schatten (siehe »Einführung in die Traumarbeit«) zu begegnen. Eine solche Traumfigur zu ignorieren, ist eine große Gefahr. Sie ist eine Spiegelung des eigenen Selbst und unverzichtbar im Prozeß der Ganzwerdung.

Vorfahren: Sie stehen für jene Menschen, die Bräuche und Verhaltensweisen, Moral und religiöse Gefühle über viele Generationen an den Träumenden weitergegeben haben. Wenn sie im Traum auftauchen, dann konzentriert sich der Träumende auf seine Wurzeln. Vielleicht erkennt er sich durch seine Beziehung zur Vergangenheit.

Zwillinge/Spiegelbilder von Traumfiguren: Sie sind ein Hinweis auf die Polarität der Persönlichkeit oder auf die Zusammengehörigkeit des inneren Selbst und der äußeren Realität. Eineiige Zwillinge stehen für zweideutige Gefühle in bezug auf das Selbst. Zwillinge können auch die Projektion der Persönlichkeit auf die Welt symbolisieren.

Spirituell: Wenn ein Mensch beginnt, sich für seine Spiritualität zu öffnen, dann wird ihm mit einem Schlag ein gewaltiger Wissensspeicher zuteil.

MENSCHENAFFE

auch → Affe unter Tiere

Allgemein: Der Menschenaffe im Traum ist Symbol für die mutwillige Seite des Träumenden.

Psychologisch: Jeder Mensch hat eine Begabung, sich mimisch oder nachahmend auszudrücken. Der Menschenaffe im Traum ermuntert den Träumenden, sich dieser Begabungen zu bedienen.

Spirituell: Auf der spirituellen Ebene kann der Menschenaffe das Böse als Schwindler oder Schelm illustrieren.

MENSCHENMASSE

auch → Menschen

Allgemein: Ein Traum, in dem sich der Träumende mitten in einer Menschenmasse befindet, könnte darauf hindeuten, daß er dazugehören möchte oder gegenwärtig nicht weiß, wohin er sich wenden soll. Dahinter kann jedoch auch der Versuch stehen, die eigenen Gefühle zu tarnen oder die eigene Meinung zu verstecken.

Psychologisch: Der Träumende muß sich seine Anonymität bewahren, sich eine Fassade zulegen oder Mitglied in einer Gruppe gleichgesinnter Menschen werden.

Spirituell: Auf der spirituellen Ebene symbolisiert die Menschenmasse im Traum den Volksglauben oder weitverbreitete religiöse Gefühle.

MENSTRUATION

Allgemein: Menstruation im Traum bedeutet, daß der Träumende mit seiner kreativen Seite, die neue Ideen entwickeln und aus einfachem Material wunderbare »Kinder« schaffen kann, in Kontakt tritt. Das Geheimnis des Lebens und der Zeugungstrieb gelangen mit Hilfe dieses Bildes ins Bewußtsein des Träumenden.

Psychologisch: Weil die Menstruation ein so zentraler Teil im Leben einer Frau ist, symbolisiert sie im Traum einer Frau die Akzeptanz ihrer sich entfaltenden Sexualität. Im Traum eines Mannes jedoch kann die Menstruation ihn auf seine Angst vor tiefen Beziehungen und vor seiner weiblichen Seite aufmerksam machen oder aber sein Bedürfnis nach der Entwicklung von Sensibilität hervorheben.

Spirituell: Auf der spirituellen Ebene symbolisiert die Menstruation im Traum den Kreis des Lebens und alles, was bei Frauen rätselhaft ist.

MERKUR

→ Himmelskörper

MESSER

auch → Waffen

Allgemein: Ein Instrument zum Schneiden symbolisiert im Traum Teilung und Spaltung. Wenn der Träumende ein Messer benutzt, so tut er dies zu seiner Befreiung oder um sich von einer Beziehung abzutrennen. Wird er mit einem Messer angegriffen, steht dies für Personen, die sich dem Träumenden gegenüber aggressiv verhalten. Im Traum einer Frau symbolisiert das Messer ihre Angst vor Gewalt und Penetration; im Traum eines Mannes hingegen hebt es seine Aggression hervor.

Psychologisch: Die Art des Messers im Traum kann von Bedeutung sein. Ein Besteckmesser beispielsweise muß anders gedeutet werden als ein Taschenmesser. Das Besteckmesser steht im Zusammenhang mit einem Essen oder mit Nahrungsaufnahme, während das Taschenmesser in allen möglichen Situationen dienlich sein kann.

Spirituell: Das Messer im Traum ist ein Symbol der Teilung und Trennung.

METALL

Allgemein: Ein Metall im Traum stellt die Einschränkungen in der realen Welt dar. Andererseits kann es auch auf die grundlegenden Fähigkeiten und Einstellungen oder aber auf emotionale Steifheit und Gefühlshärte verweisen.

Psychologisch: Die meisten Metalle haben symbolische Bedeutungen. Gold stellt die Sonne dar, Silber den Mond, Quecksilber den Merkur, Kupfer die Venus, Eisen den Mars, Zinn den Jupiter und Blei den Saturn.

Spirituell: Auf dieser Ebene repräsentieren Metalle spirituelle Elemente.

METZGER

→ Schlachter

MIETE

Allgemein: Im Traum Miete zu bezahlen bedeutet, persönliche Verantwortung zu übernehmen. Der Träumende ist bereit, für sich selbst zu sorgen und Verantwortung für den Menschen zu übernehmen, der er ist. Wenn der Träumende selbst eine Mietzahlung erhält, weist dies darauf hin, daß er ein Geschäft begonnen hat, welches sich zu seinem Vorteil entwickelt.

Psychologisch: Es kommt die Zeit, da der Träumende Raum für sich schaffen muß, um sein Potential ausschöpfen zu können. Das Zahlen von Miete erlaubt ihm dies. Im Traum steht das Bezahlen von Miete für unabhängiges Handeln.

Spirituell: Aus spiritueller Sicht muß der Mensch den richtigen Umgang mit Geld und Werten erst neu erlernen.

MIETER

Allgemein: Wenn der Träumende sich in seinem Traum als Mieter sieht, läßt dies darauf schließen, daß er auf einer bestimmten Ebene die Verantwortung für seinen Lebensraum nicht übernehmen will. Hat der Träumende selbst einen Mieter, dann symbolisiert dies, daß er bereit ist, einem anderen Menschen Zutritt zu seinem Lebensraum zu gewähren. Dies kann auf die Bereitschaft zu einer Beziehung hinweisen.

Psychologisch: Da ein Mieter eine Person ist, mit der man eine geschäftliche Beziehung eingegangen ist, kann der Träumende erkennen, wie er solche Geschäfte handhabt. Ist der Träumende ein Mann und der Mieter eine Frau, dann repräsentiert sie seine Anima (siehe »Einführung in die Traumarbeit«). Im umgekehrten Fall verkörpert der Mieter ihren Animus.

Spirituell: Auf der spirituellen Ebene können die Mieter im Traum für die Einzelpersönlichkeiten des Träumenden stehen, die zu einer ganzheitlichen Einheit zusammengefaßt werden müssen.

MIKROSKOP

Allgemein: Im Traum verweist das Mikroskop darauf, daß der Träumende die Einzelheiten einer Angelegenheit genau betrachten muß. Vielleicht sollte er sich mehr Zeit für die Innenschau nehmen, wenn er ein persönliches Ziel erreichen will.

Psychologisch: Im Traum ist es möglich, Details viel genauer zu betrachten als im Wachzustand. Der Geist darf zwar durchaus kreativ sein, aber manchmal muß er über ein Problem auch wissenschaftlich und logisch nachdenken. Das Mikroskop als Traumsymbol hebt dies ins Bewußtsein des Träumenden.

Spirituell: Auf der spirituellen Ebene steht das Mikroskop im Traum für Innenschau.

MILCH

→ Nahrung

MINOTAURUS

→ Fabelwesen

MIST

Allgemein: Manche Erfahrungen sind schmerzhaft oder schlicht ungesund. Wenn es dem Träumenden nicht gelingt, zu verstehen, was mit ihm geschehen ist, und dies als Teil seines Wachstumsprozesses zu nutzen, dann werden solche Erfahrungen in seinem Unterbewußtsein abgespeichert und führen später zu Schwierigkeiten. Diese schlechten Erfahrungen können als Mist oder Dung im Traum erscheinen.

Psychologisch: Mist stellt vielleicht etwas dar, was sich zerstörerisch auf das Leben des Träumenden auswirken kann. Wenn ihm in seinem Traum beispielsweise ein Misthaufen an einem unpassenden Ort auffällt, verweist dies darauf, daß es etwas in seinem Leben gibt, was der Träumende zerstört oder dessen Form er ändern muß, bevor er es richtig nutzen kann.

Spirituell: Mist kann auch als Auftakt eines spirituellen Zusammenbruchs betrachtet werden. Dies muß nicht unbedingt negativ sein, denn ein Zusammenbruch ist oft nötig, um einen Wiederaufbau und die Lösungen anstehender Probleme zu ermöglichen.

MISTEL

auch → Blumen

Allgemein: Gemäß konventioneller

Traumdeutung steht der Mistelzweig für eine Zeit der Feiern, der Liebe und der Freundschaft. Besonders häufig scheint dieses Traumsymbol in der Weihnachtszeit zu sein.

Psychologisch: Als Parasit raubt die Mistel ihrem Wirt die Kraft, entwickelt jedoch selbst nützliche Eigenschaften. Daher kann sie Beziehungen verbildlichen, in denen ein Partner vom anderen abhängig ist.

Spirituell: Auf der spirituellen Ebene stellt die Mistel im Traum die Essenz des Lebens dar. Sie ist eine göttliche Heilsubstanz.

MITTE

→ Positionen

MITTELPUNKT

→ Geometrische Figuren

MÖBEL

Allgemein: Möbelstücke, die im Traum eine Rolle spielen, symbolisieren in der Regel, wie der Träumende seine Familie und sein Leben zu Hause empfindet. Sie symbolisieren die Einstellungen und Gewohnheiten, die der Träumende entwickelt hat. Dunkle, schwere Möbel können ein Hinweis auf Depressionen sein; helles, feingliedriges Mobiliar hingegen läßt auf Lebensfreude und Empfindungsfähigkeit schließen.

Psychologisch: Manchmal signalisieren die Möbel im Traum das Bedürfnis des Träumenden nach Sicherheit und Stabilität – insbesondere wenn sie in direktem Zusammenhang zu einer entsprechenden Vergangenheit stehen.

Bei einzelnen Möbelstücken kann die folgende Deutung in Betracht gezogen werden:

Bett/Matratze: Sie symbolisieren die subtilen Bereiche in wichtigen Partnerbeziehungen und stehen in Zusammenhang mit Intimität und sexuellem Vergnügen. Für manche Menschen ist das Bett ein Ort der Geborgenheit und der Ruhe, ein Ort, an dem sie vollkommen allein sein können.

Stuhl/Sessel: Beide zeigen, daß der Träumende eine Phase der Ruhe und Erholung nötig hat. Möglicherweise sollte er sich einmal bewußt von allen Verpflichtungen freimachen, um für neue Möglichkeiten offener zu sein.

Schrank/Kleiderschrank: Sie stellen vielleicht Dinge dar, die der Träumende verbergen möchte. Gleichzeitig symbolisieren sie jedoch auch die verschiedenen Rollen, mit denen der Träumende umgehen und die er in seinem Leben spielen muß.

Teppich: Der Teppich in einem Traum symbolisiert das Zusammenspiel von Emotionalität und finanzieller Situation. Die Farbe des Teppichs kann eine Rolle spielen (→ Farben).

Tisch: Der Tisch in einem Traum kann mit einer öffentlichen Aktivität und mit sozialem Handeln in Verbindung stehen (auch → Altar unter Religiöse Bilder).

Spirituell: Auf der spirituellen Ebene können Möbelstücke im Traum verehrte Gegenstände sein, weil sie in enger Beziehung zu bestimmten Erfahrungen des Träumenden stehen.

MÖRDER

→ Mord

MÖWE

→ Vögel

MOHN

auch → Blumen

Allgemein: Mohn erscheint im Traum entweder als Opfersymbol (als »Gedenkmohn«) oder als Bild für den Müßiggang und das Vergessen.

Psychologisch: Mohn im Traum ist möglicherweise eine Aufforderung an den Träumenden, bestimmte Erfahrungen und Ereignisse zu einem bestimmten Zeitpunkt dem Vergessen zu überantworten. Was bearbeitet ist, soll vergessen werden, um Platz für größere Klarheit und neue Erfahrungen zu schaffen.

Spirituell: Mohn symbolisiert Vergeßlichkeit. Die Seele muß alles vergessen, was sie weiß, um wiedergeboren zu werden und ihre eigene Bewußtheit neu zu entdecken. Die Große Mutter ist als Göttin für das Vergessen verantwortlich, daher ist der Mohn ihr zugeordnet.

MOND

auch → Himmelskörper

Allgemein: Der Mond hat schon immer das emotionale, weibliche Selbst dargestellt. Darüber hinaus umfaßt er die Intuition, das Psychische, die Liebe und das Romantische. Wenn ein Traum vom Mond handelt, ist der Träumende mit diesen dunklen und rätselhaften Aspekten seines Selbst in Kontakt. Der Mond im Traum kann auch die Mutter des Träumenden und seine Beziehung zu ihr symbolisieren.

Psychologisch: Daß der Mond auf die Psyche des Menschen wirkt, ist eine alte Weisheit. In Urzeiten nahm man an, daß er die Gefühle der Männer und die Intuition der Frauen lenkte. Wenn der Mond im Traum eines Mannes erscheint, muß er entweder mit seiner intuitiven Seite oder mit seiner Angst vor Frauen ins reine kommen. Im Traum einer Frau verweist der Mond in der Regel auf ihre Beziehung zu anderen Frauen.

Spirituell: Auf dieser Ebene symbolisiert der Mond im Traum die Große Mutter und die dunkle, unbekannte Seite des Selbst. Er kann auch für das Unerreichbare stehen.

MONDFINSTERNIS

Allgemein: Von einer Mondfinsternis zu träumen, symbolisiert die

Ängste und Zweifel des Träumenden in bezug auf seinen Erfolg. Andere Menschen in seinem Bekanntenkreis scheinen wichtiger und erfolgreicher zu sein als er, daher kann er mit seinen Leistungen nicht zufrieden sein.

Psychologisch: Wenn es dem Träumenden nicht gelingt, sich seine Fröhlichkeit und Gelassenheit zu bewahren, kann er in nächster Zeit in eine schwierige und problematische Phase eintreten.

Spirituell: Auf der spirituellen Ebene kann die Mondfinsternis im Traum Vertrauensverlust darstellen.

MONDSTEIN

→ Edelsteine

MOOR

auch → Sumpf

Allgemein: Ein Moor symbolisiert Gefühle, die Vertrauen und Wohlbefinden untergraben können. Wenn der Träumende in seinem Traum im Moor versinkt, dann bedeutet dies, daß er von einem Gefühl überwältigt wird. Läßt er einen anderen Menschen im Moor versinken, ist dies als übergroße emotionale Bedürftigkeit des Träumenden zu verstehen.

Psychologisch: Das Moor im Traum zeigt an, daß sich der Träumende mit sehr grundlegenden Gefühlen und Empfindungen beschäftigt. Ein Moor ist etwas uranfänglich Materielles – etwas, woraus alles andere ersteht. Im Stadium der Uranfänglichkeit hat der Träumende keine Vorstellung davon, welches Potential er besitzt.

Spirituell: Auf dieser Ebene kann das Moor im Traum großes spirituelles Wissen symbolisieren.

MORD/MÖRDER

Allgemein: Dieses Traumsymbol zeigt, daß der Träumende möglicherweise einen Teil seines Wesens, dem er nicht traut oder das versucht, ihn zu beherrschen, stark vernachlässigt. Vielleicht gibt es auch übermächtige Gefühle in bezug auf andere Menschen, die nur in der geschützten Atmosphäre des Traums zum Ausdruck kommen dürfen. Wird der Träumende in seinem Traum ermordet, zeigt dies, daß ein Teil seines Lebens völlig aus dem Gleichgewicht geraten ist und daß er von äußeren Umständen zerstört wird.

Psychologisch: Wenn der Träumende so zornig ist, daß er töten könnte, zeigt dies, daß er bestimmte schmerzliche Erfahrungen aus seiner Kindheit noch immer nicht bewältigt hat. Versucht der Träumende in seinem Traum, eine bestimmte Person zu töten, dann muß er zunächst verstehen, was dieser Mensch für ihn symbolisiert, um seine Gefühle zu begreifen und Gewalt über sie zu erlangen.

Spirituell: Auf der spirituellen Ebene steht das Traumbild Mord/Mörder für willentliche Zerstörung.

MORGEN

→ Zeit

MORGENDÄMMERUNG

Allgemein: Wenn ein Traum von der Morgendämmerung oder einem neuen Tag handelt, wird damit ein Neubeginn oder neu gewonnenes Bewußtsein dargestellt. Der Träumende ist auf der Suche nach einer anderen Art, mit alten Situationen umzugehen.

Psychologisch: Der Träumende ist sich des Stroms der Zeit bewußt und sollte dies vielleicht in irgendeiner Weise kennzeichnen oder feiern.

Spirituell: Auf der spirituellen Ebene steht die Morgendämmerung im Traum für ein großes Gefühl der Hoffnung.

MOSAIK

Allgemein: Jedes komplizierte Muster, das im Traum eine Rolle spielt, symbolisiert das Muster, welches das Leben webt. Vielleicht ist der Traum als Anregung für den Träumenden gemeint, einmal über das Leben als Ganzes nachzudenken, aber auch seine vielen verschiedenen Teile zu verstehen und zu respektieren.

Psychologisch: Ein Mosaik, das aus vielen kleinen Teilen zusammengesetzt ist, stellt einen bewußten Akt der Schöpfung dar. Wenn ein solches Symbol im Traum auftaucht, macht es den Träumenden auf seine Fähigkeiten als Schöpfer aufmerksam. Die Farben und Formen des Mosaiks könnten von Bedeutung sein (→ Farben, → Geometrische Figuren).

Spirituell: Das Mosaik des Lebens mit seinen vielen Facetten ist ein machtvolles spirituelles Symbol.

MOSES

→ Religiöse Bilder

MOTOR

auch → Auto

Allgemein: In Träumen kann der motivierende Anstoß oder die Energie, die der Träumende in einer bestimmten Situation benötigt, als Motor dargestellt werden. Wenn sich der Traum hauptsächlich um die Mechanik des Motors dreht, muß sich der Träumende vielleicht stärker mit der Dynamik und Pragmatik seiner Umgangsweise mit den Dingen des Lebens beschäftigen. Wird im Traum ein Motor ausgebaut, deutet dies auf ein ernsthaftes Gesundheitsproblem hin.

Psychologisch: Wenn der Träumende in seinem Traum einen Dieselmotor oder den Motor einer Lokomotive sieht, dann bringt ihn dies vielleicht in Kontakt mit seiner inneren Kraft und seinen Prinzipien. Der Motor im Traum wird mitunter auch mit dem Sexualakt in Beziehung gebracht.

Spirituell: Auf der spirituellen Ebene ist der Motor im Traum ein Symbol für Motive und Triebe.

MOTORRAD

→ Reise

MÜHLE/MÜHLSTEIN

Allgemein: Eine Mühle macht aus Rohmaterial einen weiterverwertbaren Stoff. Diese Eigenschaft wird im Traum dargestellt. Der Träumende kann aus dem, was er im Leben erfahren hat, das machen, was für ihn nützlich ist und was ihn in jeder Hinsicht nährt.

Psychologisch: Wenn etwas gemahlen wird, kommt es zu einer Umwandlung, die durch den Traum von einer Mühle oder einem Mühlstein symbolisiert wird. Es heißt, die beiden Mühlsteine würden den Willen und den Verstand symbolisieren. Damit sind sie die Werkzeuge, die der Träumende zu seiner eigenen Umwandlung benötigt.

Spirituell: Auf der spirituellen Ebene steht die Mühle im Traum für die Energie, die etwas Rohes in etwas Nutzbares verwandelt.

MÜLL

Allgemein: Abfall gestaltet im Traum ein Szenario, das es dem Träumenden ermöglicht, mit all jenen Teilen seiner Erfahrungen oder seiner Gefühle fertig zu werden, die sich wie Abfall anfühlen. Er muß sie sortieren und entscheiden, was er aufbewahren und was er wegwerfen will. Wenn der Träumende in seinem Traum Müll sammelt, kann dies darauf hinweisen, daß er falsche Vermutungen hegt.

Psychologisch: Häufig handelt es sich bei Abfall um Reste, die entstehen, wenn man Nahrungsmittel zubereitet. Daher kann der Traum ein indirekter Hinweis darauf sein, was der Träumende braucht, um gesund zu bleiben.

Spirituell: Auf dieser Ebene kann Abfall im Traum den Träumenden darauf aufmerksam machen, daß jetzt der richtige Zeitpunkt gekommen ist, um spirituellen Müll zu entsorgen.

MÜTZE

Allgemein: Eine Mütze hat im Traum dieselbe Bedeutung wie ein Hut; sie lenkt die Aufmerksamkeit des Träumenden auf Prestige oder spirituelle Kräfte. Trägt er in seinem Traum eine Mütze, dann soll sie möglicherweise seine kreativen Begabungen verdecken.

Psychologisch: Eine Mütze stellt das Bedürfnis des Träumenden nach Respektierung seines Glaubens, seiner Weisheit und seines Wissens dar.

Spirituell: Eine Mütze symbolisiert Adel und Freiheit.

MUMIE

Allgemein: Die sprachliche Verbindung zwischen Mumie und Mutter ist offensichtlich. In mancherlei Hinsicht muß die Mutter des Träumenden oder seine Beziehung zu ihr »sterben«, damit er sich entwickeln und überleben kann. Eine Mumie im Traum kann auch ein Symbol für die Gefühle des Träumenden zu einem Verstorbenen sein.

Psychologisch: Eine ägyptische Mumie symbolisiert den Tod, aber auch die Tatsache, daß der einbalsamierte Körper nach dem Tod erhalten bleibt und nicht in Vergessenheit geraten kann. Damit steht die Mumie für das Leben nach dem Tod.

Spirituell: Auf der spirituellen Ebene stellt die Mumie im Traum die unbeugsame Mutter und die Selbsterhaltung dar.

MUSCHEL

auch → Schneckenhaus

Allgemein: Die Muschel im Traum symbolisiert die Verteidigungsmittel, derer sich der Träumende bedient, um nicht verletzt zu werden. Als Reaktion auf vorangegangene Verletzungen hat sich der Träumende vielleicht eine harte Schale zugelegt. Eine weiche Schale deutet auf Verletzlichkeit hin. Muscheln dienten auch einmal als Zahlungsmittel und können im Traum immer noch als solches gedeutet werden.

Psychologisch: Die Muschel im Traum kann als magisches Symbol gesehen werden, das in sich die Kraft der Transformation birgt. Sie besitzt die Fähigkeit, zu schützen, und ist eine Art Gefäß, wodurch sie in Beziehung mit der weiblichen, emotionalen Seite der Natur steht.

Spirituell: Auf der spirituellen Ebene ist die Muschel im Traum eine Miniatur für den Ablauf von Leben und Tod.

MUSEUM

Allgemein: Im Traum stellt ein Museum altmodische Gedanken, Vorstellungen und Ideen dar. Vielleicht sollte sich der Träumende einmal objektiv mit ihnen auseinandersetzen.

Psychologisch: Ein Museum kann für einen Ort stehen, an dem der Träumende seine Erinnerungen speichert. Daher wird es als Symbol für das Unterbewußte gedeutet, jenen Teil des Selbst, dem sich der Träumende nähert, wenn er sich bemüht, zu verstehen, wer er ist und woher er kommt.

Spirituell: Die Vergangenheit ist ein interessantes Überbleibsel, mit dem man sich getrost eine gewisse Zeitlang beschäftigen kann. Dann aber muß man sich wieder der Gegenwart und der Zukunft zuwenden.

MUSIK/RHYTHMUS

auch → Orchester

Allgemein: Musik und Rhythmus drücken das innerste Selbst des Träumenden und seine Verbindung zum Leben aus. Hört er im Traum Musik, dann ist dies ein Hinweis, daß der Träumende das Potential hat, um diese Grundverbindung herzustellen. Musik kann auch eine sinnliche und lustbetonte Erfahrung symbolisieren.

Psychologisch: In vielen Kulturen werden Musik und Rhythmus zur Herstellung eines anderen Bewußtseinszustandes eingesetzt. Dies kann im Traum durch das Hören von Musik dargestellt werden.

Spirituell: Auf der spirituellen Ebene stellen Musik oder Rhythmus im Traum die Verbindung zum Göttlichen her.

MUSIKBAND

Allgemein: Eine Musikband, also eine Gruppe junger Musiker, deutet auf die Notwendigkeit von Teamarbeit hin.

Psychologisch: Der Träumende entdeckt in sich eine hohe Wertschätzung für Harmonie, die er zum Leben erwecken sollte.

Spirituell: Eine Musikband im Traum kann ein Hinweis auf ein harmonisches Selbst sein.

MUSIKINSTRUMENTE

Allgemein: Musikinstrumente stehen im Traum häufig für die kommunikativen Fähigkeiten des Menschen. Blasinstrumente verweisen auf den Intellekt, Schlaginstrumente hingegen auf den Grundrhythmus des Lebens.

Psychologisch: Manchmal können Musikinstrumente im Traum auch auf die Sexualorgane verweisen und daher auf die Einstellung des Träumenden zu seiner Sexualität.

Spirituell: Auf der spirituellen Ebene stehen Musikinstrumente im Traum für die Art des Träumenden, wie er sich selbst zum Ausdruck bringt.

MUSTER

→ Geometrische Figuren

MUTTER

→ Archetypen, → Familie

MYRTE

→ Blumen

MYSTISCHER KNOTEN

Allgemein: Traditionell hat ein mystischer Knoten keinen Anfang und kein Ende. Seine Grundbedeutung verweist auf ein unlösbares Problem. Vielleicht muß der Träumende ein solches Problem so lange ruhen lassen, bis es durch die Zeit gelöst wird.

Psychologisch: Der mystische Knoten erscheint in der Regel, wenn der Träumende versucht, sich selbst und seine Beziehung zur Spiritualität zu verstehen.

Spirituell: Auf der spirituellen Ebene symbolisiert der mystische Knoten im Traum die Unendlichkeit.

N

NABEL

Allgemein: Wenn der Träumende in seinem Traum seinen Nabel oder den eines anderen Menschen sieht, wird ihm bewußt, wie er sich auf sein inneres Selbst oder auf die äußere Welt bezieht. Im Traum geht es oft darum, wie der Träumende seinen Körper wahrnimmt. Der Nabel als Körpermittelpunkt eignet sich gut als Ausgangsbasis.

Psychologisch: Im Traum kann der Bauchnabel des Träumenden seine Abhängigkeit von der Mutter und anderen Menschen symbolisieren. Er ist das emotionale Zentrum des Menschen, und wenn er erwachsen ist, auch der Sitz seiner Kraft. Wenn in einem Alptraum ein Teufel oder eine ähnliche Gestalt auf dem Bauchnabel sitzt, dann stellt dies die Verkörperung der Ängste des Träumenden dar.

Spirituell: Auf der spirituellen Ebene symbolisiert der Bauchnabel den Verknüpfungspunkt des Spirituellen und des Körperlichen.

NABELSCHNUR

Allgemein: Viele Menschen entwickeln im Leben eine emotionale Abhängigkeit von anderen. Dies drückt sich im Traum als Nabelschnur aus. Vielleicht hat der Träumende noch nicht gelernt, seine eigenen Bedürfnisse wie ein reifer Erwachsener zu respektieren.

Psychologisch: Insbesondere steht die Nabelschnur für die lebenspendende Kraft und die Verbindung zwischen Mutter und Kind. Ein Durchtrennen der Nabelschnur kommt oft in Träumen von Heranwachsenden vor.

Spirituell: Auf der spirituellen Ebene ist die Nabelschnur im Traum ein Symbol für die Verankerung des Menschen in der Welt.

NACHAHMUNG

Allgemein: Nachahmung im Traum zeigt, daß sich der Träumende dessen bewußt ist, daß andere Menschen durch sein Beispiel lernen. Es kann aber auch bedeuten, daß der Träumende von anderen Menschen als Führer betrachtet wird, auch wenn er selbst diese Rolle nicht für sich beansprucht.

Psychologisch: Wenn der Träumende einen anderen Menschen nachahmt, dann ist er sich dessen bewußt, daß er dazu in der Lage ist, so zu sein wie diese Person. Imitiert er einen Menschen, der ihm überlegen ist, so erkennt er das größere Wissen des anderen an. Ahmt der Träumende die negativen Handlungen eines anderen Menschen nach, dann kann dies Zweifel an seiner eigenen Integrität zeigen und ihn dazu auffordern, darüber nachzudenken, ob er mit seinem eigenen Verhalten glücklich ist.

Spirituell: Auf der spirituellen Ebene steht das Nachahmen im Traum für die Imitation des Mikrokosmos im Makrokosmos und umgekehrt.

NACHGEBEN

Allgemein: Im Traum nachzugeben heißt, daß man die Sinnlosigkeit einer Auseinandersetzung erkannt hat. Zum Verständnis des Traums muß man sich mit ähnlichen Situationen im realen Leben näher befassen.

Psychologisch: Nachgiebigkeit ist eines der eher weiblichen Attribute und steht für das Bedürfnis, loszulassen und »sich treiben zu lassen«.

Spirituell: Auf der spirituellen Ebene ist Nachgeben im Traum als Hinweis zu verstehen, daß gerade Loslassen oft den ersehnten Durchbruch bringt.

NACHT

auch → Zeit

Allgemein: Die Nacht symbolisiert eine Zeit der Ruhe und Entspannung. Sie kann jedoch auch ein Hinweis auf Chaos und Schwierigkeiten sein. Die Nacht gehört den Gespenstern, dem Makabren und den Poltergeistern. Anders ausgedrückt: Die Nacht ist die Zeit der Brache vor dem neu beginnenden Wachstum.

Psychologisch: In der Nacht erhält der Körper die Gelegenheit, sich selbst zu regenerieren. In der chinesischen Medizin stehen bestimmte Stunden in der Nacht in Verbindung mit bestimmten Körperorganen.

Spirituell: Die Nacht symbolisiert die Dunkelheit, die vor der Wiedergeburt und der Initiation steht. Ein Zusammenbruch muß der Erleuchtung vorausgehen. Die Nacht kann auch den Tod symbolisieren.

NACHTFALTER

Allgemein: Der Nachtfalter im Traum stellt den Kontakt zur verborgenen Seite des Wesens her. Weil er, wenn Licht in der Nähe ist, auch selbstzerstörerisch sein kann, symbolisiert er das Traumselbst und die eher kurzlebige Seite der Persönlichkeit.

Psychologisch: Ähnlich wie der Schmetterling als Symbol der Seele gilt, so steht der Nachtfalter für die dunklere, phantasievolle Seite des Menschen. Wenn ein Nachtfalter aus dem Dunkeln auftaucht, symbolisiert dies die Selbsterkenntnis, zu der jeder Mensch schließlich gelangen muß.

Spirituell: Auf der spirituellen Ebene symbolisiert der Nachtfalter im Traum das Selbst, vielleicht jedoch in seiner dunklen Bedeutung.

NACKTHEIT

Allgemein: Nacktheit im Traum hat etwas mit dem Selbstbild des Träumenden zu tun. Er hat den Wunsch, so gesehen zu werden, wie er ist, und möchte sein Wesen enthüllen, ohne eine Fassade errichten zu müssen. Wenn der Träumende in seinem Traum nackt auf eine Straße geht, hängt die Deutung davon ab, ob er dabei von anderen Menschen beobachtet wird. Ist dies der Fall, dann hat der Träumende vielleicht irgend etwas an sich, was er zeigen möchte. Ist der Träumende allein, so hat er vielleicht einfach den Wunsch, sich frei zum Ausdruck zu bringen, oder er will seine Verwundbarkeit bewußt erleben.

Psychologisch: Nacktheit symbolisiert Unschuld. Es kann sein, daß der Träumende sich in einer Lebenssituation befindet, in der er ehrlich und wahrhaftig sein muß. Ist das Selbstbild des Träumenden stark genug, dann hat er keine Angst davor, in der Öffentlichkeit »entblößt« dazustehen. Handelt der Traum davon, daß der Träumende nackt in einer Stripteaseshow auftritt, dann könnte dies auf seine Angst, mißverstanden zu werden, verweisen. Zwar ist sich der Träumende dessen bewußt, daß er bereit ist, offen und ehrlich zu sein, aber andere verstehen dies vielleicht nicht.

Spirituell: Nacktheit kann auf einen Neubeginn, eine Wiedergeburt verweisen. Es ist der paradiesische Zustand und der Zustand natürlicher Unschuld, die jeder Mensch einmal besaß.

NADEL

Allgemein: Nadeln im Traum verweisen in der Regel auf Unangenehmes. Aber sie können auch die Macht des Heilens symbolisieren. Es muß eine Vorstellung oder ein Wissen von außen eingeführt werden; dies schmerzt vielleicht, aber es wird dem Träumenden innerlich helfen.

Psychologisch: Die Fähigkeit, zu durchdringenden Einsichten über den eigenen Zustand zu gelangen, kann bei der Bewältigung des Alltagslebens helfen. Die Deutung des Traums hängt davon ab, ob der Träumende die Nadel selbst verwendet oder ob eine andere Person ihn damit behandelt.

Spirituell: Eine Nadel kann auf männliche Sexualität verweisen, aber auch auf eine durchdringende Einsicht, die unsere Sicht des Lebens verändert.

NÄCHSTENLIEBE

Allgemein: Im Traum Nächstenliebe zu geben oder zu empfangen, hat viel mit der Fähigkeit zu tun, Liebe zu geben oder zu empfangen. Eine Sammelbüchse von einer mildtätigen Organisation verweist im Traum in der Regel darauf, daß sich der Träumende seiner eigenen Bedürfnisse bewußt ist.

Psychologisch: Nächstenliebe hat etwas mit der Fähigkeit des Träumenden zu tun, sich um andere Menschen zu kümmern. Wenn ein Traum von einem Akt der Nächstenliebe handelt, dann macht dies den Träumenden häufig auf größere Themenkomplexe aufmerksam, die für sein Leben wichtig sind.

Spirituell: Auf der spirituellen Ebene bedeutet Nächstenliebe im Traum das Erreichen einer höheren Entwicklungsstufe, bei der die eigenen Bedürfnisse nur noch zweitrangig sind.

NÄHE

Allgemein: Wenn der Träumende in seinem Traum bemerkt, daß er einem Menschen oder Gegenstand nahe ist, dann kann er sich auch im Wachzustand auf diese beziehen. Vielleicht ist das Traumsymbol ein Signal, daß der Träumende den Geschehnissen emotional näherkommt oder daß er besser mit dem umgehen kann, was geschieht. Andererseits kann Nähe im Traum auch einen Wunsch nach Intimität und Schutz ausdrücken.

Psychologisch: Ist dem Träumenden in seinem Traum ein Gegenstand oder ein Bild auffallend nahe, das heißt, verhält er sich in der Traumsituation passiv, dann soll er damit darauf aufmerksam gemacht werden, daß wichtige Ereignisse rasch eintreten können. Das bewußte Wahrnehmen von Raum verschafft dem Träumenden eine neue Vorstellung von der Zeit.

Spirituell: Auf dieser Ebene steht Nähe im Traum für das Bewußtsein von den Elementen des Lebens, die sich spirituell häufig als Nähe manifestieren.

NAGEL

Allgemein: Ein Traum von Nägeln, mit denen beispielsweise zwei Bretter miteinander verbunden werden, zeigt, daß der Träumende eine Begabung besitzt, Menschen oder Dinge zusammenzubringen. Dabei kann die Belastungsfähigkeit des Nagels wichtig sein. Finger- und Fußnägel verweisen auf Krallen oder auf Durchhaltevermögen.

Psychologisch: Die durchdringende Kraft eines Nagels kann von Bedeutung sein, wenn der Träumende Schwierigkeiten mit Männlichkeit und Sexualität hat.

Spirituell: Auf der spirituellen Ebene stellt der Nagel im Traum Schicksal und Notwendigkeit dar. Im Christentum symbolisieren Nägel auch höchstes Opfer und Schmerz.

NAHRUNGSMITTEL

Allgemein: Nahrungsmittel im Traum symbolisieren die Befriedigung menschlicher Grundbedürfnisse, seien sie körperlicher, geistiger oder spiritueller Natur. Handeln Träume wiederholt vom Essen, dann muß sich der Träumende mit der Frage auseinandersetzen, welche seiner Bedürfnisse er konstant ignoriert.

Psychologisch: Essen kann auf Anerkennung und soziale Fähigkeiten hinweisen – je nachdem, ob der Träumende allein ißt oder zusammen mit anderen Menschen. Einzelne Lebensmittel stehen mit bestimmten nichtkörperlichen Bedürfnissen und Wünschen in Zusammenhang.

Im folgenden einige Beispiele:
Brot: Es repräsentiert grundlegende Erfahrungen oder die Grundbedürfnisse des Träumenden.
Fleisch: Körperliche Befriedigung manifestiert sich im Traum häufig in der Form von Fleisch. Rohes Fleisch kann auf drohendes Unglück hinweisen.
Früchte: Im Traum stellt der Träumende seine Erfahrungen oder seine Bemühungen und das Potential für Wohlstand als Früchte dar. Ihre Farbe könnte von Bedeutung sein (→ Farben).
Gemüse: Es symbolisiert die Grundbedürfnisse und die materielle Zufriedenheit des Träumenden. Es verweist auch auf das Gute, das der Mensch von der Erde und aus seinem Umfeld erhält. Auch hier spielt die Farbe möglicherweise eine wichtige Rolle (→ Farben).
Milch: Sie symbolisiert wie andere Grundnahrungsmittel auch vor allem kindliche Bedürfnisse.
Süßigkeiten: Schokolade, Kuchen, Gebäck und so fort stehen mit sinnlichem Vergnügen und Genuß in Verbindung. Sie können jedoch auch ein Hinweis auf unbefriedigte Bedürfnisse auf der emotionalen Ebene sein.
Spirituell: Auf dieser Ebene stehen Nahrungsmittel für spirituelle Nahrung.

NAME

Allgemein: Der Name, den ein Mensch erhält, ist der erste Hinweis auf seine Identität. Er steht für sein Selbstgefühl. Wird der Träumende in seinem Traum bei seinem Namen gerufen, soll seine Aufmerksamkeit besonders auf seine Persönlichkeit gelenkt werden.
Psychologisch: Wenn dem Träumenden in seinem Traum die Namen anderer Menschen auffallen, dann werden ihm damit vielleicht deren Eigenschaften bewußt, und er muß sich mit ihnen auseinandersetzen. Kommt der Name eines Ortes im Traum vor, gilt es, über die Kenntnisse oder Erinnerungen, welche sich mit ihm verbinden, nachzudenken. Hinter Ortsnamen kann sich auch ein Wortspiel verbergen.
Spirituell: Auf der spirituellen Ebene gibt der Name im Traum dem Träumenden die Gelegenheit, sich mit seinem essentiellen Selbst auseinanderzusetzen.

NARBE

Allgemein: Eine Narbe im Traum ist ein Hinweis darauf, daß alte Verletzungen existieren, die nicht völlig ausgeheilt sind. Sie können ebenso geistiger und emotionaler wie auch körperlicher Natur sein und unbemerkt bleiben, bis der Träumende an sie erinnert wird. Auf der emotionalen Ebene kann sich eine Narbe beispielsweise so äußern, daß der Träumende an einem bestimmten Verhaltensmuster festhält, welches einmal seinem Schutz diente, nun aber seinen Sinn verloren hat.

Psychologisch: Es kann eine Rolle spielen, an welchem Körperteil sich die Narben im Traum befinden. Dies kann einen Hinweis auf den Lebensbereich enthalten, der von der ehemaligen Verletzung betroffen ist. Sieht der Träumende in seinem Traum Narben an einer anderen Traumfigur, dann muß er sich fragen, ob er vielleicht derjenige war, der in der Vergangenheit andere verletzt hat.

Spirituell: Auf der spirituellen Ebene können Narben im Traum ein Hinweis auf Verletzungen aus früheren Leben oder auf karmische Verstrickungen sein.

NARKOSE

Allgemein: In einem Traum narkotisiert zu sein, hebt die Tatsache hervor, daß der Träumende sich bemüht, schmerzhafte Gefühle zu vermeiden. Eventuell fühlt er sich auch durch äußere Umstände mattgesetzt, oder aber das Traumsymbol weist darauf hin, daß der Träumende versucht – oder gezwungen wird –, etwas zu vermeiden.

Psychologisch: Der Träumende betäubt oder vermeidet etwas, mit dem er sich nicht konfrontieren will. Vielleicht schafft er eine Situation, die ihn schließlich zum Handeln zwingt. Oder aber er muß sich ruhig verhalten und den Ereignissen den Raum zubilligen, den sie benötigen, um sich aus sich heraus zu entfalten.

Spirituell: Ähnlich wie Gedächtnisverlust kann auch eine Narkose im Traum ein Hinweis auf den Tod sein. Doch ist in der Regel das Absterben eines Persönlichkeitsteils gemeint.

NARZISSE

→ Blumen

NASE

→ Körper

NEBEL

Allgemein: Nebel ist ein Symbol des Verlusts und der Verwirrung, besonders der emotionalen Verwirrung. Der Träumende ist in seiner Verwirrtheit unfähig, sich mit den Themen zu befassen (oder sie auch nur zu sehen), die in seinem Leben wirklich anstehen.

Psychologisch: Ein Spaziergang im Nebel beinhaltet eine Warnung, daß der Träumende Dinge überbewertet, deren wahrer Gehalt durch das Urteil anderer Menschen »vernebelt« ist. Vielleicht ist es klüger, wenn er sich still verhält und erst einmal abwartet. Darüber hinaus kann Nebel im Traum auch auf ein Übergangsstadium, auf einen Wechsel von einem Bewußtseinszustand in einen anderen, verweisen.

Spirituell: Auf dieser Ebene ist der Nebel im Traum ein Symbol für spirituelle Zweifel und zielloses Wandern. Andererseits kann Nebel auch die Initiation versinnbildlichen.

NEFFE

→ Familie

NEIN

Allgemein: Wenn der Träumende in seinem Traum »nein« sagt und ihm dies besonders auffällt, dann kann dies auf einen wichtigen Schritt innerhalb seines Wachstumsprozesses hinweisen. Er ist dazu in der Lage, gegen den Willen anderer Menschen Entscheidungen zu treffen, ohne das Gefühl zu haben, dafür bestraft zu werden. Er kommt mit Zurückweisung zurecht und hat keine Angst mehr. Er ist fähig, auf seinen eigenen Füßen zu stehen.

Psychologisch: Das Recht, etwas abzulehnen, ist ein wichtiger Aspekt beim Treffen von Entscheidungen. Vielleicht hat der Träumende keinen richtigen Grund für eine Ablehnung, außer daß er ganz einfach das Recht in Anspruch nehmen will, »nein« zu sagen. In Beziehungen bedeutet dies, daß der Träumende auf einer bestimmten Ebene weiß, was für ihn richtig ist und zu wem er im Traum »nein« sagen darf.

Spirituell: Auf dieser Ebene bedeutet das »Nein« im Traum, daß der Träumende die Möglichkeiten ausschließt, die nicht in sein Konzept spiritueller Entwicklung passen.

NELKE

→ Blumen

NEPTUN

→ Himmelskörper

NEST

Allgemein: Ein Nest symbolisiert Schutz und eine häusliche Lebensweise. Vielleicht ist der Träumende emotional abhängig von den Menschen in seiner Umgebung und hat daher Angst, das »Nest zu verlassen«.

Psychologisch: Viele Frauen entwickeln vor der Geburt ihres Kindes einen Nestbauinstinkt. Im Traum kann dies daher die Bereitschaft zu einer Schwangerschaft anzeigen oder aber starke Bedürfnisse des Träumenden nach Geborgenheit.

Spirituell: Auf der spirituellen Ebene symbolisiert das Nest im Traum die Sicherheit im gewohnten Umfeld des Träumenden.

NETZ

Allgemein: In Träumen verweist ein Netz darauf, daß der Träumende sich in einem Schema oder einer Situation eingesperrt und gefangen fühlt: Er sitzt in der Falle. Im Traum einer Frau bedeutet das Netz, daß sie sich ihrer Verführungskraft bewußt ist; im Traum eines Mannes hingegen zeigt es, daß ihm seine Angst vor Frauen bewußt wird.

Psychologisch: Mit dem Traum von einem Netz greift der Träumende auf eines der elementarsten spirituellen Symbole zurück: Im Netz des Lebens haben die göttlichen Mächte Schicksal und Zeit verwoben, um eine Realität zu erschaffen, in welcher der Mensch bestehen kann. Der Mensch ist der Geist, der im Netz des Körpers gefangen ist. Das Netz im Traum kann auch ein Hinweis auf ein vor allem von Frauen geschaffenes Netzwerk der gegenseitigen Unterstützung sein.

Spirituell: Auf der spirituellen Ebene steht das Netz im Traum für unbegrenzte Beziehung und für den kosmischen Plan.

NEU

Allgemein: Im Traum von etwas Neuem wird auf einen Neuanfang verwiesen, auf eine neue Art, die Dinge zu betrachten und mit Situationen umzugehen, oder vielleicht auch auf eine neue Paarbeziehung. Neue Schuhe stehen für das Betreten eines neuen Weges und einen verstärkten Bodenkontakt. Ein neuer Hut symbolisiert einen neuen gedanklichen Ansatz, während eine neue Brille für eine veränderte Sehweise steht.

Psychologisch: Wenn der Träumende in seinem Traum etwas erneuert, drückt sich hierdurch das Potential in einer neuen Lernsituation aus. Der Träumende ist angeregt und anfangs auch aufgeregt. Spiegelt der Traum einen realen Neubeginn wider, dann kann er die Ängste und Schwierigkeiten des Träumenden in dieser Situation ausdrücken.

Spirituell: Auf der spirituellen Ebene symbolisiert das Neue Informationen, die den Träumenden zum richtigen Zeitpunkt erreichen, um weitere Entwicklungsschritte zu ermöglichen. Was für den Träumenden neu ist, muß nicht grundsätzlich neu sein, aber es kann dennoch von großem Einfluß auf ihn sein.

NEUJAHR

Allgemein: Der Traum vom Neujahr signalisiert für den Träumenden, daß er noch einmal von vorn beginnen soll. Es kann auch das Messen der Zeit auf akzeptable Weise darstellen oder eine Zeit symbolisieren, in der etwas Bestimmtes geschieht.

Psychologisch: Der Träumende muß die Anstrengung erkennen, die nötig ist, wenn er Erneuerung oder neues Wachstum schaffen möchte.

Spirituell: Auf der spirituellen Ebene kann der Neujahrstag mit seinen

Feierlichkeiten Erleuchtung oder neu gewonnenes Wissen symbolisieren. Der Träumende befindet sich nicht mehr in den Tiefen der Dunkelheit.

NEUN

→ Zahlen

NIEDERSTECHEN

auch → Messer

Allgemein: Wird der Träumende in seinem Traum niedergestochen, ist dies ein Hinweis auf seine Verletzlichkeit. Sticht er selbst eine andere Person nieder, ist er darauf vorbereitet, verletzt zu werden. Da eine Stichwunde mit einem Akt des Eindringens verbunden ist, besteht ein Zusammenhang mit aggressiver männlicher Sexualität, aber auch mit der Gabe, auf den Punkt kommen zu können.

Psychologisch: Manchmal kann ein Stich eine rasche Methode darstellen, um zu einem Ergebnis zu kommen. Wenn der Träumende nicht auf einen Menschen, sondern auf einen Gegenstand einsticht, dann ist dies ein Hinweis, daß er irgendeine Schale oder Barriere durchbrechen will.

Spirituell: Auf der spirituellen Ebene symbolisiert Niederstechen im Traum den Kampf des Träumenden gegen seinen »inneren Schweinehund«.

NIEDRIGER

→ Positionen

NIEREN

→ Körper

NISCHE

Allgemein: Jeder Mensch hat das Bedürfnis, sich irgendwo zu Hause zu fühlen. Im Traum kann man diesen Ort, diese Nische manchmal finden. Da die Nische in enger Verbindung mit dem kindlichen Schutzbedürfnis steht, drückt sie das vorhandene oder fehlende Sicherheitsempfinden des Träumenden aus.

Psychologisch: In neuen Situationen hat der Mensch das Bedürfnis, die Welt zu verstehen, die er gerade betritt. Häufig eröffnen Traumszenarios dem Träumenden Chancen, weil sie ihm zeigen, wohin er gehört, welche Nische für ihn die richtige ist. Der Träumende muß nicht nur den Raum finden, in dem er zu Hause ist, sondern er muß auch wissen, welche äußeren Faktoren ihn unterstützen und welche ihn behindern.

Spirituell: In religiösen Vorstellungen ist die Nische geweiht, damit sie ein geeigneter Ort für das Göttliche ist. Sie symbolisiert das Heilige und darüber hinaus besondere Mächte, die zu der jeweiligen Gottheit gehören.

NIXE/ WASSERGEIST

Allgemein: Traditionell gehören Nixe und Wassergeist zum Meer, obwohl sie auch an Land existieren können. Die beiden Fabelwesen symbolisieren die Fähigkeit, zugleich stark emotional als auch praktisch veranlagt zu sein. Ein Mensch, der sich auf einen der beiden Bereiche beschränkt, kann nicht zur Ganzheitlichkeit finden.

Psychologisch: Nixen und Wassergeister repräsentieren die Verbindung zwischen dunklen Kräften, die der Träumende nicht unbedingt versteht, und dem bewußten Selbst. Es gibt viele Geschichten über Menschen, die versuchen, mit diesen Meeresgeschöpfen Beziehungen einzugehen. Die meisten enden damit, daß die eine oder die andere Seite verletzt und verzweifelt ist.

Spirituell: In jedem Menschen muß eine Interaktion zwischen Emotionalem und Spirituellem stattfinden, sonst kann es keine Ganzheitlichkeit geben.

NORDEN

→ Positionen

NUGGET

Allgemein: Ein Nugget ist ein Goldklumpen, und daher symbolisiert er den zentralen guten Kern in einer Situation. Im Traum begegnet der Träumende vielleicht dem Bruchstück einer Information, welches durch ein Nugget dargestellt wird.

Psychologisch: Gold im Traum stellt häufig Männlichkeit und Silber Weiblichkeit dar. Wenn der Träumende in seinem Traum auf Silber oder Gold stößt, bedeutet dies, daß er einen Teil seiner selbst gefunden hat, von dessen Existenz er nichts ahnte. Dieser Persönlichkeitsanteil befindet sich vielleicht noch im Rohzustand, aber mit ein wenig Aufwand kann man etwas Schönes daraus machen.

Spirituell: Auf der spirituellen Ebene stellt das Nugget im Traum Wissen, Macht und übersinnliche Fähigkeit dar. Es ist der Kern einer Idee oder einer Vorstellung.

NULL

→ Zahlen

NUSS

Allgemein: Nüsse im Traum stellen die Verbindung zu der Jahreszeit Herbst her. Alles ist geerntet, die Früchte der Natur sind eingefahren. Nun beginnt eine Zeit der Stille und Zurückgezogenheit.

Psychologisch: Nüsse haben wegen ihrer Form die Bedeutung von innerer Nahrung. Man dachte früher, sie seien ein Nährstoff speziell für das Gehirn und könnten daher Weisheit spenden. Auch heute können sie in Träumen noch diese Bedeutung haben. Wegen ihrer Form stehen sie auch in Verbindung mit männlicher Sexualität und Fruchtbarkeit. Wenn ein Traum von Nüssen handelt, versucht der Träumende Themen, die mit Sexualität zu tun haben, zu depersonalisieren.

Spirituell: Auf der spirituellen Ebene werden Nüsse im Traum mit verbesserten übersinnlichen Kräften assoziiert.

NYMPHE

Allgemein: Nymphen sind die Verkörperung der universellen weiblichen Produktivität. Sie haben eine unschuldige, sorglose Energie, die naiv und klar ist. Sie sind gewöhnlich Hüterinnen heiliger Bereiche, wie Wälder, Berge und Seen. Im Traum stehen sie daher in Verbindung mit dem Gespür einer Frau für Schönheit und ihre eigene Weiblichkeit.

Psychologisch: Nymphen sind Prinzessinnen verwandt (→ Prinzessin unter Archetypen, → Menschen). Sie stellen den sorglosen vergnüglichen Aspekt der Energie dar, der Bewegung und Licht auskostet. Die Nymphe im Traum gibt dem Träumenden die Möglichkeit, Verbindung aufzunehmen mit Reinheit und Anmut.

Spirituell: Nymphen sind Erdgeister, die mit reiner Energie umgehen. Ihr Charme wird von ihrer Jugendlichkeit und ihrer Schönheit bestimmt. Auf der spirituellen Ebene verkörpern sie viele weibliche Eigenschaften im Reinzustand.

O

OASE

Allgemein: Für die meisten Menschen ist eine Oase ein Zufluchtsort in der Wüste. Wegen der Verbindung mit Wasser wird die Oase im Traum zu einem Ort, an dem der Träumende jede Erfrischung erhält, die er sich emotional wünscht.

Psychologisch: Wenn Menschen in Schwierigkeiten sind, brauchen sie einen Ort, an dem sie sich selbst zum Ausdruck bringen, an dem sie wieder zu Kräften kommen und ihre Problembewältigungsfähigkeiten entwickeln können. Eine Oase kann im Traum einen solchen Ort darstellen, besonders wenn sich der Träumende verirrt hat (→ Verlieren). In diesem Fall symbolisiert die Oase im Traum einen Schutzraum.

Spirituell: Auf der spirituellen Ebene stellt die Oase im Traum eine Erfrischung dar. Gleichzeitig steht sie für die Idee, alten Bedrängnissen zu entschlüpfen.

OBELISK

Allgemein: Jeder behauene Stein im Traum ist ein Hinweis darauf, daß der Träumende darüber nachdenkt, wie er sein Grundwesen geformt hat. Je einfacher der Stein bearbeitet ist, desto mehr Möglichkeiten stehen ihm zur Verfügung, ihn zu verbessern; je ausgeschmückter er ist, desto erfolgreicher nutzt der Träumende seine kreative Energie.

Psychologisch: Ein Obelisk stellt häufig eine Markierung dar, die einen bestimmten Bereich kennzeichnet, wie etwa einen heiligen Raum. Er kann auch altes, instinktives Wissen symbolisieren.

Spirituell: Auf dieser Ebene fordert der Obelisk im Traum den Träumenden auf, sich über seinen spirituellen Glauben Klarheit zu verschaffen.

OBEN

→ Positionen

OBERSCHENKEL

→ Körper

OBLATE

Allgemein: Eine Oblate besteht aus einem sehr dünn ausgerollten Teig und ist daher sehr zerbrechlich. In Träumen kann sie für etwas stehen, das leicht kaputtgeht und daher vorsichtig behandelt werden muß.

Psychologisch: Eine Oblate besteht aus mehreren sehr dünnen Lagen und ist somit als Sinnbild für Vielschichtigkeit zu sehen. Der Träumende muß die verschiedenen Ebenen seines Lebens verstehen, um es erfolgreich zu meistern. Wird im Traum eine Oblate verspeist, so ist dies ein Hinweis, das Leben anders anzugehen. Um in Beziehungen erfolgreich zu sein, sollte der Träumende vielleicht eine eher nüchterne und bürgerliche Haltung einnehmen.

Spirituell: Als Hostie der Leib Christi. Das Brot des Lebens.

OBRIGKEIT

auch → Autoritätspersonen unter Menschen

Allgemein: Wenn ein Angehöriger der Obrigkeit im Traum eine Rolle spielt, stellt dies oft eine Verbindung zwischen dem Träumenden und seinem Vater her. Die Autoritätsperson zeigt, daß der Träumende sich nach einem Menschen sehnt, der ihm sagt, was er tun soll, und der die Kontrolle über sein Leben übernimmt.

Psychologisch: Autoritätspersonen im Traum spiegeln die Art, wie sich der Träumende nach außen darstellt. Sie können auch der Teil seiner selbst sein, der am besten weiß, welche Entscheidungen wie zu treffen sind. Vielleicht jedoch hält sich das bewußte, alltägliche Selbst des Träumenden nicht an diese innere Autorität.

Spirituell: Auf dieser Ebene wird spirituelle Autorität oft durch ein Mitglied der Obrigkeit, zum Beispiel durch einen Richter, dargestellt.

OBSESSION

Allgemein: Eine Obsession ist eine unnatürliche Konzentration auf ein Gefühl, einen Glauben oder einen Gegenstand, und sie kann einfach bedeuten, daß sich der

Träumende die Zeit nehmen muß, ein bestimmtes Problem durchzuarbeiten.

Psychologisch: Das Unbewußte bedient sich im Traum oft zwanghaften oder wiederholenden Verhaltens, um sicherzugehen, daß der Träumende die Botschaft auch voll verstanden hat.

Spirituell: Auf dieser Ebene kann die Obsession im Traum eine spirituelle Besessenheit veranschaulichen.

OBSTGARTEN

Allgemein: Im Traum kann der Obstgarten den Versuch des Träumenden symbolisieren, für sich selbst zu sorgen. Wie der Traum zu deuten ist, hängt davon ab, ob die Bäume Blüten oder Früchte tragen. Tragen sie Blüten, dann verweist dies auf das Erfolgspotential des Träumenden; tragen sie Früchte, hat der Traum einen beruhigenden Charakter, die eingesetzte Leistung wird zu gegebener Zeit zu einer reichen Ernte führen.

Psychologisch: Jede Ansammlung von Bäumen kann die Fruchtbarkeit des Träumenden symbolisieren. Ein Obstgarten ist in der Regel eine geordnete Pflanzung. Sie verweist daher meist darauf, daß der Träumende die strukturierte Seite seiner Persönlichkeit zu schätzen weiß.

Spirituell: Auf der spirituellen Ebene steht der Obstgarten im Traum für Fruchtbarkeit.

OBSZÖNITÄT

Allgemein: Träume stehen oft mit den niederen Aspekten des Selbst in Verbindung, mit denen man sich im Wachzustand normalerweise nicht gerne konfrontiert. Wenn im Traum Obszönität eine Rolle spielt, dann kann sich der Träumende mit diesen Impulsen im geschützten Raum des Traums und ohne zu werten beschäftigen.

Psychologisch: Obszönität steht in Verbindung mit der Selbstwahrnehmung. Gibt sich der Träumende in seinem Traum obszön, dann muß er sich seiner unterdrückten Impulse bewußt werden. Ist eine andere Traumfigur dem Träumenden gegenüber obszön, dann muß er entscheiden, auf welche Weise er in seinem Alltagsleben zum Opfer gemacht wird.

Spirituell: Obszönität steht manchmal mit bösen Taten in Verbindung. Wenn der Träumende sich mit diesem Zusammenhang identifiziert, muß er sich über seine eigene Interpretation des Bösen oder boshaften Verhaltens klar werden.

ÖL

Allgemein: Es ist wichtig, um welche Art von Öl es sich in dem Traum handelt. Salatöl symbolisiert häufig das Entfernen von Reibungen oder ein Mittel, um verschiedene Substanzen zu verbinden. Massageöl verweist auf Pflegen und Verwöhnen. Maschinenöl hebt die Fähigkeit des Träumenden hervor, die Dinge am Laufen zu halten.

Psychologisch: Der Träumende erkennt, daß er in einer bestimmten Situation nur vorankommt, wenn er sie und die mit ihr befaßten Personen »schmiert«. Dabei muß er sich darüber im klaren sein, daß Bestechung das falsche Mittel ist. Andere Wege sind denkbar.

Spirituell: Auf der spirituellen Ebene steht Öl im Traum für Weihe und Hingabe.

OFEN

Allgemein: Ein Ofen ist ein Symbol für die menschliche Fähigkeit, rohe Zutaten in schmackhafte Speisen umzuwandeln. Im Traum kann ein Ofen daher auf die Möglichkeit hinweisen, grobe Charakterzüge in feine zu transformieren.

Psychologisch: Weil ein Ofen innen hohl ist, symbolisiert er im Traum auch den Mutterschoß. Als Ort der Transformation wird er auch mit Schwangerschaft und Geburt in Verbindung gebracht.

Spirituell: Ein Ofen stellt die Veränderung von Grundeigenschaften dar, und deshalb verweist er auf spirituelle Transformation.

OKKULTES

Allgemein: Okkult bedeutet »verborgen«. Wenn ein Traum also von Okkultem handelt, kann es sein, daß der Träumende auf seine verborgenen Ängste aufmerksam gemacht werden soll. Die meisten Menschen empfinden Okkultes als negativ, setzen es mit Schwarzer Magie oder Satanismus gleich. Möglicherweise steht das Traumbild daher mit der egoistischen Seite ihres Wesens in Zusammenhang.

Psychologisch: Wenn der Träumende okkultes Wissen besitzt, kann es wichtig sein, dieses im Alltagsleben anzuwenden. Die Regel heißt jedoch: Niemals zum Schaden eines anderen Menschen.

Spirituell: Im Traum ist das Okkulte möglicherweise der Hinweis auf eine bislang ungenutzte geheime Weisheit.

OLIVIN

→ Edelsteine

ONYX

→ Edelsteine

OPER

Allgemein: Wenn sich der Träumende in seinem Traum in der Oper befindet, beobachtet er das »Drama« einer Situation in seinem Umfeld – es kann durchaus angemessen sein, es nur zu beobachten, statt daran teilzunehmen. Tritt der Träumende als einer der Darsteller in einer Oper auf, dann verbirgt sich dahinter der Hinweis, daß er in seinem Leben einen dramatischen »Input« braucht.

Psychologisch: Mitwirkender in einer Oper zu sein, verlangt vom

Träumenden, sich in Alltagssituationen dramatischer und geschulter zum Ausdruck zu bringen.

Spirituell: Auf der spirituellen Ebene stellt die Oper im Traum das Lebensdrama dar.

OPERATION

auch → Krankenhaus

Allgemein: Für niemanden ist eine Operation im Krankenhaus eine angenehme Vorstellung, und meistens ist sie daher auch mit Angst verbunden. Im Traum kann dies zum einen bedeuten, daß der Träumende seine Ängste vor Krankheiten und Schmerzen erkennt, zum anderen aber auch, daß er sich einem Heilungsprozeß unterziehen muß.

Psychologisch: Führt der Träumende eine Operation durch, heißt dies, daß er um seine Geschicklichkeit in Alltagssituationen weiß. Wird der Träumende operiert, so versucht er einem inneren Wissen näherzukommen, hat jedoch Angst vor dem Ergebnis.

Spirituell: Auf der spirituellen Ebene bedeutet die Operation im Traum Heilung.

OPFER

Allgemein: Im Traum widerfahren dem Menschen oft Dinge, auf die er keinen Einfluß hat. Damit ist der Träumende in dem Sinne Opfer, als daß er in der Situation passiv oder machtlos ist. Manchmal erkennt er, daß er einen anderen Menschen nicht korrekt behandelt; er macht diesen zum Opfer seiner eigenen inneren Aggression und geht auch mit sich im realen Leben nicht richtig um.

Psychologisch: Wenn der Träumende ständig Situationen schafft, aus denen er als Verlierer hervorgeht, kommt dies in seinen Träumen zum Ausdruck und kann dabei auch dramatische Formen – wie etwa die des Diebstahls, der Vergewaltigung oder Ermordung – annehmen. Dabei handelt es sich nicht um hellseherische Träume, solange der Träumende darin nicht eine Fähigkeit erkennt, sich selbst zum Opfer zu machen. Wo seine Schwierigkeiten liegen, offenbart sich eventuell durch den Trauminhalt.

Spirituell: Unterdrückt der Träumende seine Fähigkeit, sein spirituelles Potential zu entwickeln, übernimmt er in seinen Träumen die Rolle des Opfers – zu dem er sich selbst macht.

OPFERUNG

Allgemein: Opferung bedeutet zum einen, etwas aufzugeben, und zum anderen, etwas heilig zu machen. Wenn sich also diese beiden Möglichkeiten in einem Traumszenario miteinander verbinden, ist der Träumende bereit, sein Ich oder seine Individualität zugunsten von etwas aufzugeben, das größer und wichtiger ist als er selbst. Oft wird ein Opfer auf der

Basis von leidenschaftlichem Glauben dargebracht.

Psychologisch: Meist wird für eine Opferung eine nachfolgende gerechte Belohnung, gewöhnlich spiritueller Art, erwartet. Möglicherweise rechnet der Träumende aber nicht mit einer sofortigen Belohnung – von dem guten Gefühl oder dem Wissen, das Richtige getan zu haben, einmal abgesehen. Überdies spielen bei der Opferung stets das Aufgeben von unangemessenem egoistischem Verhalten und die Harmonie des Träumenden mit dem Fluß des Lebens eine Rolle.

Die Opferung eines Tiers weist darauf hin, daß sich der Träumende dessen bewußt ist, daß er seine niedrigeren Triebe zugunsten spiritueller Kraft aufgeben kann. Wenn sich das Tier willig opfern läßt, ist der Träumende bereit, Triebe in spirituelle Energie umzuwandeln. Sollte es sich bei dem Tier um einen Hasen oder um ein Kaninchen handeln, so ist die Opferung ein Symbol der Wiedergeburt.

Spirituell: Die Opferung im Traum ist ein wichtiger Aspekt spirituellen Wachstums und ein Symbol des Verzichts auf Materielles zugunsten von Geistigem.

OPTIKER

→ Augenarzt

ORAKEL

Allgemein: Viele Menschen möchten gern wissen, was die Zukunft für sie bringt und wie sie handeln sollen. Wenn ein Traum von einem Orakel handelt, dann verbindet dies den Träumenden mit dem Teil seines Selbst, der weiß, welche Schritte als nächste getan werden müssen. Im Traum kann das Orakel häufig als Traumfigur auftreten, etwa als Göttin oder als alter Weiser. Es kann auch sein, daß der Träumende in seinem Traum eines der vielen bekannten Vorhersagesysteme benutzt.

Psychologisch: Das Bedürfnis nach Wissen ist sehr groß, und es steht zu vermuten, daß ein Orakel über mehr Informationen verfügt als der Träumende. Häufig ist es notwendig, die Botschaften des Orakels zu entschlüsseln. Manchmal versteht der Träumende sie auch erst, nachdem er im Wachzustand darüber nachgedacht hat.

Spirituell: Auf dieser Ebene steht das Orakel im Traum für Prophezeiung und verborgenes Wissen.

ORANGE

→ Farben, → Früchte

ORCHESTER

auch → Musik, → Musikinstrumente

Allgemein: Der Mensch besteht aus verschiedensten Persönlichkeitsaspekten, die harmonisch zusammenspielen müssen, damit er auch optimal funktioniert. Wenn ein Traum von einem Orchester handelt, symbolisiert dies, wie der Träumende seine verschiedenen Charaktermerkmale zu einem geschlossenen Ganzen zusammenfügen kann.

Psychologisch: Wenn der Träumende in seinem Traum sein Leben »orchestrieren« möchte, bedeutet dies, daß er sein theoretisches Wissen in die Tat umsetzen und zu diesem Zweck in Aktion treten will. Auf diese Weise verschafft er sich Gehör und wird von seinen Mitmenschen verstanden. Dirigiert der Träumende ein Orchester, ist dies ein Zeichen für seine Führungsqualitäten. Ist er Mitglied eines Orchesters, dann sieht er sich als Teil eines größeren Ganzen.

Spirituell: Auf dieser Ebene symbolisiert das Orchester im Traum harmonisch vollzogene Handlungen.

ORDEN

Allgemein: Ein Orden wird als Belohnung für gute Leistung oder für Tapferkeit verliehen. Taucht ein Orden im Traum auf, dann symbolisiert er, daß der Träumende seine eigenen Fähigkeiten erkennt. Verleiht er einer anderen Person einen Orden, dann ehrt er den Teil seines Selbst, den dieser andere Mensch personifiziert.

Psychologisch: Menschen streben danach, sich gut zu fühlen, und brauchen dieses Gefühl. Ein Orden im Traum bestätigt nicht die Fähigkeiten oder Erfolge des Träumenden im Augenblick des Geschehens, sondern stellt eine dauerhafte Erinnerung an das dar, was er geleistet hat.

Spirituell: Im Traum symbolisiert ein Orden den Gleichklang mit dem spirituellen Kodex.

ORDNUNG

Allgemein: Ein Traum von Ordnern oder von der Ablage zeigt, daß der Träumende Ordnung in sein Leben bringen will. Er will dem, was er tut und wie er es tut, einen Sinn geben. Wenn der Träumende Erfahrungen ablegt, dann ist eine Erfahrung offenbar abschließend durchgearbeitet. Das Wissen um diese Erfahrung bleibt jedoch auch weiterhin zugänglich.

Psychologisch: Von Ordnung zu träumen heißt, daß der Träumende sich damit auseinandersetzt, wie er mit den Menschen aus seinem Umfeld umgeht. Er muß sich darüber Klarheit verschaffen, ob er jeder Einzelperson auch wirklich gerecht wird, und muß bei seinen Vorurteilen Ordnung schaffen.

Spirituell: Auf dieser Ebene ist Ordnung im Traum eine wichtige Voraussetzung für spirituelles Vorankommen.

ORGANE

Allgemein: Die verschiedenen Organe des Körpers können die unterschiedlichen Aspekte des Selbst darstellen. Sie repräsentieren im Traum verschiedene Schwächen und Stärken.

Psychologisch: In der chinesischen Medizin steht jedes Körperorgan für eine bestimmte Eigenschaft. Die Gallenblase symbolisiert die Entscheidungsfähigkeit, die Leber ist der Sitz der Reizbarkeit und so fort. Wenn also im Traum ein Körperorgan eine wichtige Rolle spielt, dann muß der Träumende einen Zusammenhang mit dem psychologischen Bereich herstellen, um angemessen reagieren zu können.

Spirituell: Auf der spirituellen Ebene symbolisieren die Organe im Traum die Bausteine, deren aufeinander abgestimmtes Funktionieren die Ganzheitlichkeit des Menschen darstellt.

ORGANIST

Allgemein: Ein Organist als Traumbild ist jener Teil des Selbst, der weiß, wie er die verschiedenen Schwingungen nutzen kann, aus denen der Mensch besteht. Wenn der Träumende in seinem Traum Organist ist, dann weiß er, daß die Noten, die er spielt, ähnlich wie in einem Orchester harmonisch zusammenpassen müssen. Dies erfordert allerdings Übung, Konzentration und nicht zuletzt die Beherrschung des Instruments.

Psychologisch: Es ist eine erlernte Fähigkeit, wenn sich ein Mensch erfolgreich zum Ausdruck bringen kann. Der Organist repräsentiert den Teil des Selbst, der bereit ist, diszipliniert und entschlossen an einer Sache zu arbeiten, damit man ihn sowohl gut hören als auch ihm zuhören kann.

Spirituell: Auf der spirituellen Ebene steht der Organist im Traum für das höhere Selbst.

ORGIE

Allgemein: Eine Orgie ist mit einer gewaltigen Freisetzung von Energie verbunden, die entsteht, wenn sich der Träumende selbst die Erlaubnis gibt, sich seiner Sexualität anzunähern. Wenn ein Traum von einer Orgie handelt, kann dies zeigen, wie sich der Träumende auf andere Menschen bezieht. Er hat ein übergroßes Bedürfnis, von anderen Menschen geliebt und verstanden zu werden. Wenn der Träumende dies im Traum als Orgie erlebt, dann ist dies vielleicht als Angst vor Kontrollverlust zu verstehen.

Psychologisch: Häufig bringen Träume Schwierigkeiten oder Blockaden zum Ausdruck, die der Mensch vielleicht in einem bestimmten Bereich seines Lebens hat. Da für die meisten Menschen ihr Selbstbild stark mit ihrer Sexualität verbunden ist, kann eine Orgie im Traum darauf verweisen, wie der Träumende die blockierte Energie freisetzen kann. Im Traum dient ein im Wachzustand unangemessenes Verhalten dazu, solche Schwierigkeit auszubalancieren.

Spirituell: Auf dieser Ebene steht die Orgie im Traum für einen spirituellen Exzeß.

ORIENT

Allgemein: Für die meisten Menschen ist die orientalische oder östliche Lebensweise etwas sehr Exotisches. Wenn ein Traum von ihr handelt, erhält der Träumende vielleicht Zugang zu dem Teil seines Lebens, der durch die Anforderungen des Alltags unterdrückt wird.

Psychologisch: Die östliche Lebensweise scheint sanfter und vielleicht intuitiver zu sein als die westliche. Im Traum ist der Mensch dazu fähig, sich mit der Seite seines Selbst in Verbindung zu setzen, die Zugang zu Weisheit und Klarheit hat. Dies ist scheinbar eher eine weibliche Bewältigungsstrategie, denn dieses Traumsymbol erscheint im Traum häufig als orientalische Frau (auch → Frau unter Menschen).

Spirituell: Auf der spirituellen Ebene steht der Orient im Traum für transzendentale Weisheit.

ORTE

Allgemein: Wenn die Umwelt im Traum eine besonders wichtige Rolle spielt, dann ist dies in der Regel eine Botschaft an den Träumenden. Manchmal spiegelt der Ort den inneren Zustand oder die Stimmung des Träumenden wider. Er vermag ihn an Plätze, Städte oder Landschaften zu erinnern, die in bestimmten Lebensphasen für den Träumenden von Bedeutung waren, und vielleicht auch an für seinen Lebenslauf wichtige Personen.

Psychologisch: Die Deutung der Symbolik bestimmter Orte kann Einblicke in »innere Landschaften« gewähren. Ein Ort, der *im Verlauf des Traums fruchtbar* wird, verweist auf einen Aspekt, den der Träumende früher nicht anerkannt hat oder den er unangenehm fand, der nun aber Möglichkeiten und Potentiale für seinen spirituellen Weg entwickelt. *Trübe, unfreundliche Landschaften* oder *stille Lieblingsplätze* können ein Hinweis auf die subjektive Weltsicht des Träumenden sein. Das *Land,* von dem der Traum handelt, kann eine bestimmte Bedeutung für den Träumenden haben. Amerika zum Beispiel hat für die meisten Menschen eine eher aufdringliche, kommerziell orientierte Kultur, England wird als gehemmt und pflichtbewußt betrachtet, Frankreich stellt temperamentvolle Männlichkeit dar und so fort. *Ländliche Gegenden* transportieren bestimmte Gefühle oder Stimmungen, vor allem wenn sie mit Freiheit zu tun haben. *Zusammengesetzte Szenen,* die viele Einzelbilder enthalten, die der Träumende erkennt, lenken seine Aufmerksamkeit in der Regel auf bestimmte Eigenschaften, Ideale und Stimmungen, die den Informationsgehalt des Traums erhöhen. Der *Geburtsort* des Träumenden stellt einen sicheren Raum dar. Ein *sonniger, heiterer Ort* verweist auf Spaß und Lebhaftigkeit; eine *dunkle, schattige Landschaft* symbolisiert Niedergeschlagenheit und eine düstere Stimmung. Ein *abgedunkelter Ort* stellt das Unbewußte dar. Ein *vertrauter Ort* bringt den Träumenden in seine Kindheit zurück oder in eine Zeit, in der er viel gelernt hat, und ein *besonders schöner Ort* beflügelt die Phantasie, so daß der Träumende seine kreative Visualisierung besser nutzen kann. Ein *Urwald* steht in Verbindung mit dem Labyrinth und verweist auf die Sexualität. Ein *bedrückender Ort* kann früher eine heilige Stätte gewesen sein. Ein *geschützter Ort* bietet Frieden und Sicherheit. *Unbekannte Orte* stellen Aspekte des Selbst dar, die dem Träumenden nicht bewußt sind. *Großzügige, weite Plätze* bieten Bewegungsfreiheit. Ein *unvertrauter Ort* symbolisiert neue Aspekte der Persönlichkeit, die dem Träumenden noch nicht vollkommen bewußt sind.

Spirituell: Auf dieser Ebene dienen die Orte im Traum der spirituellen Orientierung.

OSTEN

auch → Positionen

Allgemein: Wenn ein Traum vom Osten handelt, verweist dies darauf, daß der Träumende sich mit seiner geheimnisvollen und religiösen Seite befaßt. Er stellt eine Verbindung zum instinktiven Glauben her (als Gegensatz zum logischen Denken).

Psychologisch: Das Traumsymbol Osten zeigt möglicherweise an, daß sich der Träumende einem neuen Leben oder einem Neubeginn zuwendet (→ Morgendämmerung).

Spirituell: Auf der spirituellen Ebene verweist der Osten im Traum auf den Frühling, die Jahreszeit der Jugend und der Hoffnung.

OSTEOPATH

Allgemein: Wenn ein Traum von einem Osteopathen handelt, bedeutet dies, daß der Träumende seine Lebensbedingungen so lange verändern muß, bis er sich wohl fühlt. Weil ein Osteopath heilt, bedeutet sein Erscheinen im Traum, daß der Träumende um seine Gesundheit besorgt ist.

Psychologisch: Der im Traum auftauchende Osteopath, der den physischen Körper behandelt, macht den Träumenden auf psychologische Manipulationen aufmerksam, die im Alltagsleben stattfinden. Jede Heilbehandlung hat demnach Auswirkungen auf den energetischen Zustand des Körpers. Der Träumende sollte sich klarmachen, daß er feine Veränderungen an seinem Leben vornehmen muß.

Spirituell: Auf dieser Ebene stellt ein Osteopath im Traum spirituelle Manipulation oder Veränderung dar.

OSTEREI

Allgemein: Das Osterei ist ein urzeitliches Symbol der Erneuerung. Im Traum führt es den Träumenden zurück zu Kindheitserinnerungen an Vorsehung und Wunder. Vielleicht macht es ihm auch die Vergänglichkeit der Zeit bewußt.

Psychologisch: Von einem Osterei zu träumen bedeutet, daß dem Träumenden auf der geistigen Ebene ein großes Potential zugänglich ist, welches er freisetzen kann.

Spirituell: Auf der spirituellen Ebene bedeutet das Osterei im Traum, dessen Verbindung zum Frühling offensichtlich ist, Wiedergeburt und Auferstehung.

OTTER

→ Tiere

OUROBOROS

→ Schlange

OVAL

→ Geometrische Figuren

OZEAN

→ Meer

P

PACKEN

Allgemein: Wenn der Träumende in seinem Traum die Koffer packt, als würde er auf Reisen gehen, hebt er hervor, daß er seine nächste Lebensphase sorgfältig vorbereiten muß. In dem Traum manifestiert sich der Wunsch, sich von alten Vorstellungen und Schwierigkeiten zu entfernen. Wenn der Träumende einen bestimmten Gegenstand sehr vorsichtig einpackt, zeigt dies, daß er ihm über das rein Materielle hinaus ans Herz gewachsen ist.

Psychologisch: Der Träumende muß in seinem Leben Ordnung schaffen. Wenn er vom Packen träumt, verweist dies auf einen Auswahlprozeß, den er durchführen muß, um zu entscheiden, was ihm wichtig ist und was nicht.

Spirituell: Auf dieser Ebene bedeutet Packen im Traum, daß der Träumende auswählt, welche spirituellen Informationen von Bedeutung sind, und daß er darüber entscheiden muß, welche von ihnen er aufbewahren will.

PAGODE

→ Tempel unter Gebäude

PAKET/ PÄCKCHEN

auch → Adresse

Allgemein: Erhält der Träumende in seinem Traum ein Päckchen, wird ihm eine Erfahrung oder ein Erlebnis ins Bewußtsein gerufen, mit dem er sich bisher noch nicht ausreichend beschäftigt hat. Verschickt er selbst ein Päckchen oder Paket, dann sendet er seine Energie in die Welt hinaus.

Psychologisch: Päckchen oder Pakete im Traum können Geschenke darstellen, die der Träumende von anderen Menschen erhält. In der Regel ist es wichtig, wer ihm das Geschenk gibt, ob es ihm direkt von der betreffenden Person überreicht wird oder ob er lediglich weiß, wer der Geber ist. Von Bedeutung ist auch, ob sich der Träumende über das Geschenk freut.

Spirituell: Auf der spirituellen Ebene können Päckchen und Pakete auf ein Potential verweisen oder auf Geschenke und Fähigkeiten.

PALME

Allgemein: Eine Palme im Traum steht im Zusammenhang mit Ruhe und Erholung. Früher wurden Palmen mit Ehre und Sieg in Verbindung gebracht, aber seit Urlaubsreisen in ferne Länder für die breitere Masse möglich sind, ist diese symbolische Bedeutung verlorengegangen.

Psychologisch: Die Palme im Traum kann ein Hinweis sein, daß der Träumende anderen Menschen lästig fällt oder aber daß eine bestimmte Person ihm auf die Nerven geht und er sich folglich von ihr lieber fernhalten sollte.

Spirituell: Auf der spirituellen Ebene bedeutet die Palme im Traum Segnung und Güte.

PANTHER

→ Tiere

PANTOMIME

Allgemein: Für viele Menschen ist Pantomime eine glückliche Kindheitserinnerung, und häufig erscheint sie im Traum als Verweis auf glücklichere Zeiten. Sie kann auch die spontane, humorvolle Seite des Wesens symbolisieren.

Psychologisch: Weil die Vorstellungen, die mit Pantomimen in Verbindung gebracht werden, häufig übertrieben sind, können sie in Träumen eine Art Bühne darstellen, welche die Aufmerksamkeit des Träumenden auf etwas lenkt, worüber er nachdenken muß.

Spirituell: Viele Traumbilder, die in Verbindung mit dem Theater stehen, verweisen auf die Vorstellung vom Leben als Theaterstück. Eine Pantomime ist ein sehr unwirkliches Bild.

PANZER

Allgemein: Der Traum von einem Panzer zeigt, daß der Träumende sich mit seinem Bedürfnis nach Selbstverteidigung auseinandersetzt, aber auch mit seiner Aggressivität. Das Traumsymbol ist ein Hinweis, daß sich der Träumende auf irgendeine Weise bedroht fühlt.

Psychologisch: Oft wird einem gerade im Traum klar, daß man Hindernisse und Schwierigkeiten überwinden muß. Manchmal gelingt dem Träumenden dies nur, indem er rücksichtslos darüber hinwegfährt. Das Traumbild des Panzers hilft ihm, dies zu tun, ohne dabei jedoch andere Menschen zu verletzen.

Spirituell: Auf dieser Ebene zeigt der Panzer im Traum, daß der Träumende gerne ein »spiritueller« Krieger sein möchte.

PAPAGEI

→ Vögel

PAPIER

Allgemein: Papier ist eines jener Traumbilder, deren Deutung von den jeweiligen Umständen im Leben des Träumenden abhängt. Träumt etwa ein Student von Papier, dann verweist dies darauf, daß er sich um sein Studium kümmern muß; träumt ein Briefträger von Papier, so kann dies eventuell Ängste in Zusammenhang mit seiner Arbeit symbolisieren. Geschenkpapier verbildlicht den Wunsch nach Festlichkeiten.

Psychologisch: Leeres Schreibpapier im Traum ist ein Hinweis auf fehlende Kommunikation oder auf das Bedürfnis nach Kommunikation. Andererseits kann es auch einen Neuanfang darstellen. Packpapier hebt die praktischen Veranlagungen des Träumenden hervor.

Spirituell: Auf der spirituellen Ebene verweist Papier im Traum auf ein Wachstumspotential durch Lernen und Kreativität.

PAPST

Allgemein: Wenn der Träumende in seinem Traum auf den Papst trifft, begegnet er dem Teil seines Selbst, der einen auf religiösen Vorstellungen beruhenden Verhaltenskodex entwickelt hat. Je nachdem, welches Bild sich der Träumende als Kind vom Papst gemacht hat, empfindet er ihn jetzt im Traum entweder als gütig oder als verurteilend.

Psychologisch: Der Papst erscheint im Traum häufig anstelle des Vaters oder als Verkörperung Gottes.

Spirituell: Auf der spirituellen Ebene erscheint der spirituelle Mentor oder das höhere Selbst des Träumenden im Traum manchmal als Papst.

PARADIES

Allgemein: Wenn ein Traum vom Paradies handelt, stellt der Träumende eine Verbindung zu seiner angeborenen Vollkommenheit her. Er ist dazu in der Lage, völlige Harmonie mit sich selbst zu erleben und dabei gänzlich unschuldig zu sein.

Psychologisch: Das Paradies ist jener Teil des Selbst, der im Träumenden eingeschlossen ist und zu dem niemand sonst Zugang haben darf. Dies ist ein abgetrennter

Bereich, von dem aus der Träumende die vollkommene Einheit mit dem Universum entwickeln kann.

Spirituell: Auf der spirituellen Ebene bedeutet das Paradies im Traum, daß sich der Träumende seiner vollkommenen Seele bewußt ist.

PARASITEN

Allgemein: Parasiten, wie etwa Läuse, Flöhe oder Wanzen, verweisen im Traum darauf, daß andere Menschen versuchen, von der Energie des Träumenden zu leben. Vielleicht ist die Lebensweise des Träumenden für diese Personen aufregender und interessanter als seine eigene, oder er findet sie vergnüglicher.

Psychologisch: Vielleicht fühlt sich der Träumende in einem bestimmten Bereich seines Lebens unrein. Scham kann in diesem Zusammenhang eine wichtige Rolle spielen. Dem Träumenden ist darüber hinaus klar, daß er seine Probleme ohne fremde Unterstützung nicht bewältigen kann.

Spirituell: Auf der spirituellen Ebene sind Parasiten im Traum eine Warnung davor, Mitmenschen energetisch, emotional und spirituell auszusaugen.

PARFUM

auch → Duft, → Geruch

Allgemein: Wenn der Träumende in seinem Traum den Duft von Parfum wahrnimmt, wird er oft an bestimmte Ereignisse erinnert. Gerüche können die unterschiedlichsten Erinnerungen wachrufen. Vielleicht muß der Träumende ein bestimmtes Gefühl heraufbeschwören, das mit diesem speziellen Parfum verbunden ist.

Psychologisch: Bestimmte Parfums erinnern den Träumenden vielleicht an Menschen, die ihm einmal nahestanden. Abhängig von der Rolle, die ein solcher Mensch im Leben des Träumenden gespielt hat, kann seine Reaktion auf diesen Duft positiv oder negativ sein. Auch bei Parfums ist es, ebenso wie bei Traumfiguren, möglich, daß sie dem Träumenden bestimmte eigene Eigenschaften näherbringen.

Spirituell: Auf der spirituellen Ebene erinnert das Parfum im Traum daran, daß der Mensch intuitive Informationen häufig aufgrund eines bestimmen Parfums erkennt.

PARLAMENT

Allgemein: Ein Traum vom Parlament macht den Träumenden auf den Teil seines Selbst aufmerksam, der bei Entscheidungen eine Rolle spielt. Die höheren Aspekte des Selbst stellen für den Träumenden eine wichtige Autorität dar, da sie als Bestandteil des eigenen Selbst zugleich auch mit dem größeren Ganzen verbunden sind. Das Parlament im Traum symbolisiert jene Verknüpfung, die den Menschen mit der Welt in Verbindung bringt.

Psychologisch: Jede Menschenansammlung im Traum ist wichtig, weil sie dem Träumenden zeigt, wie er sich auf eine Gruppe bezieht. Das Parlamentsgebäude, in dem er sich in seinem Traum befindet, symbolisiert einen Ort, an dem weitreichende Entscheidungen getroffen werden. Vielleicht hat der Träumende kein Recht dazu, Entscheidungen zu fällen, die andere Menschen betreffen, aber er hat Zugang zu dem Raum, in dem dies geschieht, das heißt, er wird zumindest angehört und darf zuhören.

Spirituell: Auf dieser Ebene steht das Parlament im Traum für spirituelle Klarheit.

PARTY

Allgemein: Wenn sich der Träumende in seinem Traum auf einer Party befindet, geschieht dies, um ihn auf seine sozialen Fähigkeiten oder auf ihr Fehlen aufmerksam zu machen. Vielleicht ist er im Alltag eher schüchtern und mag solche Zusammenkünfte nicht so sehr, aber im Traum genießt er die Gesellschaft der Menschen auf der Party; im Traum hat er ein ausgeprägtes Bewußtsein dessen, wohin er gehört.

Psychologisch: Jeder Mensch hat irgendwann in seinem Leben das Bedürfnis nach Festlichkeit. Befindet sich der Träumende in seinem Traum auf einer Party, dann ist dies ein Hinweis auf dieses Bedürfnis. Die Zusammenkunft mit anderen Menschen sorgt dafür, daß eine glückliche Stimmung entsteht.

Spirituell: Auf der spirituellen Ebene ist die Party im Traum ein Hinweis auf fehlenden Frohsinn und auf das Vorhandensein zwanghafter Ernsthaftigkeit.

PEITSCHE

Allgemein: Die Peitsche ist ein Folterinstrument. Als Traumbild bringt sie zum Ausdruck, daß der Träumende den Drang hat, über andere Macht auszuüben oder aber von anderen beherrscht zu werden.

Psychologisch: Da die Peitsche ein Werkzeug zur Bestrafung ist, muß der Träumende erkennen, daß er sich mit dem Versuch, etwas zu erzwingen, letztlich nur selbst Probleme schafft.

Spirituell: Auf der spirituellen Ebene symbolisiert die Peitsche im Traum korrektive Bestrafung und Selbstgeißelung.

PELIKAN

→ Vögel

PENIS

→ Körper

PERIDOT

→ Edelsteine

PERLE

auch → Edelsteine

Allgemein: Wenn ein Traum von Perlen handelt – beispielsweise von jenen eines Rosenkranzes –, stellt der Träumende eine Verbindung zum Zeitverlauf her. Von zerbrechenden Perlen zu träumen, stellt das Scheitern eines bevorzugten Vorhabens dar.

Psychologisch: Perlen signalisieren die Suche nach Perfektion. Andererseits können sie jedoch den Träumenden auch auf eine nicht zu Ende gebrachte Trauerarbeit hinweisen.

Spirituell: Auf der spirituellen Ebene symbolisieren Perlen im Traum jene kleinen, leicht zu übersehenden und doch vollkommenen Erfahrungen und Erlebnisse, die auf dem Entwicklungsweg des Menschen so wichtig sind.

PERÜCKE

Allgemein: Früher wurde in der Traumdeutung die Perücke, die ja den Kopf abdeckt, so gedeutet, daß der Träumende seinen Verstand verbirgt, einen falschen Eindruck erwecken oder seine Weisheit nicht zeigen will. Eine Perücke, wie sie von Richtern in vielen Ländern getragen wird, kann auch heute noch diese Bedeutung haben. Ein Haarteil oder Toupet wird mit falschen Vorstellungen oder unnatürlichem Auftreten assoziiert.

Psychologisch: Manchmal bringt eine Perücke zum Ausdruck, daß der Träumende etwas zu verstecken hat. Vielleicht ist er nicht so kompetent, so fähig oder auch so jugendlich, wie er andere Menschen glauben machen will.

Spirituell: Auf der spirituellen Ebene ist die Perücke im Traum ein Autoritätssymbol.

PERVERSION

→ Sexualität

PETERSILIE

Allgemein: Früher einmal schrieb man der Petersilie mystische Kräfte zu. Wie alle Kräuter wurde sie besonders für die Zubereitung von Tee verwendet oder auch, um etwas zu aromatisieren. Auf einer verborgenen Bewußtseinsebene existiert dieses Wissen auch heute noch; Petersilie im Traum weist daher darauf hin, daß der Träumende eine Verbindung zu diesem Wissen herstellt.

Psychologisch: Die wichtigste Eigenschaft der Petersilie ist ihre reinigende Wirkung, und diese taucht häufig im Traum auf. Dem Träumenden ist klar, daß er etwas Verschmutztes entfernen oder klären muß.

Spirituell: Auf der spirituellen Ebene ist Petersilie im Traum ein Symbol für das weibliche Prinzip und für okkultes Bewußtsein.

PETTING

→ Sexualität

PFAHL

Allgemein: Pfähle in den Boden zu stecken bedeutet, daß der Träumende sein Hoheitsgebiet markiert.

Psychologisch: Der Pfahl im Traum kann den Mittelpunkt einer Sache markieren und den Träumenden darauf aufmerksam machen, was wichtig ist.

Spirituell: Auf der spirituellen Ebene ist der Pfahl im Traum ein Symbol für Folter oder Feuertod für ein spirituelles Ideal.

PFAU

→ Vögel

PFEFFER

Allgemein: Pfeffer ist ein Würzmittel, eine Qualität, die im Traum häufig aufgegriffen wird. Der Träumende soll eine gute oder gewinnbringende Situation voll ausleben und so sein Leben »würzen«.

Psychologisch: Pfeffer im Traum ist ein Hinweis darauf, daß der Träumende seinen Geschmack ändert. Vielleicht reagiert er im Alltagsleben auf ein Detail in einer Beziehung oder in einer Situation, welches nicht nach seinem Geschmack ist. Diese Symbolik taucht häufig auf, wenn der Träumende etwas radikal verändern muß.

Spirituell: Auf dieser Ebene verweist Pfeffer im Traum auf spirituelle Wärme und Liebe.

PFEIFE

(zum Rauchen)

Allgemein: Eine Wasserpfeife im Traum kann dem Träumenden Informationen darüber geben, wie er mit seinen Gefühlen umgehen sollte (die Größe und die Art der Pfeife sind in diesem Fall bedeutsam). Eine Tabakspfeife legt den Schluß nahe, daß Flucht angesagt ist.

Psychologisch: Wenn der Träumende im Alltagsleben in Schwierigkeiten ist, kann ein einfaches Symbol wie die Pfeife darauf hinweisen, wie er durch die Verbindung verschiedener Aspekte einer Situation das Problem lösen könnte.

Spirituell: Auf dieser Ebene ist die Pfeife im Traum der Hinweis auf eine Art spiritueller Führung.

PFEIFEN

Allgemein: Hört der Träumende in seinem Traum einen Pfiff, so kann dieser das Ende eines bestimmten Zeitabschnitts markieren. Er kann außerdem eine Warnung sein und den Träumenden auf ein bestimmtes Ereignis aufmerksam machen.

Psychologisch: Der im Traum gehörte Pfiff kann im Zusammenhang mit einer Mannschaftssportart stehen (→ Spiele). Eine Pfeife ist im Training und zur Regulierung des Spielablaufs ein wichtiges Hilfsmittel. Daher ist vielleicht die Qualität des Pfeiftons von Bedeutung. Ist er schrill und hart, weist er den Träumenden vielleicht darauf hin, daß er eine Verhaltensregel übertreten hat.

Spirituell: Auf dieser Ebene steht Pfeifen im Traum für eine spirituelle Aufforderung.

PFEIL

Allgemein: Pfeile im Traum signalisieren die Folgen, die Handlungen des Träumenden oder einer anderen Person nach sich ziehen. Dabei geht es um Handlungen, die weder rückgängig gemacht noch widerrufen werden können.

Psychologisch: Was der Träumende über andere Menschen sagt, kann diese treffen und ihnen schaden wie ein Pfeil. Direktheit kann verletzen.

Spirituell: Auf der spirituellen Ebene sind Pfeile im Traum Waffen, die auf Kraft, Energie und Geschick hindeuten.

PFERD

→ Tiere

PFERDEGESCHIRR

Allgemein: Wie das Halfter verweist auch das Geschirr auf eine Form der Kontrolle oder Einschränkung. Vielleicht fühlt sich der Träumende durch seine selbst auferlegten Begrenzungen eingeschränkt, oder er wird von äußeren Umständen beherrscht. Hat der Träumende in seinem Traum ein Halfter bei sich, bringt ihn dies oft zurück in die Kindheit. Möglicherweise stand ihm nicht das Maß an Freiheit zur Verfügung, nach dem er sich sehnte.

Psychologisch: Es ist eine wichtige Eigenschaft, wenn man seine Kraft zügeln, im Zaum halten und richtig dosieren kann. Dies bedeutet, sich eine Energie auf kontrollierte Weise nutzbar zu machen. Manchmal kann eine Kraft wirkungsvoller sein, wenn sie eingeschränkt ist, als wenn man ihr die Zügel schießen läßt.

Spirituell: Auf dieser Ebene bedeutet das Pferdegeschirr im Traum, daß der Träumende seine spirituelle Energie an die Kandare nehmen muß, um die ihm zur Verfügung stehende Kraft so effizient wie möglich zu nutzen.

PFERDEWAGEN

auch → Reise

Allgemein: Es könnte auf eine altmodische Einstellung gegenüber modernem Denken hinweisen, wenn man von einem Wagen träumt – insbesondere wenn es sich um eine Pferdekutsche handelt. Ein Eisenbahnwagen deutet auf eine Reise hin, die einen etwas öffentlicheren Charakter hat als eine Fahrt im Auto.

Psychologisch: Jedes Symbol, das mit Bewegung in Beziehung steht, lenkt die Aufmerksamkeit in der Regel auf die Fähigkeit, Veränderungen im Leben durchzustehen, bei denen sich die Persönlichkeit entwickelt.

Spirituell: Ein Wagen ist ein Symbol für Majestät und Macht.

PFINGSTROSE

→ Blumen

PFLANZEN

auch → Getreide

Allgemein: Pflanzen sind ein Symbol für allmähliche Veränderung, weil ihr Prozeß von Wachstum und Zerfall so besonders offensichtlich ist. Handelt es sich um Zuchtpflanzen, dann sollte sich der Träumende Klarheit über sein pflegendes Potential verschaffen. Sterben die Pflanzen, dann hat der Träumende in einem bestimmten Bereich vielleicht ein Stadium erreicht, in dem er vorläufig keine weiteren Fortschritte mehr machen kann.

Psychologisch: Wenn Pflanzen wild wachsen, gibt es einen Teil in der Persönlichkeit des Träumenden, der sich offenbar nach Freiheit sehnt. Werden die Pflanzen in geraden Reihen gezogen, dann gibt der Träumende zuviel auf die Ansichten anderer Menschen. Immergrüne Pflanzen sind ein Symbol für das Bedürfnis nach Vitalität und Frische, Jugendlichkeit und Ausdruckskraft. Viele Pflanzen haben heilende und magische Eigenschaften, können aber gleichzeitig auch schädigend sein, wenn man sie ohne genaue Kenntnis verwendet.

Spirituell: Auf der spirituellen Ebene symbolisieren Pflanzen die Lebenskraft und den Lebenszyklus.

PFLANZENSAFT

Allgemein: Die alte Weisheit, daß im Frühling der Saft steigt, findet bei den meisten Menschen volle Zustimmung. Im Traum bedeutet dies, daß der Träumende bereit ist, eine neue Aufgabe zu übernehmen oder sich in einer neuen Beziehung zu engagieren. Er ist sich seiner Vitalität und Stärke bewußt und bereit, neue Herausforderungen anzunehmen.

Psychologisch: Ein saft- und kraftloser Mensch ist eine Person, die kein Rückgrat hat und im Leben nichts zuwege bringt. Negativ interpretiert könnte dies bedeuten, daß dem Träumenden möglicherweise unangemessene Verhaltensweisen und Ideen bewußt gemacht werden.

Spirituell: Die von uns genutzte Lebenskraft kann im Traum oft als der Saft in Pflanzen wahrgenommen werden.

PFLÜGEN

Allgemein: In der heutigen Zeit arbeiten nur noch wenige Menschen auf dem Land, und daher hat dieses Symbol nicht mehr so eine große Bedeutung. Es verweist darauf, daß sich der Träumende größere Klarheit über sich selbst verschaffen muß, wenn er sich auf neues Wachstum und Veränderung vorbereiten will.

Psychologisch: Vielleicht gibt es eine Situation im Leben des Träumenden, die von Grund auf »umgekrempelt« werden muß. Wenn er sie sich aus einem anderen Blickwinkel anschaut, ist er vielleicht fähig, sie produktiver zu gestalten.

Spirituell: Auf dieser Ebene zeigt Pflügen im Traum an, daß sich der Träumende in einem Prozeß befindet, in dem er neue Möglichkeiten für seine spirituelle Entwicklung schafft.

PFÜTZE

auch → Teich, → Wasser

Allgemein: Obwohl eine Pfütze eine geringere Wassermenge enthält als ein Teich oder See, kann sie die gleiche Bedeutung haben. Sie macht dem Träumenden seine Gefühle und die Art und Weise, wie er mit ihnen umgeht, bewußt.

Psychologisch: Möglicherweise ist es von Bedeutung, was der Träumende in seinem Traum mit der Pfütze tut. Wischt er sie auf, versucht er Gefühle zurückzunehmen, die er für unangemessen hält. Läßt er sie, wo sie ist, hat er wahrscheinlich das Bedürfnis, daß andere Menschen seine oder ihre Gefühle erkennen.

Spirituell: Auf der spirituellen Ebene kann eine Pfütze im Traum auf eine Segnung in der Vergangenheit hinweisen, die sich der Träumende bisher nicht bewußt gemacht hat.

PHALLUS

→ Sexualität

PHÖNIX

→ Vögel

PHOTOGRAPHIE

Allgemein: Wenn der Träumende in seinem Traum Photographien betrachtet, denkt er in der Regel an vergangene Aspekte seines Selbst oder an Eigenschaften, die er nicht mehr für wertvoll erachtet. Erhält er im Traum eine Photographie von sich, zeigt dies unter Umständen, daß er seine Umgebung oder seine eigene Persönlichkeit in dieser Umgebung objektiver sehen muß.

Psychologisch: Photographien stellen offensichtlich Erinnerungen, vergangene Begebenheiten, vielleicht auch Schwierigkeiten in der Vergangenheit dar. Wenn der Träumende in seinem Traum Photographien von Menschen betrachtet, geht es ihm in Wahrheit um ihre Eigenschaften; möglicherweise könnten sie ihm in seinem Leben nützlich sein.

Spirituell: Photographien im Traum dienen dazu, das spirituelle Bedürfnis darzustellen, die Vergangenheit zu verstehen.

PICKEL

Allgemein: Wenn dem Träumenden in seinem Traum ein Pickel in seinem Gesicht besonders auffällt, zeigt dies, daß er sich Sorgen macht, wie er bei anderen Menschen »ankommt«. Ein Pickel kann auch für einen Charakterfehler stehen, mit dem sich der Träumende in naher Zukunft auseinandersetzen muß.

Psychologisch: Weil ein Pickel symbolisiert, daß der Körper Giftstoffe nicht ausscheiden kann, verweist er auf die Unfähigkeit des Träumenden, einen Fremdkörper oder Negatives auszuscheiden. Diese Tatsache ist dem Träumenden bisher nur zum Teil zu Bewußtsein gekommen.

Spirituell: Auf der spirituellen Ebene symbolisiert ein Pickel im Traum den Anstoß zu einem wichtigen Entwicklungsschritt.

PIER

Allgemein: Der Traum von einem Pier führt den Träumenden zurück in glückliche Zeiten, oder aber er muß sich mit dem Thema An- und Abreise konfrontieren. Vielleicht assoziiert der Träumende den Pier auch mit einer bestimmten Stadt.

Psychologisch: Ein Pier ist ein Ort der Ankunft und Abreise, daher kann er auf neue Möglichkeiten oder das Ende einer Reise verweisen (→ Reise).

Spirituell: Auf der spirituellen Ebene symbolisiert der Pier im Traum sowohl Neubeginn und Ende als auch den Aufbruch zu einer neuen Ebene spirituellen Verstehens.

PILGER

Allgemein: Unternimmt der Träumende in seinem Traum eine Pilgerreise, erkennt er die zielgerichtete Seite seiner Persönlichkeit. Neben Zielstrebigkeit ist Vertrauen die wichtigste Voraussetzung, um den angepeilten Endpunkt zu erreichen.

Psychologisch: Ein Pilger kann den Eremiten oder den alten Weisen darstellen (siehe »Einführung in die Traumarbeit«). Der Teil seiner Persönlichkeit, der sich seiner selbst sicher ist und nicht viel »Input« von anderen Menschen braucht, kann das Leben des Träumenden lenken – vorausgesetzt, er schafft die entsprechenden Rahmenbedingungen.

Spirituell: Auf der spirituellen Ebene bedeutet der Pilger im Traum Selbstverwirklichung und spirituelle Suche.

PINGUIN

→ Vögel

PINZETTE

Allgemein: Die Pinzette im Traum macht den Träumenden auf ein winziges Detail in einer bestimmten Situation aufmerksam. Der Träumende tut gut daran, diesen kleinen Bestandteil genau unter die Lupe zu nehmen.

Psychologisch: In Anbetracht der Tatsache, daß es sich bei der Pinzette um eine Art Werkzeug handelt, kann der Traum möglicherweise andeuten, daß der Träumende für eine bestimmte Arbeit oder Aufgabe noch das richtige Hilfsmittel benötigt.

Spirituell: Auf dieser Ebene zeigt die Pinzette im Traum, daß eine spirituelle Idee größter Aufmerksamkeit und einer genauen Überprüfung bedarf.

PIRAT

→ Menschen

PISTOLE

auch → Waffen

Allgemein: Eine Pistole hat im Traum eine offenkundige männliche und sexuelle Bedeutung. Wenn eine Frau im Traum mit einer Pistole schießt, ist sie sich der maskulinen, aggressiven Seite ihrer Persönlichkeit bewußt. Wird auf eine Frau geschossen, fühlt sie sich durch Zeichen der Aggression oder Sexualität bedroht.

Psychologisch: Die Pistole im Traum hat etwas mit dem Durchsetzungsvermögen des Träumenden und allgemein mit aggressiv behaupteter Macht zu tun. Die Waffe kann dem Selbstschutz und der Selbstbehauptung dienen. Inwieweit andere Menschen dadurch in Mitleidenschaft gezogen werden, muß der Träumende genau prüfen.

Spirituell: Auf der spirituellen Ebene symbolisiert die Pistole im Traum das männliche Prinzip.

PLAZENTA

Allgemein: Die Plazenta ist die Nahrungsquelle für das ungeborene Kind im Mutterleib. In Träumen kann dies ein Symbol für die (vor allem geistige, emotionale und spirituelle) Nahrung sein, welche der Träumende durch seine Umwelt erlangt. Darüber hinaus verweist die Plazenta darauf, auf welche Weise der Träumende von anderen Menschen abhängig ist. Wenn der Träumende ein neues Vorhaben in Angriff nimmt, muß er sich darüber im klaren sein, daß er vielleicht nicht die Ressourcen hat, um ausreichend für sich selbst zu sorgen. Er fordert Nahrung von einer äußeren Quelle, mit der er sich verbunden fühlt.

Psychologisch: Persönliche Abhängigkeit ist bei jedem Menschen anders gestaltet. Die Beziehung zwischen Mutter und Kind ist einzigartig; die Plazenta kann die Einzigartigkeit einer Beziehung hervorheben. Die Trennung von der Mutter ist ein schwerer Schock, und die Plazenta fungiert als »Puffer« in diesem Prozeß. Wenn ein Traum von der Plazenta handelt, dann illustriert sie das Bedürfnis des Träumenden, in Zeiten einer schweren Trennung über einen solchen »Puffer« zu verfügen.

Spirituell: Auf der spirituellen Ebene ist die Plazenta im Traum eine Erinnerung daran, daß der Mensch von der Großen Mutter oder von Mutter Erde abhängig ist.

PLUTO

→ Himmelskörper

PODEST

Allgemein: Wenn der Träumende in seinem Traum einen Gegenstand oder einen Menschen auf ein Podest stellt, dann tut er dies, um sie besonders hervorzuheben und um ihnen eine Machtposition einzuräumen.

Psychologisch: Die meisten Menschen haben eine Neigung, bestimmte Merkmale zu idealisieren oder zu verherrlichen. Träume machen deutlich, ob dies angemessen ist oder nicht.

Spirituell: Auf dieser Ebene bedeutet der Gegenstand oder die Person auf dem Podest im Traum spirituelle Ehrerbietung.

POKAL

Allgemein: Wie der Kelch (→ Kelch) symbolisiert auch der Pokal im Traum das weibliche, empfangende Prinzip und die Fähigkeit, Vergnügen zu finden. Möglicherweise gelingt es dem Träumenden, aus einem gewöhnlichen Ereignis ein Fest zu machen. Trinkt er aus einem Pokal, zeigt dies, daß er sich die Freiheit nimmt, das Leben in vollen Zügen zu genießen.

Psychologisch: Erhält der Träumende in seinem Traum einen Pokal, so zeigt dies, daß er sich seiner Leistungsfähigkeit bewußt ist. Kommen im Traum mehrere gleiche Pokale vor, signalisiert dies, daß dem Träumenden mehrere Wege offenstehen, um Freude an seinem Leben zu finden.

Spirituell: Auf der spirituellen Ebene steht der Pokal im Traum für das weibliche Prinzip.

POLYP

Allgemein: Weil ein Polyp acht Fangarme besitzt, läßt sich eine Verbindung zwischen diesem Traumsymbol und dem Mandala herstellen (→ Mandala). Die Fangarme sind von Bedeutung, weil sie eine Situation kennzeichnen, die für den Träumenden beängstigend ist, weil er ihr nicht entrinnen kann.

Psychologisch: Tiere, die dem Träumenden merkwürdig vorkommen und ihm nicht vertraut sind, sollen ihn auf bestimmte Eigenschaften seiner Persönlichkeit aufmerksam machen. Ein Polyp ist dazu in der Lage, sich in alle Richtungen gleich gut zu bewegen, und dies ist der Hinweis, mit dem sich der Träumende beschäftigen soll.

Spirituell: Auf dieser Ebene kann ein Polyp im Traum uneingeschränkte spirituelle Beweglichkeit darstellen.

POSITIONEN

Allgemein: Wenn im Traum eine bestimmte Position hervorgehoben wird, symbolisiert dies in der Regel den moralischen Standpunkt oder die Lebensposition des Träumenden. Solche Traumsymbole können auch Hinweise enthalten, wie er mit bestimmten Situationen in seinem Leben umgeht.

Psychologisch: Im einzelnen können die Positionen wie folgt gedeutet werden:

Fern/Nah: Im Traum geraten Zeit und Raum leicht durcheinander. Handelt ein Traum von einem Gegenstand, der weit entfernt ist, kann dies heißen, daß er zeitlich in weiter Ferne liegt, also entweder in der Zukunft oder in der Vergangenheit. Ein langer Weg vor dem Träumenden symbolisiert die Zukunft, ein langer Weg hinter ihm stellt die Vergangenheit dar. Nah bedeutet kürzlich oder sofort.

Gegenüber: Alles, was sich dem Träumenden gegenüber befindet, kann auf Schwierigkeiten bei der Vereinigung von Gegensätzen verweisen (gut/schlecht, männlich/weiblich und so fort). Dies kann auf einen Konflikt hindeuten oder auch nicht. Ein Gegenstand, der absichtlich einem anderen Gegenstand gegenüber plaziert wurde, stellt den absichtlichen Versuch dar, Uneinigkeit zu erzeugen. Wird eine Position zweier Gegenstände, die einander gegenüberstehen, korrigiert, dann werden möglicherweise Unterschiede ausgeglichen.

Geradeaus: Diese Richtung steht für einen direkten Zugang und für den kürzesten Weg zwischen zwei Gegenständen oder Orten.

Hinten: Hinter einem Menschen zu stehen, kann auf Minderwertigkeitsgefühle hindeuten. Möglicherweise hat der Träumende Angst, zurückgelassen oder stehengelassen zu werden. Möglicherweise ist er im Streben nach Ganzheitlichkeit in Rückstand geraten.

Höher/Über: Wenn ein Traum davon handelt, daß etwas höher ist oder sich über dem Träumenden befindet, verweist dies auf seine Seele, seinen Verstand, seine Ideale und sein Bewußtsein. Dieselbe Bedeutung hat es, wenn es in dem Traum um den oberen Teil einer Sache geht (etwa eines Gebäudes oder eines Körpers).

Links: Die linke Seite ist die weniger dominante, eher passive Seite. Sie steht oft für alles Dunkle, Zwielichtige und für jene Teile der Persönlichkeit, die der Träumende zu unterdrücken versucht. Sie symbolisiert instinktives Verhalten und hat mit Moralvorstellungen nichts zu schaffen. Ihr natürlicher Bereich ist der Ausdruck und die Empfänglichkeit; daher kann alles, was im Traum auf der linken Seite erscheint, ein Symbol der Unterstützung sein. Schmerz auf der linken Seite wird als Sensibilität gedeutet. Die linke Seite steht in Beziehung zur Vergangenheit und bringt weibliche Eigenschaften zum Ausdruck. Kann sich der Träumende nicht zwischen links und rechts entscheiden, dann heißt dies, daß er sich nicht zwischen Trieb und Instinkt entscheiden kann. Oder aber es handelt sich um einen Konflikt zwischen Logik und Intuition.

Mitte: Wenn der Träumende die Mitte eines Gegenstands bewußt wahrnimmt, zeigt dies, daß er ein Ziel, vielleicht sogar sein reales Selbst, erkennt. Darüber hinaus kann die Mitte im Traum auch den Wunsch andeuten, daß der Träumende im Zentrum der Aufmerksamkeit stehen möchte.

Niedriger/Unter: Alles, was niedriger ist oder sich unter etwas befindet, symbolisiert die anarchistische oder unmoralische Seite der Persönlichkeit. Auch sexuelle Impulse können auf diese Weise dargestellt werden. Befindet sich der Träumende unter einem Gegenstand oder unterhalb eines Menschen, verweist dies entweder darauf, daß er Schutz sucht oder daß er sich einem anderen Menschen unterwirft. Dies kann auch den Teil der Persönlichkeit darstellen, den der Träumende verbergen möchte.

Norden: Er steht für das Unbekannte und daher manchmal für die Dunkelheit. Er ist die Spiritualität in der Welt.

Oben: Befindet sich der Träumende in seinem Traum oben, dann hat er sein Bestreben erfolgreich eingesetzt und Macht übernommen. Er ist fähig, die Herrschaft zu übernehmen und die Oberhand zu gewinnen. Oder aber der Träumende ist dazu in der Lage, sich von der irdischen, gewöhnlichen Alltagswelt zu entfernen.

Osten: Der Osten symbolisiert traditionell Geburt und mystische Religion. Er repräsentiert auch die Bewußtwerdung.

Rechts: Die rechte Seite stellt die dominante, logische Seite dar, die sich bewußt ausdrückt und von sich überzeugt ist. Sie nimmt die äußere Welt objektiv wahr. Alles, was der Träumende auf der rechten Seite beobachtet, ist in der Regel für seine Weiterentwicklung bedeutsam. Schmerz auf der rechten Seite kann als Trieb gedeutet werden; er bringt auch die männlichen Eigenschaften zum Ausdruck. Eine Bewegung nach rechts verweist darauf, daß etwas ins Bewußtsein kommt.

Rückwärts/Vorwärts: Wird die Aufmerksamkeit des Träumenden auf eine Vorwärts- oder Rückwärtsbewegung gelenkt, verweist dies normalerweise auf eine regressive Tendenz. Der Träumende hat das Bedürfnis, sich auf die Vergangenheit zurückzuziehen, statt seine Ängste in Angriff zu nehmen und vorwärtszugehen.

Senkrecht: Im Traum stellt das Senkrechte den spirituellen Bereich dar.

Süden: Diese Himmelsrichtung stellt irdische Leidenschaft und Sinnlichkeit dar.

Umgekehrt: Wenn etwas umgekehrt zu sein scheint, wird das Potential für Chaos und Schwierigkeiten betont. Die Höhen und Tiefen von Lebenssituationen können im Traum durch einen Positionswechsel dargestellt werden.

Vorn/hinten: Akzeptanz und Ablehnung können im Traum als Vorder- oder Rückseite eines Gegenstands dargestellt werden.

Waagerecht: Alles waagerechte symbolisiert in der Regel die materielle Welt.

Westen: Er kann den Tod symbolisieren, jedoch ist eigentlich der Zustand nach dem Tod gemeint, in dem es eine erhöhte spirituelle Bewußtheit gibt.

Spirituell: Auf der spirituellen Ebene geben Positionen im Traum dem Träumenden darüber Hinweise, an welcher Stelle seiner Entwicklung er sich befindet.

PRÄHISTORISCH

auch → Dinosaurier

Allgemein: Wenn der Träumende etwas in seinem Traum als prähistorisch erkennt, dann heißt dies, daß seine Gefühle sich auf ein Ereignis beziehen, welches der Träumende bisher noch nicht verstanden hat. Wenn er seinen Überlebensurtrieb noch nicht vollkommen integriert und begriffen hat, dann verhält er sich möglicherweise selbstzerstörerisch, ohne sich der Ursachen bewußt zu sein.

Psychologisch: Häufig wirken Landschaften und Szenarios im Traum prähistorisch. Sie symbolisieren eine Zeit, in der der Träumende weder bewußt denken konnte noch in der Lage war, seine Eindrücke festzuhalten.

Spirituell: Die spirituelle Entwicklung macht es erforderlich, daß der Träumende seine körperlichen, emotionalen, geistigen und spirituellen Bedürfnisse versteht. In diesem Kontext weisen die prähistorischen Bilder auf eine mangelnde Fähigkeit hin, die verschiedenen Teile des Selbst zu integrieren.

PREIS

Allgemein: Im Traum einen Preis zu gewinnen, ist ein Hinweis darauf, daß es dem Träumenden gelungen ist, bedeutende Hindernisse zu überwinden. Auch von anderen Menschen hat er nun Anerkennung für sein Bemühen erhalten. Vergibt der Träumende den Preis, erkennt er die harte Arbeit anderer öffentlich an.

Psychologisch: Jedes Ding hat seinen Preis. Der Preis persönlicher Entwicklung hin zur Ganzheitlichkeit heißt Ausdauer, Beharrlichkeit, Demut und oft auch Entsagung.

Spirituell: Auf der spirituellen Ebene bedeutet der Erhalt eines Preises im Traum, daß der Träumende sich in harmonischer Weise seiner Instinkte und Intuition bedient hat, um die Inspiration nutzen zu können.

PRELLBOCK

Allgemein: Der Prellbock im Traum ist wie die Barriere ein Symbol für Schwierigkeiten und Hindernisse. Ihm im Traum zu begegnen, ist eine deutliche Warnung.

Psychologisch: Vielleicht benötigt der Träumende dann, wenn er nahe am Wasser gebaut hat und besonders verletzbar ist, eine Art Prellbock, den er zwischen sich und dem Rest der Welt errichten kann.

Spirituell: Auf der spirituellen Ebene signalisiert der Prellbock im Traum, daß der Weg zu Ende ist. Der Träumende ist in eine Sackgasse geraten.

PRIESTER

auch → Archetypen, → Menschen

Allgemein: Einem Priester wird die Verantwortung für viele Schutzbefohlene übertragen. Im Traum stellt er häufig die Autoritätsfigur dar, in deren Hände der Träumende die Kontrolle über sein Leben gelegt hat.

Psychologisch: Taucht ein Priester im Traum des Träumenden auf, zeugt dies meist von seinem Bewußtsein für die mehr spirituelle, wissende Seite seines Selbst.

Spirituell: Ein Priester ist ein Mann Gottes, und vielleicht muß der Träumende erkennen, daß es auf der materiellen wie auch auf der spirituellen Ebene viel für ihn zu lernen gibt.

PRIMEL

→ Blumen

PRINZ/PRINZESSIN

→ Archetypen, → Menschen

PROPELLER

Allgemein: Ein Propeller zeigt die Motivation oder die Absicht, die hinter der Entwicklung des Träumenden steht. Er erkennt seine Bedürfnisse, muß aber wissen, wie er vorwärtskommt. Die Bewegung eines Propellers dient dazu, ihm »Antrieb« zu geben. Dies ist ein Hinweis darauf, daß der Träumende fähig ist, seinen Verstand zu benutzen.

Psychologisch: Ein Propeller als Traumbild drückt den Wunsch des Träumenden aus, eine Entdeckungsreise in das Land der Bewußtheit zu unternehmen.

Spirituell: Auf dieser Ebene zeigt der Propeller im Traum, daß hinter dem Tun des Träumenden ein gewisses Maß an spirituellem Drang steckt.

PROSTITUTION

Allgemein: Der Traum von Prostitution weist gewöhnlich auf sexuelle Bedürfnisse hin. Im Traum eines Mannes kann er sein Bedürfnis nach einer Partnerschaft um jeden Preis zeigen, im Traum einer Frau kann er ein Hinweis auf ihr Bedürfnis nach sexueller Freiheit sein. Oft wird der Träumende durch einen Traum von Prostitution gezwungen, sich mit seinen Schuldgefühlen oder Unsicherheiten auseinanderzusetzen. Das Bezahlen für einen Liebesdienst kann heißen, daß er kein Vertrauen in seine sexuelle Leistungsfähigkeit hat. Ist es der Träumende, der für den Liebesakt Geld erhält, dann kann dies ein Hinweis darauf sein, daß er glaubt, in Beziehungen draufzuzahlen. In beiden Fällen besteht vermutlich eine Furcht vor liebevollen Beziehungen.

Psychologisch: Wenn ein Traum von Prostitution handelt, spiegelt dies möglicherweise lediglich ein schlechtes Selbstbild. Der Träumende schmälert seine Begabungen und Talente – dies kann beruflich, privat oder in beiden Bereichen sein. Er meint, seine Leistung allein würde nicht ausreichen, um vor den Augen anderer Menschen zu bestehen, daher »prostituiert« er sich.

Spirituell: Auf der spirituellen Ebene ist Prostitution im Traum eine Aufforderung an den Träumenden, sich mit den eigenen Vorurteilen gegenüber anderen Menschen und sich selbst auseinanderzusetzen.

PROZESSION

Allgemein: Wenn der Träumende in seinem Traum eine Prozession sieht, bei der alle beteiligten Menschen das gleiche Ziel oder die gleiche Überzeugung zu haben scheinen, ist dies ein Hinweis, daß es um die Absichten der Gruppe geht. Häufig gibt es in einer Prozession eine Rangfolge, wobei sich die wichtigsten Personen ganz vorne befinden. Dies könnte in einem Traum wichtig sein, da es dem Träumenden ermöglicht, sich selbst Prioritäten zu setzen.

Psychologisch: Eine Prozession dient dazu, ein besonderes Ereignis mit Prunk und Würde zu begehen. Im Traum kann sie das Bedürfnis des Träumenden nach Anerkennung seiner Erfolge und Fähigkeiten symbolisieren. Die Teilnahme an einer Prozession zeigt sein Bedürfnis, zu einer Gruppe Gleichgesinnter zu gehören. Sieht er einer Prozession zu, würdigt er die Zielstrebigkeit anderer Menschen.

Spirituell: Auf spiritueller Ebene macht eine Prozession im Traum den Träumenden auf Gleichgesinnte, aber auch auf Menschen mit großem Wissen aufmerksam. Im Traum würdigt er die Bedeutung des Glaubenssystems oder der Religion, der er angehört. Er erkennt an, daß ihr Respekt gezollt werden muß.

PRÜFUNG

auch → Test

Allgemein: Wenn ein Traum von Prüfungen handelt (besonders wenn es sich um Examina in Ausbildungen und Schulen handelt), steht dies in der Regel in Verbindung mit Selbstkritik und dem

Wunsch nach guten Leistungen. Möglicherweise gestattet der Träumende anderen Menschen, für ihn moralische Normen und die Höhe der Anforderungen festzusetzen.

Psychologisch: Es kann sein, daß der Träumende es sich zur Gewohnheit gemacht hat, seinen Wert immer wieder zu überprüfen; er selbst zweifelt an seiner Leistungsfähigkeit. Es wurden Träume gesammelt und aufgezeichnet, in denen Menschen von »Außerirdischen« entführt, einer Prüfung unterzogen und dann wieder zur Erde zurückgebracht wurden. Die Meinung darüber, ob es sich dabei um Träume oder um tatsächliche Erlebnisse handelt, weichen stark voneinander ab.

Spirituell: Auf dieser Ebene steht das Traumsymbol für das Erkennen des Träumenden, daß er sich einer spirituellen Prüfung unterziehen muß.

PRÜFUNGSKOMMISSION

Allgemein: Wenn eine Prüfungskommission im Traum erscheint, ringt der Träumende in der Regel mit einer Angelegenheit, in der er sich dem Druck seines Freundeskreises ausgesetzt fühlt. Er fürchtet vielleicht, andere Menschen könnten sein Verhalten nicht verstehen, sie könnten ihn verurteilen und für unzulänglich halten.

Psychologisch: Befindet sich der Träumende selbst im Prüfungsausschuß, dann hängt es von den übrigen Traumbedingungen ab, ob er mit der Gruppe einer Meinung ist oder nicht. Vielleicht entspricht die Entscheidung der Gruppe nicht seinen Vorstellungen, und er muß sich deshalb entschließen, einen »Alleingang« zu wagen. Ein solcher Traum könnte eine Situation aus seinem Alltagsleben darstellen.

Spirituell: Auf der spirituellen Ebene erinnert das Traumsymbol den Träumenden daran, daß er im Prozeß seiner Persönlichkeitsentwicklung Urteile fällen muß, mit denen er sich unbeliebt macht. Bleibt er jedoch seiner inneren Wahrheit treu, ist er dennoch auf dem richtigen Weg.

PRÜGEL

Allgemein: Jede Art von Gewalt gegen einen Menschen verweist auf eine Form von Strafe. Wenn der Träumende in seinem Traum verprügelt wird, verweist dies darauf, daß eine andere Person ihn bis zum äußersten reizt. Schlägt sich der Träumende in seinem Traum selbst, dann wird damit eine Form von Masochismus in seiner Persönlichkeit hervorgehoben.

Psychologisch: Wenn der Träumende in seinem Traum einen anderen Menschen verprügelt, dann muß er in Zukunft besser darauf achten, dieser Person seinen Willen nicht aufzuzwingen.

Spirituell: Auf der spirituellen Ebene sind Prügel im Traum die Buße für begangene Sünden.

PSYCHOLOGE/ PSYCHIATER

→ Analytiker

PUBLIKUM

Allgemein: Steht der Träumende in seinem Traum vor einem Publikum, muß er sich vielleicht mit wichtigen Themen in seinem Leben auseinandersetzen. Sitzt er selbst im Publikum, dann wird er Zeuge eines Gefühls oder eines Veränderungsprozesses bei sich selbst.

Psychologisch: Der Träumende muß einen Aspekt seines Lebens sorgfältig überdenken, besonders wenn er etwas mit der Öffentlichkeit zu tun hat. Der Träumende selbst schreibt das Drehbuch seines eigenen Lebens. Das Publikum kann auch die verschiedenen Persönlichkeitsaspekte darstellen, die der Träumende mit der Zeit entwickelt hat.

Spirituell: Auf der spirituellen Ebene kann das Publikum im Traum die vielfältigen Teile der Persönlichkeit darstellen.

PULS/ PULSIEREN

Allgemein: Der Puls ist der grundlegende Lebensrhythmus. Wenn sich der Träumende im Schlaf seines Pulsschlags bewußt wird, kann dies ein Hinweis auf irgendwelche Ängste sein. Im Traum kann dies durch einen sich außerhalb des Träumenden befindlichen Rhythmus zum Ausdruck kommen. Darüber hinaus kann das Traumbild Sorge um die Gesundheit signalisieren.

Psychologisch: Wenn der Träumende im Traum seinen eigenen Puls spürt, heißt dies, daß er versucht, mit den Prozessen des Lebens in Kontakt zu treten. Spürt er den Pulsschlag eines anderen Menschen, kann dies ein Hinweis sein, daß er sich Sorgen um den Teil seiner Persönlichkeit macht, den der andere darstellt. Fällt dem Träumenden auf, daß er seinen Pulsschlag nicht spüren kann, dann deutet dies auf den »Tod« eines Teils seiner selbst oder seiner Gefühle hin.

Spirituell: Für den Sensitiven soll in allen Dingen ein Puls spürbar sein. Aus spiritueller Sicht gilt: Je mehr der Mensch in Verbindung mit seinem inneren Rhythmus steht, desto heiler (oder heiliger) ist er.

PUPPE

Allgemein: Eine Puppe kann darstellen, wie sich der Träumende als Kind fühlte; sie kann auch ein Bedürfnis nach Trost symbolisieren. Außerdem kann sie einen noch nicht entwickelten Teil der Persönlichkeit des Träumenden zum Ausdruck bringen.

Psychologisch: Spielerisch ist Lernen leichter, und wenn eine Puppe im Traum auftaucht, ist sie ein Hinweis darauf, daß der Träumende einige Lektionen aus seiner Kindheit wiederholen muß, weil er sie inzwischen vergessen hat.

Spirituell: Eine Puppe im Traum kann die Seele eines bestimmten Menschen repräsentieren, dem durch sympathetische Magie oder durch Zauberei geholfen, gleichzeitig aber auch geschadet werden kann.

PYRAMIDE

auch → Gebäude

Allgemein: Die Pyramide ist ein äußerst mächtiges Symbol. Auf der physikalischen Ebene ist sie ein faszinierendes Bauwerk, geistig gesehen ist sie ein Bauwerk der Regeneration, und in spiritueller Hinsicht ist die Pyramide die Hüterin der Macht. Es hängt von der Bewußtseinsebene des Träumenden ab, welche Deutung für ihn Gültigkeit hat.

Psychologisch: Die Pyramide symbolisiert stets größeres Bewußtsein von Kraft und Energie. In ihrem Inneren befindet sich ein Punkt, an dem sich alle Ebenen schneiden. Dies ist die Stelle der Erneuerung, an der sogar stumpfe Rasierklingen wieder scharf werden. Bei einer größeren Pyramide kann diese Stelle für mystische Erfahrungen genutzt werden. Das Betreten einer Pyramide im Traum steht für die Suche nach dem Sinn des Lebens.

Spirituell: Auf der spirituellen Ebene ist die Pyramide ein Symbol für die Integration von Selbst und Seele. In Träumen kann sie für den Tod stehen, aber sie beinhaltet auch Wiedergeburt.

Q

QUADRAT

→ Geometrische Figuren

QUARANTÄNE

Allgemein: Wenn der Träumende in seinem Traum ein Tier in Quarantäne bringen muß, deutet dies auf seine Unfähigkeit hin, mit einem verletzlichen Teil seiner selbst oder eines anderen Menschen gut umzugehen. Das Traumsymbol kann außerdem ein Hinweis sein, daß der Träumende die Verbindung zu seiner niedrigen, animalischen Seite wenigstens zeitweise unterbrechen muß und um diese Notwendigkeit weiß.

Psychologisch: Fühlt sich der Träumende im Wachzustand isoliert, kann dies in der Traumsprache als Quarantäne zum Ausdruck kommen. Es scheint, als habe eine »fremde Autorität« die Aufgabe übernommen, mit dieser Isolation fertig zu werden.

Spirituell: Auf der spirituellen Ebene bedeutet Quarantäne im Traum einen zeitlich befristeten Rückzug aus der Welt.

QUARTETT

Allgemein: Der Traum von einer Vierergruppe irgendeiner Art deutet auf einen Zusammenhang mit den materiellen oder praktischen Aspekten anderer Objekte im Traum hin. Es könnte notwendig sein, sich auf die pragmatischen Lösungen eines Problems zu konzentrieren.

Psychologisch: Alles, was mehr als einmal vorkommt, betont die Bedeutung dieses Objektes für den Träumenden. Der Gegenstand wird nicht nacheinander gezeigt, sondern gleichzeitig, um die Betonung offensichtlich zu machen.

Spirituell: Auf der spirituellen Ebene steht das Quartett im Traum für das Ordnung schaffende Prinzip der Ganzwerdung (auch → Vier unter Zahlen).

QUARZ

Allgemein: Quarz verkörpert im Traum häufig die Kristallisation von Ideen und Empfindungen. Er berührt die tiefen inneren Prozesse des Menschen und ermöglicht es ihm oft, Dinge erstmals auszudrücken, die zuvor in Sprachlosigkeit erstickten.

Psychologisch: Der Kristallisationsprozeß wurde in alter Zeit als das Einfangen von Licht und Kraft betrachtet. Auf einer unterbewußten Ebene nehmen dies viele Träumende noch immer wahr. Von einem Quarz zu träumen bedeutet daher, sich entwickelnde Kraft zu erkennen.

Spirituell: Auf dieser Ebene gilt der Quarz im Traum als Symbol sowohl des Empfangens als auch Aussendens spiritueller Energie.

QUELLE

Allgemein: Eine Wasserquelle ist ein

Hinweis auf frische Energie und auf Fruchtbarkeit.

Psychologisch: Gelangt der Träumende in seinem Traum an eine Quelle, begegnet er der Reinheit und Jungfräulichkeit seiner eigenen seelischen Energien. Er ist sich seiner Hingabefähigkeit bewußt.

Spirituell: Auf der spirituellen Ebene ist die Quelle im Traum eine Aufforderung an den Träumenden, an seine eigenen Ursprünge zurückzukehren.

QUINTESSENZ

Allgemein: Quintessenz bedeutet wörtlich »das fünfte Seiende«, doch in der Regel versteht man darunter höchste Vollkommenheit. Wenn dieses Symbol im Traum auftaucht, bringt es den auf Vollkommenheit ausgerichteten Schöpferwillen des Träumenden zum Ausdruck.

Psychologisch: Perfektion gehört zu den Dingen, für die gilt: Je mehr Wissen der Mensch erwirbt, desto klarer erkennt er, wie weit er von der Vollkommenheit entfernt ist. Von der Quintessenz zu träumen heißt daher, die eigenen Potentiale und die anderer, aber auch ihre Grenzen zu erkennen.

Spirituell: Auf der spirituellen Ebene steht die Quintessenz im Traum für die Vollkommenheit der Schöpfung.

QUIZ

→ Fragebogen

R

RAD

auch → Kreis unter Geometrische Figuren

Allgemein: Ein Rad verweist als Traumsymbol auf die Fähigkeit zu und das Bedürfnis nach Veränderung.

Psychologisch: Das Rad eines Fahrzeugs zu verlieren ist gleichbedeutend mit dem Verlust der Motivation oder der Richtung und letztlich des Gleichgewichts. Ein Riesenrad symbolisiert das Auf und Ab des Lebens besonders deutlich.

Spirituell: Auf der spirituellen Ebene steht das Traumsymbol für das Räderwerk des Lebens und für das Selbstverständnis, mit dem sich der Träumende seinen Bewegungen unterwirft.

RADAR

Allgemein: Radar in einem Traum verkörpert die intuitiven Fähigkeiten des Träumenden. Es zeigt seine Art, wie er die subtilen Botschaften und Signale aufnimmt, die andere Menschen aussenden, häufig auf unterbewußter Ebene.

Psychologisch: Radar im Traum kann heißen, daß der Träumende sich von mächtigen äußeren Instanzen in seinem Verhalten kontrolliert fühlt – »Big Brother is watching you«. Oder aber der Träumende beobachtet sich selbst mit geradezu zwanghafter Gründlichkeit; vielleicht um festzustellen, ob sein Verhalten und seine Gedanken angemessen sind.

Spirituell: Auf der spirituellen Ebene kann der Radar im Traum auf ein Maß an Hellsichtigkeit hinweisen, über das der Träumende verfügt.

RADIO

Allgemein: Als Kommunikationsmittel symbolisiert ein Radio die Vermittlung von Wissen für jedermann. Wenn der Träumende in seinem Traum ein Radio spielen hört, ist dies ein Hinweis auf seine Verbindung mit der Außenwelt.

Psychologisch: Im Traum kann das Radio für die Stimme der Autorität stehen oder allgemeine Ideen und Ideale transportieren. Es symbolisiert darüber hinaus die innere Zwiesprache des Träumenden oder zeigt, daß er Stimmen hört.

Spirituell: Auf dieser Ebene steht das Radio im Traum für spirituelle Kommunikation.

RAKETE

Allgemein: In ihrer Grundbedeutung steht die Rakete in Verbindung mit der männlichen Sexualität. Im Traum spielt jedoch möglicherweise die Energie, mit der eine Rakete ausgestattet ist und die mithin dem Träumenden zur Verfügung steht, eine wichtigere Rolle. Wird ihm eine Rakete geschenkt, weist dies auf die Erkenntnis hin, daß der Träumende nicht optimal funktioniert. Wenn er wie eine Rakete hochgeht, bedeutet dies, daß er bei irgendeinem Vorhaben sehr rasch vorankommt.

Psychologisch: Alles, was Kraft symbolisiert, hat letztlich damit zu tun, wie eine Leistung verbessert oder gesteigert werden kann. In diesem Sinn ist die Symbolik der Rakete ähnlich wie jene des Flugzeugs (→ Flugzeug), nur sind bei der Rakete die Ziele weiter entfernt. Die explosive Kraft der Rakete ist notwendig, wenn radikale Veränderungen im Leben vorgenommen werden sollen.

Spirituell: Da mit einer Rakete Entfernungen und Höhen erreicht werden, die noch niemals zuvor erreicht wurden, steht die Rakete für spirituelle Suche und Wagnis.

RAND

Allgemein: Am Rand von Ereignissen oder von einer Menschengruppe zu stehen bedeutet, daß der Träumende zutiefst verunsichert ist in bezug auf seinen Wert. Dies hat bedeutsame Auswirkungen auf sein Leben oder auf die Menschen, mit denen er eine Gemeinschaft pflegt.

Psychologisch: Der Rand, die Kante und die Schwelle besitzen eine ähnliche Symbolik. Etwas befindet sich auf der Kippe. Egal, auf welcher Seite der Träumende vom Rand hinunterfällt, es wird sein Leben spürbar erschüttern und ihn zu bedeutenden Entscheidungen zwingen. Der Rand im Traum kann auch die Trennungslinie zwischen zwei Extremen darstellen, wie beispielsweise zwischen Rationalem und Irrationalem.

Spirituell: Auf der spirituellen Ebene signalisiert der Rand im Traum eine Hinwendung zur Dunkelheit und damit zum Abgrund.

RASIEREN

Allgemein: Wichtig ist die Frage, ob es ein Mann oder eine Frau ist, die sich im Traum rasiert. Bei einem Mann kann die Rasur für Alltägliches und gewohnte Routine stehen. Bei einer Frau zeigt die Gesichtsrasur, daß sie sich männliche Eigenschaften wünscht. Rasiert sie andere Körperteile, dann drückt dies ihren Versuch aus, eine glatte, unangreifbare Oberfläche zu schaffen. Das Rasierzeug selbst ist ebenfalls von Bedeutung. Ein Rasiermesser ist in der Symbolik mit dem Messer identisch (→ Messer). Ein Rasierapparat zeigt, daß eine gewisse Risikobereitschaft erforderlich ist, um sein wahres Gesicht zu sehen. Aber auch die Maske des Alltags bedarf der Aufmerksamkeit.

Psychologisch: Rasieren im Traum symbolisiert allgemein analytisches Denken. Der Träumende will etwas glätten; entweder weil er sich seinen Mitmenschen gegenüber ins rechte Bild setzen möchte oder weil er mit seinem eigenen Selbstbild nicht zurechtkommt. Das Rasierzeug selbst ist in diesem Zusammenhang eher ein Werkzeug als eine Waffe. Rasiert der Träumende einen anderen Menschen, ist dies eher ein fürsorglicher Akt. Wird die Rasur jedoch mit dem Vorsatz der Gewalt vorgenommen, ist dem Träumenden möglicherweise bewußt, daß ein bestimmter Persönlichkeitsaspekt schärfer herausgearbeitet werden muß, um voll zur Geltung zu kommen.

Spirituell: Auf der spirituellen Ebene steht eine glatte Rasur im Traum für Offenheit und Ehrlichkeit im Umgang mit anderen Menschen.

RAT

Allgemein: Wenn der Träumende in seinem Traum einen Rat erhält, sollte er Orientierung nicht außerhalb, sondern in sich selbst suchen. Möglicherweise hilft ihm ein bisher vernachlässigter Persönlichkeitsaspekt weiter.

Psychologisch: Im Traum einen Rat anzunehmen bedeutet, daß der Träumende die Notwendigkeit erkennt, etwas Bestimmtes zu tun, obwohl er sich davon abgestoßen fühlt. Einem anderen Menschen zu raten heißt, zu erkennen, daß der Träumende Kenntnisse besitzt, die für andere hilfreich sein können.

Spirituell: Auf der spirituellen Ebene zeigt der Rat im Traum an, daß der Träumende innere Bewußtheit besitzt. Das höhere Selbst zeigt sich oft als Figur, die einen Rat erteilt.

RATTE

→ Tiere

RAUCH/RAUCHEN

auch → Feuer

Allgemein: Rauch im Traum ist ein Hinweis auf Gefahr, vor allem, wenn der Träumende kein Feuer ausmachen kann. Wenn der Träumende raucht, dann versucht er, seine Angst unter Kontrolle zu bringen. Raucht er im wirklichen Leben und stellt im Traum fest, daß er aufgehört hat, symbolisiert dies die Bewältigung eines Problems. Wenn ein Raucher tatsächlich das Rauchen aufgibt, drehen sich seine Träume oft um die alte Sucht.

Psychologisch: Rauch kann im Traum Leidenschaft symbolisieren, auch wenn sie vielleicht noch nicht für eine bestimmte Person »entflammt« ist. Darüber hinaus steht Rauch zugleich für Reinigung – etwa durch Weihrauch – oder für Verschmutzung.

Spirituell: Auf spiritueller Ebene ist der Rauch im Traum ein Symbol für das Gebet oder das Opfer, welches zum Himmel emporsteigt. Rauch kann darüber hinaus auch das Emporsteigen der Seele bildlich darstellen.

RAUM

Allgemein: Wenn der Träumende in seinem Traum den Raum, in dem er sich aufhält, bewußt wahrnimmt, dann zeigt dies, daß er Zugang zu seinem Potential hat. Der Raum kann auch die Intimsphäre des Träumenden darstellen, die durch einen anderen Menschen verletzt wurde.

Psychologisch: Oft braucht der Mensch mehr Raum, um seine Möglichkeiten wirklich optimal nutzen zu können. Der Träumende muß sich mehr darum bemühen, seine Vorstellungen von der Begrenztheit seines Ichs zu überwinden.

Spirituell: Auf der spirituellen Ebene ist der Raum im Traum ein Bild für ein kosmisches Zentrum – für einen Ort, der »ist, war und immer sein wird«. Diese Vorstellung kann die Sichtweise des Träumenden erweitern, die er derzeit von der Welt hat.

RAUPE

Allgemein: Wenn der Träumende in seinem Traum einer Raupe begegnet, so deutet dies in der Regel darauf hin, daß er in irgendeiner Form eine große Veränderung durchmacht. Vielleicht ist das Traumsymbol eine Warnung davor, daß die Metamorphose unvollständig sein könnte.

Psychologisch: Von Raupen zu träumen, deutet darauf hin, daß der Träumende in seiner Einstellung zu Veränderungen etwas flexibler sein muß. Außerdem kann eine Raupe, da auch sie kriecht, das Böse oder allgemein Schwierigkeiten darstellen.

Spirituell: Auf der spirituellen Ebene symbolisiert die Raupe im Traum das zum größten Teil unbewußte spirituelle Potential, welches seine Schönheit erst entfalten muß.

RAUSCH

auch → Alkohol, → Drogen

Allgemein: Wenn der Träumende in seinem Traum einen Rausch hat, kann die Ursache hierfür von Bedeutung sein. Ist der Träumende betrunken, kann dies auf einen Kontrollverlust verweisen. Ein veränderter Zustand aufgrund anderer Drogen hingegen symbolisiert möglicherweise eine Bewußtseinsveränderung.

Psychologisch: Veränderungen, die vielleicht durch einen Rausch im Bewußtsein auftreten, können im Traum gespiegelt werden. Manchmal kann diese Bewußtseinsveränderung depressiver Natur sein und darauf verweisen, daß der Träumende das Negative in seinem Leben sprengen muß; manchmal ist sie auch euphorischer Natur und zeigt, daß der Träumende sich in einem Zustand unkontrollierter Begeisterung befindet.

Spirituell: Es gibt eine Art von Euphorie, die der Mensch in bestimmten Stadien seiner spirituellen Entwicklung erleben kann. Sie ist in der Regel verbunden mit dem Wechsel von einer Bewußtseinsebene in eine andere, und dies wiederum steht in Zusammenhang mit einem plötzlichen Zustrom neuer Energie.

RAUTE

→ Geometrische Figuren

RECHTS

→ Positionen

REGAL

Allgemein: Ein Regal in einem Traum ist ein Hinweis auf das Bedürfnis des Träumenden, etwas aufzubewahren oder in Ordnung zu halten. So kann etwa ein Weinregal eine Aufforderung sein, daß der Träumende sein soziales Leben unter die Lupe nehmen muß, während ein Schuhregal das Bedürfnis spiegelt, die beste Methode des Fortschritts zu ergründen.

Psychologisch: Das Regal im Traum, unabhängig davon, was es aufbewahren soll, kann ein Hinweis darauf sein, daß der Träumende zu sehr an Altem hängt. Es ist an der Zeit, sich von Eigenschaften, Meinungen und Idealen zu trennen, die ihm auf dem Weg zur Ganzheitlichkeit nicht mehr dienlich sind.

Spirituell: Auf der spirituellen Ebene symbolisiert das Regal im Traum einen kostbaren Schatz des Wissens.

REGEN

Allgemein: In seiner einfachsten Bedeutung steht Regen für Tränen und das Loslassen von Gefühlen. Der Träumende war vielleicht deprimiert und hat im Alltag keine Möglichkeit, seinen Gefühlen freien Lauf zu lassen. Im Traum ist Regen oft das erste Zeichen, daß es ihm nun gelingt, loszulassen.

Psychologisch: Im Traum einer Frau kann Regen für den Geschlechtsakt stehen. Zudem kann er eine allgemeinere Bedeutung haben und auf die Verwirklichung von Möglichkeiten auf Gruppenebene hindeuten. Alle Menschen sollten dazu in der Lage sein, die Fruchtbarkeit zu nutzen, die er mit sich bringt.

Spirituell: Wegen seines »himmlischen« Ursprungs symbolisiert Regen im Traum göttliche Segnung und Offenbarung.

REGENBOGEN

Allgemein: Der Regenbogen, der sich im Traum zeigt, ist ein Symbol der Hoffnung und das Versprechen von Besserung. In der Regel verkörpert er Kreativität und Phantasie.

Psychologisch: Die Erweiterung des Bewußtseins und die Empfänglichkeit für etwas, das so flüchtig ist wie ein Regenbogen, weist auf das Bedürfnis nach sensibilisierter Wahrnehmung hin. Darüber hinaus steht der Regenbogen für die Verbindung von Gegensätzen, vor allem von Gefühl und Willen.

Spirituell: Auf der spirituellen Ebene ist der Regenbogen ein Ganzheitssymbol.

REGENMANTEL

→ Kleidung

REICHTUM

auch → Geld

Allgemein: Von Reichtum zu träumen heißt, daß der Träumende das reichlich besitzt, was er braucht. Vielleicht liegt eine sehr anstrengende Lebensphase hinter ihm, in der er sich sehr um etwas bemühen mußte. Jetzt aber zeigt ihm sein neuer Reichtum, daß er sein Ziel erreicht hat.

Psychologisch: Reichtum und Ansehen sind gewöhnlich eng miteinander verknüpft. Hat der Träumende also Probleme mit seinem Ansehen, kann es sein, daß ein Traum von Reichtum handelt. Häufig aber verweist das Traumsymbol auch auf vorhandene eigene Ressourcen oder auf die anderer Menschen, auf die der Träumende zurückgreifen kann. Er hat die Fähigkeit, aus seinen Erfahrungen und Gefühlen zu schöpfen und daher in seinem Leben viel zu erreichen.

Spirituell: Ein »reiches« spirituelles Wissen wartet darauf, erworben zu werden. Geträumter Reichtum deutet darauf hin, daß es sich in Reichweite des Träumenden befindet.

REIHE

→ Linie

REIS

auch → Getreide

Allgemein: Reis als Traumbild symbolisiert Nahrung sowohl geistiger als auch körperlicher Art. Darüber hinaus ist er ein Sinnbild für Überfluß.

Psychologisch: Als Grundnahrungsmittel symbolisiert er die Grundbedürfnisse des Menschen. Seine Farbe läßt auf Reinheit und Unschuld schließen. Traditionell wird Reis magische Kraft zugeschrieben.

Spirituell: Wie die meisten Getreidearten ist Reis, spirituell gesehen, ein Symbol für Unsterblichkeit und Fruchtbarkeit.

REISE

Allgemein: Eine Reise im Traum ist ein sehr starkes Bild. Immer wenn dies auftaucht, ist die Art angesprochen, wie der Träumende sein alltägliches Leben gestaltet und auf welche Weise er Fortschritte macht. Jeder Schritt, den der Mensch auf dem Weg zu einem größeren Verständnis seiner selbst und der Welt, in der er lebt, macht, ist Bestandteil der großen Reise des Lebens. Auch die Träume bringen Nacht für Nacht Stufen auf diesem Weg zum Ausdruck. Im normalen Alltagsgespräch greift man auf Redewendungen zurück, um das Auf und Ab des Lebens, den Stillstand, die Hindernisse, das Ziel und so fort zu beschreiben. Meistens drehen sich Träume, welche die Reise des Lebens zum Thema haben, um das Hier und Jetzt und geben Schnappschüsse des Geschehens bestimmter Augenblicke wider. Bilder aus der Vergangenheit oder wiedererkennbare Szenarios helfen dem Träumenden, die Ereignisse richtig zu verstehen und den richtigen Weg zu finden.

Psychologisch: Die folgenden Einzelaspekte einer Reise können in der Traumdeutung Berücksichtigung finden:

Abreise: Die Abreise, etwa von einem Flughafen oder einem Bahnhof, wurde in älteren Traumdeutungen immer als Tod interpretiert. Heute scheint das Symbol eher auf einen Neuanfang hinzudeuten. Der Träumende läßt das alte Leben hinter sich, um etwas Neues zu unternehmen. Wenn ein Mensch, der zu seinem Leben gehört, ihn verläßt, träumt er vielleicht davon, daß jemand abreist, und er erlebt im Traum die Traurigkeit, die dies auslöst. Wird der Träumende an der Abreise gehindert, dann zeigt dies, daß er begonnene Aufgaben noch nicht zu Ende gebracht hat. Wenn im Traum die genaue Uhrzeit der Abreise hervorgehoben wird, wird dem Träumenden damit eine bestimmte Frist in bezug auf irgendeinen Lebensumstand bewußt.

Autofahren: Das Autofahren spielt im Traum als Symbol eine besonders wichtige Rolle: Es stellt die Grundbedürfnisse und Wünsche des Menschen dar. Sitzt der Träumende hinter dem Steuer, dann hat er die Kontrolle. Ist er unglücklich, weil eine andere Person fährt, dann vertraut er diesem Menschen vielleicht nicht genug oder will sich nicht von ihm abhängig machen. Wird der Träumende überholt, läßt dies seine Passivität ahnen. Überholt er das Fahrzeug vor sich, zeigt dies seinen Erfolg, den er jedoch möglicherweise nur aufgrund einer ausgeprägten Wettkampfhaltung erzielt hat. Wird der Träumende überholt, fühlt er sich durch die Leistungsfähigkeit eines anderen Menschen übertroffen. Der Traum vom Autofahren spiegelt wider, wie sich der Träumende im Alltagsleben verhält. Seine Triebe, Aggressionen, Ängste, Zweifel und sein Sozialverhalten werden durch das Autofahren dargestellt.

Beifahrer: Ist der Träumende der Beifahrer, stellt dies dar, daß er sich von den Umständen treiben läßt und nicht wirklich darüber nachgedacht hat, wie er weitermachen will. Nimmt er einen Beifahrer in seinem Auto mit, dann hat er freiwillig oder unfreiwillig Verantwortung für andere Menschen übernommen.

Hindernisse: Hat der Träumende Hindernisse vor sich, dann ist er sich der Schwierigkeiten bewußt, die noch auftauchen könnten. Der Träumende muß sich klarmachen, daß er selbst seine Probleme schafft und daß sie wahrscheinlich etwas mit seiner Einstellung zu tun haben.

Immer wieder anhalten und losfahren: Dies weist auf einen Konflikt zwischen Faulheit und Antrieb hin.

Motor: Er stellt die sexuellen Triebe und die grundlegenden Motive des Träumenden dar.

Reise beenden: Wenn der Träumende in seinem Traum eine Reise beendet hat – wieder zu Hause ankommt, mit dem Flugzeug landet und so fort –, zeigt dies, daß er erfolgreich an seinem Ziel angelangt ist.

Reiseziel: Wenn es im Traum auftaucht, kann dies auf bestimmte Vorstellungen des Träumenden bezüglich seiner Ziele verweisen. So wie sich auch innere Motive vom äußeren Verhalten unterscheiden können, so müssen auch bewußte Hoffnungen und Ideale nicht unbedingt mit dem übereinstimmen, was der Träumende auf der unbewußten Ebene will. Träume heben solche Widersprüchlichkeiten hervor. Häufig erkennt der Träumende seine Ziele erst dann genau, wenn er auf dem Weg zu ihnen den ersten Hindernissen und Herausforderungen begegnet.

Schwierige Reise: Hat der Träumende eine schwierige Reise gerade hinter sich, sind die Schwierigkeiten und Behinderungen aus der Vergangenheit bewältigt.

Straße: Im Traum stellt die Straße den individuellen Weg des Träumenden und seine Handlungsweise dar. Ein Hindernis auf der Straße stellt Schwierigkeiten auf dem Weg dar. Kurven verweisen auf Richtungsänderungen. Kreuzungen bieten Wahlmöglichkeiten, und eine Sackgasse stellt dar, daß der Träumende auch mit seinem Leben in eine Sackgasse geraten ist. Wird eine bestimmte Strecke hervorgehoben, so verweist dies vielleicht auf eine bestimmte Anstrengung oder Zeitspanne. Führt die Straße bergauf, ist Mühsal im Spiel, führt sie bergab, ist fehlende Kontrolle gemeint.

Um eine Ecke biegen: Wenn er um eine Ecke biegt, hat er akzeptiert, daß er die Richtung ändern muß. Hat er im Traum einen Unfall verhindert, dann zeigt dies, daß der Träumende seine Impulse beherrschen kann.

Verkehrsstau: Er zeigt, daß der Träumende sich selbst daran hindert, weiterzukommen. Möglicherweise kann es in einer solchen Situation sinnvoller sein, die Reise vorläufig zu unterbrechen.

Verkehrsunfälle und -delikte: Beides könnte mit der Sexualität oder dem Selbstbild des Träumenden in Zusammenhang stehen. Vielleicht achtet er nicht sorgfältig genug darauf, sich richtig zu verhalten. Ein Straßenrennen symbolisiert Gefühle, die der Träumende nicht unter Kontrolle hat.

Zusammenstoß: Er stellt Streitereien und Konflikte dar, die häufig durch die eigene Aggression hervorgerufen werden.

Die Art des Transportmittels kann darauf verweisen, wie der Träumende sich durch die einzelnen Lebensabschnitte bewegt. Das Fahrzeug, dessen der Träumende sich in seinen Träumen bedient, macht in der Regel eine wichtige Aussage über seine Persönlichkeit und/oder über sein Selbstbild.

Die folgenden Fahrzeuge können in Träumen eine Rolle spielen und lassen sich entsprechend deuten:

Auto: Das Auto symbolisiert den Träumenden. Dabei muß es sich nicht zwingend um einen PKW handeln; der Träumende kann sich auch durch ein anderes Gefährt, wie eine Kutsche, gut repräsentiert fühlen. Außerdem steht das Auto für den Körper und macht den Träumenden somit auf spezifische Schwierigkeiten aufmerksam. Funktioniert beispielsweise der Motor nicht richtig, hat der Träumende nicht genügend Energie, um weiterzumachen. Funktioniert die Zündung nicht, benötigt der Träumende Unterstützung, um mit einem bestimmten Vorhaben zu beginnen. Die Hinterreifen können auf das Gesäß und die Sexualität des Träumenden verweisen, das Steuerrad kann symbolisieren, wie er sein Leben im Griff hat, und so fort. Funktionieren die Bremsen nicht, dann hat der Träumende nicht genug Kontrolle über sein Leben. Befinden sich in dem Auto zu viele Menschen, dann zeigt dies, daß er sich durch Verantwortung überlastet fühlt.

Bahn: Ein Zug illustriert das Sozialverhalten des Träumenden, seine Beziehungen zu anderen Menschen, und stellt seine Einstellung zu sich selbst dar. Ein Zug mit einer Dampflok verweist darauf, daß er sich altmodisch und alt fühlt; ein moderner elektrischer Hochgeschwindigkeitszug hingegen kann Jugendlichkeit und Effizienz signalisieren. Einen Zug zu erwischen bedeutet, daß der Träumende erfolgreich dazu in der Lage war, die äußeren Umstände mit sich selbst in Einklang zu bringen und daher ein bestimmtes Ziel zu erreichen. Einen Zug zu verpassen heißt, keine Ressourcen mehr zu haben, um richtig erfolgreich zu sein. Der Träumende hat entweder ein wichtiges Detail vergessen, oder er war nicht vorsichtig genug. Nun fürchtet er, eine Chance verpaßt zu haben. Vor dem Zielort aus dem Zug zu steigen, stellt die Angst des Träumenden vor seinem eigenen Erfolg dar. Das Traumsymbol kann auch eine verfrühte Ejakulation symbolisieren. Der Träumende hat sich anscheinend nicht ausreichend unter Kontrolle. Verläßt er den Zug wieder, bevor er losgefahren ist, zeigt dies, daß der Träumende noch rechtzeitig genug eine zweite, bessere Lösung für ein Problem gefunden hat. Eisenbahnschienen haben die Bedeutung von Wegen, die den Träumenden zu seiner Bestimmung führen. Das Entgleisen eines Zugs ist ein Hinweis auf unangemessene Handlungen. Hält sich der Träumende gegen seinen Willen in dem Zug auf, läßt er sich von äußeren Umständen zu stark beeinflussen. Fährt der Zug mit dem Träumenden in einen Bahnhof ein, verweist dies darauf, daß er diese Phase seiner Lebensreise abgeschlossen hat. Vielleicht ist er bereit, mit der Welt allgemein eine neue Beziehung einzugehen. Das Frachtgut in einem Zug kann die verschiedenen Abschnitte des Lebens darstellen und auch, wie der Träumende zu ihnen steht. Ist das Frachtgut in schlechtem Zustand oder schmutzig, ist dem Träumenden bewußt, daß er noch etwas in seinem Leben in Ordnung bringen muß.

Bus: Durch die Busreise im Traum ist sich der Träumende des Wunsches bewußt, daß er reisen und dabei mit anderen Menschen zusammensein möchte. Vielleicht hat er mit ihnen das Ziel gemeinsam. Ärger mit Fahrplänen, also den Bus zu verpassen, zu früh anzukommen oder eine Verbindung nicht zu erwischen, zeigt, daß der Träumende sein Leben nicht im Griff hat und vielleicht neu planen sollte, was und wie er in seinem Leben fortfahren will. Im falschen Bus zu sitzen oder in die falsche Richtung zu fahren, macht dem Träumenden seine gegensätzlichen Wünsche bewußt und verlangt von ihm, seiner Intuition zu folgen. Dies ist normalerweise eine Warnung vor falschen Handlungen. Reicht dem Träumenden das Geld nicht, um seine Fahrkarte zu bezahlen, dann fehlen ihm für ein bestimmtes Vorhaben die nötigen Ressourcen; vielleicht hat er einfach die Einzelheiten nicht gründlich genug in Betracht gezogen.

Fahrrad: Wenn der Träumende radfährt, zeigt sich darin das Bedürfnis, persönlichen Bemühungen und Motiven Aufmerksamkeit zu schenken. Auf der psychologischen Ebene sucht der Träumende vielleicht Freiheit ohne Verantwortung, denn ein Fahrrad verweist auf Jugend und vielleicht auch auf das erste aufregende Bewußtwerden der Sexualität.

Flugzeug: Ein Flugzeug verweist auf eine schnelle, angenehme Reise, auf deren Einzelheiten der Träumende achten muß. Vielleicht beginnt er eine neue sexuelle Beziehung. Der Pilot ist das romantisierte Bild entweder des Animus oder des Selbst (siehe »Einführung in die Traumarbeit«).

Gehen: Wenn der Träumende in seinem Traum zu Fuß gehen muß, zeigt dies in der Regel, daß er fähig ist, diesen Teil seiner Reise selbständig und ohne Hilfe zu bewältigen. Ein Spaziergang dient als energetische Aufladung und unterstützt den Träumenden dabei, den Kopf klar zu bekommen.

Lastwagen: Die Bedeutung des Lastwagens im Traum gleicht der des Autos. Nur die Triebe und Bestrebungen sind beim Lastwagen stärker mit der Arbeit des Träumenden verbunden und mit der Art, wie er sich auf die Arbeit bezieht. Dies ist die Grundlage dafür, wie er zu der Welt allgemein in Beziehung tritt.

Motorrad: Es ist das Symbol männlicher Jugend und Kühnheit. Im Traum symbolisiert es unabhängiges Verhalten und häufig auch den Sexualakt. Es kann auch der bildliche Ausdruck für Freiheit sein. Ein Mitglied einer Motorradbande verweist auf anarchistisches Verhalten.

Schiff: Die Deutung hängt vom Typ des Schiffs oder Boots in dem Traum ab. Ein kleines Ruderboot verweist auf eine emotionale Reise, die man jedoch allein unternimmt. Eine Yacht kann eine ähnliche, jedoch stilvollere Reise darstellen. Ein großes Schiff deutet darauf hin, daß der Träumende gemeinsam mit anderen Menschen neue Horizonte erreichen will. Eine Fähre ist ein Symbol des Todes. Es stellt das Aufgeben selbstsüchtiger Wünsche dar. Danach wird der Träumende vielleicht in ein besseres Leben oder in eine bessere Lebensweise »wiedergeboren«. Wie das Schiff oder Boot sich im Traum fortbewegt, ist bedeutsam im Hinblick auf das Leben des Träumenden. Vielleicht läuft es auf Grund, in einen Hafen ein, kreuzt eine Bucht und so fort. Eine lange Schiffsreise verweist darauf, daß der Träumende Familie und Freunde verläßt, einfach davonläuft und zur See geht. Von Bord gehen signalisiert das Ende eines Vorhabens, unabhängig davon, ob von Erfolg gekrönt oder nicht. Das Schiff zu verpassen ist ein Hinweis darauf, daß der Träumende im Wachzustand die Details eines Projekts nicht genau genug beachtet.

Spirituell: Auf der spirituellen Ebene stellt die Reise im Traum das Leben des Träumenden oder einen Abschnitt daraus dar.

REISEGEPÄCK

Allgemein: Im Traum kann ein Unterschied zwischen Gepäck und Reisegepäck bestehen. Reisegepäck stellt insbesondere Eigenschaften und Situationen dar, welche die weitere Entwicklung des Träumenden fördern und seine Aufbruchsstimmung hervorheben. Es kann sich jedoch auch aus jenen Gewohnheiten und Gefühlen zusammensetzen, die dem Träumenden in der Vergangenheit geholfen haben, aber jetzt neu beurteilt werden müssen.

Psychologisch: Wenn Reisegepäck als Symbol in Träumen eine Rolle spielt, so ist von Bedeutung, ob es dem Träumenden oder einer anderen Traumfigur gehört. Ist ersteres der Fall, dann symbolisiert es jene Sichtweisen, Einstellungen und Verhaltensweisen, die er aus der Vergangenheit mitgebracht hat. Trifft die zweite Möglichkeit zu, dann denkt der Träumende unter Umständen über die Familie oder über ein globales Konzept nach, das für ihn nicht mehr brauchbar ist.

Spirituell: Auf der spirituellen Ebene ist Reisegepäck im Traum eine Erinnerung an den Träumenden, sich nicht mit unnützem Wissen zu belasten, nach dem Motto: Wer mit leichtem Gepäck reist, kommt besser ans Ziel.

REISEPASS

Allgemein: Ein Reisepaß dient dem Zweck, die Identität eines Menschen nachzuweisen. Hat der Träumende im Wachzustand vielleicht Schwierigkeiten, ein gutes Selbstbild aufrechtzuerhalten, dann dient ihm der Reisepaß im Traum vielleicht dazu, sich seiner selbst zu versichern.

Psychologisch: Ein Reisepaß im Traum kann die Erlaubnis für den Träumenden symbolisieren, sich mit neuen Dingen zu beschäftigen oder in neue Erfahrungsbereiche aufzubrechen.

Spirituell: Auf dieser Ebene kann spirituelle Bewußtheit ein »Reisepaß« für ein erfüllteres Leben sein.

REISEZIEL

→ Reise

REISSVERSCHLUSS

Allgemein: Als Traumbild kann er auf die Fähigkeit des Träumenden verweisen, Beziehungen mit anderen Menschen zu pflegen, aber ebenso auf seine Schwierigkeiten dabei. Ein klemmender Reißverschluß deutet auf die Beschwerden des Träumenden hin, in einer heiklen Situation seine Würde zu wahren.

Psychologisch: Der Träumende hat die Wahl, sich seiner Familie und seinen Freunden gegenüber zu öffnen oder zu verschließen. Das Traumsymbol hierfür ist oft der Reißverschluß.

Spirituell: Auf dieser Ebene symbolisiert der Reißverschluß im Traum das Schaffen spiritueller Verbindungen.

RELIGIÖSE BILDER

Allgemein: Träume bringen den Menschen in mancherlei Hinsicht zurück zu Wahrheiten, von denen er seit langem weiß, oder erinnern ihn an sie. Wenn Spiritualität als eine innere Wahrheit begriffen wird und Religion als das, was den Menschen wieder mit dem Ursprung verbindet, dann dienen religiöse Bilder dazu, dieses Erkennen zu fördern. Die Existenz von religiösen Bildern, die auf keine andere Weise befriedigend gedeutet werden kann, untermauert die Vermutung, daß Spiritualität wie Körper und Geist ein eigenständiger Bereich im Leben des Menschen ist.

Psychologisch: Wenn sich ein Mensch im Wachzustand bewußt oder aus Geringschätzung den Zugang zu religiösen Bildern verwehrt, dann versuchen Träume dieses Defizit auszugleichen und dem Träumenden die Bedürfnisse seiner Seele wieder ins Bewußtsein zu rufen. Einzelne religiöse Bilder im Traum können wie folgt gedeutet werden:

Buddha: Seine Gestalt hebt im Traum die Notwendigkeit hervor, sich der Eigenschaften des Seins bewußt zu werden, die Buddha lehrte. Sie verbinden den Träumenden mit der Kraft von Verzicht und Leiden und lassen ihn den Sinn seiner Existenz erkennen.

Christus: Wenn Christus im Traum erscheint, steht er für das Wissen, daß Körper und Seele, Mensch und Gott miteinander versöhnt werden müssen. Er verkörpert den ganzheitlichen Menschen, einen Zustand, nach dem alle Menschen streben. Christus am Kreuz stellt die Rettung durch das Leiden dar. Der Christus ist jener Teil im Träumenden, der bereit ist, seinen Anteil an den Leiden der Welt durch Wirken in der Welt auf sich zu nehmen. Der anarchistische Christus ist der Teil des Träumenden, dessen Liebe und Lust am Leben es ihm erlauben, alle bekannten Grenzen zu durchbrechen. Der kosmische Christus ist der Teil, der bereit ist, kosmische Verantwortung zu übernehmen, das heißt, mit der universellen Wahrheit verbunden zu sein. Obwohl diese Aspekte hier nur in christlichen Begriffen beschrieben wurden, sind sie natürlich in allen religiösen Gestalten vorhanden.

Drittes Auge: Es symbolisiert das hellsichtige Wahrnehmungsvermögen, welches mit spiritueller Entwicklung einhergeht. Das dritte Auge des Buddha symbolisiert Einheit und Gleichgewicht.

Engel: Im spirituellen Sinn ist der Engel ein Symbol für reines Sein und das Freisein von irdischen Zwängen. Engel sind meist geschlechtslos. Erscheint ein Engel im Traum, dann ist es für den Träumenden wichtig, zwischen dem personalisierten Aspekt des höheren Selbst und der Engelsgestalt zu unterscheiden. Dunkle Engel sind angeblich jene Engelswesen, die das Ich oder irdische Leidenschaften noch nicht vollkommen abgelegt haben. Wenn dieses Bild in einem Traum erscheint, wird der Träumende auf einen spirituellen Übergang aufmerksam gemacht, der oft bereits stattgefunden hat. Mahnende Engel haben gewöhnlich die Aufgabe, den Träumenden von einem Vorsatz abzubringen, der sich auf sein Leben negativ auswirken würde.

Gefiederte Sonne: Das religiöse Bild der gefiederten Sonne verweist auf das Universum und das Zentrum des Selbst. Es deutet darauf hin, daß der Träumende selbst das Zentrum seines Universums ist und die Verantwortung hierfür übernehmen muß. Um diese Aufgabe besser bewältigen zu können, ist er mit einem besonderen Wissen und einem überdurchschnittlichen Wahrnehmungsvermögen ausgerüstet.

Geister: Sie stellen unabhängige Kräfte im Innern dar, die vom Willen des Individuums getrennt zu sehen sind. Es hängt vom Glauben des Träumenden ab, ob er Geister als psychologische oder spirituelle Erscheinungen begreift.

Gott/Göttin: Jeder Mensch hat die Möglichkeit, sein gesamtes Potential zu verwirklichen. Wer sich darauf einläßt, muß sich früher oder später mit Spiritualität und damit auch mit Gott oder Göttern auseinandersetzen.

Gottesdienst: Ein Gottesdienst ist die Form der Gottesverehrung, die Menschen zusammenbringt. Im Traum dient er möglicherweise als Mittel, das Selbst vollständig zu integrieren, und zur Veranschaulichung dafür, daß das größere Ganze mehr ist als die Teile.

Heilige Bücher: Die Bibel, der Koran, der Talmud, um nur einige von ihnen zu nennen, symbolisieren umfassendes Wissen und werden als Quelle der Weisheit häufig zu Traumbildern.

Himmel: Er steht für einen Seinszustand, in dem die Energie eine so hohe Schwingung hat, daß es kein Leiden gibt. Im Traum tritt er in Erscheinung, wenn der Träumende sein Bewußtsein in Dimensionen jenseits der physischen Grenze transformiert. Es soll ein Ort sein, an dem Verzückung herrscht. Er wird auch als Nirwana oder Samadhi bezeichnet.

Heilige Kommunion: Sie ist das Sinnbild für jene Nahrung, die nicht den Körper, sondern den Geist und die Seele laben soll.

Hölle: Sie ist ein Seinszustand, in dem nichts so ist, wie es scheint. Die Hölle ist Symbol für ein Leben, bei dem der Mensch in beständiger negativer Illusion gefangen ist. Hölle ist mithin beständige Agonie.

Ikone: Sie ist die Darstellung einer religiösen Gestalt oder eines religiösen Begriffs. Die Ikone kann selbst als heiliger Gegenstand verehrt werden.

Initiation: Eine Initiation oder Einweihung findet statt, wenn eine Grenze überschritten wird und der Träumende dadurch Zugang zu anderen Seinszuständen erhält.

Kirche: Die Kirche in all ihren architektonischen Ausprägungen als Kapelle, Tempel oder Heiligtum ist ein Zufluchtsort vor den Unbilden des Alltags. Dort kann jeder Mensch, egal, welchen Glaubens, in Verbindung mit seinem persönlichen Gott treten. Im Traum kann auch der Tempel ein Symbol für den Körper sein, in dem die Seele wohnt.

Kirchenmusik: Diese Klänge, die dem Gottesbild geweiht sind, können ein Mittel sein, um den Geist zu erweitern.

Kreuzigung: Kreuzigungsbilder in einem Traum hängen mit dem Bedürfnis des Menschen zusammen, sich durch Hingabe und Schmerz zu opfern.

Manna: Manna ist heilige Nahrung für die Seele und die Verbindung des Menschen mit dem Göttlichen.

Maria, Muttergottes: Sowohl als die Jungfrau wie auch als die Mutter hat Maria eine sehr starke symbolische Bedeutung. Sie verkörpert alles, was Frau, und alles, was heilig ist.

Moses: Er erscheint in Träumen mitunter als die heilige Gestalt, die den Träumenden aus Schwierigkeiten hinausführt.

Teufel: Im Traum steht der Teufel für Versuchung. Dies entspringt oft der Unterdrückung des Sexualtriebs, der Aufmerksamkeit fordert. Der Teufel kann auch den Schatten des Träumenden symbolisieren.

Weihrauch: Weihrauch ist ein Opfer für die Götter und eine physische Form des Gebets mittels Duft und Rauch.

Zeremonie/Ritual: Sie dienen der erhöhten Wahrnehmung, die auf dem Weg der Spiritualität eintritt. In Traumzeremonien sind die Bilder noch lebendiger.

Spirituell: Wenn der Träumende akzeptieren kann, daß jede Wahrheit ihre eigene Sichtweise hat und zur Grundwahrheit zurückkehren muß, können alle Träume aus einer spirituellen Sicht gedeutet werden. Dies gilt insbesondere für religiöse Bilder.

RENTIER

→ Tiere

REPTILIEN

auch → Tiere

Allgemein: Im Traum erscheinende Reptilien stehen in Zusammenhang mit den elementaren und instinktiven Reaktionen des Menschen. Durch Reptilien im Traum werden Urtriebe, wie Nahrungssuche, sexuelle Bedürfnisse und so fort, vor allem dann zum Ausdruck gebracht, wenn der Träumende diese nicht ohne weiteres akzeptieren kann.

Psychologisch: In vielen der Träume, in denen Reptilien eine Rolle spielen, geht es um Kontrolle oder Handhabung. Macht über ein Krokodil kann auf die Furcht des Träumenden vor seiner aggressiven Seite hinweisen.

Spirituell: Wenn der Träumende lernt, seine Grundtriebe und seinen Umgang mit ihnen zu verstehen, kann er eine solide Basis schaffen, auf der spirituelle Entwicklung möglich ist.

RESTAURANT

Allgemein: Handelt ein Traum von einem Restaurant oder Café, deutet dies auf ein Bedürfnis nach Gesellschaft. Der Träumende hat Angst, allein zu sein, will aber zugleich niemanden zu stark in seine Privatsphäre eindringen lassen. Ein öffentlicher Ort erlaubt den erwünschten Kontakt, doch kann der Träumende den Grad der Vertrautheit bestimmen.

Psychologisch: Jeder Ort, an dem es Essen gibt, steht in Zusammenhang mit dem Wunsch nach emotionaler Zuwendung. Dort werden soziale Bedürfnisse befriedigt. Vielleicht bemerkt der Träumende, daß er mit der Person, die er ausführt, gerne eine Beziehung eingehen möchte.

Spirituell: Auf der spirituellen Ebene symbolisiert ein Restaurant im Traum das Bedürfnis, zu einer bestimmten Gruppe von Menschen zu gehören, mit denen man Gewohnheiten und Überzeugungen gemeinsam hat.

RETTUNG

Allgemein: Wenn der Träumende in seinem Traum gerettet wird, ist dies ein bedeutsames Bild, denn er steht hinfort in der Schuld des Retters. Ist es der Träumende, der einen anderen Menschen rettet, dann ist dies ein Hinweis, daß er eine Beziehung mit demjenigen wünscht. Der Ritter, der die Jungfrau rettet, steht für die Vorstellung von der unberührten Frau, die vor ihrer eigenen Leidenschaft bewahrt wird.

Psychologisch: Hat der Träumende andere Menschen in Gefahr gebracht, dann ist es seine Aufgabe, sie zu retten. Er kann dann Edelmut und Tapferkeit beweisen, was ihm ein gutes Gefühl gibt und ihm Macht verleiht.

Spirituell: Auf der spirituellen Ebene wird Rettung im Traum allgemein als die Erlösung »verlorener Seelen« verstanden, egal, ob sie sich diesseits oder jenseits der Schwelle des Todes befinden.

RETTUNGSBOOT

Allgemein: Der Traum von einem Rettungsboot könnte ein Hinweis sein, daß der Träumende meint, befreit werden zu müssen – vielleicht von der eigenen Dummheit oder von Umständen, die er nicht kontrollieren kann. Befindet sich der Träumende am Steuer des Rettungsbootes, hat er sein Leben im Griff, muß jedoch vielleicht darüber nachdenken, wie er anderen Menschen seine Hilfe anbieten kann. Weil das Meer im Traum tiefe Gefühle symbolisiert, kann das Rettungsboot den Träumenden vielleicht dabei unterstützen, besser mit seinen Gefühlen umzugehen.

Psychologisch: Weil ein Rettungsboot ein gewisses Maß der Hingabe von den Besatzungsmitgliedern verlangt, soll der Träumende möglicherweise darauf aufmerksam gemacht werden, daß er in seinem Leben selbstlose Hingabe üben muß. Vielleicht werden mit dem Traum auch Geschicklichkeiten hervorgehoben, die er benötigt, um sich durch die Schwierigkeiten im Leben zu navigieren.

Spirituell: Auf der spirituellen Ebene signalisiert das Rettungsboot im Traum, daß der Träumende nur durch mehr Wissen und durch größere Weisheit »gerettet« werden kann.

RHYTHMUS

→ Musik

RICHTER

→ Autoritätspersonen unter Menschen

RIESE

Allgemein: Der Riese im Traum kann ein Hinweis sein, daß der Träumende mit den unterdrückten Gefühlen ins reine kommt, die er als Kind Erwachsenen gegenüber hegte. Erwachsene erschienen ihm damals riesengroß und auf irgendeine Weise angsterregend.

Psychologisch: Riesen und Menschenfresser stellen in Träumen häufig das Gefühl der Wut dar, besonders männliche Wut.

Spirituell: Auf der spirituellen Ebene symbolisiert der Riese im Traum eine ursprüngliche Form der Macht.

RIND

→ Tiere

RING

auch → Ehering

Allgemein: Ein Ring im Traum steht gewöhnlich für eine Beziehung – es muß nicht unbedingt eine Liebesbeziehung sein –, die der Träumende zu einem anderen Menschen hat. Ein Ehering symbolisiert eine dauerhafte Verbindung und ein Versprechen. Ein Siegelring oder ein altes Erbstück verkörpert alte Traditionen und Werte. Ein Verlobungsring ist ein Symbol für ein noch nicht vertieftes Treueversprechen. Ein Freundschaftsring besiegelt die langfristige Freundschaft zwischen zwei Menschen.

Psychologisch: Jeder Mensch sehnt sich nach irgendeiner Form von Kontinuität in seinem Leben, nach einem Gefühl von sicherer Geborgenheit. Der Ring symbolisiert Sicherheit, Kontinuität und Unendlichkeit, da er keinen Anfang und kein Ende hat.

Spirituell: Auf der spirituellen Ebene stellt der Ring im Traum, ebenso wie der Kreis, Ewigkeit und Göttlichkeit dar.

RITTER

Allgemein: Ein Ritter im Traum einer Frau steht für romantische Gefühle. Er kann auch die Manifestation ihres Animus sein (siehe »Einführung in die Traumarbeit«), der ihre männlichen Anteile und ihr damit verbundenes Streben nach Perfektion zum Ausdruck bringt. Im Traum eines Mannes verweist der Ritter darauf, daß er vielleicht den Helden in sich sucht (→ Archetypen).

Psychologisch: Der Ritter symbolisiert das Prinzip der Führernatur. Er ist jener Teil des Selbst, der manchmal als das höhere Selbst bezeichnet wird. Ein schwarzer Ritter ist die Verkörperung des Bösen. Interessanterweise erscheint der »weiße« Ritter häufig mit offenem Visier; der »schwarze« Ritter hingegen hält sein Visier immer geschlossen.

Spirituell: Auf der spirituellen Ebene steht der Ritter im Traum für den Eingeweihten.

RITUAL

→ Zeremonie, → Religiöse Bilder

ROBBE

→ Tiere

ROCKKONZERT

Allgemein: Rockkonzerte oder Raves können in der heutigen Zeit Massenveranstaltungen beeidruckender Dimensionen sein. Im Traum symbolisieren sie daher soziales

Zusammentreffen oder die Versammlung Gleichgesinnter.

Psychologisch: Ein Rockkonzert gibt dem Menschen die Möglichkeit, sich zu der Musik, die er mag, zu bewegen und sich frei zu fühlen. Im Traum stellt es daher das Bedürfnis dar, »loszulassen«.

Spirituell: Auf der spirituellen Ebene symbolisiert das Rockkonzert im Traum das Bedürfnis des Träumenden nach Selbstvergessenheit. Es stellt für kurze Zeit eine ekstatische Befreiung von der Norm dar.

RÖNTGEN-AUFNAHME

Allgemein: Röntgenstrahlen im Traum können für unbewußte Einflüsse stehen, denen der Träumende ausgesetzt ist und die er untersuchen muß. Macht der Träumende selbst die Röntgenaufnahme, so sollte er vielleicht eine bestimmte Situation genauer in Augenschein nehmen. Das Traumsymbol könnte auch die Angst vor Krankheit, ob beim Träumenden selbst oder in bezug auf einen anderen Menschen, zum Ausdruck bringen.

Psychologisch: Möglicherweise gibt es im Leben des Träumenden eine Angelegenheit oder Situation, die er im buchstäblichen Sinne durchschauen muß, um weiterzukommen.

Spirituell: Auf spiritueller Ebene kann eine Röntgenaufnahme im Traum eine klare Sicht versinnbildlichen, die sich der Träumende erschließt.

ROHR

Allgemein: Wenn in einem Traum Rohre vorkommen, dann denkt der Träumende darüber nach, wie er seine Gefühle besser kanalisieren kann. Dies zeigt, wie er mit seinen Gefühlen umgeht, wenn er Hindernisse umgehen, Sicherheit schaffen und den Fluß der Emotionen kontrollieren will. Ein solcher Traum kann auch auf das Innere des Träumenden verweisen; es könnte eine körperliche oder eine seelisch-geistige Störung vorliegen.

Psychologisch: Emotionale Sicherheit ist für jeden Menschen wichtig. Wenn der Träumende in seinem Traum Rohre und Leitungen überprüft, betrachtet er in Wahrheit sein Unterbewußtsein. Er muß lernen, sich in dem verworrenen Leitungs- und Rohrsystem seines Unterbewußtseins zurechtzufinden, wenn er Klarheit in seinem Leben schaffen will.

Spirituell: Auf der spirituellen Ebene stehen Rohre im Traum für das Wissen um den spirituellen Fluß im Leben.

ROHRSTOCK

Allgemein: Weil viele Menschen mit einem Rohrstock Bestrafung oder Sadismus verbinden, kann er Selbstbestrafung oder Masochismus symbolisieren. Es ist jedoch wahrscheinlicher, daß der Träumende mit einem Kindheitstrauma ringt und damit ins reine kommen will.

Psychologisch: Der Rohrstock im Traum kann für die Schuldgefühle des Träumenden stehen. Im Traum erhält er durch den Rohrstock die Bestrafung, von der er meint, daß sie ihm verabreicht werden muß. Der Rohrstock kann auch ein Symbol der Biegsamkeit und Beweglichkeit sein.

Spirituell: Auf der spirituellen Ebene steht der Rohrstock im Traum für erlittene Demütigung und die Einkerkerung der Seele.

ROSE/ROSETTE

auch → Blumen

Allgemein: Die Rose im Traum ist von großer symbolischer Bedeutung. Insbesondere repräsentiert sie Liebe und Bewunderung. Bei einem Strauß sind Anzahl und Farbe der Rosen wichtig (→ Zahlen, → Farben). Zudem kann sie für Fruchtbarkeit und Jungfräulichkeit stehen.

Psychologisch: In der Psychologie ist die Rose ein Symbol für Perfektion. Sie birgt in sich das Geheimnis des Lebens und ist Anmut und Glück.

Spirituell: Auf der spirituellen Ebene steht die Rose im Traum für Vollkommenheit und Leidenschaft, Leben und Tod, Zeit und Ewigkeit. Zudem verkörpert sie das Zentrum des Lebens.

ROSENKRANZ

→ Halskette

ROST

Allgemein: Rost verkörpert Nachlässigkeit und Gleichgültigkeit. Der Träumende hat der Qualität seines Lebens zu wenig Beachtung geschenkt.

Psychologisch: Wenn der Träumende in seinem Traum Rost entfernt, läßt dies vermuten, daß er seine Nachlässigkeit erkannt hat. Bildet sich Rost auf Gegenständen oder im Zusammenhang mit bestimmten Plänen, dann ist ihr Nutzen in Frage gestellt.

Spirituell: Auf der spirituellen Ebene muß der Träumende vielleicht erst Schmutzspuren beseitigen, bevor eine Weiterentwicklung möglich ist. Rost kann für alte, überholte Positionen stehen.

ROT

→ Farben

RUBIN

→ Edelsteine

RUCKSACK

Allgemein: Wenn der Träumende feststellt, daß er oder eine andere Traumfigur im Traum einen Rucksack trägt, dann steht dieser entweder für »schwere« Gefühle, wie beispielsweise Zorn oder Eifersucht, oder für die von ihm angesammelten Ressourcen.

Psychologisch: Wer an Wiedergeburt

glaubt, geht davon aus, daß sich in dem Rucksack jene karmischen Lasten befinden, die man aus einem früheren Leben mitgebracht hat. In dem Rucksack könnten sich jedoch auch die Begabungen und Fertigkeiten befinden, mit denen der Träumende zur besseren Bewältigung seines Lebenswegs ausgerüstet ist.

Spirituell: Auf der spirituellen Ebene verweist der Rucksack im Traum auf Eigenschaften, die außerhalb des Selbst existieren; der Träumende muß den Umgang mit ihnen erst erlernen. Je nachdem, wie er mit ihnen umgeht, können sie sich positiv oder negativ auswirken.

RUDER

Allgemein: Mit dem Ruder läßt sich ein Boot steuern und vorwärtstreiben, aber erfolgreiches Rudern erfordert einiges an Geschicklichkeit. Daher ist das Ruder ein Symbol für die Fähigkeiten des Träumenden. Er hat Begabungen, die ihm helfen, sich durch das Leben zu »navigieren«.

Psychologisch: Wenn der Träumende in seinem Traum eines seiner beiden Ruder verliert, verweist dies darauf, daß er eine Fähigkeit verloren hat, die früher für ihn wertvoll war.

Spirituell: Auf dieser Ebene kann das Ruder im Traum ein spirituelles Werkzeug mit Führungseigenschaften sein.

RÜCKEN

auch → Körper

Allgemein: Blickt der Träumende in seinem Traum auf den Rücken einer anderen Person, dann ist dies eine Aufforderung an ihn, sich eindringlicher mit den persönlicheren Elementen seines Charakters zu befassen. Vielleicht fühlt er sich auch durch Unerwartetes verletzbar. Wenn er träumt, daß er jemandem oder etwas den Rücken zukehrt, dann steht diese Haltung für eine Zurückweisung der Gefühle, die er im Traum erlebt.

Psychologisch: Möglicherweise will der Träumende seine eigenen Bedürfnisse unterdrücken oder seine Gefühle nicht anschauen. Er hat die Verbindung mit der Vergangenheit und entsprechenden Erinnerungen aufgenommen.

Spirituell: Auf der spirituellen Ebene ist der Rücken im Traum eine Aufforderung an den Träumenden, der Vergangenheit den Rücken zu kehren und veraltetes Wissen zurückzuweisen.

RÜCKGRAT

→ Körper

RÜCKWÄRTS

→ Positionen

RÜHREN/SCHLAGEN VON FLÜSSIGKEITEN

Allgemein: Die meisten Träume, in denen eine Flüssigkeit geschlagen, gekocht oder in irgendeiner Weise bewegt wird, gehen auf ein sehr primitives Chaos (fehlende Ordnung) zurück. Dies ist ein Hinweis darauf, daß der Träumende seine kreativen Fähigkeiten überdenken muß, damit er seine Energie richtig nutzen kann.

Psychologisch: Es ist notwendig, daß der Träumende sich das tiefverwurzelte Chaos in seinem Inneren bewußt macht, um seine Ordnungsfähigkeit beurteilen zu können.

Spirituell: Auf der spirituellen Ebene kann das Durchrühren einer Flüssigkeit im Traum den Versuch symbolisieren, neue Verhältnisse zu schaffen, um auf ihrer Basis das Vorankommen zu erleichtern.

RÜSTUNG

Allgemein: Dem Träumenden wird durch die Rüstung im Traum die emotionale und intellektuelle Strenge bewußt gemacht, die entweder bei ihm oder Personen seines Umfelds zutage tritt. Trägt er selbst eine Rüstung, ist er vielleicht zu sehr auf Schutz bedacht, sind andere Menschen mit einer Rüstung angetan, so nimmt der Träumende vielleicht nur ihre Verteidigungsmechanismen wahr.

Psychologisch: Offenbar fühlt sich der Träumende ernsthaft bedroht und verleiht so seinem Schutzbedürfnis Ausdruck. Der Schutz durch eine Ritterrüstung kann jedoch in der aktuellen Situation unzeitgemäß und unpassend sein. Trägt eine andere Person im Traum eine Rüstung, so ist dies ein Zeichen, daß sie auf der Gefühlsebene leicht zu verletzen ist.

Spirituell: Auf der spirituellen Ebene stellt die Rüstung Ritterlichkeit, Schutz und das Bedürfnis, zu schützen oder beschützt zu werden, dar.

RUINEN/ TRÜMMER

Allgemein: Wenn etwas in Trümmern liegt, muß der Träumende herausfinden, ob die Ursache Vernachlässigung oder Zerstörungswut ist. Trifft ersteres zu, ist dies als Hinweis an den Träumenden zu verstehen, daß er sein Handeln und Denken straffen sollte. Ist letzteres der Fall, wäre es für den Träumenden wichtig, herauszufinden, auf welche Weise er sich verwundbar macht.

Psychologisch: Hat der Träumende einen Gegenstand absichtlich zertrümmert, dann ist es an der Zeit, sich seiner selbstzerstörerischen Seite bewußt zu werden. Mitunter wirkt es erhellend, wenn der Träumende die symbolische Bedeutung der Personen oder der Umstände betrachtet, die den Gegenstand oder die Gelegenheit ruiniert haben.

Spirituell: Auf dieser Ebene kann die Ruine im Traum ein Abbild des spirituellen Zustands des Träumenden sein.

RUNDER TISCH

Allgemein: Ein runder Tisch steht im Traum für Ganzheitlichkeit. Alle Menschen, die an einem runden Tisch sitzen, haben den gleichen Rang.

Psychologisch: Der runde Tisch aus der Artussage verkörpert den Sternenhimmel, da die zwölf Ritter, die an ihm Platz nehmen dürfen, den zwölf Tierkreiszeichen entsprechen (→ Tierkreis). Im Traum versucht der Mensch ständig, Vollkommenheit zu erreichen. Der Traum vom runden Tisch stellt dies symbolisch dar.

Spirituell: Auf der spirituellen Ebene verkörpert der runde Tisch den Rat, den Weg zur Ganzheitlichkeit gemeinsam mit Gleichgesinnten weiter zu verfolgen.

S

SACK

Psychologisch: Der Sack hat die gleiche Bedeutung wie der Beutel oder jedes andere Behältnis dieser Art. Im Traum einer Frau kann er Schwangerschaft bedeuten, im Traum eines Mannes weist er auf irgendeine Art Erlebnis im Mutterschoß hin (→ Schoß unter Körper). Als Symbol der Sicherheit zeigt sich der Mutterschoß in Träumen oft als Tasche oder Sack. Der Sack als Nutzgegenstand gibt dem Träumenden, da er etwas enthält, die Gelegenheit, über seinen Besitzstand nachzudenken. Im Geiste kann der Träumende den Sack vor sich ausleeren und dann entscheiden, was wichtig für ihn ist und was er weiterhin mitnehmen möchte.

Spirituell: In seiner strengsten Bedeutung kann der Sack ein Hinweis auf den Tod sein. Er kann beispielsweise den Tod einer Person oder aber auch die Befreiung eines Teils der Persönlichkeit anzeigen. Der Träumende muß ein Problem loslassen und symbolisch in den Sack packen, um mit seinem Leben fortfahren zu können.

SACKGASSE

Allgemein: Wenn sich der Träumende in einer Sackgasse befindet, symbolisiert dies sinnlose Aktivität, aber vielleicht auch einen Zustand der Trägheit. Möglicherweise verhindern die Umstände, daß er vorwärtskommt, und es kann nötig sein, denselben Weg wieder zurückzugehen, um ans Ziel zu kommen.

Psychologisch: Der Träumende steckt in alten Verhaltensmustern fest, und vielleicht wird sein Vorankommen von Fehlern der Vergangenheit verhindert.

Spirituell: Auf der spirituellen Ebene repräsentiert die Sackgasse im Traum Nutzlosigkeit.

SACKLEINEN

Allgemein: In seiner ältesten Bedeutung steht Sackleinen für Erniedrigung. Menschen trugen Kleidungsstücke aus Sackleinen, um zu zeigen, daß sie weniger wert waren als Staub. Daher auch der Ausdruck »in Sack und Asche gehen«. Heute repräsentiert Sackleinen im Traum wohl eher Gefühle der Demütigung. Der Träumende hat sich durch sein eigenes Handeln erniedrigt.

Psychologisch: Sackleinen kann auch für Reue stehen. Der Träumende hat vielleicht das Gefühl, sich selbst gedemütigt zu haben. Zugleich aber möchte er der Welt zeigen, daß er seine Handlung oder Tat bereut.

Spirituell: In alter Zeit gehörte es dazu, Trauer öffentlich zur Schau zu stellen, und Sackleinen diente als Mittel, um den emotionalen Verlust und die spirituelle Armut der Betroffenen zu zeigen.

SADISMUS

auch → Sexualität

Allgemein: Sadismus hat seinen Ursprung oft in einer Wut, die auf Verletzungen in der Kindheit beruht und die der Träumende noch immer in sich trägt, auch wenn er sie zu unterdrücken versucht. Er hat der Wunsch, einen anderen Menschen – im allgemeinen eine Person, die er liebt – zu verletzen oder bei ihr eine Reaktion zu provozieren. Im Wachzustand sind die meisten Menschen nicht zu sadistischen Handlungen imstande, im Traum jedoch kann der unterdrückte Drang sich gefahrlos Bahn brechen.

Psychologisch: Es ist wichtig, ob der Träumende sich in seinem Traum sadistisch verhält oder ob eine andere Traumfigur ihren Sadismus an ihm ausläßt. Im Traum verkörpern andere Traumfiguren oft einen Persönlichkeitsanteil des Träumenden, daher muß er in diesem Fall darüber nachdenken, ob er sich, absichtlich oder unabsichtlich, selbst Leid zufügt. Vielleicht möchte der Träumende sich für irgendein vermeintliches Vergehen bestrafen und träumt, als Ersatzhandlung, von sadistischem Verhalten. Der Sadismus im Traum kann auch auf eine masochistische Veranlagung im Wachzustand hinweisen.

Spirituell: Auf der spirituellen Ebene ist Sadismus Ausdruck fehlgeleiteter Lebensenergie.

SÄEN

Allgemein: Das Säen im Traum kann den Geschlechtsakt symbolisieren oder gutes Wirtschaften. Darüber hinaus kündigt es unter Umständen den Beginn eines neuen Projekts an.

Psychologisch: Im Säen ist das Bild, Grundvoraussetzungen für den Erfolg zu schaffen, enthalten. Die Arbeiten wie die Vorbereitung des Bodens, die dem Säen vorausgehen müssen, sind auch in der heutigen technisierten Gesellschaft noch immer sinnträchtige Bilder.

Spirituell: Säen im spirituellen Sinn bedeutet, die richtigen Bedingungen zu schaffen, unter denen Wachstum stattfinden kann. Säen ist das Symbol der Kreativität.

SÄULE

Allgemein: Wenn im Traum eine Säule vorkommt, dann kann diese ein Phallussymbol sein. Möglicherweise bedeutet die Säule jedoch auch, daß der Träumende Stabilität schaffen und mit Schwierigkeiten gut fertig werden kann. Wenn der Träumende in seinem Traum eine »Säule der Gemeinschaft« ist, weist dies darauf hin, daß er für seine Handlungen mehr Verantwortung übernehmen muß.

Psychologisch: Säulen im Traum sind meistens ein Hinweis auf irgendeine Art von Unterstützung. Wenn der Träumende also erkennt, daß es sich in seinem Traum um eine stützende Säule handelt, sollte er sich mit der Struktur beschäftigen, die er seinem Leben gegeben hat.

Spirituell: Auf der spirituellen Ebene bedeuten zwei Säulen den Unterschied zwischen dem Männlichen und dem Weiblichen. Oder aber der Unterschied zwischen der spirituellen und der materiellen Kraft wird durch zwei Säulen dargestellt.

SÄURE

Allgemein: Säure im Traum dokumentiert einen zerstörerischen Einfluß auf das Leben des Träumenden, der jedoch auch eine reinigende Wirkung haben kann. Der Träumende hat möglicherweise den Eindruck, durch irgendeine Handlung oder Vorstellung aufgezehrt zu werden.

Psychologisch: Säure im Traum bringt das Wissen des Träumenden zum Ausdruck, daß sein Selbstvertrauen und sein normales Gefühl des Wohlbefindens durch äußere Einflüsse dahingeschmolzen sind.

Spirituell: Auf der spirituellen Ebene kann Säure im Traum ein Hinweis sein, daß Korruption die Ganzheitlichkeit des Träumenden zerfrißt.

SALAT

Allgemein: Fast die gesamte Nahrung im Traum steht mit dem menschlichen Grundbedürfnis nach Nahrung in Zusammenhang. Vor allem beim Salat ist seine Farbe wichtig (→ Farben) und ebenso seine Beschaffenheit. Vielleicht mangelt es dem Träumenden an bestimmten Nährstoffen oder Reizen, und der Traum macht ihn darauf aufmerksam.

Psychologisch: Die einzelnen Zutaten eines Salats können von Bedeutung sein. Wenn der Träumende den angebotenen Salat nicht mag, dann sollte er überlegen, ob er das ganze Gericht ablehnt oder nur einzelne Bestandteile. Hat der Träumende in seinem Traum den Salat für eine andere Person zubereitet, dann benötigt vielleicht ein bestimmter Persönlichkeitsteil mehr Aufmerksamkeit als der Rest des Selbst.

Spirituell: Da Salat ein Nahrungsmittel im einfachsten Sinne ist, führt er den Träumenden zurück zur Natur und zu den einfachen Werten.

SALBE

Allgemein: Wenn es in einem Traum um Salbe geht, dann muß sich der Träumende jenen Anteil seines Selbst bewußt machen, der heilen kann oder Heilung braucht. Die Art der Salbe gibt häufig einen Hinweis darauf, was dem Träumenden fehlt. Handelt der Traum beispielsweise von einer weitverbreiteten Salbe, so wird diese auf eine unbestimmte Art der Heilung verweisen. Eine Salbe hingegen, die speziell für den Träumenden zusammengestellt wurde, läßt auf spezifische Probleme schließen.

Psychologisch: Seit Urzeiten werden Salben zur Konservierung genutzt und um Fäulnis zu verhindern. Häufig war ihre Verwendung ein Zeichen des Respekts. Diese Symbolik kann auch heute noch im Traum eine zentrale Rolle spielen.

Spirituell: Auf dieser Ebene kann die Salbe im Traum auf ein spirituelles Bedürfnis, zu pflegen und zu heilen, verweisen, oder umgekehrt auf das Bedürfnis nach Pflege.

SALZ

Allgemein: Im Traum wirft Salz ein Licht auf die Feinheiten im Leben des Träumenden, auf jene Dinge, mit denen er sein Leben verschönert. Einer bestimmten Theorie zufolge bleiben, wenn alles Wasser aus dem menschlichen Körper entfernt wird, lediglich genügend Mineralstoffe zurück, um ein Fünf-Mark-Stück zu bedecken. Der Mensch bestreitet sein Leben energetisch zu einem Großteil durch Gefühle, doch auch die subtileren Aspekte sind wichtig.

Psychologisch: Als Symbol der Beständigkeit und Unbestechlichkeit ist Salz im Traum von großer Bedeutung. In alter Zeit diente Salz einmal als Lohn, heute erkennt man den Wert eines Menschen an, indem man ihm Salz schenkt. Es ranken sich viele Bräuche um das Salz. So wirft man es über die Schulter – angeblich dem Teufel ins Gesicht. In Schottland ist es neben Kohle und Brot das erste, was man über die Schwelle bringt, um das neue Jahr zu begrüßen.

Spirituell: Auf der spirituellen Ebene symbolisiert Salz im Traum als Quintessenz all dessen, was der Mensch weiß, Weisheit.

SAME

Allgemein: Ein Same im Traum repräsentiert das Potential eines Menschen. Vielleicht hat der Träumende eine Idee, die gerade erst entsteht, oder ein Vorhaben nimmt in seinem Geist Gestalt an und braucht jedoch erst noch Pflege. Im Traum einer Frau kann ein Same ein Hinweis auf eine bevorstehende oder erwünschte Schwangerschaft sein.

Psychologisch: Ein Same im Traum kann ein Symbol der Bestätigung für einen Plan oder ein eingeleitetes Vorhaben sein. Der Träumende muß die Bedingungen kennenlernen, unter denen er seine Persönlichkeit zum Keimen und zu fruchtbarem Wachstum führen kann.

Spirituell: Auf der spirituellen Ebene symbolisiert der Same im Traum große Möglichkeiten und latente Kraft.

SAMT

Allgemein: Entscheidend ist bei Materialien, von denen ein Traum handelt, meist ihre Struktur und Beschaffenheit. Im Fall von Samt tritt die Sinnlichkeit und Weichheit des Stoffs hervor.

Psychologisch: Nach der überlieferten Traumdeutung stand Samt für Zwist. Die moderne Interpretation deutet ihn als Symbol des Luxus und der Sinnlichkeit. Die Farbe (→ Farben) ist von entscheidender Bedeutung.

Spirituell: Auf dieser Ebene steht Samt im Traum für spirituelle Sanftmut.

SAND

Allgemein: Sand im Traum versinnbildlicht Unbeständigkeit und einen Mangel an Sicherheit. Sand und Meer zusammen zeigen mangelnde emotionale Sicherheit. Treibsand weist darauf hin, daß der Träumende wahrscheinlich nicht zu entscheiden vermag, was für ihn in seinem Leben unverzichtbar ist. Sand in einer Sanduhr will den Träumenden davor warnen, daß die Zeit abläuft.

Psychologisch: Sand kann für Vergänglichkeit stehen. Das Bauen von Sandburgen ist eine Beschäftigung, die keinen realen Zweck hat, da sie von der Flut fortgewaschen werden. Geht der Träumende in seinem Traum dieser Beschäftigung nach, dann ist dies ein Hinweis darauf, daß die Struktur, die er seinem Leben zu geben versucht, nicht von Dauer sein kann und daher eine Illusion ist.

Spirituell: Auf der spirituellen Ebene steht Sand für die Vergänglichkeit des physischen Lebens und kann den nahenden Tod symbolisieren.

SANDUHR

Allgemein: In Träumen spielt Zeit keine Rolle. Erlebt der Träumende in seinem Traum etwas, bei dem die Zeit gemessen wird, dann soll ihn dies darauf aufmerksam machen, daß seine Aktivitäten »gemessen« werden. Da die Sanduhr ein altes Meßgerät ist, spiegelt sie möglicherweise seine altmodische Auffassung von Zeit und seinen altmodischen Umgang mit ihr. Der Träumende sollte sich genauerer Methoden bedienen, um seine Aktivitäten zu bewerten.

Psychologisch: Wenn ein Mensch unter Streß steht, dann nimmt er das Verstreichen der Zeit überdeutlich wahr – die Zeit wird auf diese Weise zu seinem Feind. Die Sanduhr im Traum ist hierfür das passende Symbol.

Spirituell: Auf der spirituellen Ebene ist die Sanduhr im Traum ein Symbol des Todes oder der unaufhaltbar verstreichenden Zeit.

SAPHIR

→ Edelsteine

SARG

Allgemein: Wenn ein Traum von einem Sarg handelt, dann erinnert sich der Träumende an seine Sterblichkeit. Ein solches Traumbild dient dazu, die Bedeutung des Todes und der mit ihm verbundenen Übergangsriten zu erkennen. Vielleicht ist es dem Träumenden aber auch gelungen, mit dem »Tod« einer Beziehung ins reine zu kommen oder ein Verlustgefühl zu überwinden.

Psychologisch: Wenn der Mensch an einem wichtigen Wendepunkt in seinem Leben angelangt ist, möchte er diesen Übergang auf irgendeine Weise deutlich machen. Der Sarg im Traum, insbesondere wenn er reich geschmückt ist, kann dies symbolisieren. Möglicherweise verschließt sich der Träumende jedoch auch vor seinen Gefühlen und tötet einen Teil seines Selbst ab.

Spirituell: Auf der spirituellen Ebene symbolisiert der Sarg im Traum Erlösung, Auferstehung und Heil.

SATELLIT

Allgemein: Ein Satellit ist ein Zeichen für eine funktionierende Verbindung. Der Träumende ist sich der Wirkung bewußt, die er auf seine Umwelt und auf seine Mitmenschen hat.

Psychologisch: Ein Satellit als Traumbild kann auf die Abhängigkeit einer Person von einer anderen hinweisen. Oft ist in Beziehungen ein Partner dominierend. Der unterlegene Partner kann im Traum durch den Satelliten symbolisiert werden.

Spirituell: Auf dieser Ebene kann der

Satellit im Traum für eine spirituelle Botschaft aus einer unkörperlichen Quelle stehen.

SATTEL

Allgemein: Ein Sattel im Traum zeigt das Bedürfnis, Kontrolle über einen Menschen auszuüben. Es liegt nahe, daß es um sexuelle Kontrolle gehen kann, vor allem im Traum einer Frau. Im Traum eines Mannes symbolisiert der Sattel sein Bedürfnis, die Kontrolle über sein Leben zu gewinnen – sei es die Richtung, in die es sich bewegt, oder die Lebensumstände. Zentraler Aspekt ist das Empfinden seiner Männlichkeit.

Psychologisch: Bis zu einem gewissen Grad spielt auch eine Rolle, was der Träumende mit dem Sattel anfängt oder um welche Art von Sattel es sich handelt. Ein Motorradsattel symbolisiert, da er ein fester Teil der Maschine ist, eine starrere Form der Kontrolle als ein Pferdesattel, der abgenommen werden kann. Falls der Sattel rutscht, ist der Träumende im Begriff, die Gewalt über eine Situation in seinem Leben zu verlieren. Paßt der Sattel nicht genau genug – wobei auch die Bequemlichkeit für den Benutzer berücksichtigt werden muß –, verursachen vielleicht eher äußere Umstände ein unbehagliches Gefühl bei dem Träumenden als sein eigenes Wollen.

Spirituell: Auf der spirituellen Ebene ist der Sattel im Traum eine Aufforderung an den Träumenden, sein Leben in die Hand zu nehmen.

SATURN

→ Himmelskörper

SATYR

Allgemein: Als der Mensch noch auf einer niedrigeren kulturellen Stufe stand, hatte seine animalische Natur mehr Gewicht. Es war ihm möglich, Energiemuster oder Geister sowohl in sich als auch in der Natur zu sehen, die eine menschliche oder halb menschliche Gestalt annahmen. Eine solche Gestalt ist der Satyr, ein männlicher Dämon.

Psychologisch: Der Satyr ist der Teil der Natur, der sich außer Kontrolle, jenseits jeder Beherrschung befindet. Er schuldet niemandem Loyalität und ist nicht zu bändigen. Wird er als zerstörerisch empfunden, so gibt er sich entsprechend; empfindet der Träumende ihn als hilfreich, so zeigt er diese Eigenschaft.

Spirituell: Auf der spirituellen Ebene stellt der Satyr im Traum den unbezähmbaren Geist der Naturkräfte dar.

SAUGEN

→ Lutschen

SCHACH

auch → Spiele

Allgemein: Ursprünglich symbolisierte das Schachspiel den »Krieg«

zwischen Gut und Böse. Daher kann es im Traum immer noch diesen Konflikt ausdrücken. Möglicherweise deutet es jedoch auch auf die Notwendigkeit von Strategien im Leben des Träumenden hin.

Psychologisch: Wenn der Träumende Schach spielt und verliert, dann weist dies darauf hin, daß er im Wachzustand ein Projekt verfolgt, dem kein Erfolg beschieden ist. Der Träumende verfügt nicht über die nötigen Hilfsmittel und nicht über das Wissen, um sich gegen größere Mächte durchzusetzen.

Spirituell: Auf der spirituellen Ebene stellt das Schachspiel im Traum den Konflikt zwischen den Mächten Licht und Dunkelheit dar.

SCHACHTEL

Allgemein: Wenn sich der Träumende in seinem Traum wie in eine Schachtel gepfercht fühlt, hindert ihn dies daran, sich in der ihm entsprechenden Weise zu entwickeln. Packt er Gegenstände in eine Schachtel, symbolisiert dies den Versuch des Träumenden, Gefühle oder Gedanken abzuschütteln, die er nicht bewältigen kann.

Psychologisch: Unterschiedliche Arten von Schachteln können im Traum verschiedene Aspekte der weiblichen Persönlichkeit darstellen.

Spirituell: Auf der spirituellen Ebene steht die Schachtel im Traum für das weibliche Prinzip.

SCHÄDEL

Allgemein: Wenn im Traum ein Schädel in der Form eines Totenkopfs mit gekreuzten Knochen darunter vorkommt, kann dies ein romantisches Bild für einen Piraten sein oder ein Symbol für Gefahr. Da der Schädel für den Kopf steht, kann er auch intellektuelle Fähigkeiten oder ihr Fehlen symbolisieren.

Psychologisch: Spürt der Träumende in seinem Traum seinen eigenen Schädel, heißt dies, daß ihm bewußt ist, wie er sein Leben strukturiert hat. Sieht der Träumende dort einen Schädel, wo ein Kopf sein sollte, deutet dies darauf hin, daß ein Teil der Person »gestorben« ist. Wenn der Träumende mit einem Schädel spricht, drückt dies das Bedürfnis aus, mit jenen Menschen zu reden, die er verloren hat. Spricht ein Schädel mit ihm, wird ein Persönlichkeitsanteil des Träumenden, den er abgelehnt oder verleugnet hat, wieder zum Leben erwachen.

Spirituell: Auf der spirituellen Ebene verkörpert der Schädel im Traum den Tod und alles, was mit ihm verbunden ist.

SCHÄDLINGE

→ Tiere

SCHAF

→ Tiere

SCHAFFELL

Allgemein: Ein Schaffell symbolisiert Sicherheit, Wärme und Wohlbefinden. Häufig stellt es die Art von Annehmlichkeiten im Leben dar, die der Träumende sich selbst geben kann.

Psychologisch: Wenn der Träumende von einem Schaffell träumt, bedeutet dies, daß er zu einem älteren Wertesystem zurückkehrt. Es stellt eine Verbindung zu den Zielen her, die sich der Träumende einst gesetzt hat, als er seine »Odyssee« begann. Vielleicht fürchtet er, daß sein Unterfangen unmöglich ist, aber seine Auffassung von Selbsterhaltung gibt ihm nicht die Möglichkeit, aufzugeben.

Spirituell: Auf der spirituellen Ebene kann das Schaffell im Traum ein Hinweis auf verdiente Ruhe sein.

SCHAFOTT

Allgemein: Ein Schafott bedeutet, daß ein Teil des Lebens zum Abschluß gebracht werden muß. Vielleicht ist sich der Träumende beispielsweise bewußt, daß er gegen Gesetze und Überzeugungen der Gesellschaft verstoßen hat und daher bestraft werden muß. Vielleicht aber neigt er auch zu Opferverhalten und sollte sich damit auseinandersetzen.

Psychologisch: Mitunter symbolisiert das Schafott im Traum ein erzwungenes Ende. Dies kann der Tod sein, wahrscheinlicher aber ist es ein Hinweis auf das Absterben eines Persönlichkeitsanteils. Da es nicht integriert werden kann, muß dem Verhalten, welches Schwierigkeiten nach sich zieht, ein Ende gesetzt werden.

Spirituell: Ein Schafott deutet auf eine aufgezwungene spirituelle Verhaltensnorm und auf Selbstbeherrschung hin.

SCHAKAL

→ Tiere

SCHAL

→ Mantel unter Kleidung

SCHATTEN

siehe »Einführung in die Traumarbeit«

SCHATZ

Allgemein: Ein Schatz im Traum verkörpert immer etwas, das für den Träumenden von großem Wert ist. Der Schatz steht für das Ergebnis persönlicher Anstrengungen und Erfolge. Einen vergrabenen Schatz zu finden bedeutet, etwas Verlorengeglaubtes, möglicherweise einen Teil der Persönlichkeit, wiederzufinden. Einen Schatz zu vergraben, steht für den Versuch, sich gegen die Zukunft und anstehende Probleme zu wappnen.

Psychologisch: Findet der Träumende einen Schatz, dann weiß er um die Voraussetzung, daß er sich über Einschränkungen hinwegsetzen muß, wenn er bei seiner Suche Erfolg haben will. Die Schatzsuche steht für das Auffinden weltlicher Güter oder für materiellen Zugewinn, der nicht unbedingt von Vorteil sein muß.

Spirituell: Auf der spirituellen Ebene symbolisiert die Suche nach dem Schatz im Traum die Suche der Menschheit nach Erleuchtung oder die Suche nach dem Gral.

SCHAUFEL/ SPATEN

Allgemein: Eine Schaufel im Traum steht für die Notwendigkeit, in vergangenen Erfahrungen nach Wissen zu graben. Vielleicht muß der Träumende ein einstiges freudiges oder traumatisches Ereignis oder ein Erlebnis, aus dem er gelernt hat, freischaufeln. Die Beschaffenheit des Spatens oder der Schaufel ist von Bedeutung. Eine Gartenschaufel ist ein Hinweis, daß der Träumende pragmatisch ist, eine Kohlenschaufel zeigt, daß er vorsichtig zu Werke gehen muß.

Psychologisch: Da die Schaufel im Traum als Instrument der Selbstanalyse gesehen werden kann, ist es wichtig, was mit ihr geschaufelt wird. Der Träumende muß den Inhalt seines Lebens bedenken. Schaufelt er beispielsweise Kompost, dann bedeutet dies, daß er die Gesamtsumme und die fruchtbarsten Aspekte seines Lebens überdenkt. Bewegt er dagegen Sand, dann kann dies ein Hinweis darauf sein, daß der Träumende ein intensives Zeiterleben hat.

Spirituell: Auf dieser Ebene ist die Schaufel im Traum ein Werkzeug, das hilfreich sein kann, um aufzudecken, was aus spiritueller Sicht richtig ist.

SCHAUKELN

→ Wiegen

SCHAUSPIELER

Allgemein: Von einem Schauspieler zu träumen – besonders wenn es sich um einen berühmten Filmstar handelt – bedeutet, daß der Träumende sich des eigenen Ich bewußt wird. Die Rolle, die er im Leben spielt, wird ihm bewußt, und er erkennt, daß er vielleicht nicht die Rolle übernommen hat, die ihm eigentlich am Herzen lag.

Psychologisch: Jeder Mensch ist der Schauspieler in seinem eigenen Lebensdrama. Wenn sich der Träumende in seinem Traum als Schauspieler sieht, kann dies ein Hinweis sein, daß er sich vor anderen Menschen einer künstlichen Fassade oder Maske bedient und sein Schicksal nicht in die eigene Hand nimmt. Der Träumende hat die Möglichkeit, eine neue angemessene Persönlichkeit auszubilden.

Spirituell: Auf der spirituellen Ebene ist der Schauspieler im Traum eine Aufforderung an den Träumenden, die Verantwortung für seine Taten und für sein Leben zu übernehmen.

SCHEIDUNG

Allgemein: Wenn ein Traum von einer Scheidung handelt, kann dies ein Hinweis auf die Gefühle sein, die der Träumende für den Menschen im Traum hat. Vielleicht möchte er frei sein von Verantwortung. Der Traum kann auch eine Aufforderung sein, die Beziehung zwischen den einzelnen Persönlichkeitsanteilen zu klären.

Psychologisch: Dem Träumenden wird bewußt, daß er seine Gefühle ausdrücken muß, wenn er sich seine Ganzheitlichkeit bewahren will. Er entwickelt für sich ein neues Lebenskonzept, vielleicht ohne die alten, bisher verwendeten Bewältigungssysteme.

Spirituell: Auf der spirituellen Ebene kennzeichnet die Scheidung im Traum Schwierigkeiten, die der Träumende damit hat, den Verlust der Ganzheitlichkeit seiner Persönlichkeit zu verstehen.

SCHEINWERFER

auch → Licht

Allgemein: Ein Scheinwerfer im Traum zeigt gesammelte Aufmerksamkeit und Konzentration. Ist der Scheinwerfer auf den Träumenden gerichtet, ist er aufgefordert, sein Tun und Verhalten zu überdenken.

Psychologisch: Ein Scheinwerfer kann auf die Einsicht in Dinge deuten, die den Träumenden betreffen. Er hat den Scheinwerfer auf sie gerichtet, um die tatsächliche Wahrheit herauszufinden. Ein Scheinwerfer dient dazu, den vor dem Träumenden liegenden Weg zu erleuchten.

Spirituell: Auf dieser Ebene unterstützt der Scheinwerfer im Traum den Träumenden dabei, sich auf spirituelle Fragen zu konzentrieren und alles Überflüssige beiseite zu lassen.

SCHERE

Allgemein: Eine Schere im Traum ist eine Aufforderung an den Träumenden, das Unwesentliche aus seinem Leben zu entfernen. Dies können Empfindungen sein, die er für unangemessen hält, Gefühle, mit denen er nicht zurechtkommt, oder eine seelische Verletzung, die geheilt werden muß. Die Art der Schere kann eine Rolle spielen. Eine Küchenschere etwa wäre praktischer als eine Operationsschere, die auf die Notwendigkeit größerer Präzision hinweist. Eine Schere kann auch auf eine scharfe Zunge oder beißende Bemerkungen deuten.

Psychologisch: Wenn der Träumende in seinem Traum eine Schere schärft, dann macht ihm dies die Notwendigkeit bewußt, im Hinblick auf seine Kommunikation präziser zu sein. Die Verwendung einer stumpfen Schere hingegen ist ein Hinweis darauf, daß er durch ungeschliffene Worte Schwierigkeiten und Auseinandersetzungen heraufbeschwört. Handelt der Traum von einem Friseur, der eine Schere benutzt, hat der Träumende Angst, Stärke und Prestige einzubüßen.

Spirituell: Aus spiritueller Sicht ist eine Schere ein doppeldeutiges Symbol. Sie kann den Lebensfaden durchschneiden, aber auch Einheit und das Zusammenkommen von Spirituellem und Physischem verkörpern.

SCHIEBEN

Allgemein: Wird der Träumende in seinem Traum geschoben, ist dies ein Hinweis auf eine Kraft in seinem Umfeld, die es ihm erlaubt, mit geringem Eigenaufwand sein Ziel zu erreichen. Schiebt der Träumende, setzt er seinen Willen aktiv ein. Schiebt der Träumende etwas bergauf, etwa ein Auto oder eine Schneekugel, deutet dies auf den Versuch, sich Naturkräften zu widersetzen.

Psychologisch: Steht der Träumende im Alltag unter Druck, kann dies im Traum dadurch zum Ausdruck kommen, daß er geschoben wird. Der Vorgang ist jedoch vielleicht auch ein Hinweis auf Angst vor Krankheit. Bei bestimmten Formen von Geisteskrankheit hat der Betroffene das Gefühl, herumgeschoben oder zu etwas gedrängt zu werden, das er nicht tun will. Drückt sich diese Erfahrung im Traum aus, kann sie manchmal tatsächlich eine Form der Heilung sein.

Spirituell: Wenn ein Mensch mediale Fähigkeiten entwickelt, wird er sich möglicherweise der feinen Kräfte und Energien, die ihn umgeben, gewahr. Dies kann als ein Schieben erlebt werden.

SCHIESSEN

→ Schuß

SCHIFF

auch → Reise

Allgemein: Träume von Schiffen und Booten zeigen, wie der Träumende seine eigenen und die Gefühle anderer Menschen bewältigt. Sie können auch darstellen, wie der Träumende durch sein Leben navigiert und ob er es unter Kontrolle hat.

Psychologisch: Befindet sich der Träumende in seinem Traum allein in einem kleinen Boot, dann ist es an der Zeit, daß er sich darüber Klarheit verschafft, wie er mit Isolation und Einsamkeit umgeht. Handelt der Traum vom Aufenthalt auf einem großen Schiff, dann wird damit die Aufmerksamkeit des Träumenden auf seine Handhabung von Gruppenbeziehungen gelenkt. Hat er im Traum sein Schiff versäumt, so sollte er von seinem perfektionistischen Anspruch Abstand nehmen, alle Chancen und Gelegenheiten wahrzunehmen.

Spirituell: Auf der spirituellen Ebene symbolisiert das Schiff die Einstellung des Menschen zum Tod. Das

Symbol steht für »die letzte Reise«, aber auch für Fruchtbarkeit und Abenteuer.

SCHIFFAHREN

auch → Reise

Allgemein: Wenn ein Traum davon handelt, mit einem Schiff zu fahren, wirft dies ein Licht darauf, wie der Träumende nach eigenem Empfinden sein Leben handhabt. Er kann darüber entscheiden, ob er mit der Strömung oder gegen sie segeln möchte. Auf einer Yacht ist das Gefühl von Unmittelbarkeit größer als auf einem Linienschiff. Ersteres hat mehr mit der Beziehung zwischen zwei Menschen zu tun, letzteres weist eher auf das Bemühen einer Gruppe hin.

Psychologisch: Gegen den Wind zu segeln, verweist darauf, daß der Träumende Probleme verursacht hat, möglicherweise, indem er sich gegen die öffentliche Meinung gestellt hat. Mit dem Wind segeln heißt, daß der Träumende seine Möglichkeiten nach bestem Vermögen nutzt.

Spirituell: Auf dieser Ebene verweist das Fahren auf einem Schiff auf ein Gefühl spiritueller Freiheit und die Fähigkeit des Träumenden, seinen Verstand zu benutzen.

SCHILD

Allgemein: Ein Schild ist ein Symbol für Bewahrung. Er kann im Traum als Schild eines Kriegers erscheinen oder als eine Barriere zwischen dem Träumenden und dem Rest der Welt. Im Mythos sind auch die Amazonen mit einem Schild ausgerüstet. In diesem Zusammenhang symbolisiert er den schützenden Aspekt des Weiblichen.

Psychologisch: Wenn der Träumende einen anderen Menschen mit einem Schild schützt, dann muß er sicher sein, daß sein Handeln angemessen ist. Wenn er von einem Schild geschützt wird, muß der Träumende klären, ob er den Schild aufstellen soll oder ob er für ihn aufgestellt wird.

Spirituell: Bei der spirituellen Entwicklung steht der Schild für ein besonderes Entwicklungsstadium. An diesem Punkt muß sich der Träumende bewußt sein, daß er die Kontrolle über sein Schicksal hat. Oft erscheint dieses Symbol erstmals in Träumen, die dieses Entwicklungsstadium repräsentieren.

SCHILDKRÖTE

Allgemein: Die meisten Menschen bringen Schildkröten mit Langsamkeit und Bedächtigkeit in Verbindung. Im Traum verkörpern sie auch den Panzer, den der Träumende oder ein Mensch in seinem Umfeld entwickelt hat, um vor Angriffen geschützt zu sein.

Psychologisch: Da manche Menschen Schildkröten als Haustiere halten, kann sie im Traum ebenfalls diese Bedeutung annehmen (→ Haustiere). Darüber hinaus ist die Schildkröte ein Symbol für langes Leben.

Spirituell: In der chinesischen Tradition wird die Schildkröte als Verkörperung der Weisheit und Klugheit verehrt. Man sagt ihr nach, sie trage alle Lebensweisheit auf ihrem Panzer. Auf der spirituellen Ebene symbolisiert die Schildkröte im Traum die Schöpfung.

SCHIRM

Allgemein: Ein Schirm bedeutet Schutz und Zuflucht – auch im Traum. Im Berufsleben muß der Träumende sich in der Regel an die Weisungen eines Vorgesetzten halten. Diese entbinden ihn von Verantwortung und geben ihm ein Gefühl der Sicherheit, welches im Traum zum Ausdruck kommt.

Psychologisch: Der Prozeß des Erwachsenwerdens verlangt vom Menschen, daß er mit bestimmten Dingen allein fertig werden muß. Die Fähigkeiten, die sich der Träumende in dieser Hinsicht im Laufe der Zeit angeeignet hat, werden im Traum durch das schützende Dach des Schirms dargestellt.

Spirituell: Auf der spirituellen Ebene ist der Schirm im Traum, egal, ob er den Regen oder die Sonne abwehren soll, ein Status- und Machtsymbol.

SCHLACHTER

Allgemein: Im Traum kann der Schlachter für eine Instanz stehen, die Gutes von Schlechtem trennt. Er kann auch die destruktive Seite des Träumenden verkörpern.

Psychologisch: Der Schlachter im Traum könnte ein Hinweis für den Träumenden sein, sich eines destruktiven Zugs in seinem Wesen bewußt zu werden.

Spirituell: Auf der spirituellen Ebene stellt der Schlachter im Traum die dunkle Seite eines Menschen dar, in der sich Destruktivität und Negativität paaren.

SCHLAFANZUG

→ Kleidung

SCHLAGEN

Allgemein: Wenn der Träumende in seinem Traum einen anderen Menschen oder auf einen Gegenstand schlägt, stellt dies sein Bedürfnis dar, durch Aggression und rohe Gewalt Einfluß zu erzwingen.

Psychologisch: Wenn der Träumende körperlich verprügelt oder im Spiel geschlagen wird, zeigt dies, daß er sich einer größeren Gewalt unterwirft.

Spirituell: Auf der spirituellen Ebene symbolisiert Schlagen im Traum, besonders wenn jemand Schläge einstecken muß, Demut, Qual und Schmerz.

SCHLAMM

Allgemein: Im Traum verweist Schlamm darauf, daß der Träumende das Gefühl hat, sich festgefahren zu haben. Offenbar hat er praktische Aspekte mit seinen Gefühlen durcheinandergebracht (Erde und Wasser). Schlamm kann auch Erlebnisse aus der Vergangenheit darstellen, durch die sich der Träumende behindert fühlt.

Psychologisch: Schlamm symbolisiert die grundlegende Substanz des Lebens, die ein einzigartiges Potential für Wachstum birgt, wenn man richtig damit umgeht. Die Gefährlichkeit von Schlamm kommt erst zum Vorschein, wenn der Mensch mit ihm nicht richtig umgeht. Die anderen Elemente des Traums geben vielleicht einen Hinweis darauf, was der Träumende tun soll.

Spirituell: Auf der spirituellen Ebene symbolisiert Schlamm im Traum das Urmaterial, aus dem alles gebildet wurde, und die Notwendigkeit, sich auf das Wesentliche im Leben zu besinnen.

SCHLANGE

auch → Tiere

Allgemein: Eine Schlange im Traum ist ein Hinweis darauf, daß eine »schlüpfrige« Person oder Situation in irgendeiner Form zum Vorschein kommt. Vielleicht handelt es sich um eine Situation, in der man einem Menschen nicht trauen kann; oder um einen Menschen, den der Träumende kennt und nicht unter Kontrolle halten kann.

Psychologisch: Da Schlangen mit Sexualität zu tun haben, weisen sie auf ungelöste Probleme in diesem Bereich hin oder auf die Angst vor sexueller Betätigung.

Spirituell: Auf der spirituellen Ebene symbolisiert die Schlange im Traum Verworfenheit oder Betrug. Der Ouroboros, die Schlange, die sich selbst in den Schwanz beißt, symbolisiert Vollkommenheit, unendliche Energie und Macht. Das Symbol taucht im Traum auf, wenn der Träumende bereit ist, sich mit völliger spiritueller Selbstgenügsamkeit zu beschäftigen.

SCHLECHT

Allgemein: Wenn ein Traum davon handelt, daß etwas schlecht ist, wird sich der Träumende bewußt, daß der Gegenstand des Traums jetzt wertlos oder kaputt ist. Sich schlecht zu fühlen, kann bedeuten, daß der Träumende nicht im Gleichgewicht ist, oder aber, daß er sich für einen schlechten Menschen hält.

Psychologisch: Wenn es in einem Traum um schlechtes Essen geht, sorgt der Träumende nicht ausreichend für seine geistigen, spirituellen oder emotionalen Bedürfnisse. Ein schlechter Geruch im Traum kann bedeuten, daß der Träumende von seinem Umfeld nicht unterstützt wird.

Spirituell: Auf der spirituellen Ebene kann eine schlechte Sache im Traum auf das Böse hinweisen.

SCHLEIER

auch → Kleidung

Allgemein: Ist ein Gegenstand in einem Traum verschleiert, gibt es irgendein Geheimnis, das enthüllt werden muß. Möglicherweise verbirgt der Träumende etwas vor sich selbst, doch könnte er auch durch Menschen seines Umfelds in Unwissenheit gehalten werden.

Psychologisch: Der Geist sucht sich verschiedene Wege, um im Traum geheime Gedanken zum Ausdruck zu bringen. Der Schleier ist eines dieser Symbole.

Spirituell: Auf der spirituellen Ebene kann ein Schleier im Traum alles Verborgene und Rätselhafte und damit letztendlich Aspekte des Okkulten repräsentieren.

SCHLINGE

auch → Strick

Allgemein: Eine Schlinge im Traum symbolisiert die Angst des Träumenden, vielleicht durch das Verhalten anderer Menschen in Gefangenschaft zu geraten. Er ist sich dessen bewußt, daß er »sich selbst die Schlinge um den Hals« legen kann. Traditionell wird die Schlinge mit dem gewaltsamen Tod assoziiert und kann auch heute noch diese Bedeutung haben. Vielleicht tötet der Träumende einen Teil seiner Persönlichkeit ab.

Psychologisch: Eine Schlinge verweist wie das Halfter und andere Symbole der Einschränkung auf das Zähmen eines wilden Lebewesens. Wenn etwa ein junger Mann, der bald heiraten möchte, von einer Schlinge träumt, kann dies darauf hinweisen, daß er sich vor den durch die Partnerschaft herbeigeführten Einschränkungen fürchtet. Für eine junge Frau, die von zu Hause fortgehen möchte, kann eine Schlinge die Angst symbolisieren, trotz ihres Fortgehens im Elternhaus weiterhin gefangen zu sein. Möglicherweise drückt die Schlinge im Traum die Verhinderung des Selbstausdrucks aus.

Spirituell: Auf der einfachsten spirituellen Ebene repräsentiert eine Schlinge im Traum einen traumatischen Tod. In einem komplexeren Sinn kann sie das Strangulieren spiritueller Absichten, das Festbinden spiritueller Energie darstellen.

SCHLOSS

auch → Gefängnis, → Schlüssel

Allgemein: Es ist leicht, Gefühle »wegzusperren«, um sie scheinbar los zu sein. Im Traum macht ein Schloß den Träumenden darauf aufmerksam, daß er alles befreien muß, was er eingeschlossen hat. Bricht der Träumende ein Schloß auf, zeigt dies, daß er gegen seine Neigung ankämpfen muß, alles hinter Schloß und Riegel zu verwahren, um sich von seinen Hemmungen zu befreien. Wenn der Träumende ein Schloß repariert, ist dies ein Hinweis, daß jemand in die Intimsphäre des Träumenden eingedrungen ist. Schließt der Träumende eine Tür zu, dann hat er mit einem bestimmten Aspekt seiner Vergangenheit abgeschlossen.

Psychologisch: Wenn der Träumende in seinem Traum bemerkt, daß ein Teil seines Körpers blockiert ist, verweist dies auf starke Spannungen, unter denen der Träumende steht. Möglicherweise muß er diese Spannungen auf der Körperebene auflösen, um sich seine Gesundheit zu erhalten. Erkennt der Träumende, daß eine Tür verschlossen ist, so steht ihm ein gewohnter Zufluchtsort nicht mehr länger zur Verfügung. Es kann auch sein, daß eine bestimmte Handlungsweise nicht mehr angemessen ist oder daß ihm seine emotionale Verschlossenheit bewußt wird.

Spirituell: Auf der spirituellen Ebene kann ein Schloß im Traum entweder symbolisieren, daß dem Träumenden eine neue Freiheit gewährt wird oder daß der Weg vor ihm versperrt ist.

SCHLUCKEN

Allgemein: Der Träumende, der in seinem Traum etwas schluckt, nimmt etwas – es kann sich dabei um Wissen oder um Informationen handeln – in sich auf. Wenn er im Traum seinen Stolz hinunterschluckt, ist dies ein Ansporn, in Zukunft bescheidener zu sein. Wenn etwas nur schwer zu schlucken ist, zeigt dies, daß der Träumende den Wunsch hat, ein Hindernis zu überwinden.

Psychologisch: Wenn der Träumende ein Gefühl zurückhält oder »runterschluckt«, dann wird es sich in seinem Körper ausdrücken. Schlucken wird auf diese Weise zu einem Akt der Unterdrückung, der äußerst schädlich sein kann.

Spirituell: Der Träumende nimmt vielleicht mehr spirituelles Wissen auf, als er verarbeiten kann. Es wäre empfehlenswert, etwas langsamer vorzugehen und spirituelle Lektionen systematischer zu »verdauen«.

SCHLÜSSEL

auch → Gefängnis, → Schloß

Allgemein: In Träumen tauchen häufig Schlüssel auf. Sie stellen neue Einstellungen, frische Gedanken und Gefühle dar, die Erinnerungen, Erlebnisse und Wissen erschließen können, die der Mensch zuvor vor sich verborgen hat. Wenn in einem Traum ein Schlüsselbund vorkommt, ist dies ein Hinweis, daß der Träumende seine gesamte Persönlichkeit für neue Erfahrungen öffnen muß.

Psychologisch: Wenn der Träumende den Eindruck hat, in Gefangenschaft geraten zu sein, kann der Schlüssel zur Freiheit häufig wie durch Zauberhand auftauchen. In sich trägt der Mensch viele Lösungen für seine Probleme bei sich. Ein Symbol, wie der Schlüssel im

Traum eines darstellt, kann der Auslöser sein, welcher den Träumenden wieder auf den Boden der Tatsachen zurückholt und seine Fähigkeit, sich Lösungen zu erarbeiten, freisetzt.

Spirituell: Auf der spirituellen Ebene kann ein Schlüssel im Traum das Bedürfnis des Träumenden nach Befreiung aus einer belastenden Situation darstellen und dann eine positive Bewegung in Gang setzen. Silberne und goldene Schlüssel symbolisieren zeitweilige spirituelle Macht.

SCHLÜSSELLOCH

Allgemein: Wenn der Träumende in seinem Traum durch ein Schlüsselloch späht, zeigt dies, daß seine Fähigkeit, zu sehen und zu verstehen, auf irgendeine Weise beeinträchtigt ist. In der traditionellen Traumdeutung steht das Schlüsselloch für ein Symbol des Weiblichen. Die Beeinträchtigung könnte also von der Einstellung des Träumenden gegenüber dem Weiblichen herrühren.

Psychologisch: Weil normalerweise zu einem Schlüssel ein Schloß und damit auch ein Schlüsselloch gehört, verweist der Traum auf eine Art Verwirrung zwischen dem inneren und dem äußeren Selbst.

Spirituell: Auf der spirituellen Ebene symbolisiert das Schlüsselloch im Traum, daß der Träumende vorsichtig den Bereich des Erhabenen betritt.

SCHMELZEN

Allgemein: Wenn der Träumende in seinem Traum den Prozeß des Schmelzens beobachtet, ist dies ein Hinweis darauf, daß seine Gefühle weicher werden. Vielleicht verliert er die Strenge, die früher notwendig war, damit er sich der Welt stellen konnte. Der Träumende macht eine wichtige Veränderung durch und wird insgesamt sanfter.

Psychologisch: Wenn der Träumende spürt, daß er schmilzt, entwickelt er möglicherweise romantische Neigungen und treibt sich weniger an. Vielleicht ist es an der Zeit, still zu verharren und der Situation die Gelegenheit zu geben, sich aufgrund ihrer eigenen Dynamik bis zu dem Punkt zu entwickeln, an dem es sich für den Träumenden sicher anfühlt, die Kontrolle aufzugeben.

Spirituell: Auf der spirituellen Ebene ist Schmelzen im Traum ein Symbol für die Hingabe.

SCHMETTERLING

Allgemein: Der Schmetterling im Traum symbolisiert Leichtherzigkeit und Freiheit.

Psychologisch: Begegnet der Träumende in seinem Traum einem Schmetterling oder fühlt er sich selbst als solcher, erkennt er an sich die Unfähigkeit, sich niederzulassen oder auf die Bewältigung einer langwierigen Aufgabe hinzuwirken.

Spirituell: Auf der spirituellen Ebene verkörpert der Schmetterling im Traum oder in der Meditation einerseits die befreite Seele und andererseits Unsterblichkeit.

SCHMIEDEFEUER

Allgemein: Als das Schmiedefeuer und der Schmied noch ein Teil des alltäglichen Lebens waren, war ein Traum, in dem beide eine Rolle spielten, ein Hinweis auf harte Arbeit und auf den Wunsch, ein Ziel zu erreichen. Heute symbolisiert das Schmiedefeuer eher eine rituelle Handlung.

Psychologisch: Ein Schmiedefeuer stellt das Männliche und die aktive Kraft dar. Außerdem verkörpert es die Energie, die etwas Ungeformtes in etwas Heiliges verwandeln kann. Wenn ein Traum von einem Schmiedefeuer handelt, verweist dies darauf, daß der Träumende sich innerlich verändert und nunmehr zuläßt, daß seine besonderen Fähigkeiten zum Ausdruck kommen.

Spirituell: Auf dieser Ebene stellt das Schmiedefeuer im Traum das heilige Feuer der Spiritualität dar.

SCHMINKEN

auch → Kosmetik

Allgemein: Normalerweise verweist Schminken auf die Fähigkeit des Menschen, den Eindruck, den er auf andere macht, zu verändern. Wenn der Träumende sich in seinem Traum schminkt, errichtet er für seine Umwelt – oder sogar für sich selbst – eine Fassade, die ihm hilft, sein Selbstbild zu verbessern. Schminkt der Träumende einen anderen Menschen, hilft er ihm, einen falschen – vielleicht auch einen besseren – Eindruck zu machen.

Psychologisch: Wenn der Träumende sich mit Schminken beschäftigt, bedeutet dies, daß er es sich aussuchen kann, welche Art Mensch er nach außen darstellt.

Spirituell: Auf der spirituellen Ebene muß sich der Träumende der Fassade bewußt werden, die er anderen Menschen zeigt.

SCHMUCK

Allgemein: Schmuck verweist in der Regel darauf, daß der Träumende etwas Wertvolles im Leben besitzt oder besitzen könnte. Schenkt ihm ein anderer Mensch Schmuck, dokumentiert dieser damit die Wertschätzung, die er dem Träumenden entgegenbringt; verschenkt der Träumende Schmuck, dann bedeutet dies, daß er anderen Menschen etwas zu bieten hat. Schmuck im Traum stellt die Eigenschaften dar, die er durch schwierige Erfahrungen erworben hat, die er an sich selbst zu schätzen weiß und anderen Menschen leicht zeigen kann. Schmuck kann auch Liebe symbolisieren, die der Träumende gibt oder erhält. Schenkt eine Frau einem Mann Schmuck, ist dies ein Zeichen dafür, daß sie sich zu ihm hingezogen fühlt.

Psychologisch: Schmuck im Traum ist häufig ein Symbol für die Gefühle, die der Träumende sich selbst entgegenbringt. Es spielt eine Rolle, ob der Schmuck wertvoll ist, ob es sich um eine Fälschung oder um billigen Modeschmuck handelt. Dies läßt Rückschlüsse auf die Selbstachtung des Träumenden zu oder darauf, wie er von anderen Menschen eingeschätzt wird.

Spirituell: Auf der spirituellen Ebene stellt Schmuck im Traum Ehre und Selbstrespekt ohne die damit häufig verbundene Eitelkeit dar.

SCHMUTZ

Allgemein: Handelt der Träumende nicht nach seinen eigenen Prinzipien oder wird er von einem anderen Menschen in eine Situation gebracht, in der er sich kompromittiert fühlt, kommt er sich in seinem Traum schmutzig vor.

Psychologisch: Mitunter wird der Mensch im Traum darauf hingewiesen, daß er sich körperlich unwohl fühlt, wenn er schmutzig ist. Wenn der Träumende von einer Person, die er kennt, beschmutzt wurde, verweist dies darauf, daß er diesem Menschen nicht trauen sollte.

Spirituell: Schlechte und negative Impulse werden im Traum häufig als Dinge oder Menschen gezeigt, die schmutzig sind.

SCHNECKE

Allgemein: Eine Schnecke im Traum ruft bei manchen Menschen Ekelgefühle hervor. Sie verkörpert jedoch auch Verletzlichkeit und Langsamkeit.

Psychologisch: Die Schnecke im Traum ist ein Hinweis auf Beständigkeit und Selbstbeherrschung. Sich im Schneckentempo zu bewegen bedeutet direktes, geplantes, vorsichtiges Handeln.

Spirituell: Auf der spirituellen Ebene ist die Schnecke im Traum eine Ermahnung an den Träumenden, sich nicht von der Hast der Zeit anstecken zu lassen.

SCHNECKENHAUS

Allgemein: Die spiralförmigen Windungen eines Schneckenhauses wurden oft mit Vollkommenheit und Überfluß in Verbindung gebracht. Wenn ein Traum von einem Schneckenhaus handelt, dann stellt der Träumende die Verbindung zu einem naiven Verständnis solcher Dinge her.

Psychologisch: Das Schneckenhaus wird in manchen Kulturen als Trompete benutzt und kann im Traum daher ein Warnsignal sein oder von sich geben.

Spirituell: Auf der spirituellen Ebene steht die Spirale des Schneckenhauses für Involution und Evolution (das heißt, sich nach innen wenden und zugleich nach außen gehen).

SCHNEE

auch → Eis

Allgemein: Schnee ist kristallisiertes Wasser und ein Symbol dafür, daß eine Idee oder ein Vorhaben eine konkrete Form annimmt. Wenn er schmilzt, kann er für das Erweichen des verhärteten Herzens stehen.

Psychologisch: Schnee im Traum kann ein Hinweis auf emotionale Kälte oder Frigidität sein. In der Umgangssprache kann das Wort auch bestimmte Drogen bezeichnen.

Spirituell: Auf der spirituellen Ebene kann Schnee im Traum Reinheit, Schönheit und das Dahinschmelzen von Schwierigkeiten symbolisieren.

SCHNEEGLÖCKCHEN

→ Blumen

SCHNEIDER

Allgemein: Bei diesem Traumsymbol ist es zunächst wichtig, welche Bedeutung der Schneider allgemein für den Träumenden hat. Jeder berufstätige Mensch entwickelt bestimmte Fähigkeiten und Kompetenzen. Im Fall des Schneiders geht es um genaues Arbeiten und darum, etwas Neues zu »schneidern«. Diese Eigenschaften sind es auch, die durch den Traum beim Träumenden angesprochen werden sollen.

Psychologisch: Die Rolle, welche diese Traumfigur spielt, gibt Hinweise darauf, wie der Träumende seine Kreativität und seine Fähigkeiten einschätzt. Wenn er von einem Schneider träumt, kann dies auch auf eine Person hinweisen, die den Nachnamen Schneider trägt.

Spirituell: Auf der spirituellen Ebene ist der Schneider im Traum ein Hinweis auf kreative Fähigkeit.

SCHNUR/SEIL

Allgemein: Wenn Träume von Schnüren, Bändern und Seilen handeln, dann hat dies mit Bindungen zu tun. Die Bedeutung hängt davon ab, ob der Träumende gebunden wird oder die Bindung vornimmt – beides kann auf Unterwerfung unter eine größere Kraft hinweisen. In jeder Beziehung gibt es Einengungen und Abhängigkeiten, die in solchen Träumen offenkundig werden. Gefühlsmäßige Bande können einschränken, aber auch befreiend sein.

Psychologisch: Ist sich der Träumende bewußt, daß er gefesselt, gefangen oder in Ketten gelegt ist, deutet dies auf die Möglichkeit hin, daß sein emotionales Selbst außer Kontrolle geraten ist. Vielleicht ist es aber auch notwendig, daß der Träumende über die Bande von Pflicht und Zuneigung nachdenkt.

Spirituell: Auf der spirituellen Ebene stellt die Schnur den Wandel vom Konflikt zu Gesetz und Ordnung, vom Chaos zu kosmischer Ordnung dar. Die Silberschnur ist die subtile Energie, welche die Lebensenergie des Menschen im Körper hält.

SCHORNSTEIN

Allgemein: Durch den Traum von einem Schornstein tritt der Träumende mit einer sehr alten Vorstellung in Verbindung, und zwar mit jener, aus dem Weltlichen und Gewöhnlichen in die Freiheit des Himmels entfliehen zu können. Jede Öffnung im Dach eines Hauses, Tempels oder Zeltes stellt die Erkenntnis einer Zustandsveränderung dar, die vielleicht ein wichtiger Teil des Wachstumsprozesses ist.

Psychologisch: Der Schornstein und das Entweichen von Rauch stellen die Kanalisierung von Energie in einer produktiveren Form dar.

Spirituell: Auf der spirituellen Ebene kann der rauchende Schornstein im Traum ein Symbol für eine emotionale Überladung sein.

SCHOSS

→ Körper

SCHRANK

→ Möbel

SCHRAUBE

Allgemein: Die Schraube im Traum ist ein Symbol der Verbindung, insbesondere der sexuellen Verbindung.

Psychologisch: Schrauben im Traum deuten auf Arbeiten, die sinnlos scheinen, wenn man sie nicht in einem größeren Kontext sieht. Schrauben ergeben eine haltbarere Verbindung als Nägel und deuten daher an, daß der Träumende an etwas baut, das von Dauer sein soll. Darüber hinaus kann das Traumsymbol für eine Situation stehen, in der die Anspannung des Träumenden zunimmt; die äußeren Umstände oder der Ehrgeiz des Träumenden legen ihm Daumenschrauben an.

Spirituell: Auf der spirituellen Ebene verkörpern Schrauben im Traum das Gefühl von Befriedigung, das sich bei einer gut gemachten Arbeit einstellt.

SCHREIBEN

Allgemein: In einem Traum vom Schreiben drückt sich ein Versuch aus, Informationen, die der Träumende besitzt, weiterzugeben. Hierbei kann das Schreibwerkzeug von Bedeutung sein. So ist ein Bleistift weniger dauerhaft als ein Kugelschreiber, was auch auf die Qualität der Information übertragen werden kann. Schreibmaschine oder Computer lassen vermuten, daß es sich eher um eine geschäftliche als um eine persönliche Angelegenheit handelt.

Psychologisch: Als kreativer Akt ist das Schreiben eine Ausdrucksform, die es dem Träumenden gestattet, sich frei mitzuteilen, wenn das direkte Gespräch aus irgendwelchen Gründen unmöglich ist. Im Traum kann der Träumende herausfinden, wie er mit sich selbst auf verschiedene Arten kommunizieren kann.

Spirituell: Möglicherweise ist sich der Träumende seines spirituellen Fortschritts nicht bewußt. Ein Traum, der das Schreiben zum Inhalt hat, deutet darauf hin, daß er im Unterbewußtsein eine Art Protokoll darüber führt.

SCHREIBTISCH

auch → Tisch

Allgemein: Handelt es sich bei dem Schreibtisch im Traum um einen alten – etwa um eine alte Schulbank oder um einen antiken Schreibtisch –, dann sollte der Träumende vielleicht zu alten Werten, Gewohnheiten oder Lehren zurückkehren. Geht es jedoch um einen gewöhnlichen Büroschreibtisch, dann muß der Träumende vielleicht überdenken, wie er in Zukunft seinen Alltag besser bewältigen kann.

Psychologisch: Sitzt der Träumende in seinem Traum am Schreibtisch eines anderen Menschen, dann könnte dies ein Hinweis auf fehlendes Vertrauen in seine eigenen Fähigkeiten sein.

Spirituell: Auf der spirituellen Ebene erinnert der Schreibtisch daran, daß tägliche Rituale und Disziplin im Alltag hilfreiche spirituelle Praktiken sein können.

SCHRUMPFEN

Allgemein: Wenn der Träumende in seinem Traum schrumpft, bedeutet dies, daß er in die Kindheit oder an einen Ort zurückkehren möchte, wo sich andere Menschen liebevoll seiner annehmen. Im Alltag stellt der Träumende vielleicht fest, daß er das Gesicht verliert oder sich klein fühlt, und dies kann im Traum durch Schrumpfen zum Ausdruck kommen. Wenn der Träumende sieht, wie etwas oder jemand schrumpft, kann dies bedeuten, daß es oder er seine Macht über den Träumenden verliert.

Psychologisch: Der Träumende lernt, mit sich selbst umzugehen, indem er erkennt, wie notwendig, aber auch wie klein er im großen Plan ist. Dies kann sich im Traum durch einen Schrumpfungsprozeß ausdrücken. Damit nimmt die Bedrohlichkeit des Träumenden für sich selbst und für andere Menschen ab.

Spirituell: Auf der spirituellen Ebene folgt nach der Wahrnehmung dessen, wie klein der Mensch im Rahmen des größeren Ganzen ist, die Gewißheit, zu dieser unendlich größeren kosmischen Ganzheitlichkeit zu gehören.

SCHÜRZE

Allgemein: Die Schürze im Traum kann ein Symbol für familiäre Bindungen sein.

Psychologisch: Wenn sie vom Träumenden getragen wird, kann dies auf ein Bedürfnis nach Geschicklichkeit hindeuten. Trägt eine andere Traumfigur die Schürze, muß vielleicht der Persönlichkeitsanteil des Träumenden, der von dieser Person dargestellt wird, in besonderem Maße geschützt werden.

Spirituell: Auf der spirituellen Ebene ist die Schürze im Traum ein Kennzeichen der Meisterschaft in handwerklichen, aber auch in spirituellen Dingen.

SCHÜSSEL

Allgemein: Eine Schüssel mit Essen stellt im Traum die Fähigkeit des Träumenden dar, andere Menschen zu nähren und zu unterstützen. Eine Schale mit Blumen kann ein Geschenk oder ein Talent symbolisieren, während eine Schüssel Wasser das emotionale Spektrum des Träumenden symbolisiert.

Psychologisch: Hohle Behältnisse wie Schüsseln, Schalen und Vasen werden in der Regel mit dem aufnehmenden und empfangenden Aspekt der weiblichen, intuitiven Seite in Verbindung gebracht.

Spirituell: Auf der spirituellen Ebene steht eine Schüssel im Traum, vor allem, wenn sie mit Wasser gefüllt ist, für das weibliche Prinzip und für Fruchtbarkeit.

SCHÜTZE

→ Tierkreis

SCHULDSCHEIN

auch → Gutschein

Allgemein: Von einem Schuldschein zu träumen heißt, daß der Träumende sich einer Person oder einem Prinzip verpflichtet fühlt, daß er dazu in der Lage ist, Versprechen zu geben und sie dann auch zu halten.

Psychologisch: Unabhängig davon, ob der Träumende selbst solche Schuldscheine erhält oder sie einer anderen Person gibt, inhaltlich geht es in dem Traum darum, daß der Träumende seine emotionale Verpflichtung sich selbst und anderen Menschen gegenüber betrachten muß.

Spirituell: Auf dieser Ebene ist der Schuldschein ein Hinweis darauf, daß der Träumende seine Spiritualität mit materiellen Lasten zu ersticken droht.

SCHULE

auch → Lehrer

Allgemein: Die Schule ist ein wichtiger Teil im Leben jedes Menschen. In Zeiten, in denen der Mensch neue Fähigkeiten oder Kenntnisse erwirbt, erscheint im Traum oft das Bild der Schule. Sie ist auch der Ort, an dem man in der Regel die ersten Beziehungen außerhalb der Familie knüpft, und daher kann sie die Möglichkeit symbolisieren, um neue Beziehungen zu erfahren. Auch Konkurrenzfähigkeit und Gruppenzugehörigkeit lernt man zuerst in der Schule kennen.

Psychologisch: Wenn der Träumende einen neuen Zugang zu seiner Persönlichkeit gefunden hat und wieder lernt, mit ihr umzugehen, dann drückt sich dies im Traum häufig durch eine Schulsituation oder mittels eines Klassenzimmers aus. Auch wenn der Träumende versucht, alte überholte Ideen und Konzepte abzulegen, oder wenn er lernt, anders mit Macht und Gefühlen der Unzulänglichkeit umzugehen, brechen sich seine Empfindungen in diesem Traumbild Bahn.

Spirituell: Auf der spirituellen Ebene ist das Leben selbst die Schule.

SCHURKE

→ Archetypen

SCHUSS/SCHIESSEN

Allgemein: Wird der Träumende in seinem Traum erschossen, ist dies ein Hinweis auf verletzte Gefühle. Im Traum einer Frau kann dieses Traumsymbol eventuell auch für den Geschlechtsakt stehen. Darüber hinaus zeigt das Traumsymbol möglicherweise an, daß der Träumende fürchtet, zum Opfer oder Ziel der Wut anderer Menschen zu werden.

Psychologisch: Wenn der Träumende in seinem Traum schießt, muß er vielleicht lernen, mit seinen Ängsten zurechtzukommen. Dabei könnte es sich um eine vorbeugende Maßnahme handeln, durch die der Träumende vermeidet, den Teilen seiner Persönlichkeit zu begegnen, die er ablehnt. Befindet er sich auf einem Schießstand, läßt dies vermuten, daß er es in seinem bisherigen Leben an Genauigkeit hat fehlen lassen.

Spirituell: Wenn der Träumende in seinem Traum einen Schuß oder Schießen bemerkt, heißt dies aus spiritueller Sicht, daß er sich der Notwendigkeit gelenkter starker Energie bewußt ist.

SCHUTZ

Allgemein: Der Mensch ist sich des Bedürfnisses nach einem sicheren Platz bewußt, und dies wird in der Symbolik von Träumen recht deutlich. Die Symbole, die dieses Schutzbedürfnis darstellen, reichen vom Schneckenhaus bis hin zum Regenschirm. Träume, in denen Schutz thematisiert wird, machen den Träumenden in der Regel darauf aufmerksam, daß er sich zu sehr exponiert hat, oder legen ihm nahe, sich von seinen Unsicherheiten nicht zu sehr dominieren zu lassen.

Psychologisch: In seiner aktiven Form kann Schutz sich als Fürsorge im Traum manifestieren: Der Träumende gewährt Schutz oder Zuflucht. Trifft dies im Traum zu, dann schützt er damit vielleicht einen Teil seines Selbst vor Verletzungen oder Schwierigkeiten. Erhält er hingegen Schutz, so ist er sich dessen bewußt, daß es in seinem Leben eine schützende

Macht gibt, welche die Hand über ihn hält.

Spirituell: Auf der spirituellen Ebene verkörpert Schutz im Traum einen Raum, in dem einem Menschen kein Schaden zugefügt werden und in dem er sich gefahrlos ausdrücken kann.

SCHWALBE

→ Vögel

SCHWAN

→ Vögel

SCHWANGERSCHAFT

Allgemein: Handelt ein Traum von einer Schwangerschaft, deutet dies meist auf eine recht lange Wartezeit hin, die notwendig ist, um ein bestimmtes Projekt zum Abschluß zu bringen. Der Träumende entwickelt einen neuen Bereich seines Potentials oder seiner Persönlichkeit. Im Traum von einer Schwangerschaft geht es selten um eine tatsächliche Schwangerschaft des Träumenden, doch kann er auf eine solche in seinem Umfeld hinweisen.

Psychologisch: Geht es in dem Traum um eine andere Person, die schwanger ist, weist dies darauf hin, daß der Träumende in der Lage ist, den Teil seiner selbst zu beobachten, der neue Fähigkeiten oder Eigenschaften entwickelt. Die Schwangerschaft eines Mannes im Traum zeigt den Wunsch, vor allem, wenn dies eine Frau träumt, daß dieser Mann Verantwortung in ihrem Leben übernimmt.

Spirituell: Bei der spirituellen Arbeit gibt es immer eine Periode des Schwangergehens. Geduld ist erforderlich, und der natürliche Prozeß muß abgewartet werden.

SCHWANZ

Allgemein: Wenn es im Traum um einen Schwanz geht, dann steht er entweder für einen Rest aus der Vergangenheit, den der Träumende bisher nicht verarbeitet hat und daher immer bei sich trägt, oder für sexuelle Erregung beziehungsweise für den Penis.

Psychologisch: Bei Tieren dient der Schwanz zur Aufrechterhaltung des körperlichen Gleichgewichts und ist so gesehen ein wichtiger Körperteil. Er kann daher im Traum ein Mittel zur Regulierung in schwierigen Situationen darstellen.

Spirituell: Auf dieser Ebene verkörpert der Schwanz im Traum die Vollendung einer spirituellen Tat.

SCHWARZ

→ Farben

SCHWEBEN

Allgemein: Schweben im Traum wird in der klassischen Traumdeutung mit der Sexualität in Beziehung gebracht. Doch das durch das Traumsymbol ausgedrückte Bedürfnis nach Freiheit ist von ebenso großer Bedeutung. Wenn er, offenbar ohne seinen Willen, davongetragen wird, öffnet der Träumende sich umfassend für die Kraft hinter seinem bewußten Selbst. Er befindet sich in einem Zustand äußerster Entspannung und läßt sich einfach von den Ereignissen treiben.

Psychologisch: Weil der Träumende seine Richtung nicht selbst bestimmt, ist er unentschieden und muß vielleicht sorgfältiger über seine Handlungen und über seine Beziehungen zu anderen Menschen nachdenken.

Spirituell: Auf dieser Ebene kann das Schweben im Traum eine außerkörperliche Erfahrung des Geistes darstellen.

SCHWEIGEN

Allgemein: Schweigen im Traum kann ein Hinweis auf Unbehagen und Erwartung sein. Es zeigt ein Warten darauf an, daß etwas passiert oder nicht passiert. Wenn eine Traumfigur schweigt, obwohl der Träumende erwartet, daß sie spricht, ist er unsicher, wie jener Teil seines Selbst, den die andere Person verkörpert, im Wachzustand reagiert.

Psychologisch: Wenn der Träumende schweigt, ist er unfähig, seine Gefühle oder Meinungen in Worte zu fassen. Er wird entweder durch sich selbst oder durch äußere Einflüsse in seinem Selbstausdruck gehemmt.

Spirituell: Aus spiritueller Sicht stellt das Schweigen einen Raum dar, in dem Worte und Laute nicht notwendig sind. Viele religiöse Orden schreiben Schweigen vor, da sie davon ausgehen, daß so die Verständigung mit Gott besser funktioniert. Auf der spirituellen Ebene kann Schweigen im Traum ein Hinweis sein, daß ein Rückzug aus der Welt notwendig ist.

SCHWEIN

→ Tiere

SCHWELLE

Allgemein: Das Überschreiten einer Schwelle im Traum weist auf das Betreten eines neuen Erfahrungsbereichs hin. Über eine Schwelle getragen zu werden, kann Heirat bedeuten oder den Beginn einer neuen Paarbeziehung darstellen.

Psychologisch: Steht der Träumende kurz davor, einen neuen Verantwortungsbereich zu übernehmen, kann dies im Traum durch das Stehen auf einer Schwelle ausgedrückt werden. Er tut den ersten Schritt in einen neuen Lebensabschnitt hinein, oder vielleicht beginnt er eine andere Art der Lebensführung. Das Schwellenerlebnis, also der Übergang von einer Lebensphase in die andere, wird durch Initiationsriten hervorgehoben.

Spirituell: Der Träumende steht auf der Schwelle zu einem spirituellen Neubeginn. Er sollte in dieser Phase allem, was um ihn herum geschieht, besondere Aufmerksamkeit schenken.

SCHWERT

auch → Waffen

Allgemein: Im Traum symbolisiert ein Schwert eine machtvolle Waffe. Vielleicht hat der Träumende die Fähigkeit, besondere Kräfte auszubilden und aufgrund seiner Glaubensvorstellungen die Energie richtig zu nutzen.

Psychologisch: Ein Schwert symbolisiert Gerechtigkeit und Mut, aber auch Stärke. Wenn im Traum ein Schwert erscheint, verweist dies darauf, daß es ein kriegerisches Element im Träumenden gibt und daß er bereit ist, für seinen Glauben zu kämpfen. Händigt eine andere Traumfigur dem Träumenden ein Schwert aus, verweist dies darauf, daß er den Schutz höherer Mächte genießt. Er kann Entscheidungen nach seiner eigenen Maßgabe treffen.

Spirituell: Auf der spirituellen Ebene symbolisiert das Schwert im Traum die Macht der Autorität und Schutz.

SCHWERTLILIE

→ Blumen

SCHWESTER

→ Familie

SCHWIMMBAD

→ Teich

SCHWIMMEN

Allgemein: Wenn es in einem Traum um Schwimmen geht, steht dies in engem Zusammenhang mit dem Untertauchen (→ Untertauchen). Schwimmt der Träumende flußaufwärts, ist dies ein Zeichen dafür, daß er entgegen seiner Natur handelt. Schwimmende Fische symbolisieren Samen und daher den Wunsch nach einer Schwangerschaft. Befindet sich der Träumende in klarem Wasser, durchläuft er einen Reinigungsprozeß. Schwimmt er hingegen in dunklem Wasser, könnte dies eine Depression symbolisieren.

Psychologisch: Wasser und Schwimmen hat immer etwas mit den Gefühlen des Träumenden zu tun. »Schwimmt« er durch die Luft, so steht dies in Verbindung mit intellektuellen Fähigkeiten. Ist er im Traum ein guter Schwimmer, zeigt dies seine Begabung, eine emotional aufgeladene Situation sicher zu handhaben. Ist der Träumende ein schlechter Schwimmer, könnte dies darauf verweisen, daß er lernen muß, mit seinen Gefühlen positiver umzugehen.

Spirituell: Auf der spirituellen Ebene symbolisiert Schwimmen im Traum ein Aufgehen, ja vielleicht sogar ein Ertrinken in Gefühlen. Gefühle aber sind im menschlichen Dasein nur ein Aspekt neben vielen anderen und dürfen weder unterbewertet noch überbewertet werden.

SCHWITZEN

Allgemein: Schwitzen im Traum kann wie Herzklopfen ein Ausdruck von Angst sein. In den meisten Fällen ist mit dem Schwitzen im Traum ein unangenehmes Gefühl nach dem Aufwachen verbunden.

Psychologisch: Wenn der Träumende erkennt, daß er im Traum schwitzt, ist er sich seiner Reaktionen auf äußere Reize bewußt. Er wird darauf aufmerksam gemacht, daß er sich mit seinen Gefühlen und Ängsten auseinandersetzen muß.

Spirituell: Spirituelle Anstrengung kann sich durch körperliche Reaktionen, wie etwa durch Schwitzen, manifestieren. Dies ist ein Hinweis darauf, daß Energie verbraucht wurde.

SÉANCE

Allgemein: Nimmt der Träumende in seinem Traum an einer Séance teil, kann dies ein Hinweis auf die Notwendigkeit sein, die sensitive Seite seines Wesens zu erforschen. Es kann bedeuten, daß sich der Träumende seiner Intuition bewußt geworden ist.

Psychologisch: Heute wird eine Séance häufiger als spiritistische Sitzung bezeichnet. Im Traum kann dies zum Ausdruck bringen, daß der Träumende dann am besten mit seinem spirituellen Selbst in Kontakt treten kann, wenn er still dasitzt.

Spirituell: Auf der spirituellen Ebene bedeutet die Séance, daß Entschlossenheit und Geduld (symbolisiert durch Sitzen) notwendig sind, um voranzukommen.

SECHS

→ Zahlen

SEE

auch → Wasser

Allgemein: Ein See im Traum stellt die innere Welt der Gefühle und Phantasien dar, die unbewußte Seite des Träumenden, die eine reiche Kraftquelle sein kann, wenn er sie anzuzapfen versteht. Ist der See verschmutzt, hat der Träumende Ideen und Vorstellungen übernommen, die ihm nicht entsprechen und ihm daher nicht guttun. Klares Seewasser macht deutlich, daß der Träumende seine Ängste und Gedanken in bezug auf sich selbst geklärt hat.

Psychologisch: Der See im Traum wird für die Heimat magischer Weiblichkeit und von Ungeheuern gehalten, daher steht er für die dunklere Seite des Weiblichen. Solche Bilder spielen im Traum eine Rolle, wenn der Träumende die Angst vor diesem Teil seiner Persönlichkeit verliert.

Spirituell: Auf der spirituellen Ebene symbolisiert der See im Traum das Unbewußte und die Ursubstanz.

SEEHUND

→ Tiere

SEEMANN

Allgemein: Bei den meisten Menschen ist die Vorstellung von Seeleuten recht antiquiert, und es ist dieses Bild, welches gewöhnlich im Traum Gestalt annimmt. Der Seemann im Traum steht für Freiheit, sowohl der Bewegung als auch des Geistes, und ist eine Verkörperung des Herumtreibers (→ Archetypen). Er ist der Mensch, der sein Schicksal vollkommen in der Hand hat. Der heutige Seemann hat zusätzlich den Vorteil, daß er seine Umwelt beherrscht.

Psychologisch: Kommt in einem Traum, vor allem im Traum einer Frau, ein Seemann vor, handelt es sich gewöhnlich um eine romantisierte Gestalt, die den archetypischen Helden repräsentieren kann (→ Archetypen). Im Traum eines Mannes steht er für den Teil seiner selbst, der Freiheit sucht, aber eine Erlaubnis oder Befugnis erhalten muß, um sich diese Freiheit zu nehmen.

Spirituell: Auf der spirituellen Ebene ist der Seemann im Traum ein Symbol für Kommunikation. Der Aspekt der Freiheit hat einen Zusammenhang mit dem Wesen des Merkur, der einen Auftrag erhält und ihn dann vergißt.

SEGEL

Allgemein: Das Segel im Traum deutet auf den Vorsatz, verfügbare Kräfte sinnvoll zu nutzen. Die Form des Segels mag eine Rolle spielen. Altmodische Segel sind ein Hinweis auf überholte Methoden, die Segel eines Rennbootes dagegen vielleicht auf den Einsatz moderner Technologie. Auch die Farbe der Segel kann von Bedeutung sein (→ Farben).

Psychologisch: Das Segel in einem Traum ist ein Hinweis, daß der Träumende sich in seinen Entscheidungen und bei seiner Lebensführung durch seinen Verstand leiten läßt.

Spirituell: Auf der spirituellen Ebene verkörpern Segel wie der Wind, der sie bläht, die Kraft des Geistes, die den Menschen vorantreibt.

SEHNEN

Allgemein: Häufig werden Gefühle in Träumen verstärkt. Ein Bedürfnis, mit dem der Mensch im Alltag bestens umgehen kann, wird im Traum zu einer sehnsuchtsvollen Suche. Ein solcher Traum wirft ein Licht auf ein Gefühl, welches der Träumende sich genau anschauen muß, um es zu verstehen.

Psychologisch: Bedürfnisse und vor allem Gefühle, die lange Zeit verdrängt werden, drängen mitunter machtvoll und verstärkt an die Oberfläche von Träumen. Dabei können sich scheinbar normale Alltagswünsche zu machtvollen Sehnsüchten auswachsen und den Träumenden mit ihrer Gewalt erschrecken.

Spirituell: Vielleicht ist der Träumende durch die anscheinend nicht enden wollende Suche nach seinem spirituellen Selbst ungeduldig geworden. Diese Ungeduld manifestiert sich im Traum oft durch ein sehnsuchtsvolles Gefühl.

SEIFE

Allgemein: Seife im Traum steht für Reinigung. Möglicherweise muß der Träumende für sich eine reine Umgebung schaffen, sowohl was körperliche Sauberkeit als auch angemessenes Verhalten betrifft. In sexuellen Träumen kann Seife auch die Samenflüssigkeit symbolisieren.

Psychologisch: Seife im Traum kann das Bedürfnis des Träumenden darstellen, mit sich selbst ins reine zu kommen. Er fühlt sich vielleicht aufgrund eines bestimmten Erlebnisses oder einer konkreten Situation beschmutzt, und der Traum macht ihn auf die Notwendigkeit aufmerksam, sich damit auseinanderzusetzen.

Spirituell: Auf der spirituellen Ebene bedeutet Seife im Traum die Befreiung von einem Makel aus der Vergangenheit.

SEIFENBLASEN

Allgemein: Vielleicht sind Seifenblasen im Traum ein Ausdruck des kindlichen Bedürfnisses, Spaß zu haben. Andererseits machen Seifenblasen dem Träumenden die vorübergehende Natur des Glücks und seine Sehnsucht nach Illusionen bewußt.

Psychologisch: Seifenblasen sind wunderschön, aber äußerst zerbrechlich. Sie erinnern den Träumenden daran, daß die Existenz des Menschen vergänglich ist, daß nichts immer währt.

Spirituell: Auf der spirituellen Ebene symbolisiert die Seifenblase im Traum das illusionäre Element des alltäglichen Lebens und ganz besonders des Tagtraums.

SEIL

→ Schnur

SELBSTMORD

Allgemein: Ein Traum von Selbstmord macht den Träumenden auf das gewaltsame Ende vielleicht eines Projekts oder einer Beziehung aufmerksam. Der Akt ist auch ein Zeichen von Wut auf das Selbst. Er kann zudem das Ende eines Geschäfts oder einer Geschäftsbeziehung ankündigen.

Psychologisch: Emotional betrachtet, ist der Selbstmord im Traum vielleicht ein Hinweis darauf, daß der Träumende möglicherweise nicht mehr dazu in der Lage ist, mit einer bestimmten Situation in seinem Leben zurechtzukommen. Das bedeutet aber nicht, daß der Träumende tatsächlich selbstmordgefährdet ist. Selbstmord im Traum kündigt lediglich das absichtlich herbeigeführte Ende einer Lebensphase an.

Spirituell: Auf dem spirituellen Weg muß oft das alte Selbst losgelassen werden. Im Traum kommt dies als Selbstmord zum Ausdruck.

SENDUNG

(Hörfunk und Fernsehen)

Allgemein: Wenn man träumt, daß man sich an einer Fernsehsendung beteiligt, dann möchte man bewußt ein breites Publikum erreichen. Das kann ein Risiko für den Träumenden darstellen, weil er keine Mittel besitzt, um die Reaktion des Publikums zu messen. Wenn der Träumende in seinem Traum Radio hört, bedeutet dies, daß er sich das genau anhören soll, was andere Menschen versuchen, ihm zu vermitteln.

Psychologisch: Ein Traum von einer Fernseh- oder Rundfunksendung kann bedeuten, daß der Schauspieler im Träumenden eine Form des Selbstausdrucks sucht.

Spirituell: Auf dieser Ebene steht die Sendung in Funk und Fernsehen für Spiritualität mit großer Reichweite.

SENKRECHT

→ Position

SENSE

Allgemein: Die Sense ist ein Schneidewerkzeug und hat daher eine ähnliche Bedeutung wie das Messer (→ Messer). In Träumen ist sie meist ein Hinweis darauf, daß der Träumende unwichtige Handlungen oder Überzeugungen aus seinem Leben »herausschneiden« sollte. Dabei muß er recht hart vorgehen, damit er das gewünschte Ziel erreichen kann.

Psychologisch: Die Sense ist ein sehr altes Symbol für das Verstreichen der Zeit. Wenn sie im Traum erscheint, zeigt dies, daß der Träumende Verbindung mit tiefverwurzelten Vorstellungen und Ideen aufgenommen hat. Er wird sich dessen bewußt, daß in seinem Umfeld augenblicklich möglicherweise Leben oder Energie zerstört wird, auch wenn dies nicht notwendigerweise seinen eigenen Tod bedeutet.

Spirituell: Die Sense ist wie die Sanduhr ein Requisit von Gevatter Tod und symbolisiert daher das Ende der physischen Existenz.

SESSEL

→ Möbel

SEUCHE

Allgemein: In alten Zeiten glaubte man, Seuchen, wie beispielsweise die Pest, seien die Rache der erzürnten Götter; und tatsächlich werden die meisten Seuchen durch ein ökologisches Ungleichgewicht verursacht. Wenn es im Traum des Träumenden um eine Seuche geht, hebt dies hervor, daß in seinem Inneren ein körperliches, emotionales oder mentales Ungleichgewicht herrscht. Im Traum weisen alle Seuchen auf etwas hin, wovon es zuviel gibt.

Psychologisch: Seuchen im Traum

verweisen auf die alte Vorstellung, daß einen Menschen, der nicht gehorcht, die Vergeltung des Gottes trifft. Ein Traum von einer Seuche zeigt daher, daß der Träumende leiden muß, weil und wenn er nicht auf seine innere Stimme hört.

Spirituell: Auf der spirituellen Ebene stellt die Seuche im Traum ein übertriebenes Schuldbewußtsein des Träumenden dar.

SEXUALITÄT

Allgemein: Eine wichtige Entwicklungsphase beginnt, wenn das Baby seinen eigenen Körper entdeckt. In diesem Stadium lernt das Kind, was Berührung bedeutet, ob es schön ist, zu berühren oder berührt zu werden, oder sogar, ob Berührung erlaubt ist. Wird ein Kind grob behandelt und geschlagen, entwickelt es möglicherweise Angst vor Berührungen und wird als Erwachsener mit sexuellen Schwierigkeiten zu kämpfen haben. Das ursprüngliche Trauma wird vielleicht verdrängt, doch häufig kommt es zu geeigneter Zeit in Träumen wieder zum Vorschein. Wirkliche Entwicklung findet statt, wenn das Individuum die Neugier nicht fürchtet, die eine unschuldige Erforschung seines Körpers erlaubt.

Psychologisch: In seinen Träumen bearbeitet ein Individuum seine Sexualität in der gesamten möglichen Bandbreite. Die negativen Aspekte der Sexualität machen sich nur dann in Träumen bemerkbar, wenn der Mensch seine sexuelle Natur ignoriert und diesen Ausdruck seiner Lebenskraft nicht wertschätzt. Sexualität im Traum ist ein natürlicher Versuch, einen Ausgleich zum Wachzustand zu finden, der vielleicht zu stark verstandesmäßig geprägt ist oder zuviel Gewicht hat. Sexualität im Traum zeigt ein Urbedürfnis nach Nähe und Vereinigung mit einem anderen Menschen. Es ist, als würde der Mensch einen Teil seiner selbst, den er verloren hat, im anderen suchen. Der Partner im Traum verkörpert die größtmögliche Nähe, die der Träumende zu diesem verlorenen Teil seiner selbst erfahren kann. Wäre der Mensch vollkommen und »ganz«, würde er sich wahrscheinlich nicht nach der sexuellen Vereinigung mit einem anderen Menschen sehnen. Ein solcher sexueller Traum, der die Gefühle hervorhebt, derer der Träumende fähig ist, liefert Informationen, die es ihm ermöglichen, seine Bedürfnisse zu verstehen.

Die folgenden Traumsymbole im Zusammenhang mit Sexualität können im Traum eine Rolle spielen und gedeutet werden:

Bisexualität: Jeder Mensch trägt in sich sowohl eine männliche wie auch eine weibliche Seite. Die eine ist in der Regel offenkundiger als die andere, und oft besteht zudem ein Konflikt zwischen der inneren und der äußeren Welt. Dies kann im Traum als Bisexualität zum Ausdruck kommen.

Ejakulation: Die Traumbilder von einem Orgasmus können ein Hinweis auf die Einstellung des Träumenden zur Sexualität sein. Konflikte, die im Träumenden aufgrund seines sexuellen Verlangens nach einem anderen Menschen entstehen, können gelöst werden, indem er von einer Ejakulation oder einem Orgasmus träumt.

Fetischismus: Fetische stellen eine Fixierung auf einen Gegenstand dar, ohne den ein Geschlechtsakt nicht möglich ist. Es bestehen gewisse Parallelen zu einem Kind, das ohne seinen Schnuller nicht einschlafen kann. Einiges spricht für die Möglichkeit, daß der Mensch es auf einer unbewußten Ebene vorziehen würde, ohne Sexualität auszukommen. Durch die Projektion seiner sexuellen Energie auf einen Gegenstand befreit er sich von der Verantwortung. Im Traum kann ein Fetischismus daher Angst, Unreife und mangelnde Leistungsfähigkeit symbolisieren.

Geschlechtskrankheit: Im Traum kann dies ein Hinweis darauf sein, daß sich der Träumende irgendeiner Verunreinigung gewahr ist. Diese ist nicht notwendigerweise sexueller Art, sondern kann auch emotionaler Natur sein.

Geschlechtsverkehr/Petting: Der Wunsch, mit jemandem auf einer sehr vertrauten Ebene zu kommunizieren, kann im Traum als Geschlechtsverkehr zum Ausdruck kommen. Wird der Koitus unterbrochen, hat der Träumende möglicherweise Hemmungen, derer er sich nicht bewußt ist. Geschlechtsverkehr oder Petting können auch die Reintegration eines bestimmten Persönlichkeitsanteils zeigen. Wird dann im Traum ein Kind geboren, ist diese Integration gelungen.

Hermaphrodit: Handelt ein Traum von einem Hermaphroditen, einem Individuum mit Geschlechtsmerkmalen von beiden Geschlechtern, kann dies entweder ein Hinweis auf Bisexualität oder auf Androgynie sein, auf die körperlich-seelische Mischung beider Geschlechter in einer Person.

Homosexualität: Sie bedeutet, daß das Sexualempfinden auf Menschen gleichen Geschlechts gerichtet ist. Homosexualität im Traum heißt, daß der Träumende einen Menschen begehrt, der so ist, wie er selbst. Wenn der Träumende erkennt, was am anderen ihm nicht nur im rein sexuellen Sinn gleicht, läßt sich der Traum deuten.

Inzest: Inzest im Traum kann die Schuldgefühle des Träumenden gegenüber seinen Eltern oder anderen Familienmitgliedern aufzeigen.

Kleidung: Sie kann in sexuellen Träumen von besonderer Bedeutung sein. Wenn sich der Träumende vollständig bekleidet sieht, hat das in der Regel etwas mit Schuld- oder Schamgefühlen zu tun.

Kuß: Er kann ein Zeichen der Hochachtung sein oder den Wunsch zeigen, den Traumpartner zu stimulieren. Der Kuß im Traum kann ein Hinweis sein, daß der Träumende sich damit auseinandersetzen soll, welche Form der Stimulation er selbst braucht.

Masochismus: Das Bedürfnis, im Zusammenhang mit Sexualität gequält zu werden, kann aus dem Wunsch resultieren, ein Märtyrer zu sein und für die eigenen »Sünden« zu büßen, oder das Verlangen spiegeln, extreme Gefühle irgendeiner Art zu erleben. Möglicherweise läßt der Träumende im Alltag tiefe Gefühle nicht zu.

Masturbation: Das Kind lernt, sich durch Masturbation zu trösten, daher zeigt diese im Traum ein Bedürfnis nach Trost.

Perversion: Wenn ein Traum von sexueller Perversion handelt, dann verweist dies darauf, daß der Träumende Themen vermeidet, die mit Nähe und Bindung zu tun haben.

Phallus: Jedes Bild, das einen Phallus darstellt oder mit ihm in Verbindung gebracht werden kann, ist ein Symbol für Kreativität, Männlichkeit und allgemein für das eindringende Prinzip. Der Phallus oder das erigierte Glied symbolisiert Vitalität und Kreativität sowohl in ihrer einfachsten als auch in ihrer komplexesten Form. Er ist Auferstehung und Erneuerung des Lebens.

Sadismus: Sadismus im Traum ist vermutlich eine Art Ausgleich dazu, wie sich der Träumende bewußt verhält. Er kann im täglichen Leben entweder sehr ängstlich sein, dann ist der Traum ein Abwehrmechanismus, oder er muß im Alltag sehr bestimmend und beherrschend sein; in dem Fall zeigt das Unbewußte sein Bedürfnis, beherrscht zu werden.

Sperma: Träume bringen gelegentlich seltsame Bilder von primitiven Riten und Bräuchen hervor, von denen der Träumende vielleicht bewußt gar nichts weiß. Viele von ihnen sind ein Symbol für den Geschlechtsakt. Sperma ist das Zeichen für Männlichkeit und körperliche Reife und zeigt sich im Traum oft als eine beliebige milchige Flüssigkeit.

Transvestismus: Er dokumentiert im Traum eine Verwirrung hinsichtlich der Geschlechtszugehörigkeit.

Vergewaltigung: Jeder Traum von Vergewaltigung kann ebensoviel mit der Verletzung der Intimsphäre wie mit dem Geschlechtsakt zu tun haben. Unwahrscheinlich ist, daß in Träumen sexuell mißbrauchter Kinder Vergewaltigung vorkommt. Möglicherweise erscheint dies erst als Bild, wenn der Erwachsene bereit ist, sich mit dem Trauma auseinanderzusetzen.

Spirituell: Sexuelle Aktivität ist entweder der höchste Ausdruck von Liebe und Spiritualität zwischen zwei Menschen oder, wenn sie rein körperlicher Natur ist, ein egoistischer Akt.

SHAMPOO

Allgemein: Shampoo im Traum hat einen offensichtlichen Zusammenhang mit Reinigung und Waschen. Auf der praktischen Ebene versucht der Träumende vielleicht »einen klaren Kopf zu bekommen«, um klarer denken und sehen zu können.

Psychologisch: Da Shampoo mit dem Kopf, der den Verstand repräsentiert, in Zusammenhang steht, gibt es aus psychologischer Sicht eine Verbindung mit dem Bedürfnis nach Gedankenklarheit. Der Träumende hat vielleicht den Eindruck, daß seine Gedankenprozesse durch äußere Einflüsse verlangsamt oder besudelt worden sind.

Spirituell: Auf der spirituellen Ebene ist Shampoo im Traum wie Seife ein Hinweis auf den Versuch, zum Elementaren zurückzukehren, die eigenen Wünsche und Bedürfnisse zu klären und eine neue Verbindung mit dem spirituellen Selbst herzustellen.

SIEB

Allgemein: Das Sieb im Traum ist ein Symbol für die Fähigkeit des Träumenden, Unterscheidungen machen zu können, in dem Sinn, daß er Großes von Kleinem, Gutes von Schlechtem und so fort zu trennen vermag.

Psychologisch: Das Sieb verkörpert den Blick des Träumenden auf sich selbst. Er ist dazu in der Lage, sich zu erkennen, eine bewußte Wahl zu treffen und das Beste aus seinem Leben zu machen.

Spirituell: Auf der spirituellen Ebene wird das Sieb im Traum mit Fruchtbarkeit und Regenwolken in Verbindung gebracht: Sauberer Regen und sauberes Wasser gestatten gutes Wachstum.

SIEBEN

→ Zahlen

SIEG

Allgemein: Es gibt viele Möglichkeiten, im Traum einen Sieg zu erringen. So könnte es darum gehen, daß der Träumende ein Problem oder auch einen Konflikt zwischen zwei Aspekten seines Selbst überwindet. Das Erfolgsgefühl, welches der Träumende durch einen Sieg im Traum erlebt, kann er ins reale Leben mitnehmen; es gibt ihm Vertrauen in seine eigenen Fähigkeiten.

Psychologisch: Der Sieg im Traum verkörpert die Überwindung von Hindernissen, die der Träumende selbst aufgebaut hat. Im Traum durchlebt der Träumende nicht selten einen »Probelauf«, eine Art bildliche Inszenierung seiner Fähigkeiten, die ihm dabei hilft, im Wachzustand den Erfolg leichter zu erlangen.

Spirituell: Hat der Träumende einen gewissen spirituellen Erfolg erzielt, kann dieser sich in der einen oder anderen Weise im Traum als Sieg darstellen.

SIEGEL

Allgemein: Ein Siegel im Traum symbolisiert Gesetzlichkeit und moralisches Handeln, Macht und Autorität. Der Besitz des Siegels verleiht dem Träumenden die Kraft, für sein Handeln selbst die Verantwortung zu übernehmen.

Psychologisch: Wenn ein Traum von Rechtsdokumenten handelt, und der Träumende sieht das Siegel, kann dies ein Hinweis darauf sein, daß eine Entscheidung getroffen wurde, die sowohl bindend als auch geheim ist. Das Brechen eines Siegels deutet möglicherweise auf einen Vertrauensbruch hin, den der Träumende begeht.

Spirituell: Auf der spirituellen Ebene steht ein Siegel im Traum für geheimes, esoterisches Wissen.

SIGNALFEUER

auch → Feuer, → Leuchtfeuer

Allgemein: Ein Signalfeuer im Traum kann eine Warnung sein, Kommunikationsbedürfnis ausdrücken oder streng eingehaltene Lebensprinzipien verkörpern.

Psychologisch: Das Signalfeuer im Traum steht möglicherweise für die »aufflammenden« Gefühle des Träumenden. Um nicht von den Flammen verzehrt zu werden, sollte der Träumende die direkte Kommunikation mit der Person suchen, der seine Gefühle gelten.

Spirituell: Auf dieser Ebene sind Signalfeuer im Traum Wegweiser zu spiritueller Erleuchtung und spirituellem Heiligtum.

SILBER

Allgemein: Auf der praktischen Ebene ist Silber ein Hinweis auf Finanzen oder Geld. Silber stellt einen Wert dar, der in schwierigen Zeiten hervorgeholt und zum Einsatz gebracht werden kann.

Psychologisch: Das Metall Silber und auch die Farbe stehen in engem Zusammenhang mit den Eigenschaften des Monds. Im Traum bedeutet Silber, daß ein nützlicher Gegenstand oder eine hilfreiche Person bereitstehen, allerdings in einiger Entfernung.

Spirituell: Auf der spirituellen Ebene repräsentiert Silber das weibliche Prinzip.

SINGEN

Allgemein: Wenn im Traum Gesang zu hören ist, hat dies mit dem Selbstausdruck des Träumenden zu tun. Er steht in Verbindung mit der fließenden, fühlenden Seite seines Selbst und der anderer Menschen. Wenn der Träumende selbst singt, zeigt dies seine Freude und Lebenslust. Singen andere Traumfiguren, dann zeigt dies, daß der Träumende in der Lage war, eigenständige Fähigkeiten zu entwickeln. Die Zugehörigkeit zu einem Chor ist ein Hinweis, daß er sich in einer Gruppe Gleichgesinnter zum Ausdruck bringen kann.

Psychologisch: Singen als Akt der Gottesverehrung ist ein wichtiger Bestandteil vieler Glaubenssysteme. Auch eine Fußballhymne erzeugt ein Gemeinschaftsgefühl, egal, ob es sich um einen Schmähgesang auf den Schiedsrichter oder ein Loblied auf die Mannschaft handelt. Bestimmte heilige Musik, wie etwa gregorianische Gesänge oder das Chanten von Mantras (→ Mantra), bewirken unter bestimmten Umständen eine Bewußtseinsveränderung.

Spirituell: Auf der spirituellen Ebene kann Singen im Traum die Verbindung mit dem höheren Selbst herstellen.

SINKEN

Allgemein: Wenn der Träumende in seinem Traum meint, zu sinken, ist dies ein Hinweis auf den Verlust seines Selbstvertrauens. Sieht der Träumende einen anderen Menschen sinken, deutet dies darauf hin, daß er sich eines Problems bewußt ist, bei dem Hilfe von außen erforderlich ist. Vielleicht hat er das Gefühl, in einer Beziehung oder Situation den Boden unter den Füßen zu verlieren. Auch wo er versinkt, kann von Bedeutung sein. Versinkt der Träumende im Wasser, ist dies ein Zeichen, daß ihn ein bestimmtes Gefühl zu verschlingen droht. Handelt es sich um Sand oder Sumpf, verweist dies auf seine Befürchtung, daß es für ihn keinen sicheren Grund gibt.

Psychologisch: Das Gefühl, zu sinken, ist gewöhnlich ein Hinweis auf Sorgen und Angst. Der Träumende ist gefühlsmäßig nicht dazu in der Lage, sich sein Glück zu bewahren. Vielleicht meint er, die Kontrolle verloren zu haben und sich nicht mehr vorwärtsbewegen zu können. Sieht der Träumende, wie ein Gegenstand sinkt, kann dies darauf hindeuten, daß er im Begriff ist, einen wertvollen Gegenstand oder Menschen zu verlieren.

Spirituell: Sowohl in spiritueller als auch in physischer Hinsicht bedeutet Sinken im Traum, in eine Situation zu kommen, in der man nicht mehr klar sieht oder die beste Vorgehensweise erkennt. Bei Sensitiven kann dies der Fall sein, wenn die Negativität anderer sie zu übermannen droht.

SIRENE

auch → Archetypen

Allgemein: Wenn der Träumende in seinem Traum eine Sirene von einem Ambulanz- oder einem Feuerwehrfahrzeug hört, dann ist dies eine Warnung vor einer möglichen Gefahr. Ist der Träumende älter, mag ihn dies an den Krieg erinnern.

Psychologisch: Als Archetypus steht die Sirene für Täuschung und für die Ablenkung des Menschen von seinem Ziel. Im Traum ist hier meist ein sexueller Bezug angesprochen, der schwierig zu handhaben ist. Im Traum einer Frau verweist die Sirene auf Destruktivität und Versuchung. Manchmal kann die Sirene im Traum auch die Anima eines Mannes sein (→ Anima).

Spirituell: Nur wenn auf der spirituellen Ebene erkannt wird, daß die Sirene den Menschen letztlich wieder zu dem macht, was er ist, wird sie annehmbar und integrierbar. Hat er ihrem Zauber erst einmal widerstanden, ist er frei, ganz zu werden.

SKELETT

Allgemein: Ein Skelett im Traum weist auf das Grundgerüst einer Sache, vielleicht einer Idee oder eines Konzeptes hin. Ein tanzendes Skelett bedeutet, daß der Träumende sich seiner Lebendigkeit bewußt ist. Gräbt er ein Skelett aus, holt er etwas hervor, das er zu irgendeinem Zeitpunkt im Unbewußten begraben hat.

Psychologisch: Der Träumende muß sich mit seinen Gefühlen zum Tod auseinandersetzen. Ein solch leicht durchschaubares Traumsymbol zwingt ihn dazu. Ein Skelett im Traum kann auch auf Gefühle oder Talente hindeuten, die »gestorben« sind, weil der Träumende sie nicht genug gepflegt hat.

Spirituell: Auf der spirituellen Ebene kann ein Skelett im Traum ein Hinweis sein, daß Askese als Mittel, um zur Ganzheitlichkeit zu finden, in Betracht gezogen werden sollte.

SKORPION

→ Tierkreis

SMARAGD

auch → Edelsteine

SOHN

→ Familie

SOMMER

Allgemein: Bemerkt der Träumende, daß in seinem Traum Sommer ist, verweist dies darauf, daß eine gute Zeit in seinem Leben angebrochen ist. Es ist bald an der Zeit, die Ernte jener Projekte einzufahren, die sich gut entwickelt haben, und sich ein wenig Ruhe zu gönnen.

Psychologisch: Der Sommer im Traum verkörpert einerseits bevorstehenden Urlaub und Spaß und damit entsprechende Entspannung. Zum anderen hat der Träumende die Gelegenheit, sich mit anderen Menschen zu treffen und neue Verbindungen herzustellen.

Spirituell: Auf dieser Ebene stellt der Sommer die Lebensmitte dar. Erste spirituelle Erfolg zeigen sich, und die verbleibende Lebenszeit kann geplant werden.

SONNE

auch → Himmelskörper

Allgemein: Die Sonne im Traum verweist auf Wärme und Bewußtheit. Ein sonniger Tag steht für glückliche Stimmung. Ist der Träumende der Sonne zugewandt, ist dies ein Hinweis darauf, daß er Erleuchtung sucht.

Psychologisch: Weil die Sonne ein so machtvolles Symbol der Lebenskraft ist, kann sie im Traum auch allgemein als Sinnbild der Lebensenergie gelten. Handelt ein Traum von einem Sonnentanz, möchte der Träumende vielleicht die Sonne wegen ihrer alles umfassenden Kraft und Energie preisen. Der Träumende nutzt die Sonne zur Orientierung und ihre Energie als Quelle seiner Lebendigkeit.

Spirituell: Auf dieser Ebene kann die Sonne die spirituelle Erleuchtung symbolisieren.

SPÄT

→ Zeit

SPATEN

→ Schaufel

SPATZ

→ Vögel

SPECHT

→ Vögel

SPEER

Allgemein: Der Speer im Traum repräsentiert das männliche Prinzip und ist folglich Phallussymbol und lebenspendende Kraft. Sieht der Träumende in seinem Traum einen Krieger mit einem Speer, ist er sich der aggressiven Männlichkeit bewußt. Wer einen Speer in den Boden steckt, kennzeichnet sein Territorium. Wirft der Träumende einen Speer, muß er sich die noch unentwickelten Persönlichkeitsanteile bewußt machen.

Psychologisch: In psychologischer Hinsicht ist der Speer jener Teil des Selbst, der schöpferisch und aktiv ist. Er macht es dem Träumenden möglich, Notwendiges von Unwichtigem zu unterscheiden und auf direktem Wege ans Ziel zu gelangen.

Spirituell: Auf der spirituellen Ebene symbolisiert der Speer im Traum Geradlinigkeit und Ehre.

SPEICHEL

Allgemein: Normalerweise steht Speichel im Traum für Ekel. Das Traumsymbol kann vom Träumenden verlangen, sich in seiner Meinungsbildung nicht zu sehr nach ihm übergeordneten Personen zu richten. Darüber hinaus kann Speichel ein Hinweis auf geistigen, emotionalen oder spirituellen Hunger sein.

Psychologisch: Nach positivem Verständnis kann Speichel im Traum ein Zeichen für Glauben und Vertrauen sein. In manchen Kulturen spuckt man sich deshalb auf die Hände, wenn man ein Geschäft abschließt. Durch den Austausch von Körperflüssigkeit entsteht eine Bindung.

Spirituell: Seit biblischer Zeit wird Speichel als heilende Flüssigkeit betrachtet. Er soll den bösen Blick abwehren und gegen Verfluchung wirken. Auf der spirituellen Ebene symbolisiert er den Energiefluß zwischen Heiler und Patient.

SPEISEKAMMER

Allgemein: Die Speisekammer ist ein Aufbewahrungsraum für Lebensmittel und symbolisiert im Traum daher in der Regel Fürsorglichkeit. Bis zu einem gewissen Grad hängt die Deutung des Traums davon ab, welche Lebensmittel in der Speisekammer gelagert sind. Von Bedeutung ist aber auch, welche typischen Vorräte in der Speisekammer fehlen.

Psychologisch: Heute haben die meisten Menschen keine Speisekammer mehr, daher wird dieses Traumbild häufig durch den Kühlschrank oder die Tiefkühltruhe ersetzt. All diese Gegenstände verweisen darauf, daß es wichtig ist, Dinge haltbar zu machen und zu lagern. Bei diesen »Dingen« kann es sich um Energie, Ressourcen oder um Macht handeln.

Spirituell: Auf der spirituellen Ebene verweist eine Speisekammer im Traum auf Geschenke oder Talente.

SPERMA

→ Sexualität

SPHINX

Allgemein: Für die meisten Menschen symbolisiert die Sphinx im Traum das Land Ägypten und alles Geheimnisvolle, das sich mit ihm verbindet.

Psychologisch: Die Sphinx im Traum symbolisiert die rätselhafte Seite des Menschen. Im Traum verweist sie auf die geheimnisvolle Stärke, über die der Träumende oft gerade in schwierigen Zeiten verfügt.

Spirituell: Auf der spirituellen Ebene steht die Sphinx im Traum für Wachsamkeit, Macht und Weisheit wie auch für Würde.

SPIEGEL

Allgemein: Wenn ein Traum von einem Spiegel handelt, zeigt dies, daß der Träumende um sein Selbstbild besorgt ist. Er macht sich Sorgen darüber, was andere über ihn denken könnten, und muß sich selbst daraufhin überprüfen, ob er nach außen hin ein authentisches Bild spiegelt. Möglicherweise steht hinter dem Traumsymbol auch eine Angst vor dem Älterwerden oder um die Gesundheit.

Psychologisch: Wenn der Träumenden in seinem Traum in den Spiegel schaut, kann dies bedeuten, daß er versucht, zu erkennen, was sich hinter seinem Rücken abspielt, ohne daß anwesende Personen dies bemerken. Vielleicht macht sich der Träumende auch Sorgen wegen seines Verhaltens in der Vergangenheit und muß darüber nachdenken, was er gesagt oder getan hat. Ist das Spiegelbild verzerrt, fällt es ihm schwer, sich selbst zu begreifen. Spricht es mit ihm, sollte der Träumende genau auf sein inneres Selbst hören, welches sich auf diesem Wege an ihn wendet.

Spirituell: Auf der spirituellen Ebene verweist der Spiegel im Traum auf jene Selbsterkenntnis, deren Grundlage Weisheit ist.

SPIELE/SPIELEN

Allgemein: Wenn der Träumende in seinem Traum an irgendeinem Spiel beteiligt ist, steht dieses Spiel letztlich immer für das Leben selbst. Ist er im Traum ein guter oder erfolgreicher Mitspieler, zeigt dies, daß er mit seinen Lebensumständen gut fertig wird. Spielt er schlecht, muß er seine Fähigkeiten vielleicht neu überdenken und herausfinden, in welchem Bereich er seine Leistung noch steigern sollte, um seiner Aufgabe besser gewachsen zu sein. Darüber hinaus sind Spiele und Spielen im Traum eventuell ein Hinweis darauf, daß der Träumende das Leben nicht ernst nimmt, oder aber sie sind eine »spielerische« Vorbereitung auf zukünftige Wettbewerbssituationen.

Psychologisch: Bestimmte Spiele, wie etwa Fußball, Basketball, Handball oder Volleyball, sind für viele Menschen eine wichtige Möglichkeit, sich mit einem »Stamm« oder einer Gruppe von Menschen zu identifizieren. Weil diese Mannschaftssportarten »Scheinkämpfe« sind, können sie ein gesundes Ventil für Aggressionen sein. Sie verdeutlichen, auf welche Art der Träumende sein Identitätsgefühl erwirbt und wie er sich in der Gruppe verhält. Brettspiele wie Schach oder Dame, die Strategien und Gedankenkraft erfordern, vermitteln dem Träumenden eine Vorstellung davon, wie er in einer bestimmten Situation vorausdenken sollte. Ein Traum von einem Spiel könnte ein Hinweis an den Träumenden sein, mehr spielerische Risikobereitschaft zu zeigen.

Spirituell: Auf der spirituellen Ebene steht Spiel oder Spielen im Traum für das ritualisierte Kämpfen zwischen zwei entgegengesetzten Kräften.

SPIELKARTEN

Allgemein: Spielkarten heben im Traum die Fähigkeit des Träumenden, günstigen Gelegenheiten gegenüber offen zu sein und Chancen beim Schopfe zu packen. Sowohl die Zahlen als auch die Kombination der Karten in dem Spiel können von Bedeutung sein (→ Zahlen). Herz steht für Gefühle und Liebesbeziehungen. Karo repräsentiert materiellen Wohlstand. Pik stellt Konflikte, Schwierigkeiten und Hindernisse dar. Kreuz symbolisiert Aktion, Arbeit und Intelligenz. Der König verkörpert Erfolg und Meisterschaft des Menschen, die Königin emotionale Tiefe, Sensibilität und Verständnis. Der Bube steht für Impulsivität, Kreativität und pubertäre Energie.

Psychologisch: Spielkarten im Traum können als Symbol für eingegangene Risiken betrachtet werden und den Träumenden vor möglicher Gefahr warnen.

Spirituell: Auf der spirituellen Ebene können vor allem Tarotkarten ein Abbild der inneren Wahrheit sein und als Ergänzung zur Traumarbeit sinnvoll zum Einsatz kommen.

SPIELZEUG

Allgemein: Wenn im Traum Spielzeug vorkommt, führt sich der Träumende damit die Kinder seines Umfelds ins Bewußtsein oder das Kindliche in ihm selbst. Spielzeug stellt die kreative wie auch die verspielte, unschuldige Seite des Menschen in den Vordergrund.

Psychologisch: Der Träumende muß allerdings darauf achten, um welche Art von Spielzeug es sich in seinem Traum handelt, denn oft gibt dies Aufschluß über neue Ideen, die ihm durch den Kopf gehen, oder über neue Herangehensweisen im Umgang mit anderen Menschen. Möglicherweise benötigt der Träumende mehr spielerischen Umgang, um sich besser erholen und vergnügen zu können.

Spirituell: Spielzeug im Traum macht den Träumenden auf sein Vermögen aufmerksam, die Gestaltung seines Lebens in die Hand zu nehmen. So wie ein Kind mit Hilfe seines Spielzeugs die eigene kleine Welt aufbaut, so ist dies auch dem Träumenden möglich.

SPINNE

Allgemein: Das Bild der Spinne birgt viel Symbolkraft. Im normalen Leben werden der Spinne wenig Sympathien entgegengebracht. Im Traum steht sie für Verschlagenheit und für das Künstlerische im Träumenden.

Psychologisch: Die Spinne im Traum und das Mandala (→ Mandala) besitzen eine ähnliche Symbolik. Die Spinne erschafft ein Netz wie ein Mandala, welches den Träumenden gleichzeitig nährt und schützt.

Spirituell: Auf der spirituellen Ebene steht die Spinne im Traum für die Große Mutter in ihrer Rolle als Weberin. Sie webt das Schicksal mit ihrem Körper und ist daher die Schöpferin.

SPINNROCKEN

Allgemein: Dieses Symbol wird im Traum wahrscheinlich zum großen Teil durch moderne technologische Symbole ersetzt, aber in der Regel stellt es weibliche Eigenschaften oder den Strom der Zeit dar.

Psychologisch: Viele Symbole, die in Verbindung mit Garn, Weben und Spinnen stehen, haben einen Zusammenhang mit der Erschaffung intuitiver Muster im Leben des Träumenden.

Spirituell: Auf der spirituellen Ebene symbolisiert der Spinnrocken Zeit, Schöpfung und Schicksal.

SPIRALE

→ Geometrische Figuren

SPLITTER

Allgemein: Ein Splitter im Traum kann für kleine Irritationen stehen. Er hat die Abwehrmechanismen des Träumenden durchbrochen und bereitet ihm nun Unbehagen. Splitter symbolisieren schmerzhafte Worte oder beängstigende Vorstellungen, die ihrerseits wieder negative Gefühle hervorrufen.

Psychologisch: Im Traum Teil einer Splittergruppe zu sein, weist darauf hin, daß der Träumende sich in einer Sache, die von gängigen Meinungen abweicht, sehr engagiert. Wenn er auf einen Gegenstand schlägt, der dann splitternd zerbricht, erkennt er, daß er aus Teilen besteht, die ein Ganzes ergeben.

Spirituell: Das Gefühl, zu einer Gruppe Gleichgesinnter zu gehören, kann erst entstehen, wenn der Träumende seine Isolation oder, in manchen Fällen, seine innere Zersplitterung wahrgenommen und überwunden hat.

SPRACHE

Allgemein: Wenn der Träumende in seinem Traum eine fremde oder merkwürdige Sprache hört, dann soll durch sie eine bestimmte Form von Kommunikation hervorgehoben werden; diese kommt entweder von innen oder aus dem kollektiven Unbewußten (siehe »Einführung in die Traumarbeit«).

Psychologisch: Wenn der Träumende sich den vorhandenen Möglichkeiten mehr öffnet, können die verschiedenen Facetten seiner Persönlichkeit ihre eigene Ausdrucksform finden, um mit ihm zu kommunizieren. Im Traum drückt sich dies häufig durch eine merkwürdige Sprache aus. Es kommt vor, daß der Träumende während solcher Träume im Schlaf spricht.

Spirituell: Auf der spirituellen Ebene symbolisiert Sprache im Traum Mitteilungen von körperlosen Wesen.

SPRECHEN

Allgemein: Wenn im Traum Menschen sprechen, verweist dies auf die Fähigkeit des Träumenden, zu kommunizieren. Er kann klar ausdrücken, was er fühlt und denkt. Im Wachzustand mangelt es dem Träumenden hierzu vielleicht zu sehr an Selbstsicherheit.

Psychologisch: Vielleicht hat der Träumende die Befürchtung, daß man ihm nicht richtig zuhört; diese Angst kann zum Ausdruck kommen, wenn er im Traum eine andere Traumfigur sprechen hört. Es sind weniger die Worte selbst von Bedeutung als vielmehr der Sinn des Gesagten.

Spirituell: Auf der spirituellen Ebene bedeutet Sprechen im Traum möglicherweise übersinnliche Kommunikation.

SPRINGBRUNNEN

Allgemein: Wenn ein Traum von einem Springbrunnen handelt, bedeutet dies, daß der Träumende den Prozeß des Lebens und den Fluß seines Bewußtseins erkennt. Wegen seiner Nähe zum Wasser stellt der Springbrunnen auch das Branden der Gefühle dar und häufig die Fähigkeit, dies zum Ausdruck zu bringen. Ein Springbrunnen kann auch ein spielerisches Element im Leben des Träumenden darstellen: das Bedürfnis, frei und »fließend« und unbeschwert zu sein.

Psychologisch: Ein Springbrunnen im Traum stellt häufig die Mutterfigur dar oder die Quelle der Gefühle.

Spirituell: Auf der spirituellen Ebene ist ein Springbrunnen im Traum das Symbol für Unsterblichkeit und für das ewige Leben.

SPRINGEN

Allgemein: Der Akt des Springens kann im Traum doppeldeutig sein: Hochspringen kann den Versuch darstellen, etwas Besseres im Leben zu erreichen; hinunterspringen kann bedeuten, daß der Träumende hinabsteigt in sein Unbewußtes. Auf der Stelle hüpfen kann Freude symbolisieren; es hat eine ähnliche Bedeutung wie Tanzen (→ Tanzen).

Psychologisch: Sich wiederholende Bewegungen jeder Art verweisen im Traum in der Regel darauf, daß der Träumende darüber nachdenken sollte, was er tut, und vielleicht eine andere Art von Selbstausdruck finden muß. Wenn der Träumende auf der Stelle hüpft, kann dies bedeuten, daß er in einer Situation gefangen ist und nicht die Kraft hat, sich vor oder zurück zu bewegen.

Spirituell: In manchen Ländern ist rhythmisches Springen ein Mittel, um in Ekstase zu geraten. Es stellt einen Weg dar, um das Körperliche zu umgehen und auf diese Weise das Spirituelle schneller zu erreichen.

SPRITZE

Allgemein: Im Traum verweist eine Spritze darauf, daß der Träumende sich über den Einfluß, den andere Menschen auf ihn haben, Rechenschaft ablegt. Die Deutung hängt davon ab, ob die Spritze verwendet wird, um etwas zu entfernen oder um etwas einzuspritzen. Eine Gartenspritze kann im Traum entweder auf männliche Energie verweisen oder auf Verschmutzung.

Psychologisch: Wenn der Träumende versucht, andere Menschen zu beeinflussen, muß er sich dessen bewußt sein, auf welche Weise er dies tut. Er kann sehr pointiert vorgehen und die richtige Stelle erwischen, aber es ist auch möglich, daß er sich dabei verzettelt. Der Träumende sollte darauf achten, nicht mehr Schmerz zu erzeugen, als unbedingt notwendig ist.

Spirituell: Auf dieser Ebene symbolisiert die Spritze im Traum durchdringende Bewußtheit, die auf einen bestimmten Zugang zum spirituellen Selbst verweisen kann.

SPRUNG

Allgemein: Wenn ein Traum von einem Gegenstand handelt, der einen Sprung hat, verweist dies auf das Erkennen des Träumenden, daß etwas in seinem Leben defekt ist. Vielleicht fühlt er sich geschwächt oder hat bei der Bewältigung von Lebensproblemen Schwierigkeiten mit seiner Einstellung und Abwehr.

Psychologisch: Auf der psychologischen Ebene stellt ein Sprung in einem Gefäß oder anderen Gegenstand das Irrationale oder Unerwartete dar. Er kann auf die Unfähigkeit verweisen, die Dinge auf der geistigen Ebene beieinander zu halten.

Spirituell: Auf der spirituellen Ebene ist der Sprung, beispielsweise in einem Krug, ein Hinweis für den Träumenden, daß auch »eine beschädigte Seele« noch ihre Funktionen erfüllen kann und Anlaß zur Hoffnung bietet.

STAB

Allgemein: Ein Stab im Sinne eines Stocks oder eines Mitarbeiterstabes symbolisiert Unterstützung, die der Träumende entweder braucht oder besitzt. Es ist seine Aufgabe, sich darüber Klarheit zu verschaffen, welche der beiden Möglichkeiten zutrifft.

Psychologisch: Der Stab im Traum kann die »Wanderschaften und Reisen« symbolisieren, die der Träumende in seinem Leben unternehmen muß. Als Zauberstab repräsentiert er magische Kraft.

Spirituell: Auf der spirituellen Ebene ist der Stab im Traum bei Beginn der Reise eine Stütze und an ihrem Ende ein Zeichen der Autorität.

STACHEL

Allgemein: In einem Traum von Stacheldraht umgeben zu sein, deutet darauf hin, daß der Träumende durch verletzende Bemerkungen, die entweder von ihm selbst oder von anderen Traumfiguren stammen, am Vorankommen gehindert wird.

Psychologisch: Der Träumende bemüht sich auf der geistigen Ebene zu sehr um Glätte. Dies macht ihn zwar unangreifbar, aber auch langweilig. Gleichzeitig will er andere Menschen dazu überreden, Dinge zu tun, die sie nicht tun wollen.

Spirituell: Auf der spirituellen Ebene symbolisiert der Stachel im Traum eine unangenehme, unter Umständen schmerzhafte Erfahrung, die aber dennoch großes Lernpotential birgt.

STADT

auch → Orte

Allgemein: Wenn ein Traum von einer Stadt handelt, besonders wenn es sich um eine Stadt handelt, die der Träumende kennt, ist dies ein Hinweis auf Gemeinschaft oder die Zugehörigkeit zu einer Gruppe. Wie viele andere Träume auch, so gibt auch dieser Aufschluß darüber, wonach sich der Träumende in bezug auf seine geistige und soziale Umgebung sehnt. Eine belebte Stadt zeigt vielleicht den Wunsch nach sozialem Austausch. Eine menschenleere Stadt legt nahe, daß sich der Träumende von seinen Mitmenschen übergangen und isoliert fühlt.

Psychologisch: Eine Stadt hat normalerweise eine Kerngemeinde; manchmal stellt der Träumende in seinem Traum seinen Arbeitsplatz oder seine beruflichen wie privaten Chancen auf diese Weise dar.

Spirituell: Eine spirituelle Gemeinschaft, welcher der Träumende angehört, kann durch eine Stadt dargestellt werden.

STAR

→ Filmstar

STATUE

Allgemein: Kommt in einem Traum eine Statue vor, stellt sie die teilnahmslose, kalte Seite der menschlichen Natur dar. Möglicherweise verehrt oder liebt der Träumende eine Person, die auf sein Werben nicht reagiert.

Psychologisch: Jeder Mensch sehnt sich im Grunde seines Herzens nach einem Idol, zu dem er aufschauen kann. Dieses Bedürfnis kann im Traum durch eine Statue zum Ausdruck kommen. Mitunter verkörpert die Statue nicht unbedingt eine Person, sondern eine Idee oder ein Konzept. Es ist hilfreich, wenn der Träumende versucht, den Hintergrund des Traumsymbols zu verstehen.

Spirituell: Während der spirituellen Entwicklung gelangt der Träumende möglicherweise zu der Erkenntnis, daß er einer Sache oder einem Zustand Wert zugeschrieben hat, etwa einer Beziehung, die ihre Bedeutung verloren hat. Sie ist verfestigt und daher tot. Falls die Statue wieder zum Leben erwacht, kann auch die Beziehung gerettet werden.

STECKNADEL

Allgemein: Die Deutung hängt davon ab, ob die Stecknadel etwas zusammenhält oder dazu benutzt wird, um etwas zu durchstechen. Ist ersteres der Fall, kann dies auf emotionale Verbindungen verweisen, die der Träumende benutzt. Trifft zweiteres zu, so symbolisiert die Nadel wahrscheinlich ein Trauma.

Psychologisch: Gelegentlich wird man im Traum an ein Gefühl aus dem Alltagsleben erinnert. Wenn Stecknadel und Nadel im Traum eine Rolle spielen, dann verweist dies darauf, daß der Träumende in einer Situation nicht für einen angemessenen Energiefluß sorgt.

Spirituell: Vielleicht vermag der Träumende ein spirituelles Problem nicht sofort zu lösen. Eine Übergangslösung kann notwendig sein, die durch die Verwendung einer Stecknadel symbolisiert werden kann.

STEHLEN

auch → Dieb

Allgemein: Wenn ein Traum von Stehlen handelt, läßt dies vermuten, daß sich der Träumende etwas ohne Erlaubnis nimmt. Dabei kann es sich um Liebe, Geld oder Gelegenheiten handeln. Wenn jemand den Träumenden bestiehlt, fühlt er sich vielleicht betrogen. Ist der Dieb ein Bekannter, muß der Träumende herausfinden, in welchem Maße er ihm vertraut. Handelt es sich bei dem Dieb um einen Unbekannten, geht es wahrscheinlich eher um einen Teil seines Selbst, dem der Träumende nicht traut. Gehört er selbst zu einer Diebesbande, sollte er die Moralvorstellungen seines Umfelds anschauen und überdenken.

Psychologisch: Stehlen ist ein sehr emotionsgeladenes Wort, und es hängt vom Hintergrund des Träumenden ab, wie er unangemessenes Verhalten empfindet. Das Traumbild Stehlen erscheint, wenn eine gefühlsmäßig aufgeladene Auseinandersetzung stattfindet. Ein emotional »bedürftiger« Mensch kann vielleicht das Gefühl haben, daß er Zuneigung stiehlt.

Spirituell: Auf der spirituellen Ebene bedeutet Stehlen im Traum den falschen Einsatz von Energie. Auf jeder Bewußtseinsebene steht dem Menschen eine bestimmte Kraft zur Verfügung, die weise und richtig eingesetzt werden muß. So könnte beispielsweise schwarze Magie als Stehlen interpretiert werden.

STEIFHEIT

Allgemein: Steifheit, Starrheit oder Bewegungslosigkeit im Traum weist auf Anspannung oder Angst hin. Energie kann nicht fließen.

Psychologisch: Wenn ein Mensch einem anderen steif begegnet, heißt dies, daß er reserviert und in sich gekehrt ist. Wahrscheinlich verhält er sich so aus Schüchternheit, doch möglicherweise auch aus Wut.

Spirituell: In bestimmten Stadien der spirituellen Entwicklung kann Disziplin als Starrheit erscheinen.

STEIN

Allgemein: Stein kann im Traum für Stabilität und Dauerhaftigkeit stehen, aber auch für Gefühlsverlust. Das Behauen eines Steins stellt den Versuch dar, ein dauerhaftes Denkmal zu schaffen oder einen Zustand aus seiner Erstarrung zu befreien.

Psychologisch: Stein oder Steine als Traumsymbol können viele Bedeutungen haben. Wenn ein Stein zertrümmert wird, gilt dies als Symbol für eine schwere Verletzung. Empfindet sich der Träumende in seinem Traum als versteinert, weist dies darauf hin, daß seine Standpunkte verhärtet sind. Wird er gesteinigt, leidet der Träumende unter Schuldgefühlen und muß sich für Fehlverhalten bestrafen.

Spirituell: Auf der spirituellen Ebene symbolisiert Stein im Traum die Unvergänglichkeit und Unzerstörbarkeit der höchsten Wirklichkeit.

STEINBOCK

→ Tierkreis

STEINBRUCH

Allgemein: Wenn ein Traum von einem Steinbruch handelt, bedeutet dies, in den Tiefen der Persönlichkeit zu suchen und positive Kenntnisse und Erkenntnisse, über die der Träumende verfügt, freizulegen. Oft stehen Traumsymbole in Zusammenhang mit der Kindheit oder mit vergangenen Erfahrungen. Möglicherweise liegen sie vergraben und müssen nun ins Bewußtsein gehoben werden.

Spirituell: Auf dieser Ebene steht der Steinbruch im Traum für eine spirituelle Suche, die es möglicherweise erfordert, daß der Träumende sich Erkenntnisse mühsam erarbeitet.

STERILISIEREN

Allgemein: Wenn ein Traum davon handelt, daß etwas sterilisiert wird, weist dies auf ein Bedürfnis nach Reinigung auf einer tiefen Ebene hin. Der Träumende möchte sich von alten Verletzungen und Traumata befreien und ist bereit, dafür entsprechende Anstrengungen zu unternehmen. Eine Situation zu »sterilisieren«, kann bedeuten, die mit ihr in Verbindung stehenden Gefühle unberücksichtigt zu lassen.

Psychologisch: Wenn eine Frau träumt, daß sie sterilisiert wird, entweder durch eine Operation oder auf andere Weise, kann dies mit ihrem Gefühl zusammenhängen, als Frau machtlos zu sein.

Im Traum eines Mannes kann Sterilisation sexuelle Unzufriedenheit oder Zweifel am Selbstbild bedeuten.

Spirituell: Auf der spirituellen Ebene ist Sterilisation im Traum mehrdeutig. Es kann entweder ein Hinweis auf die Reinheit des Geistes sein oder auf einen Aspekt des Selbst, der sich nicht entwickeln kann.

STERN

→ Geometrische Figuren

STEUERN

Allgemein: Steuern im Alltag sind jene Gelder, die dem verdienenden Bürger abgezogen werden, wenn er ein vollberechtigtes Mitglied der Gesellschaft sein will. Wenn der Träumende in seinem Traum Steuern bezahlen muß, verweist dies auf eine Art Strafe für die Lebensweise, die er sich ausgesucht hat.

Psychologisch: Steuern sind das äußere Anzeichen für den Wunsch, um zur Gesellschaft zu gehören. Wenn es in einem Traum um die Kraftfahrzeugsteuer geht, muß sich der Träumende stärker bemühen, um weitere Fortschritte zu machen. Das Bezahlen von Einkommenssteuer hingegen läßt den Schluß zu, daß er das Gefühl hat, der Gesellschaft etwas schuldig zu sein. Entrichtet der Träumende im Traum eine Gemeindesteuer, ist die Vermutung naheliegend, daß er den Eindruck hat, er müsse für den »Raum« zahlen, in dem er lebt. Weigert sich der Träumende, seine Steuern zu bezahlen, symbolisiert dies seinen Widerstand gegen Konformität.

Spirituell: Auf der spirituellen Ebene verweist jede Steuer, die im Traum eingezogen wird, darauf, welche Einstellung zur Arbeit für etwas Größeres oder für die Gemeinde der Träumende hat. Der Mensch muß für das Universum, in dem er lebt, die Verantwortung übernehmen.

STICKER

→ Abzeichen

STIER

auch → Tierkreis

Allgemein: Ein Stier im Traum stellt das männliche Prinzip und Fruchtbarkeit dar. Es kann auch auf die Art hindeuten, wie der Träumende mit männlicher Sexualität umgeht.

Psychologisch: Wenn ein Stier in einem Traum von Bedeutung ist, dann kann er auf die Sturheit oder Hartnäckigkeit des Träumenden hinweisen.

Spirituell: Auf der spirituellen Ebene besteht eine Verbindung zwischen Stier und Mond.

STIFT

auch → Tinte

Allgemein: Wenn im Traum ein Bleistift, Kugelschreiber oder Federhalter eine Rolle spielt, dann stehen sie für die Kommunikation mit anderen Menschen. Funktioniert das Schreibgerät nicht, so versteht der Träumende die Informationen nicht, die er erhalten hat. Hat er den Stift verlegt, fehlt dem Träumenden das Wissen, um in seinem Leben weiter voranzukommen.

Psychologisch: Jeder Mensch ist lernfähig, aber er braucht auch Mittel, um das Gelernte an andere Menschen weitergeben zu können. Ein Füller im Traum gibt dem Gelernten ein dauerhafteres Gepräge als ein Bleistift.

Spirituell: Die Kraft, spirituelles Wissen zu übersetzen und es festzuhalten, ist ein notwendiger Bestandteil der Entwicklung.

STILLE

Allgemein: Nimmt der Träumende in seinem Traum bewußt wahr, wie still es ist, zeigt dies, daß er seine Aktivitäten eine Weile ruhen lassen muß, vielleicht, um sein emotionales oder spirituelles Gleichgewicht wiederzufinden.

Psychologisch: Das Bedürfnis nach Stille in einem Traum gibt einen Hinweis, daß der Träumende im Wachzustand seinem Selbst oder anderen besser zuhören muß.

Spirituell: Auf der spirituellen Ebene symbolisiert Stille im Traum Frieden und Gelassenheit, die dem Menschen die Möglichkeit zur Kontemplation geben.

STIMME

Allgemein: Die Stimme ist für den Menschen ein bedeutsames Ausdrucksmittel. Jeder Mensch hat ein inneres Bewußtsein für die eigene Besinnlichkeit, kann sie aber manchmal schwer offenbaren. Oft ist es leichter, die Stimme im Traum richtig zu gebrauchen.

Psychologisch: Eine Stimme, die durch den oder zum Träumenden spricht, kann zweierlei bedeuten. Aus spiritueller Sicht handelt es sich um Mitteilungen eines Geistes. Oder aber unterdrückte Persönlichkeitsanteile des Träumenden verschaffen sich im Traum durch unkörperliche Stimmen Ausdruck.

Spirituell: Auf dieser Ebene beschreibt die Stimme Gottes die Energie eines spirituellen Rufs.

STOCK

auch → Stab

Allgemein: Wenn im Traum ein Stock vorkommt, kann er Autorität oder männliche Sexualität darstellen.

Psychologisch: Handelt es sich jedoch um Trommelstöcke, kann der Traum das Bedürfnis nach stärkerem Selbstausdruck darstellen.

Spirituell: Spirituelle Autorität kann durch einen Stock symbolisiert werden, der dem Träumenden hilft, den Weg der Entwicklung weiter voranzugehen.

STOLPERN

→ Fallen

STORCH

→ Vögel

STRAHLEN

Allgemein: Wenn in einem Traum etwas zu strahlen scheint, ist dies ein Zeichen dafür, daß es irgendeine besondere Eigenschaft besitzt, die der Träumende vielleicht näher erforschen sollte.

Psychologisch: Strahlen kennzeichnet etwas Ungewöhnliches oder Übernatürliches. Es ist auch ein Hinweis auf die Reinheit von Gedanken, Weisheit und die Transzendenz des Weltlichen.

Spirituell: Strahlen im Traum bringt reine Spiritualität zum Ausdruck. Es erleuchtet und blendet den Menschen und zieht ihn gleichzeitig an.

STRAND

Allgemein: Befindet sich der Träumende in seinem Traum am Strand, zeigt dies, daß ihm die Grenze zwischen Emotion und Realität bewußt ist und daß er mit den Elementen in Kontakt ist.

Psychologisch: Abhängig von den Handlungen und der Geisteshaltung des Träumenden in seinem Traum, bedeutet ein Strand normalerweise Entspannung und Kreativität.

Spirituell: Auf der spirituellen Ebene bedeutet der Strand im Traum, besonders wenn er leer ist, daß das Potential für emotionale Klarheit verfügbar ist.

STRASSE

→ Reise

STRAUSS

→ Vögel

STREIT

Allgemein: Wenn ein Traum davon handelt, daß der Träumende mit einer weiteren Traumfigur streitet, weist dies auf einen inneren Konflikt hin. Streitet ein Mann mit einer Frau oder umgekehrt, ist dies ein Zeichen für einen Konflikt zwischen Trieb und Intuition. Streit mit einer Autorität, wie etwa der Polizei, ist ein Hinweis auf einen Konflikt zwischen Recht und Unrecht.

Psychologisch: Abhängig von anderen Inhalten des Traums, kann ein Streit im Traum auf einen Konflikt zwischen dem, was der Träumende gelernt hat, und dem, was er glaubt, hindeuten. Oft kann ein solcher Konflikt nur durch einen Gefühlsausbruch gelöst werden.

Spirituell: Ein spiritueller Konflikt oder ein Konflikt zwischen dem spirituellen und dem physischen Selbst kann im Traum als Streit zum Ausdruck kommen.

STREUEN

Allgemein: Wenn der Träumende in seinem Traum etwas streut oder verstreut, symbolisiert dies das Bemühen, mit wenig möglichst weit zu kommen. Er muß aus den Situationen, in denen er sich befindet, das Beste machen, indem er in sie alle etwa gleichviel Kraft investiert.

Psychologisch: Streuen symbolisiert Befruchtung, Empfängnis und Schwangerschaft. Aus psychologischer Sicht muß der Träumende Zugang zu seiner kreativen Seite finden, um sich als Mensch richtig ausdrücken zu können.

Spirituell: Auf der spirituellen Ebene bedeutet Streuen im Traum, daß dem Träumenden grundlegende Konzepte und Fähigkeiten zugänglich sind.

STRICK

auch → Erhängen, → Schlinge

Allgemein: Ein Strick kann Stärke und Kraft bedeuten, doch kann sich die Kraft gegen den Träumenden wenden. Ein Flaschenzug ist ein Hinweis darauf, daß die Schwerkraft ihm hilft. Besteht der Strick aus einem ungewöhnlichen Material, wie etwa aus Haaren oder aus Stoff, liegt eine besondere Notwendigkeit vor, welche die Eigenschaften dieses Materials erforderlich macht.

Psychologisch: Wenn der Träumende in seinem Traum mit einem Strick festgebunden ist, hindert ihn eine äußere Macht daran, sich selbst auszudrücken. Ist er mit einem Strick an einem Gegenstand festgebunden, heißt dies, daß er die Beziehung zwischen sich und dem, woran er gefesselt ist, anschauen muß. Er sollte sich mit den Grenzen dieser Beziehung auseinandersetzen.

Spirituell: Auf der spirituellen Ebene kann ein Strick im Traum Sicherheit und auch Freiheit symbolisieren. Als Schlinge muß er mit Verzweiflung und möglicherweise mit dem Tod in Verbindung gebracht werden.

STRICKEN

Allgemein: Stricken symbolisiert zuallererst die Erzeugung von etwas Neuem aus einem verfügbaren Material. Eine Idee, über die der Träumende nachgedacht hat, oder ein Vorhaben, an dem er gearbeitet hat, nimmt allmählich Form an. Zieht er etwas Gestricktes wieder auf, verweist dies darauf, daß ein Vorhaben, mit dem er sich beschäftigt hat, neu überdacht werden muß.

Psychologisch: Häufig lohnt es sich, auf die Farbe des Gestrickten zu achten (→ Farben). Es ist wahrscheinlich, daß der Träumende an seinen Gefühlen arbeitet oder damit beschäftigt ist, eine Beziehung aufzubauen.

Spirituell: Auf der spirituellen Ebene kann Stricken im Traum eine Form von Kreativität symbolisieren, die der Träumende an sich noch nicht richtig erkannt hat.

STROH

Allgemein: Stroh ist in Träumen ein Hinweis auf Schwäche und Leere. Sofern der Träumende das Stroh nicht in der Natur sieht, ist er sich wahrscheinlich einer Phase bewußt, die wenig erlebnis- und inhaltsreich ist. Eine Strohhütte würde, als vorübergehende Konstruktion, darauf deuten, daß sich der Träumende in einem vorübergehenden Zustand befindet.

Psychologisch: Wenn der Träumende in seinem Traum wahrnimmt, daß etwas aus Stroh gebaut ist, weiß er, daß es keinen Bestand haben wird. Er muß auf das schauen, was er in seinem Leben als vergänglich empfindet, und daran arbeiten.

STRUDEL

→ Wirbelwind

STÜRZEN

Allgemein: Wenn der Träumende in seinem Traum stürzt, zeigt dies, daß er kein Vertrauen in seine eigenen Fähigkeiten hat. Vielleicht fühlt er sich durch fehlende Sicherheit bedroht (real oder imaginär). Der Träumende hat Angst, von Freunden oder Kollegen »fallengelassen« zu werden.

Psychologisch: Stürzen wird gedeutet als Ausgeliefertsein (besonders sexuell) und als moralisches Scheitern, weil man äußeren Anforderungen nicht entspricht.

Spirituell: Möglicherweise meint der Träumende, sich aus einer Situation davonzustehlen, tatsächlich aber verliert er seinen festen Standort. Dies kann auf negative Einflüsse durch andere Menschen zurückzuführen sein.

STUFEN

→ auch Treppen unter Gebäude

Allgemein: Stufen zeigen im Traum fast immer ein Bemühen um Erfolg. Das Hinaufgehen von Stufen weist auf den Versuch hin, Dinge zu verbessern, das Hinabgehen bedeutet Eintauchen entweder in die Vergangenheit oder das Unbewußte.

Psychologisch: Stufen im Traum repräsentieren allgemein einen Wandel der Sichtweise bei einem Projekt und konkret die erforderlichen Schritte. Zudem stehen Stufen für Kommunikation, die den Träumenden weiterbringen.

Spirituell: Auf dieser Ebene bedeuten Stufen, daß in der spirituellen Entwicklung noch eine hierarchische Struktur empfunden wird.

STUHL

→ Möbel

STURM

auch → Wind

Allgemein: Wenn sich der Träumende in einem Sturm befindet, verweist dies darauf, daß er von Umständen hin- und hergeworfen wird, die er nicht im Griff hat. In Augenblicken, in denen er eigentlich prüfen sollte, was zu tun ist, und sich entweder aus der Situation zurückziehen oder sich bis zu einem geschützten Gebiet durchkämpfen sollte, erlaubt der Träumende äußeren Umständen, ihm Probleme zu schaffen.

Psychologisch: Wind stellt im Traum häufig spirituelle Angelegenheiten dar. Möglicherweise nimmt sich der Träumende zu ernst. Vielleicht mißt er solchen Kräften in sich, die ihn an neue Ufer führen, zuviel Bedeutung bei.

Spirituell: Auf dieser Ebene kann der Sturm im Traum nicht nur ein Symbol für den menschlichen Geist sein, sondern auch für die spirituellen Eigenschaften mancher Dingen.

SUCHE

Allgemein: Die Irrfahrt und Suche des Helden ist ein archetypisches Bild (→ Archetypen), welches im Traum in vielen Varianten Gestalt annehmen kann. Sie ist meist ein Hinweis darauf, daß der Träumende sich bewußt ist, sich auf eine erschreckende Aufgabe einlassen zu müssen, um auf seinem Weg voranzukommen. Viele Märchen und Mythen haben die Irrfahrt eines Helden und seine Suche nach etwas Seltenem oder Magischem als zentrales Thema (beispielsweise Jason und das goldene Vlies). Solche Themen können in Träumen in persönliche Erfahrungen übersetzt werden.

Psychologisch: Die Prüfungen und Widerwärtigkeiten, die man durchstehen muß, um etwas Bedeutsames zu erreichen, kommen in Träumen oft als Suche oder Irrfahrt zum Ausdruck. Die Art und Weise, wie sich der Träumende diesen Ereignissen stellt, ist ebenso wichtig wie das Erreichte selbst.

Spirituell: Auf dieser Ebene stellt die Suche oder Irrfahrt des Helden im Traum den spirituellen Entwicklungsweg dar.

SUCHT

Allgemein: Sieht sich der Träumende in seinem Traum als Süchtiger, weist dies darauf hin, daß er den Wunsch und das Bedürfnis hat, obsessives Verhalten bei sich selbst und bei anderen Menschen kennenzulernen. Er hat Angst, jemand oder etwas könnte ihn beherrschen. Von einer Person abhängig zu sein heißt, die Verantwortung für sich selbst abzugeben. Im Traum von einer Substanz, wie etwa Tabak oder Alkohol, abhängig zu sein, deutet auf die Unfähigkeit hin, sich richtig auf die Welt zu beziehen.

Psychologisch: Die Angst vor Sucht deutet vielleicht auf den Einfluß hin, den die Leidenschaften des Träumenden auf ihn haben könnten. Im Traum einer Gruppe von Süchtigen anzugehören bedeutet, daß er sein eigenes Verhalten im sozialen Rahmen nicht versteht. Der Träumende ist sich vielleicht dessen bewußt, daß er im Alltag nicht bestehen kann und zum Opfer wird.

Spirituell: Auf der spirituellen Ebene steht Sucht im Traum mit dem vergnügungssüchtigen, hedonistischen Aspekt des Selbst in Verbindung.

SÜDEN

→ Positionen

SÜNDENBOCK

Allgemein: Der Begriff Sündenbock geht tatsächlich auf die Opferung eines Bocks zur Besänftigung der Götter zurück und kann als Traumsymbol große Bedeutung haben. Wenn der Träumende in seinem Traum für das Tun eines anderen zum Sündenbock gemacht wird, sieht er sich in der Rolle des Opfers. Andere Menschen versuchen, ihn für ihre Vergehen zahlen zu lassen. Macht der Träumende selbst eine andere Person zum Sündenbock, ist dies ein Zeichen dafür, daß er nicht fähig ist, die Verantwortung für sein Tun zu übernehmen.

Psychologisch: Oft übernimmt eine Person in Familien oder Gruppen die Last der Projektionen aller anderen Mitglieder. Diese Person wird ständig schlechtgemacht oder gehänselt, und man gibt ihr an allen möglichen Dingen die Schuld, für die sie gar nichts kann. Ein solcher Traum fordert den Träumenden auf, etwas zu tun, um das Gleichgewicht wiederherzustellen.

Spirituell: Auf der spirituellen Ebene verkörpert der Sündenbock das Opfer, das sterben muß, damit andere leben können.

SUMPF

auch → Moor

Allgemein: Wenn ein Traum von einem Sumpf handelt, kann dies darauf verweisen, daß der Träumende buchstäblich im Morast steckengeblieben ist. Er spürt, daß er bei einer Tätigkeit, der er sich widmen möchte, behindert wird, und vielleicht fehlt es ihm an Selbstvertrauen oder emotionaler Unterstützung, um weiter voranzukommen. Ein Sumpf kann darauf verweisen, daß der Träumende von den Umständen überschwemmt wird und sich auf diffuse Weise von den Umständen gefangen fühlt.

Psychologisch: Geht es in einem Traum um sumpfigen Boden, steht dieser in der Regel für emotionale Schwierigkeiten. Möglicherweise schafft sich der Träumende diese emotionalen Probleme selbst und hat deshalb das Gefühl, auf unzuverlässigem Boden zu stehen.

Spirituell: Auf dieser Ebene symbolisiert Sumpf im Traum spirituelle und emotionale Konflikte.

SÜSSIGKEITEN

→ Nahrungsmittel

SYNAGOGE

→ Kirche unter Gebäude

T

TABAK

Allgemein: Die Bedeutung von Tabak in einem Traum hängt ganz davon ab, ob es sich bei dem Träumenden um einen Raucher handelt oder nicht. Trifft ersteres zu, liegt es nahe, daß der Tabak im Traum ein Genußmittel darstellt. Bei einem Nichtraucher hat Tabak im Traum möglicherweise eher die Funktion, das Erreichen eines bestimmten Geistes- oder Bewußtseinszustands zu symbolisieren. Raucht der Träumende Pfeife, stehen möglicherweise maskuline Attribute im Vordergrund.

Psychologisch: Tabak verkörpert vor allem Substanzen, welche die Stimmung heben. Er vertreibt die bösen Geister. Daher ist er hauptsächlich ein Symbol der positiven Veränderungen.

Spirituell: Auf der spirituellen Ebene ist Tabak im Traum ein Mittel, welches zu Visionen führt.

TABLETTEN

Allgemein: Nimmt der Träumende in seinem Traum ein Medikament in Form von Tabletten zu sich, symbolisiert dies, daß er um seinen Wunsch nach Gesundheit weiß. Er muß etwas Krankes wieder gesund machen. Gibt er einer anderen Traumfigur Tabletten, zeigt dies vielleicht sein Begreifen, daß ihre Bedürfnisse nicht befriedigt werden.

Psychologisch: Eine Tablette setzt ein Wissen voraus, das größer ist als jenes des Träumenden. Daher ist im Symbol der Tablette ein Element des Vertrauens enthalten. Der Träumende vertraut sein Schicksal einem anderen Menschen an.

Spirituell: Auf der spirituellen Ebene steht die Tablette im Traum für den Zugang zu esoterischem und magischem Wissen.

TÄTOWIERUNG

Allgemein: Eine Tätowierung im Traum kann die Individualität des Träumenden kennzeichnen. Er macht seine Mitmenschen auf seine Einzigartigkeit aufmerksam und möchte, daß sie ihm Respekt entgegenbringen.

Psychologisch: Eine Tätowierung im Traum kann eine Situation oder eine Erfahrung symbolisieren, die einen unauslöschlichen Eindruck hinterlassen hat. Dabei kann es sich gleichermaßen um negative als auch um positive Erinnerungen handeln. Worum es sich genau handelt, läßt sich manchmal aufgrund der tätowierten Abbildung deuten.

Spirituell: Auf der spirituellen Ebene kann eine Tätowierung im Traum Hinweis auf eine Gruppenidentität sein.

TAG

Allgemein: Wenn in einem Traum deutlich hervortritt, daß ein Tag vergangen ist, macht sich der Träumende damit selbst darauf aufmerksam, daß er bei manchen Betätigungen die Zeit beachten muß und mit ihr nicht zu verschwenderisch umgehen darf.

Psychologisch: In Träumen hat Zeit keine reale Bedeutung. Wenn der Träumende also in seinem Traum bemerkt, daß Zeit meßbar ist, deutet dies darauf hin, daß er sich mit der Frage beschäftigt, wie lange sein Leben wohl noch dauern mag.

Spirituell: Mit dem Spruch »ein Tag, der eine Ewigkeit dauert« wird dem Träumenden bewußt gemacht, daß Zeit auf der spirituellen Ebene eine irrelevante Größe ist.

TAG UND NACHT

Allgemein: Spielen in einem Traum sowohl Tag als auch Nacht eine Rolle, verweist dies auf den Zyklus von Veränderungen, die unvermeidlich stattfinden müssen. Manchmal wird durch einen solchen Traum ein Hinweis auf eine Angelegenheit oder einen Aspekt gegeben, der zeitlich geplant werden muß.

Psychologisch: Häufig will ein Traum auf zwei gegensätzliche Zustände aufmerksam machen. Der Unterschied zwischen Tag und Nacht dient als Symbol für diesen Zweck.

Spirituell: Auf der spirituellen Ebene ist Tag und Nacht im Traum ein ausdrucksstarkes Symbol für Gegensätze, die gemeinsam dennoch eine Einheit bilden und nicht voneinander zu trennen sind.

TAIFUN

→ Sturm unter Wind

TAL

Allgemein: Im Traum in ein Tal hinabzusteigen, kann das gleiche bedeuten wie das Hinabsteigen einer Treppe: Der Träumende dringt in einen unbewußten oder unbekannten Bereich seines Selbst vor. Das Tal im Traum kann auch für eine depressive oder passive Lebensphase stehen, die gerade beginnt oder die demnächst bevorsteht.

Psychologisch: Befindet sich der Träumende in seinem Traum in einem Tal, kann dies auf die schützende, weibliche Seite seines Wesens hinweisen und darauf, daß er mit beiden Beinen auf der Erde steht. Wenn er aus einem Tal herauskommt, deutet dies darauf hin, daß er eine Phase der Innenschau beendet, um sich wieder richtig ins alltägliche Geschehen einzubringen.

Spirituell: Ängste vor dem Tod und dem Sterben drücken sich im Traum unter anderem in dem Bild aus, daß man in ein Tal, das Tal des Todes, hineingeht.

TALISMAN

Allgemein: Ein Talisman symbolisiert Schutz gegen Schwierigkeiten und gegen das Böse. Im Traum verweist er häufig darauf, daß die geistigen Kräfte des Träumenden nicht ausreichen, um ihn vor Angst und Zweifel zu schützen. Er ist auf Hilfe von außenstehenden Personen angewiesen.

Psychologisch: Der Mensch baut eine tiefe Verbindung zu Gegenständen auf, die ihm wichtig und »heilig« sind. Er füllt sie mit Inhalten, die weit über ihre eigentliche Funktion hinausgehen, und gibt ihnen somit ein magisches Gepräge. Der Talisman im Traum kann eine Warnung vor Gefahren sein.

Spirituell: Auf der spirituellen Ebene ist der Talisman im Traum ein Hinweis auf Illusionen und falsche Hoffnungen.

TANNENZAPFEN

Allgemein: Wenn der Tannenzapfen keine persönliche Bedeutung für den Träumenden hat, etwa mit einer Kindheitserinnerung verbunden ist, dann stellt er Fruchtbarkeit und Glück dar.

Psychologisch: Die Form des Tannenzapfens und die Tatsache, daß er viele Samen enthält, macht ihn zum Phallussymbol und zu einem Sinnbild der Männlichkeit.

Spirituell: Auf der spirituellen Ebene steht ein Tannenzapfen im Traum für systematische Entwicklung.

TANZ/TANZEN

Allgemein: Tanz und Tanzen war schon immer ein Symbol der Befreiung. Wenn der Träumende in seinem Traum tanzt, wird Heiterkeit und das Gefühl, mit der Umgebung eins zu sein, dargestellt. Möglicherweise wird durch Tanz auch die Annäherung, insbesondere sexueller Natur, an einen anderen Menschen ausgedrückt.

Psychologisch: Tanzen im Traum kann eine Verstärkung von Bewegungsfreiheit, Kraft und Gefühlen zum Ausdruck bringen.

Spirituell: Auf der spirituellen Ebene symbolisiert Tanzen im Traum den Rhythmus des Lebens. Außerdem verkörpert der Tanz die Umwandlung von Raum in Zeit.

TAPETE

Allgemein: Wenn der Träumende in seinem Traum Tapeten ablöst, entfernt er damit eine alte Fassade, um sie durch eine neue zu ersetzen oder aber um sich seinen Mitmenschen unverschleiert zu präsentieren. Im Traum einen Raum neu zu tapezieren heißt, das Selbst vor den Blicken anderer zu verbergen, wenn auch nur mit einer dünnen, leicht zu beschädigenden Schicht.

Psychologisch: Im Traum hat die Tapete für einen Raum eine ähnliche Bedeutung wie Kleidung für einen Menschen. Vielleicht möchte der Träumende in seinem Leben Veränderungen vornehmen, muß aber zunächst ausprobieren, was für ihn das passende ist. Die Farbe der Tapete kann eine wichtige Rolle spielen (→ Farben).

Spirituell: Auf der spirituellen Ebene kann die Tapete im Traum eine Art Schutz vor negativen Einflüssen darstellen.

TASCHE

Allgemein: Der Träumende hat vielleicht Probleme mit den weiblichen Elementen seiner Identität. Er besitzt jedoch die Fähigkeit, seine sozialen Veranlagungen richtig zu nutzen, und kann mit allen möglichen – und demnach auch mit schwierigen – Ereignissen zurechtkommen.

Psychologisch: Die richtige Deutung der Tasche im Traum hängt davon ab, um welche Art von Tasche es sich handelt, etwa um eine Handtasche, Einkaufstasche und so fort. Möglicherweise verbirgt der Träumende bestimmte Seiten seiner Persönlichkeit vor dem Blick seiner Mitmenschen.

Spirituell: Auf der spirituellen Ebene verweist eine Tasche im Traum auf verborgenes, okkultes Wissen.

TASCHE AN KLEIDUNGSSTÜCKEN

Allgemein: Wenn ein Traum von einer Rock- oder Hosentasche handelt, beschäftigt sich der Träumende mit seinen persönlichen Geheimnissen; er ist mit jenen Dingen befaßt, die er bewußt versteckt. Dabei kann es sich auch um Gedanken handeln, die der Träumende anderen Menschen nicht mitteilen will.

Psychologisch: Im Traum kann eine Tasche auf ein Gefühl von Besitztum und Besitz verweisen. Wenn der Träumende etwas in seiner Tasche hat, bedeutet dies, daß er sich etwas Bestimmtes angeeignet hat. Dabei kann es sich um eine Situation im Alltag handeln oder auch um Gefühle, von denen er früher meinte, sie verbergen zu müssen.

Spirituell: Auf der spirituellen Ebene verweist eine Tasche im Traum auf verborgenes, okkultes Wissen.

TASSE

Allgemein: Alle Behältnisse, sei es nun ein Kelch, ein Topf oder eine Tasse, besitzen eine ähnliche Symbolik: Sie verweisen auf einen empfänglichen Zustand, in dem intuitive Informationen aufgenommen werden können.

Psychologisch: Wenn sich der Träumende für seine weibliche Seite öffnet, dann kann er Hilfe und Unterstützung sowohl geben als auch annehmen.

Spirituell: Auf der spirituellen Ebene steht die Tasse im Traum für weibliches Bewußtsein, Unsterblichkeit und die intuitive und sensible Nutzung der Fülle.

TAU

Allgemein: Tau oder leichter Regen kann im Traum ein Gefühl von Neuheit und Erfrischung zum Ausdruck bringen, welches der Träumende bisher vielleicht nicht empfinden konnte oder wozu er nur mittels einer äußeren Quelle Zugang hatte.

Psychologisch: Nicht immer muß Veränderung und Reinigung durch einen Wolkenbruch der Gefühle geschehen. Der Tau im Traum signalisiert dem Träumenden, daß auch zarte, manchmal kaum wahrnehmbare Gefühl viel bewirken können.

Spirituell: Auf dieser Ebene steht der Tau im Traum für spirituelle Erfrischung und Segnung.

TAUBE

→ Vögel

TAUCHEN

Allgemein: Wenn der Träumende in seinem Traum taucht, kann dies seinen Freiheitsdrang zum Ausdruck bringen. Auf der Suche nach Freiheit ist er darüber hinaus durchaus bereit, Risiken einzugehen. Er muß in sein Unbewußtes hinabtauchen, um dort Mittel und Wege zu finden, mit deren Hilfe er der Angst die Stirn bieten kann.

Psychologisch: Der Träumende muß viel Konzentration und Aufmerksamkeit aufbringen, um erfolgreich und in größtmöglicher Sicherheit zu tauchen. Hingabe an eine Tätigkeit ist es, die durch den Traum symbolisiert werden soll.

Spirituell: Auf dieser Ebene verweist Tauchen im Traum auf das Eingehen spiritueller Risiken.

TAUFE

Allgemein: Wenn ein Traum davon handelt, daß der Träumende getauft wird, weist dies auf einen neuen Einfluß in seinem Leben hin, der alte Einstellungen fortwäscht und ihn für seine eigenen inneren Möglichkeiten öffnet. Tauft der Träumende in seinem Traum einen Menschen, bedeutet dies, daß er dazu bereit ist, sein erworbenes Wissen an andere Menschen weiterzugeben.

Psychologisch: Der Traum kann ein Hinweis sein, daß der Träumende sich mit seiner Religionszugehörigkeit auseinandersetzt. Möglicherweise ist er im Begriff, sich einer neuen Gruppe anzuschließen.

Spirituell: Auf der spirituellen Ebene ist die Taufe im Traum ein Symbol des Neubeginns und aus diesem Grund ein zutiefst optimistisches Traumbild.

TAUZIEHEN

Allgemein: Ein Traum vom Tauziehen symbolisiert einen Konflikt zwischen Gut und Böse, Mann und Frau, Positivem und Negativem.

Psychologisch: Das Tauziehen versinnbildlicht möglicherweise die Notwendigkeit, das Gleichgewicht zwischen zwei Gegensätzen trotz einer gewissen Spannung zu erhalten. Ist das Tauziehen beendet, und der Träumende befindet sich auf der Gewinnerseite, dann bedeutet dies, daß er sein Ziel mit fremder Hilfe erreichen kann.

Spirituell: Geistiges Tauziehen bezieht sich auf die Lösung eines Konflikts zwischen zwei wie auch immer gearteten Gegensätzen.

TAXI

auch → Auto unter Reise

Allgemein: Ruft der Träumende in seinem Traum ein Taxi, symbolisiert dies, daß er sich mehr um Fortschritte bemühen oder tatsächlich abreisen muß. Ohne Hilfe von außen ist ihm kein Erfolg beschieden, und sie könnte sich als teuer erweisen.

Psychologisch: Ein Taxi ist ein öffentliches Verkehrsmittel, welches von einer Person gesteuert wird, die der Träumende nicht kennt. Dennoch muß der Träumende auf die Umsicht und auf das Wissen des Fahrers vertrauen. Im Traum kann ein Taxi daher symbolisieren, daß der Träumende an einen Ort gelangen muß, ohne entsprechende Mittel und Wege zu kennen.

Spirituell: Auf dieser Ebene kann das Taxi im Traum das mit praktischem Know-how verbundene spirituelle Wissen darstellen.

TEE

Allgemein: Die Deutung hängt davon ab, ob sich der Traum um Tee als Ware dreht, oder ob er als Symbol einer sozialen Gelegenheit zu verstehen ist. Tee als Ware kann als Tauschmittel interpretiert werden. Eine soziale Situation, bei der

Tee getrunken wird, verweist auf wechselseitige Kommunikation.

Psychologisch: Der typische englische Nachmittagstee steht für eine einzigartige Weise, sich um andere Menschen zu kümmern und sie zu nähren. Steht die Teetasse im Mittelpunkt des Traums, und nicht das Getränk, geht es um das Bedürfnis des Träumenden nach Weissagung. Eine Teepause in einer Arbeitssituation verweist auf den Wunsch nach Ruhe und Entspannung.

Spirituell: Auf dieser Ebene symbolisiert der Tee im Traum spirituelle Erfrischung und ein Angebot.

TEER

Allgemein: Wenn ein Traum von Teer auf einer Straße handelt, verweist dies auf die Möglichkeit, daß der Träumende bei weiterem Voranschreiten in eine Falle gerät. Träumt er von Teer an einem Strand, kann dies ein Hinweis sein, daß der Träumende auf irgendeine Weise die »Verschmutzung« seiner Gefühle zugelassen hat.

Psychologisch: Ob Teer im Traum richtig gedeutet werden kann, hängt von den übrigen Traumelementen ab. Wenn der Träumende zum Beispiel eine Straße ausbessert, kann dies darauf verweisen, daß er Abnutzungserscheinungen in seinem alltäglichen Leben repariert. Teert der Träumende in seinem Traum Zaunpfosten, kann dies bedeuten, daß er die Notwendigkeit spürt, sich selbst zu schützen.

Spirituell: Auf der spirituellen Ebene wird Teer im Traum mit Negativität assoziiert, da er schwarz und zähflüssig ist.

TEICH

auch → Pfütze, → Wasser

Allgemein: In einem Traum von einem Teich geht es um das Bedürfnis des Träumenden, seine Gefühle und inneren Empfindungen zu verstehen. Ein Teich im Wald verweist auf die Fähigkeit, den eigenen Wunsch nach Frieden und Ruhe zu erkennen. Ein Schwimmbad in der Stadt steht für ein kontrolliertes und reguliertes Umgehen mit Gefühlen. Eine Pfütze auf der Straße verweist auf ein emotionales Problem, mit dem sich der Träumende beschäftigen muß, bevor er seine Pläne weiterverfolgen kann.

Psychologisch: Wenn der Träumende einen tieferen Einblick in sein Wesen gewinnen will, muß er den Teich im Traum erforschen, indem er in ihn hinabtaucht und mit seinen Gefühlen Kontakt aufnimmt. Der Teich kann auch eine Reinigung darstellen, besonders von einem alten Trauma und von unangemessenen Gefühlen oder auch von vergangenen Missetaten.

Spirituell: Auf der spirituellen Ebene ist der Teich im Traum ein Hinweis auf tiefe oder erotische Gefühle.

TELEFON

Allgemein: Wenn der Träumende in seinem Traum ein Telefongespräch führt, verweist dies auf seine Fähigkeit, mit anderen Menschen in Kontakt zu treten und benötigte Informationen auch zu erhalten. Dies kann sich auf einen Menschen aus dem Alltagsleben des Träumenden beziehen oder auf einen Teil seines Selbst, mit dem er eine gute Verbindung hergestellt hat. Wird der Träumende angerufen, zeigt dies, daß ihm Informationen zur Verfügung stehen, von denen er auf der Bewußtseinsebene noch nichts weiß.

Psychologisch: Ist im Traum die gewählte Telefonnummer erkennbar, sind vielleicht die Zahlen wichtig (→ Zahlen). Möglicherweise wird dem Träumenden bewußt, daß er Kontakt zu einem bestimmten Menschen aufnehmen sollte, um ihm zu helfen oder sich von ihm helfen zu lassen. Wenn er im Traum eine Telefonnummer sucht, hat er Schwierigkeiten, seine Gedanken bezüglich seiner Zukunft zu ordnen.

Spirituell: Da man beim Telefonieren den Gesprächspartner nicht sehen kann, bedeutet Telefonieren im Traum Kommunikation mit dem eigenen Geist oder mit einem Schutzengel.

TELEGRAMM

Allgemein: Wenn der Träumende in seinem Traum ein Telegramm erhält, ist dies ein Hinweis auf eine Kommunikation unter besonderen Umständen. Es verweist darauf, daß ein Teil seines Selbst versucht, ihm auf eine Weise Informationen zu geben, an die er sich erinnern wird. Gibt der Träumende ein Telegramm auf, kann dies bedeuten, daß er eine Aussage über sich treffen möchte, wie sie ihm auf mündlichem Wege nicht möglich wäre.

Psychologisch: Telegramme sind in der Regel die Überbringer von besonders schlechten oder besonders guten Nachrichten. Erhält der Träumende in seinem Traum ein Telegramm, in dem ihm zur Hochzeit gratuliert wird, kann dies darauf verweisen, daß er es sich wünscht, zu heiraten. Ein Telegramm mit schlechten Nachrichten kann ihn auf etwas aufmerksam machen, was er auf einer tieferen Ebene bereits weiß.

Spirituell: Jede geschriebene Nachricht steht im Zusammenhang mit Wissen, das greifbar gemacht wird; in diesem Fall handelt es sich um spirituelles Wissen.

TELLER

Allgemein: Handelt es sich um einen normalen, einfachen Teller, dann kann er ein Hinweis auf den Wunsch des Träumenden nach Einfachheit in seinem Leben sein.

Hält er den Teller in der Hand, ist er sich dessen bewußt, was er anderen Menschen verdankt. Gibt ihm eine andere Traumfigur einen Teller, bietet diese dem Träumenden etwas von sich an, um es mit ihm zu teilen.

Psychologisch: Ist der Teller wie eine Schüssel geformt, dann verkörpert er weibliche Eigenschaften. Handelt es sich um einen flachen Teller, verweist dies auf eine Art von Gruppenbesitz. Ein leerer Teller symbolisiert Bedürfnisse und Lust. Die Muster auf dem Teller und die Farben können wichtig sein (→ Farben sowie → Muster unter Geometrische Figuren).

Spirituell: Auf der spirituellen Ebene steht der Teller im Traum für Gemeinschaft und soziales Glück.

TEMPEL

auch → Kirche unter Gebäude

Allgemein: Ein Tempel im Traum kann den Körper des Träumenden symbolisieren. Beide, der Tempel und der Körper, müssen mit Ehrfurcht und Sorgfalt behandelt werden.

Psychologisch: Jeder Tempel symbolisiert Ehrfurcht in Verbindung mit Kreativität. Viele Hände sind notwendig um ein solches Gotteshaus zu errichten. Viele Facetten sind notwendig, um eine vollständige Persönlichkeit zu bilden und damit ein zusammenhängendes Ganzes zu schaffen.

Spirituell: Ein Tempel symbolisiert die Schönheit des Himmels, weil er sowohl eine heilige Stätte für Menschen ist als auch ein Ort, an dem das Göttliche seinen Wohnsitz hat. Er ist ein Mikrokosmos dessen, was unendlich ist.

TEPPICH

→ Möbel

TEST

auch → Prüfungen

Allgemein: Kommt in einem Traum ein Test vor, kann dies auf eine Form der Selbstbeurteilung hinweisen. Medizinische Tests machen den Träumenden vielleicht auf das Bedürfnis aufmerksam, besser auf seine Gesundheit zu achten. Eine Fahrprüfung verweist darauf, daß auf dem spirituellen Weg Selbstsicherheit und Fähigkeiten getestet werden. Ein schriftlicher Test symbolisiert eine Prüfung des Wissens.

Psychologisch: Tests im Traum machen dem Träumenden klar, daß es eine gewisse Norm gibt, die er erfüllen muß. Dies bedeutet nicht unbedingt, daß er sich gegen andere Menschen auflehnt, sondern einfach, daß er es geschafft hat, einen bestimmten, für ihn relevanten Standard aufrechtzuerhalten.

Spirituell: Auf der spirituellen Ebene bezeichnet ein Test im Traum, daß der Träumende auf seinem Weg eine Art Zwischenstufe erreicht hat.

TESTAMENT

Allgemein: Wenn in einem Traum ein Testament oder ein anderes rechtliches Dokument vorkommt, kann dies darauf zurückzuführen sein, daß das Unbewußte des Träumenden ihn auf seine innersten Bedürfnisse aufmerksam machen will. Ein Testament zu machen heißt, sich selbst ein Versprechen bezüglich zukünftigen Handelns zu geben. Dabei könnte es eine Rolle spielen, daß der Träumende sich um Menschen, denen seine Liebe und Fürsorge gilt, kümmern möchte. Im Traum zu erben, fordert den Träumenden dazu auf, die Gewohnheiten, Charakterzüge und Werte, die er von seinen Vorfahren geerbt hat, zu hinterfragen.

Psychologisch: Wenn es dem Träumenden besonders wichtig ist, daß alles richtig und korrekt erledigt wird, kann dies Widerhall im Traumsymbol Testament finden. Das Testament als »letzter Wille« verweist auf den festen Willen des Träumenden, etwas Bestimmtes zu sein oder zu tun, zum Beispiel aktiv zu werden. Da für viele Menschen einem Testament etwas Endgültiges anhaftet, kann es als Traumbild auf die Erkenntnis verweisen, daß der Träumende in einen neuen Lebensabschnitt eintritt.

Spirituell: Auf dieser Ebene steht das Testament im Traum für Entschlossenheit in spirituellen Angelegenheiten. Dies kann auch die Lösung eines Problems betreffen, mit dem sich der Träumende in letzter Zeit auseinandergesetzt hat.

TEUFEL

auch → Religiöse Bilder

Allgemein: Vom Teufel zu träumen bedeutet normalerweise, daß der Träumende mit jenen wilderen, urzeitlichen Seiten seines Selbst ins reine kommen muß, die ihm unbekannt sind und daher angst machen. Der Träumende muß sich mit diesem Teil konfrontieren und dafür sorgen, daß er für ihn arbeitet, statt gegen ihn. Der Teufel verliert seine Macht, wenn er ihn erst einmal als etwas erkannt hat, was zu jedem Menschen gehört und mit dem man sich zwangsläufig irgendwann einmal konfrontieren muß.

Psychologisch: Der Teufel im Traum ist als Personifizierung der bösen Anteile des Menschen das Objekt, dem er die Stirn bieten kann. Wenn der Träumende Angst vor seinen Leidenschaften, vor seiner Wut und seinen Gefühlen hat, dann kann sich dies im Traum als Teufel manifestieren.

Spirituell: Manchmal wird behauptet, daß der Unterschied zwischen Freund und Feind nur sehr gering ist. Vielleicht lohnt es sich für den Träumenden, bei sich anzufangen, wenn er irgendeine Form von Übel oder falsches Verhalten erkennen will.

TEXT

Allgemein: Ein Text symbolisiert eine Ansammlung von Worten, die eine bestimmte Bedeutung haben. Wenn ein Text etwa in Form eines Buches im Traum erscheint, symbolisiert dies ein Bedürfnis nach Ermutigung und vielleicht nach Weisheit.

Psychologisch: Texte im Traum verweisen auf das Bedürfnis des Träumenden, erfolgversprechende Anweisungen zu erhalten und ihnen zu folgen.

Spirituell: Auf dieser Ebene ist ein spiritueller Text im Traum eine ermutigende Botschaft, welche die Fortschritte des Träumenden unterstützt.

THEATER

auch → Bühne

Allgemein: Spielt in einem Traum über das Theater die Bühne eine besondere Rolle, dann ist eine Situation wichtig, in der sich der Träumende gegenwärtig befindet. Steht das Publikum im Vordergrund, so geht es um seine Fähigkeit, zuzuhören. Das Stück, welches der Träumende in seinem Traum als einen Aspekt seines Lebens gestaltet, ist von besonderer Bedeutung. Ist der Träumende an der Aufführung nicht beteiligt, verweist dies darauf, daß er dazu in der Lage ist, sich zurückzuhalten und einen objektiven Standpunkt einzunehmen.

Psychologisch: Das Theater liefert ein Szenario, welches für viele Menschen von Bedeutung ist. Weil es sich dabei um einen sozialen Treffpunkt handelt, symbolisiert das Theater im Traum die Beziehungen der Menschen untereinander. Steht der Träumende im Rampenlicht, verweist dies auf sein Bedürfnis, wahrgenommen zu werden. Befindet er sich auf der Galerie, bedeutet dies vielleicht, daß er eine bestimmte Situation aus einer langfristigen Perspektive betrachten muß.

Spirituell: Auf der spirituellen Ebene symbolisiert das Theater im Traum den Mikrokosmos im Vergleich zur Welt als Makrokosmos.

THEATERSTÜCK

Allgemein: Wenn der Träumende in seinem Traum ein Theaterstück ansieht, muß er sich darüber Gedanken machen, ob es sich um eine Komödie oder um eine Tragödie handelt. In der Regel symbolisiert das Theaterstück im Traum, daß der Träumende versucht, sein Leben objektiv zu betrachten. Die Handlung des Stücks kann Hinweise enthalten, wie er im Alltagsleben handeln sollte. Spielen in dem Stück Menschen mit, die der Träumende kennt, sollte er sich bewußt machen, welche Art »Drama« er mit ihnen aufführt.

Psychologisch: Im Traum stellt ein Theaterstück die Verarbeitung von Erfahrungen, Wissen und Fähigkeiten dar. Der Schöpfer im

Träumenden steuert die Aufführung, damit er das Beste aus den Informationen machen kann, die in dem Stück enthalten sind. Die Traumbilder in einem solchen Traumtheaterstück sind so zusammengesetzt, daß sie die größtmögliche Wirkung haben und ihre Deutung so leicht wie möglich ist. Manchmal jedoch geschieht etwas Unerwartetes, und dies bedeutet, daß der Träumende anderswo nach Erklärungen suchen muß.

Spirituell: Auf der spirituellen Ebene ist das Theaterstück im Traum nichts anderes als der Lebensweg des Träumenden.

THERMOMETER

Allgemein: Ein Thermometer im Traum ist ein Mittel, um Wärme und Gefühle des Träumenden zu beurteilen. Vielleicht ist er sich unsicher, wie er den Kontakt zu anderen Menschen herstellen kann, und braucht eine Art äußeres Maß. Ein Fieberthermometer symbolisiert die emotionale Wärme des Träumenden, ein Außenthermometer verweist auf seine intellektuellen Fähigkeiten.

Psychologisch: Das Thermometer im Traum macht dem Träumenden klar, daß er manchmal eine äußere Beurteilung nötig hat, um zu erkennen, woher er kommt. Ein Thermometer im Traum kann sich als sehr beruhigendes Gerät herausstellen.

Spirituell: Auf dieser Ebene ist ein Thermometer im Traum ein Hinweis darauf, daß sich alle Zweifel aufgelöst haben. Der Träumende weiß nun genau, woran er ist.

THRON

Allgemein: Sieht sich der Träumende in seinem Traum auf einem Thron sitzen, erkennt er damit sein Recht an, als Autorität anerkannt zu werden. Ist der Thron im Traum unbesetzt, ist der Träumende damit überfordert, die Verantwortung für sich selbst zu übernehmen, oder aber er ist sich seiner Herkunft aus bescheidenen Verhältnissen bewußt. Sitzt eine andere Person auf dem Thron, heißt dies, daß der Träumende seinen Machtanspruch an diese Person abgetreten hat.

Psychologisch: Ein Thron stellt den Sitz der Macht oder Autorität dar. Im Traum repräsentiert er die Position des Träumenden innerhalb eines bestimmten Kreises oder seine Gesellschaftsfähigkeit. Er hat möglicherweise das Verlangen, bei einem bestimmten Projekt oder Vorhaben eine führende Stellung einzunehmen.

TIARA

→ Krone, → Diadem

TICKET

Allgemein: In der Regel bedeutet ein Ticket im Traum, daß der Träumende für eine bestimmte Leistung einen bestimmten Preis zu bezahlen hat. Sowohl ein Busfahrschein als auch eine Zugfahrkarte kann sich als Hinweis herausstellen, daß der Träumende für sein Vorwärtskommen einen Preis entrichten muß. Ein Theater- oder Kinoticket kann so gedeutet werden, daß der Träumende einen Platz im Theater- oder Kinosaal einnimmt, um von dort aus sein Leben objektiv zu überblicken. Die Eintrittskarte zu einem Fußballspiel könnte andeuten, daß er in einem Konflikt einen Preis zu zahlen hat.

Psychologisch: Eine weitere Interpretation des Tickets – in Form eines Belegs oder einer Quittung – deutet darauf hin, daß sich der Träumende nach der Anerkennung des Erfolgs sehnt, den er in einer bestimmten Sache erzielt hat.

Spirituell: Auf der spirituellen Ebene symbolisiert der Traum von einem Ticket die Erkenntnis, daß alles Wissen auf irgendeine Art und Weise belohnt werden muß.

TIEFE

Allgemein: Wenn ein Traum von der Tiefe handelt, ist der Träumende in der Regel auf einer unbewußten Ebene mit familiären Einflüssen der Vergangenheit befaßt.

Psychologisch: Vielleicht versucht der Träumende die archetypischen Muster zu verstehen, die in der Vergangenheit noch nicht erkennbar waren. Möglicherweise hilft dem Träumenden sein Wissen nur dann weiter, wenn er es mit den richtigen Gefühlen in Verbindung bringt.

Spirituell: Auf der spirituellen Ebene ist Tiefe im Traum ein Hinweis auf das Unbekannte oder Unergründliche.

TIEGEL

Allgemein: Ein Tiegel im Traum ist mit Empfänglichkeit, Intuition und der kreativen Seite des Träumenden verbunden. Als Behälter, der große Hitze verträgt, stellt er die Persönlichkeitsanteile des Träumenden dar, die Veränderung wünschen und sie umsetzen können.

Psychologisch: Der Träumende verfügt über große Kraft, die ihn dazu befähigt, dann für andere Menschen als auch für sich selbst Verantwortung zu übernehmen, wenn diese Energie nach außen dringen darf.

Spirituell: Auf der spirituellen Ebene kann ein Tiegel im Traum übersinnliche Fähigkeiten zum Ausdruck bringen.

TIERE

Allgemein: Tiere repräsentieren in Träumen jene Persönlichkeitsaspekte, die nur auf einer instinktiven Ebene völlig verstanden werden können.

Ein *Tier mit seinem Jungen* ist ein Symbol für mütterliche Eigenschaften und daher allgemein für die Mutter. *Tierkinder* zeigen, daß der Träumende sich mit seinen kindlichen Anteilen oder vielleicht mit Kindern in seinem Umfeld beschäftigt. *Verletzte Tierkinder* weisen darauf hin, daß der Träumende vielleicht seine Schwierigkeit bemerkt, reifer zu werden oder sich dem Leben zu stellen. Ein Traum, in dem *Tiere gegessen* werden, könnte sich um »Dämonen« drehen, die der Träumende sich selbst schafft und nur dann überwinden kann, wenn er sie sich konstruktiv »einverleibt«. *Gottähnliche, sprechende, ehrfurchtgebietende oder weise Tiere* oder *Tiere mit menschlichen Eigenschaften* verdeutlichen, daß Tiere sich der Macht nicht bewußt sind, die sie geschaffen haben. Sie lehnen sich nicht gegen diese Macht auf, und ihre Weisheit ist daher unschuldig und einfach. Es ist wichtig, in Märchen und Träumen die Aufmerksamkeit auf diesen duldsamen Aspekt von Tieren zu lenken, denn der Träumende muß mit diesem Teil seines Selbst in Verbindung treten. *Hilfsbereite Tiere* stehen für die Art, wie das Unterbewußtsein hilfreiche Bilder aus seinen Tiefen produziert. Die Tierfiguren machen es dem Träumenden leicht, diese Hilfe anzunehmen. Ein *Tier zu töten,* zerstört möglicherweise die Energie, die ihren Ursprung in den Instinkten hat. Das *Tier zu zähmen* oder zum *Nutztier* zu machen, zeigt die Bemühung des Träumenden, seine Instinkte unter Kontrolle zu halten und sie möglichst produktiv und nutzbringend einzusetzen. Sucht der Träumende *Zuflucht vor Tieren,* indem er eine Verteidigungshaltung einnimmt oder davonläuft, zeigt dies, daß er mit den tierischen Instinkten kämpft, die er in seinem Leben für bedrohlich und schädigend hält. Er muß sich damit auseinandersetzen, ob seine Reaktionen angemessen sind.

Psychologisch: Wenn der Träumende darauf angewiesen ist, etwas über seine dringenden psychischen Bedürfnisse zu erfahren, tauchen Tiere in Träumen auf, die diese Bedürfnisse symbolisieren. Die folgenden Tiere lassen sich in dieser Hinsicht deuten:

Affe: Er steht für die infantile, kindische und eingesperrte Seite des Träumenden. Typische Eigenschaften des Affen sind Verschmitztheit, Frechheit und Neugier. In der Regel werden sie als regressive Tendenzen gewertet. Doch setzt die Neigung zu lebhafter Neugier immerhin ein großes Maß an Geistesgegenwart voraus.

Bär: Die Mutter (→ Familie) nimmt im Traum viele verschiedene Formen an. Eine von ihnen ist der Bär. Vor allem symbolisiert er wohl die besitzergreifende, verschlingende Mutter oder die Mutter mit Helfersyndrom. Ist der Bär im Traum als männliches Tier auszumachen, kann er als Hinweis auf einen besonders herrischen Menschen, möglicherweise auf den Vater, betrachtet werden.

Chamäleon: Der Träumende erkennt bei sich selbst oder bei anderen Menschen die Fähigkeit, sich abhängig von den durch die Umgebung vorgegebenen Umständen anzupassen und zu verändern.

Eichhörnchen: Es stellt die Persönlichkeitsanteile des Träumenden dar, für die Horten normal und wünschenswert ist.

Eidechse: Im Traum repräsentiert sie eine instinktive Handlung oder »einspuriges Denken«.

Einhorn: Es ist ein Symbol der Reinheit. Im Mythos heißt es, daß das Einhorn nur von Jungfrauen gesehen werden konnte und auch nur von ihnen in Besitz genommen werden durfte. Es stellt die Rückkehr und das Wiederaufleben der Unschuld dar, die eine Voraussetzung für den Träumenden ist, sich selbst zu verstehen. Es kann ein Hinweis sein, sein Ich und seine Selbstsucht zu beherrschen.

Elefant: Der Träumende, der in seinem Traum einen Elefanten sieht, erkennt die Qualitäten von Geduld, gutem Erinnerungsvermögen, Stabilität und Genauigkeit. In esoterischer Hinsicht symbolisiert der Elefant strahlende und blühende Weisheit.

Frosch: Er steht für eine Zeit oder einen Akt der Transformation. So wie im Märchen aus dem Frosch einen Prinz wird, so verwandelt sich auch im Leben des Träumenden etwas Abstoßendes in etwas Wertvolles (auch → Reptilien).

Fuchs: Der Fuchs im Traum steht für Heuchelei, List und Schlauheit.

Hase: Der Hase hebt Intuition, spirituelle Einsicht und intuitive »Sprünge« hervor. Die Intuition hat sich vielleicht durch Angst oder Mißachtung in der Vergangenheit in Verrücktheit verwandelt. Wegen seiner Verknüpfung mit dem Mond kann der Hase im negativen Bereich die Priesterin/Hexe als Aspekt der Weiblichkeit oder den Priester/Zauberer als Aspekt des Männlichen symbolisieren (→ Archetypen). Im positiven Bereich symbolisiert der Hase Fruchtbarkeit.

Haustiere: Wenn ein Traum von domestizierten Tieren handelt, sind dem Träumenden jene Persönlichkeitsanteile bewußt, mit denen er zu einer Einigung kommen muß. Es sind Leidenschaften vorhanden, die kontrolliert nutzbar gemacht werden sollen, obgleich zu vermuten steht, daß sie auch so nie sehr furchterregend waren.

Hirsch/Rentier: In Hirsch- und Rentierherden herrscht eine strenge hierarchische Struktur. Das Traumsymbol zeigt daher, daß der Träumende seinen Platz in der Welt erkennt. Der Hirsch symbolisiert auch Stolz und vornehme Gesinnung.

Hund: Er könnte für einen vertrauensvollen und dauerhaften Gefährten, für einen Beschützer stehen oder aber für einen Menschen, den der Träumende nicht los wird und der vielleicht Ärger machen könnte. Handelt es sich um einen Hund, der dem Träumenden einmal gehörte oder den er in einem bestimmten Lebensabschnitt kannte, dann könnte dieser ihn auf diese Lebensphase aufmerksam machen, mit der sich vielleicht Erinnerungen verknüpfen, die Aufschluß über das Verhalten in der Gegenwart geben könnten. Ein Traum von einer Jägerin mit Hunden zeigt, daß der Träumende eine Verbindung zu einem der weiblichen Archetypen, zur Amazone, herstellt (→ Archetypen). Ein Hund, der in der Nähe eines Friedhofs Tore bewacht, deutet im Traum auf den Hüter des Eingangs zur Unterwelt hin und auf Geschöpfe, die in Schlaf versetzt oder gezähmt werden müssen, bevor Einlaß in die Unterwelt gewährt werden kann.

Hyäne: Sie steht im Traum in der Regel für Unreinheit, Labilität und Verschlagenheit.

Igel: Er kann böses und schlechtes Benehmen repräsentieren oder im buchstäblichen Sinn die Unfähigkeit des Träumenden, mit einer komplizierten Situation richtig umzugehen.

Jaguar: Seine hervorstechenden Eigenschaften sind Schnelligkeit und Gleichgewicht. Daher symbolisiert er das Kräftegleichgewicht zwischen dunklen und hellen Mächten.

Känguruh: Dieses doch recht exotische Tier steht oft für Mutterschaft, aber auch für Kraft.

Kaninchen: Ein Kaninchen in einem Traum muß entweder mit Fruchtbarkeit in Verbindung gebracht werden, oder aber der Betrüger in der Persönlichkeit kommt zum Vorschein. Ein weißes Kaninchen könnte dem Träumenden den Weg zur inneren spirituellen Welt weisen und auf diese Weise als Führer dienen.

Katze: Sie stellt die Verbindung zur katzenhaften, sensiblen Seite des Menschen her (in der Regel Frauen) und verkörpert oft die kapriziöse Seite der Weiblichkeit. Der elegante und machtvolle, zugleich aber auch übermäßig selbstgenügsame Aspekt von Frauen kann im Traum ebenfalls als Katze zum Ausdruck kommen.

Körperteile von Tieren: Ihre Deutung ist ähnlich wie jene von menschlichen Körperteilen (→ Körper). Wenn vier Beine besonders hervorgehoben werden – vielleicht im Gegensatz zu einem Tier mit drei Beinen –, steht die ganze, runde Persönlichkeit mit allen vier vollentwickelten Geistesfunktionen im Zentrum der Aufmerksamkeit.

Kröte: Sie steht in direktem Zusammenhang mit allem, was der

Träumende in seinem Leben oder an seinem Verhalten häßlich findet. Jedoch birgt Häßlichkeit die Kraft des Wachstums und der Verwandlung in sich. Erscheinen im Traum zugleich Kröte und Adler, dann wird hiermit die Aufmerksamkeit des Träumenden auf den Unterschied zwischen irdischen und spirituellen Werten gelenkt.

Leopard: Der Leopard repräsentiert Grausamkeit und Aggression sowie die Hinterhältigkeit falsch genutzter Macht.

Löwe: Dieses Tier steht für Erhabenheit, Stärke und Mut, und es kann auch das Ich und die damit verknüpften Leidenschaften des Träumenden zum Ausdruck bringen. Kämpft der Träumende mit dem Löwen, zeigt dies eine erfolgreiche Entwicklung an, solange der Träumende nicht überwältigt und der Löwe nicht getötet wird. Ein Löwe, der einen Menschen frißt, ist ein Hinweis darauf, daß eine Seite der Persönlichkeit in Unordnung geraten ist und sowohl den Träumenden als auch sein Umfeld Risiken aussetzt. Ein Löwe, der bei einem Lamm liegt, symbolisiert eine Einheit oder die Vereinbarkeit von Gegensätzen. Geist und Instinkt gehen wider Erwarten Hand in Hand.

Luchs: Die Eigenschaft, die in erster Linie mit dem Luchs in Verbindung gebracht wird, ist der scharfe Blick. Daher stellt er im Traum oft Objektivität dar.

Maulwurf: Häufig steht der Maulwurf im Traum für die Mächte der Dunkelheit. Aber er kann auch die blinde Ausdauer und Entschlossenheit symbolisieren, die den Träumenden zum Erfolg führt.

Maus: Durch ihre geringe Größe wird die Maus im Traum häufig zum Symbol. Sie kann zudem für Aufgewühltheit und Unverständnis stehen.

Mißgestaltete Tiere: Der Träumende erkennt, daß manche seiner Impulse unverschämt oder abstoßend sind.

Otter: Der Otter ist hervorragend für die Existenz im Wasser ausgestattet und dafür, seinen Lebensunterhalt aus der Umwelt zu bestreiten. Gefühl und Erfindungsgabe könnten die Eigenschaften sein, um die es für den Träumenden in einem solchen Traum geht.

Pferd: Es repräsentiert im Traum die Energie, die dem Träumenden zur Verfügung steht. Ein weißes Pferd stellt die spirituelle Bewußtheit des Träumenden dar; ein braunes die eher praktische und auf dem Boden der Tatsachen stehende Seite und ein schwarzes Pferd die leidenschaftlichen Anteile des Träumenden. Ein bleiches Pferd symbolisiert den Tod, und ein Pferd mit Flügeln stellt die Fähigkeit der Seele dar, das Irdische zu überwinden. Wenn das Pferd unter Streß steht oder stirbt, besteht eine starke Schwächung der dynamischen Kräfte, die den

Träumenden unter normalen Umständen voranbringen – vielleicht hat er sich in seinem Leben bisher zu sehr unter Druck gesetzt. Wenn das Pferd vor einen Karren gespannt ist, beschäftigt sich der Träumende vielleicht zu sehr oder ausschließlich mit nützlichen Dingen. Wenn ein Mann von einer Stute träumt, repräsentiert diese die Anima (siehe »Einführung in die Traumarbeit«) oder das Weibliche (→ Archetypen). Wenn die Frau träumt, sie würde von einem Pferd getreten, kann dies auf den Animus oder auf die Beziehung zu einem Mann hindeuten. Ein Pferd, das durch jede Tür paßt und jedes Hindernis niederreißt, ist der kollektive Schatten (siehe »Einführung in die Traumarbeit«), der jene Aspekte der Persönlichkeit umfaßt, die von den meisten Menschen unterdrückt werden. Das Pferd als Lasttier symbolisiert häufig die Mutter oder den Archetypus der Mutter (→ Archetypen). Heutzutage hat das Auto das Pferd im Traum weitestgehend als Symbol abgelöst (→ Auto, → Reise).

Ratte: Dieses Tier symbolisiert den kranken und fragwürdigen Anteil des Träumenden oder der Situation, in der er sich befindet. Sie kann auch ein Symbol für Zurückweisung darstellen. Vielleicht hat der Träumende gerade mit illoyalen Freunden oder Kollegen zu tun.

Reptilien und andere Kaltblüter: Der fühllose, inhumane Aspekt der Instinkte wird oft durch Reptilien und andere Kaltblüter dargestellt. Sie gelten in der Regel als destruktiv und fremdartig. Wenn ein Traum von Reptilien handelt, weist dies darauf hin, daß der Träumende sich mit der angsterregenden, niedrigeren Seite seiner Persönlichkeit beschäftigt. Vielleicht hat er sie nicht unter Kontrolle und könnte daher leicht von ihnen verschlungen werden. Jeder Mensch fürchtet sich vor dem Tod oder dem Sterben, aber er muß einen Veränderungsprozeß durchmachen, um wiedergeboren zu werden.

Rind: Das ewig Weibliche, besonders in seiner mütterlichen Ausprägung (→ Familie), wird häufig durch die Kuh symbolisiert, da sie wie der Mensch ihre Nachkommenschaft ebenfalls mit Milch nährt. Der Ochse hingegen stellt die Fähigkeit dar, geduldig zu sein und Opfer für andere zu bringen. Der Stier im Traum bezeichnet die negative Seite des Verhaltens, wie etwa Destruktivität, Furcht oder Wut. Im positiven Sinn kennt man den Stier als Symbol für sexuelle Leidenschaft und kreative Kraft. Die Tötung eines Stiers im Traum verkörpert die Initiation in die Erwachsenenwelt, in der Triebe gemeistert werden müssen.

Schädlinge: Sie stellen im Traum ein erzwungenes Nachdenken über etwas Unnötiges dar oder über etwas, was in den Träumenden eingedrungen ist.

Schaf: Es wird stark mit seinem Herdentrieb in Verbindung gebracht, und diese Deutung ist auch bei den meisten Träumen zutreffend. Die Hilflosigkeit des von der Herde getrennten Schafs und die offensichtlich geringe Intelligenz dieser Tiere sind weitere bedenkenswerte Aspekte. Mit Schafen typischerweise assoziierte Eigenschaften wie Gottesfurcht, Passivität, Gutmütigkeit und Einfalt könnten im Traumzusammenhang ebenfalls von Bedeutung sein. Wenn im Traum ein Schaf mit einem Wolf oder ein Schaf mit einer Ziege vorkommt, sollte der Träumende den Konflikt zwischen Gut und Böse erkennen. Der Schafbock ist ein Symbol männlicher Potenz und Kraft. Das Lamm symbolisiert Unschuld.

Schakal: Dieses Tier wird mit dem Friedhof und deshalb mit dem Tod in Verbindung gebracht. Als Aasfresser ist es außerdem ein Symbol der Reinigung. In esoterischer Hinsicht ist es der Diener des Umgestaltenden, der die Seelen von der Erde ins Licht führt.

Schlange: Sie ist ein universales Symbol, kann männlich oder weiblich sein und Tod, Zerstörung, verkehrtes Leben und auch Verjüngung symbolisieren. Sie stellt das instinktive Wesen und potentielle Energie dar. Wenn die Macht des instinktiven Wesens verstanden und nutzbar gemacht worden ist, kommt der Träumende in Einklang mit seiner Sexualität und Sinnlichkeit, und er kann die höheren, spirituellen Energien nutzen, die ihm dann zugänglich sind. Im Traum eines Mannes kann eine Schlange erscheinen, wenn er die weiblichen oder instinktiven Anteile in sich nicht erkannt oder wenn er Zweifel an seiner Männlichkeit hat. Im Traum einer Frau kann die Schlange darauf hindeuten, daß sie Angst vor Sexualität hat oder manchmal vor ihrer eigenen Fähigkeit, andere zu verführen. Weil sie im Zusammenhang mit dem Paradies steht, ist die Schlange das Symbol für Doppeldeutigkeit, List und Versuchung. Träume von Schlangen kommen dann vor, wenn der Träumende versucht, sich mit seinem instinktgeleiteten Selbst zu beschäftigen. Dies steht unvermeidlich in Zusammenhang mit dem Wissen um die Existenz der Sexualenergie und ihre Nutzung, wobei beides bisher unterdrückt und vereitelt wurde. Die Sexualität ist der Trieb, der am weitesten in die Urzeit zurückreicht, und das Symbol Schlange mithin ebenfalls das älteste, dem Menschen zugängliche Bild. Eine um den Körper oder ein Glied geschlungene Schlange deutet auf Gebanntheit hin, vielleicht auf Versklavung durch Leidenschaften. Schlangen oder Würmer, die aus dem Mund einer Leiche kriechen, repräsentieren manchmal den Sexualakt (den »kleinen Tod«), aber sie können auch die Herrschaft des Träumenden über seine Lust symbolisieren. Eine Schlange im Gras symbolisiert Illoyalität, Betrug und Böses. Eine Schlange, die sich in den Schwanz beißt, repräsentiert Vollkommenheit und die Einheit von Materiellem und Spirituellem. Von einer Schlange gefressen zu werden, zeigt das Bedürfnis und die Fähigkeit, zum Ursprünglichen zurückzukehren und die Auffassung von Zeit und Raum hinter sich zu lassen. Weil Schlangen einer niedrigen Lebensform angehören und manchmal auch giftig sind, hat man sie mit dem Tod und allem, wovor sich der Mensch fürchtet, in Verbindung gebracht. Eine Schlange, die sich um einen Stab windet, weist darauf hin, daß der Träumende, der bereits seine gegensätzlichen Persönlichkeitsanteile miteinander versöhnt hat, unbewußte Kräfte freisetzt, die Heilung, Wiedergeburt und Erneuerung schaffen (auch → Äskulapstab). Diese symbolische Darstellung bringt zugleich auch die Grundform der DNS, den »Grundbaustein« des Lebens, zum Ausdruck. Die Farben der Schlangen können zu größerem Verständnis der Bedeutung des Traums beitragen (→ Farben).

Schwein: Im westlichen Glauben steht das Schwein für Unwissenheit, Dummheit, Eigensüchtigkeit und Völlerei. Das Selbst des Träumenden erkennt vielleicht allmählich seine unangenehmen Eigenschaften. Ohne diese Erkenntnis können diese Persönlichkeitsanteile nicht überwunden und gemeistert werden. Schweine und Schmuck zeigen einen Konflikt zwischen niedrigeren Bedürfnissen und spirituellen Werten an. Große Ferkelwürfe können Fruchtbarkeit repräsentieren, wenn auch manchmal auf unbefriedigende Weise, da die Muttersau auch stark destruktive Eigenschaften in sich tragen kann. Der Keiler stellt das archetypische männliche Oberhaupt dar und versinnbildlicht daher den negativen Animus im Traum einer Frau (siehe »Einführung in die Traumarbeit«). Möglicherweise flieht der Träumende vor einer Auseinandersetzung, die kühner herausgefordert und angegangen werden sollte.

Seehund: Der Traum von diesem Tier deutet an, daß der Träumende eins ist mit dem Element, in dem er lebt.

Tiger: Er symbolisiert Majestät, Würde und Macht; er ist Schöpfer und Zerstörer gleichermaßen.

Ungeheuer: Eine nicht verstehbare Furcht, die in der Regel von innen aufsteigt, wird im Traum häufig durch Ungeheuer und Drachen dargestellt. Das verschlingende

Ungeheuer kann im Traum die Erkenntnis darstellen, daß die Menschheit letzten Endes wieder in einem größeren Ganzen aufgehen wird. Wenn der Träumende über dem Ungeheuer steht, kann er seine Angst vor dem Tod meistern und seine Stärke vielleicht zu seinem eigenen Nutzen einsetzen. Dem Ungeheuer das Herz oder ein anderes lebenswichtiges Organ herauszuschneiden oder in ihm ein Feuer anzuzünden, stellt den Kampf gegen die dunklen Mächte der Unterwelt dar.

Unheimliche Tiere: Jede Bedrohung durch Tiere deutet auf Ängste und Zweifel hin, die der Träumende bezüglich seiner Fähigkeit hegt, mit Irritationen durch das Unbewußte umgehen zu können, wenn es sich regt.

Verletzte Tiere: Der Träumende leidet vielleicht unter emotionalen oder spirituellen Wunden.

Verwandlung in Tiere: Die Verwandlung des Träumenden oder anderer Menschen in Tiere oder umgekehrt zeigt das Potential für Veränderung in allen möglichen Situationen.

Vorgeschichtliche Tiere: Ein Trauma aus der Vergangenheit, vielleicht aus der Kindheit, verursacht möglicherweise Schwierigkeiten.

Wale: Weil der Wal ein Säugetier ist, das im Wasser lebt, stellt er die Kraft der Wiederauferstehung und der Wiedergeburt dar.

Wiesel: In der traditionellen Traumdeutung wird es als Symbol für Verschlagenheit und kriminelle Energie gesehen.

Wilde Tiere: Normalerweise stehen sie für Gefahr, gefährliche Leidenschaften oder gefährliche Menschen. Eine destruktive Kraft taucht aus dem Unbewußten auf und bedroht die Sicherheit des Menschen. Im Traum wilde Tiere zu zähmen bedeutet, daß der Träumende vielleicht mit seiner wilden Seite ins reine gekommen ist.

Wirbeltiere: Tiere mit Rückgrat helfen dem Träumenden, die Eigenschaften, die mit diesen Tieren verknüpft sind, besser zu verstehen. Die kleineren und niedereren Ordnungen der Wirbeltiere symbolisieren das Unbewußte, die höheren Ordnungen die Gefühlswelt.

Wolf: Wenn man von Wölfen – sei dies ein einzelnes Tier oder ein ganzes Rudel – träumt, kann dies darauf hindeuten, daß sich der Träumende vielleicht von anderen Menschen bedroht fühlt.

Zebra: Dieses Tier hat dieselbe Symbolik wie das Pferd, aber zusätzlich die Bedeutung, Negatives und Positives sehr dynamisch im Gleichgewicht zu halten.

Ziege: Von einer Ziege zu träumen bedeutet kreative Energie und männliche Vitalität. Die Ziege kann auch die dunkle Seite des menschlichen Wesens, Promiskuität und Sexualität repräsentieren. Auf einer Ziege zu reiten bedeutet, daß der Träumende versucht, mit seiner Beziehung zu der dunklen Seite seines Wesens ins reine zu kommen. Die Ziege kann auch den Teufel repräsentieren.

Zusammengesetzte Tiere: Wenn man von Lebewesen träumt, die sich aus mehreren Tieren zusammensetzen, kann dies ein Hinweis darauf sein, daß Verwirrung darüber herrscht, welche Eigenschaften für bestimmte Situationen ausgebildet werden sollten. Die verschiedenen Charakteristika der jeweiligen Tiere, aus der sich das Lebewesen im Traum zusammengesetzt, müssen aufgenommen und integriert werden, oder aber in einer Traumfigur sind mehrere potentielle Entwicklungsmöglichkeiten ausgedrückt. Besteht das Lebewesen zur Hälfte aus Tier und zur Hälfte aus Mensch, erkennt der Träumende allmählich seine animalischen Instinkte und formt sie zu einem menschlichen Bild um.

TIERKREIS

Allgemein: Viele Menschen sind von Horoskopen fasziniert, ohne unbedingt die Bedeutung des Tierkreises zu verstehen. Bilder und Symbole aus ihm erscheinen in Träumen oft erst dann, wenn der Träumende mit der Reise in das eigene Selbst beginnt. Häufig erscheint dabei das Tier oder Wesen, welches mit dem Sternzeichen des Träumenden in Verbindung steht, gleichsam, als wolle es ihn an die Grundprinzipien erinnern. Die Art des Umgangs mit diesem Bild vermittelt dem Träumenden Einsichten darüber, wie er sich selbst empfindet.

Psychologisch: Der Tierkreis symbolisiert die Beziehung des Menschen zum Universum. Manchmal stehen die Tierkreiszeichen in Träumen für die Zeit oder auch das Verstreichen der Zeit. Sie können den Träumenden dazu anregen, in bestimmten Situationen die Initiative zu ergreifen. Handelt ein Traum beispielsweise von einem Mädchen, das auf einer Ziege reitet, dann soll der Träumende vielleicht mit Zähigkeit (Steinbock) nach Perfektion (Jungfrau) streben. Jedes Zeichen bezieht sich auch auf einen bestimmten Körperteil und macht den Träumenden in seinem Traum mitunter auf ein eventuelles Ungleichgewicht aufmerksam.

Spirituell: Nachfolgend die Einflußbereiche der einzelnen Tierkreiszeichen:

Widder: Das Zeichen beeinflußt den Kopf. Seine Farbe ist Rot, seine speziellen Schmucksteine sind Amethyst und Diamant.

Stier: Das Zeichen beeinflußt die Kehle. Seine Farben sind Blau und Rosa, seine speziellen Schmucksteine Moosachat und Smaragd.

Zwillinge: Das Zeichen beeinflußt Schultern, Arme und Hände. Seine Farbe ist Gelb, seine Schmucksteine sind Achat und Beryll.

Krebs: Das Zeichen beeinflußt den Magen und die höheren Verdauungsorgane. Seine Farben sind Violett oder Smaragdgrün, seine speziellen Schmucksteine sind Mondstein und Perlen.

Löwe: Das Zeichen beeinflußt Herz, Lunge und Leber. Seine Farben sind Gold und Orange, seine speziellen Schmucksteine sind Topas und Turmalin.

Jungfrau: Das Zeichen beeinflußt Bauch und Darm. Seine Farben sind Grau und Marineblau, seine speziellen Schmucksteine sind rosa Jaspis und Jade.

Waage: Das Zeichen beeinflußt die Lendenregion. Seine Farben sind Blau und Violett, seine speziellen Schmucksteine sind Opal und Lapislazuli.

Skorpion: Das Zeichen beeinflußt die Genitalien. Seine Farben sind Dunkelrot und Purpur, seine speziellen Schmucksteine sind Türkis und Rubin.

Schütze: Das Zeichen beeinflußt Hüften, Schenkel und Nervensystem. Seine Farben sind Hellblau und Orange, seine speziellen Schmucksteine sind Karfunkel und Amethyst.

Steinbock: Das Zeichen beeinflußt die Knie. Seine Farben sind Violett und Grün, seine speziellen Schmucksteine Gagat und schwarzer Onyx.

Wassermann: Das Zeichen beeinflußt Blutkreislauf und Knöchel. Seine Farbe ist Stahlblau, seine speziellen Schmucksteine sind Granat und Zirkon.

Fische: Das Zeichen beeinflußt die Füße und Zehen. Seine Farben sind Meergrün und Mauve, seine speziellen Schmucksteine sind Koralle und Olivin.

TIGER

→ Tiere

TINTE

auch → Stift

Allgemein: Weil nur noch wenige Menschen einen Füller benutzen, ist die Bedeutung von Tinte nicht mehr so groß. Früher verwies sie in Träumen auf die Fähigkeit zu klarer Kommunikation.

Psychologisch: Auf der intellektuellen Ebene symbolisiert Tinte die Fähigkeit, Wissen auf eine anspruchsvollere Weise zum Einsatz zu bringen.

Spirituell: Auf der spirituellen Ebene hat Tinte besonders für magische Praktiken eine Bedeutung, bei denen sie benutzt wurde, um mit paranormalen Mächten in Kontakt zu treten.

TISCH

auch → Altar, → Möbel

Allgemein: Ein Tisch ist ein Möbelstück mit sozialen oder beruflichen Funktionen und symbolisiert im Traum Entscheidungen und Entscheidungsfähigkeit. Er ist ein Ort der Familienzusammenkünfte, und für den Träumenden sind die gemeinsam eingenommenen Mahlzeiten vielleicht ein wichtiges Ritual. Auch der Konferenztisch in der Arbeitswelt hat ein rituelles Element.

Spirituell: Auf dieser Ebene kann ein Tisch im Traum für ein spirituelles Gericht stehen und spirituelle Gesetze symbolisieren.

TITANEN

Allgemein: Titanen erscheinen im Traum als riesige und gottähnliche Figuren mit manchmal herrischen Eigenschaften. Sie symbolisieren Kräfte im Träumenden, die es ihm ermöglichen, Dinge zu manifestieren oder zu veranlassen.

Psychologisch: Der Mensch nutzt nur einen winzigen Bruchteil der in ihm vorhandenen Energie. Diese gigantischen Kräfte, die im Traum auftauchen können, entstammen jenen Bereichen des Selbst, die nicht im Zaum gehalten und auch nicht gebändigt werden können.

Spirituell: Auf der spirituellen Ebene kann sich der Wille und Drang des Träumenden, seine geistigen Ziele zu erreichen, durch das Auftreten von Titanen im Traum zum Ausdruck kommen.

TOCHTER

→ Familie

TOD

Allgemein: In der traditionellen Traumdeutung hielt man Träume vom Tod für einen Hinweis, daß vielleicht bald eine Geburt stattfinden oder daß eine Veränderung der Lebensbedingungen beim Träumenden oder den Menschen in seinem Umfeld eintreten würde. Schon immer war der Tod mit starken Ängsten verbunden, und daher symbolisiert er auch weiterhin großes Unglück, nach dem nichts mehr sein kann wie zuvor. Doch der Tod im Traum kann auch für eine Herausforderung stehen, der sich der Träumende stellen muß. Der Träumende wird durch das Traumsymbol aufgefordert, einen anderen Zugang zum Leben zu finden und zu akzeptieren, daß Neubeginn nur dann möglich ist, wenn er den Mut dazu hat. Handelt der Traum vom eigenen Tod, heißt dies, daß der Träumende seine Gefühle in bezug auf den Tod erforscht. Er setzt sich mit dem Rückzug von der Herausforderung durch das Leben oder mit der Trennung von Geist und Körper auseinander.

Psychologisch: Dem Träumenden werden die Chancen bewußt, die er nicht genutzt hat, und ihm wird klar, daß es nun zu spät ist. Der Tod im Traum symbolisiert das Ende von bestimmten wichtigen Lebensphasen wie Kindheit, Berufsleben und so fort und den Beginn eines neuen Abschnitts.

Spirituell: Auf der spirituellen Ebene steht der Tod im Traum für den Teil des Lebens, der nicht gesehen wird, für Allwissenheit, spirituelle Wiedergeburt, Auferstehung und Wiedereingliederung.

TÖTEN

Allgemein: Wenn der Träumende in seinem Traum getötet wird, symbolisiert dies in der Regel, daß er unter einen äußeren Einfluß gerät, der ihn oder einen Teil seiner Persönlichkeit im alltäglichen Leben nicht mehr bestehen läßt. Wenn er selbst im Traum einen anderen Menschen tötet, versucht er, sich von dem Einfluß zu befreien, den diese Person über ihn ausübt.

Psychologisch: Das Töten ist eine extreme Reaktion auf ein Problem. Findet im Traum eine solche abschließende Tat statt, kann sie häufig das Bedürfnis des Träumenden nach Gewalt (besonders solche, die sich gegen ihn selbst richtet) symbolisieren. Vielleicht kommt es dem Träumenden in einer bestimmten Situation so vor, daß die einzig mögliche Lösung eines Problems darin besteht, einen Teil seiner selbst »abzutöten«.

Spirituell: Auf der spirituellen Ebene gleicht Töten im Traum der Darbringung eines Opfers.

TOILETTE

Allgemein: Für viele Menschen ist die Toilette ein Symbol für Schmutz und mangelnde Anerkennung. Darüber hinaus besteht ein Bezug zur Sexualität. Die Toilette im Traum kann jedoch auch das Bedürfnis des Träumenden nach Intimität und den Wunsch ausdrücken, seinen Gefühlen in den eigenen vier Wänden freien Lauf zu lassen.

Psychologisch: Eine defekte Toilette signalisiert dem Träumenden, daß er emotional blockiert ist. Eine fremde Toilette aufzusuchen bedeutet, daß er sich über den Ausgang einer Situation nicht im klaren ist. Eine verschmutzte Toilette zu reinigen heißt, daß der Träumende seine verklemmte Haltung aufgibt.

Spirituell: Auf der spirituellen Ebene verkörpert eine Toilette im Traum Mittel und Wege, um alles Negative loszuwerden und zu entsorgen.

TOMBOLA

auch → Glücksspiel

Allgemein: Wenn ein Traum davon handelt, daß der Träumende an einer Tombola teilnimmt, bringt er damit sein Bedürfnis zum Ausdruck, ohne eigene Anstrengung und mit der Unterstützung allein von Glück zu gewinnen. Der Verkauf von Losen im Traum verrät den Wunsch des Träumenden, anderen Menschen zu helfen. Die Veranstaltung einer Tombola hingegen verweist auf eine Gruppenaktivität, von der jeder profitieren kann.

Psychologisch: Auch wenn Glücksspiel für den Träumenden normalerweise nicht zur Debatte steht, kann sie, da sie auch einem wohltätigen Zweck dient, im Traum die Funktion haben, das Gewissen des Träumenden, der ein Risiko eingegangen ist, zu beruhigen.

Spirituell: Auf der spirituellen Ebene kann die Tombola im Traum das Bedürfnis nach Mildtätigkeit symbolisieren. Doch werden zugleich auch die damit verbundenen Risiken wie Verletzbarkeit und Abhängigkeit erkannt. Der Mensch muß lernen, seinem Schicksal zu vertrauen.

TOPAS

→ Edelsteine

TOPF

Allgemein: Im Traum hat der Topf die Bedeutung von Nahrung und Fürsorglichkeit und signalisiert eine aufnahmefähige Stimmung. Ähnlich wie ein großer Kessel (→ Kessel) einen Veränderungsprozeß symbolisieren kann, stellt ein Topf oder eine Pfanne möglicherweise die Fähigkeit dar, verschiedene »Zutaten« zu vermischen und etwas völlig Neues daraus zu schaffen.

Spirituell: Auf der spirituellen Ebene verweist der Topf im Traum wie alle Gefäße auf das weibliche Prinzip – in der Regel auf seinen pflegenden Aspekt.

TOR

Allgemein: Ein Traum von einem Tor symbolisiert in der Regel eine Veränderung, häufig eine Bewußtseinsveränderung. Der Träumende überschreitet eine Schwelle im Leben, probiert vielleicht neue Dinge aus oder bewegt sich von einer Lebensphase in die nächste.

Psychologisch: Oft wird wachsende Bewußtheit im Traum durch das Durchschreiten mehrerer Tore hervorgehoben. Das Tor eines Betriebsgeländes könnte auf berufliche Veränderungen verweisen, ein Gartentor hingegen auf vermehrte Freude im Leben.

Spirituell: Auf dieser Ebene symbolisiert das Tor im Traum den Durchgang vom Reich des Materiellen zum Reich des Spirituellen.

TORPEDO

Allgemein: Bei einem Torpedo liegt aufgrund seiner Form die direkte Verbindung mit der maskulinen Aggressivität und Härte nahe. Im Traum kann die Kraft des Torpedos destruktiv wirken. Zugleich ist seine Herkunft ungewiß.

Psychologisch: Der Torpedo im Traum drückt die Fähigkeit des Träumenden aus, Energie zu lenken und sicher ins Schwarze zu treffen. Möglicherweise gelingt es dem Träumenden bei seinem Umgang mit Freunden, ohne Umwege auf den Punkt zu kommen. Das Traumsymbol kann jedoch auch eine Warnung davor sein, daß soviel Direktheit eventuell Schaden anrichten könnte.

Spirituell: Auf dieser Ebene symbolisiert ein Torpedo im Traum spirituelle Direktheit.

TOTEM/TOTEMPFAHL

Allgemein: Im Traum kann der Träumende durch einen Totempfahl zu seinen Grundbedürfnissen nach Schutz zurückgeführt werden. Dabei handelt es sich nicht um den Schutz, den ein Stärkerer einem Schwächeren bietet, sondern um jenen, der es dem Träumenden gestattet, seine eigenen Kräfte gewinnbringend einzusetzen.

Psychologisch: Ein Gegenstand, der geweiht ist und durch gemeinschaftlichen Glauben mit Energie ausgestattet ist, entwickelt eine Eigendynamik. Beim Totempfahl handelt es sich um ein solches Objekt. Wenn er im Traum erscheint, bedeutet dies, daß der Träumende vor allem jene Lebensräume näher betrachten sollte, die etwas mit seinem Glauben zu tun haben.

Spirituell: Auf der spirituellen Ebene ist der Totempfahl im Traum ein Symbol für Schutz, Stärke und Macht.

TOTENWACHE

Allgemein: Eine Totenwache gibt dem Menschen die Gelegenheit, sich von einem Verstorbenen richtig zu verabschieden und seine Trauer wirklich zu spüren. Wenn der Träumende in seinem Traum einem solchen Ereignis beiwohnt, dann ist dies ein Hinweis darauf, daß es möglicherweise einen Grund in seinem Leben gibt, Trauer zuzulassen. Er muß lernen, das loszulassen, was ihm lieb und teuer ist.

Psychologisch: In den meisten Kulturkreisen lassen die Hinterbliebenen ihre Gefühle frei heraus. Manchmal fällt dies in Gesellschaft und mit Unterstützung anderer leichter. Handelt ein Traum von einem solchen Beisammensein, zeigt dies, daß der Träumende möglicherweise Unterstützung braucht, um eine Enttäuschung zu überwinden.

Spirituell: Auf der spirituellen Ebene steht die Totenwache im Traum für einen bewußten Abnabelungsprozeß.

TOURIST

Allgemein: Bei einem Touristen handelt es sich im Traum meist um eine Person, die ihre Umgebung nicht kennt. Ist der Träumende selbst der Tourist, muß er sich unter diesem Gesichtspunkt näher mit sich auseinandersetzen. Ist eine andere Traumfigur der Tourist, sollte sich der Träumende Gedanken darüber machen, wie er anderen Menschen besser helfen kann.

Psychologisch: Gibt sich der Träumende in seinem Traum als Tourist aus, muß er sich der Tatsache bewußt werden, daß er zwar über die notwendigen Kenntnisse verfügt, um der Beschäftigung nachzugehen, die er sich wünscht, daß er sich innerlich jedoch schon gegen sie entschieden hat.

Spirituell: Auf der spirituellen Ebene ist der Tourist im Traum dem Einsiedler ähnlich.

TRÄNEN

Allgemein: Tränen im Traum können auf emotionale Befreiung und Reinigung verweisen. Weint der Träumende im Traum, hat er im Wachzustand vielleicht nicht die Möglichkeit, seinen Gefühlen nachzugeben. Weint eine andere Traumfigur, ist dies als Aufforderung an den Träumenden zu verstehen, über sein eigenes Verhalten nachdenken und darüber, ob es angemessen ist.

Psychologisch: Wenn der Träumende in seinem Traum weint, dann aufwacht und bemerkt, daß er tatsächlich Tränen vergießt, verweist dies auf eine Verletzung oder auf ein Trauma. Vielleicht ist es nur deshalb an die Oberfläche gekommen, damit sich der Träumende auf der Bewußtseinsebene damit beschäftigt.

Spirituell: Tränen können Verletzung und Mitgefühl symbolisieren, auf der spirituellen Ebene geht es in der Regel um letzteres.

TRAGEN

Allgemein: Wenn sich der Träumende dessen bewußt ist, einen Gegenstand zu tragen, dann verlangt dies von ihm, darüber nachzudenken, wie viele Lasten oder Schwierigkeiten er sich zumuten will. Wenn er träumt, daß er getragen wird, dann signalisiert das Traumbild vielleicht seinen Wunsch nach Unterstützung.

Psychologisch: Wenn der Träumende sich in seinem Traum dabei sieht, wie er einen anderen Menschen trägt, verkörpert dies die Tatsache, daß er möglicherweise für andere Menschen die Verantwortung übernommen hat und diese Verantwortung als Last empfindet.

Spirituell: Auf dieser Ebene bedeutet Tragen im Traum die Bereitschaft, spirituelle Verantwortung zu übernehmen.

TRANSPARENZ

Allgemein: Wenn im Traum etwas durchsichtig ist, fühlt sich der Träumende vielleicht verletzbar und gewinnt zugleich Einblicke, die ihm normalerweise nicht möglich wären. Sieht er sich in einer transparenten Seifenblase, kann dies für Durchschaubarkeit und Verletzlichkeit in seinem Leben stehen, insbesondere dann, wenn er gerade eine neue Verantwortung übernommen hat. Wenn sich eine andere Traumfigur hinter einer durchsichtigen Wand befindet, soll damit ausgedrückt werden, daß diese Person einen gewissen Abstand zum Träumenden aufrechterhalten will und für ihn nicht zugänglich ist.

Psychologisch: Wenn der Träumende in seinem Traum den Eindruck hat, daß die Dinge und Menschen in seinem Umfeld durchsichtig sind, erkennt er seine Fähigkeit, Dinge und Menschen zu durchschauen. Er ist dazu in der Lage, kritisch zu urteilen.

Spirituell: Durchsichtigkeit im spirituellen Sinne steht für Ehrlichkeit.

TRAUER

auch → Beerdigung, → Weinen

Allgemein: Der Prozeß des Trauerns ist sehr wichtig. Der Mensch trauert nicht nur, wenn jemand gestorben ist, sondern auch, wenn eine Beziehung oder ein bestimmter Lebensabschnitt zu Ende gegangen ist. Weil Trauer im Wachzustand oft als unpassend abgewertet wird, wird sie in die Traumwelt verlagert, damit der Träumende dennoch Erleichterung finden kann.

Psychologisch: In vielen Kulturen wird die Trauer der Zurückgebliebenen als Geleit für die scheidende Seele betrachtet. Im Traum hat der Träumende vielleicht das Gefühl, sich selbst dabei zu helfen, einen Neubeginn zu gestalten, indem er um das Alte trauert. Der Mensch braucht Zeit, um sich darauf einzustellen, daß er etwas verloren hat, und er muß sowohl um dieses als auch um sich selbst trauern.

Spirituell: Auf der spirituellen Ebene kann Trauer im Traum eine Anregung sein, neu über Kummer nachzudenken.

TREIBSAND

Allgemein: Treibsand im Traum symbolisiert einen Mangel an Sicherheit. Früher wurde er in der Traumdeutung mit geschäftlichen Schwierigkeiten assoziiert.

Psychologisch: Wenn sich der Träumende in seinem Traum von Treibsand eingeschlossen fühlt, dann ist dies ein Hinweis, daß er sich in einer schwierigen Situation befindet, die er nicht unbedingt selbst verursacht hat.

Spirituell: Auf der spirituellen Ebene deutet Treibsand im Traum darauf hin, daß das Glaubensfundament des Träumenden weder sicher noch zuverlässig ist.

TREPPE

→ Gebäude

TRETEN

Allgemein: Aggressivität zu symbolisieren ist auf vielerlei Weise möglich. Wenn der Träumende in seinem Traum einen anderen Menschen tritt, dann bringt er seine Aggression auf akzeptable Weise zum Ausdruck, denn er würde dies nicht unbedingt im Wachzustand tun. Wird er im Traum getreten, hebt dies hervor, daß er auch Opfer sein kann.

Psychologisch: Wenn der Träumende in seinem Traum Fußball spielt, symbolisiert dies sein Bedürfnis nach Selbstkontrolle, aber auch nach der Kontrolle über die äußeren Umstände.

Spirituell: Auf der spirituellen Ebene kann ein Tritt im Traum das Bedürfnis des Träumenden nach Motivation zum Ausdruck bringen.

TRICKSTER

Allgemein: Im Traum ist der Trickster jener Teil des Selbst, der verheerenden Schaden im Leben des Träumenden anrichten kann. Im Traum kann dem Träumenden der Trickster als jene Figur begegnen, die ihn in die falsche Richtung schickt und Fragen vorsätzlich falsch beantwortet.

Psychologisch: Auf der psychologischen Ebene bildet der Trickster den Gegenpol zum moralisch-integren Anteil des Träumenden.

Spirituell: Im Trickster begegnet dem Träumenden der verantwortungslose Teil seines Charakters. Er ist noch nicht reif für eine ernsthafte spirituelle Entwicklung.

TRINKEN

Allgemein: Im Traum zu trinken bedeutet, etwas aufzunehmen. Es kann eine Rolle spielen, welcher Art das Getränk ist. Fruchtsaft bedeutet, daß der Träumende sein Bedürfnis nach Reinigung erkannt hat. Auch die Farbe des Getränks ist wichtig (→ Farben, → Alkohol).

Psychologisch: Es kann auf das Bedürfnis nach Trost und Versorgung hinweisen, wenn der Träumende in seinem Traum etwas trinkt. Als lebensnotwendiges Grundbedürfnis symbolisiert Trinken das Wechselspiel zwischen der inneren Notwendigkeit, mit Lebensnotwendigem versorgt zu werden, und der äußeren Zugänglichkeit von Nahrungsmitteln.

Spirituell: Auf der spirituellen Ebene kann Trinken im Traum, vor allem, wenn es sich dabei um Wein handelt, die Aufnahme göttlicher Lebensenergie bedeuten.

TROMMEL

auch → Musikinstrumente

Allgemein: Wenn der Träumende in seinem Traum eine Trommel hört, verweist dies auf den Grundrhythmus, den er braucht, um körperlich und seelisch gesund zu sein. Er muß stärker im Einklang mit seinem natürlichen Rhythmus und seinen ursprünglichen Bedürfnissen sein. Trommelt der Träumende selbst, symbolisiert dies, daß er die Verantwortung für seinen Lebensrhythmus übernimmt.

Psychologisch: Der Träumende sucht im Experiment mit dem Rhythmus eine natürlichere Ausdrucksform. Die Trommel im Traum ist ein Hinweis, daß er die Kontrolle über den Rhythmus und die Klänge in seinem Leben hat. Besonders, wenn er in einer Gruppe mit anderen gemeinsam trommelt, verweist dies auf seine Fähigkeit, wirksam am Leben teilzunehmen.

Spirituell: Auf der spirituellen Ebene steht die Trommel für Klang, göttliche Wahrheit und Offenbarung.

TROMPETE

Allgemein: Eine Trompete steht im Traum meist für eine Warnung oder ist als Aufforderung zum Handeln zu verstehen. Wenn sich der Träumende gerade in einer Konfliktsituation befindet, benötigt er vielleicht ein Warnsignal, das ihn zu richtigem Handeln aufruft.

Psychologisch: Die Trompete war früher Königen und himmlischen Heerscharen vorbehalten. Sieht der Träumende in seinem Traum einen Engel in die Trompete blasen, dann wird er aufgefordert, seine Leistung noch zu steigern. Oder aber der Träumende wird gewarnt, daß er sich zuviel abverlangt.

Spirituell: Der klare Klang der Trompete verursacht feine Schwingungen, welche die Aufmerksamkeit des Träumenden wecken.

TROPHÄE

Allgemein: Von einer Trophäe zu träumen bedeutet im allgemeinen, daß der Träumende etwas getan hat, wofür er eine Auszeichnung verdient hat. Entscheidend ist dabei, wofür er die Trophäe erhalten hat und wie sie aussieht. Ein Pokal steht für Aufnahmefähigkeit, eine Plakette für Schutz.

Psychologisch: In früheren Zeiten waren Trophäen, wie zum Beispiel Tierköpfe, sehr begehrt. Noch immer stehen sie mit den Urängsten des Menschen in enger Verbindung. Sie sind es, die der Träumende überwinden muß, wenn er in seinem Leben etwas erreichen will.

Spirituell: Auf der spirituellen Ebene symbolisiert eine Trophäe im Traum ein Schlüsselerlebnis (zum Beispiel das Erreichen eines bewußtseinserweiterten Zustandes), welches den Träumenden seinen spirituellen Zielen näherbringt.

TRÜMMER

→ Ruinen

TRUHE/KISTE

Allgemein: Wenn eine Truhe oder Kiste im Traum auftaucht, dann beschreibt sie, wie der Träumende seine Gefühle verbirgt oder »einlagert«. Vielleicht muß er seine wichtigsten Ideale und Hoffnungen geheimhalten. Eine Truhe kann jedoch auch seine tiefsten Einsichten symbolisieren.

Psychologisch: Emotional muß der Träumende seinen Gefühlen und heimlichen Sehnsüchten Grenzen setzen. Eine leere oder gefüllte Kiste im Traum zeigt, wie er mit dem Leben umgeht.

Spirituell: Die Büchse der Pandora, das heißt die Geschichte, wie das Negative in die Welt kam, ist das beste Beispiel für den symbolischen Gehalt einer Kiste auf der spirituellen Ebene. Die Erforschung der Welt des Spirituellen erfordert Beharrlichkeit und Vorsicht.

TRUTHAHN

→ Vögel

TÜR

auch → Gebäude

Allgemein: Die Tür im Traum symbolisiert den Wechsel zwischen zwei Seinszuständen. Sie kann den Eingang in eine neue Lebensphase darstellen, beispielsweise den Übergang von der Pubertät ins Erwachsenenalter. Vielleicht bieten sich dem Träumenden Chancen, über die er eine bewußte Entscheidung treffen muß.

Psychologisch: Ist die Tür im Traum verschlossen oder schwer zu öffnen, dann ist dies ein Hinweis darauf, daß der Träumende sich selbst Hindernisse schafft; ist die Tür hingegen geöffnet, kann der Träumende zuversichtlich weitergehen.

Spirituell: Auf dieser Ebene ist die Tür im Traum ein spirituelles Symbol für den schützenden Aspekt der Großen Mutter.

TÜRKIS

→ Edelsteine, → Farben

TUNNEL

Allgemein: Ein Tunnel im Traum repräsentiert im allgemeinen das Verlangen des Träumenden, das Unbewußte und all jene Dinge zu erforschen, mit denen er bisher noch nicht in Berührung gekommen ist.

Psychologisch: Ein Tunnel wird manchmal als Symbol des Geburtskanals betrachtet und steht daher für den Geburtsvorgang. Befindet sich am Ende des Tunnels ein Licht, heißt dies, daß der Träumende sich dem Ende seiner Nachforschungen nähert. Ist der Tunnel durch etwas blockiert, wird der Träumende möglicherweise von einer früheren Erfahrung oder von einer durchlebten Angst vom Weiterkommen abgehalten.

Spirituell: Auf der spirituellen Ebene hilft dem Träumenden das Traumsymbol Tunnel sowohl bei der Flucht vor dem Unbewußten als auch beim Hinabsteigen in die unbekannten Tiefen.

TURM

auch → Gebäude

Allgemein: Der Turm im Traum repräsentiert den Schutzmechanismus, den der Träumende sich für gewöhnlich im Laufe seines Lebens errichtet hat. Dies kann sowohl eine innere Einstellung als auch äußere Lebensumstände betreffen. Von einem Turm ohne Tür zu träumen bedeutet, daß er mit seinem innersten Selbst nicht in Kontakt treten kann. Ein Turm ohne Fenster zeigt, daß der Träumende nicht dazu in der Lage ist, seine äußeren guten Eigenschaften oder seine inneren Charakteristika zu sehen und anzunehmen. Der Elfenbeinturm verkörpert unschuldige Herangehensweisen. Ein viereckiger Turm bedeutet die praktische Umsetzung des Lebens, wohingegen ein runder Turm mehr in Richtung geistiger Ebene geht. Ein runder Turm am Ende eines quadratischen Gebäudes ist die Kombination aus Praktischem und Geistigem.

Psychologisch: Der Turm im Traum kann zunächst weit entfernt erscheinen und dann allmählich näher rücken. Wichtig ist, wie der Träumende in das Innere des Turms gelangt. Fällt es ihm leicht, dann ist wahrscheinlich auch sein Inneres leicht zu erforschen. Tut er sich mit dem Zugang schwer, könnte dies ein Hinweis auf seine Verschlossenheit sein. Ist die Türe verbarrikadiert, ist der Träumende noch nicht bereit, sein Unterbewußtsein zu erforschen. Wenn im Turm Dunkelheit herrscht, hat der Träumende noch immer Angst vor seinem Unbewußten. Weist man den Träumenden auf diese Möglichkeit hin, sollte er in der Lage sein, weitere Symbole zu deuten.

Spirituell: Auf der spirituellen Ebene weist der Turm im Traum eine gewisse Ambivalenz auf. Einerseits verkörpert er, da er Schutz bietet, das Feminine, andererseits stellt er aufgrund seiner Form das Maskuline dar. Er steht für den Aufstieg zur geistigen Ebene oder für eine Umsetzung in die Praxis.

TURMALIN

→ Edelsteine

TURMSPITZE

Allgemein: Sieht der Träumende in seinem Traum eine Kirchturmspitze, nimmt er einen Orientierungspunkt wahr.

Psychologisch: Wie der Turm kann auch die Turmspitze als Phallussymbol angesehen werden. Darüber hinaus symbolisiert sie Ehrgeiz und Streben. Eine abgebrochene Turmspitze ist ein Hinweis auf zerstörte Hoffnungen. Der Bau eines Turms und das Aufrichten einer Turmspitze zeigt, daß mehr oder bessere Kommunikation notwendig ist.

Spirituell: Als Sinnbild des spirituellen Fortschritts deutet der Kirchturm die Entwicklung vom Weltlichen zum Heiligen an.

U

ÜBELKEIT

auch → Erbrechen, → Magenbeschwerden, → Krankheit

Allgemein: Im Traum verweist Übelkeit darauf, daß der Träumende etwas loswerden muß und sich deshalb unwohl fühlt. Übelkeit im Traum kann den tatsächlichen körperlichen Zustand widerspiegeln, aber, weil der Magen der Sitz der Gefühle ist, kann sie sich auch auf eventuell belastende Gefühle beziehen.

Psychologisch: Der Körper zeigt oft eigene Mittel und Wege, um den Träumenden auf Schwierigkeiten aufmerksam zu machen. Übelkeit im Traum verweist vielleicht auf ein Problem, noch bevor es sich körperlich manifestiert.

Spirituell: Auf der spirituellen Ebene kann Übelkeit im Traum darauf hinweisen, daß der Träumende durch etwas Verdorbenes oder Verfaultes in seinem Inneren beeinträchtigt wird.

ÜBER

→ Positionen

ÜBERQUEREN

Allgemein: Wenn ein Traum davon handelt, daß der Träumende eine Straße überquert, erkennt er drohende Gefahr, Angst oder Unsicherheit. Vielleicht stemmt er sich gegen die Mehrheit an oder gegen etwas, das größer ist als er.

Psychologisch: Das Traumsymbol weist möglicherweise darauf hin, daß der Träumende etwas begegnet, das er nicht unter Kontrolle halten kann. Überquert er ein Feld, hat er vielleicht ein falsches Gefühl von Sicherheit, oder aber er muß seine Gefühle nach außen bringen.

Spirituell: Auf der spirituellen Ebene symbolisiert die Überquerung eines Flusses oder einer Kluft oft den Tod – nicht unbedingt jenen endgültigen Schritt, aber vielleicht wichtige spirituelle Veränderungen.

ÜBERSCHWEMMUNG

auch → Wasser

Allgemein: Träume von Überschwemmungen verweisen, weil sie den Träumenden ängstigen, häufig auf die Befreiung positiver Energie hin. In der Regel handelt es sich um einen Überschuß an unterdrückten oder unbewußten Gefühlen, die aus dem Weg geräumt werden müssen, bevor der Träumende wirklich Fortschritte machen kann. Wenn er sich mitten in einer Hochwasserflut befindet, verweist dies darauf, daß er sich von diesen Emotionen überwältigt fühlt. Beobachtet er hingegen, wie sich das Hochwasser ausbreitet, symbolisiert dies Selbstversunkenheit. Ein Traum von einer Überschwemmung kann häufig auch auf Depressionen hinweisen.

Psychologisch: Wenn es dem Träumenden in der Regel schwerfällt, sich mit Worten auszudrücken, kann ein Traum von einem Hochwasser ihm die Möglichkeit verschaffen, sich auf angemessene Weise mit seinen Ängsten und Sorgen zu beschäftigen.

Spirituell: Ein Zyklus ist zu Ende, ein neuer beginnt. Alter Kummer und emotionale Verwirrung werden fortgewaschen. Der Kopf wird klarer, und der Weg nach vorn ist gereinigt.

UHR

Allgemein: Wenn im Traum eine Uhr erscheint, wird der Träumende darauf aufmerksam gemacht, daß die Zeit vergeht. Vielleicht muß er sich stärker mit seiner Zeitplanung oder mit seinen Pflichten beschäftigen; vielleicht sollte er auch erkennen, daß es eine gewisse Dringlichkeit gibt bei dem, was er tut.

Psychologisch: In einem Traum von einer Uhr könnten die Uhrzeiger auf die Zahlen deuten, die für den Träumenden wichtig sind (→ Zahlen). Wenn im Traum ein Wecker klingelt, wird der Träumende vor einer Gefahr gewarnt.

Spirituell: Auf der spirituellen Ebene symbolisiert eine Uhr die Erkenntnis von Alter und Zeit.

UMGEKEHRT

→ Positionen

UMHANG

→ Kleidung

UMWANDLUNG

Allgemein: Träume, in denen offensichtliche Umwandlungen stattfinden und in denen Dinge transformiert werden, geben meist Aufschluß über Bewußtseinsveränderungen. Eine Landschaft wechselt von dunkel zu hell, von positiv zu negativ, ein Mann wird in eine Frau verwandelt oder umgekehrt, und ein Bild nimmt plötzlich Form, Farben und Gestalt eines anderen an. Versteht der Träumende dies als Veränderung hin zum Besseren, kann er mit solchen Situationen in seinem eigenen Leben besser fertig werden.

Psychologisch: Während der Zeit des Erwachsenwerdens finden wichtige transformative Prozesse statt. Diese treten im Traum oft in der Form plötzlicher Veränderungen auf, vergleichbar mit der Zeitrafferaufnahme einer aufgehenden Blüte.

Spirituell: Auf der spirituellen Ebene finden Umwandlungen oder Transformationen in Gedanken- oder Handlungsfreiheit statt oder wenn höhere Impulse schwächere Reaktionen ersetzen.

UMZÄUNUNG

Allgemein: Im Traum können sich die Abwehrmechanismen, die der Träumende einsetzt, um tiefe Gefühle, Einflüsse von Beziehungen,

Ängste und Liebeskummer zu verhindern, häufig als umzäunter Raum zeigen. Einschränkungen und Zwänge nehmen in der Regel die Form von Mauern und Barrieren an.

Psychologisch: Elemente der Persönlichkeit, die dem Träumenden als zu beängstigend erscheinen und daher nicht voll zum Ausdruck kommen dürfen, werden im Traum oft als eingezäunte Bereiche dargestellt.

Spirituell: Auf der spirituellen Ebene repräsentieren Umzäunungen im Traum den schützenden Aspekt der Großen Mutter.

UNBEFUGTES BETRETEN

Allgemein: Im Traum unbefugt ein bestimmtes Gelände betreten heißt vielleicht, daß der Träumende in den persönlichen Bereich eines anderen Menschen eindringt. Andererseits kann das Traumbild ein Hinweis sein, daß der Träumende einen Intimbereich besitzt, den er vor »unbefugten Eindringlingen« schützen muß. Solche Grenzen sollten respektiert werden.

Psychologisch: Wenn es sich um den Intimbereich des Träumenden handelt, in den unbefugt eingedrungen wird, dann sollte er sich besser um den Schutz seiner Grenzen kümmern. Es ist manchmal interessant, bei der Deutung eines solchen Traums zu berücksichtigen, ob sich der Eindringling freiwillig oder unfreiwillig in den »verbotenen Garten« gewagt hat. Erst nach der Klärung dieser Frage ist es möglich zu entscheiden, ob der Träumende tatsächlich Opfer eines Übergriffs geworden ist.

Spirituell: Auf der spirituellen Ebene nähert sich der Träumende möglicherweise Wissensbereichen, zu denen er ohne besondere Erlaubnis keinen Zutritt haben darf.

UNBEKANNTES

Allgemein: Unbekanntes im Traum verkörpert das, was bislang vor dem Träumenden verborgen war oder was er vorsätzlich verborgen hat. Hierbei könnte es sich um okkultes Wissen handeln, das nur Eingeweihten zugänglich ist, aber ebenso um Informationen, die der Träumende nur in Streßsituationen benötigt.

Psychologisch: Wenn sich der Träumende des Unbekannten in seinem Traum bewußt ist, sollte er versuchen herauszufinden, ob es ihn bedroht oder aber etwas ist, das er verstehen und wissen sollte. Wichtig ist weniger die Information selbst als vielmehr die Art, wie der Träumende mit ihr umgeht.

Spirituell: Das Geheimnisvolle – oder Okkulte – bleibt so lange unbekannt und unbegreiflich, bis der Träumende den Mut aufbringt, sich ihm zu stellen. Dies ist im Traum leichter möglich als im realen Leben.

UNBEWEGLICHKEIT

auch → Lähmung

Allgemein: Unbeweglichkeit im Traum kann äußerst angsterregend sein. Dieses Gefühl taucht häufig auf, wenn der Träumende mehr über sich selbst in Erfahrung bringen will. Bedrängnis und Lähmung verweisen in der Regel darauf, daß der Träumende in seinem normalen Alltagsleben stillsitzen und bewegungslos sein muß.

Psychologisch: Wenn sich der Träumende in seinem Traum nicht bewegen kann, verweist dies für gewöhnlich darauf, daß er um sich herum Bedingungen geschaffen hat, die ihm nun zum Nachteil geraten. Er muß so lange absolut reglos bleiben, bis er entschieden hat, wie das neue, angemessene Verhalten aussehen soll. Solche Träume treten auf, wenn der Träumende sich mit seiner dunklen Seite befaßt. Der Träumende muß übermenschliche Anstrengungen auf sich nehmen, um zu überwinden, was ihn niederdrückt.

Spirituell: Auf der spirituellen Ebene symbolisiert Unbeweglichkeit im Traum bedingungsloses Sein, das befreite Selbst. Unbeweglichkeit kommt in diesem Zusammenhang einer dynamischen Reglosigkeit gleich.

UNFALL

Allgemein: Relativ häufig sind Träume, in denen der Träumende verletzt, ermordet oder getötet wird; die speziellen Umstände eines solchen Traums sind von Bedeutung. Normalerweise wird der Träumende gewarnt, vorsichtig zu sein oder sich eine verborgene Aggression bewußt zu machen – sei es seine eigene oder die von anderen Personen.

Psychologisch: Solche Träume rücken Ängste ins Blickfeld, die etwas mit Sicherheit oder Unvorsichtigkeit oder mit der Angst vor Verantwortung zu tun haben.

Spirituell: Da es in der spirituellen Begrifflichkeit keinen Unfall gibt, bedeutet dieses Traumsymbol göttliche Intervention oder Einmischung von einer respekteinflößenden Quelle.

UNGEHEUER

auch → Archetypen, → Tiere

Allgemein: Jedes Ungeheuer, das im Traum erscheint, ist etwas, was der Träumende künstlich riesengroß gemacht hat. Er hat etwas, worüber er sich Sorgen macht, personalisiert und zu einem Lebewesen umgeformt. In der Regel symbolisiert das Ungeheuer im Traum die negative Beziehung, die der Träumende zu sich selbst hat, und seine Angst vor den eigenen Gefühlen und Trieben.

Psychologisch: Wenn bei alltäglichen Geschehnissen die Verhältnisse nicht mehr stimmen, muß der Mensch häufig seine Reaktionen unterdrücken. Im Traum ist dies nicht möglich, daher findet der Geist des Träumenden einen anderen Weg, um mit dem Problem fertig zu werden. Häufig kann ihm die Farbe des Ungeheuers (→ Farben) einen Hinweis darauf geben, um welches Problem es sich handelt. Ein rotes Ungeheuer verweist auf Zorn (möglicherweise auf unkontrollierbare Wut), ein gelbes hingegen kann auf Neid und Mißgunst verweisen.

Spirituell: Auf der spirituellen Ebene symbolisiert das Ungeheuer im Traum die Angst vor dem Tod und allem, was mit ihm zu tun hat. Ein Ungeheuer kann eine eher kindliche Angst darstellen.

UNIFORM

auch → Kleidung

Allgemein: Spielen Uniformen im Traum eine Rolle, zeigt dies, daß der Träumende sich mit einer bestimmten Rolle oder einer bestimmten Autorität identifiziert. So groß sein Widerstandsgeist auch sein mag, ein Teil seiner selbst muß doch mit den Idealen und Überzeugungen der sozialen Gruppe, der er angehört, konform gehen. Das Bild, welches sich der Träumende von sich selbst in Uniform macht, bestätigt dieses Gefühl der Zugehörigkeit.

Psychologisch: Oft muß das Recht, die Uniform einer bestimmten Gruppe zu tragen, verdient werden. Wenn der Träumende von der Zugehörigkeit zu einer uniformierten Gruppe träumt, bedeutet dies, daß er sich das Recht auf Anerkennung erworben hat.

Spirituell: Das Erkennen eines gemeinsamen spirituellen Ziels und die Vereinbarung »uniformen« Verhaltens ist ein wichtiger Aspekt der spirituellen Entwicklung.

UNIVERSITÄT

Allgemein: Sieht sich der Träumende in einer Universität, wirft dies ein Licht auf sein Potential und auf seine Lernfähigkeit. Auch wenn er keinen akademischen Beruf ausübt, kann er sich doch seiner Fähigkeit bewußt sein, mit ähnlich denkenden Menschen in Verbindung zu treten.

Psychologisch: Da eine Universität die Aufgabe hat, »höhere Bildung« zu vermitteln, wird dem Träumenden in seinem Traum von der Universität bewußt gemacht, welche breitgefächerten Erfahrungen und Kenntnisse er gewinnen kann. Er muß vom Allgemeinen und Banalen in tiefere Wissens- und Bewußtseinsbereiche vordringen.

Spirituell: Spirituelles Wissen und die Fähigkeit, es richtig zum Einsatz zu bringen, können nur in der »Universität des Lebens« erworben werden.

UNKRAUT

Allgemein: Unkraut siedelt sich bevorzugt auf Ödland an, ein Umstand, der sich in der Traumsymbolik widerspiegelt. Folglich steht

Unkraut im Traum für unangebrachtes Vertrauen, falsch eingesetzte Energie oder auch törichte Versuche, zum Erfolg zu gelangen. Es trägt nichts Entscheidendes zum Leben des Träumenden bei und kann, wenn man es nicht eindämmt, sein gesundes und positives Wachstum hemmen. Wenn er im Traum Unkraut jätet, kann dies seine Erkenntnis zum Ausdruck bringen, daß man erst Raum für neues Wachstum und neue Fähigkeiten schaffen muß, indem man sein Leben von Unwesentlichem befreit.

Psychologisch: Haltungen und Sichtweisen, die den Träumenden daran hindern, voranzukommen, wie auch alte Verhaltensmuster manifestieren sich im Traum häufig als Unkraut. Der Träumende muß herausfinden, welche dieser Kräuter für ihn dennoch von Wert sind – welche also kompostiert, somit umgewandelt und von neuem eingesetzt werden können, um positives Wachstum zu fördern – und welche tatsächlich ausgemerzt werden müssen. Oft haben wildwachsende Pflanzen auch heilende Eigenschaften, die sich, wenn sie richtig genutzt werden, positiv auf das Leben des Träumenden auswirken.

Spirituell: Auf der spirituellen Ebene symbolisiert Unkraut im Traum, da es lästig und schwer auszumerzen ist, spirituelle Schwierigkeiten, wie zum Beispiel Trägheit.

UNSICHTBARKEIT

Allgemein: Wenn der Träumende in seinem Traum unsichtbar wird oder verschwindet, verweist dies entweder darauf, daß er nicht bereit ist, sich mit seinen Einsichten zu konfrontieren, oder darauf, daß es etwas gibt, was er lieber vergessen würden.

Psychologisch: Wenn dem Träumenden bewußt ist, daß etwas in seinem Traum unsichtbar ist, stellt dies eine Aufforderung dar, das Bild einfach nur wahrzunehmen, ohne es sofort zu interpretieren. Manchmal kann die männliche oder weibliche Traumfigur, die unsichtbar zu sein scheint, den Schatten darstellen (siehe »Einführung in die Traumarbeit«).

Spirituell: Auf der spirituellen Ebene symbolisiert das Unsichtbare im Traum das Undefinierbare.

UNTER

→ Positionen

UNTERGRUND

Allgemein: So wie Alice träumte, durch das Kaninchenloch ins Wunderland zu fallen, so haben alle Menschen die Gelegenheit, durch Träume ihre inneren Tiefen zu ergründen. Während der Träumende im Wachzustand gewöhnlich keinen Zugang zu seinem Unbewußten hat, kann er in einem Traum, der ihn in den Untergrund führt, mit dieser Seite leicht in Kontakt treten.

Psychologisch: Fahrten in der Untergrundbahn symbolisieren in der Regel Reisen, zu denen der Träumende bereit – oder gezwungen – ist und die das Ziel haben, ihm dabei zu helfen, sich selbst besser zu verstehen.

Spirituell: Das Unbewußte nimmt im Traum oft die Gestalt einer Höhle oder eines unterirdischen Raums ein.

UNTERLEIB

→ Körper

UNTERSCHRIFT

Allgemein: Die Unterschrift des Träumenden in einem Traum bedeutet, daß er sich selbst wertschätzt. Er ist bereit, zu erkennen, wer er ist, und ein Zeichen in der Welt zu hinterlassen.

Psychologisch: In Zeiten, in denen der Träumende rechtliche Angelegenheiten regelt oder Vereinbarungen trifft, aber nicht ganz sicher ist, ob er das Richtige tut, kann seine Unterschrift im Traum verwischt oder unleserlich sein.

Spirituell: Auf der spirituellen Ebene ist die Unterschrift des Träumenden im Traum eine Reflexion seiner selbst. Sie zeigt, auf welche Weise er sich selbst wahrnimmt.

UNTERSEEBOOT

Allgemein: Ein Unterseeboot deutet in Träumen auf die Gefühlstiefe hin, die der Träumende erreichen kann. In der Regel widmet der Mensch den unbewußten Tiefen mehr Aufmerksamkeit als den spirituellen Höhen.

Psychologisch: Wenn sich der Träumende mit sich selbst wohl fühlen soll, muß er seine unbewußten Bedürfnisse verstehen. Da irgendeine Angst vorhanden sein kann – und in manchen Fällen das Bedürfnis nach Schutz –, ist das Unterseeboot ein sehr nützliches Bild.

Spirituell: Der Traum von einem Unterseeboot weist auf ein spirituelles Bedürfnis hin, tiefer in die eigenen Emotionen einzudringen.

UNTERTAUCHEN

Allgemein: Wenn ein Traum davon handelt, daß der Träumende im Wasser untergetaucht wird, verweist dies in der Regel darauf, wie er mit seinen Gefühlen umgeht. Er versucht, den unschuldigen Teil seiner Persönlichkeit zu finden, der von äußeren Umständen nicht berührt werden muß. Er bemüht sich, Situationen zu klären und sich selbst zu reinigen – vielleicht von Vorstellungen und Einstellungen, die ihm von anderen Menschen suggeriert wurden.

Psychologisch: Wenn der Träumende im Traum völlig untergetaucht ist (das heißt, völlig konzentriert ist), dann verweist dies darauf, daß er unbedingt in der Lage sein sollte, seine ganze Gedankenkraft vollkommen auf eine bestimmte

Vorstellung zu richten, um sich selbst klarer zu sehen.

Spirituell: Transformation und Wiedergeburt können nur durch völliges Eintauchen in Spiritualität vervollständigt werden.

UNTERWÄSCHE

→ Kleidung

UNWETTER

auch → Blitz

Allgemein: Handelt ein Traum von einem Unwetter, ist dies ein Hinweis auf einen Gefühlsausbruch. Der Träumende hat möglicherweise den Eindruck, mit Ereignissen oder Emotionen bombardiert zu werden. Das Traumsymbol kann auch für unterdrückte Wut stehen.

Psychologisch: Wenn der Träumende, etwa in einer Beziehung, Schwierigkeiten hat, kann ein Unwetter Befreiung verschaffen. Ist eine Auseinandersetzung im Alltag nicht angemessen, kann ein Unwetter im Traum die »emotionale Atmosphäre« reinigen.

Spirituell: Auf der spirituellen Ebene symbolisiert ein Unwetter im Traum kreative Kraft. Blitz und Donner sind Werkzeuge der Sturmgötter.

URANUS

→ Himmelskörper

UREINWOHNER

Allgemein: Jeder Traum, in dem Ureinwohner vorkommen – Menschen, die in einer anderen Kultur leben, möglicherweise in einer Stammeskultur –, macht den Träumenden auf einfache Lebensweisen aufmerksam. Das natürliche Gefühl des Träumenden kann auf eine Weise zum Vorschein kommen, die sein wilderes und eher unzivilisiertes Selbst zum Ausdruck bringt.

Psychologisch: Jeder Mensch hat Persönlichkeitsanteile, die in einer grundlegenden Einfachheit verhaftet bleiben, egal, wie zivilisiert er auch sein mag. Stammeskulturen lassen dem Menschen vielleicht in gewisser Hinsicht mehr Freiheit und sind weniger einschränkend als beispielsweise die westliche Kultur. Daher ist für ihre Angehörigen der Ausdruck von persönlichen Gefühlen oft einfacher. Andererseits herrscht dort eine geordnete Handhabung der Macht, sowohl im hierarchischen Sinne als auch in spiritueller Hinsicht.

Spirituell: Auf der spirituellen Ebene stellen Ureinwohner im Traum das Symbol für die Nähe zur Erde und zur Natur dar.

URIN

→ Körper

URLAUB

Allgemein: Wenn der Träumende in seinem Traum Urlaub macht, verweist dies auf Erholung und auf die Befriedigung eigener Bedürfnisse, ohne sich um andere kümmern zu müssen.

Psychologisch: Häufig erscheint das Bedürfnis des Menschen nach Unabhängigkeit und Freiheit von Verantwortung im Traum als Urlaub. Urlaubszeit – das sind für die meisten Menschen nahezu »heilige« Tage. Das Traumsymbol warnt den Träumenden davor, sein System zu überlasten. Ein paar freie Tage helfen, Raum für neue Entwicklung zu schaffen.

Spirituell: Auf dieser Ebene kommt Urlaub im Traum einem spirituellen »Auftanken« gleich und bedeutet Ruhe und Erholung.

URNE

auch → Vase

Allgemein: Für viele Menschen ist eine Wahlurne das Symbol für ihr Leben als Mitglied der Gesellschaft. Davon zu träumen, signalisiert die Fähigkeit des Träumenden, sich in eine Gemeinschaft einzufügen und für das gemeinsame Wohl zu handeln.

Psychologisch: Wie alle Gefäße steht auch die Urne für das weibliche Prinzip. Eine verhüllte Urne wird mit dem Tod in Verbindung gebracht, vor allem dann, wenn die Urne im Zusammenhang mit einem Krematorium im Traum auftaucht. Daher kann ein Traum von einer Urne auch eine Vorahnung auf den Tod im Träumenden wachrufen.

Spirituell: Auf der spirituellen Ebene repräsentiert die Urne im Traum das weibliche, empfängliche Element.

URWALD

Allgemein: Im Traum ist der Urwald ein Bild, welches der Mystik und den Märchen entstammt. Häufig symbolisiert der Urwald im Traum das Chaos; ob es als positiv oder negativ empfunden wird, ist von den Umständen im Traum abhängig. Es stellt die Ausbrüche und Grundbedürfnisse der Gefühle dar, die aus dem Unbewußten kommen. In Mythen verkörpert der Urwald ein Hindernis, durch welches man hindurch muß, um ein neues Dasein zu erlangen. Ein Zauberwald ist von ähnlicher Bedeutung (→ Wald).

Psychologisch: Wenn der Träumende im Urwald eingeschlossen ist, halten ihn negative und angsterregende Gefühle aus dem Unbewußten gefangen, mit denen er bis jetzt noch nicht ins reine gekommen ist. Wenn dem Träumenden bewußt ist, daß er durch einen Urwald hindurchgekommen ist, verweist dies darauf, daß er jene Elemente in seinem Leben überwunden hat, denen er sich aus Angst früher nicht genähert hat. Wenn der Träumende die Informationen, die er aufnimmt, nicht ordnet, kann sein Verstand zu einem »Informationsdschungel« verkommen.

Spirituell: Ein Urwald kann wegen seiner Unberechenbarkeit spirituelles Chaos symbolisieren.

V

VAGINA

→ Körper

VAMPIR

Allgemein: Werden große Forderungen an den Träumenden gestellt, denen er sich nicht gewachsen fühlt, kann im Traum ein Vampir erscheinen, der ihn »aussaugt«. Der blutsaugende Vampir ist ein so furchterregendes Wesen, daß er gemeinhin als Verkörperung des Bösen angesehen wird.

Psychologisch: Die Angst vor emotionalen oder sexuellen Beziehungen kann sich in einem Traum von Vampiren äußern. Da sich der Mensch noch immer vor dem Unbekannten fürchtet, können Urbilder, die diese Furcht versinnbildlichen, in Träumen erscheinen.

Spirituell: Lebensbedrohliches wird in Träumen häufig von einem Vampir verkörpert. Allerdings könnte der Träumende selbst auch zu Phantasien über die Welt des Bösen neigen, so daß hier gewisse Vorbehalte angebracht sind.

VASE

auch → Urne

Allgemein: Als Gefäß für schöne Pflanzen oder Blumen repräsentieren die Vase und ähnliche Gefäße im Traum häufig das Weibliche. Darüber hinaus kann sie auch Kreativität symbolisieren.

Psychologisch: Der aufnehmende und empfangende Aspekt der weiblichen, intuitiven Seite wird mitunter durch einen hohlen vasenähnlichen Gegenstand verkörpert. Darüber hinaus kann die Vase auch Symbol für Geheimnisse oder für den weiblichen Körper schlechthin sein.

Spirituell: Auf der spirituellen Ebene steht die Vase im Traum für die Große Mutter (→ Archetypen).

VATER

→ Archetypen, → Familie

VEGETATION

Allgemein: Vegetation kann in einem Traum für die Hindernisse stehen, die der Träumende künstlich vor sich errichtet, um einen Wachstumsprozeß zu erwirken. So kann er durch ein Dornengestrüpp am Vorankommen gehindert werden. Brennesseln hingegen versinnbildlichen vielleicht Menschen, die sich bewußt dem Fortschritt entgegenstellen.

Psychologisch: Während die Hindernisse, die der Träumende vor sich aufbaut, Schwierigkeiten bewirken können, impliziert das Bild andererseits auch verschwenderische Fülle und Fruchtbarkeit, die ihm zuteil werden kann. Vegetation zu roden, etwa in einem Gemüsegarten, kann darauf hindeuten, daß der Träumende ausräumt, was für ihn nicht länger von Nutzen ist.

Spirituell: Vegetation im Traum symbolisiert Fülle und Wachstumsmöglichkeiten auf spiritueller Ebene.

VEILCHEN

→ Blumen

VERABREDUNG

Allgemein: Wenn ein Traum davon handelt, daß der Träumende zu einer Verabredung geht, deutet dies darauf hin, daß er ein Ziel oder eine Absicht haben sollte. Der Traum bringt ihm etwas zur Kenntnis, wovon sein innerstes Selbst bereits spürt, daß er sich damit bewußt beschäftigen sollte. Eine Verabredung versäumen verweist darauf, daß der Träumende Details nicht genügend Aufmerksamkeit zuwendet.

Psychologisch: Vielleicht kann der Träumende sich selbst für gute Arbeit beschenken oder belohnen. Es gibt etwas, was er in einem bestimmten Zeitraum fertigstellen kann.

Spirituell: Auf der spirituellen Ebene ist die Verabredung im Traum ein Hinweis an den Träumenden, auf spirituell wirksame Weise Zeit zu sparen oder sie zu nutzen.

VERBAND

Allgemein: Wenn im Traum ein Verband angelegt wird, zeigt dies einen beginnenden Heilungsprozeß. Vielleicht existieren verletzte Gefühle oder emotionale Verletzungen, denen der Träumende seine Aufmerksamkeit zuwenden muß.

Psychologisch: Vielleicht haben den Träumenden die Schwierigkeiten in seinem Leben krank gemacht, und er muß nun seiner Begabung zur Selbstheilung seine ganze Aufmerksamkeit schenken. Wenn sich der Verband löst, hat er seine Schwierigkeiten vielleicht schon überwunden. Möglicherweise war er aber auch nur unvorsichtig.

Spirituell: Auf der spirituellen Ebene symbolisieren Verbände, wie die Bandagen einer Mumie, Konservierung.

VERBINDUNG

Allgemein: Eine Zweierverbindung steht für die Versöhnung von Gegensätzen und die zusätzliche Energie, die daraus erwächst. Hingegen symbolisiert eine Verbindung im Sinne einer Gewerkschaft kollektives Handeln, das allen zum Nutzen gereicht.

Psychologisch: Alle Menschen versuchen, aus der Dualität zur Einheit zu gelangen, eine Beziehung zwischen zwei Seiten oder Gegensätzen herzustellen. Ein Traum, der eine solche Vereinigung zum Inhalt hat, versinnbildlicht diese Beziehung. Psychologisch betrachtet, ist der Mensch stets auf der Suche nach einem Partner.

Spirituell: Auf der spirituellen Ebene wird die Verbindung im Traum als Herstellung von Einheit gesehen, die wiederum als Rückkehr zum Ursprung begriffen wird.

VERDAMPFEN

Allgemein: Wenn der Träumende in seinem Traum Wasser sieht und dann bemerkt, daß es verdampft, ist dies ein Anzeichen dafür, daß er erkennt, was sich verändern kann, wenn er lernt, mit seinen Emotionen richtig umzugehen.

Psychologisch: Wenn der Träumende sein Bewußtsein erweitert, kann die Energie in bestimmten Situationen ins Positive gewendet werden. Es steht in der Macht des Träumenden, die Möglichkeit für Veränderung zu schaffen.

Spirituell: Die Kombination von Feuer und Wasser ist ein alchemistisches Symbol für die transformierende Kraft des Geistes.

VERDAUUNGS-STÖRUNG

Allgemein: Wenn der Träumende in seinem Traum an einer Verdauungsstörung leidet, zeigt dies, daß es in seinem Leben etwas gibt, was ihm nicht besonders gut bekommt. Es heißt, bestimmte Nahrungsmittel könnten gräßliche Träume auslösen.

Psychologisch: Wenn etwas im Traum unverdaulich ist, kann es durchaus sein, daß dies die Erkenntnis des Träumenden symbolisiert, daß sein Fortschritt auf der geistigen Ebene auf irgendeine Weise blockiert ist. Vielleicht muß er auf andere Weise vorgehen – die Lösung liegt oft in kleineren Schritten.

Spirituell: Auf dieser Ebene bedeuten Verdauungsstörungen im Traum, daß spirituelles Wissen nicht richtig integriert wurde.

VEREHRUNG

auch → Religiöse Bilder

Allgemein: Träumt der Träumende davon, etwas zu verehren, zum Beispiel eine Person, ein Objekt oder eine Vorstellung, so öffnet er sich damit für dessen Einfluß. Ist der Träumende nicht besonders religiös, sieht sich dann aber mitten in einer Kulthandlung, sollte er sich fragen, wie er mit einer verbreiteten Glaubenslehre oder mit vorherrschenden Prinzipien umgeht.

Psychologisch: Mitunter erscheinen dem Träumenden, wenn er sich auf eine höhere Seinsebene zubewegt, im Traum Bilder, die ihn in der Position des Verehrten zeigen. In diesem Fall sollte er sich die Frage stellen, ob er seine Bedeutung vielleicht übertrieben hoch einschätzt oder ob er gerade lernt, jenen Teil seiner selbst zu akzeptieren, der von anderen wertgeschätzt wird. Ein Objekt zu verehren, das nichts mit Religion zu tun hat, könnte bedeuten, daß der Träumende dem, was das Objekt darstellt, zuviel Aufmerksamkeit zollt. So könnte sich der Träumende als zu materialistisch erweisen oder der Sexualität zu große Bedeutung beimessen.

Spirituell: Ein Akt der Verehrung ist eine Anerkennung der Kraft des Glaubens.

VEREIN

Allgemein: Wenn der Träumende in seinem Traum Mitglied in einem Verein ist, etwa in einem Sportverein, hebt er damit das Recht jedes Menschen hervor, einer Gruppe seiner Wahl anzugehören.

Psychologisch: Der Träumende ist psychisch nicht dazu in der Lage, Mitglied einer Gruppe zu sein, solange er nicht ein bestimmtes Maß an Reife erlangt hat. Wenn er sich also in seinem Traum mitten in einer Menschenansammlung aufhält, kann dies sein Gespür für sich selbst zum Ausdruck bringen.

Spirituell: Geordnete Rituale, wie sie im Vereinsleben üblich sind, können ein wichtiger Teil spiritueller Bewußtheit sein.

VERFOLGUNG

Allgemein: Verfolgt zu werden oder der Versuch, zu fliehen, sind zwei der häufigsten Traumgeschehen. In der Regel versucht der Träumende einer Verantwortung oder seinem Gefühl, versagt zu haben, zu entkommen; auch Ängste oder Emotionen, mit denen er nicht fertig wird, können hier gemeint sein.

Psychologisch: Wenn der Träumende von Schatten verfolgt wird, zeigt dies sein Bedürfnis, etwa einer unterdrückten traumatischen Erfahrung aus der Kindheit zu entfliehen. Wird er von einem Tier verfolgt, verweist dies im allgemeinen darauf, daß er mit seiner Leidenschaft nicht im Einklang ist. Es kann eine Rolle spielen, um welches Tier es sich dabei handelt (→ Tiere).

Spirituell: Auf der spirituellen Ebene deutet Verfolgung im Traum auf die Angst des Träumenden vor seinen eigenen Handlungen hin.

VERFÜHRERIN

Allgemein: Die Verführerin ist ein so machtvolles Bild, sowohl für die männliche als auch für die weibliche Psyche, daß sie im Traum in vielen Verkleidungen auftauchen kann. Sie ist das weibliche Prinzip in seiner blockierenden und zerstörerischen Eigenschaft: die böse Hexe oder die schöne Verführerin. Sie hat die Macht, Illusionen zu schaffen, und die Fähigkeit, andere zu täuschen.

Psychologisch: Eine weibliche Träumende begegnet in der Verführerin der negativen und zerstörerischen Seite des Weiblichen. Verständnis ist eine angemessenere Reaktion auf dieses Bild als Furcht.

Spirituell: Die Verführerin strahlt die zerstörerische Seite des Weiblichen aus. Die mythologische Gestalt Lilith ist ihre Verkörperung.

VERGEWALTIGUNG

→ Sexualität

VERGISSMEINNICHT

→ Blumen

VERGRÖSSERUNGSGLAS

Allgemein: Wenn ein Gegenstand, eine Situation oder ein Mensch im Traum vergrößert wird, soll der Träumende genau darauf aufmerksam gemacht werden. Benutzt er ein Vergrößerungsglas, verweist dies darauf, daß er das tun sollte, wozu er sich zuvor bewußt entschlossen hat. Das Objekt unter dem Vergrößerungsglas muß zu einem Teil seines alltäglichen Lebens gemacht werden.

Psychologisch: Wenn dem Träumenden schlagartig klar wird, daß das Vergrößerungsglas wichtig ist, und nicht das, was er durch es hindurch betrachtet, erkennt er seine Fähigkeiten und seine Macht in einer bestimmten Situation.

Spirituell: Auf der spirituellen Ebene bedeutet das Vergrößerungsglas im Traum, daß der Träumende sein Verhalten genau unter die Lupe nehmen muß, wenn er auf dem Weg der spirituellen Entwicklung weiter vorankommen will.

VERHAFTUNG

auch → Autoritätspersonen unter Menschen

Allgemein: Handelt ein Traum davon, daß der Träumende verhaftet wird, deutet dies auf das Zurückhalten seines natürlichen Selbstausdrucks durch moralische Urteile oder die Frage nach Recht und Unrecht durch andere Menschen hin. Ist es der Träumende, der eine andere Traumfigur in seinem Traum verhaftet, dann zeigt dies seine instinktive Mißbilligung des Teils seiner selbst, der im Traum durch die verhaftete Person dargestellt wird.

Psychologisch: Aus psychologischer Sicht ist sich der Träumende offenbar nicht sicher, welche Motive ihn bei einer bestimmten Handlung, über die er nachdenkt, leiten. Er muß innehalten und nachdenken, bevor er in Aktion tritt.

Spirituell: Auf der spirituellen Ebene ist die Verhaftung im Traum ein Hinweis, daß ein Bedürfnis nach einer führenden Autorität besteht.

VERHALTEN

Allgemein: Im Traum kann das Verhalten des Träumenden oder jenes einer anderen Traumfigur entschieden vom Normalverhalten abweichen. Der Traumzustand gibt dem Menschen die Freiheit, Aspekte seines Selbst hervorzuheben, die ihm normalerweise nicht bewußt werden könnten.

Psychologisch: Bizarres Verhalten beim Träumenden oder bei anderen Traumfiguren kann Aufschluß über den psychischen Zustand des Träumenden geben.

Spirituell: Auf der spirituellen Ebene ist das Verhalten im Traum eine Aufforderung an den Träumenden, das seine immer wieder auf seine Angemessenheit hin zu überprüfen.

VERHEDDERN

Allgemein: Wenn der Träumende in seinem Alltagsleben verwirrt ist, träumt er vielleicht von einem Gegenstand, der sich mit einem anderen verheddert hat. Die Art, wie der Träumende diese »Verwirrung« entwirrt, verweist darauf, wie er sich im Wachzustand verhalten sollte.

Psychologisch: Sind im Traum beispielsweise die Haare des Träumenden verheddert, so muß er sich darüber im klaren sein, daß sein Selbstbild auf andere Menschen verwirrt wirkt.

Spirituell: Auf der spirituellen Ebene kann eine verhedderte Situation oder Verwirrung einen Lernschritt im Entwicklungsprozeß des Menschen darstellen.

VERKEHRSDELIKT

→ Reise

VERKEHRSSTAU

→ Reise

VERKEHRSUNFALL

→ Reise

VERLASSENHEIT

Allgemein: Verlassenheit stellt im Traum das Gefühl dar, nicht gewollt zu sein oder zurückgewiesen zu werden. Es gibt vielleicht nicht genau wieder, wie dieses Gefühl der Verlassenheit zustande gekommen ist, jedoch handelt es sich in den meisten Fällen um unverarbeitete Erfahrungen aus der Vergangenheit. Zum Beispiel kann jemand, der als Kind ins Krankenhaus mußte, diese traumatische Erfahrung der Verlassenheit als Erwachsener im Traum immer aufs neue wiederholen.

Psychologisch: Im Traum kann Verlassenheit bedeuten, daß der Träumende Freiheit sucht. Hierbei kann es sich um emotionale Freiheit handeln oder um die Freiheit, sich selbst so auszudrücken, wie man ist.

Spirituell: Auf der spirituellen Ebene verkörpert Verlassenheit im Traum die Urangst des Menschen vor der Getrenntheit.

VERLUST

Allgemein: Wenn der Träumende in seinem Traum etwas verloren hat, kann dies bedeuten, daß er Dinge vergessen hat, die wichtig sein könnten. Dies kann eine Chance, ein Freund oder eine Denkweise sein – etwas, was ihn früher aufrechterhalten hat. Wenn der Träumende einen Verlust erleidet, verweist dies darauf, daß ein Teil seiner selbst oder seines Lebens jetzt tot ist und daß er lernen muß, damit umzugehen.

Psychologisch: Wenn der Träumende den Weg verloren oder sich verirrt hat, stellt dies emotionale, mentale oder auch körperliche Verwirrung dar. Ihm ist die Fähigkeit oder die Motivation abhanden gekommen, Entscheidungen zu treffen.

Spirituell: Auf der spirituellen Ebene verkörpert die Suche nach einem verlorenen Gegenstand das Streben nach Erleuchtung.

VERPFLICHTUNG

Allgemein: Wenn der Träumende in seinem Traum einer Traumfigur gegenüber zu etwas verpflichtet ist, wird er damit an sein angeborenes Pflichtgefühl erinnert. Vielleicht spürt er, daß er für andere etwas getan hat oder tun muß, das er tief in seinem Inneren nicht für angemessen hält.

Psychologisch: Wenn der Träumende an die Verpflichtungen denkt, die andere Menschen ihm gegenüber haben, muß er sicher sein, daß er in einer bestimmten Situation niemandem seinen Willen aufdrängt.

Spirituell: Auf der spirituellen Ebene kann Verpflichtung im Traum eine Warnung sein, daß es wenig sinnvoll ist, dem spirituellen Weg aus einer Verpflichtung heraus zu folgen.

VERRÄTER

Allgemein: Von einem Verräter zu träumen bedeutet, daß der Träumende es unbewußt mit Hinterhältigkeiten zu tun hat. Dies kann sich auf eine andere Person beziehen oder auf eigene Persönlichkeitsanteile, von denen der Träumende enttäuscht ist. Er fühlt, daß seine Maßstäbe von anderen Menschen nicht besonders geschätzt werden.

Psychologisch: Wird im Traum das Vertrauen des Träumenden von anderen Menschen mißbraucht, und erfährt er dadurch eine Enttäuschung, ist er sich vielleicht der Tatsache bewußt, daß die Enttäuschung in Zusammenhang mit dem gemeinsamen Glauben erfolgte.

Spirituell: Auf der spirituellen Ebene ist es Verrat, den ursprünglichen, eigenen Glauben zu verleugnen.

VERRÜCKTHEIT

Allgemein: Wenn der Träumende in seinem Traum mit Verrücktheit konfrontiert wird, begegnet er häufig den Teilen seines Selbst, die in seiner gegenwärtigen Situation nicht integriert sind. Er betrachtet im Traum einen Teil seiner selbst, der außer Kontrolle ist und der unter bestimmten Bedingungen angsterregend sein kann.

Psychologisch: Wenn der Träumende in seinem Traum verrückt ist, stellt dies die unkontrollierbaren Aspekte eines extremen Gefühls dar. Ist er sich dessen bewußt, daß er mit anderen Menschen nicht übereinstimmt und deswegen für verrückt gehalten wird, dann heißt dies, daß er sich nicht völlig in die Gesellschaft eingliedert oder in die Gruppe einfügt, der er angehört.

Spirituell: Auf der spirituellen Ebene kann Verrücktheit im Traum ein Gefühl der Ekstase symbolisieren.

VERSAGEN

Allgemein: Versagen muß im Traum nicht zwangsläufig an Personen gebunden sein. Versagt beispielsweise eine Lampe, muß sich der Träumende vielleicht über einen Mangel an Energie oder Kraft klar werden. Persönliches Versagen kann mit Rivalität in Zusammenhang stehen oder den Träumenden auf Alternativen hinsichtlich seines Verhaltens hinweisen.

Psychologisch: Versagensangst kommt überaus häufig vor, und wenn Versagen das Traumthema ist, gibt dies dem Träumenden vielleicht die Chance, dieser Angst auf akzeptable Weise zu begegnen.

Spirituell: Auf dieser Ebene steht Versagen im Traum für Depression oder spirituelle Frustration.

VERSCHLINGEN

Allgemein: Wenn ein Traum davon handelt, daß der Träumende gefressen wird, setzt er sich mit der Angst, seine Identität zu verlieren, auseinander. Der Träumende wird von einer Leidenschaft, einem überwältigenden Gefühl oder von einem Trieb verzehrt. Er hat es mit einer Kraft zu tun, die er nicht kontrollieren kann.

Psychologisch: Verschlingt der Träumende selbst etwas, dann muß er sich darüber Gedanken machen, wie er in Zukunft besser für die Befriedigung seiner Bedürfnisse sorgen kann.

Spirituell: Auf der spirituellen Ebene wird Verschlingen im Traum als ein Prozeß gedeutet, bei dem das Böse geklärt oder in Gutes verwandelt wird. Kali als Hüterin des Friedhofs symbolisiert dies ebenso wie andere verschlingende Gottheiten. Verschlingen ist ein Mittel, um zum Ursprung zurückzukehren.

VERSCHWINDEN

Allgemein: Traumbilder können sich unglaublich rasch nach dem Aufwachen verflüchtigen. Der Grund hierfür liegt darin, daß die Träume sich noch nicht im Bewußtsein des Träumenden festsetzen konnten. Traumarbeit kann dem Träumenden jedoch dabei helfen, die Informationen, die sein Unterbewußtsein ihm mitzuteilen versucht, zu »fixieren«.

Psychologisch: Wie ein Kind Zauberei für bare Münze nimmt, erlebt auch der Träumende den Traumzustand als völlig real. Wenn Bilder in einem Traum plötzlich verschwinden, werden sie manchmal mit dem Aufwachen wieder greifbarer.

Spirituell: Der menschliche Geist besitzt große magische Fähigkeiten, was in Träumen, in denen Dinge verschwinden und dann vielleicht wieder auftauchen, zum Ausdruck kommt.

VERSTOPFUNG

→ Exkremente

VERSTORBENE

Allgemein: Erscheinen im Traum verstorbene Menschen, verweisen sie in der Regel auf starke positive oder negative Emotionen, die der Träumende im Zusammenhang mit diesen Menschen erlebt hat. Anlaß für solche Träume können noch nicht verarbeitete Schuldgefühle oder Aggressionen sein. Auf diese Weise von Verstorbenen zu träumen, ist die einzige Möglichkeit, noch nachträglich einen Schlußstrich unter die Beziehung zu setzen.

Psychologisch: Erinnerungen können jahrelang im Unbewußten »begraben« sein, und oft wird der Träumende an andere Zeiten, Orte oder Beziehungen erinnert, wenn im Traum Menschen auftauchen, die gestorben sind. Dies hilft ihm, mit der Gegenwart besser zurechtzukommen.

Spirituell: Wenn man von Menschen träumt, die gestorben sind, kann dies auf eine Verbindung der eigenen Spiritualität mit längst vergessenen Vorfahren hinweisen.

VERSTÜMMELUNG

Allgemein: Verstümmelung des Körpers oder jeder Traum, in dem in irgendeiner Form etwas zerstückelt wird, hat zum großen Teil damit zu tun, daß sich der Träumende machtlos fühlt. Vielleicht fühlt er sich durch eine bestimmte Situation im wahrsten Sinne des Wortes »zerrissen«, und er kann nur durch eine gewaltige Anstrengung sein Gleichgewicht wiederfinden.

Psychologisch: Der Träumende muß alte Gefühle und Vorstellungen »zerlegen«, um Gewißheit über sich selbst zu erlangen.

Spirituell: Auf der spirituellen Ebene symbolisiert Verstümmelung im Traum Tod und Wiedergeburt als Initiation; der Tod des Selbst ist die Voraussetzung für Reintegration und Wiedergeburt.

VERSUCHUNG

Allgemein: Die Versuchung ist ein Konflikt zwischen zwei Trieben. Im Traum kann der Träumende zum Beispiel einen Konflikt erleben zwischen dem Bedürfnis, in die Welt hinauszugehen, und dem Wunsch, in der Sicherheit des eigenen Zuhauses zu bleiben. Die Versuchung trägt Nachgiebigkeit in sich, beschreibt die Situation, in welcher der Träumende eher den Weg des geringsten Widerstands geht, als den besten Handlungsverlauf zu wählen.

Psychologisch: Wenn dem Träumenden Wahlmöglichkeiten des Handelns geboten werden, neigt er vielleicht dazu, die Option zu wählen, die ihn eher kurzfristig als langfristig zufriedenstellt. Die Vorstellung, einer Versuchung zu erliegen, verweist darauf, daß sie mächtiger ist als der Träumende.

Spirituell: Auf der spirituellen Ebene stellt die Versuchung im Traum eine der größten Barrieren dar, die der Träumende überwinden muß.

VERWANDLUNG

Allgemein: Wird im Traum etwas verwandelt, so bedeutet dies, daß das Bild eine größere Bedeutung hat als das Traumsymbol. Verwandlung bedeutet meist, von Licht umgeben zu sein, und dies setzt eine spezielle, göttliche Sinngebung voraus. Ein solcher Traum kann dann auftreten, wenn der Träumende in seinem Leben eine Wandlungsphase durchmacht.

Psychologisch: Verwandlung ist ein Phänomen, das bei Veränderungen des Bewußtseinsstadiums auftritt. Es ist, als ob ein Licht in die Persönlichkeit einfällt und diese verändert. Das Auftreten von Verwandlungen im Traum deutet darauf hin, daß der Träumende sich seiner Geisteskraft bewußt wird.

Spirituell: Auf der spirituellen Ebene kann Verwandlung im Traum heißen, daß der Träumende sich seiner medialen Fähigkeiten bewußt wird.

VERZIERUNG

Allgemein: Handelt ein Traum von Verzierungen im Sinne von

Schmuck (→ Halskette, → Schmuck), verweist dies auf den Versuch, etwas zu verbessern, was der Träumende bereits besitzt und schätzt, aber dessen Wert er noch weiter erhöhen will. Damit können im Traum die Gefühle und Vorstellungen des Träumenden gemeint sein.

Psychologisch: Wenn der Träumende in seinem Traum Verzierungen wahrnimmt, verweist dies darauf, daß sein persönlicher Raum besser und damit erfolgreicher genutzt werden könnte. Der Träumende beruft sich nicht einfach nur auf das Grundlegende, sondern verbessert aktiv seine innere und äußere Situation.

Spirituell: Auf dieser Ebene steht Verzierung im Traum für greifbare und erkennbare Spiritualität.

VIER

→ Zahlen

VIOLETT

→ Farben

VISION

Allgemein: Ist der Geist erst einmal frei von bewußten Beschränkungen, arbeitet er scheinbar auf verschiedenen Ebenen. Somit kann man einen Traum unter drei verschiedenen Aspekten betrachten: Dazu gehört einmal das Traum-Ich, weiters der Trauminhalt und schließlich die eigentlichen Informationen und Kenntnisse, die sich gewöhnlich in Form von manchmal visionären Bildern darstellen.

Psychologisch: In der Übergangsphase zwischen Wachen und Schlafen und umgekehrt erleben viele Menschen sehr eindrucksvolle Bilder, die sich anders anfühlen als gewöhnliche Traumbilder. Man könnte sie auch als Visionen bezeichnen.

Spirituell: Spirituelle Manifestationen oder vielmehr Manifestationen des Geistes werden gemeinhin als Visionen angesehen.

VITAMIN

auch → Medikament

Allgemein: Handelt ein Traum davon, daß der Träumende Vitamine einnimmt, dann macht er sich offenbar Gedanken um seine Gesundheit. Vielleicht hat er erkannt, daß er sich nicht gut genug um sich kümmert und zusätzliche Hilfe braucht.

Psychologisch: Jeder Mensch ist sich sehr wohl dessen bewußt, daß er nicht das Optimum für sich tut und mehr aus dem Leben aufnehmen müßte, um seinem tatsächlichen Potential gerecht zu werden. Es könnte eine Situation im Leben des Träumenden geben, in der er eine bestimmte Art von Hilfe benötigt.

Spirituell: Auf der spirituellen Ebene sind Vitamine im Traum ein Hinweis darauf, daß der Träumende höhere Schwingungen als Voraussetzung für sein weiteres Vorankommen erkennt.

VÖGEL

Allgemein: Normalerweise sind Vögel im Traum ein Symbol für Phantasie, Gedanken und Ideen, die ihrem Wesen nach Freiheit benötigen, um hervortreten zu können. Schon seit heidnischen Zeiten ist der Mensch von Vögeln und vom Fliegen fasziniert. Früher glaubte man, Vögel seien die Überbringer der Seele und besäßen entsprechend magische und mystische Kräfte.

Psychologisch: Vögel im Traum drücken das Bedürfnis des Menschen aus, seine Eigenschaften auf Gegenstände und Lebewesen außerhalb seiner selbst zu projizieren. Ein *Vogel im Käfig* kann Einschränkung und Überlistung andeuten. Ein *frei fliegender Vogel* stellt Sehnsüchte und Wünsche dar und vielleicht den zum Göttlichen aufsteigenden Geist. Ein besonders *prächtiges Federkleid* weist auf die Fassade des Träumenden hin und darauf, wie er sich selbst sieht. Eine *orientierungslose Vogelschar* verkörpert eine Verwirrung von körperlichen oder materiellen Betrachtungen als Gegensatz zu spirituellem Verlangen. Manchmal können Vögel für die weibliche, freie Seite des Seins stehen. Ein *Vogel mit goldenen Flügeln* hat dieselbe Bedeutung wie Feuer und verweist daher auf spirituelle Sehnsucht. Ein *hoch in den Lüften fliegender Vogel* deutet auf spirituelle Bewußtheit oder den Teil im Träumenden, der nach Erkenntnis strebt. Im *Traum eines Mannes* kann ein Vogel die Anima (siehe »Einführung in die Traumarbeit«) darstellen. Im Traum einer Frau verweist er auf das Selbst im Sinne des spirituellen Selbst (siehe »Einführung in die Traumarbeit«).

Im einzelnen können die folgenden Vögel im Traum eine Rolle spielen:

Adler: Im Traum symbolisiert dieser Raubvogel Dominanz und Überlegenheit. Darüber hinaus kann der Adler auch für Scharfsinnigkeit und Bewußtheit sowie für Umsicht und Objektivität beziehungsweise Sachlichkeit stehen. Wenn sich der Träumende mit dem Adler identifiziert, macht dies seinen Wunsch nach Dominanz deutlich. Wenn der Träumende sich durch einen Adler bedroht fühlt, ist möglicherweise ein Außenstehender eine Gefahr für seinen augenblicklichen Zustand.

Eisvogel: Er stellt Gelassenheit und Würde dar.

Elster: Weil es im Volksglauben heißt, Elstern und Dohlen seien Diebe, können diese beiden Vögel im Traum darauf hinweisen, daß eine dem Träumenden nahestehende Person versucht, ihm etwas wegzunehmen, was ihm sehr wertvoll ist. Die Elster kann auch die Überbringerin guter Neuigkeiten sein.

Ente: Sie stellt im Traum in der Regel eine Art Künstlichkeit oder kindisches Gehabe dar.

Eule: Sie steht im Traum für Weisheit und Kriegskunst. Weil die Eule in engem Zusammenhang mit der Nacht steht, kann sie manchmal den Tod verkörpern.

Falke: Er ist dem Adler in seiner Symbolik sehr ähnlich. Als Raubvogel verkörpert er Freiheit und Hoffnung für jene, die auf irgendeine Weise eingeschränkt sind. Er kann ein Symbol des Sieges über die Lust sein.

Fasan: Wenn ein Traum von einem Fasan handelt, sagt dies dem Träumenden im allgemeinen Wohlstand und Glück voraus.

Gans: Sie steht in der Traumdeutung für Wachsamkeit und Liebe. Ebenso wie der Schwan kann sie den Tagesanbruch oder neues Leben repräsentieren. Eine Gänseschar gilt als Symbol der intuitiven Kräfte und als Warnung vor Unglück. Wildgänse stellen die Seele dar und die heidnische Seite des Träumenden. Gänse gelten ebenso wie Katzen als gute Hausgeister.

Geier: Als Aasfresser steht er mit dem destruktiven weiblichen Anteil in Verbindung.

Huhn: Es steht als Traumsymbol für das praktisch veranlagte Selbst. Wachstumspotential ist vorhanden, auch wenn es vielleicht nur dann zum Ausdruck kommt, wenn der Träumende einer Gruppe angehört. Ein Huhn kann aber auch Dummheit und Feigheit darstellen. Der Hahn ist das Symbol für den neuen Tag und für geistige Aufmerksamkeit und Wachsamkeit. Er stellt das männliche Prinzip dar und daher auch das Bedürfnis, mutig und immer vorn zu sein. Die Henne symbolisiert Vorsorge, mütterliche Fürsorge und Fortpflanzung. Wenn sie im Traum gackert, wird dies als Darstellung weiblicher Dominanz betrachtet.

Ibis: Dieser Vogel ist ein Symbol für Beharrlichkeit und Sehnsucht.

Jungvogel: Persönliche Umstände und Gefühle können tiefgreifende Auswirkungen auf den Umgang des Träumenden mit sich selbst haben, und vergangenes Glück kann im Traum von Jungvögeln dargestellt werden.

Krähe: Traditionell warnt die Krähe im Traum vor dem Tod. Aber sie kann auch Weisheit und Verschlagenheit symbolisieren.

Kuckuck: Er kann Verschlagenheit und unerwiderte Liebe darstellen. Als Frühlingsbote deutet er auf die Verwandlung von alter, verbrauchter Energie in neue, frische Kraft.

Lerche: Sie gilt traditionell als Symbol für die Transzendierung des Weltlichen.

Möwe: Sie steht für Freiheit und Kraft.

Pelikan: Er symbolisiert Opfer und Demut, aber auch fürsorgliche, mütterliche Liebe.

Pfau: Wenn ein Traum von einem Pfau handelt, ist dies ein Hinweis darauf, daß die Erkenntnis des Träumenden sich entwickelt wie ein Pfau – vom schlichten, schmucklosen Jungvogel zum schönsten aller Vögel. Wie der Phönix ist auch der Pfau ein Symbol der Wiedergeburt und der Auferstehung.

Pinguin: Man glaubt, daß der Pinguin sowohl Anpassungsfähigkeit als auch möglicherweise Dummheit darstellt.

Rabe: Dieser schwarze Vogel kann ein Symbol für Sünde und Weisheit sein. Spricht er im Traum, dann ist das, was er sagt, häufig als Prophezeiung zu werten.

Schwalbe: Sie bedeutet im Traum Hoffnung und herannahenden Frühling.

Schwan: Er symbolisiert wie die Wildgans die Seele des Menschen und gilt als göttlicher Vogel. Manchmal kann er auf einen friedlichen Tod hindeuten.

Spatz: In ihm verkörpern sich Geschäftigkeit und Fleiß.

Specht: In der Mythologie ist der Specht der Wächter sowohl der Könige als auch der Bäume. Er hat auch den Ruf, magische Kräfte zu besitzen.

Storch: Dieser Vogel ist ein Symbol für ein neues Leben und einen Neuanfang.

Strauß: Dieser Vogel verweist darauf, daß der Träumende oder eine andere Traumfigur versucht, sich aus der Verantwortung zu stehlen.

Taube: Sie verkörpert die Anima (siehe »Einführung in die Traumarbeit«), ist die Überbringerin der Ruhe nach dem Sturm und auch die Seele. Die friedfertige Seite der menschlichen Natur erscheint im Traum als Taube.

Truthahn: Dieser Vogel wird traditionell an Festtagen und bei besonderen Anlässen gegessen. Wenn ein Traum von ihm handelt, kann dies daher ein Hinweis auf gute Zeiten sein.

Wachtel: Sie repräsentiert Verliebtheit, manchmal Mut und oft Glück. In negativer Hinsicht kann sie auch Zauberei und Hexerei symbolisieren.

Spirituell: Auf der spirituellen Ebene stellen Vögel im Traum die Seele des Menschen dar.

VORFAHRE

→ Menschen

VORHÄNGESCHLOSS

Allgemein: Wenn der Träumende in seinem Traum ein Vorhängeschloß absperrt, verweist dies darauf, daß er versucht, etwas wegzusperren (vielleicht ein Gefühl). Dies kann entweder durch Angst geschehen oder durch eine besonders besitzergreifende Art. Wenn der Träumende ein Vorhängeschloß aufsperrt, versucht er vielleicht, sich für neue Erfahrungen zu öffnen.

Psychologisch: Wenn sich der Träumende in seiner Sicherheit bedroht sieht, erscheint im Traum häufig ein Symbol, das sein Bedürfnis nach Verteidigungsmechanismen verstärkt. Bei diesem Symbol kann es sich unter anderem um ein Vorhängeschloß handeln.

Spirituell: Auf dieser Ebene bedeutet das Vorhängeschloß im Traum, daß der Träumende sich seine spirituelle Integrität bewahrt.

VORWÄRTS

→ Positionen

VULKAN

Allgemein: Der Vulkan ist ein sehr vielsagendes Traumbild, nicht zuletzt wegen seiner Unberechenbarkeit. Erlischt ein Vulkan, kann dies entweder heißen, daß der Träumende seine Leidenschaften »abgetötet« hat oder daß eine schwierige Situation, die ihn vielleicht schon lange beschäftigt, ihrem Ende entgegengeht.

Psychologisch: Ein ausbrechender Vulkan bedeutet gewöhnlich, daß der Träumende eine Situation oder seine Gefühle nicht beherrscht und daß diese möglicherweise auf schmerzliche Weise hervorbrechen. Steht die Lava im Vordergrund, reichen die Gefühle sehr tief. Ist die Lava erstarrt, so ist eine starke Leidenschaft abgekühlt. Wird dagegen eher die explosive Kraft wahrgenommen, so ist die Wut wohl die stärkere Komponente.

Spirituell: Auf der spirituellen Ebene steht ein Vulkan für tief zurückgestaute Leidenschaft, die sich mitunter auf erschreckende Weise entlädt.

W

WAAGE

auch → Tierkreis

Allgemein: Eine Waage ist im Traum ein Hinweis auf die Notwendigkeit von Ausgewogenheit und Selbstbeherrschung. Ohne dieses Gleichgewicht ist es nicht möglich, vernünftige Entscheidungen, etwa in Hinblick auf Vorgehensweisen, zu treffen. Alle Möglichkeiten müssen »erwogen« werden. Eine Waage im Traum mag auch für Regeln beziehungsweise Verhaltensnormen stehen, deren Einhaltung vom Träumenden erwartet wird. Möglicherweise empfindet sich der Träumende auch als »gewogen« und für mangelhaft befunden. Ist die Waage nicht im Gleichgewicht, dann sollte der Träumende in sich gehen, um die Ursachen hierfür herauszufinden.

Psychologisch: Der Waagentyp im Traum kann eine genauere Deutung erlauben. Eine Personenwaage wäre ein Hinweis auf eine persönlichere Beurteilung als eine öffentliche Waage. Eine Brückenwaage bedeutet vielleicht, daß man sein ganzes Leben überdenken sollten. Eine Waage beim Arzt will den Träumenden vielleicht auf ein Gesundheitsproblem aufmerksam machen.

Spirituell: Die Waage der Justitia steht für Ausgewogenheit und Harmonie, aber auch für ein gutes Urteilsvermögen. Darüber hinaus ist sie das Symbol für das Tierkreiszeichen der Jungfrau.

WAAGERECHT

→ Positionen

WACHS

Allgemein: Wachs steht in Beziehung zur Geschmeidigkeit, die ein Mensch in bezug auf sein Leben entwickelt hat. Ziel ist es, anpassungsfähig und biegsam zu sein wie Wachs und dabei zugleich fest zu bleiben.

Psychologisch: Wachs kann auch als Sinnbild für Unaufrichtigkeit gedeutet werden. Es wird von der Kerzenflamme verzehrt und verwandelt sich in etwas anderes mit ganz neuen Eigenschaften.

Spirituell: Wachs symbolisiert das Bedürfnis nach spiritueller Flexibilität und dem Wunsch, die Starrheit abzulegen.

WACHSTUM

Allgemein: Die inneren Veränderungen, die den Träumenden dazu veranlassen, sich anders auf seine Mitmenschen zu beziehen und herauszufinden, wer er ist und wie sein Umfeld aussieht, sind Stadien des Wachstums. Sie drücken sich in Träumen beispielsweise als Pflanzenwachstum aus.

Psychologisch: Wenn man von seiner Kindheit träumt, dann nimmt man mit dem Prozeß des Wachsens Verbindung auf.

Spirituell: Im Traum kann Wachstum die Erkenntnis einer neuen spirituellen Reife sein, an der sich der Träumende orientieren sollte.

WACHTEL

→ Vögel

WÄCHTER

Allgemein: Im Traum hat er oft die Rolle eines Aufsehers. Vielleicht fungiert ein Teil der Persönlichkeit des Träumenden als Aufseher oder versucht, andere Teile seines Selbst zu unterdrücken.

Psychologisch: Bei der Arbeit mit Traumbildern erkennen wir oft Aspekte des spirituellen Selbst, die uns gegen äußere Einflüsse schützen. Auch sie können die Gestalt eines Wächters annehmen.

Spirituell: Es kann der »Wächter an der Schwelle« zwischen der physischen und spirituellen Welt gemeint sein.

WÄRME

Allgemein: Wärme im Traum ist ein Ausdruck von Wohlbefinden.

Psychologisch: Wärme kann für Fröhlichkeit und ein Gefühl der Hoffnung stehen.

Spirituell: Ein Gefühl von Wärme im Traum symbolisiert mitunter das, was der Mensch sich am meisten wünscht: bedingungslose Liebe.

WAFFEN

auch → Bewaffnung

Allgemein: Der Traum von Waffen verweist gewöhnlich auf den Wunsch, jemanden oder etwas zu verletzen. Der Träumende hat seine Aggression verinnerlicht, und es ist völlig akzeptabel, daß er von Waffen träumt und sie im Traum gegen andere Menschen einsetzt, statt seine Aggressionen tatsächlich auszuleben. Die Art der Waffe kann Aufschluß darüber geben, wo das wirkliche Problem im Leben des Träumenden verborgen ist. Ein Pfeil bedeutet, daß man von einem starken Gefühl durchdrungen ist oder von jemandem verbal oder durch sein Handeln verletzt wird. Für den Träumenden ist es erforderlich, seine Aufmerksamkeit nach innen zu lenken, damit er sein Wohlgefühl wiederfindet. Gewehr und Pistole repräsentieren nach herkömmlicher Interpretation die männliche Sexualität. Träumt eine Frau davon, erschossen zu werden, ist dies oft ein Hinweis auf ihren Wunsch nach oder ihre Furcht vor sexueller Aggression. Schießt der Träumende selbst, dann setzt er vielleicht sein männliches Vermögen zur Selbstverteidigung ein. Ein Messer steht für die Fähigkeit, verletztes Gewebe zu durchdringen und das abzutragen, was den Träumenden quält. Mit dem Messer kann die Heuchelei »herausgeschnitten« werden, die eine Situation beherrscht. Das Schwert hat verschiedene Bedeutungen. Griff und Klinge, die gemeinsam ein

Kreuz bilden, symbolisieren ein starkes Glaubenssystem. Außerdem steht das Schwert für die spirituelle Energie, welche den Menschen dazu befähigt, Unnötiges aufzugeben. Das Schwert in der Scheide ist ein Sinnbild für das im Körper wohnende Selbst.

Psychologisch: Wird eine Waffe gegen den Träumenden gerichtet, dann sollte er sich darüber Klarheit verschaffen, inwieweit er selbst zu der Aggression seiner Mitmenschen beiträgt. Vielleicht hat er sie gegen sich aufgebracht. Eventuell hat sich der Träumende in einer bestimmten Situation auch freiwillig in die Opferrolle begeben.

Spirituell: Unterschiedliche Waffen können verschiedene Ebenen spiritueller Kraft versinnbildlichen. Der Träumende sollte diese Kraft mit der gebührenden Vorsicht einsetzen.

WAGEN

Allgemein: Heute träumen wohl die meisten Menschen von einem Auto oder von einem anderen Verkehrsmittel, wenn ein Traum von Fortbewegung handelt. Träumt man von einem Streitwagen, so kann dies ein Hinweis sein, daß alte und bereits abgelegte Methoden zur Kontrolle der gegebenen Situation die Lösung sind.

Psychologisch: Der Streitwagen im Traum kann eine Aufforderung sein, archetypische Bilder zu erforschen (→ Archetypen), um die Motive des eigenen Handelns besser verstehen zu können. Ein Streitwagen repräsentiert möglicherweise Grundbedürfnisse in der Form, wie sie einmal waren, bevor sie durch Erziehung verändert wurden.

Spirituell: Der Streitwagen repräsentiert im Traum die Sonne und das Göttliche.

WAHL

Allgemein: Die Teilnahme an einer Wahl, ob im Bereich des öffentlichen oder beruflichen Lebens, verdeutlicht den Wunsch und die Fähigkeit des Träumenden, Gruppen anzugehören. Stimmt er mit der Mehrheit, akzeptiert er ihre Regeln. Entscheidet er sich gegen die Gruppe, will er aufbegehren.

Psychologisch: Eventuell stellt der Träumende die allgemeine Einschätzung einer Wahl als fair und gerecht in Frage. Träumt er davon, daß er gewählt wird, so zeigt sich mit diesem Traum sein Wunsch nach Macht.

Spirituell: Spirituell gesehen, setzt der Träumende mit der bedingungslosen Annahme von etwas oder jemandem sein ganzes Vertrauen in diese Sache oder Person.

WAISENKIND

Allgemein: Handelt ein Traum von einem Waisenkind, so fühlt sich der Träumende vielleicht verletzbar, zurückgewiesen und nicht ausreichend geliebt. Kümmert sich der Träumende um ein Waisenkind, dann als Ausdruck des Versuchs, den Teil seiner selbst zu heilen, der nicht genug Liebe empfangen hat. Wenn sich der Träumende selbst als Waise träumt, kann dies darauf verweisen, daß er unabhängiger und selbstgenügsamer werden muß.

Psychologisch: Der Träumende muß mit seiner Aufgabe, erwachsen zu werden und seine Eltern zu verlassen, ins reine kommen. Möglicherweise fühlt man sich als Waisenkind, wenn man die Eltern durch Tod, einen Umzug oder aufgrund anderer Bedingungen verliert.

Spirituell: Spirituelle Verlassenheit.

WAL

→ Tiere

WALD

auch → Baum, → Holz

Allgemein: Ein Traum vom Wald oder von einer Baumgruppe bedeutet in der Regel, daß der Träumende das Reich des Weiblichen betritt. Der Wald ist oft Ort der Prüfung und Initiation. Er konfrontiert den Träumenden mit seinem emotionalen Selbst, lehrt ihn, die Geheimnisse seines wahren Wesens und seine spirituelle Welt zu verstehen.

Psychologisch: Der dunkle oder verzauberte Wald, der häufig in Märchen vorkommt, symbolisiert allgemein den Anfang. Die Seele dringt in Bereiche vor, die sie noch nicht kennt, und muß, um zu spüren und zu fühlen, was in ihrer Umgebung geschieht, mit Intuition vorgehen und all ihre Fähigkeiten einsetzen. Vielleicht weist der Wald im Traum auch darauf hin, daß der Träumende den Weg verloren hat (→ verlieren).

Spirituell: Auf der spirituellen Ebene symbolisiert der Wald die Psyche und das Weibliche.

WALNUSS

→ Nuß

WAND

→ Gebäude

WARNUNG

Allgemein: Eine Warnung im Traum soll die Aufmerksamkeit des Träumenden auf einen inneren Zustand oder auf äußere Umstände richten, die seiner Aufmerksamkeit bedürfen. Vielleicht bringt er sich selbst in Gefahr.

Psychologisch: Die Warnung, die der Träumende ausspricht, macht seine Fähigkeit sichtbar, Schwierigkeiten und Gefahren für andere oder verborgene Teile seines Selbst zu erkennen. Worum es genau geht, wird aus den Umständen des Traums sichtbar. Eine schriftliche Warnung zu erhalten, kann darauf hindeuten, daß man sich schlecht beträgt.

Spirituell: Eine Warnung kann ein Hinweis darauf sein, wie der Träumende intuitiver werden kann. Er darf seiner Intuition trauen und sollte sie entsprechend nutzen.

WARTEN

Allgemein: Im Traum auf jemanden oder etwas zu warten, steht für eine Erwartungshaltung seitens des Träumenden. Vielleicht hält er Ausschau nach Menschen oder Umständen, die ihn darin unterstützen, voranzukommen oder Entscheidungen zu treffen. Ungeduldiges Warten läßt auf zu hohe Erwartungen schließen. Wartet der Träumende dagegen geduldig, zeugt dies von seinem Wissen, daß alles zu seiner Zeit kommt.

Psychologisch: Verspürt der Träumende Druck durch die Erwartungshaltung anderer Menschen, dann sollte er sich mit seinen Führungsqualitäten auseinandersetzen.

Spirituell: In der spirituellen Entwicklung ist man oft dazu gezwungen, geduldig zu warten, bis die rechte Zeit gekommen ist.

WARTESCHLANGE

→ Reihe

WARZE

Allgemein: Jede Verunstaltung, die sich in Träumen zeigt, kann als Hinweis dafür gedeutet werden, daß die Sicht des Träumenden auf die Welt verzerrt ist.

Psychologisch: Volksmythen und Volksmedizin haben vielfach Warzen und ihre Beseitigung zum Thema. Als Trauminhalt verweisen sie auf den Teil im Träumenden, der dem Aberglauben verhaftet ist.

Spirituell: Eventuell steht der Träumende einer Verzerrung spiritueller Natur zunächst ratlos gegenüber. In diesem Fall sollte er den Dingen einstweilen ihren Lauf lassen und den rechten Augenblick abwarten.

WASCHEN

auch → Wasser

Allgemein: Wäscht der Träumende entweder sich selbst oder zum Beispiel ein Kleidungsstück, so befreit er sich damit symbolisch von negativen Gefühlen. Vielleicht muß er seine Haltung nach innen oder nach außen ändern. Wäscht der Träumende hingegen andere, dann drückt sich darin sein Bedürfnis aus, sich um seine Mitmenschen zu kümmern.

Psychologisch: Da Wasser ein Symbol für Gefühle und das Unbewußte ist, steht Waschen im Traum für das Streben nach einer Beziehung zum emotionalen Selbst und zum erfolgreichen Umgang mit ihm.

Spirituell: Möglicherweise ist auf der spirituellen Ebene eine geistige Reinigung erforderlich, damit der Träumende sich seine Ganzheitlichkeit bewahren kann.

WASSER

Allgemein: Wasser wird in der Traumdeutung üblicherweise als Symbol für alles Emotionale und Weibliche verstanden. Es ist eine geheimnisvolle Substanz, da es durch, über und um Dinge herum fließen kann. Was ihm im Wege ist, kann es zerstören. Auch das Potential des Träumenden und seine Fähigkeit, aus seinem eigenen inneren Bedürfnis heraus ein neues Leben zu erschaffen, kann durch Wasser symbolisiert sein.

Psychologisch: Wasser steht auch für Reinigung, da es den Menschen von den inneren und äußeren Verschmutzungen durch den Alltag zu reinigen vermag. Es befreit den Täufling von seinen bisherigen »Sünden«, auch von jenen, die er von der Familie geerbt hat. Im Traum ins Wasser zu gehen bedeutet, etwas Neues zu beginnen. Tiefes Wasser verweist darauf, daß der Träumende entweder den Boden unter den Füßen verliert oder in sein Unbewußtes vordringt.

Spirituell: Wasser symbolisiert die spirituelle Wiedergeburt – die Kraft des Lebens.

Wasser spielt in Träumen eine so große Rolle und nimmt dabei so viele unterschiedliche Bedeutungen an, daß hier nur eine begrenzte Zahl von Möglichkeiten berücksichtigt werden kann. Sich *im Wasser zu befinden*, kann Schwangerschaft und Geburt symbolisieren. *Fließendes Wasser* versinnbildlicht Frieden und Wohlbefinden, *stark strömendes Wasser* dagegen Leidenschaft. *Tiefes Wasser* verweist auf das Unbewußte, während *seichtes Wasser* auf einen Mangel an Lebensenergie hindeutet. Taucht man *ins Wasser hinab*, so kommt darin das Bedürfnis zum Ausdruck, die eigenen Kräfte zu erneuern und zum Ursprung zurückzukehren. Taucht der Träumende *aus dem Wasser empor*, dann deutet dies auf einen Neuanfang hin. *Auf dem Wasser* zu sein, etwa in einem Boot, kann auf Unentschlossenheit oder mangelndes emotionales Engagement verweisen. *Reglos im Wasser* zu liegen, bedeutet unter Umständen Trägheit.

Weitere Bilder im Zusammenhang mit Wasser sind: *Baden* symbolisiert Reinigung. Der *Brunnen* steht für das Frausein und insbesondere für die Große Mutter (siehe »Einführung in die Traumarbeit«). *Dämme, Inseln* und *andere Hindernisse* bringen den bewußten Versuch zum Ausdruck, die Kraft des Wassers – und somit die Gefühle – zu beherrschen. *Ertrinken* verdeutlicht die Tendenz des Träumenden, unangenehme Dinge ins Unbewußte zu verdrängen, von wo sie jedoch mit Macht zurückkehren und drohen, den Träumenden zu überwältigen. *Fluten* repräsentieren die chaotische Seite im Träumenden, die gewöhnlich unkontrollierbar ist und daher seine ganze Aufmerksamkeit verlangt. *Kanäle* versinnbildlichen den Geburtsvorgang. Das *Meer* steht für das kosmische Bewußtsein, das heißt, das ursprüngliche Chaos, aus dem alles Leben hervorgeht. Ihm wohnt alles Wissen inne, auch wenn es durch die Angst des Menschen vor der Tiefe verschleiert sein mag (das, was man versteht, fürchtet man nicht). Ein *flaches Meer* symbolisiert oberflächliche Gefühle. Die Meeresbrandung versinnbildlicht Gefühle und Lust. Eine *ruhige See* verkörpert ein friedliches Dasein, ein *stürmisches Meer* hingegen zuträgliche wie unzuträgliche Leidenschaft. Im Traum *Ebbe und Flut* zu beobachten bedeutet, sich der verstreichenden Zeit wie auch des Zu- und Abnehmens der eigenen Gefühle bewußt zu sein. Ein *See* kann, ebenso wie ein *Teich*, für eine Phase des Übergangs vom bewußten zum spirituellen Selbst stehen. Wenn der Träumende unerwartet an diese Schwelle gelangt, kann dies für ihn eine Chance sein, sich selbst zu verstehen und schätzen zu lernen. Das eigene *Spiegelbild auf dem Wasser* verlangt die Versöhnung mit dem Schatten (siehe »Einführung in die Traumarbeit«). Der Träumende muß lernen zu akzeptieren, daß es Anteile in ihm gibt, die er nicht besonders mag, die ihm jedoch, wenn er sie unter Kontrolle hält, viel Energie geben können. *Flüsse* und *Bäche* repräsentieren stets das Leben und die Art, wie es vom Träumenden geführt wird. Es hängt von seiner Einstellung ab, ob er sein Leben als breiten Strom oder als schmalen Bach sieht. Ein vorüberrauschender Fluß steht für das Gefühl, daß das Leben zu schnell vorbei ist. *Meer und Fluß zugleich* weisen auf die Notwendigkeit einer großen Veränderung hin oder wollen die Aufmerksamkeit auf das Unbewußte lenken. Handelt es sich um einen *sehr tiefen Fluß*, dann sollte der Träumende der Welt, die ihn umgibt, und seiner Beziehung zu ihr mehr Beachtung schenken. Eine *Flußüberquerung* verheißt große Veränderungen. Wirkt der *Fluß beängstigend*, ist der Träumende womöglich gerade dabei, sich unnötige Schwierigkeiten zu schaffen. Erscheint der *Fluß vergiftet*, tut der Träumende für sich nicht das bestmögliche. *Tauchen* bedeutet, sich ins Unbewußte hinabzubegeben, oder den Versuch, die Teile des Selbst wiederzufinden, die man unterdrückt hat.

WASSERFALL

Allgemein: Ein Wasserfall kann in seiner grundlegenden Bedeutung einen Orgasmus symbolisieren. Darüber hinaus kann er jede Gefühlsäußerung versinnbildlichen, die stark und dennoch in gewisser Weise kontrolliert ist.

Psychologisch: Wann immer ein beliebiges Gefühl eine Intensitätsstufe erreicht, an der es ausbrechen oder überlaufen muß, wenn es den Menschen nicht überwältigen soll, kann es sich im Traum in der Form eines Wasserfalls manifestieren.

Spirituell: Ein Wasserfall zeigt dem Träumenden an, daß er von einer spirituellen Macht umgeben wird, die er sich zunutze machen sollte.

WASSERGEIST

→ Nixe

WASSERGRABEN

Allgemein: Ein Wassergraben stellt die Abwehr von Intimität dar. Im Traum sieht der Träumende sich vielleicht dabei, wie er Umzäunungen baut oder Gräben zieht. Er kann nun darüber entscheiden, durch welche Schritte er sie wieder entfernen möchte.

Psychologisch: Wenn der Träumende seine Gefühle zurückhält, dann geschieht es leicht, daß er den Menschen, zu dem er in Beziehung treten sollte, statt dessen überwacht.

Spirituell: Auf der spirituellen Ebene kann ein Wassergraben eine emotionale Barriere oder eine emotionale Abwehr symbolisieren.

WASSERHAHN

Allgemein: Ein Wasserhahn symbolisiert die Fähigkeit, Zugang zu universellen Ressourcen zu erlangen. Gelingt es dem Träumenden im Traum nicht, einen Wasserhahn auf- oder zuzudrehen, so deutet dies an, daß er unfähig ist, seine Angelegenheiten zu regulieren.

Psychologisch: Wasser ist das Symbol für Gefühle. Daher kann ein Wasserhahn auf bestimmte Weise den Mißbrauch von Gefühlen darstellen. Ein Mensch, der seine Gefühle willentlich an- und abschalten kann, verfügt über große Selbstbeherrschung.

Spirituell: Der Wasserhahn steht für spirituelles Fließen.

WASSERMANN

→ Tierkreis

WATEN

Allgemein: Wer im Traum irgendwo hindurchwatet, ersieht daraus, was seine Gefühle in ihm bewirken können. Ist der Träumende durch Wasser behindert (→ Wasser), dann muß er sich damit auseinandersetzen, auf welche Weise ihm seine Gefühle im Weg stehen. Erlebt er das Waten als etwas Vergnügliches, so kann er davon ausgehen, daß seine Lebendigkeit ihm Zufriedenheit bringt. Manchmal kann man daraus, wie tief man im Wasser steht, erkennen, wie man mit äußeren Umständen fertig wird.

Psychologisch: Oft ist das Gefühl beim Waten wichtiger als die Handlung selbst. So kann die Erkenntnis, daß man nicht durch Wasser, sondern beispielsweise durch Sirup watet, Aufschluß über das eigene Selbst oder die besondere Situation geben.

Spirituell: Spirituell steht Waten für einen Reinigungsprozeß, wie er auch mit der Taufe assoziiert wird.

WATTIERUNG

auch → Verpackung

Allgemein: In Träumen kann das Bedürfnis nach Sicherheit deutlicher werden, als man es im Wachzustand zuläßt. Da eine Wattierung Schutz und Wärme bietet, muß der Träumende sich mit seiner Schutzbedürftigkeit auseinandersetzen.

Psychologisch: Mitunter spiegeln sich in unseren Traumbildern körperliche Veränderungen wider. So kann eine Wattierung die Angst verkörpern, dick oder unattraktiv zu werden.

Spirituell: Wie auf der psychologischen Ebene, so ist Wattierung auch auf der spirituellen ein Sinnbild für Sicherheitsbedürfnis.

WEBEN

Allgemein: Hierbei handelt es sich um ein elementares Symbol, welches das menschliche Grundbedürfnis zum Ausdruck bringt, für das eigene Leben Verantwortung zu übernehmen. Im Traum weist jede Handarbeit darauf hin, daß man die Situation in der Hand haben sollte.

Psychologisch: Das Weben wird als Sinnbild für das Leben selbst verstanden.

Spirituell: Das Weben ist eines der stärksten spirituellen Bilder überhaupt. Die meisten Kulturen kennen das Bild vom Schicksal, das in einem bestimmten Muster gewebt ist. Der Mensch kann auf dieses Muster keinen Einfluß nehmen, sondern muß akzeptieren, daß allein Gott oder die Götter wissen, was für ihn das beste ist.

WEBSTUHL

Allgemein: Im Traum geht die Bedeutung des Webstuhls über seine eigentliche Funktion hinaus – es sei denn, der Träumende hat beruflich etwas mit ihm zu tun. Ein Webstuhl verweist auf handwerkliche oder kunsthandwerkliche Kreativität. Jeder Mensch ist dazu in der Lage, schöne Gegenstände herzustellen, und der Webstuhl symbolisiert diese Tatsache.

Psychologisch: Der Webstuhl greift das Symbol des Webens auf und verweist auf die Vorstellung, der Mensch würde sein Leben selbst gestalten. Bestimmte Grundmaterialien sind vorhanden, um ein Grundmuster bewerkstelligen zu können. Aber jeder Mensch muß seiner Arbeit darüber hinaus noch eine eigene persönliche Note geben, um dem gewobenen Gegenstand seine Einzigartigkeit zu verleihen. Ein Webstuhl ist das Werkzeug, das man benötigt, um sein eigenes Lebensmuster zu entwerfen.

Spirituell: Ein Webstuhl verweist auf der spirituellen Ebene auf das Schicksal, die Zeit und das Weben durch die Vorsehung.

WEG

Allgemein: Ein Weg kann im Traum die Richtung symbolisieren, für die der Träumende sich im Leben entschieden hat. Die Art des Weges – ob er eben oder steil ist, gewunden oder gerade verläuft – kann für die Deutung des Traums genauso wichtig sein wie der Weg selbst.

Psychologisch: Ein Weg symbolisiert mitunter die Gefühle des Träumenden hinsichtlich einer Beziehung oder einer Situation. Er kann aber auch für die Art des Denkens stehen oder etwa die Richtung von Nachforschungen versinnbildlichen.

Spirituell: Ein Weg kann im Traum auf eine spirituelle Richtung verweisen.

WEIHRAUCH

auch → Religiöse Bilder

Allgemein: Weihrauch wird hergestellt, um einen Raum mit Duft zu erfüllen. Im Traum kann man den Geruch von Weihrauch ebenfalls wahrnehmen, insbesondere wenn dies mit dem Träumenden in Verbindung steht. Dieser Geruch verweist möglicherweise auf die Kindheit des Träumenden und erinnert ihn an bestimmte Kirchen oder religiöse Gebäude.

Psychologisch: Weihrauch ist ein Mittel der Bewußtseinserweiterung oder wird benutzt, um die Atmosphäre und heilige Räume zu reinigen. Bemerkt man im Traum, daß Weihrauch zu diesem Zweck angewendet wurde, dann ist dies vielleicht ein Hinweis darauf, daß Veränderungen an der eigenen Person oder aber im persönlichen Umfeld anstehen.

Spirituell: Weihrauch wird als Unterstützung zum Gebet herangezogen. Er ist ein Symbol für den feinstofflichen Körper oder die Seele.

WEIN

auch → Alkohol, → Blut

Allgemein: Wein kann in Träumen Sinnbild für einen fröhlichen Anlaß sein. Er beeinflußt das Bewußtsein und die Wahrnehmung. Daher steht ein Weinkeller möglicherweise für die Gesamtheit der bisherigen guten wie schlechten Erfahrungen. Mitunter wird eine Weinflasche in ihrer berauschenden Eigenschaft als Phallussymbol oder als Sinnbild der Männlichkeit aufgefaßt.

Psychologisch: Als Symbol für den »Saft des Lebens« verweist Wein auf die Fähigkeit, Erfahrungen so optimal wie möglich zu nutzen und das zu genießen, was Freude bereitet und Fröhlichkeit schafft. Das Weinglas kann als Bild für die

Fröhlichkeit oder auch für die Schwangerschaft empfunden werden. Ist es im Traum zerbrochen, so bedeutet dies entweder Kummer oder, im Traum einer Frau, eine Fehlgeburt.

Spirituell: Wein kann auf spiritueller Ebene Fülle bedeuten oder die Aufnahme spiritueller Kraft.

WEINEN

auch → Trauern

Allgemein: Weinen steht für unbeherrschbare Gefühle oder Schmerzen. Ob der Träumende selbst oder andere in seinem Traum weinen, immer handelt es sich um die Entladung aufgestauter Gefühle. Vielleicht ist der Träumende traurig über Ereignisse in der Vergangenheit, oder er fürchtet sich davor, die Zukunft anzugehen. Die Art des Weinens kann sehr aufschlußreich sein. Ist es ein Schluchzen, welches den Träumenden daran hindert, seine Gefühle in Worte zu fassen?

Psychologisch: Ein solcher Traum kündigt häufig Phasen des Übergangs von einem Bewußtseinszustand in einen anderen an.

Spirituell: Weinen im Traum steht für die Trauer über einen persönlichen Verlust.

WEINREBE/ WEINBERG

Allgemein: Die Weinrebe steht als Traumsymbol für Wachstum und Fruchtbarkeit, ob in bezug auf die gesamte Persönlichkeit des Träumenden oder auf Teile von ihr.

Psychologisch: Handelt ein Traum von einer Weinrebe, so bezieht sich der Träumende auf die verschiedenen Mitglieder seiner Familie, wobei er unter Umständen auch die Vorfahren mit einbezieht. Er tritt in Verbindung mit der spirituellen Seite seines Selbst, die weniger durch individuelle als vielmehr durch gemeinsame Erfahrung gewachsen ist.

Spirituell: Weinrebe oder Weinberg können Wachstum in spiritueller Sicht bedeuten und auch Fruchtbarkeit symbolisieren.

WEINTRAUBEN

auch → Früchte

Allgemein: Wenn der Träumende in seinem Traum Trauben wahrnimmt, verweist dies darauf, daß er ein Bedürfnis nach Fest und Feier hat. Ein Traum von Weintrauben legt die Vermutung nahe, daß im Leben des Träumenden bisher zu wenig Spaß und Lachen anzutreffen waren. Dies zu ändern, ist der beste Weg, um Kreativität ins Leben zu holen.

Psychologisch: Wenn Trauben im Traum auftauchen, kann dies vielleicht ein Opfer darstellen. Der Träumende muß etwas aufgeben, um das zu erreichen, wonach er wirklich sucht. Wein symbolisiert häufig ein solches Opfer, weil seine Ähnlichkeit mit Blut so offensichtlich ist.

Spirituell: Auf der spirituellen Ebene können Trauben im Traum, wegen ihrer Verbindung mit den Göttern nicht nur der griechischen Sagenwelt, Weisheit und Unsterblichkeit symbolisieren.

WEISHEIT

Allgemein: Weisheit ist eine Eigenschaft, die durch die Deutung der eigenen wie auch fremder Träume gefördert werden kann. Wenn man davon träumt, weise zu sein, zeigt dies die Möglichkeiten auf, sein Leben erfolgreich zu meistern und bedeutungsvolle Beziehungen zu anderen Menschen zu entwickeln.

Psychologisch: Jede weise Figur, die in Träumen eine Rolle spielt, steht gewöhnlich in bezug zum eigenen Selbst (→ Archetypen, → Menschen und »Einführung in die Traumarbeit«).

Spirituell: Die spirituelle Ganzheit des Träumenden kommt im Traumbild der Weisheit zum Ausdruck, die dabei oft die Gestalt eines alten Weisen annehmen kann (siehe »Einführung in die Traumarbeit«).

WEISS

→ Farben

WELT

Allgemein: Die Welt ist der Lebensraum, in dem der Mensch seine Erfahrungen sammelt und seinen alltäglichen Aktivitäten nachgeht. Ein Traum von einer Welt jenseits des menschlichen Einflußbereichs deutet an, daß man in einer aktuellen Situation seine Engstirnigkeit ablegen soll.

Psychologisch: Der Traum von anderen Welten und Dimensionen macht den Träumenden darauf aufmerksam, daß es noch andere Möglichkeiten gibt, das Leben aktiv zu erfahren, als er bisher auszuprobieren den Mut hatte. Vielleicht sollte er sein Leben mit etwas mehr Offenheit angehen.

Spirituell: Wenn der Träumende auf der spirituellen Ebene vorankommt, dann wird ihm bewußt, daß die Welt zum Kosmos gehört. Eine solche Sicht der Welt bringt es mit sich, daß man die Verantwortung für ihr Funktionieren übernehmen muß.

WERBUNG

Allgemein: Im Zusammenhang mit dem Trauminhalt deutet Werbung auf Bereiche im Leben hin, die man erkennen und anerkennen muß. Eine Werbeanzeige an einer Plakatwand könnte sich auf die Handlungsweise des Träumenden beziehen, wohingegen ein Werbespot im Fernsehen die Art seines Denkens repräsentiert.

Psychologisch: Es herrscht das Bedürfnis vor, sich selbst darzustellen und als die Person anerkannt zu werden, die man ist. Wenn der Träumende selbst Thema der Werbung ist, sollte er in seinen Aktivitäten offener sein. Wenn Bekannte in der Werbung dargestellt werden, ist sich der Träumende möglicherweise darüber klar geworden, daß sie die Fähigkeit haben, ihm bei seinen Vorhaben zu helfen.

Spirituell: Auf psychischem Weg erhaltene Informationen müssen erkannt und spirituell umgesetzt werden.

WERKSTATT

Allgemein: Eine Werkstatt ist ein produktiver Ort. In Träumen symbolisiert sie den Teil des Träumenden, der gewinnbringende Projekte hervorbringt – allerdings nicht unbedingt in finanzieller Hinsicht profitabel.

Psychologisch: Eine Werkstatt kann der Ort sein, an dem der Träumende Gleichgesinnte trifft, Menschen mit der gleichen Art von Kreativität, wie er sie selbst besitzt. Daher versinnbildlicht die Werkstatt Interaktion und Begabung.

Spirituell: In einer Werkstatt wird Kreativität freigesetzt. Diese kann zum spirituellen Fortschritt des Träumenden beitragen.

WERKZEUG

Allgemein: Werkzeuge in einem Traum versinnbildlichen die Mittel, die dem Träumenden zur Verfügung stehen, um seinen Lebensstil aufrechtzuerhalten.

Psychologisch: Jedem Werkzeug fällt eine besondere Bedeutung zu: Ein Bohrer steht für das Aufarbeiten von Emotionen und Ängsten sowie für Erkenntnisse und Einstellungen, die sich gefestigt haben. Ein Hammer gibt dem Träumenden die Kraft, alte Verhaltensmuster und Widerstände aufzubrechen. Eine Säge sagt dem Träumenden, daß er dazu in der Lage ist, die angesammelten Erfahrungen zu zerteilen und danach zu verarbeiten, damit er mit etwas Neuem beginnen kann.

Spirituell: Spirituelle Hilfsmittel, die im Traum anhand von Werkzeugen dargestellt sein können, sind zum Beispiel Liebe, Hingabe und Mildtätigkeit.

WESPE

→ Insekten

WESTEN

→ Positionen

WETTE/WETTEN

→ Spielen

WETTER

Allgemein: Als Teil der Traumumgebung zeigt es gewöhnlich die Stimmung und Gefühlslage des Träumenden an. Er ist sich der situationsbedingten Veränderungen um sich herum bewußt und muß sein Verhalten mit dementsprechender Bedacht anpassen.

Psychologisch: Wetter kann auch die inneren Reaktionen auf bestimmte Situationen zum Ausdruck bringen. So deutet ein Sturm auf stürmische, vielleicht ärgerliche und aggressive Gefühle hin. Ein strahlend blauer, wolkenloser Himmel weist eventuell darauf hin, daß man die Situation, in der man sich gerade befindet, und ihre dazugehörigen Stimmungen und Gefühle auch weiterhin kontrollieren kann. Nimmt der Träumende das Wetter bewußt zur Kenntnis, könnte dies bedeuten, daß er einsehen muß, Teil eines größeren Ganzen und nicht etwa nur selbstbestimmtes Individuum zu sein.

Spirituell: Verschiedene Wetterlagen können als spirituelle Antworten auf Fragen verstanden werden, die sich dem Träumenden stellen.

WETTKÄMPFERIN

→ Archetypen

WHIRLPOOL

→ Wirbelwind

WIDDER

→ Tierkreis

WIEGE

Allgemein: Ein Traum von einer Wiege kann ein neues Leben oder einen Neuanfang darstellen. In einem hellseherischen Traum steht eine Wiege für eine mögliche Schwangerschaft. Im Traum eines Mannes kann sie auch den Wunsch symbolisieren, in den Mutterschoß oder in einen beschützten Zustand zurückzukehren.

Psychologisch: Eine leere Wiege kann – abhängig von den übrigen Traumelementen – die Angst einer Frau vor Kinderlosigkeit oder Mutterschaft darstellen.

Spirituell: Manchmal wird der materielle Körper im Gegensatz zum spirituellen als Wiege dargestellt.

WIEGEN

Allgemein: Etwas zu wiegen bedeutet, seinen Wert zu ermessen. Dieses Bild verweist darauf, daß der Mensch seine Bedürfnisse und das, was für ihn materiell oder auch spirituell wichtig ist, ermitteln möchte.

Psychologisch: Etwas abwägen heißt, durch Einschätzung der Risiken eine richtige Entscheidung zu treffen. Versucht der Träumende, die Waage ins Gleichgewicht zu bringen, dann sucht er nach Gerechtigkeit und natürlicher Ausgewogenheit.

Spirituell: Vielleicht hat der Träumende den Wunsch, sich auf der bewußten Ebene seinen spirituellen Wert klarzumachen.

WIEGEN/SCHAUKELN

Allgemein: Schaukeln kann in Träumen tröstenden Charakter haben, ähnlich wie bei einem Kind, das sich in den Schlaf wiegt. Schaukeln kann auch auf kindliches Verhalten hindeuten, insofern als es den Träumenden in Kontakt mit den natürlichen Rhythmen des Lebens treten läßt.

Psychologisch: Vor allem wenn der Mensch Trost braucht, wird er gerne in den Arm genommen und gewiegt. Die sanfte Bewegung ermöglicht es dem Träumenden, Verbindung mit seiner Mitte aufzunehmen. Wenn der Träumende selbst jemanden wiegt, bedeutet dies, daß er ihm ebenfalls Trost spendet.

Spirituell: Schaukeln ist ein Symbol des Übergangs. Die Bewegung beinhaltet sowohl Zögern als auch Verlangen. Überdies ist Schaukeln ein Sinnbild für Fruchtbarkeit.

WIESE

Allgemein: Von einer Wiese zu träumen, kann heißen, daß der Träumende auf »geweihtem Boden« steht.

Psychologisch: Abhängig von den eigenen Assoziationen kann es sich um eine bestimmte Wiese handeln, die der Träumende mit schönen Erinnerungen in Verbindung bringt. Besinnt er sich auf eine solche, mit der Wiese verbundene Situation, kann dies zur Klärung eines anstehenden Problems beitragen. Der Zustand der Wiese ist von entscheidender Bedeutung.

Spirituell: Auf der spirituellen Ebene steht die Wiese im Traum für Freude und Wachstum.

WIESEL

→ Tiere

WILDHEIT

Allgemein: Alles Wilde im Traum steht für das Ungezähmte. Ein Teil im Träumenden sträubt sich gegen jegliche Art von Kontrolle. Es ist der Teil seines Selbst, der frei sein muß und der schöpferisch und unabhängig ist. Ein wildes Tier verkörpert den Aspekt seiner Persönlichkeit, der sich noch nicht zum rationalen Denken verpflichtet hat. Je nachdem, ob der Träumende ein Mann oder eine Frau ist, steht eine wilde Frau für die Anima oder den Schatten und ein wilder Mann für den Animus (siehe »Einführung in die Traumarbeit« und → Archetypen).

Psychologisch: Alles Wildwachsende ist frei von den Beschränkungen, welche die Gesellschaft dem Menschen auferlegt. Daher kann Wildheit in der Traumdeutung Anarchie und fehlende Stabilität symbolisieren. Im positiven Sinne herrscht verschwenderische Fülle, und alles, was der Träumende angeht, ist vielverheißend.

Spirituell: In einem Traum wild zu sein oder sich wild zu fühlen, deutet oft auf einen Mangel an spiritueller Beherrschung hin.

WILLKOMMEN

Allgemein: Wird der Träumende im Traum willkommen geheißen, nimmt er sein Selbst an und beginnt, sich zu mögen. Heißt ihn ein Familienmitglied willkommen, wird er jetzt von der Familie akzeptiert und verbessert seine Beziehung zu ihr.

Psychologisch: Einen anderen Menschen im eigenen Haus willkommen zu heißen bedeutet, daß der Träumende lernt, sich selbst zu vertrauen. Gehört er zu einem Begrüßungskomitee, zeigt dies seine Fähigkeit, einer sozialen Gruppe mit gemeinsamen Überzeugungen anzugehören.

Spirituell: Durch den Willkommensgruß wird der Träumende spirituell akzeptiert, und seine ersten Schritte zu spiritueller Erfüllung werden begrüßt.

WIND

Allgemein: Als Traumbild symbolisiert der Wind den Intellekt. Die Deutung des Traums hängt vor allem von der Kraft des Winds ab. So suggeriert eine sanfte Brise Leichtigkeit und Vergnügen. Eine Vorstellung oder ein Plan regen den Träumenden zur Aktivität an. Ein Sturm könnte wiederum für ein Prinzip stehen, für welches der Träumende leidenschaftlich eintritt, während ein Nordwind vielleicht für die Bedrohung seiner Sicherheit steht.

Psychologisch: Auf der psychologischen Ebene kündigt der Wind ein neues, tieferes Bewußtsein an. In der Bibel kündigt sich der Heilige Geist als brausender, heftiger Sturm an; ebenso kann starker Wind auch im Traum für eine Offenbarung stehen.

Spirituell: Der Wind symbolisiert im Traum die Macht des Geists und die Bewegung des Lebens.

WINDMÜHLE

Allgemein: Als Traumsymbol kann sie für die richtige Verwendung von Ressourcen stehen. Da Wind den Verstand versinnbildlicht, steht die Windmühle für die richtige Nutzung der intellektuellen Fähigkeiten.

Psychologisch: Die Windmühle ist ein Bild für die Ernte der Früchte menschlicher Arbeit. Da sie in gewisser Weise auch ein Lager für Saatgut ist, kann sie im Traum das Weibliche oder die Mutter repräsentieren.

Spirituell: Die Windmühle stellt die vielen Facetten des spirituellen Intellekts dar, der wiederum durch die eigenen spirituellen Kräfte Anregung erfährt.

WINTER

Allgemein: Der Winter kann als Traumsymbol für eine fruchtlose Zeit im Leben des Träumenden oder für das Alter mit seinen nachlassenden Kräften stehen.

Psychologisch: In einer Zeit, in welcher der Träumende sich weit von seinen wahren Gefühlen entfernt hat, spiegeln Bilder, die mit dem Winter zu tun haben, wie Eis und Schnee (→ Eis, → Schnee), häufig seine momentane Gefühlslage wider. In hellseherischen Träumen sind Jahreszeiten ein Hinweis auf den Zeitpunkt, wann etwas geschehen wird.

Spirituell: Bezogen auf den Kreislauf der Natur, repräsentiert der Winter eine Zeit der Brache vor dem erneuten Erwachen. Somit kann der Winter gleichbedeutend sein mit dem Tod.

WIRBELSTURM

Allgemein: Das Auftreten eines Wirbelsturms im Traum versinnbildlicht eine wie auch immer geartete, gewaltige Energie. Oft handelt es sich dabei um starke Gefühle und Regungen, gegen die sich der Träumende machtlos fühlt. Der Wirbelsturm symbolisiert die Energie, die sich gegen sich selbst richtet und daher zerstörerisch wirkt.

Psychologisch: Obwohl der Wirbelsturm im Traum auf den ersten Blick vor allem zerstörerisch zu sein scheint, kann er auch eine sehr reinigende Wirkung haben und für den Träumenden von entsprechender Bedeutung sein. Er räumt alles aus dem Weg, was ihm in die Quere kommt, und sorgt somit für einen klaren Neuanfang.

Spirituell: Die frühen Vorstöße des Träumenden in die Spiritualität lassen ihn vielleicht machtlos und allen Elementen ausgeliefert erscheinen. Dennoch herrscht im Zentrum des Wirbelsturms Ruhe und Frieden.

WIRBELTIERE

→ Tiere

WIRBELWIND/ WHIRLPOOL

Allgemein: Beides wird mit dem Strudel assoziiert, der für das Leben und für natürliche Energie steht. Gewöhnlich drücken sich in beiden Traumbildern gegensätzliche Energien aus. Sie rufen dem Träumenden die Kraft ins Bewußtsein, die ihm innewohnt. Während der Wirbelwind Geisteskraft versinnbildlicht, steht der Whirlpool eher für emotionale Energie.

Psychologisch: Im Kopf weiß der Träumende vielleicht, daß er sein Leben in der Hand hat. Doch kommt es ihm so vor, als sei er in einem endlosen Kreis von Aktivitäten gefangen. Dies scheint zwar unproduktiv, birgt jedoch eine immense Energie.

Spirituell: Auf den Träumenden kommt buchstäblich ein Wirbelwind der Kreativität zu. Er muß sich von ihm mitreißen lassen, um den vollen Nutzen daraus ziehen zu können.

WITWE

Allgemein: Im Traum Witwe zu sein, kann auf einen Verlust und auf Traurigkeit verweisen. Manchmal markiert ein solcher Traum einen Wandel im Bewußtsein einer Frau auf dem Entwicklungsweg zur weisen alten Frau (siehe »Einführung in die Traumarbeit«). Träumt eine Frau von einer Witwe, so liegt die Betonung des

Traums vielleicht auf der mit Witwenschaft verbundenen Freiheit und auf der Gelegenheit, die innewohnende Weisheit zu nutzen.

Psychologisch: Träumt dagegen ein Mann von einer Witwe, könnte dies ein tieferes Verständnis für die Bedürfnisse einer Frau symbolisieren. Vielleicht erkennt er, daß er Frauen nicht unbedingt in Abhängigkeit von sich bringen muß.

Spirituell: Die Witwe im Traum steht für weibliche spirituelle Weisheit.

WITZ

Allgemein: Wenn der Träumende im Traum erlebt, daß jemand einen Witz oder eine spöttische Bemerkung macht, dann soll ihm dies sagen, daß er sich auf den Humor anderer Menschen einlassen kann.

Psychologisch: Ist der Träumende selbst derjenige, der geistreich oder sarkastisch ist, so ist er oft von seiner eigenen Veranlagung überrascht.

Spirituell: Wenn sich der Träumende an spirituelle Inhalte erinnern soll, dann verbergen sich diese im Traum häufig hinter Witzen oder hintergründigen Ausdrücken.

WOLF

→ Tiere

WOLKE

Allgemein: Wolken in einem Traum können abhängig von den Traumumständen zwei Bedeutungen haben. Sie deuten vielleicht Erbauung oder religiöse Gefühle an oder aber zeigen, daß sich der Träumende von einem Menschen oder einem Gegenstand überschattet fühlt. Möglicherweise sind Wolken im Traum auch eine Warnung vor möglichen Schwierigkeiten oder Gefahren.

Psychologisch: Eventuell hat der Träumende eine verborgene Depression, mit der er sich erst beschäftigen kann, nachdem sie im Traum eine faßbare Gestalt angenommen hat.

Spirituell: Es heißt, Wolken seien die Träger der göttlichen Macht.

WOLLE

Allgemein: Wie Wolle zu deuten ist, hängt davon ab, ob das Fell des Lamms beziehungsweise Schafs oder ob das Wollknäuel (→ Stricken) gemeint ist. Die Lammwolle kann für verschwommene Gedanken und Gefühle stehen. Der Träumende hat noch keine rechte Ordnung in seinem Denken geschaffen.

Psychologisch: Während Wolle seit Urzeiten Wärme und Schutz bedeutete, wird sie in der modernen Traumdeutung vor allem mit mütterlicher Sanftheit assoziiert.

Spirituell: Wolle ist ein Symbol für spirituellen Schutz.

WORT

Allgemein: Wenn der Träumende im

Traum ein Wort mehrmals hört, so kann entweder sein Klang oder seine Bedeutung entscheidend sein.

Psychologisch: Bestimmte Wörter haben eine esoterische Bedeutung, wie etwa das hebräische JHVH (Jahwe). Derartige Wörter kommen eher im Traum als im normalen Alltagsleben vor. Im Schlaf ist der Mensch solchen Informationen gegenüber offener.

Spirituell: Wörter können eine ureigene spirituelle Macht besitzen.

WRACK

Allgemein: Ein Traum von einem Wrack, sei dies ein Auto- oder Schiffswrack, weist den Träumenden darauf hin, daß seine Pläne durchkreuzt werden. Er muß herausfinden, ob die Verantwortung für das Scheitern bei ihm selbst oder bei einer anderen Person liegt.

Psychologisch: Da ein Schiffbruch durch Umstände herbeigeführt werden kann, auf die der Mensch keinen Einfluß hat, drückt ein solcher Traum möglicherweise den Wunsch nach mehr Kontrolle oder nach einer besseren Verwendung der Ressourcen aus.

Spirituell: Ein Wrack jedweder Art symbolisiert auf der spirituellen Ebene eine Niederlage. Doch sollte der Träumende, wiewohl durch das Geschehene frustriert, sich weiter durchkämpfen, um sein angestrebtes Ziel zu erreichen.

WÜRFEL

Allgemein: Im Traum mit Würfeln zu spielen bedeutet, mit dem Schicksal zu spielen oder Gelegenheiten im Leben wahrzunehmen, die zuvor unbedingt sorgfältiger überdacht werden sollten.

Psychologisch: Würfelt im Traum eine andere Person als der Träumende, dann legt er sein Schicksal in die Hände anderer Menschen und ist aus diesem Grund gezwungen, sein Leben nach deren Vorgaben auszurichten.

Spirituell: Ein Würfel symbolisiert eine besondere Art Chance, die zu nutzen spirituell unwiderruflich sein kann.

WÜSTE

Allgemein: Handelt ein Traum davon, daß sich der Träumende allein in der Wüste befindet, so ist dies möglicherweise ein Hinweis auf fehlende emotionale Erfüllung, auf Einsamkeit oder vielleicht Isolation. Befindet sich der Träumende jedoch mit einem anderen Menschen in der Wüste, dann zeigt dies vielleicht, daß diese Beziehung nutzlos ist oder nirgendwo hinführt.

Psychologisch: Der Träumende muß sehr sorgfältig seine Handlungsrichtung überdenken, wenn er in seiner gegenwärtigen Situation »überleben« will.

Spirituell: Eine Wüste kann Verlassenheit symbolisieren, aber sie kann auch ein Ort der Besinnung, der Ruhe und der göttlichen Offenbarung sein.

WUNDE

auch → Waffen

Allgemein: Jede Wunde oder Verletzung, von der man träumt, steht für verletzte Gefühle. Ist der Träumende selbst der Verursacher der Wunde, so zeugt dies von seiner Aggression und seinem Mißtrauen. Wird ihm die Wunde zugefügt, dann ist er vielleicht das Opfer oder macht sich dazu.

Psychologisch: Bei der Deutung des Traums spielt die Art der Wunde eine Rolle. Während eine große, häßliche Wunde auf stärkere Gewalt hinweist, assoziiert man mit einer kleinen Wunde eher einen gezielten Angriff.

Spirituell: Eine Wunde symbolisiert ein – unangenehmes – Erlebnis des Träumenden, das er zur Kenntnis nehmen und aus dem er lernen sollte.

WUNSCH

Allgemein: Wenn sich der Träumende eines Wunschs bewußt wird, hat dies vielleicht mit seinem elementaren Wesen zu tun. Möglicherweise hat er diesen Wunsch im Wachzustand unterdrückt, so daß er in Träumen an die Oberfläche kommt.

Psychologisch: Wenn der Mensch in Träumen etwas anderes tun oder sein möchte als er ist, erkennt er seine Möglichkeiten, Erfolg zu erringen oder sein Leben zu ändern. Träumt man etwa von sich als von einem Dichter, obwohl man beruflich als Schauspieler arbeitet, dann kann dies darauf hinweisen, daß der Betreffende seine Kreativität in einer anderen Dimension ergründen muß.

Spirituell: Auf der spirituellen Ebene entspricht der Wunsch dem Begehren.

WURM

Allgemein: In seiner elementaren Bedeutung kann der Wurm für den Penis stehen. Abhängig vom Geschlecht des Träumenden und von seiner Einstellung zur Sexualität, kann der Wurm als bedrohlich empfunden werden.

Psychologisch: Der Wurm kann als Traumbild auch Gefühle der Ineffizienz und Bedeutungslosigkeit (bezogen auf den Träumenden oder andere Personen) zum Ausdruck bringen. Ist der Wurm größer als ein Mensch, läßt dies auf Minderwertigkeitsgefühle schließen. Fällt dem Träumenden besonders das Häufchen ins Auge, das entsteht, wenn ein Regenwurm Erde frißt und wieder ausscheidet, so hat er es mit einem Verwandlungsbild zu tun. Es zeigt ihm, daß er sein Leben verändern und etwas Fruchtbareres daraus machen kann.

Spirituell: Den Würmern übergeben zu werden, ist eine Metapher für den Tod. Der Träumende sollte also darauf gefaßt sein, daß auf der spirituellen Ebene eventuell in Kürze Veränderungen eintreten werden.

WURZEL

→ Baum

WUT

Allgemein: Wut im Traum steht oft für andere leidenschaftliche Gefühle. Der Träumende ringt damit, ob er das Recht dazu hat, seinem Kummer Ausdruck zu verleihen, oder nicht. Möglicherweise ist er unfähig, seine starken Gefühle im Wachzustand angemessen auszudrücken, während es ihm im Traum jedoch gut gelingt.

Psychologisch: Der Mensch kann sich selbst die Erlaubnis erteilen, Leidenschaft sexueller oder anderer Natur zu empfinden. Die Art, wie man im Traum Gefühle ausdrückt, kann über angemessenes Verhalten im alltäglichen Leben informieren.

Spirituell: Der Träumende leidet unter dem Mißfallen der Götter.

X

X

Allgemein: Taucht ein X in einem Traum auf, so ist dies in der Regel ein Zeichen, welches für etwas anderes steht. Es kann auch einen Fehler oder einen Gegenstand beziehungsweise einen Menschen kennzeichnen, dem besondere Beachtung geschenkt werden soll.

Psychologisch: Kommt im Traum ein Kreuz in X-Form vor, so symbolisiert es gewöhnlich das Opfer oder vielleicht auch die Folter (→ Kreuz unter Religiöse Bilder).

Spirituell: Das X im Traum steht für den Menschen im Kosmos.

Y

Y

Allgemein: Das Y symbolisiert den Menschen, der mit emporgereckten Armen nach der Spiritualität oder nach Gott greift.

Psychologisch: Im spirituellen Denken steht Y für die Dualität, die zur Einheit wird.

Spirituell: Das Y steht für die spirituelle Suche.

YACHT

→ Boot unter Reise

YIN/YANG

Allgemein: In den letzten dreißig Jahren ist dieses Symbol fernöstlicher Philosophie auch im Westen sehr bekannt geworden. Es steht für die Balance zwischen zwei sich ergänzenden Gegensätzen. In Träumen symbolisiert es die Ausgewogenheit zwischen dem instinktiven, intuitiven Wesen des Weiblichen und der aktiven, rationalen Natur des Männlichen.

Psychologisch: Der Mensch strebt ständig nach Ausgeglichenheit, die nicht notwendigerweise Trägheit bedeuten muß. Das Symbol von Yin und Yang versinnbildlicht einen Zustand dynamischer Kraft.

Spirituell: Die Energie, die zwischen zwei komplementären Gegensätzen entsteht, schafft ein perfektes Gleichgewicht.

YOGI

→ Guru

Z

ZÄHNE

→ Körper

ZAHLEN

Allgemein: Wenn im Traum auf Zahlen aufmerksam gemacht wird, haben sie entweder für den Träumenden eine persönliche Bedeutung oder sind symbolischen Gehalts. Erstere, zum Beispiel ein wichtiges Datum oder die Hausnummer einer ehemaligen Adresse, sind recht häufig. Unbewußt behält der Träumende oft die Bedeutung einer Zahl in Erinnerung, auch wenn sie ihm bewußt nicht mehr zugänglich ist.

Psychologisch: Zahlen haben in allen Glaubenssystemen und Religionen eine Bedeutung. Im folgenden werden die häufigsten, aufgeteilt in drei Kategorien, dargestellt.

Praktische Bedeutung von Zahlen, die im Traum eine Rolle im alltäglichen Leben spielen:

Eins: Der Träumende wird eine Fähigkeit, die er für seine Arbeit braucht, voll ausbilden.

Zwei: Geschäftliche oder persönliche Beziehungen müssen mit Umsicht behandelt werden.

Drei: Die Vorstellungen des Träumenden in bezug auf Stabilität und Erfolg werden sich verwirklichen.

Vier: Wenn der Träumende es will, kann er sich ein sicheres und beschütztes Zuhause schaffen.

Fünf: Der Träumende ist gerade dabei, eine wichtige Entdeckung zu machen, die für Veränderungen sorgt.
Sechs: Es steht dem Träumenden offen, eine Liebesbeziehung einzugehen.
Sieben: Mit persönlichem Einsatz vermag der Träumende seine Probleme zu lösen.
Acht: Das Leben des Träumenden birgt das Potential für eine wundervolle Chance.
Neun: Der Träumende muß achtgeben, daß er sich nicht übernimmt.
Null: Diese Ziffer birgt Potential für alles.

Durch Zahlen symbolisierte Eigenschaften:
Eins: Unabhängigkeit, Selbstrespekt, Auflösung, Zielstrebigkeit. Intoleranz, Einbildung, Engstirnigkeit, Erniedrigung, Dummheit.
Zwei: Gelassenheit, Aufrichtigkeit, Selbstlosigkeit, Geselligkeit, Harmonie. Unentschlossenheit, Gleichgültigkeit, Verantwortungslosigkeit, Sturheit.
Drei: Freiheit, Tapferkeit, Spaß, Enthusiasmus, Großartigkeit. Lustlosigkeit, übersteigertes Selbstvertrauen, Ungeduld, Nachlässigkeit.
Vier: Loyalität, Beharrlichkeit, praktische Veranlagung, Ehrlichkeit. Schwerfälligkeit, Langsamkeit, Konservativismus, mangelnde Anpassungsfähigkeit.
Fünf: Abenteuerlust, Lebhaftigkeit, Mut, Gesundheit, Empfänglichkeit, Sympathie. Unbesonnenheit, Verantwortungslosigkeit, Wankelmut, Unzuverlässigkeit, Gedankenlosigkeit.
Sechs: Idealismus, Selbstlosigkeit, Ehrlichkeit, Nächstenliebe, Treue, Verantwortung, Überlegenheit, Gutmütigkeit. Unpraktische Veranlagung, Unterwerfung.
Sieben: Weisheit, kritisches Urteilsvermögen, philosophische Neigung, innere Stärke, Tiefe, Nachdenklichkeit. Unnatürlichkeit, übertriebene Kritik, fehlende Aktion, unsoziales Verhalten.
Acht: Praktische Veranlagung, Macht, Geschäftsfähigkeit, Entscheidung, Kontrolle, Dauerhaftigkeit. Mangelnde Vorstellungskraft, Stumpfheit, Selbstgenügsamkeit, Dominanz.
Neun: Intelligenz, Diskretion, Kunstfertigkeit, Verständnis, Großartigkeit, Moral, Genie. Verträumtheit, Lethargie, Konzentrationsmangel, Ziellosigkeit.

Spirituelle Deutungen:
Eins: Man selbst, der Anfang, das Erste, Einheit.
Zwei: Dualität, Unentschlossenheit, Gleichgewicht, männlich und weiblich, zwei Seiten einer Auseinandersetzung.
Drei: Das Dreieck, Freiheit.
Vier: Das Quadrat, Kraft, Stabilität, praktische Veranlagung, die Erde, Wirklichkeit, die vier Seiten des Menschen (Sinneswahrnehmung, Gefühl, Denken, Intuition), Erde, Luft, Feuer und Wasser.

Fünf: Der menschliche Körper, menschliches Körperbewußtsein, die fünf Sinne.

Sechs: Harmonie und Gleichgewicht.

Sieben: Lebenszyklen, Magie, Spiritualität, die Ganzheitlichkeit des Menschen.

Acht: Tod und Auferstehung, Unendlichkeit.

Neun: Schwangerschaft, das Ende des einen und der Beginn eines neuen Zyklus, spirituelle Bewußtheit.

Zehn: Ein neuer Anfang, das Männliche und das Weibliche zusammen.

Elf: Die elfte Stunde, die Meisterzahl.

Zwölf: Zeit, ein abgeschlossener Zyklus, Ganzheitlichkeit.

Null: Das Weibliche, das Unbewußte, die absolute oder verborgene Vollständigkeit.

Spirituell: Auf der spirituellen Ebene bringt sich der Träumende durch Entwicklungsfortschritte in eine Position, in der er die Schwingungen der Zahlen am besten nutzen kann. Man hat schon immer angenommen, daß man Einfluß auf die Umwelt des Träumenden ausüben kann, indem man Zahlen auf eine ganz bestimmte Weise kombiniert.

ZAHM

Allgemein: Wenn man im Traum ein Tier zähmt, verweist dies darauf, daß man eine Beziehung zu dem animalischen Aspekt seiner selbst entwickeln oder kontrollieren kann. Wird der Träumende selbst in seinem Traum wie ein Tier gezähmt, so heißt dies, daß er in seinem Leben feste Grenzen benötigt.

Psychologisch: Etwas oder jemand, das oder der im Traum außergewöhnlich zahm im Sinne von dumpf und langweilig ist, verlangt vom Träumenden, seinen Lebensstil in dieser Hinsicht zu überdenken.

Spirituell: Zahmheit stellt die spirituell notwendige Selbstkontrolle dar.

ZAUBERER

→ Archetypen

ZAUBERSTAB

Allgemein: Gebraucht der Träumende einen Zauberstab, ist er sich seines Einflusses auf andere Menschen bewußt. Umgekehrt erkennt der Träumende, wenn im Traum eine andere Person einen Zauberstab gebraucht, die Suggestionskraft, ob negativ oder positiv, die in einer Situation auf ihn einwirkt.

Psychologisch: Der Zauberstab wird gemeinhin als Instrument übernatürlicher Kräfte angesehen und ist in dieser Bedeutung ein besonders wichtiges Bild. Der Träumende ist sich einer äußeren Kraft bewußt, die von ihm gezügelt werden muß.

Spirituell: Der Zauberstab ist untrennbar mit Magie verknüpft und kann daher »magische« Kräfte symbolisieren, die den Träumenden möglicherweise beeinflussen.

ZAUMZEUG

Allgemein: Trägt der Träumende in seinem Traum Zaumzeug, ist er also ins Joch gespannt, dann ist Zurückhaltung oder Selbstbeherrschung nötig. Ein Zaumzeug aus Blumen verweist auf eine eher weibliche Art von Kontrolle.

Psychologisch: Zaumzeug kann auf die Notwendigkeit konzentrierter Aufmerksamkeit für einen Aspekt des Lebens verweisen.

Spirituell: Vielleicht besteht Anlaß für ein gewisses Maß an spiritueller Zurückhaltung oder Selbstbeherrschung.

ZAUN

Allgemein: Zäune in Träumen stehen meist für soziale Barrieren oder Klassenschranken; möglicherweise spiegeln sie jedoch auch das Bedürfnis des Träumenden nach Privatheit wider. Vielleicht ist er sich der Grenzen, die ihm eine Beziehung auferlegt, bewußt und spürt ihre einschränkende Wirkung auf sein Leben. Andererseits könnte der Zaun ein Symbol für die Schwierigkeiten sein, die der Träumende damit hat, sich selbst auszudrücken.

Psychologisch: Gelangt der Träumende in seinem Traum an einen Zaun oder ein Hindernis, so muß er sich besonders anstrengen, um es zu überwinden.

Spirituell: Ein Zaun kann spirituelle Grenzen darstellen. Der Träumende muß herausfinden, was ihn in seinem spirituellen Vorankommen behindert.

ZEBRA

→ Tiere

ZEHN

→ Zahlen

ZEIT

Allgemein: Damit die Zeit im Traum eine wichtige Rolle spielen kann, ist es in der Regel notwendig, sie auf irgendeine Weise zu messen oder in Relation zu einem anderen Zeitabschnitt zu betrachten. Für gewöhnlich weiß der Träumende lediglich, daß die Zeit vergeht oder daß eine bestimmte Zeit in seinem Traum von Bedeutung ist – sie ist sozusagen Bestandteil des Traumszenarios. Die Zeit innerhalb eines Traums kann einen bestimmten Lebensabschnitt des Träumenden symbolisieren. Der *Tag* versinnbildlicht folglich das bewußte Leben im Wachzustand. Verstreicht im Traum ein *längerer Zeitraum*, kann dieser für Aktivitäten stehen, die für das Traumgeschehen nicht so bedeutend sind. Die *Tageszeit* ist mit bestimmten Lebensabschnitten des Träumenden verbunden. Es kann aber auch sein, daß lediglich die Zahlen eine Rolle spielen (→ Zahlen). Der *Nachmittag* symbolisiert die Lebensphase, in welcher der Träumende seine zuvor gesammelte Lebenserfahrung zum Einsatz bringt. Der *Abend* ist das Bild für den Abschluß von Höhepunkten im Leben und für die Fähigkeit, das Auf und Ab des Lebens und seine Aufgaben gelassener hinzunehmen. Der *Mittag* stellt den Höhepunkt des Lebens dar, und der Träumende ist sich seiner Begabungen und Aktivitäten zu dieser Zeit völlig bewußt. Der *Morgen* ist der Beginn des Lebens und mit den frühesten Erfahrungen verbunden. Die *Nacht* kann zeitweilige Depression oder Zurückgezogenheit bedeuten; der Träumende beobachtet sich selbst oder legt einfach eine Ruhepause ein. *Dämmerung* kann im Traum auf eine Phase der Unsicherheit bezüglich der Richtung, die der Träumende in seinem Leben einschlagen soll, hinweisen. Darüber hinaus kann sie eine Übergangsphase, wie zum Beispiel das Sterben, andeuten.

Psychologisch: Zu früh zu einer Verabredung zu erscheinen, kann bedeuten, daß man erst auf ein bestimmtes Ereignis warten muß, bevor man sein gewohntes Leben fortsetzen kann. Eine Verspätung weist den Träumenden auf einen bestehenden Mangel an Aufmerksamkeiten für Details hin oder macht ihn möglicherweise auf seine Furcht aufmerksam, daß ihm die Zeit davonläuft. Blickt der Träumende während seines Traums auf die Uhr, so muß er dies als Aufforderung deuten, die Zeit mehr für ihn arbeiten zu lassen.

Spirituell: Auf der spirituellen Ebene steht die Zeit im Traum für Tod oder einschneidende Veränderungen.

ZEITUNG

Allgemein: Eine Zeitung im Traum verweist auf Wissen, welches der Öffentlichkeit zugänglich ist. Vielleicht handelt es sich um Informationen, die der Träumende gerne hätte, um die Welt, die ihn umgibt, besser zu verstehen; möglicherweise spielt auch Wissen eine Rolle, das nur den Träumenden etwas angeht. Eine Boulevardzeitung verweist auf sensationelle Informationen, eine seriöse Zeitung hingegen symbolisiert sorgfältig recherchierte Nachrichten. Eine Sonntagszeitung kann ein Bild dafür sein, daß der Träumende das von ihm benötigte Wissen am besten in Zeiten der Ruhe und Entspannung aufzunehmen vermag. Eine Lokalzeitung im Traum legt nahe, daß die Informationen, nach denen der Träumende sucht in greifbarer Nähe sind.

Psychologisch: Im Traum symbolisieren Zeitungen solche Informationen, die dem Träumenden nun auch auf der Ebene des Bewußtseins zugänglich sind und nicht mehr nur unbewußt. Es handelt sich hierbei um ein Wissen, welches für ihn von großer Bedeutung ist. Eine leere Zeitungsseite kann zweierlei bedeuten: zum einen, daß die erwünschten Informationen für den Träumenden aus verschiedenen Gründen nicht zugänglich sind, und zum zweiten, daß sie dem Träumenden deshalb zur Verfügung stehen, damit er sie der Nutzung anderer Menschen zugänglich macht.

Spirituell: Auf der spirituellen Ebene soll der Träumende erkennen, daß das, was er tut, dem größeren Ganzen nutzen muß. Er muß in der Öffentlichkeit mehr in Aktion treten.

ZELT

Allgemein: Ein Zelt symbolisiert im Traum, daß der Träumende unterwegs ist und sich nicht niederlassen und Wurzeln schlagen kann. Wo immer er zur Ruhe kommen will, es wird nur vorübergehend sein.

Psychologisch: Vielleicht sollte der Träumende für einen gewissen Zeitraum Abstand zu alltäglichen Verantwortlichkeiten gewinnen und seine Beziehung zu den Kräften der Natur wiederentdecken. Es kann nützlich sein, wenn er selbstgenügsam und von niemandem abhängig ist.

Spirituell: Auf dieser Ebene geht die Bedeutung des Zelts im Traum auf das biblische beziehungsweise nomadische Symbol zurück: Es steht für die Fähigkeit, jederzeit die Zelte abzubrechen und fortzugehen. Der Träumende ist an keinen Ort gebunden und kann in kurzer Zeit dort sein, wo er sein muß.

ZENTAUR

Allgemein: In der Mythologie ist der Zentaur halb Mensch, halb Tier und wird mit dem Tierkreiszeichen des Schützen in Verbindung gebracht. Wenn ein Zentaur im Traum eine Rolle spielt, dann symbolisiert er die Verknüpfung der animalischen Natur des Menschen mit seinen Tugenden und seinem Urteilsvermögen.

Psychologisch: Der Zentaur stellt im Traum die Fähigkeit des Träumenden dar, zwei völlig entgegengesetzte Dinge auf annehmbare Weise zu vereinen.

Spirituell: Auf der spirituellen Ebene bedeutet der Zentaur Vision und Weisheit.

ZENTRUM

Allgemein: Handelt ein Traum davon, daß sich der Träumende im Zentrum etwa von einer Gruppe befindet, dann symbolisiert dies das Wissen um die Fähigkeit, eine Situation zu bewältigen und dabei im Mittelpunkt zu stehen. Bewegt sich der Träumende jedoch aus dem Zentrum fort, so ist dies ein Hinweis auf das fehlende Gleichgewicht in einem Teilbereich seines Lebens.

Psychologisch: Der Träumende sollte sich bewußt machen, daß er eine Situation unter Kontrolle halten kann und von der größeren Flexibilität profitiert, wenn er dies aus dem Zentrum der Situation heraus tut. Bewegt er sich im Traum auf ein Zentrum zu, so ist dies ein Hinweis auf das Bedürfnis des Träumenden nach Ganzheitlichkeit in seinem Alltagsleben.

Spirituell: Das Zentrum steht auf der spirituellen Ebene für Vollkommenheit und Ganzheitlichkeit. Gleichzeitig ist es ein Symbol für den ursprünglichen und heiligen Raum.

ZEPTER

Allgemein: Das Zepter verkörpert königliche Macht und höchste Gewalt. Wenn es im Traum erscheint, weist es zumeist auf die Tatsache hin, daß der Träumende einem anderen Menschen Macht über sich gegeben hat. Das Maß, in dem er Verantwortung abgegeben hat, zwingt sein inneres Selbst, sich einzuschalten. In der Symbolik stimmt das Zepter darüber hinaus mit dem Stock (→ Stock) überein und ist außerdem natürlich ein Phallussymbol.

Psychologisch: Hält der Träumende in seinem Traum ein Zepter in der Hand, ist er dazu in der Lage, Lebenskraft zu übertragen. Hält eine andere Person das Zepter und läßt dem Träumenden damit Ehre und Macht zuteil werden, dann heißt dies, daß ihm in seinem besonderen Vorhaben Erfolg beschieden ist.

Spirituell: Das Zepter kann den Zauberstab verkörpern und in Träumen darauf hinweisen, daß man diese magische Kraft einsetzen darf. Auf der spirituellen Ebene steht es für die Übertragung positiver, göttlicher – männlicher – Kraft.

ZERBRECHEN

Allgemein: Zerbrochenes symbolisiert Verlust oder Verletzung. Handelt es sich um einen Lieblingsgegenstand, der zu Bruch gegangen ist, dann muß der Träumende in seinem Leben etwas verändern und mit der Vergangenheit brechen. Hat sich der Träumende einen Arm oder ein Bein gebrochen, so bedeutet dies, daß er möglicherweise daran gehindert wird, vorwärtszukommen oder eine bestimmte Handlung auszuführen.

Psychologisch: Zerbricht der Träumende selbst im Traum einen Gegenstand, dann ist dies als Hinweis darauf zu verstehen, daß er in Aktion treten muß, um die Fesseln zu sprengen oder um eine Verbindung in seinem Leben aufzulösen.

Spirituell: Auf der spirituellen Ebene steht Zerbrechen für zerstörte Ideale und Hoffnungen wie auch für erschüttertes Vertrauen.

ZEREMONIE

auch → Religiöse Bilder

Allgemein: Wenn man davon träumt, an einer Zeremonie oder einem religiösen Ritual teilzunehmen, dann ist man sich einer neuen notwendigen Einstellung oder Fähigkeit bewußt. Oder aber das Ritual kündigt eine wichtige Veränderung an.

Psychologisch: Jede größere Veränderung im Leben hat eine tiefgreifende Auswirkung auf den Träumenden, und dies wird in Träumen oft als Zeremonie oder Ritual dargestellt. Rituale können zu Gewohnheiten verkümmert sein oder aber als religiöse Rituale die Kraft von Menschenmassen konzentrieren.

Spirituell: Zeremonien und Rituale werden eingesetzt für Initiationen, um tiefere Bewußtheit zu erlangen und um eine neue Ordnung einzuleiten. Auf der spirituellen Ebene stehen Zeremonien und Rituale im Traum für die Konzentration von Energien.

ZERSTÖRUNG

Allgemein: Es hängt von den näheren Umständen im Traum ab, ob die Zerstörung auf größere Veränderungen im Leben des Träumenden hinweist oder auf ein Trauma, das er sich selbst zugefügt hat. Zerstört der Träumende selbst etwas, heißt dies, daß er sich beherrschen muß. Erfolgt die Zerstörung durch eine andere Person im Traum, dann fühlt sich der Träumende vielleicht machtlos angesichts der Veränderung.

Psychologisch: Möglicherweise ist sich der Träumende bewußt, daß er emotionale Energie aufbaut, mit der er nur umgehen kann, wenn er alte Einstellungen und Haltungen zerstört.

Spirituell: Im Traum kann durch Zerstörung Fanatismus und Anarchie (das Bedürfnis, eine alte Ordnung zu zerstören) zum Ausdruck kommen.

ZEUGE

Allgemein: Sieht sich der Träumende in seinem Traum in der Rolle eines Zeugen, etwa bei einem Unfall, dann könnte darin seine Beobachtungsgabe hervorgehoben werden. Er muß sehr sorgfältig darauf achten, was um ihn herum geschieht. Der Traum könnte jedoch auch den Umgang des Träumenden mit Autoritäten in Frage stellen.

Psychologisch: Sagt der Träumende als Zeuge aus, deutet dies darauf hin, daß er meint, für seine Handlungen oder Überzeugungen zur Rechenschaft gezogen zu werden. Vielleicht fühlt er sich so lange verunsichert, bis er von seinesgleichen akzeptiert wird.

Spirituell: Der Träumende erkennt eine Art spirituelles Vermächtnis in seinem Leben, welches eine Voraussetzung für die Fortsetzung seines spirituellen Weg ist.

ZICKZACKLINIE

Allgemein: Spielt in einem Traum eine zickzackförmige Linie eine Rolle, dann beschäftigt sich der Träumende mit der Möglichkeit, von einem Unglück, etwa von einem Blitz, getroffen zu werden. Eine energetische Entladung steht zu erwarten. Danach wird wieder ein Zustand des Gleichgewichts einkehren.

Psychologisch: Der Träumende erreicht eine neue Bewußtseinsebene, vielleicht erlebt er sogar eine Offenbarung.

Spirituell: Auf der spirituellen Ebene steht die Zickzacklinie für neues Potential und Wachstum.

ZIEGE

→ Tiere

ZIEHEN

Allgemein: Ziehen deutet auf irgendeine Form des aktiven Handelns hin. Der Träumende wird durch den Traum darauf aufmerksam gemacht, daß er in einer bestimmten Situation zur Tat schreiten kann. Ist er im Traum selbst der Ziehende, so trifft er bei einem Vorhaben die Entscheidungen. Wird er gezogen, dann hat er vielleicht den Eindruck, äußeren Zwängen nachgeben zu müssen. Möglicherweise sind zusätzliche Anstrengungen notwendig, damit etwas geschieht. Auch der Gegenstand, den ein Träumender zieht, oder das Mittel, mit dem er dies tut, kann wichtig sein (→ Zaumzeug, → Seil usw.).

Psychologisch: Im täglichen Leben wird der Träumende vielleicht von seinen Gefühlen »herumgezerrt« und fühlt sich nicht dazu in der Lage, Widerstand zu leisten. Im Traum kann dies durch Gezogenwerden zum Ausdruck kommen. Möglicherweise glaubt der Träumende, sich mit etwas abfinden zu müssen und sich nicht dagegen auflehnen zu können.

Spirituell: In einem bestimmten Stadium der spirituellen Entwicklung stellt sich das Gefühl ein, in eine gewisse Richtung gezogen zu werden. Es ist denkbar, daß sich der Träumende dazu gedrängt fühlt, bestimmte Dinge zu tun, ohne zu wissen, was ihn antreibt.

ZIEL

Allgemein: Wenn man davon träumt, ein Tor zu schießen, verweist dies darauf, daß man sich äußere Ziele gesetzt hat. Später erkennt man diese vielleicht als zu kurz- oder langfristig oder sieht überhaupt ein, daß es die falschen waren. Wird ein Ziel verfehlt, kann dies ein Hinweis dafür sein, daß der Träumende nicht alle Bedingungen einer Situation berücksichtigt hat.

Psychologisch: Wenn sich der Träumende im Traum Lebensziele setzt, dann kann dies als Hinweis dafür gedeutet werden, daß er mit seiner inneren Zielstrebigkeit in

Verbindung steht. Das Äußere spiegelt häufig das Innere, und Ziele können darauf hinweisen, daß der Träumende instinktiv weiß, was er tun muß.

Spirituell: Anhand dieses Symbols zeigt sich der spirituelle Ehrgeiz des Träumenden. Ist er sich erst einmal seines Ziels bewußt, dann entwickelt er großartige Ideen, um es zu erreichen.

ZIELSCHEIBE

Allgemein: Gelingt dem Träumenden im Traum ein Treffer auf einer Zielscheibe, dann zeigt dies, daß er feste Zielvorstellungen hat. Perfektionsstreben spielt eine Rolle, wenn das Zentrum der Zielscheibe getroffen wird. Nimmt der Träumenden einen Menschen ins Visier, dann ist dies entweder ein Hinweis auf Haß oder auf sexuelles Begehren.

Psychologisch: Motivation spielt im Leben eines jeden Menschen eine Rolle. Eine Zielscheibe allein als Symbol für intellektuellen Ehrgeiz ergibt noch nicht viel Sinn, wenn die übrigen Traumelemente nicht untersucht werden. Ein Verkaufsziel kann beispielsweise darauf hinweisen, daß dem Träumenden seine Ziele von anderen Menschen vorgegeben werden. Setzt der Träumende einem anderen Menschen ein Ziel, dann kann es sein, daß dieser andere Mensch in Wahrheit eine Projektion des Träumenden ist.

Spirituell: Auf der spirituellen Ebene kann eine Zielscheibe mit der Symbolkraft des Mandala (→ Mandala) übereinstimmen oder aber das Selbst des Träumenden darstellen.

ZIMMER

→ Gebäude

ZIRKON

→ Edelsteine

ZITADELLE

→ Burg unter Gebäude

ZITAT

Allgemein: Ein Zitat im Traum kann darauf hinweisen, daß dem Träumenden Genauigkeit entweder besonders schwer- oder leichtfällt. Dies mag Rückschlüsse auf das Selbstbild des Träumenden zulassen, und er sollte dies überprüfen.

Psychologisch: Hört der Träumende im Traum ein Zitat, oder gibt er ein solches wieder, dann sollte er sich mit dem Gefühl beschäftigen, das es zum Ausdruck bringt.

Spirituell: Auf der spirituellen Ebene steht ein Zitat für Wahrheit.

ZITRONE

→ Früchte

ZITTERN

auch → Beben

Allgemein: Zittern im Traum kann entweder auf Angst vor Konflikten oder auf Gefühlskälte hindeuten.

Auch Aufregung oder Erregung mag eine Rolle spielen. Im Wachzustand kommt der Träumende vielleicht zu einem Abschluß oder Höhepunkt.

Psychologisch: Wenn der Träumende in seinem Traum zittert, dann steht er möglicherweise kurz davor, unbewußte Verhaltensweisen aufzugeben.

Spirituell: Eine ekstatische Erfahrung verursacht Zittern, und die Energie steigert sich auf der physischen Ebene fast zu einer orgiastischen Erfahrung. Diese Erfahrung kann man manchmal auch im Traum machen.

ZOO

Allgemein: Handelt ein Traum von einem Aufenthalt im Zoo, dann drückt dies das Verlangen des Träumenden aus, einige seiner innersten Instinkte und Bedürfnisse zu verstehen. Vielleicht muß der Träumende in seiner Selbsteinschätzung mehr Objektivität walten lassen.

Psychologisch: Möglicherweise verspürt der Träumende den Wunsch, zu einfacheren Verhaltensweisen zurückzukehren. Manche Menschen haben eine natürliche Beobachtungsgabe. Eventuell ist der Traum ein Hinweis für den Träumenden, daß er sein Verhalten der Gruppe gegenüber, der er angehört, mehr anpassen muß. Der Träumende könnte sich auch dessen bewußt geworden sein, daß er beobachtet wird, zum Beispiel an seinem Arbeitsplatz.

Spirituell: Vom Zoo zu träumen, kann den Träumenden auf die notwendigen und angemessenen Verhaltensweisen und Gebräuche in einer aktuellen Situation aufmerksam machen.

ZOPF

Allgemein: Früher symbolisierte ein Zopf, der aus drei Strähnen geflochten wurde, die Einheit von Körper, Geist und Seele. Er stand auch für die Einflüsse, die ein heranwachsendes Mädchen aufnahm und die ihr Selbstbild als Frau bestimmten. In Träumen stellt ein Zopf daher Fraulichkeit und Sensibilität dar.

Psychologisch: Geflochtenes Haar war einmal das Symbol für Ordnung und Reinheit. Flechten aus Bändern, Haaren oder Stricken stehen für die Fähigkeit des Träumenden, die verschiedenen Einflüsse seines Lebens zu einem zusammenhängenden Ganzen zu verweben.

Spirituell: Sehr feine Einflüsse kommen ins Spiel, wenn der Träumende beginnt, sich spirituell zu entwickeln. Ein Zopf, der auf dem Kopf zu einer Krone gewunden ist, verweist auf spirituelle Leistung.

ZÜGEL

auch → Halfter, → Zaumzeug

Allgemein: Zügel im Traum sind, da sie eine Art Zwang beinhalten, ein

Hinweis auf das Bedürfnis, die dem Träumenden zur Verfügung stehende Kraft und Energie zu kontrollieren.

Psychologisch: Gezügelt zu werden, ist eine Behinderung, der entweder der Träumende selbst unterworfen ist oder die er anderen Menschen auferlegt. Wenn Zügel reißen, heißt dies, daß sich der Träumende selbst von den Zwängen befreit, denen er in der Zeit des Heranwachsens unterworfen war.

Spirituell: Zügel sind ein Zeichen für intelligente Kontrolle und Willen.

ZUGLUFT

Allgemein: Verspürt der Träumende in seinem Traum Zugluft, dann ist er sich einer äußeren Macht oder Situation bewußt, die ihn beeinflussen könnte. Schafft der Träumende selbst Zugluft, so bedeutet dies, daß er versucht, die Atmosphäre zu klären.

Psychologisch: Im Spektrum des Übersinnlichen verweist ein kalter Luftstrom auf die Anwesenheit eines Geists. In Träumen steht er für eine Mitteilung von einem verborgenen Teil des Selbst.

Spirituell: Der heilige Geist hat sich als Luftzug manifestiert, um die Jünger zu befähigen, das Evangelium zu verbreiten.

ZUHAUSE

Allgemein: Jeder Mensch hat die Grundbedürfnisse nach Schutz, Wärme und Nahrung. Das Zuhause, besonders das elterliche, kann all dieses symbolisieren. Träumt man davon, zu Hause zu sein, so symbolisiert dies eine Rückkehr zu den Grundwerten, die man als Kind gelernt hat.

Psychologisch: Das Traumsymbol verlangt vom Träumenden, seine primären persönlichen Triebe mit dem gelernten Verhalten in Einklang zu bringen. Handelt ein Traum von einem sicheren Zuhause, dann ist die Basis für diesen Schritt vorhanden.

Spirituell: Dieses Traumbild handelt von einer heiligen Stätte, von einem Ort, an dem der Träumende ohne Angst vor Vergeltung er selbst sein kann. Menschen, die an das Spirituelle glauben, sprechen davon, »nach Hause zu gehen«, wenn sie den Tod meinen, weil sie den körperlichen Zustand nur als vorübergehenden Zustand betrachten.

ZUKUNFT

Allgemein: Träume über die Zukunft enthalten verschiedene Aspekte. Manchmal ist sich der Träumende dessen bewußt, daß die Ereignisse des Traums erst später stattfinden werden und daß er in bestimmten Fällen durch gezielte Aktivitäten im Wachzustand auf sie einwirken kann. Zukunftsträume können hellseherische Träume sein, dies ist jedoch sehr selten.

Psychologisch: Will der Träumende die Kontrolle über sein Leben erringen, dann ist es gut, wenn er sich der Zukunft bewußt ist. Träume können ihm in diesem Zusammenhang einen Einblick gewähren. Sie ermöglichen es dem Träumenden, bestimmte Szenarios und Möglichkeiten durchzuspielen, ohne daß er dabei irgendeinen Schaden erleiden kann.

Spirituell: Die Zukunft im Traum steht für spirituelle Manifestation.

ZUNGE

→ Körper

ZUSAMMENSTOSS

→ Reise

ZWEI

→ Zahlen

ZWERG/ MISSGESTALTETE FIGUR

auch → Menschen

Allgemein: Jede Art von Verunstaltung verweist auf einen Teil der eigenen Persönlichkeit, die noch nicht integriert ist oder die noch nicht entwickelt wurde. Im Traum stellt ein Zwerg den Teil des Träumenden dar, der durch ein schmerzhaftes Kindheitstrauma oder zu wenig emotionale Zuwendung beschädigt wurde.

Psychologisch: Ein Zwerg kann einen kleinen Teil des Selbst symbolisieren, mit dem sich der Träumende beschäftigen muß. Dabei handelt es sich möglicherweise um einen verkümmerten Aspekt der Persönlichkeit, der nicht zum Vorschein kommen kann, bis der Träumende bereit ist, für ihn die Verantwortung zu übernehmen.

Spirituell: Ein Zwerg symbolisiert das Unbewußte und eine undifferenzierte Kraft der Natur.

ZWIEBEL

Allgemein: Die Zwiebel kann im Traum und in der Meditation als Symbol der Ganzheitlichkeit auftreten; diese Ganzheitlichkeit besteht aus vielen Schichten. Schält der Träumende in seinem Traum eine Zwiebel, dann stellt er damit möglicherweise den Versuch dar, wertvolle Persönlichkeitsanteile bei sich selbst oder anderen Menschen aufzuspüren. Das Symbol kann auch ein Hinweis auf das Bestreben sein, die verschiedenen Facetten der eigenen Persönlichkeit zu verstehen.

Psychologisch: Zwiebeln schneiden im Traum steht für die Vermehrung der verfügbaren Energie.

Spirituell: Auf der spirituellen Ebene stellt die Zwiebel den Kosmos und die Offenbarung dar.

ZWILLINGE

auch → Menschen, → Tierkreis

Allgemein: Ein Zwillingspaar kann im Traum für sich selbst stehen, sofern man es persönlich kennt. Wenn nicht, repräsentiert es die zwei verschiedenen Seiten eines Gedankens oder einer Idee.

Psychologisch: Im alltäglichen Leben wird der Mensch oft mit den gegensätzlichen Seiten in einem Konflikt konfrontiert. Zwillinge im Traum können daher zwei gegensätzliche und doch auch miteinander harmonierende Seiten der menschlichen Persönlichkeit darstellen.

Spirituell: Dualität muß sich schlußendlich zu einer Einheit wiedervereinigen. Zwillinge entspringen dem Gedanken, daß man trotz momentan vorhandenem Zwiespalt zu Einigkeit gelangen kann.

ZWÖLF

→ Zahlen

Bibliographie

Cartwright, Rosalie & Lynne Lamberg, Crisis Dreaming. London: Aquarian Press, 1993.

Chetwyd, Tom, Dictionary of Dreams. London: Aquarian Press, 1993.

Cooper, J. C., An Illustrated Encyclopedia of Traditional Symbols. London: Thames and Hudson, 1978.

Crisp, Tony, The New Dream Dictionary. Optima, 1994.

Dreams. Hidden Meanings and Secrets. Tophi Books, 1987.

Faraday, Anne, Dream Power. London: Pan Books, 1973

Freud, Sigmund, Die Traumdeutung. Frankfurt/Main: S. Fischer, 1972.

The Giam Book of Fortune. New York: Magpie/Paragon, 1995.

Gimbel, Theo, The Colour Therapy Workbook. Shaftesbury: Element Books, 1993.

Jung, Carl Gustav, Traum und Traumdeutung. München: dtv, 1992.

Ders., Archetypen. München: dtv, 1992.

Pearls, Frederick S., Gestalttherapie – Grundlagen. München: dtv, 1991.

Danksagung

Ich möchte meinem Team für die Unterstützung beim Verfassen und Schreiben dieses Buches danken. Besonderer Dank gilt meiner Tochter Fiona und James Eden. Auch meinem Verlag, Arcturus Publishing Limited, danke ich herzlich für die Veröffentlichung meines Buches.